Arbeitnehmerschutz von geschäftsführenden Gesellschaftsorganen
im Lichte der *Danosa*-Entscheidung des EuGH

Zivilrechtliche Schriften

Beiträge zum Wirtschafts-, Bank- und Arbeitsrecht

Herausgegeben von Arnd Arnold und Hartmut Oetker

Begründet von Peter Kreutz und Dieter Reuter

Band 65

PL ACADEMIC RESEARCH

Inga Hildebrand

Arbeitnehmerschutz von geschäftsführenden Gesellschaftsorganen im Lichte der *Danosa*-Entscheidung des EuGH

PL ACADEMIC RESEARCH

Bibliografische Information der Deutschen Nationalbibliothek
Die Deutsche Nationalbibliothek verzeichnet diese Publikation in der Deutschen Nationalbibliografie; detaillierte bibliografische Daten sind im Internet über http://dnb.d-nb.de abrufbar.

Zugl.: Kiel, Univ., Diss., 2014

Gedruckt auf alterungsbeständigem,
säurefreiem Papier.

D 8
ISSN 0941-147X
ISBN 978-3-631-65386-9 (Print)
E-ISBN 978-3-653-04610-6 (E-Book)
DOI 10.3726/978-3-653-04610-6

PL Academic Research ist ein Imprint der Peter Lang GmbH.

Peter Lang – Frankfurt am Main · Bern · Bruxelles · New York · Oxford · Warszawa · Wien

Diese Publikation wurde begutachtet.

www.peterlang.com

Vorwort

Die vorliegende Arbeit ist während meiner Tätigkeit als wissenschaftliche Mitarbeiterin am Lehrstuhl für Bürgerliches Recht, Arbeitsrecht und Wirtschaftsrecht von Univ.-Prof. Dr. *Hartmut Oetker* entstanden. Sie wurde im Sommersemester 2014 von der Rechtswissenschaftlichen Fakultät der Christian-Albrechts-Universität zu Kiel als Dissertation angenommen. Für die Veröffentlichung wurden Rechtsprechung und Literatur bis Ende Mai 2014 berücksichtigt.

Herzlich bedanken möchte ich mich bei meinem Doktorvater Herrn Prof. Dr. *Hartmut Oetker*, insbesondere für die Anregung des Themas, die konstruktive Betreuung der Arbeit, bei deren Erstellung er mir größten wissenschaftlichen Freiraum ließ, sowie für die engagierte Vorantreibung des Promotionsverfahrens. Für die äußerst zügige Erstellung des Zweitgutachtens danke ich vielmals Herrn Prof. Dr. *Stefan Lunk*. Bei den Herausgebern der Zivilrechtlichen Schriften zum Wirtschafts-, Bank- und Arbeitsrecht, Herrn Univ.-Prof. Dr. *Arnd Arnold* sowie Herrn Univ.-Prof. Dr. *Hartmut Oetker*, bedanke ich mich für die Aufnahme in die Schriftenreihe.

Größten Dank schulde ich darüber hinaus meinem Vater, Herrn *Jörg Littmann*, der nicht nur das gesamte Manuskript Korrektur gelesen hat, sondern auch jederzeit zu anregenden Diskussionen über das Thema der Arbeit bereit war.

Mein besonderer Dank gilt schließlich meinen Eltern, die mich während meiner gesamten Ausbildung in jeder Hinsicht unterstützt haben. Ihnen ist diese Arbeit gewidmet.

Kiel, im Mai 2014 — Inga Hildebrand

Inhaltsverzeichnis

Abkürzungsverzeichnis

a. A.	anderer Ansicht
a. E.	am Ende
ABl.	Amtsblatt der Europäischen Gemeinschaften bzw. der Europäischen Union
Abs.	Absatz
AcP	Archiv für die civilistische Praxis
AEntG	Gesetz über zwingende Arbeitsbedingungen für grenzüberschreitend entsandte und für regelmäßig im Inland beschäftigte Arbeitnehmer und Arbeitnehmerinnen (Arbeitnehmer-Entsende-Gesetz)
AEUV	Vertrag über die Arbeitsweise der Europäischen Union
AG	1. Aktiengesellschaft 2. Die Aktiengesellschaft
AGB	Allgemeine Geschäftsbedingungen
AGG	Allgemeines Gleichbehandlungsgesetz
AktG	Aktiengesetz
Alt.	Alternative
Anh.	Anhang
AP	Arbeitsrechtliche Praxis
ArbGG	Arbeitsgerichtsgesetz
ArbnErfG	Gesetz über Arbeitnehmererfindungen (Arbeitnehmererfindungen-Gesetz)
ArbPlSchG	Gesetz über den Schutz des Arbeitsplatzes bei Einberufung zum Wehrdienst (Arbeitsplatzschutzgesetz)
ArbR	Arbeitsrecht
ArbRAktuell	Arbeitsrecht Aktuell
ArbRB	Der Arbeits-Rechts-Berater

ArbSchG	Arbeitsschutzgesetz
ArbSchRL	Arbeitsschutzrahmenrichtlinie: Richtlinie 89/391/EWG des Rates vom 12.6.1989 über die Durchführung von Maßnahmen zur Verbesserung der Sicherheit und des Gesundheitsschutzes der Arbeitnehmer bei der Arbeit, ABl. 1989 L 183, S. 1
ArbZG	Arbeitszeitgesetz
Art.	Artikel
ASiG	Gesetz über Betriebsärzte, Sicherheitsingenieure und andere Fachkräfte für Arbeitssicherheit (Arbeitssicherheitsgesetz)
Aufl.	Auflage
AÜG	Gesetz zur Regelung der Arbeitnehmerüberlassung (Arbeitnehmerüberlassungsgesetz)
AuR	Arbeit und Recht
AZRL	Richtlinie 2003/88/EG des Europäischen Parlaments und des Rates vom 4.11.2003 über bestimmte Aspekte der Arbeitszeitgestaltung, ABl. 2003 L 299, S. 9
BAG	Bundesarbeitsgericht
BB	Betriebsberater
BDSG	Bundesdatenschutzgesetz
BE	Begründungserwägung
BEEG	Gesetz zum Elterngeld und zur Elternzeit (Bundeselterngeld- und Elternzeitgesetz)
BefRL	Befristungsrichtlinie: Richtlinie 1999/70/EG des Rates vom 28.6.1999 zu der EGB-UNICE-CEEP-Rahmenvereinbarung über befristete Arbeitsverträge, ABl. 1999 L 175, S. 43
Begr.	Begründer
BetrVG	Betriebsverfassungsgesetz
BFH	Bundesfinanzhof
BFHE	Sammlung der Entscheidungen des Bundesfinanzhofs

BGB	Bürgerliches Gesetzbuch
BGBl.	Bundesgesetzblatt
BGH	Bundesgerichtshof
BGHZ	Entscheidungssammlung des Bundesgerichtshofs in Zivilsachen
Brüssel I-VO	Verordnung (EG) Nr. 44/2001 des Rates vom 22.12.2000 über die gerichtliche Zuständigkeit und die Anerkennung und Vollstreckung von Entscheidungen in Zivil- und Handelssachen, ABl. 2001 L 12, S. 1
BSG	Bundessozialgericht
BSGE	Entscheidungen des Bundessozialgerichts
BT-Drucks.	Bundestagsdrucksache
BÜRL	Betriebsübergangsrichtlinie: Richtlinie 2001/23/EG des Rates vom 12.3.2001 über die Angleichung der Rechtsvorschriften der Mitgliedstaaten über die Wahrung von Ansprüchen der Arbeitnehmer beim Übergang von Unternehmen, Betrieben oder Unternehmens- oder Betriebsteilen, ABl. 2001 L 82, S. 16
BUrlG	Mindesturlaubsgesetz für Arbeitnehmer (Bundesurlaubsgesetz)
BVerfG	Bundesverfassungsgericht
BVerfGE	Entscheidungen des Bundesverfassungsgerichts
BVerfGG	Gesetz über das Bundesverfassungsgericht (Bundesverfassungsgerichtsgesetz)
CEEP	Europäischer Zentralverband der öffentlichen Wirtschaft
d. h.	das heißt
DB	Der Betrieb
DCGK	Deutscher Corporate Governance Kodex
ders.	derselbe
dies.	dieselbe, dieselben
DrittelbG	Gesetz über die Drittelbeteiligung der Arbeitnehmer im Aufsichtsrat (Drittelbeteiligungsgesetz)

DStR	Deutsches Steuerrecht
EBR-RL	Richtlinie 2009/38/EG des Europäischen Parlaments und des Rates vom 6.5.2009 über die Einsetzung eines Europäischen Betriebsrates oder die Schaffung eines Verfahrens zur Unterrichtung und Anhörung der Arbeitnehmer in gemeinschaftsweit operierenden Unternehmen und Unternehmensgruppen, ABl. 2009 L 122, S. 28
EFZG	Gesetz über die Fortzahlung des Arbeitsentgelts an Feiertagen und im Krankheitsfall (Entgeltfortzahlungsgesetz)
EG	Europäische Gemeinschaft
EGB	Europäischer Gewerkschaftsbund
EGV	Vertrag zur Gründung der Europäischen Gemeinschaft
Einl.	Einleitung
EltURL	Elternurlaubsrichtlinie: Richtlinie 2010/18/EU des Rates vom 8.3.2010 zur Durchführung der von BUSINESS-EUROPE, UEAPME, CEEP und EGB geschlossenen überarbeiteten Rahmenvereinbarung über den Elternurlaub und zur Aufhebung der Richtlinie 96/34/EG, ABl. 2010 L 68, S. 13
endg.	endgültig
EntsRL	Entsenderichtlinie: Richtlinie 96/71/EG des Europäischen Parlaments und des Rates vom 16.12.1996 über die Entsendung von Arbeitnehmern im Rahmen der Erbringung von Dienstleistungen, ABl. 1997 L 18, S. 1
ErsK	Die Ersatzkasse
ESC	Europäische Sozialcharta
EStG	Einkommensteuergesetz
EU	Europäische Union
EuGH	Europäischer Gerichtshof
EuR	Europarecht
EUV	Vertrag über die Europäische Union in der Fassung des Vertrags von Lissabon v. 13.12.2007
EuZA	Europäische Zeitschrift für Arbeitsrecht

EuZW	Europäische Zeitschrift für Wirtschaftsrecht
EWG	Europäische Wirtschaftsgemeinschaft
EWiR	Entscheidungen zum Wirtschaftsrecht
f.	folgende
ff.	fortfolgende
Fn.	Fußnote
FS	Festschrift
GbR	Gesellschaft bürgerlichen Rechts
GbRL	Gleichbehandlungsrichtlinie
GbRL 2000/43/EG	Richtlinie 2000/43/EG des Rates vom 29.6.2000 zur Anwendung des Gleichbehandlungsgrundsatzes ohne Unterschied der Rasse oder der ethnischen Herkunft, ABl. 2000 L 180, S. 22
GbRL 2000/78/EG	Richtlinie 2000/78/EG des Rates vom 27.11.2000 zur Festlegung eines allgemeinen Rahmens für die Verwirklichung der Gleichbehandlung in Beschäftigung und Beruf, ABl. 2000 L 303, S. 16
GbRL 2006/54/EG	Richtlinie 2006/54/EG des Europäischen Parlaments und des Rates vom 5.7.2006 zur Verwirklichung des Grundsatzes der Chancengleichheit von Männern und Frauen in Arbeits- und Beschäftigungsfragen, ABl. 2006 L 204, S. 23
GesSchRL	Gesundheitsschutzrichtlinie: Richtlinie 91/383/EWG des Rates vom 25.6.1991 zur Ergänzung der Maßnahmen zur Verbesserung der Sicherheit und des Gesundheitsschutzes von Arbeitnehmern mit befristetem Arbeitsverhältnis oder Leiharbeitsverhältnis, ABl. 1991 L 206, S. 19
GewO	Gewerbeordnung
GG	Grundgesetz
GmbH	Gesellschaft mit beschränkter Haftung
GmbHG	Gesetz betreffend die Gesellschaften mit beschränkter Haftung
GmbHR	GmbH-Rundschau

GRC	Charta der Grundrechte der Europäischen Union
GVG	Gerichtsverfassungsgesetz
GWR	Gesellschafts- und Wirtschaftsrecht
h. M.	herrschende Meinung
HGB	Handelsgesetzbuch
Hrsg.	Herausgeber
i. E.	im Ergebnis
i. S.	im Sinne
i. V. m.	in Verbindung mit
InsRL	Insolvenzrichtlinie: Richtlinie 2008/94/EG des Europäischen Parlaments und des Rates vom 22.10.2008 über den Schutz der Arbeitnehmer bei Zahlungsunfähigkeit des Arbeitgebers, ABl. 2008 L 283, S. 36
JZ	Juristenzeitung
Kap.	Kapitel
KG	Kommanditgesellschaft
KGaA	Kommanditgesellschaft auf Aktien
KOM	KOM-Dokument
KSchG	Kündigungsschutzgesetz
KSzW	Kölner Schrift zum Wirtschaftsrecht
LAG	Landesarbeitsgericht
LAGE	Entscheidungen der Landesarbeitsgerichte
LARL	Leiharbeitsrichtlinie: Richtlinie 2008/104/EG des Europäischen Parlaments und des Rates vom 19.11.2008 über Leiharbeit, ABl. 2008 L 327, S. 9
lett. ArbGB	lettisches Arbeitsgesetzbuch (Darba likums)
lett. HGB	lettisches Handelsgesetzbuch (Komerclikums)
lit.	littera (Buchstabe)
LStDV	Lohnsteuer-Durchführungsverordnung
m. w. N.	mit weiteren Nachweisen
MDR	Monatsschrift für Deutsches Recht

MERL	Massenentlassungsrichtlinie: Richtlinie 98/59/EG des Rates vom 20.7.1998 zur Angleichung der Rechtsvorschriften der Mitgliedstaaten über Massenentlassungen, ABl. 1998 L 225, S. 16
MitbestG	Gesetz über die Mitbestimmung der Arbeitnehmer (Mitbestimmungsgesetz)
MontanMitbestErgG	Gesetz zur Ergänzung des Gesetzes über die Mitbestimmung der Arbeitnehmer in den Aufsichtsräten und Vorständen des Bergbaus und der Eisen und Stahl erzeugenden Industrie (Montan-Mitbestimmungsergänzungsgesetz)
MontanMitbestG	Gesetz über die Mitbestimmung der Arbeitnehmer in den Aufsichtsräten und Vorständen des Bergbaus und der Eisen und Stahl erzeugenden Industrie (Montan-Mitbestimmungsgesetz)
MuSchG	Gesetz zum Schutze der erwerbstätigen Mutter (Mutterschutzgesetz)
MuSchRL	Mutterschutzrichtlinie: Richtlinie 92/85/EWG des Rates vom 19.10.1992 über die Durchführung von Maßnahmen zur Verbesserung der Sicherheit und des Gesundheitsschutzes von schwangeren Arbeitnehmerinnen, Wöchnerinnen und stillenden Arbeitnehmerinnen am Arbeitsplatz, ABl. 1992 L 348, S. 1
NachwG	Gesetz über den Nachweis der für ein Arbeitsverhältnis geltenden wesentlichen Bedingungen (Nachweisgesetz)
NachwRL	Nachweisrichtlinie: Richtlinie 91/533/EWG des Rates vom 14.10.1991 über die Pflicht des Arbeitgebers zur Unterrichtung des Arbeitnehmers über die für seinen Arbeitsvertrag oder sein Arbeitsverhältnis geltenden Bestimmungen, ABl. 1991 L 288, S. 32
NJOZ	Neue Juristische Online-Zeitschrift
NJW	Neue Juristische Wochenschrift
NJW-RR	NJW-Rechtsprechungsreport
Nr.	Nummer
NVwZ	Neue Zeitschrift für Verwaltungsrecht

NZA	Neue Zeitschrift für Arbeitsrecht
NZA-Beil.	NZA-Beilage
NZA-RR	NZA-Rechtsprechungsreport
NZG	Neue Zeitschrift für Gesellschaftsrecht
NZS	Neue Zeitschrift für Sozialrecht
OHG	Offene Handelsgesellschaft
OLG	Oberlandesgericht
PartGG	Gesetz über Partnerschaftsgesellschaften Angehöriger Freier Berufe (Partnerschaftsgesellschaftsgesetz)
PflegeZG	Gesetz über die Pflegezeit (Pflegezeitgesetz)
RdA	Recht der Arbeit
RESC	Revidierte Europäische Sozialcharta
RG	Reichsgericht
RL	Richtlinie
RL 2002/73/EG	Richtlinie 2002/73/EG des Europäischen Parlaments und des Rates vom 23.9.2002 zur Änderung der Richtlinie 76/207/EWG des Rates zur Verwirklichung des Grundsatzes der Gleichbehandlung von Männern und Frauen hinsichtlich des Zugangs zur Beschäftigung, zur Berufsbildung und zum beruflichen Aufstieg sowie in Bezug auf die Arbeitsbedingungen, ABl. 2002 L 269, S. 15
RL 75/117/EWG	Richtlinie 75/117/EWG des Rates vom 10.2.1975 zur Angleichung der Rechtsvorschriften der Mitgliedstaaten über die Anwendung des Grundsatzes des gleichen Entgelts für Männer und Frauen, ABl. 1975 L 45, S. 19
RL 76/207/EWG	Richtlinie 76/207/EWG des Rates vom 9.2.1976 zur Verwirklichung des Grundsatzes der Gleichbehandlung von Männern und Frauen hinsichtlich des Zugangs zur Beschäftigung, zur Berufsbildung und zum beruflichen Aufstieg sowie in Bezug auf die Arbeitsbedingungen, ABl. 1976 L 39, S. 40

RL 79/7/EWG	Richtlinie 79/7/EWG des Rates vom 19.12.1978 zur schrittweisen Verwirklichung des Grundsatzes der Gleichbehandlung von Männern und Frauen im Bereich der sozialen Sicherheit, ABl. 1979 L 6, S. 24
RL 86/378/EWG	Richtlinie 86/378/EWG des Rates vom 24.7.1986 zur Verwirklichung der Gleichbehandlung von Männern und Frauen bei den betrieblichen Systemen der sozialen Sicherheit, ABl. 1986 L 225, S. 40
RL 97/80/EG	Richtlinie 97/80/EG des Rates vom 15.12.1997 über die Beweislast bei Diskriminierungen aufgrund des Geschlechts, ABl. 1996 L 14, S. 6.
Rn.	Randnummer
RNotZ	Rheinische Notar-Zeitschrift
ROM II-VO	Verordnung (EG) Nr. 864/2007 des Europäischen Parlaments und des Rates vom 11.7.2007 über das auf außervertragliche Schuldverhältnisse anzuwendende Recht, ABl. 2007 L 199, S. 40
ROM I-VO	Verordnung (EG) Nr. 593/2008 des Europäischen Parlaments und des Rates vom 17.6.2008 über das auf vertragliche Schuldverhältnisse anzuwendende Recht, ABl. 2008 L 177, S. 6
Rspr.	Rechtsprechung
RV-Befristung	EGB-UNICE-CEEP-Rahmenvereinbarung über befristete Arbeitsverträge (Anhang zur BefRL), ABl. 1999 L 175, S. 45
RV-Elternurlaub	BUSINESSEUROPE-UEAPME-CEEP-Rahmenvereinbarung über Elternurlaub (überarbeitete Fassung) v. 18.6.2009 (Anhang zur EltURL), ABl. 2010 L 68, S. 16
RV-Teilzeit	UNICE-CEEP-EGB-Rahmenvereinbarung über Teilzeitarbeit (Anhang zur TZRL), ABl. 1998 L 14, S. 12
S., s.	1. Seite 2. siehe
SCE	Societas Cooperativa Europaea (Europäische Genossenschaft)

SCE-RL	Richtlinie 2003/72/EG des Rates vom 22.7.2003 zur Ergänzung des Statuts der Europäischen Genossenschaft hinsichtlich der Beteiligung der Arbeitnehmer, ABl. 2003 L 207, S. 25
SE	Societas Europaea (Europäische Aktiengesellschaft)
SEAG	Gesetz zur Ausführung der Verordnung (EG) Nr. 2157/2001 des Rates vom 8. Oktober 2001 über das Statut der Europäischen Gesellschaft (SE) (SE-Ausführungsgesetz)
SEBG	Gesetz über die Beteiligung der Arbeitnehmer in einer Europäischen Gesellschaft (SE-Beteiligungsgesetz)
SelbstGbRL 2010/41/EU	Richtlinie 2010/41/EU des Europäischen Parlaments und des Rates vom 7. Juli 2010 zur Verwirklichung des Grundsatzes der Gleichbehandlung von Männern und Frauen, die eine selbstständige Erwerbstätigkeit ausüben, und zur Aufhebung der Richtlinie 86/613/EWG des Rates, ABl. 2010 L 180, S. 1
SelbstGbRL 86/613/EWG	Richtlinie 86/613/EWG des Rates vom 11.12.1986 zur Verwirklichung des Grundsatzes der Gleichbehandlung von Männern und Frauen, die eine selbständige Erwerbstätigkeit – auch in der Landwirtschaft – ausüben, sowie über den Mutterschutz, ABl. 1986 L 359, S. 56
SE-RL	Richtlinie 2001/86/EG des Rates vom 8.10.2001 zur Ergänzung des Statuts der Europäischen Gesellschaft hinsichtlich der Beteiligung der Arbeitnehmer, ABl. 2001 L 294, S. 22
SE-VO	Verordnung (EG) Nr. 2157/2001 des Rates vom 8. Oktober 2001 über das Statut der Europäischen Gesellschaft (SE), ABl. 2001 L 294, S. 1
SGB	Sozialgesetzbuch
SGb	Die Sozialgerichtsbarkeit
Slg.	Sammlung der Rechtsprechung des Gerichtshofs und des Gerichts der Europäischen Union
sog.	sogenannt

st. Rspr.	ständige Rechtsprechung
StBW	Steuerberater-Woche
str.	streitig
TVG	Tarifvertragsgesetz
TzBfG	Gesetz über Teilzeitarbeit und befristete Arbeitsverträge (Teilzeit- und Befristungsgesetz)
TZRL	Teilzeitrichtlinie: Richtlinie 97/81/EG des Rates vom 15.12.1997 zu der von UNICE, CEEP und EGB geschlossenen Rahmenvereinigung über Teilzeitarbeit, ABl. 1998 L 14, S. 9
u. a.	1. unter anderem 2. und andere
u. U.	unter Umständen
UmwG	Umwandlungsgesetz
UNICE	Union der Industrie- und Arbeitgeberverbände Europas
URRL	Unterrichtungsrahmenrichtlinie: Richtlinie 2002/14/EG des Europäischen Parlaments und des Rates vom 11.3.2002 zur Festlegung eines allgemeinen Rahmens für die Unterrichtung und Anhörung der Arbeitnehmer in der Europäischen Gemeinschaft, ABl. 2002 L 80, S. 29
UStG	Umsatzsteuergesetz
v.	1. vom 2. von
verb. Rs.	verbundene Rechtssachen
vgl.	vergleiche
Vorbem.	Vorbemerkungen
VRL	Richtlinie 2005/56/EG des Europäischen Parlaments und des Rates vom 26.10.2005 über die Verschmelzung von Kapitalgesellschaften aus verschiedenen Mitgliedstaaten, ABl. 2005 L 310, S. 1
WM	Wertpapier-Mitteilungen
z. B.	zum Beispiel

ZESAR	Zeitschrift für Europäisches Arbeits- und Sozialrecht
ZfA	Zeitschrift für Arbeitsrecht
ZGR	Zeitschrift für Unternehmens- und Gesellschaftsrecht
ZIP	Zeitschrift für Wirtschaftsrecht und Insolvenzpraxis
zit.	zitiert
ZPO	Zivilprozessordnung

§1. Einleitung und Gang der Untersuchung

Grundanliegen des Arbeitsrechts ist der Ausgleich einer im Arbeitsverhältnis angenommenen gestörten Vertragsparität: Anders als im allgemeinen Zivilrechtsverkehr, wo die Bedingungen freier Selbstbestimmung als Grundlage der Privatautonomie[1] weitgehend gegeben sind, bildet der Vertragsschluss im Arbeitsrecht per se noch keine „Richtigkeitsgewähr" im Sinne eines angemessenen Ausgleichs gegenläufiger Interessen frei agierender Vertragsparteien. Aufgrund der Tatsache, dass die meisten Menschen in einer modernen Gesellschaft zur Sicherung ihrer Existenz auf die Eingehung eines Arbeitsverhältnisses angewiesen sind, kann von echter Vertragsfreiheit im Arbeitsrecht nur bedingt ausgegangen werden.[2] Das BVerfG nimmt in ständiger Rechtsprechung eine nicht nur wirtschaftliche, sondern vielmehr „strukturelle" Unterlegenheit des Arbeitnehmers gegenüber dem Arbeitgeber beim Abschluss des Arbeitsvertrages an, die die Existenz arbeitsrechtlicher Schutzvorschriften rechtfertige.[3] Geltungsgrund des Arbeitsrechts ist damit letztlich eine systembedingte persönliche Abhängigkeit des Arbeitnehmers im Sinne einer Fremdbestimmtheit, die regelmäßig mit einer sozialen Schutzbedürftigkeit einhergeht.[4]

Davon ausgehend wirkt die Frage der Anwendung von Arbeitssrecht auf geschäftsführende Organmitglieder zunächst befremdlich: Ein Blick etwa auf die Jahresgehälter der Vorstände führender DAX-Unternehmen lässt die Anwendung arbeitsrechtlicher Schutzvorschriften zum Ausgleich sozialer

---

1 BVerfG v. 7.2.1990, BVerfGE 81, 242, 254 f.

2 *Zöllner/Loritz/Hergenröder*, ArbR, § 1 I. 1.; ausführlich zum Verhältnis von Privatautonomie und Arbeitsverhältnis *Zöllner*, AcP 176, 221 ff.

3 BVerfG v. 26.6.1991, BVerfGE 84, 212, 229; v. 1.10.1991, BVerfGE 85, 191, 213; v. 29.12.2004, NZA 2005, 153, 155; vgl. auch BAG v. 16.3.1994, NZA 1994, 937, 940: „[...] Individualarbeitsrecht [...] ist – wie nicht näher erläutert werden muß – durch eine strukturelle Unterlegenheit des einzelnen Arbeitnehmers gegenüber dem einzelnen Arbeitgeber gekennzeichnet, die durch kollektivrechtliche Regelungen wie Tarifverträge und Betriebsvereinbarungen nicht beseitigt wird."

4 Zum Geltungsgrund des Arbeitsrechts *Richardi*, in: MünchArbR I, § 3 Rn. 10 ff., 30 ff.; *Zöllner/Loritz/Hergenröder*, ArbR, § 1 I.

Abhängigkeit nicht unmittelbar als geboten erscheinen.[5] Und auch die Stellung von geschäftsführenden Organmitgliedern als Vertreter der Gesellschaft, die für die Leitung des Unternehmens verantwortlich sind, entsprechende Freiheiten und Entscheidungsbefugnisse haben und ihrerseits als „Arbeitgeber“ wahrgenommen werden, spricht zunächst gegen eine persönliche Abhängigkeit, der durch die Anwendung von Arbeitsrecht zu begegnen wäre. Dementsprechend herrschte dann auch bisher in Rechtsprechung und Literatur weitgehend Einigkeit, dass Arbeitsrecht auf Organmitglieder grundsätzlich keine Anwendung finden soll. Allerdings stellen die geschäftsführenden Organmitglieder keine homogene Personengruppe dar.[6] Die oben zitierten DAX-Vorstände kennzeichnen vielmehr den Extremfall. Das Gegenstück bildet die zahlenmäßig weit überwiegende Gruppe der Geschäftsführer kleinerer und mittelständischer GmbHs, deren wirtschaftliche Stellung und persönliche Entscheidungsfreiheiten regelmäßig weitaus weniger komfortabel ausgestaltet sein dürften.[7] Bereits in der Vergangenheit gab es daher immer wieder Stimmen, die unter bestimmten Umständen eine Einbeziehung von Organmitgliedern in den Geltungsbereich des Arbeitsrechts forderten.[8] Und auch die Gerichte sahen sich regelmäßig veranlasst, einzelne arbeitsrechtliche Normen aus Schutzzweckerwägungen auch auf Organmitglieder anzuwenden.[9]

---

5 Laut einer Studie der Deutschen Schutzvereinigung für Wertpapierbesitz (DSW) bekam der durchschnittliche DAX-30-Vorstand im Jahr 2012 ein Jahresgehalt von 3,2 Millionen Euro, vgl. http://www.sueddeutsche.de/wirtschaft/steigende-manager-gehaelter-dax-vorstaende-bekommen-mal-mehr-geld-als-ihre-mitarbeiter-1.1709979 (Stand: 29.5.2014).

6 Dazu *Fleck*, FS Hilger/Stumpf, S. 197, 208 f.; *Wank*, FS Wiedemann, S. 587, 589.

7 Laut einer Studie des Handelsblattes und der Beratung BBE Media in Kooperation mit dem Deutschen Steuerberaterverband lag das Durchschnittsgehalt von GmbH-Geschäftsführern im Jahr 2013 im Median (d. h. 50 Prozent der Geschäftsführer hatten ein darüber liegendes, 50 Prozent ein darunter liegendes Gehalt) bei 137.600 Euro. Auszüge der Studie sind abrufbar unter http://www.handelsblatt.com/unternehmen/mittelstand/handelsblatt-studie-verguetung-von-gmbh-chefs-steigt/8970798.html (Stand: 29.5.2014). Tatsächlich dürfte das Gehalt vieler Klein-GmbHs indessen kaum über dem eines durchschnittlichen Angestellten liegen, vgl. dazu *Wank*, FS Wiedemann, S. 587, 589.

8 Etwa *Brachert*, Organmitgliedschaft, S. 139 ff.; *Diller*, Gesellschafter und Gesellschaftsorgane, S. 137 ff.; *Henssler*, RdA 1992, 289, 292 ff.; *Wank*, FS Wiedemann, S. 587 ff.; vgl. auch die weiteren Nachweise in § 2 Fn. 141.

9 Dazu unter § 2 C. III. 1. a) aa).

Arbeitsrecht ist indessen schon seit geraumer Zeit nicht mehr eine rein nationale Angelegenheit, sondern wird zunehmend durch das europäische Recht geprägt. Zahlreiche EU-Richtlinien durchziehen das gesamte Rechtsgebiet und stellen verbindliche Vorgaben für den Mutterschutz über das Urlaubsrecht bis hin zum Betriebsübergang auf. Das gilt auch für die Frage, welchem Personenkreis der Arbeitnehmerschutz zuteil wird. In diesen Kontext fällt die sog. *Danosa*-Entscheidung des EuGH vom 11.11.2010. Geklagt hatte die Geschäftsführerin einer lettischen Kapitalgesellschaft, die aufgrund einer Schwangerschaft von ihrem Amt abberufen worden war. Der EuGH bestätigte die Auffassung der Klägerin, dass sie Arbeitnehmerin im Sinne der europäischen Mutterschutzrichtlinie sei und eine Abberufung während der Dauer ihrer Schwangerschaft daher gegen EU-Recht verstoße.[10] Damit stand fest: Geschäftsführende Organmitglieder können Arbeitnehmer im Sinne des europäischen Rechts sein. Daraus ergibt sich eine Vielzahl von Folgefragen: Unter welchen Voraussetzungen sind Organmitglieder als Arbeitnehmer im Sinne des Unionsrechts zu qualifizieren? Was meint der EuGH, wenn er von einem Verbot der Abberufung spricht, obwohl die Richtlinie lediglich die Kündigung schwangerer Arbeitnehmerinnen verbietet? Und in welchen weiteren Bereichen des Arbeitsrechts, abgesehen vom Mutterschutzrecht, können sich Konsequenzen für Organmitglieder ergeben?

Die aufgeworfenen Fragen sind nicht nur von rechtsdogmatischem Interesse und fügen sich in die aktuelle nationale Debatte über eine stärkere personelle Differenzierung des bislang noch weitgehend einheitlich angewandten Arbeitsrechts ein,[11] sondern sie sind aufgrund der Tatsache, dass die Anwendung von Arbeitsrecht stets auch einen nicht unerheblichen Kostenfaktor darstellt, für viele Unternehmen auch von wirtschaftlicher Bedeutung und dementsprechend von hoher praktischer Relevanz. Die *Danosa*-Entscheidung evozierte daher vom Zeitpunkt ihrer Veröffentlichung bis in die jüngste Vergangenheit zahlreiche Stellungnahmen sowohl im arbeitsrechtlichen als auch im gesellschaftsrechtlichen Schrifttum.[12] Teilweise stand dabei die kritische Würdigung der Entscheidung im Vordergrund, während andere Beiträge sich vorrangig auf die Frage der Konsequenzen für das deutsche Recht konzentrierten. Letztere nahmen

---

10 EuGH v. 11.11.2010 – C-232/09 (*Danosa*), Slg. 2010, I-11405; ausführlich dazu unten § 3 B. III.

11 Der 1. Deutsche Arbeitsrechtstag v. 22.-24.1.2014 etwa stand unter dem Motto „Sichere Arbeitsbedingungen für eine moderne Arbeitswelt – wen und wovor soll das Arbeitsrecht schützen?“; s. dazu die Beiträge von *Bauer/v. Medem*, NZA 2013, 1233 ff. und *Bayreuther*, NZA 2013, 1238 ff.

12 Vgl. nur die Nachweise in § 4 Fn. 2.

dabei entweder jeweils ein bestimmtes Rechtsgebiet näher in den Blick oder beschränkten sich auf überblicksartige Darstellungen, die naturgemäß regelmäßig nur einen Teil der aufgeworfenen Rechtsfragen behandelten. Höchstrichterlich sind die Dinge noch gänzlich ungeklärt. Der BGH hatte zwar bereits durchaus Gelegenheit, sich zu den Folgen der Entscheidung für das deutsche Recht zu äußern bzw. sie jedenfalls teilweise durch den EuGH im Wege der Vorabentscheidung klären zu lassen, ließ die sich stellenden Fragen dann aber doch lieber offen und löste seinen Fall auf anderem Wege.[13] Anliegen dieser Arbeit ist daher die umfassende Untersuchung der Auswirkungen der *Danosa*-Entscheidung auf den Arbeitnehmerschutz von geschäftsführenden Organmitgliedern im deutschen Recht. Gegenstand der Untersuchung ist dabei weniger die kritische Bewertung der Entscheidung als „richtig" oder „falsch", sondern vielmehr die Frage, wie sie zu verstehen ist und welche Konsequenzen sich aus ihr ergeben, wenn man sie als gegeben hinnimmt.

Ausgehend von der nationalen Definition des Arbeitnehmers und dem bisherigen Meinungsstand in Rechtsprechung und Literatur zum Arbeitnehmerschutz von geschäftsführenden Organmitgliedern im deutschen Recht (§ 2) wird dabei zunächst ein kurzer Blick auf die bisherige Rechtsprechung des EuGH zum Arbeitnehmerbegriff im Sinne des Unionsrechts geworfen (§ 3) und sodann der Frage nachgegangen, unter welchen Voraussetzungen geschäftsführende Organmitglieder der gängigen Gesellschaftsformen des nationalen Rechts die Kriterien des Arbeitnehmerbegriffs im Sinne des Unionsrechts unter maßgeblicher Berücksichtigung der in der *Danosa*-Entscheidung entwickelten Merkmale erfüllen (§ 4).

Ist damit zunächst der Personenkreis abgesteckt, für den sich überhaupt arbeitsrechtliche Konsequenzen ergeben können, wird im weiteren Verlauf der Untersuchung auf die verschiedenen Bereiche des Arbeitsrechts eingegangen (§ 5). Ausgangspunkt ist dabei jeweils die Überlegung, dass eine europarechtlich gebotende Erweiterung des persönlichen Anwendungsbereichs der nationalen Vorschriften voraussetzt, dass ihnen eine EU-Richtlinie zugrunde liegt, die hinsichtlich ihres persönlichen Anwendungsbereichs nicht ihrerseits auf das Recht der Mitgliedstaaten verweist. Anknüpfungspunkte der Darstellung sind dementsprechend die maßgeblichen arbeitsrechtlichen Richtlinien und die Beantwortung der Frage, welchen Arbeitnehmerbegriff die jeweilige Richtlinie beinhaltet. Ergibt sich daraus, dass der Anwendungsbereich einer Richtlinie unionsrechtlich geprägt ist und demzufolge auch den unter § 4 herausgearbeiteten Personenkreis

13 BGH v. 23.4.2012, BGHZ 193, 110, 114 f.

einbezieht, ist jeweils in einem zweiten Schritt die Frage zu erörtern, wie die unionsrechtlich gebotene Erstreckung des Schutzes auf Organmitglieder auf der Grundlage des nationalen Arbeitsrechts erreicht werden kann. Zu untersuchen ist in diesem Zusammenhang nicht allein die Möglichkeit einer richtlinienkonformen Auslegung des Anwendungsbereichs nationaler Arbeitnehmerschutzgesetze, sondern auch die Frage, ob mit der Organmitgliedschaft verbundene Besonderheiten eine modifizierte Anwendung der jeweiligen Vorschriften gebieten oder einer Anwendung auf Organmitglieder sogar gänzlich entgegenstehen. Für diejenigen Richtlinien, die hinsichtlich ihres Anwendungsbereichs auf den Arbeitnehmerbegriff der nationalen Rechtsordnungen verweisen, wird unter Berücksichtigung der einschlägigen EuGH-Rechtsprechung untersucht, ob die Nichtanwendung auf Organmitglieder gerechtfertigt ist, oder aber – trotz des Verweises auf den mitgliedstaatlichen Arbeitnehmerbegriff – in unionsrechtlicher Hinsicht auf Bedenken stößt. Abschließend wird kurz auf die Frage einzugehen sein, ob sich aus der *Danosa*-Rechtsprechung, bedingt durch primärrechtliche Vorgaben des Unionsrechts, auch in solchen Regelungsbereichen Auswirkungen ergeben können, die nicht auf unionsrechtlichen Richtlinien basieren.

Ausgehend von den zu § 4 und § 5 gefundenen Ergebnissen erfolgt eine kurze Auseinandersetzung mit der Frage, ob aus Gründen der Rechtsvereinheitlichung eine umfassende Einbeziehung des GmbH-Geschäftsführers in das nationale Arbeitnehmerschutzrecht im Sinne einer Einheitslösung geboten erscheint (§ 6), bevor abschließend festzustellen sein wird, inwieweit die nationalen Gerichte zu einer Revision ihrer bisherigen Rechtsprechung zur Anwendung des Arbeitsrechts auf Organmitglieder veranlasst sind (§ 7).

§2. Der Arbeitnehmerbegriff im deutschen Recht

A. Bedeutung

Der Arbeitnehmerbegriff ist für das Arbeitsrecht insofern von zentraler Bedeutung, als die Anwendung des Großteils arbeitsrechtlicher Vorschriften die Arbeitnehmereigenschaft voraussetzt. Damit ist das Arbeitsverhältnis nicht nur Gegenstand des Arbeitsrechts, sondern der Begriff des Arbeitnehmers bestimmt zugleich dessen Anwendungsbereich.[14] Auch die Frage des Rechtsweges bestimmt sich nach der Arbeitnehmereigenschaft (vgl. § 2 Abs. 1 Nr. 3 ArbGG).[15] Abzugrenzen ist der Arbeitnehmer vorrangig vom selbständigen Dienstnehmer, auf den arbeitsrechtliche Vorschriften grundsätzlich keine Anwendung finden.[16] Soweit neuere Gesetze zunehmend den Begriff des „Beschäftigten" verwenden (so z. B. § 1 ArbSchG, § 6 ff. AGG, § 1 PflegeZG), bedeutet dies lediglich eine Erweiterung des persönlichen Anwendungsbereiches in Teilbereichen des Arbeitsrechts, ändert aber an der grundlegenden Bedeutung des Arbeitnehmerbegriffs für das Arbeitsrecht nichts.[17]

Auch im Sozialrecht ist der Arbeitnehmerbegriff von Bedeutung: Für die Versicherungspflicht in der gesetzlichen Sozialversicherung kommt es maßgeblich auf das Vorliegen einer Beschäftigung an (vgl. § 25 Abs. 1 SGB III, § 5 Abs. 1 Nr. 1 SGB V, § 1 Nr. 1 SGB VI, § 2 Abs. 1 Nr. 1 SGB VII, 20 Abs. 1 S. 2 Nr. 1 SGB XI). Den Begriff der Beschäftigung definiert § 7 Abs. 1 S. 1 SGB IV als die nichtselbständige Arbeit, insbesondere in einem Arbeitsverhältnis. Damit sind der Begriff der (abhängigen) Beschäftigung und der des Arbeitsverhältnisses zwar nicht deckungsgleich,[18] gleichwohl ist der Arbeitnehmerbegriff insofern von

14 *Hromadka*, NZA 1997, 569; *Preis*, in: ErfK, § 611 BGB Rn. 34; *Richardi*, in: MünchArbR I, § 16 Rn. 1 f.; *Vogelsang*, in: Schaub, § 8 Rn. 1.

15 *Preis*, in: ErfK, § 611 BGB Rn. 34.

16 *Müller-Glöge*, in: MüKo-BGB, § 611 Rn. 6.

17 *Preis*, in: ErfK, § 611 BGB Rn. 34; ausführlich zum Begriff des Beschäftigten *Richardi*, NZA 2010, 1101 ff.

18 BSG v. 30.8.1955, NJW 1956, 843, 844; v. 10.8.2000, BSGE 87, 53, 55; BAG v. 26.5.1999, NZA 1999, 983, 984; v. 26.5.1999, NZA 1999, 987, 989; *Richardi/Fischinger*, in: Staudinger, Vorbem. zu §§ 611 ff. BGB Rn. 219; *Rolfs*, in: ErfK, § 7

entscheidender Bedeutung, als das Arbeitsverhältnis im Sinne des Arbeitsrechts praktisch den wichtigsten Fall des sozialversicherungsrechtlichen Beschäftigungsverhältnisses darstellt.[19]

Schließlich verwendet auch das Lohnsteuerrecht den Begriff des Arbeitnehmers (vgl. § 1 LStDV). Dort ist er für die Abgrenzung zwischen Einkünften aus selbständiger zu solchen aus nichtselbständiger Arbeit bedeutsam (vgl. §§ 18, 19 EStG): Der Arbeitgeber hat vom Arbeitnehmer die Lohnsteuer einzubehalten, anzumelden und abzuführen.[20]

B. Allgemeine Definition

I. Gesetzliche Ausgangslage

Viele arbeitsrechtliche Gesetze verwenden den Begriff des Arbeitnehmers, ohne ihn jedoch zu definieren.[21] Gemäß § 622 Abs. 1 BGB umfasst der Begriff des Arbeitnehmers Arbeiter und Angestellte. Diese Formulierung findet sich auch in verschiedenen anderen Gesetzen, oftmals ergänzt durch den Zusatz „einschließlich der zu ihrer Berufsausbildung Beschäftigten“.[22] Es handelt sich dabei allerdings nicht um echte Legaldefinitionen[23], sondern jeweils um eine bloße Beschreibung derjenigen Personen, die als Arbeitnehmer im Sinne eines bestimmten Gesetzes anzusehen sind.[24] Unabhängig davon, dass die Unterscheidung zwischen Arbeitern und Angestellten im geltenden Recht kaum noch

---

SGB IV Rn. 2; *Seewald*, in: KassKomm, § 7 SGB IV Rn. 142; a. A. *Wank*, AuR 2001, 291, 297 ff.

19 *Preis*, in: ErfK, § 611 BGB Rn. 103; *Voelzke*, in: Küttner, Stichwort: Arbeitnehmer (Begriff) Rn. 47, 49; ausführlich zum Verhältnis von Beschäftigungs- und Arbeitsverhältnis: *Wilke*, Das Verhältnis, S. 1 ff.

20 *Seidel*, in: Küttner, Stichwort: Arbeitnehmer (Begriff) Rn. 29.

21 Vgl. z. B. §§ 612a, 613a, 619a, 630 BGB, § 1 AÜG, § 1 ArbPlSchG, § 1 Abs. 1 KSchG; Soweit der Gesetzgeber anstatt auf den „Arbeitnehmer“ auf das „Arbeitsverhältnis“ abstellt (vgl. etwa § 1 Abs. 1 TVG, § 1 Nr. 1 MuSchG), bedeutet dies lediglich einen terminologischen Unterschied, dazu *Wank*, Arbeitnehmer und Selbständige, S. 7.

22 Vgl. z. B. § 2 Abs. 2 ArbZG, § 1 Abs. 2 EFZG, § 2 S. 1 BUrlG, § 5 Abs. 1 S. 1 ArbGG, ähnlich auch § 5 Abs. 1 S. 1 BetrVG.

23 Zur Unterscheidung zwischen Legaldefinition und sog. Begriffsdefinition: *Wank*, Arbeitnehmer und Selbständige, S. 5.

24 *Richardi/Fischinger*, in: Staudinger, Vorbem. zu §§ 611 ff. BGB Rn. 217; *Vogelsang*, in: Schaub, § 8 Rn. 1.

Bedeutung hat,[25] werden auch diese Begriffe gesetzlich nicht näher bestimmt. Gemäß § 84 Abs. 1 S. 2 HGB ist selbständiger Handelsvertreter, wer im Wesentlichen frei seine Tätigkeit gestalten und seine Arbeitszeit bestimmen kann. Die Rechtsprechung und ihr folgend ein Teil der Literatur leiten hieraus einen allgemeinen Rechtsgedanken ab, der mit Hilfe eines Umkehrschlusses Hinweise auf eine allgemeingültige Arbeitnehmerdefinition geben könne.[26] Wesentliches Merkmal eines Arbeitnehmers sei danach, dass dieser die entsprechende Freiheit in Bezug auf seine Tätigkeitsgestaltung und Arbeitszeit nicht habe.[27] Eine abschließende Definition des Arbeitnehmerbegriffs lässt sich der Norm freilich nicht entnehmen.[28] Auch soweit einige arbeitsrechtliche Gesetze bestimmte Personengruppen, wie etwa leitende Angestellte oder Organmitglieder und Gesellschafter, von ihrem Anwendungsbereich ausschließen (so z. B. § 14 Abs. 1 KSchG, § 5 Abs. 2 BetrVG, § 5 Abs. 1 S. 3 ArbGG), sagt dies über die Frage, wer grundsätzlich Arbeitnehmer ist, nichts aus.[29]

In einigen Gesetzen findet sich der Begriff der arbeitnehmerähnlichen Personen (vgl. etwa § 2 S. 2 BUrlG, § 6 Abs. 1 S. 1 Nr. 3 AGG, § 5 Abs. 1 S. 2 ArbGG). In § 12a Abs. 1 Nr. 1 TVG wird er legaldefiniert als „Personen, die wirtschaftlich abhängig und vergleichbar einem Arbeitnehmer sozial schutzbedürftig sind“. Der Definition kommt eine generelle Bedeutung auch außerhalb des Tarifrechts zu.[30] Aus dieser Formulierung lässt sich ableiten, dass arbeitnehmerähnliche Personen grundsätzlich keine Arbeitnehmer sind.[31] Kriterien für die Abgrenzung zwischen Arbeitnehmern und arbeitnehmerähnlichen Personen und damit für die Arbeitnehmereigenschaft als solche enthält die Vorschrift indessen nicht.[32]

---

25 *Müller-Glöge*, in: MüKo-BGB, § 611 Rn. 234; *Preis*, in: ErfK, § 611 BGB Rn. 104.

26 BAG v. 15.3.1978, AP Nr. 26 zu § 611 BGB Abhängigkeit; v. 17.5.1978, AP Nr. 28 zu § 611 BGB Abhängigkeit; v. 9.9.1981, AP Nr. 38 zu § 611 Abhängigkeit; v. 20.7.1994, NZA 1995, 161, 162; v. 30.11.1994, NZA 1995, 622, 622 f.; v. 9.5.1996, NZA 1996, 1145, 1148; v. 29.8.2012, NZA 2012, 1433, 1434; *Hromadka*, NZA 1997, 569; *v. Hoyningen-Huene*, in: MüKo-HGB, § 84 Rn. 26; *Müller-Glöge*, in: MüKo-BGB, § 611 Rn. 174; kritisch zum Bedeutungsgehalt der Vorschrift hingegen: *Mohr*, Der Arbeitnehmerbegriff, S. 10; *Wank*, Arbeitnehmer und Selbständige, S. 257 f.

27 BAG v. 17.5.1978, AP Nr. 28 zu § 611 BGB Abhängigkeit; v. 20.7.1994, NZA 1995, 161, 162.

28 Ausführlich dazu *Stolterfoht*, Die Selbständigkeit, S. 16 ff.

29 *Mohr*, Der Arbeitnehmerbegriff, S. 9 f.

30 Vgl. etwa BAG v. 30.8.2000, NZA 2000, 1359, 1360.

31 BAG v. 15.3.1978, AP Nr. 26 zu § 611 BGB Abhängigkeit; *Vogelsang*, in: Schaub, § 10 Rn. 2.

32 BAG v. 15.3.1978, AP Nr. 26 zu § 611 BGB Abhängigkeit.

Allenfalls wird klargestellt, dass die Arbeitnehmereigenschaft eine gewisse soziale Schutzbedürftigkeit voraussetzt.

Im deutschen Arbeitsrecht existiert damit keine gesetzliche Definition des Arbeitnehmerbegriffs. Er wird als bekannt vorausgesetzt. Gleiches gilt für andere Rechtsbereiche, in denen der Arbeitnehmerbegriff von Bedeutung ist: Im Sozialversicherungsrecht wird der Begriff der Beschäftigung in § 7 Abs. 1 S. 1 SGB IV als „nichtselbständige Arbeit, insbesondere in einem Arbeitsverhältnis" umschrieben. Zwar bestimmt S. 2 ergänzend, dass eine Tätigkeit nach Weisung und eine Eingliederung in die Arbeitsorganisation des Weisungsgebers Anhaltspunkte für eine Beschäftigung sind und liefert damit in begrenztem Umfang auch inhaltliche Kriterien. Für den Begriff des Arbeitnehmers ist der Erkenntniswert der Vorschrift allerdings gering, da der Beschäftigtenbegriff im Sinne des Sozialrechts und der Arbeitnehmerbegriff im Sinne des Arbeitsrechts nicht notwendigerweise deckungsgleich sind.[33] Im Steuerrecht definiert § 1 Abs. 1 S. 1 LStDV Arbeitnehmer als „Personen, die in öffentlichem oder privatem Dienst angestellt oder beschäftigt sind oder waren und die aus diesem Dienstverhältnis oder einem früheren Dienstverhältnis Arbeitslohn beziehen". Gemäß § 1 Abs. 2 S. 2 LStDV kommt es darauf an, dass die tätige Person in der Betätigung ihres geschäftlichen Willens unter der Leitung des Arbeitgebers steht oder im geschäftlichen Organismus des Arbeitgebers dessen Weisungen zu folgen verpflichtet ist. Nach allgemeiner Auffassung beansprucht auch diese Definition allerdings allein Geltung für das Steuerrecht und sagt damit nichts über den arbeitsrechtlichen Begriff des Arbeitnehmers aus.[34]

II. Der Arbeitnehmerbegriff nach der Rechtsprechung des BAG und herrschender Lehre

Aufgrund des Fehlens einer gesetzlichen Definition war es Aufgabe von Rechtsprechung und Wissenschaft, einen praxistauglichen Begriff des Arbeitnehmers zu entwickeln. Ganz überwiegend wird dabei von einem einheitlichen Begriff ausgegangen, der für das gesamte Arbeitsrecht Geltung beansprucht.[35]

---

33 S. oben § 2 A. (Fn. 5).

34 BFH v. 13.2.1980, BFHE 129, 565, 566; v. 20.4.1988, BFHE 153, 437, 443; v. 2.12.1998, BFHE 188, 101, 198 f.; BAG v. 26.5.1999, NZA 1999, 987, 989; *Preis*, in: ErfK, § 611 BGB Rn. 103; *Vogelsang*, in: Schaub, § 8 Rn. 58 f.

35 BAG v. 23.5.1992, NZA 1992, 899; *Müller-Glöge*, in: MüKo-BGB, § 611 Rn. 170; *Preis*, in: ErfK, § 611 BGB Rn. 35; *Thüsing*, in: H/W/K, vor § 611 Rn. 21; a. A. etwa *Heinze*, NZA 1997, 1, 3 und *Richardi*, in: MünchArbR I, § 16 Rn. 44, die den Arbeitnehmerbegriff entsprechend dem Schutzzweck des jeweiligen Gesetzes bestimmen wollen.

Ausgangspunkt vor allem der Rechtsprechung[36] ist die von *Alfred Hueck* im Jahre 1927 entwickelte Definition. Danach ist Arbeitnehmer, wer aufgrund eines privatrechtlichen Vertrages im Dienste eines anderen zur Arbeit verpflichtet ist.[37] Diese sog. Vertragstheorie[38] besagt im Wesentlichen drei Dinge:

1. Abgrenzung zum Werkvertrag

Arbeitnehmer ist nur, wer zur Arbeit im wirtschaftlichen Sinne, d. h. zur (bloßen) Tätigkeit zwecks Befriedigung eines fremden Bedürfnisses verpflichtet ist, nicht hingegen, wer auch einen Arbeitserfolg schuldet. In diesem Fall liegt ein Werkvertrag vor, der nicht gleichzeitig Dienstvertrag und damit auch nicht Arbeitsvertrag sein kann.[39] Unerheblich ist demgegenüber, ob sich die Vergütung nach dem Arbeitserfolg bemisst. Ein auf Prämien oder Provisionen basierendes Vergütungssystem steht der Arbeitnehmereigenschaft daher nicht entgegen.[40]

2. Privatrechtlicher Vertrag

Zweites Merkmal des Arbeitsverhältnisses ist die Verpflichtung auf der Grundlage eines privatrechtlichen Vertrages in Abgrenzung zu Tätigkeiten in öffentlich-rechtlichen Rechtsverhältnissen. Arbeitsrecht gilt grundsätzlich nur für privatautonom begründete Beschäftigungsverhältnisse.[41] Nicht zu den konstitutiven Merkmalen eines privatrechtlichen Vertrages soll allerdings dessen Rechtswirksamkeit gehören: das Vertragserfordernis besagt lediglich, dass die

---

36 Etwa BAG v. 19.5.1960, AP Nr. 7 zu § 5 ArbGG 1953; v. 15.3.1978, AP Nr. 26 zu § 611 BGB Abhängigkeit; v. 13.1.1983, AP Nr. 42 zu § 611 BGB Abhängigkeit; v. 12.12.2001, NZA 2002, 787, 788.

37 *Hueck/Nipperdey*, ArbR, § 8 II.

38 Dem gegenüber stand die von *Potthoff* begründete Eingliederungstheorie, wonach ein Arbeitsverhältnis nicht durch Vertrag, sondern durch die Eingliederung in einen fremden Betrieb begründet werden soll, vgl. *Potthoff*, Wesen und Ziel des Arbeitsrechts, S. 5 ff.; daran anknüpfend insbes. *Nikisch*, ArbR, § 11 I. 1. Sie hat sich jedoch nicht durchsetzen können, vgl. dazu *Mohr*, Der Arbeitnehmerbegriff, S. 50 f.; *Müller-Glöge*, in: MüKo-BGB, § 611 Rn. 163.

39 *Preis*, in: ErfK, § 611 Rn. 12; *Richardi*, in: MünchArbR I, § 16 Rn. 14 m. w. N.

40 *Richardi*, in: MünchArbR I, § 16 Rn. 14.

41 *Müller-Glöge*, in: MüKo-BGB, § 611 Rn. 200; *Richardi*, in: MünchArbR I, § 16 Rn. 15; *Vogelsang*, in: Schaub, § 8 Rn. 14.

Dienste auf freiwilliger Grundlage erbracht werden und auch der Arbeitgeber den Willen zur Beschäftigung hat.[42]

3. Persönliche Abhängigkeit

Drittes und problematisches Kriterium der Definition ist die Arbeit „im Dienste eines anderen". Rechtsprechung und herrschende Lehre leiten daraus das Merkmal der persönlichen Abhängigkeit des Arbeitnehmers her.[43] In Abgrenzung zum Selbständigen leiste der Arbeitnehmer fremdbestimmte Arbeit. Durch die Fremdbestimmtheit grenze sich der Arbeitsvertrag vom freien Dienstvertrag ab.[44] Eine Definition der „persönlichen Abhängigkeit" nimmt das BAG indessen nicht vor, sondern stellt im Rahmen einer typologischen Betrachtungsweise auf verschiedene Umstände ab, die Indikatoren für den Grad der persönlichen Abhängigkeit sein sollen.[45] Insbesondere die Eingliederung in eine fremde Arbeitsorganisation, die sich durch ein Weisungsrecht des Arbeitgebers hinsichtlich Zeit, Ort, Dauer, Inhalt und Durchführung der Tätigkeit auszeichne, sei maßgeblich.[46]

Das Kriterium der Weisungsgebundenheit wird durch einen Umkehrschluss § 84 Abs. 1 S. 2 HGB entnommen, der eine allgemeine gesetzgeberische Wertung enthalte.[47] Allerdings gibt es Weisungen auch im Werkvertrags- sowie im Auftragsrecht, vgl. §§ 645 Abs. 1 S. 1, 665, 675 Abs. 1 BGB.[48] Zudem hängt die Reichweite des Weisungsrechts davon ab, inwieweit Arbeitsbedingungen nicht

---

42 *Müller-Glöge*, in: MüKo-BGB, § 611 Rn. 158; *Richardi*, in: MünchArbR I, § 16 Rn. 15; *Vogelsang*, in: Schaub, § 8 Rn. 11.

43 BAG v. 28.2.1962, AP Nr. 1 zu § 611 BGB Abhängigkeit; v. 15.3.1978, AP Nr. 26 zu § 611 BGB Abhängigkeit; v. 27.3.1991, NZA 1991, 911; v. 16.3.1994, NZA 1994, 1132, 1133; v. 22.4.1998, NZA 1998, 1275; v. 26.9.2002, NZA 2002, 1412, 1414; v. 15.2.2012, NZA 2012, 733, 734 f.; *Griebeling*, RdA 1998, 208, 211 f.; *Hromadka*, NZA 1997, 569, 576 f.; *Hueck/Nipperdey*, ArbR, § 8 III. 3.; *Müller-Glöge*, in: MüKo-BGB, § 611 Rn. 171; *Vogelsang*, in: Schaub, § 8 Rn. 21.

44 BAG v. 15.3.1978, AP Nr. 26 zu § 611 BGB Abhängigkeit.

45 Etwa BAG v. 23.4.1980, AP Nr. 34 zu § 611 BGB Abhängigkeit; v. 24.6.1992, NZA 1993, 174, 175 f.; v. 29.8.2012, NZA 2012, 1433, 1434; kritisch zum typologischen Bestimmungsansatz. *Preis*, in: ErfK, § 611 Rn. 54; *Richardi*, in: MünchArbR I, § 16 Rn. 45; *Rüthers*, RdA 1985, 129, 131.

46 Statt aller BAG v. 24.6.1992, NZA 1993, 174, 175 m. w. N.

47 Vgl. dazu bereits oben unter B. I.

48 *Müller-Glöge*, in: MüKo-BGB, § 611 BGB Rn. 176; *Vogelsang*, in: Schaub, § 8 Rn. 23.

bereits kollektivrechtlich oder arbeitsvertraglich festgelegt sind.[49] Als unabdingbares Kriterium wird das Weisungsrecht daher nicht angesehen. Vielmehr könne es in örtlicher, zeitlicher und fachlicher Hinsicht höchst unterschiedlich stark ausgeprägt sein oder sogar ganz fehlen, ohne dass dies der Annahme eines Arbeitsverhältnisses entgegenstehe.[50] Vor allem bei Tätigkeiten höherer Art könne sich eine Eingliederung in fremde Organisationsstrukturen und damit eine persönliche Abhängigkeit auch daraus ergeben, dass der Beschäftigte zwar fachlich weitgehend weisungsfrei handele, für seine Tätigkeit aber auf betriebliche Mittel (Büro, Mitarbeiter, technische Einrichtungen, Arbeitsgeräte etc.) angewiesen sei.[51] Es sei nicht möglich, abstrakte, für alle Arbeitsverhältnisse gültige Maßstäbe aufzustellen, so dass es stets auf eine Gesamtwürdigung aller Umstände im Einzelfall ankomme, bei der maßgeblich auch die Eigenart der jeweiligen Tätigkeit zu berücksichtigen sei.[52]

Ein weiterer Umstand, der auf persönliche Abhängigkeit und damit das Vorliegen eines Arbeitsverhältnisses hindeutet, kann nach Auffassung der herrschenden Meinung die Fremdnützigkeit der Tätigkeit, d. h. die fehlende Übernahme eines unternehmerischen Risikos sein: Dem Arbeitnehmer sei es typischerweise nicht möglich, seine Arbeitskraft nach eigenen Vorstellungen und auf eigenes Risiko am Markt anzubieten, sondern er sei auf deren Verwertung durch den Unternehmer angewiesen.[53]

Typische Merkmale eines Arbeitsverhältnisses seien darüber hinaus die Verpflichtung zur persönlichen Erbringung der Arbeitsleistung[54] sowie der Umstand, dass ein Beschäftigter seine gesamte Arbeitskraft schulde oder regelmäßig in

---

49 *Vogelsang*, in: Schaub, § 8 Rn. 23.

50 BAG v. 15.3.1978, AP Nr. 26 zu § 611 BGB Abhängigkeit; v. 13.1.1981, AP Nr. 42 zu § 611BGB Abhängigkeit; v. 30.10.1991, NZA 1992, 407, 408; v. 20.7.1994, NZA 1995, 161, 162.

51 BAG v. 15.3.1978, AP Nr. 26 zu § 611 BGB Abhängigkeit.

52 BAG v. 15.3.1978, AP Nr. 26 zu § 611 BGB Abhängigkeit; v. 20.7.1994, NZA 1995, 161, 162; v. 30.11.1994, NZA 1995, 622, 623; v. 22.8.2001, NZA 2003, 662, 663.

53 BAG v. 2.6.1976, AP Nr. 20 zu § 611 BGB Abhängigkeit; v. 15.3.1978, AP Nr. 26 zu § 611 BGB Abhängigkeit; v. 23.4.1980, AP Nr. 34 zu § 611 BGB Abhängigkeit; *Müller-Glöge*, in: MüKo-BGB, § 611 Rn. 182; *Preis*, in: ErfK, § 611 BGB Rn. 72; *Vogelsang*, in: Schaub, § 8 Rn. 26; *Wiedemann*, Das Arbeitsverhältnis, S. 14 ff.

54 BAG v. 16.7.1997, NZA 1998, 368, 369; v. 19.11.1997, NZA 1998, 364, 366; v. 12.12.2001, NZA 2002, 787, 788; v. 13.3.2008, NZA 2008, 878, 880; *Müller-Glöge*, in: MüKo-BGB, § 611 Rn. 181; *Preis*, in: ErfK, § 611 BGB Rn. 71.

Anspruch genommen werde.[55] Indizwirkung sollen auch umfassende Berichtspflichten sowie eine regelmäßige Kontrolle durch den Unternehmer haben.[56]

Maßgeblich sei stets der objektive Vertragsinhalt, d. h. das tatsächlich gelebte Rechtsverhältnis.[57] Fallen die ausdrückliche vertragliche Vereinbarung und die tatsächliche Durchführung des Vertragsverhältnisses auseinander, soll letztere für die Einordnung des Vertragstypus entscheidend sein.[58]

4. Irrelevante Kriterien

Der von Rechtsprechung und herrschender Lehre als maßgeblich erachteten persönlichen Abhängigkeit des Arbeitnehmers steht die wirtschaftliche Abhängigkeit gegenüber, auf die es für die Beurteilung der Arbeitnehmereigenschaft gerade nicht ankommen soll.[59] Wirtschaftliche Abhängigkeit bzw. Unselbständigkeit sei gemäß § 12a Abs. 1 Nr. 1 TVG prägendes Merkmal gerade der arbeitnehmerähnlichen Personen und könne daher nicht gleichzeitig als Kriterium für die Abgrenzung zwischen Arbeitnehmern und Selbständigen herangezogen werden.[60]

Auch die Dauer der Beschäftigung spiele bei der Abgrenzung keine Rolle, denn auch ein freies Dienstverhältnis könne auf Dauer angelegt sein.[61] Gleiches gelte für die Frage, ob eine Voll- oder Teilzeitbeschäftigung vorliege[62] oder wie sich die Vergütung gestalte.[63] Auf formale Gesichtspunkte, wie etwa die

---

55 Vgl. BAG v. 8.10.1975, AP Nr. 18 zu § 611 BGB Abhängigkeit; *Vogelsang*, in: Schaub, § 8 Rn. 27.

56 *Vogelsang*, in: Schaub, § 8 Rn. 28.

57 *Müller-Glöge*, in: MüKo-BGB, § 611 Rn. 172; *Richardi*, in: MünchArbR I, § 17 Rn. 1ff.

58 St. Rspr., vgl. nur BAG v. 23.4.1980, AP Nr. 34 zu § 611 BGB Abhängigkeit; v. 27.3.1991, NZA 1991, 933, 933 f.; v. 30.9.1991, NZA 1992, 407, 408.

59 BAG v. 14.2.1974, AP Nr. 12 zu § 611 BGB Abhängigkeit, v. 30.10.1991, NZA 1992, 407, 408; v. 30.11.1994, NZA 1995, 622; *Hromadka*, NZA 1997, 569, 579; *Müller-Glöge*, in: MüKo-BGB, § 611 Rn. 186; *Preis*, in: ErfK, § 611 BGB Rn. 62; vgl. auch *Richardi*, in: MünchArbR I, § 16 Rn. 19.

60 *Preis*, in: ErfK § 611 BGB Rn. 62; *Vogelsang*, in: Schaub, § 8 Rn. 21; zweifelnd hingegen *Lieb/Jacobs*, ArbR, § 1 Rn. 12 ff.

61 BAG v. 27.3.1991, NZA 1991, 933, 935; v. 30.10.1991, NZA 1992, 407, 409; *Müller-Glöge*, in: MüKo-BGB, § 611 Rn. 190; *Vogelsang*, in: Schaub, § 8 Rn. 29.

62 BAG v. 8.10.1975, AP Nr. 18 zu § 611 BGB Abhängigkeit; v. 30.10.1991, NZA 1992, 407, 409.

63 BAG v. 30.10.1991, NZA 1992, 407, 409; v. 16.3.1994, NZA 1994, 1132, 1134; *Vogelsang*, in: Schaub, § 8 Rn. 29.

Abführung von Steuern und Sozialabgaben, die Führung von Personalakten oder die Gewährung von Urlaub oder Entgeltfortzahlung soll es ebenfalls nicht entscheidend ankommen.[64]

III. Alternative Bestimmungsansätze

1. Kritik an der Begriffsdefinition der herrschenden Meinung

Die herrschende Meinung sah sich bei ihrer Methodik zur Begriffsbestimmung vielfacher Kritik ausgesetzt.[65] Als Haupteinwand wird regelmäßig vorgebracht, das BAG nehme keine normative, am Zweck des Arbeitsrechts orientierte Definition vor, sondern eine reine Beschreibung der vorgefundenen Wirklichkeit.[66] Es sei kein Sinnzusammenhang zwischen dem Kriterium der persönlichen Abhängigkeit und der Anwendung des Arbeitsrechts erkennbar.[67] Außerdem seien die zur Bestimmung der persönlichen Abhängigkeit herangezogenen Kriterien für eine trennscharfe Abgrenzung ohne Wert, solange keines der Merkmale zwingend vorliegen müsse, um die Arbeitnehmereigenschaft zu bejahen, und gleichzeitig jeder Umstand auch in einem freien Mitarbeiterverhältnis vorliegen könne.[68] Die Rechtsprechung belege ein im Einzelfall intuitiv für richtig befundenes Ergebnis nachträglich mit beliebigen Merkmalen, lasse aber allgemeinverbindliche Bewertungsmaßstäbe vermissen und führe damit zu Rechtsunsicherheit.[69]

---

64 BAG v. 16.3.1994, NZA 1994, 1132, 1134; v. 12.12.2001, NZA 2002, 787, 788; *Vogelsang*, in: Schaub, § 8 Rn. 30.

65 Etwa *Beuthien/Wehler*, RdA 1978, 2, 3 ff.; *Brammsen*, RdA 2010, 267, 269; *Lieb*, RdA 1977, 210, 212 f.; *Lieb/Jacobs*, ArbR, § 1 Rn. 1 ff.; *Mohr*, Der Arbeitnehmerbegriff, S. 63 ff.; *Preis*, in: ErfK, § 611 BGB Rn. 54; *Richardi*, in: MünchArbR I, § 16 Rn. 45; *Richardi/Fischinger*, in: Staudinger, Vorbem. zu §§ 611 ff. BGB Rn. 254 f.; *Rüthers*, RdA 1985, 129, 131; *Wank*, Arbeitnehmer und Selbständige, S. 23 ff.; *ders.*, EuZA 2008, 172, 188 ff.; kritisch auch *Zöllner/Loritz/Hergenröder*, ArbR, § 4 III. 5. cc).

66 *Mohr*, Der Arbeitnehmerbegriff, S. 63; *Wank*, Arbeitnehmer und Selbständige, S. 24.

67 *Beuthien/Wehler*, RdA 1978, 2, 4; *Mohr*, Der Arbeitnehmerbegriff, S. 63 ff; *Richardi*, in: MünchArbR I, § 16 Rn. 45; *Wank*, Arbeitnehmer und Selbständige, S. 24.

68 *Mohr*, Der Arbeitnehmerbegriff, S. 64; *Preis*, in: ErfK, § 611 BGB Rn. 54; *Richardi/Fischinger*, in: Staudinger, Vorbem. zu §§ 611 ff. BGB Rn. 255.

69 *Mohr*, Der Arbeitnehmerbegriff, S. 66; ähnlich *Diller*, Gesellschafter und Gesellschaftsorgane, S. 102.

Letztlich führe die ontologische Methode der herrschenden Meinung allein in ohnehin evidenten Normalfällen zu befriedigenden Ergebnissen, versage aber in Zweifelsfällen, weil unklar bleibe, worauf es dann maßgeblich ankomme.[70]

2. Alternative Bestimmungsansätze

Vielfach wurde aufgrund dieser Kritik bereits versucht, den Arbeitnehmerbegriff neu zu definieren.[71] Überwiegend wird dabei eine teleologische Betrachtungsweise vorgenommen und dadurch versucht, dem Normzweck des Arbeitsrechts Rechnung zu tragen. Geltungsgrund für die Anwendbarkeit arbeitsrechtlicher Vorschriften sei vorwiegend die soziale Schutzbedürftigkeit des Arbeitnehmers. Sie müsse daher auch Anknüpfungspunkt für eine Arbeitnehmerdefinition sein.[72] Vielfältig sind die Meinungen im Rahmen dieser „neueren Lehre“[73], woraus genau sich die soziale Schutzbedürftigkeit ergebe und die damit verbundene Schlussfolgerung, welches Merkmal das für die Begriffsbestimmung entscheidende sei.[74]

Die größte Beachtung hat bisher die von *Wank* begründete Lehre gefunden.[75] *Wank* geht von einem „dualen Modell der Erwerbstätigkeit als Grundlage des geltenden Berufsrechts“[76] aus und betrachtet den Arbeitnehmer als Gegenstück

---

70 *Lieb*, RdA 1977, 210, 211; *Lieb/Jacobs*, ArbR, § 1 Rn. 1; *Wank*, EuZA 2008, 172, 189.

71 Vgl. etwa *Brammsen*, RdA 2010, 267, 270 ff.; *Heuberger*, Sachliche Abhängigkeit, S. 164 ff.; *Lieb*, RdA 1977, 210, 215 ff.; *Maschmann*, Arbeitsverträge, 155 ff.; *Mohr*, Der Arbeitnehmerbegriff S. 95 ff.; *Rancke*, Die freien Berufe, S. 115 ff.; *Richardi*, in: MünchArbR I, § 16 Rn. 41 ff.; *Wank*, Arbeitnehmer und Selbständige, S. 82 ff.; *Wiedemann*, Das Arbeitsverhältnis, S. 9 ff.

72 *Beuthien/Wehler*, RdA 1978, 2, 4; *Lieb*, RdA 1977, 207, 215; *Lieb/Jacobs*, ArbR, § 1 Rn. 10 ff; *Richardi/Fischinger*, in: Staudinger, Vorbem. zu §§ 611 ff. BGB Rn. 254.

73 So die verbreitete zusammenfassende Bezeichnung, vgl. etwa *Maschmann*, Arbeitsverträge, S. 74; *Preis*, in: ErfK, § 611 BGB Rn. 55.

74 Eingehend zu den unterschiedlichen Ansätzen *Mohr*, Der Arbeitnehmerbegriff, S. 72 ff.

75 *Wank*, Arbeitnehmer und Selbständige; dem *Wank*'schen Ansatz haben sich eine beachtliche Zahl von Autoren angeschlossen, vgl. dazu die umfassenden Nachweise bei *Maschmann*, Arbeitsverträge, S. 78 (dort Fn. 307); auch einige Landesarbeitsgerichte haben bereits auf die von *Wank* aufgestellten Kriterien abgestellt, etwa LAG Niedersachsen v. 7.9.1990, LAGE § 611 BGB Arbeitnehmerbegriff Nr. 24, S. 1 ff.; LAG Köln v. 30.6.1995, LAGE § 611 BGB Arbeitnehmerbegriff Nr. 29, S. 11 ff.; LAG Nürnberg v. 25.2.1998, LAGE § 611 BGB Arbeitnehmerbegriff Nr. 34, S. 3 f.

76 *Wank*, Arbeitnehmer und Selbständige, S. 389.

zum Selbständigen.[77] Der Selbständige sei grundsätzlich in der Lage, durch den Einsatz von Arbeit und Kapital nach eigenen Entscheidungen am Markt zu agieren. Dem damit verbundenen finanziellen Risiko stehe die Chance erheblicher Gewinnerzielung gegenüber.[78] Diese Chance habe der Arbeitnehmer nicht: er habe aufgrund seiner Verpflichtung zur Arbeit für seinen Arbeitgeber nur geringe Möglichkeiten, seinen eigenen Gewinn zu beeinflussen.[79] Dem Selbständigen könne daher Eigenvorsorge unterstellt werden, wohingegen der Arbeitnehmer auf einen umfassenden Berufs- und Existenzschutz angewiesen sei.[80] Beide Systeme seien aber nur dann funktional äquivalent, wenn der Beschäftigte frei zwischen ihnen wählen könne.[81] Nur wer freiwillig ein unternehmerisches Risiko übernehme, sei nicht schutzwürdig und deshalb der Gruppe der Selbständigen zuzurechnen. Arbeitnehmer hingegen sei, wer ein solches Risiko nicht oder nicht freiwillig trage.[82] Im Schrifttum wird der Auffassung *Wanks* verbreitet entgegengehalten, indem sie maßgeblich auf die wirtschaftliche Abhängigkeit abstelle, vernachlässige sie die Kategorie der arbeitnehmerähnlichen Personen.[83]

IV. Der Arbeitnehmerbegriff in der Rechtsprechung von BSG und BFH

Wenngleich das BSG immer wieder die Eigenständigkeit des sozialversicherungsrechtlichen Arbeitnehmerbegriffs im Verhältnis zu anderen Rechtsgebieten betont,[84] orientiert es sich bei der Definition der „nichtselbständigen Arbeit" im Sinne von § 7 Abs. 1 S. 1 SGB IV an den Kriterien der Arbeitsgerichte. Maßgeblich sei auch im Sozialrecht die persönliche Abhängigkeit, die sich durch die Eingliederung in einen fremden Betrieb und ein Weisungsrecht des Arbeitgebers

---

77 *Wank*, Arbeitnehmer und Selbständige, S. 82 ff.

78 *Wank*, Arbeitnehmer und Selbständige, S. 128 f.

79 *Wank*, Arbeitnehmer und Selbständige, S. 128.

80 *Wank*, Arbeitnehmer und Selbständige, S. 94 ff.

81 *Wank*, Arbeitnehmer und Selbständige, S. 84 ff., 129 ff.

82 *Wank*, Arbeitnehmer und Selbständige, S. 122, 127 ff.

83 *Boemke*, ZfA 1998, 285, 321f.; *Buchner*, NZA 1998, 1144, 1147 f.; *Griebeling*, RdA 1998, 208, 214; *Hromadka*, NZA 1997, 269, 275 f.; Müller-Glöge, in: MüKo-BGB, § 611 Rn. 171; *Preis*, in: ErfK, § 611 BGB Rn. 57 f.; *Richardi*, in: MünchArbR I, § 16 Rn. 40; insgesamt kritisch auch *Rieble*, ZfA 1998, 327, 334 ff.

84 Etwa BSG v. 30.7.1981, BSGE 52, 76, 77; v. 26.11.1985, BSGE 59, 183, 187 ff.

hinsichtlich Ort, Zeit, Art und Dauer der Tätigkeit auszeichne.[85] Auch das BSG lässt aber insbesondere bei Diensten höherer Art Einschränkungen im Rahmen der Weisungsgebundenheit zu: Dort könne das Weisungsrecht auch in Form einer „funktionsgerecht dienenden Teilhabe am Arbeitsprozess“ verstanden werden.[86] Eine selbständige Tätigkeit sei demgegenüber indiziert, wenn ein eigenes Unternehmerrisiko übernommen werde, eine eigene Betriebsorganisation vorhanden und eine freie Verfügung über die eigene Arbeitskraft möglich sei, weil Tätigkeit und Arbeitszeit im Wesentlichen frei gestaltet werden können.[87] Anhand des Gesamtbildes der Tätigkeit sei zu ermitteln, welche Merkmale überwögen und die Beschäftigteneigenschaft dementsprechend zu bejahen oder zu verneinen.[88] Unerheblich seien wirtschaftliche Abhängigkeit und soziale Schutzbedürftigkeit.[89]

Auch der BFH geht von einem eigenständigen steuerrechtlichen Arbeitnehmerbegriff aus.[90] Wie das BAG und das BSG sieht der BFH den Arbeitnehmerbegriff als offenen Typusbegriff: Ob ein Arbeitsverhältnis im Sinne von § 1 LStDV vorliege, sei nach dem Gesamtbild der Verhältnisse zu beurteilen, wobei alle für und gegen ein solches Dienstverhältnis sprechenden Umstände gegeneinander abzuwägen seien.[91] Für die Arbeitnehmereigenschaft sprechende Merkmale seien insbesondere persönliche Abhängigkeit, Weisungsgebundenheit in Bezug auf Ort, Zeit und Inhalt der Tätigkeit, feste Arbeitszeiten, feste Bezüge, Überstundenvergütung, Urlaubsanspruch und Ansprüche auf sonstige Sozialleistungen, Entgeltfortzahlung im Krankheitsfall, Unselbständigkeit in Bezug auf Organisation und Durchführung der Tätigkeit, Ausführung eher einfacher Tätigkeiten, fehlendes Unternehmerrisiko, fehlender Kapitaleinsatz, keine Pflicht zur Beschaffung von Arbeitsmitteln, enge und ständige Zusammenarbeit mit anderen Mitarbeitern,

85 BSG v. 30.11.1978, BSGE 47, 201, 204; v. 6.2.1992, BSGE 70, 81, 82; v. 21.4.1993, NJW 1994, 341; v. 23.6.1995, BSGE 74, 275, 278; v. 22.2.1996, BSGE 78, 34, 36; v. 9.12.2003, BSGE 91, 302, 304; v. 25.4.2012, SGb 2013, 364, 365.

86 BSG v. 1.12.1977, BSGE 45, 199, 200; v. 30.11.1978, BSGE 47, 201, 204; 6.2.1992, BSGE 70, 81, 82; v. 21.4.1993, NJW 1994, 341; v. 22.2.1996, BSGE 78, 34, 36.

87 BSG v. 29.3.1961, BSGE 14, 142, 146; v. 1.12.1977, BSGE 45, 199, 200 m. w. N.; v. 30.11.1978, BSGE 47, 201, 204; v. 25.4.2012, SGb 2013, 364, 365.

88 BSG v. 30.11.1978, BSGE 47, 201, 204; v. 23.6.1994, NJW 1994, 1974, 2975; v. 22.2.1996, BSGE 78, 34, 37; v. 25.4.2012, SGb 2013, 364, 365 m. w. N.

89 BSG v. 29.1.1981, BSGE 51, 164, 166 f.

90 BFH v. 14.12.1978, BFHE 126, 311, 313; v. 13.2.1980, BFHE 129, 565, 566; v. 23.10.1992, BFHE 170, 48, 52; v. 2.12.1998, BFHE 188, 101, 108 f.

91 BFH v. 10.9.1976, BFHE 120, 465, 468 f.; v. 14.12.1978, BFHE 126, 311, 314 m. w. N.; v. 20.2.1979, BFHE 127, 201, 203; v. 25.11.2005, BFHE 218, 233, 234 f.

Eingliederung in den Betrieb sowie das Schulden lediglich der Arbeitskraft, nicht eines Arbeitserfolges.[92] Der BFH stellt damit bei seiner Definition auch auf Umstände ab, die aus arbeitsrechtlicher Sicht erst auf Rechtsfolgenseite anzusiedeln sind.[93]

C. Arbeitnehmereigenschaft von geschäftsführenden Organmitgliedern

Uneinigkeit herrscht nicht nur hinsichtlich der allgemeinen Definition des Arbeitnehmerbegriffs, sondern auch in Bezug auf die Frage, inwieweit Mitglieder geschäftsführender Gesellschaftsorgane von Kapital- und Personengesellschaften als Arbeitnehmer anzusehen sind.

I. Ausgangspunkt: Trennungstheorie

Im Ausgangspunkt ist man sich weitgehend einig in der Annahme, dass bei geschäftsführenden Organmitgliedern zwei voneinander getrennte Rechtskreise zu unterscheiden sind, nämlich zum einen das durch die Bestellung begründete organschaftliche Rechtsverhältnis (Bestellungsverhältnis), und zum anderen das durch einen schuldrechtlichen Vertrag zwischen dem Organmitglied und der Gesellschaft begründete Anstellungsverhältnis.[94] Während die Bestellung

92 BFH v. 14.6.1985, BFHE 144, 225, 228; v. 2.12.1998, BFHE 188, 101, 106 ff.; s. dazu auch *Reiserer*, in: MAH ArbR, § 6 Rn. 100 ff.

93 Vgl. *Vogelsang*, in: Schaub, § 8 Rn. 58.

94 Die Trennungstheorie entspricht der ganz h. M., vgl. für die AG: BGH v. 6.4.1964, BGHZ 41, 282, 285; v. 29.5.1989, NJW 1989, 2683; v. 21.1.1991, BGHZ 113, 237, 242; OLG Schleswig v. 16.11.2000, NZG 2001, 275; *Fleischer*, in: Spindler/Stilz, AktG, § 84 Rn. 7; *Hüffer*, AktG, § 84 Rn. 2; *Mertens/Cahn*, in: Kölner Komm-AktG, § 84 Rn. 4; *Spindler*, in: MüKo-AktG, § 84 Rn. 10; *Weber*, in: Hölters, AktG, § 84 Rn. 2; *Wiesner*, in: MünchGesR IV, § 20 Rn. 12; für die GmbH: BGH v. 14.7.1980, BGHZ 78, 82, 85; v. 14.11.1983, BGHZ 89, 48, 52; v. 26.6.1995, NJW 1995, 2850; v. 28.10.2002, NJW 2003, 351; BAG v. 25.10.2007, NZA 2008, 168, 169; BGH v. 10.5.2010, NJW 2010, 2343, 2344; *Altmeppen*, in: Roth/Altmeppen, GmbHG, § 6 Rn. 44; *Hüffer*, in: U/H/W, GmbHG, § 46 Rn 42; *Jaeger*, in: MüKo-GmbHG, § 35 Rn. 248; *Kleindiek*, in: Lutter/Hommelhoff, GmbHG, Anh. § 6 Rn. 1; *Oetker*, in: Henssler/Strohn, § 35 GmbHG Rn. 6; *Paefgen*, in: U/H/W, GmbHG, § 35 Rn. 17 f.; *Römermann*, in: Michalski, GmbHG, § 46 Rn. 194;

als körperschaftlicher Akt die gesellschaftsrechtlichen Rechte und Pflichten der bestellten Person im Verhältnis zur Gesellschaft und gegenüber Dritten regelt und insbesondere die organschaftliche Vertretungsmacht begründet,[95] enthält der Anstellungsvertrag in erster Linie Regelungen, die die persönliche Innenbeziehung zwischen dem geschäftsführenden Organmitglied und der Gesellschaft ausgestalten.[96] In diesem Sinne trifft er regelmäßig Bestimmungen in Bezug auf Vergütung, Urlaub, Altersversorgung und Wettbewerbsverbote und enthält Kündigungs- und Abfindungsregelungen.[97]

Die Trennungstheorie besagt, dass das Bestellungs- und das Anstellungsverhältnis grundsätzlich unabhängig voneinander bestehen, also mit dem Abschluss des einen Rechtsgeschäfts nicht automatisch die Begründung auch des anderen einhergeht und umgekehrt die Beendigung des einen nicht auch zur Auflösung des anderen führt.[98] Trotz dogmatischer Trennung der beiden Rechtsverhältnisse hängen sie gleichwohl jedenfalls in tatsächlicher Hinsicht eng zusammen:[99] Zum einen ergänzen und überschneiden sie sich teilweise inhaltlich, indem etwa die Pflicht zur Geschäftsführung sowohl durch die organschaftlichen Rechte und Pflichten als auch durch anstellungsvertragliche Regelungen konkretisiert werden kann,[100] und zum anderen bedingen sich Bestellung und Anstellung regelmäßig dergestalt, dass ein Organmitglied seine organschaftlichen Aufgaben nur bei einer entsprechenden Einigung über die Anstellungsbedingungen (insbesondere eine angemessene Vergütung) ausführen wird, und auf der anderen Seite die Gesellschaft sich zur Anstellung

---

U. H. Schneider/Hohenstatt, in: Scholz, GmbHG, § 35 Rn. 251; *Windbichler*, GesR, § 22 Rn. 6; *Zöllner/Noack*, in: Baumbach/Hueck, GmbHG, § 35 Rn. 16.

95 BGH v. 11.7.1951, BGHZ 3, 90, 92; *Spindler*, in: MüKo-AktG, § 84 Rn. 9; *Wiesner*, in: MünchGesR IV, § 20 Rn. 13.

96 *Jaeger*, in: MüKo-GmbHG, § 35 Rn. 248; *Oetker*, in: Henssler/Strohn, § 35 GmbHG Rn. 6.

97 *Jaeger*, in: MüKo-GmbHG, § 35 Rn. 248.

98 BGH v. 26.6.1995, NJW 1995, 2850; *Fleischer*, in: Spindler/Stilz, AktG, § 84 Rn. 7; *Jaeger*, in: MüKo-GmbHG, § 35 Rn. 248; *Spindler*, in: MüKo-AktG, § 84 Rn. 10.

99 *Paefgen*, in: U/H/W, GmbHG, § 35 Rn. 17; *U. H. Schneider/Hohenstatt*, in: Scholz, GmbHG, § 35 Rn. 252; *Thüsing*, in: Fleischer, VorstandsR, § 4 Rn. 4; ob der Anstellungsvertrag darüber hinaus auch den Rechtsgrund für die Bestellung bildet und damit auch ein rechtlicher Zusammenhang besteht, ist hingegen umstritten, befürwortend etwa *Kleindiek*, in: Lutter/Hommelhoff, GmbHG, Anh. § 6 Rn. 1; ablehnend etwa *U. H. Schneider/Sethe*, in: Scholz, GmbHG (10. Aufl.), § 35 Rn. 151 jeweils m. w. N.

100 *Oetker*, in: Henssler/Strohn, § 35 GmbHG Rn. 7.

eines Geschäftsführungsorgans nur dann verpflichten will, wenn dieses auch gleichzeitig die organschaftliche Rechtstellung übernimmt.[101] Ein noch weitergehender rechtlicher Zusammenhang kann durch Koppelungsklauseln herbeigeführt werden.[102]

Für Vorstände von Aktiengesellschaften ist das Trennungsprinzip gesetzlich in § 84 Abs. 1 AktG verankert, wo in S. 5 ausdrücklich auf einen neben der Bestellung bestehenden Anstellungsvertrag Bezug genommen wird.[103] Eine entsprechende Bestimmung findet sich im GmbHG nicht. Teilweise wurde die Trennungstheorie daher für das GmbH-Recht auch bestritten und stattdessen von der sogenannten Einheitstheorie ausgegangen.[104] Danach soll zwischen Gesellschaft und Geschäftsführer lediglich ein einziges Rechtsverhältnis bestehen, das alle rechtlichen Beziehungen zwischen den Parteien vereine. Rechtsgrundlage dieses einheitlichen Rechtsverhältnisses sei der sog. Geschäftsführervertrag, der durch die einvernehmliche Bestellung des Geschäftsführers zustande komme.[105] Inhaltlich richte sich dieser Vertrag vorrangig nach Gesellschaftsrecht, könne aber durch schuldrechtliche Regelungen ergänzt werden, soweit diese mit den gesellschaftsrechtlichen Bestimmungen im Einklang stünden.[106] Konsequent gehen die Vertreter der Einheitstheorie davon aus, dass auch für die Beendigung aller zwischen Gesellschaft und Geschäftsführer bestehenden Rechtsbeziehungen lediglich ein einziger Beendigungstatbestand erforderlich sei, der sowohl in dem Widerruf der Bestellung als auch in einer Kündigung durch den Geschäftsführer liegen könne.[107]

Ausgehend von der heute ganz überwiegend vertretenen Trennungstheorie handelt es sich bei der Frage nach der Arbeitnehmereigenschaft von Organmitgliedern um die Frage nach der Rechtsnatur des Anstellungsverhältnisses.

---

101 BGH v. 14.11.1983, BGHZ 89, 48, 52 f.; v. 21.1.1991, BGHZ 113, 237, 242; *U. H. Schneider/Hohenstatt*, in: Scholz, GmbHG, § 35 Rn. 252.

102 S. zur Wirkung von Koppelungklauseln unter § 5 B. I. 7. b) cc) (2).

103 *Fleischer*, in: Spindler/Stilz, AktG, § 84 Rn. 7; *Hüffer*, AktG, § 84 Rn. 2; *Oetker*, in: Henssler/Strohn, § 35 GmbHG Rn. 6; *Weber*, in: Hölters, AktG, § 84 Rn. 2.

104 *Baums*, Geschäftsleitervertrag, S. 3 ff., 451 f.; *ders*, ZGR 1993, 141, 144; *Schilling*, in: Hachenburg, GmbHG (6. Aufl. 1959), § 35 Rn. 40; kritisch auch *Reuter*, FS Zöllner, S. 487 ff.; ausführlich zur Diskussion *Mildenberger*, Geschäftsführervertrag, S. 7 ff.

105 *Baums*, Geschäftsleitervertrag S. 451; *Schilling*, in: Hachenburg, GmbHG (6. Aufl. 1959), § 35 Rn. 40.

106 *Baums*, Geschäftsleitervertrag S. 451; *Schilling*, in: Hachenburg, GmbHG, § 35 Rn. 40.

107 *Schilling*, in: Hachenburg, GmbHG, § 38 Einl.

II. Gesetzliche Regelungen

Genauso wenig wie der Gesetzgeber eine allgemeine Arbeitnehmerdefinition aufstellt, trifft er eine generelle Aussage über die Arbeitnehmereigenschaft von geschäftsführenden Organmitgliedern. Einige Gesetze schließen Vertretungsorgane von Kapitalgesellschaften aus ihrem Anwendungsbereich ausdrücklich aus, so etwa § 14 Abs. 1 Nr. 1 und § 17 Abs. 5 Nr. 1 KSchG, § 5 Abs. 2 Nr. 1 BetrVG, § 3 Abs. 1 S. 2 MitbestG sowie § 5 Abs. 1 S. 3 ArbGG. Ob sich daraus der allgemeine Rechtsgedanke ableiten lässt, dass Vertretungsorgane generell keine Arbeitnehmer sind[108] oder aber die Bereichsausnahmen umgekehrt gerade auf eine generelle Arbeitnehmereigenschaft hindeuten[109], ist umstritten. Die herrschende Meinung sieht in den Bereichsausnahmen keinen Hinweis für oder gegen eine generelle Arbeitnehmereigenschaft von Organmitgliedern.[110] Sie beanspruchten lediglich kasuistische Geltung für das jeweilige Gesetz.[111] Zum einen liege ihnen kein einheitlicher gesetzgeberischer Wille zugrunde und zum anderen würden entsprechende Negativfiktionen auch für andere Personengruppen, etwa für leitende Angestellte (vgl. § 5 Abs. 3 S. 1 BetrVG) und Gesellschafter von Personengesellschaften (vgl. § 5 Abs. 2 Nr. 2 BetrVG) vorgenommen, bei denen die Arbeitnehmereigenschaft nicht in Frage stehe.[112]

III. Meinungsstand in Rechtsprechung und Literatur

Aufgrund der fehlenden gesetzlichen Regelung wurde und wird die Arbeitnehmereigenschaft von Geschäftsführungsorganen auch unabhängig von der *Danosa*-Entscheidung anhaltend kontrovers diskutiert.

---

108 So *Edenfeld*, in: Erman, BGB, § 611 Rn. 152; *Hueck*, DB 1954, 274, 275.

109 So z. B. *Brachert*, Organmitgliedschaft S. 86, 91; *Miller*, BB 1977, 723, 725; tendenziell auch *Müller-Glöge*, in: MüKo-BGB, § 611 Rn. 146 sowie *Oberthür*, NZA 2011, 253, 256.

110 *G. Hueck*, FS Hilger/Stumpf, S. 365, 368 ff.; *Diller*, Gesellschafter und Gesellschaftsorgane, S. 66 ff.; *Freckmann*, DStR 2008, 52, 55 f.; *Groß*, Das Anstellungsverhältnis, S. 55 ff.; *Henssler*, RdA 1992, 289, 293; *Koppensteiner/Gruber*, in: Rowedder/Schmidt-Leithoff, GmbHG, § 35 Rn. 78; *Kuhn*, Abgestuftes Arbeitsrecht, S. 43; *Oetker*, in: Henssler/Strohn, § 35 GmbHG Rn. 79; *Wehrmeyer*, Einordnung der Organe, S. 26.

111 *Kuhn*, Abgestuftes Arbeitsrecht, S. 43.

112 *Diller*, Gesellschafter und Gesellschaftsorgane, S. 67 f.

1. GmbH-Geschäftsführer

a) Generell keine Arbeitnehmereigenschaft

aa) Rechtsprechung der Zivilgerichte

Die Zivilgerichte gehen in ständiger Rechtsprechung davon aus, dass es sich bei dem Anstellungsverhältnis des Geschäftsführers um einen freien Dienstvertrag handelt und verneinen damit den Arbeitnehmerstatus von Geschäftsführern generell.[113] Der Geschäftsführer habe die Funktion eines „Prinzipals" der Gesellschaft und könne daher nicht Arbeitnehmer sein.[114] Als Vertretungsorgan der Gesellschaft nehme er selbst Arbeitgeberfunktion wahr, was seine gleichzeitige Arbeitnehmereigenschaft ausschließe.[115] Soweit er gemäß § 37 Abs. 1 GmbHG den Weisungen der Gesellschafter unterliege, beträfen diese allein seine organschaftliche Stellung, es handele sich aber nicht um ein Weisungsrecht im arbeitsrechtlichen Sinne.[116]

Gleichwohl erkennt auch der BGH, dass die Rolle jedenfalls des GmbH-Fremdgeschäftsführers und des nicht mehrheitlich beteiligten Gesellschafter-Geschäftsführers arbeitnehmerähnlich ausgestaltet sein kann und er in Teilbereichen des arbeitsrechtlichen Schutzes bedarf. Dennoch nimmt der BGH aus Gründen der Rechtssicherheit eine einheitliche Betrachtungsweise vor und sieht den Geschäftsführer grundsätzlich auch nicht in Ausnahmefällen als Arbeitnehmer an.[117] Einzelne arbeitsrechtliche Vorschriften könnten jedoch im Wege der Analogie auf das Anstellungsverhältnis des GmbH-Geschäftsführers angewandt werden, so etwa der arbeitsrechtliche Gleichbehandlungsgrundsatz,[118] die

---

113 BGH v. 9.11.1967, BGHZ 49, 30, 31; v. 9.2.1978, NJW 1978, 1435, 1437; v. 29.1.1981, BGHZ 79, 291, 292; v. 26.3.1984, BGHZ 91, 217, 219 f.; v. 24.10.1989, GmbHR 1990, 160, 161; v. 14.2.2000, NJW 2000, 1638, 1639; v. 10.9.2001, GmbHR 2001, 1158, 1159; v. 10.5.2010, NJW 2010, 2343; OLG Hamm v. 18.6.1990, GmbHR 1990, 466, 467; v. 26.4.2007, GmbHR 2007, 820, 820 f.; OLG Thüringen v. 14.3.2001, GmbHR 2001, 672, 673.

114 BGH v. 9.11.1967, BGHZ 49, 30, 31.

115 BGH v. 9.2.1978, NJW 1978, 1435, 1437; v. 29.1.1981, BGHZ 79, 291, 292 f.; v. 10.9.2001, GmbHR 2001, 1158, 1159.

116 Vgl. OLG Hamm v. 26.4.2007, GmbHR 2007, 820, 820 f.

117 Vgl. allerdings BGH v. 23.1.2003, GmbHR 2003, 473, 473 f.: dort wurde ein GmbH-Fremdgeschäftsführer als Arbeitnehmer im Sinne des Insolvenzrechts betrachtet. Vgl. dazu auch unten § 7 A.

118 BGH v. 14.5.1990, GmbHR 1990, 389.

Vorschriften über den Pfändungsschutz gem. §§ 850 ff. ZPO,[119] die Kündigungsfrist des § 622 BGB[120] oder der Anspruch auf Zeugniserteilung gemäß § 630 BGB.[121,122]

bb) Literatur

Ein Großteil sowohl des gesellschaftsrechtlichen als auch des arbeitsrechtlichen Schrifttums stimmt mit der BGH-Rechtsprechung überein.[123]

Teilweise wird dabei vertreten, die Annahme der Arbeitnehmereigenschaft des Geschäftsführers sei mit seiner Organstellung bereits strukturell unvereinbar.[124] Der Geschäftsführer vertrete die GmbH gerichtlich und außergerichtlich und repräsentiere die Gesellschaft gegenüber den Arbeitnehmern unter Ausübung funktionaler Arbeitgeberfunktion.[125] Dies schließe seine eigene Arbeitnehmereigenschaft aus. Dem Direktionsrecht, das er selbst ausübe, könne

---

119 BGH v. 24.11.1980, NJW 1981, 2465, 2466.

120 BGH v. 29.1.1981, BGHZ 79, 291, 293 f.; v. 26.3.1984, BGHZ 91, 217, 220.

121 BGH v. 9.11.1967, BGHZ 49, 30, 32.

122 Vgl. auch die Übersicht bei *Jaeger*, in: MüKo-GmbHG, § 35 Rn. 285.

123 *Altmeppen*, in: Roth/Altmeppen, GmbHG, § 6 Rn. 76; *Boemke*, ZfA 1998, 209, 212 ff.; *Fleck*, FS Hilger/Stumpf, S. 197, 208 f; *Gissel*, Arbeitnehmerschutz, S 12; *Goette*, in: FS Wiedemann, S. 873 ff.; *Holthausen/Steinkraus*, NZA-RR 2002, 281, 282; *G. Hueck*, FS Hilger/Stumpf, S. 363, 379; *ders.*, ZfA 1985, 25,31 f.; *Hueck/Nipperdey*, ArbR, § 14 III.; *Hümmerich*, NJW 1995, 1177, 1178; *Jaeger*, in: MüKo-GmbHG, § 35 Rn. 279; *Kleindiek*, in: Lutter/Hommelhoff, GmbHG, Anh. § 6 Rn. 3; *Koppensteiner/Gruber*, in: Rowedder/Schmidt-Leithoff, GmbHG, § 35 Rn. 78; *Lieb/Jacobs*, ArbR, § 1 Rn. 26; *Marsch-Barner/Diekmann*, in: MünchGesR III, § 43 Rn. 8; *Nägele*, BB 2001, 305, 306 f.; *Nebendahl*, NZA 1992, 289, 290 f.; *Paefgen*, in: U/H/W, GmbHG, § 35 Rn. 144 ff.; *Preis*, in: ErfK, § 611 BGB Rn. 138; *Reiserer*, DB 1994, 1822; *Richardi/Fischinger*, in: Staudinger, Vorbem. zu §§ 611 ff. BGB Rn. 330; *K. Schmidt*, GesR, § 36 II. 2. c); *U. H. Schneider/Hohenstatt*, in: Scholz, GmbHG, § 35 Rn. 266; *Tebben*, in: Michalski, GmbHG, § 6 Rn. 124; *Windbichler*, GesR, § 22 Rn. 6; *Zöllner/Loritz/Hergenröder*, ArbR, § 4 IV. 5. a); *Zöllner/Noack*, in: Baumbach/Hueck, GmbHG, § 35 Rn. 172.

124 *Boemke*, ZfA 1998, 209, 213 f.; *Jaeger*, in: MüKo-GmbHG, § 35 Rn. 279; *Richardi*, in: Staudinger, Vorbem. zu §§ 611 ff. BGB Rn. 330.

125 *Hümmerich*, NJW 1995, 1177, 1178; *Kleindiek*, in: Lutter/Hommelhoff, GmbHG, Anh. § 6 Rn. 3; *Nebendahl*, NZA 1992, 289, 291; *Zöllner/Loritz/Hergenröder*, ArbR, § 4 III. 5. a) aa).

er nicht gleichzeitig unterworfen sein.[126] Auf Seiten der GmbH sei gar keine handlungsfähige Person vorhanden, die ihm gegenüber Arbeitgeberrechte ausüben könne.[127] Dem stehe nicht entgegen, dass auch leitende Angestellte jedenfalls partiell Arbeitgeberfunktion ausübten, da ihnen die entsprechenden Befugnisse lediglich rechtsgeschäftlich eingeräumt würden, wohingegen dem Geschäftsführer Arbeitgeberfunktion originär durch seine Bestellung zukomme.[128] Als Organ der Gesellschaft genieße er typische unternehmerische Freiheiten.[129]

Im Übrigen wird die Arbeitnehmereigenschaft spätestens bei einer Subsumtion unter den Arbeitnehmerbegriff abgelehnt, weil es an der für die persönliche Abhängigkeit maßgeblichen Weisungsgebundenheit fehle: Zwar unterliege der Geschäftsführer gemäß § 37 Abs. 1 GmbHG den Weisungen der Gesellschafter, hierbei handele es sich jedoch um ein gesellschaftsrechtliches Weisungsrecht, nicht um ein solches im arbeitsrechtlichen Sinne.[130] Es betreffe in erster Linie unternehmerische Entscheidungen, sei aber primär nicht auf eine Konkretisierung der Arbeitspflicht gerichtet und unterscheide sich daher vom arbeitsrechtlichen Direktionsrecht.[131] In Hinblick auf den Anstellungsvertrag fehle es an der Weisungsgebundenheit.[132] Auch am Merkmal der Eingliederung in einen (fremden) Betrieb fehle es, denn als Organ der Gesellschaft sei er lediglich in seine eigene Organisation eingegliedert.[133]

Schließlich würden GmbH-Geschäftsführer auch nach der Verkehrsanschauung nicht als Arbeitnehmer wahrgenommen und die umfassende Anwendung arbeitsrechtlicher Vorschriften sei rechtspolitisch verfehlt.[134] Eine gewisse soziale Schutzbedürftigkeit im Einzelfall sei nicht geeignet, den Arbeitnehmerstatus

---

126 *Kleindiek*, in: Lutter/Hommelhoff, GmbHG, Anh. § 6 Rn. 3; *Nebendahl*, NZA 1992, 289, 291.

127 *Nebendahl*, NZA 1998, 289, 291; vgl. auch *Richardi*, in: Staudinger, Vorbem. zu §§ 611 ff. BGB Rn. 330.

128 *Gissel*, Arbeitnehmerschutz, S. 12; *Hümmerich*, NJW 1995, 1177, 1178; a. A. insoweit *Tebben*, in: Michalski, GmbHG, § 6 Rn. 124.

129 *Kleindiek*, in: Lutter/Hommelhoff, GmbHG, Anh. § 6 Rn. 3; *Tebben*, in: Michalski, GmbHG, § 6 Rn. 124.

130 *Boemke*, ZfA 1998, 209, 212 f.; *G. Hueck*, ZfA 1985, 25, 29 f.; Hümmerich, NJW 1995, 1177, 1178; *Jaeger*, in: MüKo-GmbHG, § 35 Rn. 279; *Konzen*, NJW 1989, 2977, 2978; *Nebendahl*, NZA 1992, 289, 291.

131 *Boemke*, ZfA 1998, 209, 213; *Konzen*, NJW 1989, 2977, 2978.

132 *Boemke*, ZfA 1998, 209, 213; Hümmerich NJW 1995, 1177, 1178.

133 *G. Hueck*, ZfA 1985, 25, 31.

134 *Zöllner/Noack*, in: Baumbach/Hueck, GmbHG, § 35 Rn. 174, 178.

zu begründen.[135] Ihr könne durch eine maßvolle Anwendung einzelner arbeitsrechtlicher Vorschriften begegnet werden, solange dadurch die organschaftliche Funktion nicht gestört werde. Im Konfliktfall sei den gesellschaftsrechtlichen Bedürfnissen aber der Vorrang zu gewähren.[136]

b) Arbeitnehmereigenschaft im Einzelfall anzunehmen

aa) Rechtsprechung der Arbeitsgerichte

Die Arbeitsgerichte hingegen lehnen die Arbeitnehmereigenschaft des Fremdgeschäftsführers nicht generell ab. Grundsätzlich geht zwar auch das BAG davon aus, dass der Anstellungsvertrag eines GmbH-Geschäftsführers als freier Dienstvertrag zu qualifizieren sei, im Einzelfall könne allerdings wegen starker interner Weisungsabhängigkeit auch ein Arbeitsverhältnis vorliegen.[137] Maßgeblich sei die persönliche Abhängigkeit, wobei zwischen organschaftlicher Weisungsgebundenheit und arbeitsrechtlicher Abhängigkeit zu differenzieren sei: Das gesellschaftsrechtliche Weisungsrecht gemäß § 37 Abs. 1 GmbHG könne die Annahme eines Arbeitsverhältnisses allein nicht rechtfertigen, da dieses in jedem Fall bestehe. Es müssten Umstände hinzutreten, die zu einer umfassenden Weisungsunterworfenheit führten.[138] Konkret müsse „die Gesellschaft dem Geschäftsführer auch arbeitsbegleitende und verfahrensorientierte Weisungen erteilen und auf diese Weise die konkreten Modalitäten der Leistungserbringung bestimmen".[139] Dies könne nur in extremen Ausnahmefällen angenommen werden.[140] Eine entsprechende persönliche Abhängigkeit sei bei einem Gesellschafter-Geschäftsführer, der aufgrund seiner Kapitalbeteiligung jede ihm unliebsame Entscheidung in der Gesellschafterversammlung verhindern könne, zu

---

135 *Hümmerich*, NJW 1995, 1177, 1178; *Zöllner/Noack*, in: Baumbach/Hueck, GmbHG, § 35 Rn. 174.

136 *Goette*, in: FS Wiedemann, S. 873, 886 f.; *Kleindiek*, in: Lutter/Hommelhoff, GmbHG, Anh. § 6 Rn. 3.

137 So erstmals BAG v. 6.5.1999, NZA 1999, 839; bestätigt in BAG v. 26.5.1999, NZA 1999, 987, 988; v. 17.1.2002, NZA 2002, 854, 855; v. 20.8.2003, NZA 2003, 1108, 1109; v. 19.7.2007, NZA 2007, 1095, 1096; v. 3.2.2009, NZA 2009, 669, 670; v. 15.3.2011, NZA 2011, 874, 875; v. 26.10.2012, NZA 2012, 54, 55; v. 4.2.2013, NZA 2013, 397, 398.

138 BAG v. 26.5.1999, NZA 1999, 987, 989; v. 24.11.2005, NZA 2006, 366, 367.

139 BAG v. 26.5.1999, NZA 1999, 987, 989.

140 BAG v. 24.11.2005, NZA 2006, 366, 367.

verneinen.[141] Anders als vom BGH angenommen, schließe die Organstellung die Arbeitnehmereigenschaft aber nicht von vornherein aus. Funktionale Arbeitgeberfunktion und materiell-rechtliche Arbeitnehmereigenschaft könnten auch nebeneinander bestehen.[142]

bb) Rechtsprechung von BSG und BFH

Auch das BSG schließt bei der Abgrenzung von selbständiger und abhängiger Beschäftigung im Sinne von § 7 SGB IV die Arbeitnehmereigenschaft des GmbH-Geschäftsführers nicht aus: Ausgehend von der allgemeinen Definition der abhängigen Beschäftigung und damit insbesondere dem Kriterium der persönlichen Abhängigkeit könne der Geschäftsführer je nach Ausgestaltung seiner konkreten Stellung im Einzelfall sowohl Selbständiger als auch Arbeitnehmer sein.[143] Weder seine Organstellung noch die Tatsache, dass er Arbeitgeberfunktion ausübe, schließe die Annahme einer abhängigen Beschäftigung aus.[144] Inwieweit der GmbH-Geschäftsführer persönlich abhängig sei, richte sich dabei maßgeblich nach dem Umfang seiner Einflussmöglichkeit auf die Gesellschaft.[145] Diese wiederum werde anhand einer Gesamtschau ermittelt, bei der primär der Umfang einer etwaigen Beteiligung am Stammkapital, ferner aber auch die vertragliche Ausgestaltung des Anstellungsverhältnisses sowie dessen tatsächliche Durchführung eine Rolle spielten.[146] Konkret werden danach der geschäftsführende Alleingesellschafter und der Geschäftsführer mit einer über 50-prozentigen Mehrheitsbeteiligung an der GmbH regelmäßig als Selbständige betrachtet, denn in beiden Fällen könne der Geschäftsführer jede ihm nicht

---

141 BAG v. 13.5.1992, GmbHR 1993, 36, 36; v. 6.5.1998, NZA 1998, 939, 940.

142 BAG v. 26.5.1999, NZA 1999, 987, 988; vgl. für den hier nicht zu vertiefenden Sonderfall eines zum Geschäftsführer beförderten Arbeitnehmers BAG v. 24.11.2005, NZA 2006, 366 ff.; v. 19.7.2007, NZA 2007, 1095 ff.; dazu auch *Schmitt-Rolfes*, NZA-Beil. 2014, 37 ff.; zu den unterschiedlichen Fallgestaltungen *Schulze/Hintzen*, ArbRAktuell 2012, 263.

143 BSG v. 13.12.1960, BSGE 13, 196, 200; v. 31.7.1974, BSGE 38, 53, 57; v. 14.12.1999, GmbHR 2000, 618, 619; v. 30.6.1999, NZS 2000, 147, 149; v. 18.12.2001, NZG 2002, 431, 432; v. 6.3.2003, GmbHR 2004, 494, 496.

144 BSG v. 13.12.1960, BSGE 13, 196, 200; v. 6.2.1992, BSGE 70, 81, 82; v. 14.12.1999, GmbHR 2000, 618, 619; v. 18.12.2001, NZG 2002, 431, 432; v. 6.3.2003, GmbHR 2004, 494, 496.

145 BSG v. 13.12.1960, BSGE 13, 196, 200; v. 31.7.1974, BSGE 38, 53, 57 f.; v. 14.2.1995, BSGE 77, 169, 170; v. 30.6.1999, NZS 2000, 147, 149.

146 BSG v. 14.12.1995, BSGE 77, 169, 170; v. 30.6.1999, NZS 2000, 147, 149.

genehme Weisung durch die GmbH verhindern und befinde sich mithin nicht in einer abhängigen Position.[147] Im Einzelfall könne allerdings bei abweichenden tatsächlichen Verhältnissen auch etwas anderes anzunehmen sein.[148] Bei einer Beteiligung am Stammkapital von weniger als 50 Prozent sei hingegen eine Abhängigkeit indiziert. Allerdings könne diese im Einzelfall auch fehlen, etwa bei einer gesellschaftsvertraglich vereinbarten, umfassenden Sperrminorität oder einem erheblichen tatsächlichen Einfluss auf die Geschicke der Gesellschaft.[149] Der Fremdgeschäftsführer wird regelmäßig als abhängig Beschäftigter angesehen.[150]

Im Einkommensteuerrecht werden sowohl der Fremd- als auch der Gesellschafter-Geschäftsführer regelmäßig als Arbeitnehmer im Sinne von § 1 LStDV betrachtet.[151] Als Organ der Gesellschaft sei er in deren Organismus eingegliedert und habe den Weisungen der Gesellschafter zu folgen. Daran ändere selbst eine Mehrheitsbeteiligung nichts.[152] Im Umsatzsteuerrecht hingegen wird der GmbH-Geschäftsführer unter bestimmten Umständen auch als Unternehmer im Sinne des § 2 Abs. 1, Abs. 2 Nr. 1 UStG angesehen, wobei sich der BFH bei der Abgrenzung an der Rechtsprechung des BAG zur Arbeitnehmereigenschaft von Gesellschaftsorganen orientiert.[153]

cc) Literatur

Zahlreiche Vertreter des Schrifttums stimmen im Grundsatz mit der BAG-Rechtsprechung überein und lehnen die Arbeitnehmereigenschaft jedenfalls des GmbH-Fremdgeschäftsführers nicht bereits grundsätzlich ab, sondern bejahen diese nach Prüfung der persönlichen Abhängigkeit im Einzelfall oder darüber hinaus sogar regelmäßig.[154]

---

147 BSG v. 25.5.1965, BSGE 23, 83, 84 f.; v. 30.4.1976, BSGE 42, 1, 2; v. 9.11.1989, BSGE 66, 69, 71 f.; v. 8.8.1990, GmbHR 1991, 461, 462; v. 14.12.1999, GmbHR 2000, 618, 619.

148 BSG v. 8.12.1994, NZS 1995, 373, 374.

149 BSG v. 18.4.1991, GmbHR 1992, 172, 173; v. 6.2.1992, BSGE 70, 81, 83; v. 14.12.1999, GmbHR 2000, 618, 619; einschränkend im Hinblick auf die tatsächlichen Verhältnisse indessen BSG v. 24.1.2007, NZS 2007, 648, 650.

150 BSG v. 22. 8. 1973, NJW 1974, 207; v. 18.12.2001, NZG 2002, 431, 432 m. w. N.

151 BFH v. 30.7.1986, BFHE 147, 279, 282; v. 19.2.2004, BFHE 205, 216, 219; v. 23.4.2009, BFHE 225, 33, 36 ff.

152 BFH v. 23.4.2009, BFHE 225, 33, 39.

153 BFH v. 10.3.2005, BFHE 209, 162, 165 f.; v. 20.10.2010, GmbHR 2011, 313, 314 f.

154 *Brachert*, Organmitgliedschaft, S. 173; *Diller*, Gesellschafter und Gesellschaftsorgane, S. 137 ff.; *Groß*, Das Anstellungsverhältnis, S. 253 f.; *Henssler*, RdA 1992,

Zur Begründung wird auf das Trennungsprinzip verwiesen: Die Organstellung des Geschäftsführers sei kein Grund, der seiner Arbeitnehmereigenschaft entgegenstehe, da zwischen dem Organverhältnis und dem Anstellungsverhältnis zu trennen sei. Die Arbeitgeberfunktion ergebe sich aus der Organstellung und betreffe das Außenverhältnis. Davon unabhängig könne der Anstellungsvertrag, der allein das Innenverhältnis zur Gesellschaft betreffe, durchaus eine Arbeitnehmereigenschaft begründen.[155] Der Geschäftsführer sei an die Weisungen der Gesellschafter gebunden. Die Unterscheidung zwischen gesellschaftsrechtlichen und arbeitsrechtlichen Weisungen sei nicht überzeugend.[156] Außerdem unterscheide sich der Fremdgeschäftsführer nicht nennenswert von der Beschäftigtengruppe der leitenden Angestellten: Auch diese nähmen partiell Arbeitgeberfunktion wahr, würden aber dennoch unstreitig als Arbeitnehmer betrachtet.[157] Teilweise wird zudem auf die Behandlung des Geschäftsführers im Sozialrecht verwiesen, wo der Fremdgeschäftsführer ebenfalls regelmäßig als abhängig Beschäftigter klassifiziert wird. Da ein im Wesentlichen identischer Kriterienkatalog für die Arbeitnehmerdefinition in beiden Rechtsgebieten herangezogen werde, lasse die sozialversicherungsrechtliche Einordnung Rückschlüsse auf das Arbeitsrecht zu.[158] Ähnlich wird im Hinblick auf das Steuerrecht argumentiert.[159] Auch die soziale Lage und die wirtschaftliche Stellung vieler Fremdgeschäftsführer gebiete schließlich eine Einbeziehung in das Arbeitsrecht.[160]

Soweit es im Einzelfall zu einer Kollision von Arbeits- und Gesellschaftsrecht komme, könne diese durch eine teleologische Reduktion einzelner

---

289, 292 ff.; *Hromadka*, Das Recht, S. 326 f.; *Kamanabrou*, DB 2002, 146, 147 f.; *Lücke*, NJOZ 2009, 3469, 3472 ff.; *Mertens*, FS Hilger/Stumpf, S. 337, 440f.; *Miller*, BB 1977, 723, 724 f.; *Mohr*, Der Arbeitnehmerbegriff, S. 256; *Müller-Glöge*, in: MüKo-BGB, § 611 Rn. 146; *Oetker*, in: Henssler/Strohn, § 35 GmbHG Rn. 77; *U. H. Schneider/Sethe*, in: Scholz, GmbHG (10. Aufl.), § 35 Rn. 175 ff.; *Thüsing*, in: H/W/K, vor § 611 BGB Rn. 95; *ders.*, in: Graf v. Westphalen/Thüsing, Stichwort: Geschäftsführerverträge, Rn. 66; *Vogelsang*, in: Schaub, § 14 Rn. 3; *Wank*, FS Wiedemann, S. 587 ff.; *ders.*, RdA 2011, 178, 180; *Wank/Maties*, NZA 2007, 353, 354.

155 *Brachert*, Organmitgliedschaft, S. 126; *Lücke*, NJOZ 2009, 3469, 3473; *Vogelsang*, in: Schaub, § 14 Rn. 3.

156 *Wank/Maties*, NZA 2007, 353, 354.

157 *Groß*, Das Anstellungsverhältnis, S. 236 f., 250 f.; *Kamanabrou*, DB 2002, 146, 147; *U. H. Schneider/Sethe*, in: Scholz, GmbHG (10. Aufl.), § 35 Rn. 177.

158 *Brachert*, Organmitgliedschaft, S. 97 ff.; *Miller*, BB 1977, 723, 725.

159 *Brachert*, Organmitgliedschaft, S. 95.

160 *Groß*, Das Anstellungsverhältnis, S. 355 ff.; *Martens*, FS Hilger/Stumpf, S. 437, 440 f.

arbeitsrechtlicher Vorschriften gelöst werden.[161] Ein genereller Vorrang der Organstellung vor dem Anstellungsvertrag sei aber nicht anzuerkennen.[162] Gleiches wird zumeist auch für den Gesellschafter-Geschäftsführer angenommen, der lediglich eine Minderheitsbeteiligung hält und über keine Sperrminorität verfügt.[163]

2. Vorstandsmitglieder von Aktiengesellschaften

a) Arbeitsrecht

Auch im Aktienrecht herrscht im Hinblick auf die Arbeitnehmereigenschaft von Vorstandsmitgliedern keine völlige Einigkeit, wenngleich der Streit in seinem Ausmaß deutlich hinter der Diskussion im GmbH-Recht zurückbleibt.

Sowohl der BGH als auch die vorherrschende Meinung im Schrifttum qualifizieren den Anstellungsvertrag von Vorstandsmitgliedern uneingeschränkt als freien Dienstvertrag.[164] Aufgrund ihrer Organstellung übten Vorstandsmitglieder Arbeitgeberfunktion aus.[165] Zudem leite der Vorstand die Gesellschaft gemäß § 76 Abs. 1 AktG in eigener Verantwortung, wobei – anders als im GmbH-Recht – weder der Hauptversammlung noch dem Aufsichtsrat ein Weisungsrecht zustehe. Damit sei eine persönliche Abhängigkeit ausgeschlossen.[166] Vorstandsmitglieder hätten zudem erhebliche Einflussmöglichkeiten auf die Ausgestaltung

161 *Wank*, RdA 2011, 178, 180.

162 *Groß*, Das Anstellungsverhältnis, S. 103; *Wank*, RdA 2011, 178, 180.

163 *Groß*, Das Anstellungsverhältnis, S. 406 f.; *U. H. Schneider/Sethe*, in: Scholz, GmbHG (10. Aufl.), § 35 Rn. 175; *Wank*, FS Wiedemann, S. 587, 614; *Wank/Maties*, NZA 2007, 353, 355.

164 BGH v. 11.7.1953, BGHZ 10, 187, 191 f.; v. 16.12.1953, BGHZ 12, 1, 8; v. 7.12.1961, BGHZ 36, 142, 143; *Dauner-Lieb*, in: Henssler/Strohn, § 84 AktG Rn. 15; *Fleck*, FS Hilger/Stumpf, S. 197, 208 ff.; *Fleischer*, in: Spindler/Stilz, AktG, § 84 Rn. 24; *G. Hueck*, FS Hilger/Stumpf, S. 365, 368 ff.; *Hüffer*, AktG, § 84 Rn. 11; *Kort*, in: Großkomm-AktG, § 84 Rn. 272 ff.; *Mertens/Cahn*, in: Kölner Komm-AktG, § 84 Rn. 34; *Raiser/Veil*, KapGesR, § 14 Rn. 44; *Seibt*, in: K. Schmidt/Lutter, AktG, § 84 Rn. 23; *Spindler*, in: MüKo-AktG, § 84 Rn. 51 ff; *Thüsing*, in: Fleischer, VorstandsR, § 4 Rn. 54; *Weber*, in: Hölters, AktG, § 84 Rn. 34 f; *Wiesner*, in: MünchGesR IV, § 21 Rn. 5.

165 BGH v. 16.12.1953, BGHZ 12, 1, 8; *G. Hueck*, FS Hilger/Stumpf, S. 365, 375 f.; *Hüffer*, AktG, § 84 Rn. 11.

166 BGH v. 11.7.1953, BGHZ 10, 187, 191; v. 16.12.1953, BGHZ 12, 1, 8; *Spindler*, in: MüKo-AktG, § 84 Rn. 51; *Thüsing*, in: Fleischer, VorstandsR, § 4 Rn. 54; *Wiesner*, in: MünchGesR IV, § 21 Rn. 5.

ihres Anstellungsvertrages und seien aufgrund ihrer tendenziell starken sozialen Stellung insgesamt nicht gleichermaßen schutzwürdig wie ein Arbeitnehmer.[167]

Soweit in Teilbereichen ein sozialer Schutz geboten sei und einzelne Gesetze Vorstandsmitglieder nicht ausdrücklich aus ihrem Anwendungsbereich ausschlössen, komme im Einzelfall jedoch eine analoge Anwendung arbeitsrechtlicher Vorschriften in Betracht.[168] Insgesamt wird sich hierbei allerdings in Zurückhaltung geübt und eine Analogie nur solcher Vorschriften und Rechtsinstitute in Betracht gezogen, die nicht speziell der persönlichen und existenziellen Abhängigkeit des Arbeitnehmers begegnen sollen, sondern Ausdruck einer allgemeinen Schutzbedürftigkeit des Dienstverpflichteten in Dauerschuldverhältnissen im Hinblick auf die Risiken einer längerfristigen Vertragsbindung sind.[169]

Nur vereinzelt wird angenommen, AG-Vorstandsmitglieder seien grundsätzlich Arbeitnehmer.[170] Aufgrund der Personalkompetenz des Aufsichtsrates seien sie zwar nicht rechtlich, aber faktisch abhängig und zum Wohlverhalten verpflichtet, da ihnen ansonsten die Nichtwiederbestellung drohe. Damit seien sie mittelbar in ihrer Entscheidungsfreiheit gebunden.[171] Darüber hinaus wird die generelle Ablehnung der Arbeitnehmereigenschaft von Vorstandsmitgliedern bei Vorständen abhängiger Konzerngesellschaften in Zweifel gezogen, da in diesem Fall ein Weisungsrecht der Konzernobergesellschaft bestehe.[172]

b) Sozialversicherungs- und Steuerrecht

Im Sozialversicherungsrecht werden Vorstandsmitglieder teilweise bereits kraft Gesetzes von der Versicherungspflicht ausgenommen (vgl. § 1 S. 3 SGB VI sowie § 27 Abs. 1 Nr. 5 SGB III). Auch im Übrigen werden sie überwiegend nicht als Beschäftigte im Sinne von § 7 Abs. 1 SGB IV betrachtet.[173] Aufgrund der freien

---

167 Vgl. BGH v. 16.12.1953, BGHZ 12, 1, 8; vgl. auch *Krauss*, Status und Kündigungsschutz, S. 12 ff.

168 *Henssler*, RdA 1992, 258, 297; *Hüffer*, AktG, § 84 Rn. 11; *Thüsing*, in: Fleischer, VorstandsR, § 4 Rn. 55.

169 *Fleischer*, in: Spindler/Stilz, AktG, § 84 Rn. 27; *Henssler*, RdA 1992, 289, 297; *Spindler*, in: MüKo-AktG, § 84 Rn. 56; *Thüsing*, in: Fleischer, VorstandsR, § 4 Rn. 56, vgl. dort auch die Übersicht zu den in der Rspr. bereits entschiedenen Fallgruppen.

170 *Wehrmeyer*, Einordnung der Organe, S. 211.

171 *Wehrmeyer*, Einordnung der Organe, S. 208.

172 *Martens*, FS Hilger/Stumpf, S. 437, 441 f.; *Säcker*, BB 1979, 1321, 1324.

173 Klargestellt in BSG v. 14.12.1999, BSGE 85, 214, 216 ff.; a. A. noch BSG v. 31.5.1989, BSGE 65, 113, 117; *Jäger*, NZG 2001, 97, 98; *Kort*, in: Großkomm-AktG, § 84 Rn. 470; *Sagan/Hübner*, AG 2011, 852, 853; *Seewald*, in: KassKomm, § 7 SGB IV

Leitungsverantwortung, der unbeschränkbaren Vertretungsbefugnis und ihrer Weisungsfreiheit fehle es an der persönlichen Abhängigkeit.[174] Auch sei keine Eingliederung in einen fremden Betriebsablauf anzunehmen, da der Vorstand die organisatorischen und funktionalen Regeln des Unternehmens weitgehend mitgestalte.[175] Aus den ausdrücklichen Regelungen in § 1 S. 3 SGB VI und § 27 Abs. 1 Nr. 5 SGB III könne kein Umkehrschluss in der Weise gezogen werden, dass in den anderen Sozialversicherungszweigen eine grundsätzliche Beschäftigteneigenschaft anzunehmen sei.[176] Es handele sich lediglich um eine Klarstellung.[177]

Im Einkommenssteuerrecht hingegen werden die aufgrund des Anstellungsverhältnisses gewährten Bezüge der Vorstandsmitglieder als Einkünfte aus nichtselbständiger Arbeit im Sinne von § 19 Abs. 1 EStG und Vorstandsmitglieder mithin als Arbeitnehmer im Sinne von § 1 LStDV betrachtet.[178] Aus ihrer Funktion ergebe sich eine Eingliederung in die Gesellschaft. Dass ihnen bei der Erledigung ihrer Aufgaben ein großer Gestaltungsspielraum zukomme, sei unerheblich, denn auch nur geringfügige Bindungen im Innenverhältnis seien ausreichend.[179]

3. Leitungsorgane der SE

Bei der SE sind zwei Gestaltungsformen zu unterscheiden: Die dualistische SE kennzeichnet eine Trennung zwischen Leitungs- und Aufsichtsorgan und entspricht damit der Grundstruktur einer Aktiengesellschaft nach deutschem Recht.[180] In der monistischen SE werden Leitung und Kontrolle der Gesellschaft hingegen durch ein einziges Organ, den Verwaltungsrat, wahrgenommen.[181]

Rn. 99; *Spindler*, in: MüKo-AktG, § 84 Rn. 54; *Wiesner*, in: MünchGesR IV, § 21 Rn. 14; a. A. etwa *Rolfs*, in: ErfK, § 7 SGB IV Rn. 23.

174 BSG v. 14.12.1999, BSGE 85, 214, 219 f.

175 BSG v. 14.12.1999, BSGE 85, 214, 220.

176 *Kort*, in: Großkomm-AktG, § 84 Rn. 471; *Spindler*, in: MüKo-AktG, § 84 Rn. 54; *Wiesner*, in: MünchGesR IV, § 21 Rn. 14.

177 *Sagan/Hübner*, AG 2011, 852, 854.

178 BFH v. 8.3.1968, BFHE 92, 8, 9; v. 26.6.1970, BFHE 100, 25, 27.

179 BFH v. 2. 10. 1968, BFHE 94, 366, 367 f. (dort allerdings in Bezug auf die Vorstandsmitglieder einer Genossenschaft).

180 *Eberspächer*, in: Spindler/Stilz, AktG, Art. 38 SE-VO Rn. 3; *Reichert/Brandes*, in: MüKo-AktG, Art. 38 SE-VO Rn. 9.

181 *Reichert/Brandes*, in: MüKo-AktG, Art. 43 SE-VO Rn. 1; *Siems*, in: Kölner Komm-AktG, Art. 43 SE-VO, Rn. 3; *Teichmann*, in: Lutter/Hommelhoff, SE-Komm, Art. 43 SE-VO Rn. 63.

Daneben werden sog. geschäftsführende Direktoren bestellt, die gemäß § 40 Abs. 2 S. 1 SEAG die Geschäfte der SE führen.[182]

Die Mitglieder des Leitungsgremiums einer dualistisch verfassten SE werden im deutschen Recht – soweit ersichtlich – nicht als Arbeitnehmer im Sinne des Arbeitsrechts angesehen. Es wird regelmäßig auf die Parallelvorschriften für Vorstandsmitglieder im Aktienrecht verwiesen und der Anstellungsvertrag als freier Dienstvertrag eingeordnet.[183] Gleiches gilt für die geschäftsführenden Direktoren einer monistisch verfassten SE: Obwohl sie vergleichbar einem GmbH-Fremdgeschäftsführer gemäß § 44 Abs. 2 SEAG den Weisungen des Verwaltungsrates unterliegen, wird ihr Anstellungsverhältnis grundsätzlich als freies Dienstverhältnis qualifiziert.[184] Sie verträten die Gesellschaft nach außen und übernähmen unternehmerische Verantwortung.[185] Regelmäßig seien sie nicht weisungsgebunden im Sinne des Arbeitsrechts.[186] Teilweise wird jedenfalls die Arbeitnehmereigenschaft sog. externer geschäftsführender Direktoren indessen nicht schlechthin ausgeschlossen, sondern angenommen, bei entsprechender Weisungsbindung könne in Ausnahmefällen auch ein Arbeitsverhältnis bestehen.[187]

Auch im Sozialrecht werden die Mitglieder des Leitungsgremiums einer dualistischen SE aufgrund ihrer mit dem Vorstand einer Aktiengesellschaft vergleichbaren Rechtsstellung nicht als abhängige Beschäftigte betrachtet.[188] Die Tätigkeit der geschäftsführenden Direktoren einer monistisch verfassten SE wird hingegen – jedenfalls sofern nicht zugleich eine Mitgliedschaft im Verwaltungsrat besteht – aufgrund ihrer Weisungsgebundenheit verbreitet als abhängige Beschäftigung eingeordnet.[189]

---

182 Dazu näher unter § 4 B. III.

183 *Eberspächer*, in: Spindler/Stilz, AktG, Art. 39 SE-VO Rn. 3; *Forst*, NZS 2012, 801, 806; *Reichert/Brandes*, in: MüKo-AktG, Art. 39 SE-VO Rn. 40; *Seibt*, in: Lutter/Hommelhoff, SE-Komm, Art. 39 SE-VO Rn. 28; *Siems*, in: Kölner Komm-AktG, Art. 39 SE-VO Rn. 84.

184 *Reichert/Brandes*, in: MüKo-AktG, Art. 43 SE-VO Rn. 147; *Siems*, in: Kölner Komm-AktG, Anh. Art. 51 SE-VO, § 40 SEAG Rn. 12; *Teichmann*, in: Lutter/Hommelhoff, SE-Komm, Anh. Art. 43 SE-VO (§ 40 SEAG) Rn. 16.

185 *Reichert/Brandes*, in: MüKo-AktG, Art. 43 SE-VO Rn. 148.

186 *Siems*, in: Kölner Komm-AktG, Anh. Art. 51 SE-VO, § 40 SEAG Rn. 12.

187 *Schönborn*, Die monistische SE, S. 217 f.; *Siems*, in: Kölner Komm-AktG, Anh. Art. 51 SE-VO, § 40 SEAG Rn 13.

188 *Forst*, NZS 2012, 801, 806; *Hinrichs/Plitt*, DB 2011, 1692, 1693.

189 *Forst*, NZS 2012, 801, 807 f.; *Hinrichs/Plitt*, DB 2011, 1692, 1695; *Reichert/Brandes*, in: MüKo-AktG, Art. 43 SE-VO Rn. 161; *Rolfs*, in: ErfK, § 7 SGB IV Rn. 23; *Siems*,

4. Geschäftsführende Gesellschafter von Personengesellschaften

Gesellschafter von Personen- (und Kapitalgesellschaften), die zugleich deren Mitarbeiter sind, können diese Mitarbeit nach inzwischen allgemeiner Ansicht auf der Grundlage eines neben der Gesellschafterstellung bestehenden Arbeitsvertrages erbringen, soweit die allgemeinen Voraussetzungen eines Arbeitsverhältnisses vorliegen, d. h. insbesondere eine persönliche Abhängigkeit besteht.[190] Die gleichzeitige Beteiligung an der Gesellschaft stehe der Arbeitnehmereigenschaft nicht entgegen, solange die geleisteten Dienste nicht bereits aufgrund der sich aus der Gesellschafterstellung ergebenden Beitragsverpflichtung geleistet würden, der Gesellschafter der Gesellschaft also in einem Drittrechtsverhältnis gegenüberstehe.[191] Für Gesellschafter von Personengesellschaften ist dies allerdings umstritten: Zum Teil wird eingewandt, die unbeschränkte persönliche Haftung stehe der Annahme einer Arbeitnehmereigenschaft hier stets entgegen.[192] Nach überwiegender Auffassung soll ein Arbeitsverhältnis hingegen ausgeschlossen sein, wenn Dienstleistungen für die Gesellschaft allein als Beiträge auf gesellschaftsrechtlicher Grundlage erbracht werden (vgl. § 706 Abs. 3 BGB, ggf. i. V. m. §§ 105 Abs. 3, 161 Abs. 2 HGB), da Arbeitsrecht auf gesellschaftsrechtliche Beitragsleistungen nicht anwendbar sei.[193]

---

in: Kölner Komm-AktG, Anh. Art. 51 SE-VO, § 40 SEAG Rn. 14; *Teichmann*, in: Lutter/Hommelhoff, SE-Komm, Anh. Art. 43 SE-VO (§ 40 SEAG) Rn. 16.

190 BGH v. 11.7.1962, WM 1963, 486, 487; BAG v. 11.5.1978, AP Nr. 2 zu § 161 HGB (jeweils zum Kommanditisten einer KG); v. 9.1.1990, NZA 1990, 525; v. 28.11.1990, NZA 1991, 392, 393; v. 6.5.1998, NZA 1998, 939, 940 (GmbH-Gesellschafter); zweifelnd hingegen noch RG v. 28.4.1925, RGZ 110, 418, 420; *Diller*, Gesellschafter und Gesellschaftsorgane, S. 264 ff., 271f.; *v. Hoyningen-Huene*, NJW 2000, 3233, 3234; *G. Hueck*, DB 1962, 1364 f.; *Müller-Glöge*, in: MüKo-BGB, § 611 Rn. 27; *Preis*, in: A/P/S, 1. Teil F. Rn. 53; *Preis*, in: ErfK, § 611 BGB Rn. 17; *Reiserer*, in: MAH ArbR, § 6 Rn. 70; *Richardi*, in: MünchArbR I, § 17 Rn. 52; *Richardi/Fischinger*, in: Staudinger, Vorbem. zu §§ 611 ff. BGB Rn. 75; *Vogelsang*, in: Schaub, § 9 Rn. 24.

191 *v. Hoyningen-Huene*, NJW 2000, 3233, 3234; *Richardi/Fischinger*, in: Staudinger, Vorbem. zu §§ 611 ff. BGB Rn. 75.

192 *Wank*, SGb 1989, 167, 169; vgl. auch LAG Hessen v. 7.8.2001, NZA-RR 2002, 263, 264.

193 BAG v. 8.1.1970, NJW 1970, 829, 829 f.; *Diller*, Gesellschafter und Gesellschaftsorgane S. 259 ff. m. w. N. auch für abweichende Ansichten; *Krause*, Mitarbeit im Unternehmen, S. 305 ff.; *Preis*, in: A/P/S, 1. Teil F. Rn. 53; *ders.*, in: ErfK, § 611 BGB Rn. 17; *Richardi/Fischinger*, in: Staudinger, Vorbem. zu §§ 611 ff. BGB Rn. 75, 326.

§3. Der Arbeitnehmerbegriff im Unionsrecht

Das Unionsrecht geht von einer Zweiteilung der Erwerbstätigkeit aus: Ein Erwerbstätiger ist danach entweder Arbeitnehmer oder Selbständiger und fällt dementsprechend entweder in den Anwendungsbereich der Arbeitnehmerfreizügigkeit (Art. 45 AEUV) oder aber der Niederlassungs- bzw. der Dienstleistungsfreiheit (Art. 49 bzw. Art. 56 AEUV).[194] Eine dritte Kategorie kennt das Unionsrecht nicht.[195]

A. Gesetzliche Ausgangslage

Im europäischen Primärrecht[196] findet sich der Begriff des Arbeitnehmers in den Vorschriften über die Arbeitnehmerfreizügigkeit in den Art. 45–48 AEUV, dem Gebot der Entgeltgleichheit für Männer und Frauen in Art. 157 Abs. 2 AEUV, den Kompetenznormen der Art. 153 Abs. 1 und Art. 114 Abs. 2 AEUV sowie in den Art. 27–31 GRC. Das Sekundärrecht[197] nimmt in einigen Verordnungen (vgl. z. B. Art. 18 ff. Brüssel I-VO, Art. 8 ROM I-VO, Art. 9 ROM II-VO) sowie in zahlreichen arbeitsrechtlichen Richtlinien Bezug auf den „Arbeitnehmer" bzw. das „Arbeitsverhältnis". Viele Richtlinien verweisen für die Definition des Arbeitnehmers auf das jeweilige nationale Begriffsverständnis (vgl. z. B. Art. 2

---

194 EuGH v. 20.11.2001 – C-268/99 (Jany), Slg. 2011, I-8615 Rn. 34; v. 15.12.2005 – verb. Rs. C-151/04 und C-152/04 (*Nadin und Nadin-Lux*), Slg. 2005, I-11203 Rn. 31; *Wank*, EuZA 2008, 172, 175 f.

195 *Lunk*, FS Bauer, S. 705, 713; *Rebhahn*, EuZA 2012, 3, 8; dazu auch *ders.* RdA 2009, 154 ff.

196 Das Primärrecht bilden seit dem Inkrafttreten des Vertrages von Lissabon am 01.12.2009 die Gründungsverträge der Europäischen Union, d. h. der EUV sowie der AEUV einschließlich ihrer Anhänge und Protokolle sowie Beitritts- und Assoziierungsabkommen sowie gemäß Art. 6 Abs. 1 EUV die GRC, vgl. *Thüsing*, EuArbR, § 1 Rn. 25.

197 Als Sekundärrecht wird das von den zur Rechtssetzung bestimmten Organen der EU geschaffene Recht bezeichnet, das gemäß Art. 288 Abs. 1 AEUV Verordnungen, Richtlinien, Beschlüsse, Empfehlungen und Stellungnahmen umfasst, vgl. *Ruffert*, in: Calliess/Ruffert, EUV/AEUV, Art. 288 AEUV Rn. 15.

Abs. 1 lit. d) BÜRL, § 2 Nr. 1 RV-Befristung, § 2 Nr. 1 RV-Teilzeit). Im Übrigen ist eine allgemeine Definition des Arbeitnehmerbegriffs weder im Primär- noch im Sekundärrecht zu finden.[198]

B. Die Begriffsbestimmung durch den EuGH

I. Allgemeine Definition

Mangels gesetzlicher Regelung wurde der Arbeitnehmerbegriff des Unionsrechts maßgeblich durch die Rechtsprechung des EuGH geprägt. Dabei ist vorwegzunehmen, dass es „den" Arbeitnehmerbegriff des Unionsrechts streng genommen nicht gibt, weil der EuGH den Begriff in Abhängigkeit von Inhalt und Zweck der jeweiligen Regelungsmaterie bestimmt.[199] Anders als im deutschen Recht ist daher grundsätzlich nicht von einem einheitlichen Arbeitnehmerbegriff auszugehen, sondern von verschiedenen Arbeitnehmerbegriffen.[200] Gleichwohl kommt dabei dem im Rahmen der Arbeitnehmerfreizügigkeit entwickelten Begriffsverständnis eine besondere Bedeutung zu, da der EuGH – wie noch zu zeigen sein wird – diese Definition auch in anderen Regelungszusammenhängen immer wieder heranzieht.

1. Unionsautonome Begriffsbestimmung im Rahmen von Art. 45 AEUV

Im Rahmen von Art. 45 AEUV versteht der Gerichtshof den Arbeitnehmerbegriff als einen autonomen Begriff, der sich unionseinheitlich allein nach Gemeinschaftsrecht richtet.[201] Er sei nach objektiven, sich aus dem Unionsrecht

---

198 *Fischer*, NJW 2011, 2329, 2330; *Rebhahn*, EuZA 2012, 3, 4; *Wank*, in: H/S/W, § 14 Rn. 1.

199 EuGH v. 12.05.1998 – C-85/96 (*Martínez Sala*) Slg. 1998, I-2691 Rn. 31; v. 07.06.2005 – C-543/03 (*Dodl und Oberhollenzer*), Slg. 2005, I-5049 Rn. 27; v. 16.7.2009 – C-208/07 (*Charmier-Gliszcinski*), Slg. 2009, I-6095 Rn. 68; dazu *Rebhahn*, EuZA 2012, 3, 4; *Wank*, EuZA 2008, 172, 178 sowie ausführlich *Ziegler*, Arbeitnehmerbegriffe, S. 124 ff.

200 *Forsthoff*, in: G/H/N, EUV/AEUV, Art. 45 AEUV Rn. 66; *Rebhahn*, EuZA 2012, 3, 5; *Riesenhuber*, EuArbR, § 1 Rn. 2.

201 So erstmals EuGH v. 19.3.1964 – C-75/63 (*Unger*), Slg. 1964, 381, 396, seither st. Rspr., s. nur EuGH v. 23.3.1982 – C-53/81 (*Levin*), Slg. 1982, 1035 Rn. 11; v. 3.6.1986 – C-139/85 (*Kempf*), Slg. 1986, 1741 Rn. 15; v. 3.7.1986 – C-66/85

ergebenden Kriterien zu bestimmen und damit unabhängig vom jeweiligen nationalen Begriffsverständnis der Mitgliedstaaten.[202] Als Begründung wird darauf verwiesen, dass die unionseinheitliche Begriffsbestimmung zur Herstellung einer möglichst weitgehenden Arbeitnehmerfreizügigkeit erforderlich sei, denn ansonsten sei es den Mitgliedstaaten anheimgestellt, den Begriff einseitig nach nationalem Verständnis festzulegen und damit bestimmten Personengruppen den Schutz zu entziehen.[203] Die Arbeitnehmerfreizügigkeit gehöre zu den Grundlagen der Gemeinschaft, deren Verwirklichung es erfordere, ihren Anwendungsbereich nicht einschränkend auszulegen.[204] Das unionsautonome Verständnis des Arbeitnehmerbegriffs im Rahmen der Arbeitnehmerfreizügigkeit erfährt auch in der Literatur allgemeine Zustimmung.[205]

2. Begriffsmerkmale

Die inhaltliche Bedeutung des Arbeitnehmerbegriffs im Sinne von Art. 45 AEUV muss nach der Rechtsprechung des EuGH „unter Rückgriff auf die allgemein anerkannten Auslegungsgrundsätze, [...] ausgehend vom gewöhnlichen Sinn der Begriffe in ihrem Kontext und im Lichte der Ziele des Vertrages, ermittelt werden".[206] Dabei seien der Begriff grundsätzlich weit und seine Ausnahmen entsprechend eng auszulegen.[207] Außerdem sei es den Mitgliedstaaten verwehrt,

---

(*Lawrie-Blum*), Slg. 1986, 2121 Rn. 16; v. 26.2.1992 - C-357/89 (*Raulin*), Slg. 1992, I-1027 Rn. 10; v. 23.3.2004 - C-138/02 (*Collins*), Slg. 2004, I-2703 Rn. 26.

202 EuGH v. 19.3.1964 - C-75/63 (*Unger*), Slg. 1964, 381, 396.

203 EuGH v. 19.3.1964 - C-75/63(*Unger*), Slg. 1964, 381, 396; v. 23.3.1982 - C-53/81 (*Levin*), Slg. 1982, 1035 Rn. 11.

204 EuGH v. 19.3.1964 - C-75/63(*Unger*), Slg. 1964, 381, 396; v. 23.3.1982 - C-53/81 (*Levin*), Slg. 1982, 1035 Rn. 13.

205 *Brechmann*, in: Callies/Ruffert, EUV/AEUV, Art. 45 AEUV Rn. 11; *Forsthoff*, in: G/H/N, EUV/AEUV, Art. 45 AEUV Rn. 68; *Krimphove*, EuArbR, Rn. 170; *Linck*, in: Schaub, § 4 Rn. 9; *Pottschmidt*, Arbeitnehmerähnliche Personen S. 154 f.; *Rebhahn*, EuZA 2012, 3, 4; *Riesenhuber*, EuArbR, § 3 Rn. 9; *Thüsing*, EuArbR, § 2 Rn. 12; *Wank*, in H/S/W, § 14 Rn. 5; *Wißmann*, in: ErfK, Art 45 AEUV Rn. 7; *Wölker*, in: von der Groeben/Schwarze, EUV/EGV, Vorbem. zu Art. 39–41 Rn. 26; *Ziegler*, Arbeitnehmerbegriffe, S. 126 ff.

206 EuGH v. 23.3.1982 - C-53/81 (*Levin*), Slg. 1982, 1035 Rn. 9.

207 EuGH v. 23.3.1982 - C-53/81 (*Levin*), Slg. 1982, 1035 Rn. 13; v. 3.7.1986 - C-66/85 (*Lawrie-Blum*), Slg. 1986, 2121 Rn. 16; v. 30.3.2006 - C-10/05 (*Mattern*), Slg. 2006, I-3145 Rn. 18; v. 17.7.2008 - C-94/07 (*Raccanelli*), Slg. 2008, I-5939 Rn. 33.

den Arbeitnehmerbegriff an weiteren als den vom EuGH aufgestellten Voraussetzungen zu messen.[208]

Erste inhaltliche Komponenten wurden im Urteil *Levin* aufgestellt, in dem es allerdings nicht um die Abgrenzung von Arbeitnehmern und Selbständigen, sondern von Arbeitnehmern und Nichterwerbstätigen ging.[209] Ein Arbeitsverhältnis sei nur bei der Ausübung „tatsächlicher und echter Tätigkeiten“ des Wirtschaftslebens anzunehmen, was bei solchen Tätigkeiten zu verneinen sei, die aufgrund ihres geringen Umfangs als „völlig untergeordnet und unwesentlich“ zu betrachten seien.[210] Neben der Arbeitszeit und der Höhe der Vergütung seien als Indizien für eine „echte und tatsächliche Tätigkeit“ auch Ansprüche auf bezahlten Jahresurlaub sowie Entgeltfortzahlung im Krankheitsfall, die Anwendung eines Tarifvertrages auf das Beschäftigungsverhältnis sowie eine lange Dauer der Beschäftigung zu berücksichtigen.[211] Für die Abgrenzung zur Selbständigkeit stellt der EuGH seit der *Lawrie-Blum*-Entscheidung darauf ab, dass jemand während einer bestimmten Zeit für einen anderen nach dessen Weisungen Leistungen erbringt, für die er als Gegenleistung eine Vergütung erhält.[212]

a) Kriterien der *Lawrie-Blum*-Formel

Die einzelnen Bestandteile dieser sogenannten *Lawrie-Blum*-Formel hat der Gerichtshof in einer Reihe von Entscheidungen präzisiert.[213]

So setze die „Erbringung von Leistungen“ voraus, dass diese einen gewissen wirtschaftlichen Wert haben.[214] Ausgeschlossen seien daher Tätigkeiten, die lediglich der Rehabilitation oder Wiedereingliederung des Betroffenen in das Arbeitsleben dienten.[215] Unerheblich sei, ob die Leistungen im Rahmen eines privatrechtlichen oder eines öffentlich-rechtlichen Rechtsverhältnisses erbracht würden.[216] Anders als im deutschen Recht könnten daher auch Beamte

---

208 EuGH v. 21.6.1988 – C-197/86 (*Brown*), Slg. 1986, 3205 Rn. 22.

209 EuGH v. 23.3.1982 – C-53/81 (*Levin*), Slg. 1982, 1035 Rn. 16 ff.; ausführlich dazu *Ziegler*, Arbeitnehmerbegriffe, S. 133 f.

210 EuGH v. 23.3.1982 – C-53/81 (*Levin*), Slg. 1982, 1035 Rn. 17.

211 EuGH v. 4.2.2010 – C-14/09 (*Genc*), Slg. 2010, I-931 Rn. 27.

212 EuGH v. 3.7.1986 – C- 66/85 (*Lawrie-Blum*), Slg. 1986, 2121 Rn. 17.

213 Vgl. dazu die Übersicht bei *Rebhahn*, EuZA 2012, 3, 8 ff.

214 EuGH v. 3.7.1986 – C- 66/85 (*Lawrie-Blum*), Slg. 1986, 2121 Rn. 18.

215 EuGH v. 31.5.1989 – C-344/87 (*Bettray*), Slg. 1989, 1621, Rn. 17.

216 EuGH v. 12.2.1974 – C-152/73 (*Sotgiu*) Slg. 1974, 153 Rn. 5; v. 3.6.1986 – C-307/84, (*Kommission/Frankreich*), Slg. 1986, 1725, Rn. 11; v. 3.7.1986 – C-66/85

Arbeitnehmer im Sinne des europäischen Begriffsverständnisses sein.[217] Dass die Leistungen „für eine bestimmte Zeit“ erbracht werden müssten, setze weder eine bestimmte Mindestdauer der Tätigkeit noch einen bestimmten zeitlichen Umfang voraus, so dass auch Teilzeit- oder Gelegenheitstätigkeiten Arbeitsverhältnisse darstellen könnten.[218] Auch an das Merkmal der entgeltlichen Leistungserbringung werden keine allzu hohen Anforderungen gestellt. Entscheidend sei lediglich ein Gegenseitigkeitsverhältnis im weitesten Sinne. Unerheblich seien sowohl die Höhe der Vergütung[219] als auch die Herkunft der Vergütungsmittel.[220]

b) Insbesondere: Weisungsgebundenheit

Maßgeblich in Hinblick auf die Abgrenzung zur selbständigen Tätigkeit kommt es indessen, wie im deutschen Recht auch, auf das Kriterium der Weisungsgebundenheit bzw. das Vorliegen eines Unterordnungsverhältnisses an.[221] Ob eine Leistung nach Weisung vorliegt, ermittelt der EuGH anhand der „Gesamtheit der jeweiligen Faktoren und Umstände [...], die die Beziehungen zwischen den Parteien charakterisieren“.[222] Dabei stellt der Gerichtshof maßgeblich auf die Freiheit bei der Wahl von Inhalt, Zeit und Ort der Arbeit ab.[223] Weder eine personenrechtliche Beziehung zwischen Arbeitgeber und Arbeitnehmer[224] noch die

(*Lawrie-Blum*), Slg. 1986, 2121 Rn. 20; v. 16.6.1987 – C-225/85 (*Kommission/Italien*), Slg. 1987, 2625 Rn. 8.

217 EuGH v. 16.6.1987 – C-225/85 (*Kommission/Italien*), Slg. 1987, 2625 Rn. 8.

218 EuGH v. 23.3.1982 – C-53/81 (*Levin*), Slg. 1982, 1035 Rn. 16; v. 21.6.1988 – C-197/86 (*Brown*), Slg. 1988, 3205 Rn. 22; v. 26.2.1992 – C-357/89 (*Raulin*), Slg. 1992, I-1027 Rn. 13; v. 6.11.2003 – C-413/01 (*Ninni Orasche*), Slg. 2003, I-13817 Rn. 25.

219 EuGH v. 23.3.1982 – C-53/81 (*Levin*), Slg. 1982, 1035 Rn. 16; v. 14.12.1995 – C-444/93 (*Megner und Scheffel*), Slg. 1995, I-4741 Rn. 18.

220 Diese müssen nicht notwendigerweise durch den Arbeitgeber, sondern können auch aus öffentlichen Mitteln aufgebracht werden, EuGH v. 31.5.1989 – C-344/87 (*Bettray*), Slg. 1989, 1621 Rn. 15; v. 26.11.1998 – C-1/97 (*Birden*), Slg. 1998, I-7747 Rn. 28.

221 EuGH v. 27.6.1996 – C-107/94 (*Asscher*), Slg. 1996, I-3089 Rn. 26; v. 8.6.1999 – C-337/97 (*Meeusen*), Slg. 1999, I-3289 Rn. 15.

222 EuGH v. 14.12.1989 – C-3/87 (*Agegate*), Slg. 1989, 4459 Rn. 36.

223 EuGH v. 3.7.1986 – C- 66/85 (*Lawrie-Blum*), Slg. 1986, 2121 Rn. 18; v. 13.1.2004 – C-256/01 (*Allonby*), Slg. 2004, I-873 Rn. 72.

224 EuGH v. 8.6.1999 – C-337/97 (*Meeusen*), Slg. 1999, I-3289 Rn. 15.

Tatsache, dass ein Mitarbeiter zugleich Gesellschafter des Unternehmens ist, für das er arbeitet,[225] sollen eine weisungsgebundene Tätigkeit ausschließen.

In der Rechtssache *Agegate* stellt der Gerichtshof neben der freien Gestaltung der Arbeitszeit auch auf den freien Einsatz eigener Hilfskräfte und die Beteiligung an den geschäftlichen Risiken des Unternehmens ab, die auf eine selbständige Tätigkeit hindeuteten, und lässt damit erstmals wirtschaftliche Aspekte in die Betrachtung einfließen. Allein die Entlohnung in Form einer Ertragsbeteiligung stelle allerdings noch keine ausreichende Risikobeteiligung dar.[226] Selbständigkeit setze eine Tätigkeit in eigener Verantwortung voraus.[227]

3. Anwendung der *Lawrie-Blum*-Formel auch in anderen Regelungsbereichen

Die *Lawrie-Blum*-Formel entwickelte der EuGH für den Bereich der Arbeitnehmerfreizügigkeit und wendet sie in diesem Zusammenhang seither in ständiger Rechtsprechung an.[228] Ihre Bedeutung ist allerdings nicht auf die Art. 45 ff. AEUV begrenzt, denn der Gerichtshof beruft sich auch in anderen Regelungsbereichen auf die in der Rechtssache *Lawrie-Blum* entwickelten Kriterien: Sowohl für den Arbeitnehmerbegriff in Art. 157 Abs. 1 AEUV (Entgeltgleichheit) als auch zur Konkretisierung des Arbeitnehmerbegriffs der arbeitsrechtlichen Richtlinien, soweit diese nach dem Verständnis des EuGH von einem autonomen Arbeitnehmerbegriff ausgehen, beruft er sich regelmäßig auf die *Lawrie-Blum*-Formel.[229] Zuletzt stellte der Gerichtshof sogar ausdrücklich und generalisierend klar, dass die zu Art. 45 AEUV entwickelten Begriffsmerkmale für den Arbeitnehmerbegriff gelten, „der in den Rechtsakten nach Art. 288 AEUV verwendet wird".[230]

---

225 EuGH v. 10.12.1991 – C-179/90 (*Merci convenzionali porto di Genova*), Slg. 1991, I-5889 Rn. 13.

226 EuGH v. 14.12.1989 – C-3/87 (*Agegate*), Slg. 1989, 4459 Rn. 36.

227 EuGH v. 20.11.2001 – C-268/99 (*Jany*), Slg. 2001, I-8615 Rn. 70.

228 S. nur EuGH v. 21.6.1988 – C-197/86 (*Brown*), Slg. 1986, 3205 Rn. 21; v. 31.5.1989 – C-344/87 (*Bettray*), Slg. 1989, 1621 Rn. 12; v. 26.2.1992 – C-357/89 (*Raulin*), Slg. 1992, 1027 Rn. 10; v. 13.4.2000 – C-176/96 (*Lehtonen*), Slg. 2000, I-2681 Rn. 45.

229 Zu Art. 157 AEUV: EuGH v. 13.1.2004 – C-256/01 (*Allonby*), Slg. 2004, I-873 Rn. 67; für die MuSchRL: EuGH v. 20.9.2007 – C-116/06 (*Kiiski*), Slg. 2007, I-7643 Rn. 25; zur AZRL: EuGH v. 14.10.2010 – C-428/09 (*Union syndicale Solidaires Isère*), Slg. 2010, I-9961 Rn. 28.

230 EuGH v. 7.4.2011 – C-519/09 (*May*), Slg. 2011, I-2761 Rn. 22.

II. Bisherige Rechtsprechung zur Arbeitnehmereigenschaft von geschäftsführenden Gesellschaftsorganen

Im Hinblick auf die Arbeitnehmereigenschaft von geschäftsführenden Organmitgliedern äußerte sich der EuGH bis zur Entscheidung in der Rechtssache *Danosa* nicht eindeutig:

In der Rechtssache *Clean Car Autoservice* überprüfte der Gerichtshof eine österreichische Regelung, wonach der Geschäftsführer einer GmbH einen Wohnsitz im Inland haben muss, an der Arbeitnehmerfreizügigkeit,[231] und scheint damit den Fremdgeschäftsführer als Arbeitnehmer im Sinne des Art. 45 AEUV zu betrachten.[232]

Andererseits überprüfte der EuGH eine vergleichbare spanische Regelung in der Entscheidung *Kommission/Spanien* allein an der Niederlassungs- und Dienstleistungsfreiheit.[233] Weil die Arbeitnehmerfreizügigkeit einerseits und die für selbständige Tätigkeiten einschlägige Niederlassungs- und Dienstleistungsfreiheit andererseits in einem Ausschließlichkeitsverhältnis stehen,[234] würde dies die Arbeitnehmereigenschaft des Geschäftsführers grundsätzlich ausschließen.[235]

Im Urteil *Nadin* wiederum, in dem die Arbeitnehmereigenschaft eines Mitglieds des Verwaltungsrates einer Aktiengesellschaft nach belgischem Recht in Frage stand, stellte der EuGH zunächst fest, dass es maßgeblich auf das Bestehen eines Unterordnungsverhältnisses ankomme und erklärte sodann, dass es nicht Sache des Gerichtshofs sei, festzustellen, ob im konkreten Fall ein Unterordnungsverhältnis bestand.[236] Dies legt den Schluss nahe, dass der EuGH die Arbeitnehmereigenschaft eines Mitglieds der Unternehmensführung jedenfalls nicht schlechthin ausschließt, sondern dass es ihm auf das Vorliegen der materiellen Voraussetzungen, also insbesondere die Weisungsgebundenheit bzw. ein Unterordnungsverhältnis ankommt. Allerdings stellte er in der Rechtssache *Asscher* klar, dass der Geschäftsführer einer Gesellschaft mit beschränkter Haftung,

231 EuGH v. 7.5.1998 – C-350/96 (*Clean Car Autoservice*), Slg. 1998, I-2521 Rn. 26 ff.

232 So auch *Eßer/Baluch*, NZG 2007, 321, 324; *Ziegler*, Arbeitnehmerbegriffe, S. 152.

233 EuGH v. 29.10.1998 – C-114/97 (*Kommission/Spanien*), Slg. 1998, I-6717 Rn. 44 ff.

234 EuGH v. 30.11.1995 – C-55/94 (*Gebhard*), Slg. 1995, I-4165 Rn. 20.

235 *Eßer/Baluch*, NZG 2007, 321, 324; *Forsthoff*, in: G/H/N, EUV/AEUV, Art. 45 AEUV Rn. 71; *Ziegler*, Arbeitnehmerbegriffe, S. 152

236 EuGH v. 15.12.2005 – verb. Rs. C-151/04 und C-152/04 (*Nadin und Nadin-Lux*), Slg. 2005, I-11203 Rn. 31 f.

der zugleich deren Alleingesellschafter ist, in keinem Weisungsverhältnis stehe und damit kein Arbeitnehmer, sondern selbständig Erwerbstätiger sei.[237]

Für das Umsatzsteuerrecht, speziell die inzwischen ersetzte 6. Richtlinie zur Mehrwertsteuer,[238] die in Art. 4 Abs. 1 festlegte, dass steuerpflichtig ist, wer eine der dort genannten Tätigkeiten „selbständig" ausübt, äußerte sich der EuGH in der Rechtssache *van der Steen* hingegen geradezu konträr: Der Geschäftsführer einer Gesellschaft mit beschränkter Haftung, der zugleich deren einziger Gesellschafter und Mitarbeiter sei und alle Geschäfte im Namen und für Rechnung der Gesellschaft abschließe, stehe in einem Unterordnungsverhältnis gegenüber der Gesellschaft und übe daher keine selbständige Tätigkeit im Sinne der Richtlinie aus.[239] Maßgeblich wurde dabei darauf abgestellt, dass seitens der Gesellschaft ein festes Monatsgehalt sowie ein jährliches Urlaubsentgelt gezahlt sowie Lohnsteuer- und Sozialversicherungsbeiträge einbehalten wurden, und damit eine Abhängigkeit in Hinblick auf das Arbeitsentgelt bestanden habe.[240] Auch der Umstand, dass alle Geschäfte im Namen und für Rechnung der Gesellschaft abgeschlossen wurden und der Geschäftsführer damit kein wirtschaftliches Risiko gegenüber Dritten getragen habe, weise in diese Richtung.[241]

Bis auf das zuletzt genannte Urteil ergingen alle dargestellten Entscheidungen im Kontext der Arbeitnehmerfreizügigkeit. Hinsichtlich der Frage, unter welchen Umständen Leitungsorgane von Kapitalgesellschaften Arbeitnehmer im Sinne arbeitnehmerschützender Richtlinien sein können, äußerte sich der EuGH erstmals in der Rechtssache *Danosa.*

III. Die Entscheidung des EuGH in der Rechtssache *Danosa*

1. Sachverhalt

In dem der Vorabentscheidung zugrunde liegenden Sachverhalt ging es um die Abberufung einer schwangeren Geschäftsführerin.

---

237 EuGH v. 27.6.1996 – C-107/94 (*Asscher*), Slg. 1996 I-3089 Rn. 26.

238 Sechste RL 77/388/EWG des Rates vom 17.5.1977 zur Harmonisierung der Rechtsvorschriften der Mitgliedstaaten über die Umsatzsteuern – Gemeinsames Mehrwertsteuersystem: einheitliche steuerpflichtige Bemessungsgrundlage, ABl. 1977 L 145, S. 1.

239 EuGH v. 18.10.2007 – C-355/06 (*van der Steen*), Slg. 2007, I-8863 Rn. 21.

240 EuGH v. 18.10.2007 – C-355/06 (*van der Steen*), Slg. 2007, I-8863 Rn. 22.

241 EuGH v. 18.10.2007 – C-355/06 (*van der Steen*), Slg. 2007, I-8863 Rn. 23, 25.

Frau *Dita Danosa* wurde im Dezember 2006 zur alleinigen Geschäftsführerin der *LKB Lizings SIA* (im Folgenden *LKB*), einer Kapitalgesellschaft mit beschränkter Haftung nach lettischem Recht, bestellt. Durch Beschluss des Aufsichtsrates der *LKB* wurden ihre Vergütung sowie sonstige Leistungen festgesetzt. Ein Arbeitsvertrag über die Geschäftsführertätigkeit, wie ihn Art. 44 Abs. 3 des lett. ArbGB als Möglichkeit vorsieht, wurde nicht vereinbart. Ob stattdessen ein anderer zivilrechtlicher Vertrag, wie ihn Art. 44 Abs. 3 lett. ArbGB ebenfalls für möglich hält, geschlossen wurde, war zwischen den Parteien streitig geblieben. Gemäß Art. 221 Abs. 1 lett. HGB oblag Frau *Danosa* als Geschäftsführerin die Leitung und Vertretung der *LKB*; ferner war sie gegenüber dem Aufsichtsrat rechenschaftspflichtig. Im Jahr 2007 wurde Frau *Danosa* durch Beschluss der Gesellschafterversammlung der *LKB* von ihrem Amt als Geschäftsführerin abberufen. Die Möglichkeit einer jederzeitigen Abberufung ergibt sich aus Art. 224 Abs. 4 lett. HGB. Frau *Danosa* war im Zeitpunkt ihrer Abberufung schwanger, wobei zwischen den Parteien streitig blieb, ob die Abberufung aufgrund der Schwangerschaft erfolgte.

Frau *Danosa* klagte gegen den Abberufungsbeschluss vor dem Zentralen Bezirksgericht der Stadt Riga. Sie machte geltend, ihre Abberufung verstoße gegen Art. 109 Abs. 1 lett. ArbGB, der ein Kündigungsverbot gegenüber schwangeren Arbeitnehmerinnen vorsieht. Nachdem ihre Klage sowohl im ersten Rechtszug als auch in der Berufungsinstanz erfolglos geblieben war, legte Frau *Danosa* Beschwerde beim obersten lettischen Kassationsgericht (Augstākās Tiesas Senāts) ein, mit der sie geltend machte, unabhängig von ihrer Eigenschaft als Arbeitnehmerin nach lettischem Recht sei sie jedenfalls als Arbeitnehmerin im Sinne des Unionsrechts anzusehen. Daher stehe das in Art. 10 MuSchRL verankerte Kündigungsverbot ihrer Abberufung entgegen.

Das Kassationsgericht setzte daraufhin das Verfahren aus und legte dem EuGH u. a. die Frage vor, ob Mitglieder des Leitungsorgans einer Kapitalgesellschaft unter den unionsrechtlichen Arbeitnehmerbegriff fallen.[242]

2. Entscheidung des Gerichts

Die Kammer stellte zunächst fest, dass der Arbeitnehmerbegriff im Sinne der MuSchRL sich nicht nach nationalem Recht bestimme, sondern unionsweit einheitlich nach objektiven Kriterien zu ermitteln sei. Maßgeblich sei, dass eine Person für eine bestimmte Zeit weisungsgebunden Leistungen für eine andere

242 EuGH v. 11.11.2010 – C-232/09 (*Danosa*), Slg. 2010, I-11405 Rn. 30.

Person erbringe und dafür als Gegenleistung eine Vergütung erhalte. Nicht von Interesse sei die Qualifikation des Beschäftigungsverhältnisses nach nationalem Recht.[243] Selbst die innerstaatliche Einordnung als Selbstständige stehe der Arbeitnehmereigenschaft im Sinne der MuSchRL nicht entgegen. Die Richtlinie verweise nämlich nur hinsichtlich der Modalitäten, nach denen die schwangere Arbeitnehmerin ihren Arbeitgeber von der Schwangerschaft unterrichte, auf das nationale Recht. Dem Begriff der „Arbeitnehmerin" hingegen komme eine eigenständige unionsrechtliche Bedeutung zu.[244] Da Frau *Danosa* unstreitig regelmäßig entgeltliche Leistungen für die *LKB* erbracht habe, komme es maßgeblich auf das Bestehen eines Unterordnungsverhältnisses zwischen ihr und der *LKB* an.[245]

Ihre Eigenschaft als Mitglied der Unternehmensleitung könne die Annahme eines Unterordnungsverhältnisses nicht ausschließen. Entscheidend sei vielmehr die Gesamtschau aller Umstände, die die Rechtsbeziehungen zwischen Frau *Danosa* und der *LKB* kennzeichneten, wie etwa die Umstände ihrer Bestellung, die Reichweite ihrer Befugnisse, die Art und der Rahmen der ihr übertragenen Aufgaben und inwieweit sie dabei einer Kontrolle unterliege sowie schließlich die Möglichkeiten einer Abberufung.[246]

Nach Prüfung dieser Kriterien stelle sich die Sachlage so dar, dass Frau *Danosa* bei der Leitung und Vertretung der Gesellschaft vollständig in die Gesellschaft integriert und trotz eigener Ermessensspielräume dem Aufsichtsrat gegenüber rechenschaftspflichtig gewesen sei. Gleichzeitig sei eine jederzeitige Abberufung durch die Gesellschafterversammlung möglich gewesen, einem Gremium, auf das sie keinerlei Einfluss habe ausüben können.[247] Es sei zwar nicht ausgeschlossen, dass Leitungsorgane einer Gesellschaft aufgrund der konkreten Ausgestaltung ihre Tätigkeit nicht unter den Arbeitnehmerbegriff fielen, bei einer wie im Fall von Frau *Danosa* ausgestalteten Leitungsfunktion allerdings spreche der erste Anschein für ein Unterordnungsverhältnis und damit für die Arbeitnehmereigenschaft im Sinne der MuSchRL.[248]

---

243 EuGH v. 11.11.2010 – C-232/09 (*Danosa*), Slg. 2010, I-11405 Rn. 39–41.
244 EuGH v. 11.11.2010 – C-232/09 (*Danosa*), Slg. 2010, I-11405 Rn. 53.
245 EuGH v. 11.11.2010 – C-232/09 (*Danosa*), Slg. 2010, I-11405 Rn. 43 f.
246 EuGH v. 11.11.2010 – C-232/09 (*Danosa*), Slg. 2010, I-11405 Rn. 46 f.
247 EuGH v. 11.11.2010 – C-232/09 (*Danosa*), Slg. 2010, I-11405 Rn. 48–50.
248 EuGH v. 11.11.2010 – C-232/09 (*Danosa*), Slg. 2010, I-11405 Rn. 51.

§4. Geschäftsführende Organmitglieder als Arbeitnehmer im Sinne des Unionsrechts

Im Folgenden soll der Frage nachgegangen werden, inwieweit sich infolge der Rechtssache *Danosa* die Arbeitnehmereigenschaft im unionsrechtlichen Sinne auch für die Mitglieder geschäftsführender Gesellschaftsorgane deutscher Gesellschaftsformen bejahen lässt.

A. Generalisierbarkeit der Aussagen des EuGH

Zu entscheiden hatte der EuGH in der Rechtssache *Danosa* unmittelbar nur über den Arbeitnehmerbegriff im Sinne der MuSchRL und die Frage, wann ein Mitglied eines geschäftsführenden Gesellschaftsorgans dessen Voraussetzungen erfüllt. In den Entscheidungsgründen beschränkt der EuGH seine Ausführungen auch ausdrücklich auf die Zwecke der MuSchRL.[249] Allgemein wird allerdings davon ausgegangen, dass die Aussagen des Gerichtshofs in der Entscheidung *Danosa* nicht allein für die MuSchRL Geltung beanspruchen, sondern sich auf andere Richtlinien, die ebenfalls den unionsrechtlichen Arbeitnehmerbegriff verwenden, übertragen lassen und geschäftsführende Gesellschaftsorgane unter den bezeichneten Voraussetzungen daher generell als Arbeitnehmer im unionsrechtlichen Sinne anzusehen sind.[250]

249 EuGH v. 11.11.2010 – C-232/09 (*Danosa*), Slg. 2010, I-11405 Rn. 56.

250 Im Zusammenhang mit den Gleichbehandlungsrichtlinien: *v. Alvensleben/Haug/Schnabel*, BB 2012, 774, 776; *Bauer/Arnold*, ZIP 2012, 597, 598 f.; *dies.*, NZG 2012, 921, 923; *B/G/K*, AGG, § 6 Rn. 35 f.; *Dzida/Naber*, ArbRB 2012, 373, 374; *Fischer*, NJW 2011, 2329, 2331; *Hohenstatt/Naber*, ZIP 2012, 1989, 1989 f.; *Kort*, WM 2013, 1049, 1057; *Lunk/Rodenbusch*, GmbHR 2012, 188, 192 f.; *Melms*, in: MAH ArbR, § 10 Rn. 27; *Miras*, GWR 2012, 311, 313; *Oberthür*, NZA 2011, 253, 257 f.; *Reufels/Molle*, NZA-RR 2011, 281, 282; *Sagan*, ZESAR 2011, 413, 420; *Schlachter*, in: ErfK, § 6 AGG Rn. 5; *Schleusener*, in: S/S/V, AGG, § 6 Rn. 19; *Schrader/Hilgenstock*, ArbRAktuell 2011, 320420; *Schrader/Schubert*, in: HK-AGG, § 6 Rn. 10v; *Schubert*, ZESAR 2013, 5, 12; *Stagat*, NZA-RR 2011, 617, 622; *Wilsing/Meyer*, DB 2011, 341, 342; *Ziemons*, KSzW 2013, 19, 21;
Im Zusammenhang mit der AZRL: *Forst*, GmbHR 2012, 821, 824; *Gallner*, in: ErfK, § 1 BUrlG Rn. 15; *Thüsing*, in: Graf v. Westphalen/Thüsing, Stichwort: Geschäftsführerverträge, Rn. 119, 229;

Dafür spricht, dass der EuGH in der Rechtssache *Danosa* offenbar davon ausgeht, dass der Arbeitnehmerbegriff der MuSchRL dem Arbeitnehmerbegriff des Art. 45 AEUV inhaltlich entspricht, denn im Rahmen der Definition verweist er auf seine Urteile zur Arbeitnehmerfreizügigkeit.[251] Außerdem spricht er vom „Unterordnungsverhältnis [...], wie hinsichtlich des Arbeitnehmerbegriffs im Sinne des Unionsrechts im Allgemeinen und im Sinne der Richtlinie 92/85 im Besonderen".[252] Es ist daher anzunehmen, dass der EuGH die in der Rechtssache *Danosa* aufgestellten Kriterien für die Abgrenzung zwischen selbständiger und abhängiger Tätigkeit nicht lediglich im Rahmen der MuSchRL heranziehen will, sondern ihnen eine generelle Bedeutung beimisst, sofern es um den Arbeitnehmerbegriff im Sinne von Art. 45 AEUV geht.[253] Dass eben dieser Arbeitnehmerbegriff auch in anderen Richtlinien, die insoweit keinen Verweis auf das einzelstaatliche Recht enthalten, Geltung beanspruchen soll, ergibt sich wiederum aus der Aussage des EuGH in der Rechtssache *May*, in der er die Geltung der *Lawrie-Blum*-Kriterien auf alle Rechtsakte nach Art. 288 AEUV überträgt.[254]

Gleichwohl ist nicht davon auszugehen, dass der EuGH Organmitgliedern, die er als Arbeitnehmer im Sinne der MuSchRL ansieht, im Wege eines Automatismus die Arbeitnehmereigenschaft auch im Sinne aller anderen Richtlinien mit einem unionsrechtlichen Arbeitnehmerbegriff zusprechen wird, denn eine Abkehr von seiner ständigen Rechtsprechung, nach der im Grundsatz von einem flexiblen Arbeitnehmerbegriff auszugehen sei, dessen Auslegung in Abhängig-

---

Generalisierend für alle Richtlinien, die den unionsrechtlichen Arbeitnehmerbegriff zugrunde legen: *Bauer/v. Medem*, NZA 2013, 1233, 1234; *Hoefs/Rentsch*, DB 2012, 2733, 2738; *Kempermann*, NJW-Spezial 2013, 655; *Klasen*, BB 2013, 1849, 1852; implizit auch *Lunk/Rodenbusch*, GmbHR 2012, 188, 191 ff.; *Oetker*, in: Henssler/Strohn, § 35 GmbHG Rn. 82 f.; *Preis/Sagan*, ZGR 2013, 26, 45, 47; *Reinhard/Bitsch*, ArbRB 2011, 241, 243; *Reiserer*, DB 2011, 2262, 2266; *U. H. Schneider/Hohenstatt*, in: Scholz, GmbHG, § 35 Rn. 267; *Schubert*, ZESAR 2013, 5, 11 ff.; *Wank*, EWiR 2011, 27, 28; *Ziemons*, KSzW 2013, 19, 21;
Für „Richtlinien mit vergleichbarer Zwecksetzung etwa des Gesundheitsschutzes oder der Vereinbarkeit von Familie und Beruf": *Oberthür*, NZA 2011, 253, 258;
a. A. *Schiefer/Worzalla*, ZfA 2013, 41, 51 f.: Begrenzung auf die Zwecke der MuSchRL; zweifelnd auch *Lingemann/Weingarth*, DB 2012, 2325, 2326.

251 EuGH v. 11.11.2010 – C-232/09 (*Danosa*), Slg. 2010, I-11405 Rn. 39, 51.

252 EuGH v. 11.11.2010 – C-232/09 (*Danosa*), Slg. 2010, I-11405 Rn. 44.

253 So auch das Verständnis von *Ziegler*, Arbeitnehmerbegriffe, S. 152.

254 EuGH v. 7.4.2011 – C-519/09 (*May*), Slg. 2011, I-2761 Rn. 22; ebenso *Forst*, GmbHR 2012, 821, 824.

keit zum Regelungszusammenhang und zum Zweck der Norm variieren könne, hat der Gerichtshof nicht vollzogen.[255] Im Gegenteil spricht die Bezugnahme auf „die Zwecke der Richtlinie 92/85/EWG" in der Entscheidung *Danosa* dafür, dass der EuGH dem Regelungszweck einer Richtlinie für die Auslegung ihres Arbeitnehmerbegriffs weiterhin maßgebliche Bedeutung beimessen wird. Wie noch zu zeigen sein wird, lässt sich nicht jede Richtlinie in sinnvoller Weise auf Organmitglieder anwenden. Auch wenn sich die in der *Danosa*-Entscheidung aufgestellten Kriterien für die Arbeitnehmereigenschaft von Gesellschaftsorganen also zu einem gewissen Grad generalisieren lassen und daher auf andere Richtlinien übertragbar sind, ist stets zu beachten, ob Regelungsgegenstand und Schutzzweck der jeweiligen Richtlinie einer Einbeziehung von Organmitgliedern entgegenstehen.

Dementsprechend soll im Folgenden zunächst abstrakt überprüft werden, inwieweit geschäftsführende Gesellschaftsorgane die in der *Danosa*-Entscheidung aufgestellten Arbeitnehmer-Kriterien erfüllen. Diese Ergebnisse können dann im Grundsatz auf alle Richtlinien übertragen werden, denen der Arbeitnehmerbegriff im Sinne von Art. 45 AEUV zugrunde liegt, wobei jedoch im Rahmen der Betrachtung der einzelnen Richtlinien zu berücksichtigen ist, ob deren Regelungszweck einer Einbeziehung von Organmitgliedern entgegensteht.

B. Überprüfung der einzelnen Geschäftsführungsorgane

Die Entscheidung *Danosa* betraf die Arbeitnehmereigenschaft des Vorstandsmitglieds einer Kapitalgesellschaft nach lettischem Recht in der Rechtsform einer SIA (Sabiedrība ar ierobežotu atbildību). Für diese nahm der EuGH an, dass eine mit der Unternehmensleitung betraute Person dem ersten Anschein nach als Arbeitnehmer anzusehen sei, wenn sie entgeltliche Leistungen für die Gesellschaft erbringe, die sie bestellt habe und in die sie eingegliedert sei, ihre Tätigkeit nach Weisung oder unter der Aufsicht eines anderen Organs ausübe und jederzeit ohne Einschränkung von ihrem Amt abberufen werden könne.[256]

Bei der SIA handelt es sich um eine Handelsgesellschaft mit beschränkter Haftung, die in Lettland aufgrund des im Vergleich zur lettischen Aktiengesellschaft (Akciju sabiedrība) wesentlich geringeren Mindestkapitals von ca.

255 Vgl. dazu auch OLG Düsseldorf v. 18.10.2012, GmbHR 2012, 1347, 1352.
256 EuGH v. 11.11.2010 – C-232/09 (*Danosa*), Slg. 2010, I-11405 Rn. 51.

3000 Euro vor allem für kleine und mittlere Unternehmen gewählt wird.[257] Ihre Organisationsverfassung weist große Ähnlichkeiten mit einer GmbH nach deutschem Recht auf: Sie hat mindestens zwei Gesellschaftsorgane, den Vorstand und die Gesellschafterversammlung. Die Bildung eines Aufsichtsrates ist optional.[258] Dem Vorstand obliegt die Geschäftsführung und er vertritt die Gesellschaft nach außen. Seine Geschäftsführungskompetenz und Vertretungsmacht sind grundsätzlich umfassend.[259] Er kann aus einem oder mehreren Geschäftsführern bestehen, die für eine höchstens dreijährige Amtszeit bestellt werden (Art. 221 Abs. 2, Art. 224 Abs. 3 lett. HGB). Oberstes Beschlussorgan ist die Gesellschafterversammlung, in deren Kompetenzbereich die Berufung und Entlassung der Vorstands- und ggf. der Aufsichtsratsmitglieder sowie weitere Grundlagengeschäfte wie Satzungsänderungen oder die Feststellung des Jahresabschlusses fallen. Darüber hinaus kann sie Kompetenzen des Vorstands und des Aufsichtsrates an sich ziehen.[260] Anders als im deutschen GmbH-Recht besteht dagegen kein direktes Weisungsrecht der Gesellschafterversammlung gegenüber dem Vorstand. Der Vorstand ist lediglich verpflichtet, dem Aufsichtsrat, sofern ein solcher besteht, vierteljährlich Geschäftsberichte vorzulegen.[261]

I. GmbH-Geschäftsführer

1. Meinungsstand

Hinsichtlich der Frage, ob Geschäftsführer deutscher GmbHs unter den Arbeitnehmerbegriff des Art. 45 AEUV fallen, hat sich der EuGH noch nicht geäußert. Trotz teilweise vorgebrachter Kritik an der *Danosa*-Entscheidung[262] ist die herrschende Meinung im Schrifttum der Auffassung, dass die Aussagen der Entscheidung aufgrund der strukturellen Vergleichbarkeit einer lettischen SIA mit einer deutschen GmbH auf diese übertragbar seien. Zumeist wird vertreten, dass jedenfalls der Fremdgeschäftsführer und der nicht mehrheitlich am Stammkapital beteiligte Gesellschafter-Geschäftsführer diese Kriterien

---

257 *Klauberg*, Gesellschaftsrecht, S. 37.
258 *Klauberg*, Gesellschaftsrecht, S. 40.
259 *Klauberg*, Gesellschaftsrecht, S. 40, 42.
260 *Klauberg*, Gesellschaftsrecht, S. 41.
261 *Klauberg*, Gesellschaftsrecht, S. 42.
262 Insbesondere *Rebhahn*, EuZA 2012, 3, 27 ff.; kritisch auch *Junker*, NZA 2011, 950, 950 f.; *Kort*, NZG 2013, 601, 603 ff.; *Reinhard/Bitsch*, ArbRB 2011, 241, 242 f.

erfüllen.[263] Der mehrheitlich an der GmbH beteiligte Gesellschafter-Geschäftsführer wird indessen überwiegend nicht als Arbeitnehmer im Sinne des Unionsrechts angesehen.[264] Auch die nationale Rechtsprechung scheint sich dem anzuschließen, konnte die Frage der Arbeitnehmereigenschaft aber bisher stets offen lassen.[265]

---

263 *Adomeit/Mohr*, AGG, § 6 Rn. 35; *v. Alvensleben/Haug/Schnabel*, BB 2012, 774, 776; *Baeck/Winzer*, NZG 2011, 101; *Bauer*, GWR 2010, 586; *Bauer/Arnold*, ZIP 2012, 597, 598; *B/G/K*, AGG, § 6 Rn. 35a; *Bauer/v. Medem*, NZA 2012, 945, 952; *dies.*, NZA 2013, 1233, 1234; *Dzida/Naber*, ArbRB 2012, 373, 374; *Fischer*, NJW 2011, 2329, 2331; *Forst*, GmbHR 2012, 821, 824; *Hergenröder*, in: H/W/K, § 1 MuSchG Rn. 4; *Hoefs/Rentsch*, DB 2012, 2733, 2738; *Hohenstatt/Naber*, ZIP 2012, 1989, 1989; *Jaeger*, in: MüKo-GmbHG, § 35 Rn. 285; *Junker*, NZA 2011, 950, 951; *Kempermann*, NJW-Spezial 2013, 655, 656; *Klasen*, BB 2013, 1849, 1852; *Kleindiek*, in: Lutter/Hommelhoff, GmbHG, § 6 Rn. 34; *Kort*, WM 2013, 1049, 1057; *ders.*, NZG 2013, 601, 607; *Kruse/Stenslik*, NZA 2013, 596, 597; *Leopold*, ZESAR 2011, 362, 365; *Lunk*, RdA 2013, 110, 112; *Lunk/Rodenbusch*, GmbHR 2012, 188, 190; *v. Medem*, ArbRAktuell 2010, 654; *Miras*, GWR 2012, 311, 313; *Moll/Grobys*, in: MAH ArbR, § 80 Rn. 12; *Oberthür*, NZA 2011, 253, 254; *Oetker*, in: Henssler/Strohn, § 35 GmbHG Rn. 82; *Preis/Sagan*, ZGR 2013, 26, 43; *Reinhardt/Bitsch*, ArbRB 2011, 241, 242; *Reiserer*, DB 2011, 2262, 2265; *Reufels/Molle*, NZA-RR 2011, 281, 283; *Rolfs*, in: A/P/S, § 9 MuSchG, Rn. 10; *Sagan*, ZESAR 2011, 413, 419; *Schiefer/Worzalla*, ZfA 2013, 41, 51; *Schlachter*, in: ErfK, § 1 MuSchG Rn. 3, § 6 AGG Rn. 5; *Schmitt-Rolfes*, NZA-Beil. 2014, 37, 41; *U. H. Schneider/Hohenstatt*, in: Scholz, GmbHG, § 35 Rn. 267; *Schrader/Hilgenstock*, ArbRAktuell 2011, 320420; *Schubert*, EuZA 2011, 362, 364 f.; *dies.* ZESAR 2013, 5, 8; *Schulze/Hintzen*, ArbRAktuell 2012, 263; *Stagat*, NZA-RR 2011, 617, 622; *Thüsing*, Diskriminierungsschutz, Rn. 99; *ders.*, in: Graf v. Westphalen/Thüsing, Stichwort: Geschäftsführerverträge, Rn. 66; *Wank*, EWiR 2011, 27, 28; *ders.*, in: ErfK, § 1 ArbSchG Rn. 2; *Werner*, StBW 2013, 379, 380; *Wilsing/Meyer*, DB 2011, 341; *dies.*, NJW 2012, 3211, 3212; *Ziegler*, Arbeitnehmerbegriffe, S. 152; Vor „*Danosa*" bereits *Lunk*, FS Bauer, S. 705, 714 f. sowie *Thüsing*, ZESAR 2009, 486.

264 *Adomeit/Mohr*, AGG, § 6 Rn. 35; *v. Alvensleben/Haug/Schnabel*, BB 2012, 774, 776; *Dzida/Naber*, ArbRB 2012, 373, 374; *Forst*, GmbHR 2012, 821, 824; *Hoefs/Rentsch*, DB 2012, 2733, 2738; *Hohenstatt/Naber*, ZIP 2012, 1989, 1990; *Junker*, NZA 2011, 950, 951; *Klasen*, BB 2013, 1849, 1852; *Kort*, WM 2013, 1049, 1057; *ders.*, NZG 2013, 601, 607; *Leopold*, ZESAR 2011, 362, 365; *Lingemann/Weingarth*, DB 2012, 2325, 2326; *Lunk*, FS Bauer, S. 705, 715; *Oberthür*, NZA 2011, 253, 254; *Oetker*, in: Henssler/Strohn, § 38 GmbHG Rn. 5b; *Preis/Sagan*, ZGR 2013, 26, 43; *Reinhardt/Bitsch*, ArbRB 2011, 241, 242; *Schubert*, EuZA 2011, 362, 365; *dies.*, ZESAR 2013, 5, 8.

265 BGH v. 23.4.2012, BGHZ 193, 110, 114 f.; OLG Düsseldorf v. 18.10.2012, GmbHR 2012, 1347, 1349; OLG Hamburg v. 22.3.2013, NZG 2013, 831, 833.

2. Stellungnahme

Ausgangspunkt der Überprüfung, inwieweit GmbH-Geschäftsführer als Arbeitnehmer im Sinne des Unionsrechts anzusehen sind, sind die vom EuGH in der Entscheidung *Danosa* aufgestellten folgenden Kriterien: Entgeltliche Leistungserbringung gegenüber der Gesellschaft, Bestellung durch und Eingliederung in die Gesellschaft, Tätigkeit nach Weisung oder unter Aufsicht eines anderen Organs sowie die jederzeitige Abberufungsmöglichkeit.[266] Zunächst soll dabei die Situation des Fremdgeschäftsführers nach der gesetzlichen Grundkonzeption analysiert und sodann darauf eingegangen werden, inwieweit vom Gesetz abweichende Satzungsbestimmungen und anstellungsvertragliche Regelungen diese modifizieren können. Anschließend werden die Besonderheiten in Bezug auf Gesellschafter-Geschäftsführer, mitbestimmte Gesellschaften und Konzernstrukturen erörtert.

a) Fremdgeschäftsführer

aa) Entgeltliche Leistungserbringung

Dem GmbH-Geschäftsführer obliegt gemäß §§ 35 ff. GmbHG die Vertretung und die Geschäftsführung der GmbH. Damit ist er gesetzlich zur Erbringung von Leistungen gegenüber der GmbH verpflichtet. Die Entgeltlichkeit der Leistungserbringung folgt zwar nicht unmittelbar aus dem Gesetz und ergibt sich auch nicht bereits aus der Organstellung, so dass theoretisch auch eine unentgeltliche Geschäftsführertätigkeit denkbar ist, etwa bei gemeinnützigen GmbHs, untergeordneter Nebentätigkeit oder bei Gesellschafter-Geschäftsführern, deren Tätigkeit durch spezielle Gewinnentnahmerechte etc. abgegolten wird.[267] In aller Regel ist jedoch niemand bereit, seine Arbeit unentgeltlich zur Verfügung zu stellen (vgl. § 612 Abs. 1 BGB), so dass sich ein Vergütungsanspruch des Geschäftsführers regelmäßig aus dem Anstellungsvertrag ergibt und die unentgeltliche Leistungserbringung einen vernachlässigbaren Ausnahmefall darstellen dürfte.[268]

---

266 EuGH v. 11.11.2010 – C-232/09 (*Danosa*), Slg. 2010, I-11405 Rn. 51.

267 Vgl. *Oetker*, in: Henssler/Strohn, § 35 GmbHG Rn. 28; *Tebben*, in: Michalski, GmbHG, § 6 Rn. 156; *Zöllner/Noack*, in: Baumbach/Hueck, GmbHG, § 35 Rn. 63.

268 Vgl. *Tebben*, in: Michalski, GmbHG, § 6 Rn. 156.

bb) Bestellung durch die Gesellschaft und Eingliederung

Eine Bestellung des Geschäftsführers durch die Gesellschaft erfolgt stets, nämlich entweder unmittelbar qua Gesellschaftsvertrag (§ 6 Abs. 3 S. 2 Alt. 1 GmbHG), durch die Gesellschafterversammlung (§ 46 Nr. 5 GmbHG) oder, im Falle der Mitbestimmung nach dem MitbestG oder dem MontanMitbestG, durch den Aufsichtsrat (vgl. § 31 Abs. 1 S. 1 MitbestG, § 12 MontanMitbestG, § 13 S. 1 MontanMitbestErgG jeweils i. V. m. § 84 AktG).

Schwieriger ist die Frage nach der Eingliederung des GmbH-Geschäftsführers in die Gesellschaft: Nach deutschem Verständnis, nach dem das Merkmal der Eingliederung ebenfalls zur Bestimmung der Arbeitnehmereigenschaft dient, wird Eingliederung jedenfalls in der Rechtsprechung des BAG regelmäßig verstanden als „Einbindung in einen von Dritten organisierten Arbeitsablauf" und damit oftmals gleichgesetzt mit der Weisungsgebundenheit gegenüber dem Arbeitgeber, oder aber es wird jedenfalls die Weisungsgebundenheit als wesentliches Merkmal der Eingliederung angesehen.[269]

Dies scheint jedoch nicht dem Verständnis des EuGH zu entsprechen, denn er zählt die Merkmale Eingliederung und Weisungsunterworfenheit als zwei voneinander verschiedene Voraussetzungen auf, die kumulativ vorliegen müssten, damit von der Arbeitnehmereigenschaft eines Gesellschaftsorgans ausgegangen werden könne.[270] Eingliederung und Weisungsgebundenheit müssen auf europäischer Ebene folglich eine voneinander verschiedene Bedeutung haben.

Generalanwalt *Bot* nennt in den Schlussanträgen zur Rechtssache *Danosa* als Gegenbeispiele eines eingegliederten Arbeitnehmers die Tätigkeit von Rechtsanwälten oder Steuerprüfern, die nur mit einer bestimmten Aufgabe betraut sind und damit im Verhältnis zur Gesellschaft „Dritte" bleiben.[271] Dem schließt sich der EuGH an.[272] Teilweise wird daraus geschlussfolgert, dass es dem Gerichtshof für das Merkmal der Eingliederung darauf ankomme, inwieweit der Geschäftsführer seine Dienste unter Rückgriff auf die personellen, sächlichen und immateriellen Betriebsmittel der Gesellschaft und damit gleichermaßen „intern"

---

269 BAG v. 30.11.1994, NZA 1995, 622, 622 f.; v. 12.6.1996, NZA 1997, 191, 192; v. 26.5.1999, NZA 1999, 983, 984; *Preis/Sagan*, ZGR 2013, 26, 40 („Zwei Seiten einer Medaille"); ebenso *Schmitt-Rolfes*, NZA-Beil. 2014, 37, 41.

270 EuGH v. 11.11.2010 – C-232/09 (*Danosa*), Slg. 2010, I-11405 Rn. 51, 56.

271 Generalanwalt *Bot*, Schlussanträge v. 2.9.2010 – C-232/09 (*Danosa*), Slg. 2010, I-11405 Rn. 77 f.

272 EuGH v. 11.11.2010 – C-232/09 (*Danosa*), Slg. 2010, I-11405 Rn. 48.

erbringe.[273] Dieser Schluss ist überzeugend und entspricht in der Tendenz dem, was auch ein Großteil des Schrifttums als „Eingliederung" bei der Definition der Arbeitnehmereigenschaft im Sinne des deutschen Rechts versteht, nämlich weniger die örtliche, zeitliche und fachliche Weisungsgebundenheit, sondern die Abhängigkeit von der fremden Arbeitsorganisation sowie von den personellen und sächlichen Mittel des Arbeitgebers.[274] Wie bereits gesehen, tendiert auch das BAG bei Tätigkeiten und Diensten „höherer Art" dazu, die Eingliederung nicht mit der fachlichen Weisungsgebundenheit gleichzusetzen, sondern mehr im Sinne einer arbeitsorganisatorischen Abhängigkeit zu verstehen,[275] was insoweit der ständigen Rechtsprechung des BSG im Sozialversicherungsrecht entspricht.[276] Indessen soll es auch nach dem erweiterten Verständnis der Eingliederung darauf ankommen, dass es sich um eine fremdbestimmte Arbeitsorganisation im Sinne einer von anderer Seite vorgegebenen Ordnung handelt.[277] Weil Organmitglieder die Betriebsorganisation aber selbst gestalten können, wurde ihre Eingliederung oftmals verneint.[278] Insofern unterscheidet sich die Rechtsprechung des EuGH, dem es für die Annahme der Eingliederung offenbar genügt, dass eine Person nicht in der Lage ist, seine Tätigkeit vollkommen selbständig, d. h. ohne Rückgriff auf Räumlichkeiten, Betriebsmittel, Mitarbeiter etc. eines anderen auszuüben.

Eingegliedert im Sinne dieses europarechtlichen Verständnisses ist ein Geschäftsführer in aller Regel, denn für eine sachgerechte Geschäftsführung muss er sowohl in den Betrieben des Unternehmens präsent sein, als auch auf die sächlichen Mittel der Gesellschaft zurückgreifen. Insbesondere wird er regelmäßig auf die Tätigkeit der anderen Mitarbeiter angewiesen sein.[279] Die Leitung der

---

273 *Preis/Sagan*, ZGR 2013, 1, 12. Gestützt sehen sie ihre These durch die Rechtsprechung des EuGH zum Eingliederungsbegriff in der Rechtssache *Klarenberg*, wo auf die funktionelle Verknüpfung von Produktionsfaktoren abgestellt wird, EuGH v. 12.2.2009 – C-466/07 (*Klarenberg*), Slg. 2009, I-803 Rn. 47 f.; ebenso *Schmitt-Rolfes*, NZA-Beil. 2014, 37, 41; ähnlich wohl das Verständnis der Eingliederung bei *Rebhahn*, EuZA 2012, 3, 27 („Integration in die Arbeitsorganisation"); a. A. *Kort*, NZG 2013, 601, 604.

274 *Preis*, in: ErfK, § 611 BGB Rn. 69 f.; *Reiserer*, in: MAH ArbR, § 6 Rn. 12; *Vogelsang*, in: Schaub, § 8 Rn. 24.

275 BAG v. 15.3.1978, AP Nr. 26 zu § 611 BGB Abhängigkeit; s. auch bereits oben § 2 B. III. 3.

276 S. oben § 2 B. IV.; s. zu diesem Argument auch *Preis/Sagan*, ZGR 2013, 26, 40 f.

277 Vgl. nur BAG v. 19.6.2001, NZS 2002, 199, 200.

278 S. nur *G. Hueck*, ZfA 1985, 25, 31.

279 So auch *Preis/Sagan*, ZGR 2013, 26, 41; *Schrader/Hilgenstock*, ArbRAktuell 2011, 320420.

Gesellschaft ohne eine gewisse Integration in das Unternehmen erscheint hingegen kaum möglich.

cc) Weisung oder Aufsicht durch ein anderes Gesellschaftsorgan

(1) Konkretisierung durch den EuGH

Als drittes maßgebliches Kriterium nennt der EuGH die Tätigkeit nach Weisung oder unter Aufsicht eines anderen Gesellschaftsorgans. Bei der recht knappen Subsumtion unter dieses Tatbestandsmerkmal bejaht er es im Fall von Frau *Danosa* aufgrund des Umstandes, dass sie als Fremdgeschäftsführerin, wenngleich sie einen Ermessensspielraum bei der Wahrnehmung ihrer Aufgaben gehabt habe, dem Aufsichtsrat gegenüber rechenschaftspflichtig gewesen sei und mit diesem habe zusammenarbeiten müssen.[280] Nach dem insoweit relativ eindeutigen Wortlaut der Entscheidung genügt es dem EuGH, wenn alternativ eines der beiden Merkmale Weisung bzw. Aufsicht vorliegt.[281]

Die Rechenschaftspflicht von Frau *Danosa* gegenüber dem Aufsichtsrat der SIA ergab sich aus Art. 221 lett. HGB, nach dessen Abs. 6 das Kollegium der Gesellschafter dem Aufsichtsrat mindestens einmal pro Quartal über die Tätigkeit und die Finanzlage der Gesellschaft sowie darüber hinaus immer dann, wenn es außergewöhnliche Umstände erfordern, Bericht erstatten muss. Ferner besteht gemäß Art. 221 Abs. 5 lett. HGB eine Berichtspflicht bei bestimmten gesellschaftsinternen Rechtsgeschäften. Dass darüber hinaus weitergehende Rechenschaftspflichten im Fall von Frau *Danosa* bestanden haben, lässt sich den Entscheidungsgründen nicht entnehmen.

Der zweite Ansatz des EuGH zur Substantiierung der Tätigkeit nach Weisung bzw. unter Aufsicht ist die Pflicht von Frau *Danosa* zur Zusammenarbeit mit dem Aufsichtsrat. Was genau der EuGH darunter versteht, bleibt unklar. Aus den in den Entscheidungsgründen abgedruckten gesetzlichen Bestimmungen ergibt sich eine über die oben zitierten Bestimmungen zur Rechenschaftspflicht hinausgehende Pflicht zur „Zusammenarbeit" jedenfalls nicht. Teilweise wird vermutet, dass kraft Gesellschaftsvertrages eine über das gesetzliche Maß hinausgehende, besonders enge Kooperationspflicht bestand, die den EuGH letztlich dazu veranlasste, die Weisungsgebundenheit anzunehmen.[282] Das ist zwar nicht auszuschließen, allerdings auch durch keinerlei Anhaltspunkte belegt.

---

280 EuGH v. 11.11.2010 – C-232/09 (*Danosa*), Slg. 2010, I-11405 Rn. 49.

281 *Rebhahn*, EuZA 2012, 3, 27.

282 So etwa *Preis/Sagan*, ZGR 2013, 26, 42.

Schließlich folgert der EuGH, insoweit den Schlussanträgen des Generalanwalts folgend, eine indirekte Weisungsgebundenheit aus dem Umstand, dass Frau *Danosa* nach lettischem Gesellschaftrecht jederzeit ohne besondere Gründe von ihrem Amt als Geschäftsführerin abberufen werden konnte. Durch die jederzeit drohende Abberufung werde sie quasi zum Handeln im Sinne der Gesellschafterversammlung gezwungen.[283]

(2) Rechenschaftspflichten des Geschäftsführers

Zwar existiert in den meisten deutschen GmbHs kein Aufsichtsrat.[284] Allerdings ergeben sich verschiedene gesetzliche Rechenschaftspflichten gegenüber der Gesellschafterversammlung, die gleichermaßen Organ der Gesellschaft ist.[285] Die Ausführungen des EuGH sind daher übertragbar.[286]

Auskunft und Rechenschaft schuldet der GmbH-Geschäftsführer zunächst gemäß § 51a Abs. 1 GmbHG, wonach er jedem Gesellschafter auf Verlangen Auskunft über die Angelegenheiten der Gesellschaft und Einsicht in die Buchführung zu gewähren hat. Hierbei handelt es sich streng genommen zwar nicht um eine Rechenschaftspflicht gegenüber der Gesellschafterversammlung, sondern um ein Individualrecht des einzelnen Gesellschafters.[287] Allerdings besteht ein entsprechendes kollektives Recht der Gesellschafterversammlung, vgl. § 46 Nr. 6 GmbHG, wonach ihr die Prüfung und Überwachung der Geschäftsführung obliegen.[288] Eine Rechenschaftspflicht gegenüber der Gesellschafterversammlung wird daneben durch die Pflicht des Geschäftsführers zur ordnungsgemäßen Buchführung gemäß § 41 GmbHG sowie zur Aufstellung und Vorlage des Jahresabschlusses und des Lageberichts gemäß §§ 242, 264 HGB i.V. m. § 42a

283 EuGH v. 11.11.2010 – C-232/09 (*Danosa*), Slg. 2010, I-11405 Rn. 48 sowie Generalanwalt *Bot*, Schlussanträge v. 2.9.2010 – C-232/09 (*Danosa*), Slg. 2010, I-11405 Rn. 82 f.

284 Zu den Folgen einer Mitbestimmung s. unten § 4 B. I. 2. c).

285 BGH v. 6.3.1997, BGHZ 135, 48, 52; *Mollenkopf*, in: Henssler/Strohn, § 45 GmbHG Rn. 1; *Römermann*, in: Michalski, GmbHG, § 45 GmbHG Rn. 36.

286 *Leopold*, ZESAR 2011, 362, 365; *Wank*, EWiR 2011, 27, 28.

287 BGH v. 6.3.1997, BGHZ 135, 48, 54; *Strohn*, in: Henssler/Strohn, § 51a GmbHG Rn. 2.

288 *Römermann*, in: Michalski, GmbHG, § 51a Rn. 18; vgl. auch *Forst*, GmbHR 2012, 821, 825.

Abs. 1 S. 1 GmbHG begründet.[289] Zusätzlich schuldet der Geschäftsführer der Gesellschaft Auskunft und Rechenschaft analog § 666 BGB.[290]

Auch wenn es, anders als im lettischen Recht, keine gesetzliche Pflicht zur regelmäßigen Berichterstattung gibt, stehen die Rechenschaftspflichten des GmbH-Geschäftsführers damit in Bezug auf Umfang und Qualität derjenigen des Vorstandsmitglieds einer lettischen SIA gegenüber dem Aufsichtsrat in nichts nach.

(3) Weisungsgebundenheit

(a) Bedeutung des Weisungsrechts gemäß § 37 Abs. 1 GmbHG

Eine gesetzliche Weisungsgebundenheit des GmbH-Geschäftsführers ergibt sich aus § 37 Abs. 1 GmbHG, wonach der Geschäftsführer im Innenverhältnis an die Weisungen der Gesellschafterversammlung gebunden ist.[291]

Eine entsprechende Bestimmung findet sich in den lettischen Vorschriften über die SIA nicht und konnte daher vom EuGH auch nicht für die Begründung der Arbeitnehmereigenschaft von Frau *Danosa* herangezogen werden. Letztlich ist aber ein wie in § 37 Abs. 1 GmbHG ausgestaltetes, direktes Weisungsrecht eine viel weiter reichende Eingriffsbefugnis in die Tätigkeit des Geschäftsführers als eine bloße Rechenschafts- bzw. eine wie auch immer geartete Pflicht zur Zusammenarbeit. Genügen dem EuGH aber bereits Rechenschaftspflicht und Zusammenarbeit sowie eine mittelbare Weisungsgebundenheit aufgrund einer jederzeitigen Abberufungsmöglichkeit, muss das gesetzliche Weisungsrecht nach § 37 Abs. 1 GmbHG erst recht für die Annahme eines Unterordnungsverhältnisses genügen.[292] Zwar handelt es sich bei dem Weisungsrecht der Gesellschafterversammlung nach § 37 Abs. 1 GmbHG um ein rein gesellschaftsrechtliches Weisungsrecht, das nach deutschem Verständnis von dem arbeitsrechtlichen Weisungsrecht zu unterscheiden sei[293] und nach bislang herrschender Meinung gerade nicht ausreichen soll, eine Arbeitnehmereigenschaft zu begründen.[294]

---

289 *Oetker*, in: Henssler/Strohn, § 35 GmbHG Rn. 25; *Zöllner*, in: Baumbach/Hueck, GmbHG, § 51a Rn. 58.

290 *Oetker*, in: Henssler/Strohn, § 35 GmbHG Rn. 25.

291 *Preis/Sagan*, ZGR 2012, 26, 42; *U. H. Schneider/S. H. Schneider*, in: Scholz, GmbHG, § 37 Rn. 37; *Stephan/Tieves*, in: MüKo-GmbHG, § 37 Rn. 115.

292 So auch *Preis/Sagan*, ZGR 2013, 26, 42.

293 BAG v. 26.5.1999, NZA 1999, 987, 989; *Lunk*, FS Bauer, S. 706, 714; *Schubert*, EuZA 2011, 362, 365; vgl. auch *Reinhard/Bitsch*, ArbRB 2011, 241, 242.

294 Vgl. oben § 2 C. III. 1. b) aa).

Allerdings sind auch die Rechenschafts- und Informationspflichten, auf die der EuGH in der Sache *Danosa* abstellt, rein gesellschaftsrechtlicher Natur, denn sie ergeben sich nach der gesetzlichen Konzeption allein aus der Organstellung, vgl. Art. 221 lett. HGB. Es ist daher nicht anzunehmen, dass der EuGH das Weisungsrecht nach § 37 Abs. 1 GmbHG allein aufgrund seiner gesellschaftsrechtlichen Natur außer Betracht lassen würde.[295]

Dieser Ansatz des EuGH, die gesellschaftsrechtlich begründeten Rechenschaftspflichten und Weisungsrechte zur Begründung des Arbeitnehmerstatus heranzuziehen, stößt in der deutschen Literatur zum Teil auf Kritik: Jedes Gesellschaftsorgan unterliege derartigen Rechenschaftspflichten.[296] Zudem seien sie qualitativ nicht mit dem Weisungsrecht des Arbeitgebers aus § 106 GewO vergleichbar.[297] In seiner Reichweite könne das gesellschaftsrechtliche Weisungsrecht deutlich hinter arbeitsrechtlichen Weisungen zurückbleiben und sich u. U. nur auf unternehmerische Entscheidungen beziehen, wodurch noch nicht zwingend eine persönliche Abhängigkeit begründet werde.[298]

Letzteres mag zwar zutreffen, kann aber nicht zu einer generellen Außerachtlassung gesellschaftsrechtlich begründeter Rechte und Pflichten bei der Beurteilung der Arbeitnehmereigenschaft führen, denn für die Arbeitnehmereigenschaft im unionsrechtlichen Sinne kann es richtigerweise nicht darauf ankommen, in welchem Rechtsgebiet eine Weisungsgebundenheit nach einzelstaatlichem Recht formal verankert ist.[299] Ansonsten wäre den Mitgliedsstaaten die Möglichkeit eröffnet, durch nationale Gesetzesänderungen die innerstaatliche Geltung unionsrechtlicher Vorschriften zu umgehen. Maßgeblich muss es daher auf die materielle Intensität der Weisungsgebundenheit ankommen.[300]

Das Weisungsrecht nach § 37 Abs. 1 GmbHG ist umfassend formuliert: Es erfasst sowohl allgemeine Ge- und Verbote als auch einzelne Maßnahmen.[301] Es

---

295 Vgl. *Leopold*, ZESAR 2011, 362, 365; *Oberthür*, NZA 2011, 253, 256; *Preis/Sagan*, ZGR 2013, 26, 42 f.; *Reiserer*, DB 2011, 2262, 2265.

296 *Kort*, NZG 2013, 601, 604; *Preis/Sagan*, ZGR 2013, 26, 42.

297 *Preis/Sagan*, ZGR 2013, 26, 42; *Reinhard/Bitsch*, ArbRB 2011, 241, 242 f.; *Schubert*, EuZA 2011, 362, 365

298 *Schubert*, EuZA 2011, 362, 365.

299 *Leopold*, ZESAR 2011, 362, 365; *Schubert*, ZESAR 2013, 5, 8.

300 *Leopold*, ZESAR 2011, 362, 365; *Schubert*, EuZA 2011, 362, 365; ähnlich *Reinhard/Bitsch*, ArbRB 2011, 241, 243.

301 *Kleindiek*, in: Lutter/Hommelhoff, GmbHG, § 37 Rn. 17; *Oetker*, in: Henssler/Strohn, § 37 GmbHG Rn. 11; *U. H. Schneider/S. H. Schneider*, in: Scholz, GmbHG, § 37 Rn. 37; *Stephan/Tieves*, in: MüKo-GmbHG, § 37 Rn. 115.

ermöglicht Weisungen aller Art, jedes Inhalts und beliebigen Umfangs.[302] Nach herrschender Meinung verbleibt auch im Rahmen der laufenden Geschäftsführung kein unentziehbarer Kernbereich, in den nicht durch Weisungen eingegriffen werden kann.[303] Teilweise wird ein derart weitreichendes Weisungsrecht nur dann für zulässig gehalten, wenn es in der Satzung festgelegt ist.[304] Die Gegenansicht vertritt, dass dem Geschäftsführer zwingend ein Kernbereich eigener Entscheidungsfreiheit verbleiben müsse, er also nicht zu einem reinen Vollzugsorgan degradiert werden könne.[305] Anders als im Aktienrecht, wo die eigenverantwortliche Leitung durch den Vorstand gesetzlich festgeschrieben ist (vgl. § 76 Abs. 1 AktG), finden sich im GmbHG keine Vorschriften zur Reichweite der Geschäftsführungsbefugnis. Für die herrschende Meinung spricht allerdings, dass die Annahme eines umfassenden Weisungsrechts dem uneingeschränkt formulierten Wortlaut des § 37 Abs. 1 GmbHG sowie der gesetzlichen Konzeption der GmbH entspricht, nach der die Gesellschafterversammlung das oberste Organ der GmbH ist.[306] Die Anerkennung eines weisungsfreien Kernbereichs würde außerdem zu erheblichen Abgrenzungsschwierigkeiten führen.[307]

Aufgrund seiner weit reichenden Intensität ist das Weisungsrecht nach § 37 Abs. 1 GmbHG daher geeignet, eine Weisungsgebundenheit im Sinne der EuGH-Rechtsprechung zu begründen.

(b) Maßgeblichkeit allein der rechtlichen Verhältnisse

Teilweise wird vertreten, für das Merkmal der Weisungsgebundenheit komme es auf die jeweiligen tatsächlichen Umstände an: Ausreichend sei nicht bereits

---

302 *Oetker*, in: Henssler/Strohn, § 37 GmbHG Rn. 11; *Stephan/Tieves*, in: MüKo-GmbHG, § 37 Rn. 107.

303 Vgl. OLG Nürnberg v. 9.6.1999, NZG 2000, 154 f.; *Altmeppen*, in: Roth/Altmeppen, GmbHG, § 37 Rn. 4 f.; *Koppensteiner/Gruber*, in: Rowedder/Schmidt-Leithoff, GmbHG, § 37 Rn. 26, 22 f.; *Paefgen*, in: U/H/W, GmbHG, § 37 GmbHG Rn. 14; *U. H. Schneider/S. H. Schneider*, in: Scholz, GmbHG, § 37 Rn. 46; *Stephan/Tieves*, in: MüKo-GmbHG, § 37 Rn. 117.

304 *Kleindiek*, in: Lutter/Hommelhoff, GmbHG, § 37 Rn. 18a; *Lenz*, in: Michalski, GmbHG, § 37 Rn. 18.

305 *Geißler*, GmbHR 2009, 1071, 1074 ff.; *Zöllner/Noack*, in: Baumbach/Hueck, GmbHG, § 37 Rn. 21, 18.

306 *Altmeppen*, in: Roth/Altmeppen, § 37 GmbHG Rn. 5; *Koppensteiner/Gruber*, in: Rowedder/Schmidt-Leithoff, GmbHG, § 37 Rn. 22.

307 *Paefgen*, in: U/H/W, GmbHG, § 37 Rn. 14; *Stephan/Tieves*, MüKo-GmbHG, § 37 Rn. 117.

das bloße Bestehen eines Weisungsrechts, sondern entscheidend sei auch dessen tatsächliche Ausübung im Einzelfall.[308] Auch der EuGH konstatiert, das Unterordnungsverhältnis sei „nach Maßgabe aller Gesichtspunkte und aller Umstände" zu beurteilen.[309] Ob er damit rechtliche oder tatsächliche Umstände meint, bleibt allerdings offen.[310]

Das Abstellen auf die tatsächlichen Umstände vermag indessen nicht zu überzeugen, denn eine Abhängigkeit besteht nicht nur, wenn tatsächlich regelmäßig weitreichende Weisungen erteilt werden, sondern bereits dann, wenn die Gesellschafterversammlung nur jederzeit die entsprechende Möglichkeit hat. In Anbetracht allein dieser Möglichkeit wird sich der Geschäftsführer nämlich bereits regelmäßig den Wünschen der Gesellschafter fügen. Zudem wäre eine gerichtliche Überprüfung von Art und Umfang der tatsächlichen Ausübung des Weisungsrechts im Einzelfall mit erheblichen Beweisschwierigkeiten verbunden.[311] In letzter Konsequenz müsste man danach die Arbeitnehmereigenschaft eines Geschäftsführers zu verschiedenen Zeitpunkten eines längeren Zeitraums womöglich unterschiedlich beurteilen, weil die Intensität der Weisungsausübung während der Vertragsdauer schwankt. Dies würde zu einer erheblichen Rechtsunsicherheit führen. Auch im deutschen Recht wird einem Arbeitnehmer die Arbeitnehmereigenschaft nicht abgesprochen, wenn der Arbeitgeber sein Weisungsrecht im Einzelfall nur selten ausübt, dies aber jederzeit ändern könnte.

Überzeugend ist es daher, allein darauf abzustellen, wie sich das Weisungsrecht nach der gesetzlichen bzw. gesellschaftsvertraglichen Konzeption gestaltet, wohingegen es auf den Umstand, ob in der einzelnen Gesellschaft tatsächlich üblicherweise Weisungen erteilt werden, nicht ankommen kann.[312]

dd) Uneingeschränkte Abberufungsmöglichkeit

Wesentlich für die Begründung der Arbeitnehmereigenschaft von Frau *Danosa* war für den EuGH schließlich die uneingeschränkte und jederzeitige

---

308 *Schubert*, ZESAR 2013, 5, 8; ähnlich die ältere BSG-Rechtsprechung für die Beschäftigteneigenschaft des Geschäftsführers im Sozialversicherungsrecht, vgl. BSG v. 28.11.1991, GmbHR 1991, 460; v. 23.6.1994, NJW 1994, 2974, 2975 jeweils m. w. N.

309 EuGH v. 11.11.2010 – C-232/09 (*Danosa*), Slg. 2010, I-11405 Rn. 46.

310 A. A. insoweit *Schubert*, ZESAR 2013, 5, 8.

311 Dies gesteht auch *Schubert* zu, ZESAR 2013, 5, 8.

312 So im Ergebnis auch *Hoentzsch*, Anwendung der Benachteiligungsverbote, S. 67; *Wank*, EuZA 2008, 172, 180; *ders.*, RdA 2011, 178, 180; für die Parallelproblematik im Sozialversicherungsrecht auch *Littmann*, SGb 2013, 368, 369 ff.

Abberufungsmöglichkeit durch ein Organ, das sie nicht selbst kontrollierte.[313] Diese ergab sich im Fall *Danosa* aus Art. 224 Abs. 4 lett. HGB. Dort heißt es: „Die Geschäftsführer können durch Gesellschafterbeschluss abberufen werden [...]" Gemäß Art. 224 Abs. 6 lett. HGB kann die Satzung der Gesellschaft vorsehen, dass eine Abberufung nur aus wichtigem Grund möglich ist. Daraus lässt sich im Umkehrschluss folgern, dass im Übrigen keine einschränkenden Voraussetzungen erfüllt sein müssen, sondern eine Abberufung schon aufgrund eines bloßen Vertrauensverlustes möglich war.[314] Den Ausführungen des Generalanwalts folgend nimmt der EuGH an, dass hierdurch eine mittelbare Weisungsgebundenheit begründet werde.[315]

(1) Grundsatz der freien Abberufung des Geschäftsführers

In der GmbH ist die Bestellung der Geschäftsführung durch die Gesellschafterversammlung gemäß § 38 Abs. 1 i. V. m. § 46 Nr. 5 GmbHG jederzeit widerruflich. Auch hier besteht daher die Möglichkeit einer jederzeitigen Abberufung, die grundsätzlich nicht an das Vorliegen rechtfertigender Umstände gebunden ist.[316] Insbesondere ein sachlicher Grund für die Abberufung muss nicht vorliegen, eine Grenze wird lediglich durch allgemeine privatrechtliche Schranken (etwa §§ 134, 138, 226, 826 BGB) gesetzt.[317] Sofern die Satzung der GmbH keine vom Gesetz abweichenden Bestimmungen enthält (vgl. § 38 Abs. 2 GmbHG), sind die Ausführungen des EuGH daher auf Fremdgeschäftsführer übertragbar.[318]

(2) Auswirkungen einer Befristung der Bestellung

Fraglich ist, ob sich eine Befristung der Bestellung auf die Möglichkeit einer vorzeitigen Abberufung auswirkt. Dies wäre der Fall, wenn der allgemeine

---

313 EuGH v. 11.11.2010 – C-232/09 (*Danosa*), Slg. 2010, I-11405 Rn. 50.

314 Vgl. Generalanwalt *Bot*, Schlussanträge v. 2.9.2010 – C-232/09 (*Danosa*), Slg. 2010, I-11405 Rn. 80.

315 Vgl. oben unter B. I. 2. A) cc) (1).

316 *Altmeppen*, in: Roth/Altmeppen, GmbHG, § 38 Rn. 4; *Oetker*, in: Henssler/Strohn, § 38 GmbHG Rn. 5; *Terlau*, in: Michalski, GmbHG, § 38 Rn. 3 f.

317 *Oetker*, in: Henssler/Strohn, § 38 GmbHG Rn. 5; *Stephan/Tieves*, in: MüKo-GmbHG, § 38 Rn. 7.

318 *Forst*, GmbHR 2012, 823, 825; *Oberthür*, NZA 2011, 253, 254; *Preis/Sagan*, ZGR 2013, 1, 14 f.

zivilrechtliche Grundsatz, dass befristete Dauerschuldverhältnisse ohne entsprechende Vereinbarung nur aus wichtigem Grund kündbar sind,[319] auf das organschaftliche Rechtsverhältnis der Bestellung zu übertragen wäre. Dies ist aus folgenden Gründen zu verneinen:

Zum einen spricht dagegen bereits der Wortlaut des § 38 Abs. 1 GmbHG, wonach die Bestellung des Geschäftsführers zu jeder Zeit widerruflich ist. Zwar handelt es sich lediglich um eine Grundsatzregelung, von der abgewichen werden kann. Eine abweichende Regelung muss aber nach dem Wortlaut des § 38 Abs. 2 S. 1 GmbHG gesellschaftsvertraglich geregelt sein.[320] Auch der Sinn und Zweck des § 38 Abs. 1 GmbHG würde dem widersprechen: Die jederzeitige Möglichkeit zur Abberufung des Geschäftsführers ist ein wesentliches Strukturelement der GmbH, das dem Umstand Rechnung trägt, dass der Geschäftsführer in einer der Gesellschafterversammlung untergeordneten Position steht, gleichzeitig aber im Außenverhältnis unbeschränkte und unbeschränkbare Vertretungsmacht hat und daher das volle Vertrauen der Gesellschafter genießen muss.[321] Diese grundlegende Bedeutung des § 38 Abs. 1 GmbHG würde in erheblichem Umfang geschmälert, wenn man in Fällen befristeter Bestellung, die in der Praxis eher die Regel als die Ausnahme darstellen dürften, regelmäßig von einer konkludenten Abbedingung des freien Widerrufs ausgehen würde. Auch die ausdrückliche Einschränkung der Abberufung im Aktienrecht weist schließlich in diese Richtung: § 84 Abs. 3 S. 1 AktG erlaubt eine Abberufung des Vorstands nur aus wichtigem Grund. Da die Bestellung der Vorstandsmitglieder aber gemäß § 84 Abs. 1 AktG zwingend befristet erfolgt, hätte es dieser Regelung nicht bedurft, wenn eine darüber hinausgehende Abberufung bereits nach allgemeinen Grundsätzen ausgeschlossen wäre. Dass § 84 Abs. 3 S. 1 AktG lediglich deklaratorischer Natur sein könnte, wird – soweit ersichtlich – nicht vertreten. Auch bei einer befristeten Bestellung des Geschäftsführers ist daher nicht zwingend von einer Einschränkung der Abberufung auszugehen.[322]

---

319 Vgl. z. B. §§ 488 Abs. 3 S. 1, 542 Abs. 1, 608 Abs. 1, 620 Abs. 2 BGB.

320 *Stephan/Thieves*, in: MüKo-GmbHG, § 38 GmbHG Rn. 75.

321 *U. H. Schneider/S. H. Schneider*, in: Scholz, GmbHG, § 38 Rn. 12; *Terlau*, in: Michalski, GmbHG, § 38 Rn. 3; *Zöllner/Noack*, in: Baumbach/Hueck, GmbHG, § 38 Rn. 3.

322 So auch *Stephan/Tieves*, in: MüKo-GmbHG, § 38 Rn. 75, die allerdings nicht ausschließen, dass eine im Gesellschaftsvertrag festgelegte Befristung zugleich als konkludente Einschränkung der Abberufbarkeit ausgelegt werden kann; im Ergebnis ebenso aber ohne Begründung auch *Altmeppen*, in: Roth/Altmeppen, GmbHG, § 38 Rn. 32.

ee) Zwischenergebnis

Der Fremdgeschäftsführer einer GmbH erfüllt im Regelfall alle vom EuGH aufgestellten Kriterien für die Arbeitnehmereigenschaft im Sinne des Art. 45 AEUV: Er erbringt entgeltlich Leistungen für die Gesellschaft, die ihn bestellt hat und in die er im Sinne des europarechtlichen Verständnisses eingegliedert ist. Gegenüber den Gesellschaftern bestehen verschiedene gesetzliche Rechenschaftspflichten. Sofern die Satzung der GmbH nichts Abweichendes regelt, ist er zudem an die Weisungen der Gesellschafterversammlung gebunden, einem Organ, das er nicht selbst kontrolliert und das ihn jederzeit ohne sachlichen Grund abberufen kann.

ff) Auswirkungen modifizierender Satzungsbestimmungen

Es stellt sich die Frage, wie sich vom Gesetz abweichende Satzungsbestimmungen oder auch anstellungsvertragliche Regelungen auf diese Beurteilung auswirken können. Sowohl die freie Abberufbarkeit, als auch das Weisungsrecht können durch die Satzung eingeschränkt bzw. ausgeschlossen werden (vgl. §§ 37 Abs. 1, 38 Abs. 2 GmbHG). Beides ist unabhängig voneinander möglich.

(1) Einschränkung des Weisungsrechts

Denkbar ist zunächst die Konstellation, dass in der Satzung eine Beschränkung des Weisungsrechts geregelt ist, gleichzeitig aber die jederzeitige Abberufungsmöglichkeit gemäß § 38 Abs. 1 GmbHG unberührt bleibt. Einschränkungen des Weisungsrechts sind in unterschiedlicher Weise denkbar: Die Satzung kann etwa vorsehen, dass bestimmte Eingriffe in die Geschäftsführung zu unterbleiben haben, sie kann das Weisungsrecht auf die Vornahme unternehmerischer Entscheidungen beschränken oder es auch komplett ausschließen.[323] Zu bedenken ist, dass eine derartige Einschränkung des Weisungsrechts nur sehr relativer Natur ist, solange die uneingeschränkte Möglichkeit zur Abberufung nach § 38 Abs. 1 GmbHG gilt, denn ohne weiteres kann sich der Geschäftsführer dann nicht über gleichwohl erteilte Weisungen hinwegsetzen, ohne eine Abberufung befürchten zu müssen. Nach den Maßstäben des nationalen Rechts wäre dies ohne Belang, denn das BAG hält eine solche „mittelbare Weisungsgebundenheit“

323 *Koppensteiner/Gruber*, in: Rowedder/Schmidt-Leithoff, GmbHG, § 37 Rn. 27; *Paefgen*, in: U/H/W, GmbHG, § 37 Rn. 23; *U. H. Schneider/S. H. Schneider*, in: Scholz, GmbHG, § 37 Rn. 24.

für die Begründung der Arbeitnehmereigenschaft des Geschäftsführers gerade nicht für ausreichend. Der EuGH beurteilt dies anders: Im Fall *Danosa* bestand nach lettischem Recht kein § 37 Abs. 1 GmbHG entsprechendes Weisungsrecht der Gesellschafter.[324] Gleichwohl hat er eine mittelbare Weisungsgebundenheit aufgrund der jederzeitigen Abberufungsmöglichkeit angenommen, die ihm für die Begründung der Arbeitnehmereigenschaft als hinreichend erschien.[325] Der Fall eines eingeschränkten Weisungsrechts ist bei daneben uneingeschränkter Abberufungsmöglichkeit damit letztlich genau der Fall, der dem von Frau *Danosa* entspricht, daher dürfte aus europäischer Sicht auch in diesem Fall die Arbeitnehmereigenschaft des Geschäftsführers zu bejahen sein.

Infolgedessen käme man auch auf der Grundlage derjenigen Meinung in der Literatur, die das Weisungsrecht nach § 37 Abs. 1 GmbHG bereits von vornherein nur bis zu einer Grenze unentziehbarer Kernkompetenzen anerkennt, dazu, die Arbeitnehmereigenschaft des Geschäftsführers im Sinne des Unionsrechts zu bejahen.

(2) Einschränkung der Abberufungsmöglichkeit

Gemäß § 38 Abs. 2 GmbHG kann die freie Abberufung gesellschaftsvertraglich abbedungen werden, auch bei Fremdgeschäftsführern.[326] Wenngleich § 38 Abs. 2 GmbHG ausdrücklich nur die Beschränkung der Abberufung auf wichtige Gründe vorsieht, sind Beschränkungen auf unterschiedliche Weise möglich. So kann die Satzung etwa von § 47 Abs. 1 GmbHG abweichende, qualifizierte Beschlussmehrheiten vorsehen, eine Frist für das Wirksamwerden der Abberufung festlegen oder die Abberufung auf das Vorliegen bestimmter (auch nicht wichtiger) Gründe beschränken.[327] Nur die Abberufung aus wichtigem Grund kann nach allgemeiner Meinung nicht abbedungen bzw. auf bestimmte wichtige Gründe begrenzt werden.[328]

---

324 Vgl. die Ausführungen von Generalanwalt *Bot*, Schlussanträge v. 2.9.2010 – C-232/09 (*Danosa*), Slg. 2010, I-11405 Rn. 61.

325 EuGH v. 11.11.2010 – C-232/09 (*Danosa*), Slg. 2010, I-11405 Rn. 48 unter Verweis auf die Schlussanträge v. 2.9.2010 – C-232/09 (*Danosa*), Slg. 2010, I-11405 Rn. 82 f.

326 *Paefgen*, in: U/H/W, GmbHG, § 38 Rn. 7; *U. H. Schneider/S. H. Schneider*, in: Scholz, GmbHG, § 38 Rn. 38, 40; *Stephan/Tieves*, in: MüKo-GmbHG, § 38 Rn. 73.

327 *Oetker*, in: Henssler/Strohn, § 38 GmbHG Rn. 12 f.; *Paefgen*, in: U/H/W, GmbHG, § 38 Rn. 7; *Terlau*, in: Michalski, GmbHG, § 38 Rn. 12.

328 BGH v. 21.4.1969, NJW 1969, 1483; *Altmeppen*, in: Roth/Altmeppen, GmbHG, § 38 Rn. 28; *Oetker*, in: Henssler/Strohn, § 38 GmbHG Rn. 12; *Paefgen*, in:

Sind im Gesellschaftsvertrag bestimmte qualifizierte Mehrheitserfordernisse für den Abberufungsbeschluss festgelegt, ändert dies für den Fremdgeschäftsführer nichts, denn auch das qualifizierte Mehrheitserfordernis ändert nichts daran, dass er seine eigene Abberufung nicht verhindern kann. Auswirkungen können sich allenfalls für den an der Gesellschaft beteiligten Geschäftsführer ergeben.[329] Auch eine in der Satzung geregelte Frist wird keine Auswirkungen auf die „freie Abberufung“ im Sinne der EuGH-Rechtsprechung haben, denn sie ändert nichts daran, dass der Geschäftsführer sich im Sinne der Gesellschafterversammlung zu verhalten hat, sofern er seine Stellung dauerhaft behalten will.

Ist nach der Satzung ein wichtiger Grund für die Abberufung erforderlich, stellt dies hingegen eine deutliche Einschränkung dar, denn wie § 38 Abs. 2 S. 2 GmbHG zeigt, sind an das Vorliegen wichtiger Gründe relativ hohe Anforderungen zu stellen (grobe Pflichtverletzung, Unfähigkeit zur ordnungsgemäßen Geschäftsführung).[330] Eine freie Abberufung im Sinne der Rechtsprechung des EuGH wird man dann nicht mehr annehmen können.[331] Gleiches gilt im Grundsatz, wenn im Gesellschaftsvertrag bestimmte Gründe festgelegt sind, die allerdings noch keine wichtigen Gründe darstellen, jedenfalls sofern sie eine tatsächliche Hürde für die Abberufung bedeuten. Hier wird im Einzelfall darauf abzustellen sein, wie „gesichert“ die Position des Geschäftsführers ist bzw. inwieweit die Willkür der Gesellschafter durch die Satzungsbestimmung zurückgedrängt wird.

Im Falle einer derartigen Einschränkung der Abberufungsmöglichkeit entfällt ein Kriterium des EuGH für die Begründung der Arbeitnehmereigenschaft, dessen Stellenwert sich aus den Entscheidungsgründen nicht eindeutig ergibt. Auf den ersten Blick erscheint die unbeschränkte Abberufungsmöglichkeit konstitutiv für die Begründung der Arbeitnehmereigenschaft, weil der EuGH sie kumulativ zum Merkmal Weisung/Aufsicht heranzieht.[332] Der Generalanwalt führt in seinen Schlussanträgen allerdings aus, dass er die jederzeitige Abberufungsmöglichkeit im Fall von Frau *Danosa* nur deshalb als so wichtig erachtet, weil es im lettischen Recht gerade an einem gesetzlichen Weisungsrecht fehlt: Durch die jederzeitige Möglichkeit zur Abberufung werde gleichwohl eine

---

U/H/W, GmbHG, § 38 Rn. 10; *Zöllner/Noack*, in: Baumbach/Hueck, GmbHG, § 38 Rn. 7.

329 Dazu unter § 4 B. I. 2. b) aa) (2).

330 Vgl. *Oetker*, in: Henssler/Strohn, § 38 GmbHG Rn. 17 ff.

331 So auch *Preis/Sagan*, ZGR 2013, 26, 44.

332 EuGH v. 11.11.2010 – C-232/09 (*Danosa*), Slg. 2010, I-11405 Rn. 51.

faktische Weisungsgebundenheit begründet.[333] Der Gerichtshof scheint sich dieser Auffassung des Generalanwalts anzuschließen, denn in seiner Entscheidung nimmt er hierauf ausdrücklich Bezug.[334] Dafür spricht auch, dass er in der *Danosa*-Entscheidung den Arbeitnehmerbegriff der *Lawrie-Blum*-Formel zugrunde legt, wonach maßgeblich allein die entgeltliche Leistungserbringung für einen anderen nach dessen Weisung ist. Die Möglichkeiten der Vertragsbeendigung spielen bei dieser Definition keine Rolle. Damit dient die jederzeitige Abberufungsmöglichkeit dem EuGH letztlich nur als Hilfskriterium, ausschlaggebend ist das Merkmal der Weisungsgebundenheit.[335] Wenn dem EuGH in diesem Zusammenhang aber bereits eine mittelbare Weisungsabhängigkeit für die Annahme der Arbeitnehmereigenschaft genügt, ist anzunehmen, dass eine unmittelbare gesetzliche Weisungsabhängigkeit wie in § 37 Abs. 1 GmbHG die Arbeitnehmereigenschaft erst recht zu begründen vermag, auch wenn dafür auf der anderen Seite nur eine eingeschränkte Abberufungsmöglichkeit besteht. Sofern gesellschaftsvertraglich daher allein die Abberufung eingeschränkt wird, dürfte dies auf die Arbeitnehmereigenschaft nach unionsrechtlichen Maßstäben keinen Einfluss haben.[336]

Dem ließe sich entgegenhalten, dass das Weisungsrecht durch den Wegfall der jederzeitigen Abberufungsmöglichkeit praktisch zu einem gewissen Grad abgeschwächt wird, weil dadurch die unmittelbare und damit eine wesentliche Sanktionsmöglichkeit bei einer Nichtbefolgung der Weisungen entfällt. Gleichwohl bleibt ein Verstoß gegen die Weisungen der Gesellschafterversammlung auch in diesem Fall nicht sanktionslos: Je nach Fallgestaltung kommen Schadensersatzpflichten nach § 43 GmbHG oder eine Klage auf Erfüllung in Betracht.[337] Auch eine Abmahnung, ggf. sogar eine Kündigung des Anstellungsvertrages ist möglich.[338] Insbesondere letzteres dürfte auch praktisch ein wirkungsvolles Sanktionsinstrumentarium darstellen. Schließlich können Verstöße gegen Weisungen

---

333 Generalanwalt *Bot*, Schlussanträge v. 2.9.2010 – C-232/09 (*Danosa*), Slg. 2010, I-11405 Rn. 81ff.

334 EuGH v. 11.11.2010 – C-232/09 (*Danosa*), Slg. 2010, I-11405 Rn. 48.

335 Ähnlich das Verständnis von *Leopold*, ZESAR 2011, 362, 366; vgl. auch *Schmitt-Rolfes*, NZA-Beil. 2014, 37, 41.

336 A. A. wohl *Lunk/Rodenbusch*, GmbHR 2012, 188, 190 sowie *Oetker*, in: Henssler/Strohn, § 35 GmbHG Rn. 82; i. E. wie hier allerdings mit abweichender Begründung (Anfechtungsrecht nur der Gesellschafter, nicht des Geschäftsführers) *Schmitt-Rolfes*, NZA-Beil. 2014, 37, 41.

337 *Stephan/Thieves*, in: MüKo-GmbHG, § 37 Rn. 147, 150.

338 *Stephan/Thieves*, in: MüKo-GmbHG, § 37 Rn. 152.

der Gesellschafter als Pflichtverletzung auch geeignet sein, einen wichtigen Grund für die Abberufung darzustellen.[339] Damit ist ein gewisser Zusammenhang zwischen der Weisungsgebundenheit und der Abberufungsmöglichkeit hergestellt.

Die Weisungsgebundenheit höher zu gewichten als die Modalitäten der Abberufung entspricht auch den Grundsätzen des deutschen Arbeitsrechts: Auch hier bestimmt sich die persönliche Abhängigkeit maßgeblich nach dem Merkmal der Weisungsgebundenheit, nicht hingegen nach den Möglichkeiten der Vertragsbeendigung. Wollte man hiergegen einwenden, dass die bloße Tätigkeit nach Weisung noch nicht zwingend ein soziales Schutzbedürfnis begründet, das die Anwendung des Arbeitsrechts rechtfertigt,[340] was ein nicht gänzlich von der Hand zu weisendes Argument ist, müsste man anfangen, die Weisungsgebundenheit als Kriterium für die Anwendung des Arbeitsrechts gänzlich in Frage zu stellen. Diese Frage soll indessen nicht Gegenstand dieser Arbeit sein.

(3) Einschränkung sowohl des Weisungsrechts als auch der Abberufung

Denkbar ist schließlich, dass gesellschaftsvertraglich sowohl das Weisungsrecht als auch die Möglichkeiten der Abberufung beschränkt werden. Dann entfallen gleich zwei der vom EuGH aufgestellten Arbeitnehmerkriterien. Zwar bleibt der Geschäftsführer auch in diesem Fall organisatorisch in die Gesellschaft eingegliedert und unterliegt den gesetzlich festgelegten Rechenschaftspflichten gegenüber der Gesellschafterversammlung. Diese Umstände allein dürften allerdings ein Unterordnungsverhältnis im Sinne des EuGH nicht begründen können, denn sie treffen auf nahezu jedes geschäftsführende Gesellschaftsorgan zu. Ausdrücklich konstatiert der EuGH jedoch, dass auch Fälle denkbar seien, in denen ein geschäftsführendes Gesellschaftsorgan nicht als Arbeitnehmer zu betrachten sei.[341]

Gegen die Ablehnung der Arbeitnehmereigenschaft bei derartigen Satzungsgestaltungen ließe sich einwenden, dass die entsprechenden Bestimmungen grundsätzlich jederzeit aufgehoben werden können und daher die Rechtsstellung des Geschäftsführers keineswegs dauerhaft absichern. Zwar bedarf es hierfür eines satzungsändernden Gesellschafterbeschlusses mit grundsätzlich Drei-Viertel-Mehrheitserfordernis sowie der weiteren formalen Erfordernisse

---

339 *Oetker*, in: Henssler/Strohn, § 38 GmbHG Rn. 19.

340 In diese Richtung *Reinhard/Bitsch*, ArbRB 2011, 241, 243.

341 EuGH v. 11.11.2010 – C-232/09 (*Danosa*), Slg. 2010, I-11405 Rn. 51.

der §§ 53 f. GmbHG, die einen gewissen Aufwand darstellen. Dies ändert aber nichts daran, dass jedenfalls der Fremdgeschäftsführer und auch der Gesellschafter-Geschäftsführer mit einer unter 25-prozentigen Beteiligung einen solchen Beschluss nicht verhindern können. Gleichwohl überzeugt es nicht, allein aufgrund der abstrakten Möglichkeit einer Änderung der statutarischen Bestimmungen die Arbeitnehmereigenschaft auch in diesem Fall zu bejahen, denn vorrangig ist immer noch der status quo zu beurteilen, der dem Geschäftsführer bei einer Einschränkung sowohl des Weisungsrechts als auch der Abberufung weitgehende unternehmerische Freiräume lässt. Dies schließt es nicht aus, für den Fall, dass es zu entsprechenden Satzungsänderungen kommt, die Arbeitnehmereigenschaft ab diesem Zeitpunkt anders zu beurteilen.

Offen ist dann allerdings, wie weit das Weisungsrecht und die Möglichkeit der Abberufung einzuschränken sind, um die Arbeitnehmereigenschaft auszuschließen. Ausreichend dürfte in jedem Fall ein gänzlicher Ausschluss des Weisungsrechts in Kombination mit einer Beschränkung der Abberufung auf wichtige Gründe sein. Inwieweit der EuGH auch weniger weit reichende Beschränkungen (etwa Beschränkung des Weisungsrechts auf unternehmerische Entscheidungen etc.) als geeignet ansehen würde, die Arbeitnehmereigenschaft zu verneinen, lässt sich nur schwer einschätzen und wäre letztlich reine Spekulation, denn weder in der *Danosa*-Entscheidung noch in vorherigen Entscheidungen hat er erkennen lassen, wo für ihn insoweit die „untere Grenze“ verläuft.

(4) Einschränkungen im Anstellungsvertrag

Auch anstellungsvertraglich können sich die Gesellschafter zu Einschränkungen in Bezug auf das Weisungsrecht und die Abberufungsmöglichkeit verpflichten.[342] Allerdings ist insoweit der überwiegend angenommene Vorrang des Korporationsrechts[343] zu beachten: Entgegen den anstellungsvertraglichen Bestimmungen vorgenommene Weisungs- oder Abberufungsbeschlüsse sind gleichwohl wirksam.[344] Sie sind für den Geschäftsführer bindend und er hat auch keinen

---

342 Vgl. *U. H. Schneider/S. H. Schneider*, in: Scholz, GmbHG, § 37 Rn. 65; *Zöllner/Noack*, in: Baumbach/Hueck, GmbHG, § 38 Rn. 21.

343 Vgl. zum Streitstand *Paefgen*, in: U/H/W, GmbHG, § 35 Rn. 140 ff.; *U. H. Schneider/Hohenstatt*, in: Scholz, GmbHG, § 35 Rn. 294 ff.

344 *Koppensteiner/Gruber*, in: Rowedder/Schmidt-Leithoff, GmbHG, § 37 Rn 28; *Paefgen*, in: U/H/W, GmbHG, § 35 Rn. 142; *U. H. Schneider/Hohenstatt*, in: Scholz, GmbHG, § 35 Rn. 303.

Anspruch auf Einhaltung der anstellungsvertraglich zugesicherten Freiheiten.[345] Seine Rechte im Fall eines vertragswidrigen Verhaltens der Gesellschafterversammlung beschränken sich auf die Möglichkeit einer außerordentlichen Kündigung des Anstellungsvertrages[346] sowie ggf. Schadensersatzansprüche.[347] Eine durch einfachen Gesellschafterbeschluss nicht jederzeit wieder aufhebbare Weisungsfreiheit kann nur durch die parallele Festschreibung einer entsprechenden Rechtsstellung in der Satzung erreicht werden.[348]

Aus diesem Grund dürften allein anstellungsvertraglich geregelte Beschränkungen des Weisungsrechts und der Abberufungsmöglichkeit nicht geeignet sein, die Arbeitnehmereigenschaft des Fremdgeschäftsführers auszuschließen. Gleiches wird man für eine Beschränkung durch einfachen Gesellschafterbeschluss annehmen müssen, denn ein solcher kann jederzeit – auch konkludent – wieder aufgehoben werden.[349]

(5) Ergebnis

Sowohl das Weisungsrecht gemäß § 37 Abs. 1 GmbHG als auch die uneingeschränkte Abberufungsmöglichkeit gemäß § 38 Abs. 1 GmbHG sind bereits für sich genommen ausreichend, die Arbeitnehmereigenschaft des Fremdgeschäftsführers im unionsrechtlichen Sinne zu begründen. Satzungsbestimmungen, die lediglich eins von beiden begrenzen, wirken sich auf die Arbeitnehmereigenschaft des Geschäftsführers daher nicht aus. Erst wenn nach der Satzung sowohl das Weisungsrecht als auch die Abberufbarkeit substanziell eingeschränkt sind, wird man die Arbeitnehmereigenschaft verneinen können.

b) Auswirkungen einer Anteilsinhaberschaft

Auch der Geschäftsführer, der gleichzeitig als Gesellschafter an der GmbH beteiligt ist, erbringt entgeltlich Leistungen gegenüber der Gesellschaft, die ihn bestellt hat und in die er im Sinne der EuGH-Rechtsprechung eingegliedert ist. Den gesetzlichen Rechenschaftspflichten unterliegt er in demselben Umfang wie ein Fremdgeschäftsführer.

---

345 *Paefgen*, in: U/H/W, GmbHG, § 35 Rn. 142.

346 OLG Frankfurt v. 17.12.1992, NJW-RR 1993, 1259 f.; *Paefgen*, in: U/H/W, GmbHG, § 38 Rn. 62.

347 *Paefgen*, in: U/H/W, GmbHG, § 35 Rn. 143.

348 *Paefgen*, in: U/H/W, GmbHG, § 35 Rn. 143.

349 *Stephan/Tieves*, in: MüKo-GmbHG, § 37 Rn. 108.

aa) Weisungsgebundenheit

Nicht immer wird man allerdings von einer Weisungsgebundenheit im Sinne der EuGH-Rechtsprechung ausgehen können: Nach den Ausführungen des Gerichtshofs müssen die Weisungen bzw. die Aufsicht durch ein Organ erfolgen, das der Geschäftsführer nicht selbst kontrolliert.[350]

(1) Gesetzlicher Regelfall

Die Ausübung des Weisungsrechts nach § 37 Abs. 1 GmbHG setzt regelmäßig einen Gesellschafterbeschluss, mindestens aber ein konkludentes Einverständnis aller Mitgesellschafter voraus.[351] Daher kann ein Geschäftsführer, der bestimmenden Einfluss in der Gesellschafterversammlung hat, praktisch jede ihm unliebsame Weisung abwenden.[352] Gesellschafterbeschlüsse und damit auch Weisungsbeschlüsse erfolgen gemäß § 47 Abs. 1 GmbHG grundsätzlich mit einfacher Mehrheit der abgegebenen Stimmen.

Eine Kontrollmöglichkeit hat damit jedenfalls der mehrheitlich beteiligte GmbH-Geschäftsführer, dem mehr als 50 Prozent des Stammkapitals gehören. Aber auch bei einer exakt 50-prozentigen Beteiligung ist eine Weisungsgebundenheit zu verneinen, denn das Zustandekommen eines Beschlusses setzt ein Überwiegen der positiven Stimmen voraus, Stimmengleichheit reicht nicht.[353]

(2) Auswirkungen von modifizierenden Satzungsbestimmungen

Dies betrifft allerdings nur den gesetzlichen Regelfall. Die Satzung der GmbH kann vom Gesetz abweichende Abstimmungsmodalitäten festlegen, denn die §§ 46–51 GmbHG sind gemäß § 45 Abs. 2 GmbHG dispositiv.

Zum einen können gesellschaftsvertraglich von § 47 Abs. 1 GmbHG abweichende Mehrheitserfordernisse für Beschlüsse geregelt werden, etwa in der Form, dass diese grundsätzlich mit qualifizierter Mehrheit (bis hin zum

---

350 EuGH v. 11.11.2010 – C-232/09 (*Danosa*), Slg. 2010, I-11405 Rn. 48 unter Verweis auf die Ausführungen des Generalanwalts, Schlussanträge v. 2.9.2010 – C-232/09 (*Danosa*), Slg. 2010, I-11405 Rn. 82.

351 *Lenz*, in: Michalski, GmbHG, § 37 Rn. 18; *Oetker*, in: Henssler/Strohn, § 37 GmbHG Rn. 14; *U. H. Schneider/S. H. Schneider*, in: Scholz, GmbHG, § 37 Rn. 38.

352 *Forst*, GmbHR 2012, 823, 825.

353 *Drescher*, in: MüKo-GmbHG, § 47 Rn. 46; *Römermann*, in: Michalski, GmbHG, § 47 Rn. 558.

Einstimmigkeitserfordernis) zustande kommen.[354] In diesem Fall kann auch der nur mit einer Minderheit beteiligte Gesellschafter-Geschäftsführer ihm unliebsame Weisungsbeschlüsse verhindern, wenn sein Anteil jedenfalls ausreicht, um das Zustandekommen der qualifizierten Mehrheit zu verhindern (sog. Sperrminorität).

Zum anderen kann die Satzung die Stimmkraft abweichend von § 47 Abs. 1 GmbHG regeln.[355] So kann sie etwa eine von der Höhe des Geschäftsanteils unabhängige Abstimmung nach Köpfen entsprechend § 119 Abs. 2 HGB vorsehen,[356] den nach § 47 Abs. 2 GmbHG maßgeblichen Teilbetrag für eine Stimme abweichend regeln[357] oder ein Höchststimmrecht entsprechend § 134 Abs. 1 S. 2 AktG festlegen.[358] Die Einräumung von Mehrstimmrechten ist ebenso zulässig wie der Ausschluss des Stimmrechts für bestimmte Anteile.[359] Schließlich können einzelnen Gesellschaftern Vetorechte eingeräumt werden.[360] Soweit derartige Satzungsregelungen bestehen, ist stets danach zu fragen, ob der Gesellschafter-Geschäftsführer aufgrund des Umfangs seiner Beteiligung in der Lage ist, unliebsame Beschlüsse mit der Ausübung seiner Beteiligungsrechte zu verhindern. Ist dies der Fall, so ist er nicht als weisungsgebunden im Sinne der EuGH-Rechtsprechung anzusehen.

Gleiches gilt für den mit einem satzungsmäßig eingeräumten Sonderrecht zur Geschäftsführung ausgestatteten Gesellschafter-Geschäftsführer, denn auch er ist an die Weisungen der Gesellschafterversammlung nicht gebunden.[361]

---

354 *K. Schmidt*, in: Scholz, GmbHG, § 47 Rn. 9; *Zöllner*, in: Baumbach/Hueck, GmbHG, § 47 Rn. 24; nicht zulässig ist hingegen eine Herabsetzung des einfachen Mehrheitserfordernisses, *Hillmann*, in: Henssler/Strohn, § 47 GmbHG Rn. 19; *Zöllner*, in: Baumbach/Hueck, GmbHG, § 47 GmbHG Rn. 24.

355 *Drescher*, in: MüKo-GmbHG, § 47 Rn. 124; *K. Schmidt*, in: Scholz, GmbHG, § 47 Rn. 11.

356 *Drescher*, in: MüKo-GmbHG, § 47 Rn. 124; *Hillmann*, in: Henssler/Strohn, § 47 GmbHG Rn. 47.

357 *Drescher*, in: MüKo-GmbHG, § 47 Rn. 124; *Zöllner*, in: Baumbach/Hueck, GmbHG, § 47 Rn. 67.

358 *Drescher*, in: MüKo-GmbHG, § 47 Rn. 125; *Hillmann*, in: Henssler/Strohn, § 47 GmbHG Rn. 47.

359 *Drescher*, in: MüKo-GmbHG, § 47 Rn. 124; *Zöllner*, in: Baumbach/Hueck, GmbHG, § 47 Rn. 67 ff.

360 *Drescher*, in: MüKo-GmbHG, § 47 Rn. 124; *Hillmann*, in: Henssler/Strohn, § 47 GmbHG Rn. 47; *Römermann*, in: Michalski, GmbHG, § 47 Rn. 362.

361 *U. H. Schneider/S. H. Schneider*, in: Scholz, GmbHG, § 37 Rn. 64; *Stephan/Tieves*, in: MüKo-GmbHG, § 37 Rn. 116.

(3) *Einfluss von Stimmbindungsverträgen?*

Keinen Einfluss wird man in diesem Zusammenhang Stimmbindungsverträgen zusprechen können: Gesellschafter (und daher auch Gesellschafter-Geschäftsführer) können sich grundsätzlich wirksam gegenüber anderen Gesellschaftern oder Dritten verpflichten, ihr Stimmrecht im Rahmen einer einzelnen Entscheidung oder generell in einem bestimmten Sinne auszuüben.[362] Dadurch begibt sich ein Gesellschafter zwar in gewissem Maße seines Einflusses auf Gesellschaftsbeschlüsse, den er ansonsten aufgrund seines Anteils hätte. Allerdings wirken derartige Stimmbindungsverträge lediglich schuldrechtlich und beeinflussen grundsätzlich[363] nicht die Gültigkeit einer abredewidrig abgegebenen Stimme.[364] Sofern der Gesellschafter-Geschäftsführer daher nach seinem Stimmenanteil in der Lage ist, Weisungsbeschlüsse maßgeblich zu beeinflussen, ist er das auch dann noch, wenn er entsprechende Verpflichtungen eingeht. Abredewidriges Abstimmverhalten verpflichtet ihn allenfalls zu Schadensersatzansprüchen oder, sofern vereinbart, einer Vertragsstrafe.[365]

bb) *Abberufbarkeit*

Eine Anteilsinhaberschaft des Geschäftsführers kann sich außerdem auf die Möglichkeiten seiner Abberufung auswirken, denn auch diese setzt gemäß § 46 Nr. 5 GmbHG einen Beschluss der Gesellschafterversammlung voraus.[366] Grundsätzlich genügt hierfür gemäß § 47 Abs. 1 GmbHG die einfache Stimmenmehrheit.[367] Mit Ausnahme einer Abberufung aus wichtigem Grund ist ein

---

362 BGH v. 27.10.1986, NJW 1987, 1890, 1892; *Bayer*, in: Lutter/Hommelhoff, GmbHG, § 47 Rn. 15; *Hillmann*, in: Henssler/Strohn, § 47 GmbHG Rn. 88; *Römermann*, in: Michalski, GmbHG, § 47 Rn. 492; *Roth*, in: Roth/Altmeppen, GmbHG, § 47 Rn. 38; einschränkend *K. Schmidt*, in: Scholz, GmbHG, § 47 Rn. 39, 42 m. w. N. für abweichende Ansichten.

363 Vgl. zur Diskussion um Ausnahmen im Einzelfall *Römermann*, in: Michalski, GmbHG, § 47 Rn. 533 ff.

364 *Hillmann*, in: Henssler/Strohn, § 47 GmbHG Rn. 91; *Römermann*, in: Michalski, GmbHG, § 47 Rn. 532; *Zöllner*, in: Baumbach/Hueck, GmbHG, § 47 Rn. 117.

365 *Hillmann*, in: Henssler/Strohn, § 47 GmbHG Rn. 91; *Römermann*, in: Michalski, GmbHG, § 47 Rn. 526 ff.; *K. Schmidt*, in: Scholz, GmbHG, § 47 Rn. 60 f.

366 *U. H. Schneider/S. H. Schneider*, in: Scholz, GmbHG, § 38 Rn. 15; *Stephan/Tieves*, in: MüKo-GmbHG, § 38 Rn. 24.

367 *Altmeppen*, in: Roth/Altmeppen, GmbHG, § 38 Rn. 18; *Zöllner/Noack*, in: Baumbach/Hueck, GmbHG, § 38 Rn. 29.

Gesellschafter-Geschäftsführer von der Abstimmung über seine eigene Abberufung nicht ausgeschlossen.[368] Der mit einer mindestens 50-prozentigen Beteiligung ausgestattete Geschäftsführer ist daher stets in der Lage, seine eigene Abberufung zu verhindern.

Sofern für den Abberufungsbeschluss gesellschaftsvertraglich abweichende Mehrheitserfordernisse oder Einstimmigkeit festgelegt worden sind,[369] hängt die „freie Abberufbarkeit" wiederum davon ab, ob die Minderheitsbeteiligung des Geschäftsführers im Einzelfall ausreicht, den Beschluss zu verhindern.

cc) Ergebnis

Geschäftsführer mit Allein- oder Mehrheitsbeteiligung (einschließlich einer 50-Prozent-Beteiligung) sind nicht weisungsgebunden im Sinne der EuGH-Rechtsprechung, denn sie können sowohl einzelne Weisungsbeschlüsse als auch ihre Abberufung durch Ausübung ihres Stimmrechts verhindern. Geschäftsführer mit einer Beteiligung von weniger als 50 Prozent der Gesellschaftsanteile sind im gesetzlichen Regelfall hingegen gleichermaßen weisungsgebunden wie Fremdgeschäftsführer. Sofern die Satzung der Gesellschaft in Bezug auf die erforderlichen Beschlussmehrheiten erhöhte Anforderungen festlegt, kommt es darauf an, ob der Anteil des nur minderheitlich beteiligten Geschäftsführers für eine Sperrminorität ausreicht.

Dabei ist aufgrund der bereits zum Fremdgeschäftsführer angestellten Überlegungen auch für Gesellschafter-Geschäftsführer allein auf die rechtlichen, nicht auf die tatsächlichen Verhältnisse abzustellen. Daher ist etwa ein nur minderheitlich beteiligter Geschäftsführer, der keine satzungsmäßig begründete Sperrminorität oder sonstige Sonderrechte hat, selbst dann als weisungsgebunden im Sinne der EuGH-Rechtsprechung zu qualifizieren, wenn er aufgrund des Umfangs seiner Beteiligung faktisch in der Lage ist, die Gesellschafterbeschlüsse

---

368 BGH v. 29.9.1955, BGHZ 18, 205, 210; BGH v. 24.2.1992, NJW-RR 1992, 993; *Kleindiek*, in: Lutter/Hommelhoff, GmbHG, § 38 Rn. 6; *Oetker*, in: Henssler/Strohn, § 38 GmbHG Rn. 34 f.; *Zöllner/Noack*, in: Baumbach/Hueck, GmbHG, § 38 Rn. 33 f.

369 Dies ist ohne weiteres möglich, vgl. *Kleindiek*, in: Lutter/Hommelhoff, GmbHG, § 38 Rn. 6; *Terlau*, in: Michalski, GmbHG, § 38 GmbHG Rn. 20; im Zweifel gelten zudem in der Satzung festgelegte allgemeine Beschlusserfordernisse auch für den Abberufungsbeschluss, *Zöllner/Noack*, in: Baumbach/Hueck, GmbHG, § 38 Rn. 29.

maßgeblich zu beeinflussen, etwa aufgrund mangelnder Teilnahme der anderen Gesellschafter an der Gesellschafterversammlung.[370]

Sofern ausgehend davon nur eins der beiden Kriterien „Weisungsbindung" bzw. „freie Abberufbarkeit" erfüllt sein sollte, gelten die zum Fremdgeschäftsführer angestellten Überlegungen zur Rechtslage bei nur teilweise erfüllten Kriterien entsprechend.[371]

c) Auswirkungen einer Mitbestimmung

Eine Arbeitnehmer-Mitbestimmung führt zu einer Verschiebung der Kompetenzen innerhalb der GmbH und könnte daher geeignet sein, sich auf die Beurteilung der Arbeitnehmereigenschaft des Geschäftsführers auszuwirken.

aa) Mitbestimmung nach dem DrittelbG

Unterliegt die GmbH einer Mitbestimmung nach dem DrittelbG, ist gemäß § 1 Abs. 1 Nr. 3 S. 2 DrittelbG als drittes Organ der Gesellschaft ein Aufsichtsrat zu errichten. Diesem obliegt gemäß § 1 Abs. 1 Nr. 3 S. 2 DrittelbG i. V. m. § 111 Abs. 1 AktG die Überwachung der Geschäftsführung. Zu diesem Zweck hat diese ihm gemäß § 1 Abs. 1 Nr. 3 S. 2 DrittelbG i. V. m. § 90 Abs. 3 AktG auf Verlangen Bericht zu erstatten über die Angelegenheiten der Gesellschaft, ihre rechtlichen und geschäftlichen Beziehungen zu verbundenen Unternehmen sowie über geschäftliche Vorgänge bei diesen Unternehmen, die auf die Lage der Gesellschaft von erheblichem Einfluss sein können. Die Kompetenz zur Bestellung und Abberufung der Geschäftsführung verbleibt indessen bei der Gesellschafterversammlung.[372] Eine Abberufung ist gemäß § 38 Abs. 1 GmbHG weiterhin uneingeschränkt möglich.[373] Auch das Weisungsrecht der

370 Die Wirksamkeit von Beschlüssen der Gesellschafterversammlung hängt grundsätzlich nicht von der Zahl der erschienenen Gesellschafter ab, d. h. auch ein einzelner Minderheitsgesellschafter könnte wirksam Beschlüsse fassen, vgl. *Zöllner*, in: Baumbach/Hueck, GmbHG, § 48 Rn. 3.

371 S. oben § 4 B. I. 2. a) ff).

372 *Habersack*, in: U/H/H, § 1 DrittelbG Rn. 34; *Kleinsorge*, in: W/W/K/K, § 1 DrittelbG Rn. 30; *Oetker*, in: Henssler/Strohn, § 38 GmbHG Rn. 8; *Seibt*, in: H/W/K, § 1 DrittelbG Rn. 40.

373 *Altmeppen*, in: Roth/Altmeppen, GmbHG, § 38 Rn. 15; *Habersack*, in: U/H/H, § 1 DrittelbG Rn. 34; *Oetker*, in: Henssler/Strohn, § 38 GmbHG Rn. 8.

Gesellschafterversammlung gemäß § 37 Abs. 1 GmbHG bleibt nach ganz herrschender Meinung bestehen.[374]

An der Arbeitnehmereigenschaft des Fremdgeschäftsführers und des Gesellschafter-Geschäftsführers mit Minderheitsbeteiligung ändert sich durch eine Mitbestimmung nach dem DrittelbG daher nichts, denn die zusätzlichen Rechenschaftspflichten gegenüber dem Aufsichtsrat führen insgesamt eher zu einem „Mehr" an Weisungsgebundenheit und Kontrolle.[375]

Für den mehrheitlich an der Gesellschaft beteiligten Geschäftsführer, der nach den bisherigen Erkenntnissen nicht als Arbeitnehmer anzusehen ist, könnten sich allerdings Konsequenzen ergeben, denn nunmehr ist auch er gegenüber einem Organ rechenschaftspflichtig, das er nicht selbst überwacht. Die Berichts- und Rechenschaftspflichten gegenüber dem Aufsichtsrat allein vermögen eine Weisungsgebundenheit im Sinne der EuGH-Rechtsprechung allerdings nicht zu begründen: Sie greifen nur punktuell und begründen kein Recht des Aufsichtsrates, Weisungen in Bezug auf bestimmte Geschäftsführungsmaßnahmen zu erteilen.[376] Dass die Satzung der GmbH gemäß § 1 Abs. 1 Nr. 3 S. 2 DrittelbG i. V. m. § 111 Abs. 4 S. 2 AktG zwingend[377] vorschreibt, dass bestimmte Geschäftsführungsmaßnahmen der Zustimmung des Aufsichtsrates bedürfen, ändert daran nichts, denn auch hier handelt es sich nicht um ein initiatives Weisungsrecht des Aufsichtsrates.[378] Außerdem kann das eingelegte Veto nach überwiegender Ansicht von der Gesellschafterversammlung analog § 111 Abs. 4 S. 3 und 4 AktG oder durch Ausübung des Weisungsrechts nach § 37 Abs. 1 GmbHG überwunden werden.[379] Die Gesellschafterversammlung bleibt das oberste Organ der GmbH.[380] Ein Gesellschafter, der hier maßgeblichen Einfluss ausüben kann, ist

374 *Altmeppen*, in: Roth/Altmeppen, GmbHG, § 37 Rn. 31; *Habersack*, in: U/H/H, § 1 DrittelbG Rn. 35; *Kleinsorge*, in: W/W/K/K, § 1 DrittelbG Rn. 26; *Oetker*, in: ErfK, § 1 DrittelbG Rn. 18; *Preis/Sagan*, ZGR 2013, 26, 44; *U. H. Schneider/S. H. Schneider*, in: Scholz, GmbHG, § 37 Rn. 48; a. A. *Vollmer*, ZGR 1979, 135, 142 ff.

375 So im Ergebnis auch *Forst*, GmbHR 2012, 821, 825; *Preis/Sagan*, ZGR 2013, 26, 44; *Schubert*, ZESAR 2013, 5, 8.

376 *Habersack*, in: MüKo-AktG, § 111 Rn. 13 f.

377 Vgl. *Habersack*, in: U/H/H, § 1 DrittelbG Rn. 36; *Oetker*, in: ErfK, § 1 DrittelbG Rn. 18.

378 *Habersack*, in: MüKo-AktG, § 111 Rn. 100; *Oetker*, in: ErfK, § 111 AktG Rn. 7.

379 *Raiser/Veil*, MitbestG, § 1 DrittelbG Rn. 22; *Seibt*, in: H/W/K, § 1 DrittelbG Rn. 41; aber str., vgl. zum Streitstand *Oetker*, in: ErfK, § 1 DrittelbG Rn. 18 m. w. N. für beide Ansichten.

380 vgl. *Oetker*, in: ErfK, § 1 DrittelbG Rn. 18; *Preis/Sagan*, ZGR 2013, 26, 44 f.

daher auch in der nach dem DrittelbG mitbestimmten GmbH nicht als Arbeitnehmer im Sinne der *Danosa*-Rechtsprechung anzusehen.[381]

bb) Mitbestimmung nach dem MitbestG und dem MontanMitbestG

Weitergehende Abweichungen ergeben sich bei einer quasiparitätischen Mitbestimmung nach dem MitbestG: Auch hier obliegt dem nach §§ 1 Abs. 1, 6 Abs. 1 MitbestG in GmbHs mit in der Regel mehr als 2000 beschäftigten Arbeitnehmern zu bildenden Aufsichtsrat die Überwachung der Geschäftsführung nach Maßgabe der aktienrechtlichen Bestimmungen (vgl. § 25 Abs. 1 S. 1 Nr. 2 MitbestG i. V. m. §§ 90 Abs. 3–5, 111 AktG). Mangels anderweitiger Bestimmungen in den §§ 31–33 MitbestG bleibt gemäß § 30 MitbestG das Weisungsrecht der Gesellschafter nach § 37 Abs. 1 GmbHG grundsätzlich unberührt.[382] § 76 Abs. 1 AktG, wonach der Vorstand die Gesellschaft unter eigener Verantwortung und damit weisungsfrei[383] leitet, findet keine Anwendung.[384] Allerdings sind die Bestellung und die Abberufung der Geschäftsführung gemäß § 31 Abs. 1 und 5 MitbestG i. V. m. § 84 Abs. 1 AktG nunmehr nicht mehr der Gesellschafterversammlung vorbehalten, sondern fallen in den Zuständigkeitsbereich des Aufsichtsrates. Aufgrund des in § 31 Abs. 1 MitbestG enthaltenen Verweises auf § 84 AktG bedarf es für die Abberufung des Geschäftsführers gemäß § 84 Abs. 3 AktG zudem zwingend eines wichtigen Grundes. Dadurch erfährt die Geschäftsführerstellung eine gewisse normative Stärkung.[385] Teilweise wird deshalb vertreten, dass die unionsrechtliche Arbeitnehmereigenschaft eines Geschäftsführers in einer quasiparitätisch mitbestimmten GmbH zu verneinen sei.[386]

---

381 So auch *Preis/Sagan*, ZGR 2013, 26, 44; *Schubert*, ZESAR 2013, 5, 8.

382 Vgl. *Oetker*, in: ErfK, § 25 MitbestG Rn. 8; *Ulmer/Habersack*, in: U/H/H, § 30 MitbestG Rn. 19.

383 Vgl. *Dauner-Lieb*, in: Henssler/Strohn, § 76 AktG Rn. 8 f.; *Fleischer*, in Spindler/Stilz, AktG, § 76 Rn. 57 f.

384 BVerfG v. 1.3.1979, BVerfGE 50, 290, 346; BGH v. 14.11.1983, BGHZ 89, 48, 57; v. 6.3.1997, BGHZ 135, 48, 55; *Raiser/Veil*, MitbestG, § 25 MitbestG Rn. 88; *U. H. Schneider/S. H. Schneider*, in: Scholz, GmbHG, § 37 Rn. 50; *Ulmer/Habersack*, in: U/H/H, § 30 MitbestG Rn. 19.

385 *Ulmer/Habersack*, in: U/H/H, § 30 MitbestG Rn. 20.

386 *Forst*, GmbHR 2012, 821, 825; *Oetker*, in: Henssler/Strohn, § 35 GmbHG Rn. 82; *Preis/Sagan*, ZGR 2013, 26, 45; *Schubert*, ZESAR 2013, 5, 9; *Werner*, StBW 2013, 379, 380.

Dem zu folgen würde indessen voraussetzen, dass man die uneingeschränkte Abberufungsmöglichkeit des Geschäftsführers als konstitutives Merkmal für die Begründung der Arbeitnehmereigenschaft im Sinne des Unionsrechts begreift. Folgt man der hier vertretenen Auffassung, wonach das umfassende Weisungsrecht der Gesellschafterversammlung für sich genommen bereits ausreicht, die Arbeitnehmereigenschaft zu begründen, und die freie Abberufungsmöglichkeit lediglich als Hilfskriterium dient, ist dieser Ansicht zu widersprechen.

Teilweise wird allerdings vertreten, das Weisungsrecht der Gesellschafterversammlung bestehe bei einer Mitbestimmung nach dem MitbestG nur eingeschränkt und beschränke sich auf grundsätzliche bzw. für die Gesellschaft wesentliche Fragen. Im Rahmen des laufenden Tagesgeschäfts sei hingegen ein weisungsfreier Bereich der Geschäftsführung anzunehmen, um damit der durch das MitbestG normativ gestärkten Position des Geschäftsführers gerecht zu werden.[387] Die herrschende Meinung verneint hingegen zu Recht eine Einschränkung des Weisungsrechts.[388] Eine solche findet keinen normativen Anknüpfungspunkt, denn § 25 Abs. 1 S. 1 Nr. 2 MitbestG verweist gerade nicht auf § 76 AktG.[389] Darüber hinaus vermag die Annahme, dass die Geschäftsführung durch die Personalkompetenz des Aufsichtsrates eine erweiterte Legitimationsbasis erfahre, die die Anerkennung eines weisungsfreien Kernbereichs der laufenden Geschäftsführung gebiete, auch in der Sache nicht zu überzeugen, denn wenn der Gesetzgeber im MitbestG punktuell eine gewisse Stärkung der Geschäftsführerstellung festlegt, ist zunächst davon auszugehen, dass diese als Ausnahme von den allgemeinen gesellschaftsrechtlichen Grundsätzen abschließend und nicht ohne weiteres auf andere Bereiche übertragbar ist.[390] Dies gilt umso mehr in verfassungsrechtlich sensiblen Bereichen wie dem Mitbestimmungsrecht.[391] Im Hinblick auf den rechtlichen Umfang der Weisungsgebundenheit

---

387 *Koberski*, in: W/W/K/K, § 30 MitbestG Rn. 41; *Ulmer/Habersack*, in: U/H/H, § 30 MitbestG Rn. 20 m. w. N.; *Vollmer*, ZGR 1979, 135, 142 ff.

388 *Altmeppen*, in: Roth/Altmeppen, GmbHG, § 37 Rn. 31; *Koppensteiner/Gruber*, in: Rowedder/Schmidt-Leithoff, GmbHG, § 37 Rn. 24; *Paefgen*, in: U/H/W, GmbHG, § 37 Rn. 14 f.; *Raiser/Veil*, MitbestG, § 25 MitbestG Rn. 88; *U. H. Schneider/S. H. Schneider*, in: Scholz, GmbHG, § 37 Rn. 50.

389 *Altmeppen*, in: Roth/Altmeppen, GmbHG, § 37 Rn. 30; *Paefgen*, in: U/H/W, GmbHG, § 37 Rn. 15.

390 Vgl. *Paefgen*, in: U/H/W, GmbHG, § 37 Rn. 15.

391 Vgl. BVerfG v. 1.3.1979, BVerfGE 50, 290, 346: Die Möglichkeit der Gesellschafterversammlung, auch bei einer Mitbestimmung „erheblichen Einfluss“ auf die Geschäftsführung ausüben zu können, wird hier als Argument für die Verfassungsmäßigkeit des MitbestG herangezogen.

des Geschäftsführers ergeben sich daher keine Unterschiede zu einer nicht mitbestimmten oder nach dem DrittelbG mitbestimmten GmbH.

Für eine den Bestimmungen des MontanMitbestG unterliegenden GmbH überträgt § 12 MontanMitbestG die Kompetenz zur Bestellung und Abberufung des Vorstandes auf den Aufsichtsrat. Aufgrund des Verweises auf § 84 AktG ist eine Abberufung nur aus wichtigem Grund möglich. Daneben finden gemäß § 3 Abs. 2 MontanMitbestG die Vorschriften des Aktienrechts sinngemäß Anwendung. Damit lässt die Vorschrift die genaue Reichweite der Verweisung zwar offen,[392] das Weisungsrecht der Gesellschafterversammlung bleibt allerdings nach vorzugswürdiger Ansicht aus denselben Gründen wie bei der Mitbestimmung nach dem MitbestG unberührt.[393] Damit entspricht die Situation hier derjenigen des Geschäftsführers in einer dem MitbestG unterliegenden GmbH.[394]

cc) Ergebnis

Eine Mitbestimmung nach dem DrittelbG, dem MitbestG oder dem MontanMitbestG ändert an der Arbeitnehmereigenschaft des Geschäftsführers im unionsrechtlichen Sinne nichts: Auch in der mitbestimmten GmbH ist daher grundsätzlich der Fremdgeschäftsführer sowie der nur mit einer Minderheitsbeteiligung und ohne satzungsmäßige Sonderrechte ausgestattete Gesellschafter-Geschäftsführer als Arbeitnehmer anzusehen, nicht hingegen der maßgeblich an der Gesellschaft beteiligte Gesellschafter-Geschäftsführer.

d) Auswirkungen einer Konzernstruktur

Ist eine GmbH abhängige Gesellschaft in einem Unterordnungskonzern, kann dies zu Verschiebungen der Machtverhältnisse innerhalb der GmbH führen und sich daher auf den Arbeitnehmerstatus ihres Geschäftsführers auswirken. Zu unterscheiden ist dabei zwischen dem Vertragskonzern und dem faktischen Konzern.

---

392 *Wißmann*, in: W/W/K/K, § 3 MontanMitbestG Rn. 3.

393 *Altmeppen*, in: Roth/Altmeppen, GmbHG, § 37 Rn. 30; *Paefgen*, in: U/H/W, GmbHG, § 37 Rn. 14 f.; *Wißmann*, in: W/W/K/K, § 3 MontanMitbestG Rn. 4 m. w. N.

394 Vgl. *Forst*, GmbHR 2012, 821, 825 f.; *Werner*, StBW 2013, 379, 380, jedoch auf der Grundlage des gegenteiligen Ergebnisses im Rahmen des MitbestG.

aa) Faktischer Konzern

Den faktischen Unterordnungskonzern kennzeichnet eine Unternehmensverbindung, bei der eine Abhängigkeit der beherrschten Gesellschaft von dem herrschenden Unternehmen nicht durch einen rechtlich anerkannten Unternehmensvertrag, sondern anderweitig begründet wird.[395] Zumeist wird dies aufgrund einer Mehrheitsbeteiligung des herrschenden Unternehmens an der GmbH im Sinne von § 16 AktG[396] der Fall sein.[397] Denkbar ist die Begründung eines Abhängigkeitsverhältnisses aber auch durch satzungsmäßige Sonderrechte eines an der GmbH beteiligten Unternehmens im konzernrechtlichen Sinne.[398] Dabei ist unerheblich, ob der bei Vorliegen eines Abhängigkeitsverhältnisses im Sinne von § 17 AktG nach § 18 Abs. 1 S. 3 AktG vermutete Konzerntatbestand des § 18 Abs. 1 AktG tatsächlich vorliegt oder ausnahmsweise bloß ein einfaches Abhängigkeitsverhältnis im Sinne von § 17 AktG besteht,[399] denn für die Beurteilung der Rechtsstellung des Geschäftsführers der abhängigen GmbH ergeben sich insoweit keine Unterschiede.

Eine faktische Konzernierung führt grundsätzlich nicht zu einer Verschiebung der Kompetenzen innerhalb der GmbH: Die Gesellschafterversammlung der abhängigen GmbH bleibt gegenüber ihrer Geschäftsführung nach § 37 Abs. 1 GmbHG umfassend weisungsbefugt und ist weiterhin für deren Bestellung und Abberufung zuständig.[400] Der durch die Mehrheitsbeteiligung bedingte Einfluss des herrschenden Unternehmens in der Gesellschafterversammlung führt allerdings dazu, dass Gesellschafterbeschlüsse und damit auch die Ausübung des Weisungsrechts sowie die Personalkompetenz maßgeblich nunmehr durch dieses beeinflusst werden.[401] Die dadurch eröffnete direkte und weitreichende

---

395 *Bayer*, in: MüKo-AktG, § 18 Rn. 9; *Emmerich*, in: Emmerich/Habersack, KonzernR, § 18 AktG Rn. 3; *Hüffer*, AktG, § 18 Rn. 3.

396 Zur Anwendbarkeit der §§ 15 ff. AktG auf die GmbH *Liebscher*, in: MüKo-GmbHG, Anh. § 13 Rn. 51.

397 *Emmerich*, in: Emmerich/Habersack, KonzernR, § 18 AktG Rn. 3; *Liebscher*, in: MüKo-GmbHG, Anh. § 13 Rn. 200.

398 *Liebscher*, in: MüKo-GmbHG, Anh. § 13 Rn. 201.

399 Die Konzernvermutung wird bei einer GmbH als abhängiger Gesellschaft allerdings besonders schwer zu widerlegen sein, vgl. *Emmerich*, in: Emmerich/Habersack, KonzernR, § 18 AktG Rn. 21; *Liebscher*, in: MüKo-GmbHG, Anh. § 13 Rn. 120.

400 Vgl. *Altmeppen*, in: Roth/Altmeppen, GmbHG, Anh. § 13 Rn. 133; *Forst*, GmbHR 2012, 821, 826; *Liebscher*, in: MüKo-GmbHG, Anh. § 13 Rn. 311.

401 *Liebscher*, in: MüKo-GmbHG, Anh. § 13 Rn. 98.

Einflussmöglichkeit des herrschenden Unternehmens auf die Geschäftsführung der abhängigen Gesellschaft macht die GmbH als Gesellschaftsform für diese Form von Unterordnungskonzernen gerade so beliebt.[402]

An dem Umfang der Weisungsgebundenheit des Geschäftsführers ändert sich nichts. Soweit für das herrschende Unternehmen aufgrund gesteigerter Treuepflichten gegenüber der abhängigen Gesellschaft Einschränkungen des Weisungsrechts hergeleitet werden, beziehen sich diese lediglich auf den Inhalt der Weisungen, etwa in Form eines Verbots jeder den gemeinsamen Zweck beider Unternehmen oder die legitimen Interessen der Mitgesellschafter schädigenden Einflussnahme.[403] Dies führt aber noch nicht zu einer verminderten Abhängigkeit des Geschäftsführers. Für den Fremdgeschäftsführer sowie den minderheitlich beteiligten Gesellschafter-Geschäftsführer[404] ergeben sich daher gegenüber der Situation in einer nicht abhängigen GmbH keine relevanten Änderungen.[405]

bb) Vertragskonzern

Im Vertragskonzern wird die Abhängigkeit der beherrschten GmbH von dem herrschenden Unternehmen durch einen Unternehmensvertrag entsprechend §§ 291 f. AktG begründet.[406] Besteht ein Beherrschungsvertrag im Sinne von § 291 Abs. 1 S. 1 Alt. 1 AktG, kommt es – anders als im faktischen Konzern – zu einer rechtlichen Verschiebung des Kompetenzgefüges für die abhängige GmbH.[407]

---

402 Vgl. *Liebscher*, in: MüKo-GmbHG, Anh. § 13 Rn. 5 ff.; *Lutter/Hommelhoff*, in: Lutter/Hommelhoff, GmbHG, Anh. § 13 Rn. 1.

403 *Emmerich*, in: Scholz, GmbHG, Anh. § 13 Rn. 71 ff.; *Verse*, in: Henssler/Strohn, Anh. § 13 GmbHG Rn. 47 ff.

404 Einen vom herrschenden Unternehmen verschiedenen Mehrheits-Gesellschafter-Geschäftsführer kann es in einer mehrheitlich durch ein anderes Unternehmen beherrschten GmbH nicht geben, daher stellt sich die Frage insoweit nicht.

405 So auch *Forst*, GmbHR 2012, 821, 826.

406 Nach ganz h. M kann die GmbH trotz fehlender gesetzlicher Regelung abhängige Gesellschaft im Vertragskonzern sein, vgl. BGH v. 24.10.1988, BGHZ 105, 324, 330 f.; v. 30.1.1992, NJW 1992, 1452; *Altmeppen*, in: Roth/Altmeppen, GmbHG, Anh. § 13 Rn. 17; *Emmerich*, in: Scholz, GmbHG, Anh. § 13 Rn. 129; *Liebscher*, in: MüKo-GmbHG, Anh. § 13 Rn. 632; *Verse*, in: Henssler/Strohn, Anh. § 13 GmbHG Rn. 60.

407 Vgl. *Liebscher*, in: MüKo-GmbHG, Anh. § 13 Rn. 657, 759.

(1) *Wirkungen des Beherrschungsvertrages*

Durch den Abschluss eines Beherrschungsvertrages unterstellt die abhängige GmbH ihre Leitung dem anderen Vertragsteil.[408] Das herrschende Unternehmen ist analog § 308 Abs. 1 AktG berechtigt, dem Geschäftsführer der abhängigen GmbH Weisungen in Bezug auf die Geschäftsleitung zu erteilen.[409] Das Weisungsrecht der Gesellschafter der abhängigen GmbH aus § 37 Abs. 1 GmbHG wird dadurch weitgehend verdrängt bzw. auf das herrschende Unternehmen übertragen.[410] Sogar wenn das herrschende Unternehmen im Einzelfall von seinem Weisungsrecht keinen Gebrauch macht, sollen Weisungen der Gesellschafterversammlung der abhängigen GmbH ausgeschlossen sein.[411] Jedenfalls haben die Weisungen des herrschenden Unternehmens Vorrang vor denen der Gesellschafterversammlung der abhängigen GmbH.[412] Von dem Weisungsrecht des herrschenden Unternehmens unberührt bleiben unterdessen die gesetzlich zwingend der Gesellschafterversammlung zugewiesenen Kompetenzen.[413] Grundlagengeschäfte wie Satzungsänderungen, Kapitalmaßnahmen oder der Abschluss bzw. die Änderung von Unternehmensverträgen und insbesondere auch die Bestellung und Abberufung der Geschäftsführung fallen daher auch im Vertragskonzern weiterhin in die Zuständigkeit der Gesellschafterversammlung der abhängigen GmbH.[414]

(2) *Auswirkungen für den Fremd- und den Minderheits-Gesellschafter-Geschäftsführer*

Im Hinblick auf die Weisungsgebundenheit des Geschäftsführers der abhängigen GmbH ändert sich daher im Vergleich zur nicht abhängigen GmbH lediglich der

408 *Emmerich*, in: Scholz, GmbHG, Anh. § 13 Rn. 171.

409 *Altmeppen*, in: Roth/Altmeppen, GmbHG, Anh. § 13 Rn. 50; *Emmerich*, in: Scholz, GmbHG, Anh. § 13 Rn. 170; *Liebscher*, in: MüKo-GmbHG, Anh. § 13 Rn. 756.

410 *Altmeppen*, in: Roth/Altmeppen, GmbHG, Anh. § 13 Rn. 50; *Liebscher*, in: MüKo-GmbHG, Anh. § 13 Rn. 760 ff.; *Verse*, in: Henssler/Strohn, Anh. § 13 GmbHG Rn. 94.

411 *Liebscher*, MüKo-GmbHG, Anh. § 13 Rn. 761; *Zöllner*, ZGR 1992, 173, 182.

412 *Altmeppen*, in: Roth/Altmeppen, GmbHG, Anh. § 13 Rn. 50; *Emmerich*, in: Scholz, GmbHG, Anh. § 13 Rn. 172; *Liebscher*, in: MüKo-GmbHG, Anh. § 13 Rn. 761 m. w. N.

413 OLG Stuttgart v. 29.10.1997, NZG 1998, 601, 602; *Emmerich*, in: Scholz, GmbHG, Anh. § 13 Rn. 171; *Verse*, in: Henssler/Strohn, Anh. § 13 GmbHG Rn. 95.

414 *Altmeppen*, in: Roth/Altmeppen, GmbHG, Anh. § 13 Rn. 50; *Emmerich*, in: Scholz, GmbHG, Anh. § 13 Rn. 171; *Liebscher*, in: MüKo-GmbHG, Anh. § 13 Rn. 765.

Umstand, von wem er Weisungen erhält: Der Fremd- sowie der nur minderheitlich beteiligte Gesellschafter-Geschäftsführer unterliegt nun nicht mehr primär den Weisungen der Gesellschafter „seiner" Gesellschaft, sondern denen des herrschenden Unternehmens. An dem Umstand, dass er umfassend weisungsgebunden gegenüber einem Organ ist, dessen Willensbildung er nicht selbst kontrolliert, ändert sich hingegen nichts. Er kann auch weiterhin grundsätzlich jederzeit gemäß § 38 Abs. 1 GmbHG abberufen werden. Seine Rechtsstellung im Hinblick auf die für seine Arbeitnehmereigenschaft im Sinne des Unionsrechts relevanten Kriterien erfährt keine relevanten Änderungen gegenüber der Situation in einer nicht abhängigen GmbH.[415]

(3) Auswirkungen für den mehrheitlich beteiligten Gesellschafter-Geschäftsführer

Relevante Abweichungen könnten sich hingegen für einen Geschäftsführer ergeben, der Alleingesellschafter oder mehrheitlich an der abhängigen GmbH beteiligt, nicht jedoch zugleich Teil des herrschenden Unternehmens ist. In der Praxis dürfte diese Konstellation nur selten anzutreffen sein, denn in aller Regel hält auch im Vertragskonzern das herrschende Unternehmen die Mehrheitsbeteiligung an der abhängigen Gesellschaft.[416] Ungeachtet der praktischen Relevanz stellt sich die Situation hier folgendermaßen dar: Der Geschäftsführer dominiert aufgrund seiner Mehrheitsbeteiligung zwar die Gesellschafterbeschlüsse der abhängigen GmbH, er unterliegt aber den Weisungen des herrschenden Unternehmens analog § 308 Abs. 1 AktG, auf die er keinen Einfluss hat. Er kann daher nicht mehr, wie in einer nicht abhängigen GmbH, jede ihm unliebsame Weisung aufgrund seines Stimmgewichts verhindern. Gleichzeitig behält die Gesellschafterversammlung der abhängigen GmbH aber die Bestellungs- und Abberufungskompetenz, so dass er zumindest gegen seinen Willen nicht ohne weiteres abberufen werden kann. Nach den bisherigen Ergebnissen kommt es auf die Frage der Abberufbarkeit allerdings nicht entscheidend an, sondern maßgeblich ist letztlich das Weisungsrecht.

Das Weisungsrecht nach § 308 Abs. 1 AktG ist in seiner materiellen Reichweite insgesamt nicht weit von dem Weisungsrecht nach § 37 Abs. 1 GmbHG entfernt: Es besteht unmittelbar gegenüber dem Geschäftsführer und bezieht sich – sofern nicht der Beherrschungsvertrag selbst Einschränkungen vorsieht – auf sämtliche Gegenstände der Geschäftsleitung, worunter der gesamte Bereich

---

415 So auch *Forst*, GmbHR, 821, 826.

416 Vgl. *Liebscher*, in: MüKo-GmbHG, Anh. § 13 Rn. 767.

der Geschäftsführung und Vertretung zu verstehen ist.[417] Der Geschäftsführer hat grundsätzlich jeder Weisung Folge zu leisten, solange diese die gesetzlichen bzw. vertraglichen Grenzen nicht überschreitet.[418] Soweit der Weisungsbefugnis inhaltliche Grenzen gesetzt sind, betreffen diese hauptsächlich die Vermögensinteressen der abhängigen GmbH.[419] Im Hinblick auf seine Intensität wäre das Weisungsrecht gemäß § 308 Abs. 1 AktG danach wohl geeignet, ein Unterordnungsverhältnis im Sinne der EuGH-Rechtsprechung zu begründen.

§ 308 Abs. 1 AktG befugt allerdings allein das herrschende Unternehmen, dem Geschäftsführer Weisungen zu erteilen. Der EuGH formuliert in der *Danosa*-Entscheidung, dass ein Arbeitsverhältnis zwischen Geschäftsführer und Gesellschaft ein Handeln nach Weisung bzw. unter Aufsicht eines Organs „dieser Gesellschaft" voraussetzt.[420] Das Weisungsrecht der Obergesellschaft ist danach jedenfalls nicht geeignet, ein Arbeitsverhältnis zwischen der abhängigen GmbH und deren Geschäftsführer zu begründen. Hierfür müsste das Weisungsrecht der abhängigen GmbH zustehen. Sofern man dem Wortlaut der Entscheidung an dieser Stelle weniger Bedeutung beimessen will, ließe sich für die Annahme einer Arbeitnehmereigenschaft argumentieren, dass die Übertragung teilweiser Arbeitgeberbefugnisse auf Dritte dem Arbeitsrecht nicht fremd ist: Auch bei der dem Unionsrecht bekannten (vgl. Art. 1 Abs. 1 LARL) Arbeitnehmerüberlassung erfolgt die Ausübung des arbeitgeberseitigen Weisungsrechts regelmäßig durch den Entleiher und damit durch eine vom Arbeitgeber verschiedene Person.[421] Maßgeblicher Unterschied ist aber, dass bei der Arbeitnehmerüberlassung trotz der teilweisen Übertragung des Weisungsrechts auch der Verleiher weiterhin weisungsbefugt gegenüber dem Leiharbeitnehmer bleibt.[422] Die Konstruktion ist daher mit dem hier behandelten Fall nicht vergleichbar.

---

417 *Emmerich*, in: Scholz, GmbHG, Anh. § 13 Rn. 174; *Verse*, in: Henssler/Strohn, Anh. § 13 GmbHG Rn. 93; *Liebscher*, in: MüKo-GmbHG, Anh. § 13 Rn. 773.

418 *Servatius*, in: Michalski, GmbHG, Syst. Darst. 4 Rn. 132 f.

419 *Emmerich*, in: Scholz, GmbHG, Anh. § 13 Rn. 176 ff.; *Verse*, in: Henssler/Strohn, Anh. § 13 GmbHG Rn. 98.

420 EuGH v. 11.11.2010 – C-232/09 (*Danosa*), Slg. 2010, I-11405 Rn. 51.

421 Jedenfalls im deutschen Recht besteht ein Arbeitsverhältnis grundsätzlich nur zum Verleiher und Leiharbeitnehmer, nicht jedoch zwischen Entleiher und Arbeitnehmer, *Schüren*, in: Schüren, AÜG, Einl. Rn. 175; *Wank*, in: ErfK, Einl. AÜG Rn. 32. Vgl. für das Unionsrecht allerdings auch EuGH v. 21.10.2010 – C-242/09 (*Albron Catering*), Slg. 2010, I-10309.

422 *Schüren*, in: Schüren, AÜG, Einl. Rn. 184.

Den Geschäftsführer der abhängigen GmbH als Arbeitnehmer des herrschenden Unternehmens zu betrachten, überzeugt aber ebenfalls nicht, denn jedenfalls wenn der Geschäftsführer nicht auf der Grundlage eines sog. Konzernanstellungsvertrages bei der Obergesellschaft angestellt ist, fehlt es dafür bereits an einer entsprechenden vertraglichen Grundlage.[423] Aber auch bei Bestehen eines Konzernanstellungsvertrages[424] ist ein solcher Geschäftsführer jedenfalls nach dem Wortlaut der *Danosa*-Entscheidung nicht als Arbeitnehmer des herrschenden Unternehmens anzusehen: Abgesehen von der Weisungsunterworfenheit müsste er dafür nämlich auch die weiteren vom EuGH aufgestellten Kriterien jeweils in Bezug auf das herrschende Unternehmen erfüllen,[425] d. h. er müsste entgeltliche Leistungen gegenüber der Obergesellschaft erbringen, von einem Organ des herrschenden Unternehmens bestellt worden und arbeitsorganisatorisch in die Obergesellschaft integriert sein. Das ist aber nicht der Fall, denn die Geschäftsführerpflichten sind weiterhin auf die Leitung der abhängigen GmbH ausgerichtet, er ist in diese integriert und diese ist auch für seine Bestellung und Abberufung zuständig. Der Anstellungsvertrag mit der Obergesellschaft ändert daran nichts. Er lässt die aus dem Bestellungsverhältnis folgenden Rechte und Pflichten des Geschäftsführers gegenüber der abhängigen GmbH unberührt.[426]

Auch in der Sache vermag die Annahme der Arbeitnehmereigenschaft des Mehrheits-Gesellschafter-Geschäftsführers der abhängigen GmbH im Vertragskonzern nicht zu überzeugen, denn das Weisungsrecht des herrschenden Unternehmens nach § 308 Abs. 1 AktG folgt, anders als das der Gesellschafterversammlung aus § 37 Abs. 1 GmbHG in einer nicht abhängigen GmbH, nicht aus der gesetzlich vorgesehenen Grundkonzeption der GmbH, sondern setzt das Bestehen eines entsprechenden Beherrschungsvertrages voraus.

---

423 Vgl. auch insoweit allerdings EuGH v. 21.10.2010 – C-242/09 (*Albron Catering*), Slg. 2010, I-10309 Rn. 20 ff.: Entleiher als „nichtvertraglicher Arbeitgeber“, der „Veräußerer“ i. S. der BÜRL sein kann.

424 Die Zulässigkeit der Drittanstellung des GmbH-Geschäftsführers ist jedenfalls in der nicht mitbestimmten GmbH weitgehend anerkannt, vgl. BAG v. 20.10.1995, NZA 1996, 200, 201; v. 8.6.2000, NZA 1013, 1014; *Kleindiek*, in: Lutter/Hommelhoff, GmbHG, Anh. § 6 Rn. 9; *Liebscher*, in: MüKo-GmbHG, Anh. § 13 Rn. 1111; *U. H. Schneider/Hohenstatt*, in: Scholz, GmbHG, § 35 Rn. 308 f.; *Zöllner/Noack*, in: Baumbach/Hueck, GmbHG, § 35 Rn. 165.

425 Vgl. die Formulierung des Gerichtshofes in EuGH v. 11.11.2010 – C-232/09 (*Danosa*), Slg. 2010, I-11405 Rn. 51.

426 *U. H. Schneider/Hohenstatt*, in: Scholz, GmbHG, § 35 Rn. 309; *Zöllner/Noack*, in: Baumbach/Hueck, GmbHG, § 35 Rn. 165.

Beherrschungsverträge sind aber kein zwingender Dauerzustand, sondern zumeist auf einen bestimmten Zeitraum befristet[427] und im Übrigen nach teilweise vertretener Ansicht sogar ohne eine entsprechende Kündigungsklausel ordentlich kündbar.[428] Der Geschäftsführer der abhängigen GmbH ist daher letztlich nur für einen gewissen Zeitraum den Weisungen der Obergesellschaft unterworfen, und könnte sich ihnen, sofern man der Mindermeinung folgt und in jedem Fall ein ordentliches Kündigungsrecht anerkennt, notfalls durch Kündigung des Beherrschungsvertrages entziehen.

Im Ergebnis ist daher der allein oder mehrheitlich an der abhängigen GmbH beteiligte Gesellschafter-Geschäftsführer auch im Vertragskonzern trotz des Weisungsrechts der Obergesellschaft nicht als Arbeitnehmer im Sinne des Unionsrechts anzusehen.

cc) Ergebnis

Weder eine faktische noch eine vertragliche Konzernierung haben Auswirkungen auf die Beurteilung der Arbeitnehmereigenschaft des Geschäftsführers der abhängigen GmbH. Sofern es sich um einen Fremd- oder nur minderheitlich beteiligten Gesellschafter-Geschäftsführer handelt, ist er als Arbeitnehmer im Sinne des Unionsrechts anzusehen, wohingegen der Allein- sowie der Mehrheits-Gesellschafter-Geschäftsführer auch im Konzern die entsprechenden Kriterien nicht erfüllen.

e) Auswirkungen einer Mehrpersonengeschäftsführung

Hat eine GmbH mehrere Geschäftsführer, besteht – sofern die Satzung der GmbH nichts anderes bestimmt – nach allgemeiner Ansicht eine Gesamtgeschäftsführung entsprechend § 35 Abs. 2 S. 1 GmbHG bzw. § 77 Abs. 1 S. 1 AktG.[429] Dadurch ändert sich nichts an dem Umfang der Weisungsbefugnis

---

427 Üblich ist eine Befristung auf eine Vertragslaufzeit von fünf Jahren, vgl. *Liebscher*, in: MüKo-GmbHG, Anh. § 13 Rn. 917.

428 *Altmeppen*, in: MüKo-AktG, § 297 Rn. 70; *Liebscher*, in: MüKo-GmbHG, Anh. § 13 Rn. 917; tendenziell auch *Raiser/Veil*, KapGesR, § 54 Rn. 111; nach h. M. besteht ein ordentliches Kündigungsrecht hingegen nur bei entsprechender vertraglicher Vereinbarung, vgl. *Emmerich*, in: Scholz, GmbHG, Anh. § 13 Rn. 191; *Hüffer*, AktG, § 297 Rn. 12 f.; *Servatius*, in: Michalski, GmbHG, Syst. Darst. 4 Rn. 211, 218; *Veil*, in: Spindler/Stilz, AktG, § 297 Rn 21.

429 Vgl. nur *Stephan/Tieves*, in: MüKo-GmbHG, § 37 Rn. 78 m. w. N.

der Gesellschafter. Die Verpflichtung der Geschäftsführer untereinander zur gedeihlichen und kollegialen Zusammenarbeit[430] begründet eher ein Mehr an Abhängigkeit im Vergleich zum Alleingeschäftsführer, auch wenn die Geschäftsführer sich nicht gegenseitig Weisungen erteilen können, sondern allenfalls ein gegenseitiges Vetorecht haben.[431] Für die Beurteilung der Arbeitnehmereigenschaft des GmbH-Geschäftsführers ist es daher irrelevant, ob er allein zur Geschäftsführung befugt ist oder neben ihm weitere Geschäftsführer existieren.

II. Vorstandsmitglieder von Aktiengesellschaften

1. Meinungsstand

Vorstandsmitglieder von Aktiengesellschaften werden mehrheitlich nicht als Arbeitnehmer im Sinne des Unionsrechts angesehen.[432] Dies wird zumeist damit begründet, dass sie die Gesellschaft gemäß § 76 Abs. 1 AktG unter eigener Verantwortung und damit weisungsfrei leiten und zudem gemäß § 84 Abs. 3 S. 1 AktG nur bei Vorliegen eines wichtigen Grundes abberufen werden könnten und damit gleich mehrere der vom EuGH aufgestellten Kriterien für die Arbeitnehmereigenschaft nicht erfüllt seien.[433] Nur vereinzelt wird vertreten, auch

---

430 Vgl. *U. H. Schneider/S. H. Schneider*, in: Scholz, GmbHG, § 37 Rn. 31; *Stephan/Tieves*, in: MüKo-GmbHG, § 37 Rn. 82.

431 *Stephan/Thieves*, in: MüKo-GmbHG, § 37 Rn. 82.

432 *Adomeit/Mohr*, AGG, § 6 Rn. 35; *Baeck/Winzer*, NZG 2011, 101; *Bauer*, GWR 2010, 586; *Bauer/Arnold*, ZIP 2012, 597, 599; *dies.*, NZG 2012, 921, 923; *Bauer/v. Medem*, NZA 2012, 945, 952; *Dauner-Lieb*, in: Henssler/Strohn, § 84 AktG Rn. 15; *Dzida/Naber*, ArbRB 2012, 373, 374; *Hoefs/Rentsch*, DB 2012, 2733, 2738; *Hohenstatt/Naber*, ZIP 2012, 1989, 1990; *Junker*, NZA 2011, 950, 951; *Kempermann*, NJW-Spezial 2013, 655, 656; *Klasen*, BB 2013, 1849, 1852; *Kort*, NZG 2013, 601, 605 f.; *ders.* WM 2013, 1049, 1057; *Leopold*, ZESAR 2011, 362, 366 („eher nicht"); *Lingemann/Weingarth*, DB 2012, 2325, 2326; *Lunk/Rodenbusch*, GmbHR 2012, 188, 190; *v. Medem*, ArbRAktuell 2010, 654 („zweifelhaft"); *Miras*, GWR 2012, 311, 314; *Oberthür*, NZA 2011, 253, 254 („allenfalls in Ausnahmefällen"); *Reinhard/Bitsch*, ArbRB 2011, 241, 243; *Reufels/Molle*, NZA-RR 2011, 281, 283; *Schlachter*, in: ErfK, § 1 MuSchG Rn. 3; *Schleusener*, in: S/S/V, AGG, § 6 Rn. 19; *Schubert*, ZESAR 2013, 5, 8; *Wilsing/Meyer*, NJW 2012, 3211, 3212; *Ziegler*, Arbeitnehmerbegriffe, S. 152.

433 *Kort*, NZG 2013, 601, 605 f.; *Lunk/Rodenbusch*, GmbHR 2012, 188, 190; *Reinhard/Bitsch*, ArbRB 2011, 241, 243.

Vorstandsmitglieder seien als Arbeitnehmerinnen im Sinne des Unionsrechts zu betrachten, denn immerhin seien auch sie nur befristet bestellt, rechenschaftspflichtig und unterlägen einer gewissen Kontrolle durch den Aufsichtsrat.[434]

2. Stellungnahme

a) Erfüllung der Arbeitnehmerkriterien

Auch für die Vorstandsmitglieder einer Aktiengesellschaft kann auf die vom EuGH in der Rechtssache *Danosa* aufgestellten Kriterien zurückgegriffen werden, denn das Gericht beschränkt dessen Gültigkeit für die Beurteilung der Arbeitnehmereigenschaft nicht auf die Geschäftsführer einer bestimmten Gesellschaftsform, sondern bezieht sie ganz generell auf „Mitglieder der Unternehmensleitung einer Kapitalgesellschaft".[435]

aa) Entgeltliche Leistungserbringung und Eingliederung

Die Vorstandsmitglieder einer Aktiengesellschaft sind dieser gegenüber kraft Gesetzes (vgl. §§ 76 ff. AktG) zur Geschäftsleitung und Vertretung verpflichtet. Weitere Leistungspflichten können sich aus dem Anstellungsvertrag ergeben.[436] Nach diesem beurteilt sich auch der Anspruch auf Vergütung ihrer Tätigkeit, die in der Regel aus einem festen Grundgehalt und verschiedenen variablen Vergütungsanteilen besteht.[437] Damit erbringen Vorstandsmitglieder entgeltlich Leistungen für die Gesellschaft. Auch werden sie regelmäßig in die Gesellschaft eingegliedert im Sinne der EuGH-Rechtsprechung sein, denn für die Ausübung der Geschäftsleitung müssen sie auf die personellen und sächlichen Mittel der Gesellschaft zurückgreifen. Insoweit kann auf die Ausführungen zum GmbH-Geschäftsführer verwiesen werden.[438]

---

434 *Fischer*, NJW 2011, 2329, 2331; wohl auch *Rolfs*, in: A/P/S, § 9 MuSchG Rn. 10; *Ziemons*, KSzW 2013, 19, 20.

435 EuGH v. 11.11.2010 – C-232/09 (*Danosa*), Slg. 2010, I-11405 Rn. 56.

436 *Spindler*, in: MüKo-AktG, § 84 Rn. 93 ff.

437 *Dauner-Lieb*, in: Henssler/Strohn, § 84 AktG Rn. 20; *Fleischer*, in: Spindler/Stilz, AktG, § 84 Rn. 44; *Spindler*, in: MüKo-AktG, § 84 Rn. 76.

438 § 4 B. I. 2. a) bb).

bb) Handeln nach Weisung bzw. unter Aufsicht?

(1) Rechenschaftspflichten des Vorstandes

Wie der Geschäftsführer einer GmbH unterliegt auch der Vorstand gesetzlichen Mitteilungs- Berichts- und Rechenschaftspflichten, etwa der Berichterstattungspflicht gegenüber dem Aufsichtsrat gemäß § 90 AktG, der Auskunftspflicht gegenüber den Aktionären gemäß § 131 AktG oder der Pflicht zur Offenlegung des Jahresabschlusses gemäß § 325 HGB.[439] Zudem normiert § 111 Abs. 1 AktG ausdrücklich die Überwachung des Vorstandes durch den Aufsichtsrat. Diese umfasst nicht nur eine Überprüfung von Rechtsmäßigkeit und Ordnungsmäßigkeit, sondern gleichermaßen von Zweckmäßigkeit und Wirtschaftlichkeit der Geschäftsleitung.[440] Die in § 111 AktG aufgezählten Kontrollrechte sind dabei nicht abschließend.[441] Vielmehr ergeben sich aus anderen Normen zahlreiche weitere Befugnisse, etwa das Recht zur Anforderung von Vorstandsberichten (§§ 90, 170 Abs. 3 AktG), die Billigung des Jahresabschlusses (§ 172 AktG) oder die Prüfung des Abhängigkeitsberichts (§ 314 AktG).[442] Soweit sich die Kontrollrechte auf die Geschäftsleitung beziehen, umfassen sie allerdings nicht sämtliche Geschäftsführungsaufgaben des Vorstands, sondern nur für die Gesellschaft wesentliche Einzelgeschäftsführungsmaßnahmen.[443] Es handelt sich zudem um eine hauptsächlich vergangenheitsbezogene Überwachung,[444] wenngleich diese auch teilweise präventive Wirkungen hat.[445] Der Umstand, dass die Kontrollrechte allein der ausgeglichenen Zusammenarbeit von Vorstand und Aufsichtsrat und damit rein gesellschaftsrechtlichen Zwecken dienen, ist indessen noch nicht geeignet, ein Unterordnungsverhältnis auszuschließen, denn wie in der Entscheidung *Danosa* gesehen, kommt es für den EuGH nicht darauf an, in welchem Rechtsgebiet

---

439 Vgl. hierzu *Fleischer*, in: Spindler/Stilz, AktG, § 93 AktG Rn. 17 f. mit weiteren Rechenschaftspflichten.

440 BGH v. 25.3.1991, BGHZ 114, 127, 129 f.; *Drygala*, in: K. Schmidt/Lutter, AktG, § 111 Rn. 21; *Hüffer*, AktG, § 111 Rn. 6; *Oetker*, in: ErfK, § 111 AktG Rn. 3.

441 *Drygala*, in: K. Schmidt/Lutter, AktG, § 111 Rn. 2; *Henssler*, in: Henssler/Strohn, § 111 AktG Rn. 1.

442 *Drygala*, in: K. Schmidt/Lutter, AktG, § 111 Rn. 2.

443 *Drygala*, in: K. Schmidt/Lutter, AktG, § 111 Rn. 13; *Habersack*, in: MüKo-AktG, § 111 Rn. 19 f.; *Henssler*, in: Henssler/Strohn, § 111 AktG Rn. 8.

444 *Habersack*, in: MüKo-AktG, § 111 AktG Rn. 29; *Hüffer*, AktG, § 111 Rn. 4.

445 S. dazu *Drygala*, in: K. Schmidt/Lutter, AktG, § 111 Rn. 18 f.; *Habersack*, in: MüKo-AktG, § 111 AktG Rn. 12.

bzw. zu welchem Zweck entsprechende Befugnisse verankert sind.[446] Entscheidend ist allein die Intensität ihrer Wirkung.

(2) Weisungsfreiheit

Wenngleich die Kontrollrechte des Aufsichtsrates danach durchaus zahlreich sind, vermögen diese kein Weisungsrecht bezüglich der konkreten Art und Weise der laufenden Geschäftsführung zu begründen: Vielmehr leitet der Vorstand die Gesellschaft gemäß § 76 Abs. 1 AktG in eigener Verantwortung, d. h. selbständig nach eigenem Ermessen.[447] Weder der Aufsichtsrat noch die Hauptversammlung sind berechtigt, ihm Weisungen in Bezug auf die laufende Geschäftsführung zu erteilen, vgl. § 111 Abs. 4 S. 1, § 119 Abs. 2 AktG.[448] Zwar können bestimmte Geschäftsführungsmaßnahmen gemäß § 111 Abs. 4 S. 2 AktG von der Zustimmung des Aufsichtsrats abhängig gemacht werden. Dabei handelt es sich jedoch um ein bloßes Vetorecht, das den Aufsichtsrat umgekehrt nicht ermächtigt, positiv eine bestimmte Geschäftsführungsmaßnahme durchzusetzen.[449] Im Übrigen hat der Vorstand einen weiten unternehmerischen Ermessensspielraum bei der Ausübung der Geschäftsführung, der lediglich durch die allgemeine Legalitätspflicht sowie den satzungsmäßig festgelegten Unternehmensgegenstand begrenzt wird.[450] Das Ermessen umfasst insbesondere auch das bewusste Eingehen geschäftlicher Risiken als wesentlichen Teil unternehmerischen Handelns.[451]

Diese Unabhängigkeit des Vorstandes ist gesetzlich zwingend, sie kann weder durch Satzung abbedungen werden (§ 23 Abs. 5 AktG),[452] noch kann sich der Vorstand selbst durch rechtsgeschäftliche Vereinbarungen seiner Weisungsfreiheit begeben.[453] Anders als in der GmbH, in der das Weisungsrecht

---

446 A. A. *Kort*, NZG 2013, 601, 606, der die gesellschaftsrechtliche Zwecksetzung als Grund gegen die Annahme einer Weisungsbindung anführt.

447 *Hüffer*, AktG, § 76 Rn. 12; *Seibt*, in: K. Schmidt/Lutter, AktG, § 76 Rn. 10; *Spindler*, in: MüKo-AktG, § 76 Rn. 22.

448 *Fleischer*, in: Spindler/Stilz, AktG, § 76 Rn. 57 f.; *Hüffer*, AktG, § 76 Rn. 10; *Seibt*, in: K. Schmidt/Lutter, AktG, § 76 Rn. 10; *Spindler*, in: MüKo-AktG, § 76 Rn. 22.

449 *Hüffer*, AktG, § 76 Rn. 11; *Spindler*, in: MüKo-AktG, § 76 Rn. 22.

450 *Spindler*, in: MüKo-AktG, § 76 Rn. 29; *Weber*, in: Hölters, AktG, § 76 Rn. 38.

451 BGH v. 21.12.2005, NJW 2006, 522, 523; *Spindler*, in: MüKo-AktG, § 76 Rn. 29; *Weber*, in: Hölters, AktG, § 76 Rn. 38.

452 *Weber*, in: Hölters, § 76 Rn. 35.

453 *Hüffer*, AktG, § 76 Rn. 11 m. w. N.; *Mertens/Cahn* in: Kölner Komm-AktG, § 76 Rn. 47.

der Gesellschafterversammlung derart exzessiv ausgeübt werden kann, dass der Geschäftsführer faktisch zum bloßen Exekutivorgan wird und alle unternehmerischen Entscheidungen durch die Gesellschaftversammlung getroffen werden, verbleiben dem Vorstand in der Aktiengesellschaft daher zwingend wesentliche Entscheidungsbefugnisse. Wie der Vorstand die Gesellschaft konkret leitet, können letztlich weder die Aufsichtsrat noch die Hauptversammlung bestimmen.[454]

Insgesamt ist aus diesen Gründen nicht von einer Weisungsgebundenheit des Vorstands im Sinne der EuGH-Rechtsprechung auszugehen.[455] Daran ändert sich für das einzelne Vorstandsmitglied auch in einem mehrköpfigen Vorstand nichts: Hier handelt nicht nur der Vorstand als Gremium weisungsfrei, sondern auch die einzelnen Vorstandsmitglieder. Sie haben bestimmenden Einfluss auf die Geschäftsführung, denn nach der gesetzlichen Konzeption besteht eine Gesamtgeschäftsführungsbefugnis (§ 77 Abs. 1 S. 1 AktG), so dass die Zustimmung eines jeden Vorstandsmitglieds zur Vornahme einer Geschäftsführungsmaßnahme erforderlich ist.[456] Selbst wenn der mehrköpfige Vorstand aufgrund abweichender Satzungs- oder Geschäftsordnungsbestimmung mehrheitlich entscheidet (vgl. § 77 Abs. 1 S. 2 AktG),[457] ändert sich hieran nichts: Dann können zwar im Einzelfall auch Geschäftsführungsmaßnahmen gegen den Willen des einzelnen Mitglieds durchgesetzt werden, wodurch u. U. gewisse faktische Zwänge für das einzelne Mitglied entstehen, die unliebsame Entscheidung mitzutragen, eine (rechtliche) Weisungsbefugnis besteht allerdings nicht. Die (zeitweilige) Unterlegenheit in einem Gremium, das mehrheitlich entscheidet, und daraus entstehende Sachzwänge sind lediglich die notwendigen Folgen einer demokratischen Gesellschaftsstruktur und können daher nicht gemeint sein, wenn der EuGH von einem „Unterordnungsverhältnis“ spricht.

(3) Abberufung nur aus wichtigem Grund

Anders als GmbH-Geschäftsführer können Vorstandsmitglieder auch nicht ohne Weiteres abberufen werden. Im Gegensatz zu § 38 Abs. 1 GmbHG sieht § 84 Abs. 3 S. 1 AktG eine Abberufung nur aus wichtigem Grund vor. Dadurch sollen die Unabhängigkeit und die Eigenverantwortlichkeit des Vorstands

---

454 *Kort*, NZG 2013, 601, 606.

455 So auch im Ergebnis *Kempermann*, NJW-Spezial 2013, 655, 656, die allerdings als maßgeblich erachtet, dass keine Pflicht zur Zusammenarbeit besteht.

456 *Dauner-Lieb*, in: Henssler/Strohn, § 77 AktG Rn. 3 ff.; *Mertens/Cahn*, in: Kölner Komm-AktG, § 77 Rn. 8; *Seibt*, in: K. Schmidt/Lutter, AktG, § 77 Rn. 5.

457 Vgl. zu den verschiedenen Gestaltungsmöglichkeiten *Hüffer*, AktG, § 77 Rn. 10 ff.

abgesichert werden.[458] Das Erfordernis eines wichtigen Grundes ist zwingend und kann weder gesellschafts- noch anstellungsvertraglich ausgeschlossen werden.[459] Das Vorliegen eines wichtigen Grundes setzt voraus, dass der Gesellschaft eine Fortsetzung des Organverhältnisses mit dem Vorstandsmitglied bis zum regulären Ende seiner Amtszeit unzumutbar ist.[460] Dabei sind die Interessen der Gesellschaft an einem Widerruf der Bestellung und das persönliche Interesse des Vorstandsmitglieds umfassend gegeneinander abzuwägen.[461] Ob ein wichtiger Grund vorliegt, ist in vollem Maße gerichtlich überprüfbar, d. h. der Aufsichtsrat hat bei der Beurteilung keinen Ermessensspielraum.[462] Namentlich sieht § 84 Abs. 3 S. 2 AktG einen wichtigen Grund bei grober Pflichtverletzung, der Unfähigkeit zur ordnungsgemäßen Geschäftsführung sowie bei einem Vertrauensentzug durch die Hauptversammlung als gegeben an.

Letzteres führt zwar zu einer gewissen Abschwächung des Schutzes, weil für den Vertrauensentzug weder ein vorwerfbarer Pflichtenverstoß noch eine besondere Begründung erforderlich ist und er sogar dann wirksam ist, wenn der Vorstand objektiv im Recht ist.[463] Dies wird vereinzelt als Argument für die Arbeitnehmereigenschaft des Vorstandsmitglieds herangezogen.[464] Eine Grenze wird jedoch zumindest insoweit gesetzt, als der Vertrauensentzug nicht aus offenbar unsachlichen Gründen erfolgen darf, vgl. § 84 Abs. 3 S. 2 AktG a. E.

---

458 *Dauner-Lieb*, in: Henssler/Strohn, § 84 AktG Rn. 30; *Hüffer*, AktG, § 84 Rn. 26; *Weber*, in: Hölters, AktG, § 84 Rn. 69.

459 *Dauner-Lieb*, in: Henssler/Strohn, § 84 AktG Rn. 30; *Seibt*, in: K. Schmidt/Lutter, AktG, § 84 Rn. 48; *Weber*, in: Hölters, AktG, § 84 Rn. 69.

460 Allgemeine Meinung, s. etwa BGH v. 23.10.2006, NZG 2007, 189; *Dauner-Lieb*, in: Henssler/Strohn, § 84 AktG Rn. 31; *Hüffer*, AktG, § 84 Rn. 26; *Seibt*, in: K. Schmidt/Lutter, AktG, § 84 Rn. 48; *Spindler*, in: MüKo-AktG, § 84 Rn. 116; *Weber*, in: Hölters, AktG, § 84 Rn. 70 jeweils m. w. N.

461 H. M., vgl. etwa OLG Stuttgart v. 13.3.2002, NZG 2002, 971, 973; *Dauner-Lieb*, in: Henssler/Strohn, § 84 AktG Rn. 31; *Hüffer*, AktG, § 84 Rn. 26; *Weber*, in: Hölters, AktG, § 84 Rn. 71; nach a. A. sollen die Interessen des Vorstandsmitglieds allein auf anstellungsvertraglicher Ebene zu berücksichtigen sein, vgl. etwa *Fleischer*, in: Spindler/Stilz, AktG, § 84 Rn. 101 f.; *Seibt*, in: K. Schmidt/Lutter, AktG, § 84 Rn. 49; *Spindler*, in: MüKo-AktG, § 84 Rn. 117.

462 *Dauner-Lieb*, in: Henssler/Strohn, § 84 AktG Rn. 30; *Hüffer*, AktG, § 84 Rn. 26; *Spindler*, in: MüKo-AktG, § 84 Rn. 115.

463 *Fleischer*, in: Spindler/Stilz, AktG, § 84 Rn. 109; *Hüffer*, AktG, § 84 Rn. 29; *Spindler*, in: MüKo-AktG, § 84 Rn. 126.

464 *Ziemons*, KSzW 2013, 19, 20.

Damit wird das Vorstandsmitglied vor willkürlichen, haltlosen und lediglich vorgeschobenen Misstrauensbekundungen geschützt.[465]

Eine weitere Hürde wird dadurch begründet, dass an einer solchen Abberufung die Mitwirkung sowohl der Hauptversammlung als auch des Aufsichtsrates erforderlich ist und daher nicht – wie in der GmbH – ein und dasselbe Organ sowohl für den Vertrauensentzug als auch für die Abberufung zuständig ist. Der Aufsichtsrat wird durch einen Vertrauensentzug auch nicht zur Abberufung des Vorstands verpflichtet, sondern die Entscheidung hierüber liegt in seinem Ermessen.[466] Auch die in § 84 Abs. 3 S. 4 AktG normierte vorübergehende Wirksamkeit einer ohne wichtigen Grund vorgenommenen Abberufung ändert hieran nichts, denn bei Nichtvorliegen eines wichtigen Grundes wird die Bestellung rückwirkend wiederhergestellt.[467]

Die Abberufbarkeit des Vorstandes einer Aktiengesellschaft unterscheidet sich daher in wesentlichen Punkten von der eines GmbH-Geschäftsführers. Von einer jederzeitigen und uneingeschränkten Abberufungsmöglichkeit, die auf einen bloßen Vertrauensverlust gestützt werden kann, wie sie der EuGH in der Sache *Danosa* als gegeben ansah, kann keine Rede sein.[468] Die Abberufungsmöglichkeit vermag daher auch keine „mittelbare Weisungsgebundenheit" des Vorstandsmitglieds zu begründen.

cc) Ergebnis

Vorstandsmitglieder einer Aktiengesellschaft unterliegen zwar gesetzlichen Rechenschaftspflichten gegenüber dem Aufsichtsrat und den Aktionären, die zu einer gewissen Kontrolle ihrer Tätigkeit führen. Indem sie aber niemandem gegenüber weisungsgebunden sind und zudem nur aus wichtigem Grund abberufen werden können, unterscheidet sich der Grad ihrer Abhängigkeit wesentlich von dem eines GmbH-Fremdgeschäftsführers. Von einem Unterordnungsverhältnis im Sinne der *Danosa*-Rechtsprechung ist bei ihnen nicht auszugehen.

---

465 *Fleischer*, in: Spindler/Stilz, AktG, § 84 Rn. 110; *Spindler*, in: MüKo-AktG, § 84 Rn. 128 m. w. N.

466 *Mertens/Cahn*, in: Kölner Komm-AktG, § 84 Rn. 105; *Spindler*, in: MüKo-AktG, § 84 Rn. 128.

467 *Dauner-Lieb*, in: Henssler/Strohn, § 84 AktG Rn. 34; *Hüffer*, AktG, § 84 Rn. 34; *Kort*, NZG 2013, 601, 606; a. A. *Ziemons*, KSzW 2013, 19, 20, die die vorübergehende Wirksamkeit der Abberufung als Argument für die Arbeitnehmereigenschaft heranzieht.

468 So im Ergebnis auch *Kort*, NZG 2013, 601, 605.

Mit der herrschenden Meinung sind daher Vorstandsmitglieder einer Aktiengesellschaft nicht als Arbeitnehmer im Sinne des Unionsrechts anzusehen, unabhängig davon, ob es sich um Fremdvorstände handelt oder das Vorstandsmitglied gleichzeitig Aktionär ist.

b) Auswirkungen einer Konzernstruktur

aa) Meinungsstand

Mehrheitlich wird die Arbeitnehmereigenschaft von Vorstandsmitgliedern auch für die abhängige Konzern-AG verneint.[469] Im Vertragskonzern bestehe zwar gemäß § 308 Abs. 1 AktG ein Weisungsrecht der Obergesellschaft, die nur eingeschränkte vorzeitige Abberufungsmöglichkeit nach § 84 Abs. 3 AktG bleibe aber unberührt.[470] Das Weisungsrecht nach § 308 Abs. 1 AktG sei indessen nicht geeignet, eine Weisungsgebundenheit im Sinne der *Danosa*-Rechtsprechung zu begründen.[471] Nur vereinzelt wird dies anders gesehen.[472]

bb) Stellungnahme

Bei einer einfachen Abhängigkeit und im Fall der faktischen Konzernierung überzeugt die Ablehnung der Arbeitnehmereigenschaft eines Vorstandsmitglieds ohne weiteres, denn hier besteht gar kein gesetzliches Weisungsrecht, sondern die faktische Abhängigkeit der AG ergibt sich allein aus dem dominierenden Stimmgewicht des herrschenden Unternehmens in der Hauptversammlung. Dies führt jedoch nicht zu einer Änderung der Rechtsstellung des Vorstandes: Das Recht und die Pflicht zur eigenverantwortlichen Leitung gemäß § 76 Abs. 1 AktG bleiben unberührt.[473]

Anders liegen die Dinge jedoch im Vertragskonzern: Besteht ein Beherrschungsvertrag, hat das herrschende Unternehmen ein Weisungsrecht gegenüber dem Vorstand der abhängigen AG gemäß § 308 Abs. 1 AktG. Das Weisungsrecht

---

469 *Bauer/Arnold*, ZIP 2012, 597, 599 (dort Fn. 13); *Kort*, NZG 2013, 601, 605 f.; *Lunk/Rodenbusch*, GmbHR 2012, 188, 190; *Reinhard/Bitsch*, ArbRB 2011, 241, 243; *Schubert*, ZESAR 2013, 5, 8 f.

470 *Reinhard/Bitsch*, ArbRB 2011, 241, 243; *Schubert*, ZESAR 2013, 5, 8 f.

471 *Kort*, NZG 2013, 601, 605.

472 *Ziemons*, KSzW 2013, 19, 20; ebenso wohl *Oberthür*, NZA 2011, 253, 254; offen lassend *Forst*, GmbHR 2012, 821, 826 sowie *Junker*, NZA 2011, 950, 951.

473 *Fleischer*, in: Spindler/Stilz, AktG, § 76 Rn. 102; *Hüffer*, AktG, § 76 Rn. 19; *Seibt*, in: K. Schmidt/Lutter, AktG, § 76 Rn. 17; *Spindler*, in: MüKo-AktG, § 76 Rn. 47.

ist umfassend und erstreckt sich auf alle Bereiche, die in den Kompetenzbereich des Vorstands fallen.[474] Das Leitungsrecht des Vorstandes der abhängigen Gesellschaft nach § 76 Abs. 1 AktG wird damit weitgehend verdrängt.[475] Es besteht nur noch insoweit fort, wie die herrschende Gesellschaft von ihrem Weisungsrecht keinen Gebrauch macht.[476] Die nach § 84 Abs. 3 AktG eingeschränkte Abberufungsmöglichkeit wird durch den Beherrschungsvertrag hingegen nicht berührt.[477] Die Kompetenz zur Abberufung des Vorstands liegt ausschließlich beim Aufsichtsrat der abhängigen AG.[478] Die Situation des Vorstandes entspricht damit im Wesentlichen derjenigen des mehrheitlich beteiligten Gesellschafter-Geschäftsführers einer abhängigen GmbH.

Unabhängig davon, ob das konzernrechtliche Weisungsrecht in seiner Reichweite grundsätzlich geeignet wäre, eine Weisungsgebundenheit des Vorstandsmitglieds der abhängigen Gesellschaft im Sinne der EuGH-Rechtsprechung zu begründen,[479] kann es – genau wie im GmbH-Konzern – jedenfalls kein Arbeitsverhältnis zwischen einem Vorstandsmitglied und der abhängigen AG begründen.[480] Auch ein Arbeitsverhältnis zwischen dem Vorstandsmitglied und der Konzernmutter im Fall der Drittanstellung, sofern man eine solche überhaupt für zulässig erachtet,[481] ist aus den oben genannten Gründen[482] zu verneinen.

Im Ergebnis ist daher auch bei Vorstandsmitgliedern einer abhängigen Aktiengesellschaft im Vertragskonzern die Arbeitnehmereigenschaft im Sinne des Unionsrechts zu verneinen. Gleiches gilt für eine gemäß § 319 Abs. 1 AktG eingegliederte Gesellschaft, denn hier besteht gemäß §§ 323 Abs. 1, 308 Abs. 2 S. 1

---

474 *Bödeker*, in: Henssler/Strohn, § 308 AktG Rn. 10; *Emmerich*, in: Emmerich/Habersack, KonzernR, § 308 AktG Rn. 39.

475 *Fleischer*, in: Spindler/Stilz, AktG, § 76 Rn. 103; *Hüffer*, AktG, § 76 Rn. 18.

476 *Altmeppen*, in: MüKo-AktG, § 308 Rn. 15; *Emmerich*, in: Emmerich/Habersack, KonzernR, § 308 AktG Rn. 54; *Fleischer*, in: Spindler/Stilz, AktG, § 76 Rn. 103.

477 Gleichwohl besteht hier ein gewisser Zusammenhang, denn die Nichtbefolgung einer Weisung nach § 308 Abs. 1 AktG kann einen wichtigen Grund im Sinne von § 84 Abs. 3 AktG darstellen und damit zur Abberufung führen, vgl. *Altmeppen*, in: MüKo-AktG, § 308 Rn. 71.

478 Vgl. *Mertens/Cahn*, in: Kölner Komm-AktG, § 84 Rn. 105, 123; *Seibt*, in: K. Schmidt/Lutter, AktG, § 84 Rn. 46; *Spindler*, in: MüKo-AktG, § 84 Rn. 105.

479 Ablehnend *Kort*, NZG 2013, 601, 606 mit dem (wenig überzeugenden) Hinweis auf die „ganz spezielle konzernrechtliche“ Natur des Weisungsrechts.

480 So auch bereits *Kort*, NZG 2013, 601, 606.

481 Anders als im GmbH-Konzern ist die Zulässigkeit einer Drittanstellung hier umstritten, vgl. zum Streitstand *Spindler*, in: MüKo-AktG, § 84 Rn. 66.

482 S. oben § 4 B. I. 2. d) bb) (3).

AktG zwar ein sogar noch umfassenderes Weisungsrecht als bei Bestehen eines Beherrschungsvertrages,[483] allerdings vermag auch dieses den Vorstand nicht zum Arbeitnehmer der eingegliederten Gesellschaft machen.

Erst recht wird man die Arbeitnehmereigenschaft in den in der Praxis verbreiteten Fällen von Doppelmandaten verneinen müssen, d. h. wenn ein Mitglied des Leitungsorgans der herrschenden Gesellschaft zugleich Mitglied des Vorstands der abhängigen Gesellschaft ist.[484] Auch hier besteht zwar ein Weisungsrecht nach § 308 AktG, allerdings ist das Vorstandsmitglied der abhängigen AG gleichzeitig die weisungsbefugte Person bzw. kann jedenfalls Einfluss auf das weisungsbefugte Organ nehmen. Es ist daher gar nicht von fremden Weisungen abhängig.

cc) Ergebnis

Vorstandsmitglieder einer Aktiengesellschaft erfüllen die Arbeitnehmerkriterien im Sinne des Unionsrechts auch dann nicht, wenn die AG abhängige Gesellschaft in einem faktischen Konzern oder einem Vertragskonzern ist.

c) Auswirkungen einer Mitbestimmung

Unterliegt die Aktiengesellschaft einer Mitbestimmung nach dem DrittelbG, ist der Aufsichtsrat gemäß § 4 Abs. 1 DrittelbG zu einem Drittel mit Arbeitnehmervertretern zu besetzen. Die Kompetenzen des Aufsichtsrates richten sich weiterhin nach den allgemeinen aktienrechtlichen Vorschriften[485] und begründen daher keine weiter gehende Abhängigkeit des Vorstandes vom Aufsichtsrat als in einer mitbestimmungsfreien AG.

Fällt die AG in den Geltungsbereich des MitbestG, richten sich Befugnisse des Aufsichtsrates gemäß § 25 Abs. 1 S. 1 Nr. 1 MitbestG ebenfalls grundsätzlich nach den aktienrechtlichen Regelungen. Der Aufsichtsrat bleibt im Wesentlichen auf seine Überwachungsfunktion gemäß § 111 AktG beschränkt.[486] Der Vorstand ist weiterhin zur eigenverantwortlichen und weisungsfreien

---

483 Vgl. zum Umfang des Weisungsrechts *Grunewald*, in: MüKo-AktG, § 323 Rn. 2 ff.; *Habersack*, in: Emmerich/Habersack, § 323 AktG Rn. 2.

484 Vgl. zur Zulässigkeit von Vorstandsdoppelmandaten *Fleischer*, in: Spindler/Stilz, AktG, § 76 Rn. 106 ff.; *Spindler*, in: MüKo-AktG, § 76 Rn. 56 ff.

485 *Habersack*, in: U/H/H, § 1 DrittelbG Rn. 32.

486 *Koberski*, in: W/W/K/K, § 30 MitbestG Rn. 11; *Oetker*, in: ErfK, § 25 MitbestG Rn. 9; *Ulmer/Habersack*, in: U/H/H, § 30 MitbestG Rn. 10.

Leitung der Gesellschaft berechtigt und nur bei Vorliegen eines wichtigen Grundes abberufbar.[487] Daran ändert auch § 32 MitbestG nichts: Die Norm bindet zwar den Vorstand bei der Ausübung von bestimmten Beteiligungsrechten im Konzern an die Weisungen des Aufsichtsrates,[488] allerdings betrifft sie nur ganz punktuell die Ausübung bestimmter Personalkompetenzen und Strukturänderungen.[489] Im Übrigen lässt sie die Eigenverantwortlichkeit des Vorstands unberührt.[490] Auch die zwingend vorzunehmende Bestellung eines Arbeitsdirektors gemäß § 33 Abs. 1 MitbestG und dessen Befugnisse begründen keine Weisungsgebundenheit oder sonstige Faktoren, die zu einer Unterordnung der einzelnen Vorstandsmitglieder führen. Das Gleiche gilt auch für eine AG, die den Regelungen des MontanMitbestG unterliegt, denn an Aufgaben und Rechtsstellung des Vorstands ändert sich dadurch im Verhältnis zum Aktienrecht nichts.[491]

Im Ergebnis vermögen daher weder eine Arbeitnehmerbeteiligung nach dem DrittelbG noch nach dem MitbestG bzw. dem MontanMitbestG die Arbeitnehmereigenschaft von Vorstandsmitgliedern im Sinne des Unionsrechts zu begründen.

3. Ergebnis

Vorstandsmitglieder einer Aktiengesellschaft sind nicht als Arbeitnehmer im Sinne des Unionsrechts anzusehen. Das gilt auch für Vorstandsmitglieder von abhängigen Konzerngesellschaften und Aktiengesellschaften, die den Bestimmungen des DrittelbG, des MitbestG oder des MontanMitbestG unterliegen.

III. Mitglieder des Leitungsgremiums einer SE

Bei der europäischen Aktiengesellschaft ist zwischen dem dualistischen und dem monistischen System zu unterscheiden.

---

487 *Koberski*, in: W/W/K/K, § 30 MitbestG Rn. 11; *Ulmer/Habersack*, in: U/H/H, § 30 MitbestG Rn. 10.

488 *Gach*, in: MüKo-AktG, § 32 MitbestG Rn. 12; *Oetker*, in: ErfK, § 32 MitbestG Rn. 3.

489 Vgl. dazu *Gach*, in: MüKo-AktG, § 32 MitbestG Rn. 19 ff.

490 Vgl. *Gach*, in: MüKo-AktG, § 32 MitbestG Rn. 11.

491 *Oetker*, in: ErfK, § 3 Montan-MitbestG Rn. 1.

1. Dualistisches System

Die dualistische SE ist geprägt von einer Trennung zwischen Leitungs- und Aufsichtsorgan und entspricht damit der Grundstruktur einer Aktiengesellschaft nach deutschem Recht.[492] Das Leitungsorgan führt die Geschäfte der SE gemäß Art. 39 Abs. 1 SE-VO in eigener Verantwortung. Die Vorschrift entspricht § 76 Abs. 1 AktG.[493] Die Mitglieder des Leitungsorgans sind an keinerlei Weisungen gebunden.[494] Ihre Stellung innerhalb der Unternehmensverfassung entspricht derjenigen von Vorstandsmitgliedern einer Aktiengesellschaft.[495] Art. 9 Abs. 1 lit. c) ii) SE-VO verweist auf § 84 AktG, so dass eine vorzeitige Abberufung der Mitglieder des Leitungsorgans nur aus wichtigem Grund möglich ist.[496] In den für die Arbeitnehmereigenschaft wesentlichen Punkten unterscheidet sich ihre Rechtstellung daher nicht von derjenigen des Vorstandsmitglieds einer Aktiengesellschaft nach deutschem Recht. Aufgrund ihrer weisungsfreien Tätigkeit und der erschwerten Abberufungsmöglichkeit sind auch sie daher nicht als Arbeitnehmer im Sinne des Unionsrechts anzusehen.[497]

Das Gleiche gilt auch hier für den Fall, dass die SE abhängige Konzerngesellschaft ist:[498] Im Vertragskonzern unterliegen die Mitglieder des Leitungsgremiums dann zwar entsprechend § 308 Abs. 1 AktG, auf den § 49 Abs. 1 SEAG

492 *Eberspächer*, in: Spindler/Stilz, AktG, Art. 38 SE-VO Rn. 3; *Reichert/Brandes*, in: MüKo-AktG, Art. 38 SE-VO Rn. 9.

493 *Eberspächer*, in: Spindler/Stilz, AktG, Art. 39 SE-VO Rn. 4; *Reichert/Brandes*, in: MüKo-AktG, Art. 39 SE-VO Rn. 8 f.; der genaue Bedeutungsgehalt der Vorschrift ist allerdings umstritten, vgl. dazu *Paefgen*, in: Kölner Komm -AktG, Art. 39 SE-VO Rn. 22.

494 Im Ergebnis unstreitig, vgl. *Eberspächer*, in: Spindler/Stilz, AktG, Art. 39 SE-VO Rn. 4; *Paefgen*, in: Kölner Komm-AktG, Art. 39 SE-VO Rn. 23; *Seibt*, in: Lutter/Hommelhoff, SE-Komm, Art. 39 SE-VO Rn 5.

495 *Reichert/Brandes*, in: MüKo-AktG, Art. 39 SE-VO Rn. 2.

496 *Eberspächer*, in: Spindler/Stilz, AktG, Art. 39 SE-VO Rn. 9; *Paefgen*, in: Kölner Komm-AktG, Art. 39 SE-VO Rn. 69; *Seibt*, in: Lutter/Hommelhoff, SE-Komm, Art. 39 SE-VO Rn. 24.

497 So auch bereits *Schubert*, ZESAR 2013, 5, 9.

498 Die ganz h. M. geht davon aus, dass eine Konzernierung sowohl für die monistische als auch für die dualistische SE möglich ist, vgl. *Altmeppen*, in: MüKo-AktG, Anh. Konzernrecht der Europäischen Aktiengesellschaft, Rn. 23 ff.; *Brandi*, NZG 2003, 889, 892 f.; *Reichert/Brandes*, in: MüKo-AktG, Art. 39 SE-VO Rn 11; *Siems*, in: Kölner Komm-AktG, Anh. Art. 51 SE-VO, § 49 SEAG Rn. 1; a. A. *Hommelhoff*, AG 2003, 179 ff.

verweist, den Weisungen des herrschenden Unternehmens.[499] Dies vermag aber die Arbeitnehmereigenschaft im Sinne des Unionsrechts aus den gleichen Gründen wie im Fall der AG nicht zu begründen.[500]

2. Monistisches System

In der monistischen SE werden Leitung und Kontrolle der Gesellschaft durch ein einziges Organ wahrgenommen, den Verwaltungsrat.[501] Er leitet gemäß Art. 22 Abs. 1 SEAG die Geschäfte der SE, bestimmt die Grundlinien ihrer Tätigkeit und überwacht deren Umsetzung. Daneben sieht § 40 Abs. 1 S. 1 SEAG die Bestellung von geschäftsführenden Direktoren vor. Sie führen gemäß § 40 Abs. 2 S. 1 SEAG die Geschäfte der Gesellschaft. Sowohl der Verwaltungsrat als auch die geschäftsführenden Direktoren sind damit für die Geschäftsführung im weiteren Sinne zuständig. Dabei sieht das Gesetz allerdings eine Funktionstrennung vor: Während sich die Aufgabe der geschäftsführenden Direktoren vorrangig auf das operative Tagesgeschäft bezieht, obliegen dem Verwaltungsrat die Entscheidung in Grundsatzfragen, die strategische Planung sowie die generelle Festlegung der Unternehmenspolitik.[502] Allein der Verwaltungsrat ist damit für die Leitung im Sinne einer übergeordneten Unternehmenspolitik zuständig.[503]

Die Frage nach der Arbeitnehmereigenschaft im Sinne des Unionsrechts stellt sich folglich sowohl für die Mitglieder des Verwaltungsrates als auch für die geschäftsführenden Direktoren.

a) Mitglieder des Verwaltungsrates

Der Verwaltungsrat steht als gleichberechtigtes Organ neben der Hauptversammlung und ist an Weisungen nicht gebunden.[504] In der nicht mitbestimmten

---

499 *Reichert/Brandes*, in: MüKo-AktG, Art. 39 SE-VO Rn 11.

500 Dazu oben unter § 4 B. II. 2. b) bb).

501 *Reichert/Brandes*, in: MüKo-AktG, Art. 43 SE-VO Rn. 1; *Siems*, in: Kölner Komm-AktG, Art. 43 SE-VO, Rn. 3; *Teichmann*, in: Lutter/Hommelhoff, SE-Komm, Art. 43 SE-VO Rn. 63.

502 *Reichert/Brandes*, in: MüKo-AktG, Art. 43 SE-VO Rn. 73; *Teichmann*, in: Lutter/Hommelhoff, SE-Komm, Anh. Art. 43 (§ 40 SEAG) Rn. 29; vgl. auch *Austmann*, in: MünchGesR IV, § 85 Rn. 15.

503 *Eberspächer*, in: Spindler/Stilz, AktG, Art. 43 SE-VO Rn. 10 ff.

504 *Reichert/Brandes*, in: MüKo-AktG, Art. 43 SE-VO Rn. 9; *Siems*, in: Kölner Komm-AktG, Anh. Art. 51 SE-VO, § 22 SEAG Rn. 16 f.

SE werden seine Mitglieder gemäß § 28 Abs. 1 SEAG, Art. 43 Abs. 3 S. 1 SE-VO durch die Hauptversammlung für einen in der Satzung festgelegten Zeitraum (vgl. Art. 46 Abs. 1 SE-VO) bestellt bzw. aufgrund eines Entsenderechts gemäß Art. 43 Abs. 3 S. 3 i. V. m. 47 Abs. 4 SE-VO und §§ 28 Abs. 2 SEAG, 101 Abs. 2 AktG entsandt.[505] Eine vorzeitige Abberufung ist für die von der Hauptversammlung bestellten Mitglieder gemäß § 29 Abs. 1 SEAG mit einer Stimmenmehrheit von zwei Dritteln (vorbehaltlich anderweitiger Satzungsbestimmungen) möglich.[506] Die Rechtsstellung der Mitglieder des Verwaltungsrates entspricht damit einer Mischung von Vorstandsmitglied und Aufsichtsratsmitglied einer deutschen Aktiengesellschaft.[507] Aufgrund ihrer Weisungsfreiheit erfüllen sie die Arbeitnehmereigenschaft im Sinne des Unionsrechts nach den vom EuGH aufgestellten Kriterien nicht.

Dies gilt auch in einer SE, die abhängige Gesellschaft im Vertragskonzern ist: Unabhängig davon, dass das Weisungsrecht aus § 308 Abs. 1 AktG nach der hier vertretenen Ansicht ohnehin nicht geeignet ist, die Arbeitnehmereigenschaft zu begründen, besteht es im Vertragskonzern mit einer monistischen SE auch nicht gegenüber dem Verwaltungsrat, sondern gemäß § 49 Abs. 1 SEAG i. V. m. § 308 Abs. 1 S. 1 AktG gegenüber den geschäftsführenden Direktoren und vermag bereits deshalb eine Weisungsgebundenheit der Verwaltungsratsmitglieder nicht zu begründen.

b) Geschäftsführende Direktoren

Für die geschäftsführenden Direktoren wird in der Literatur vertreten, dass sie aufgrund ihrer mit einem GmbH-Geschäftsführer vergleichbaren Position als Arbeitnehmer im Sinne des Unionsrechts anzusehen seien, sofern sie nicht zugleich Mitglied des Verwaltungsrates seien (sog. externe Direktoren).[508] Diese Ansicht vermag aus folgenden Gründen zu überzeugen:

Zwar ist die genaue Reichweite der Geschäftsführungskompetenz der geschäftsführenden Direktoren umstritten: Teilweise wird vertreten, ihre

---

505 *Austmann*, in: MünchGesR IV, § 85 Rn. 10; *Reichert/Brandes*, in: MüKo-AktG, Art. 43 SE-VO Rn. 62.

506 *Eberspächer*, in: Spindler/Stilz, AktG, Art. 43 SE-VO Rn. 34; *Reichert/Brandes*, in: MüKo-AktG, Art. 43 SE-VO Rn. 47; *Teichmann*, in: Lutter/Hommelhoff, SE-Komm, Art. 43 SE-VO Rn. 51.

507 Vgl. *Teichmann*, in: Lutter/Hommelhoff, SE-Komm, Art. 43 SE-VO Rn. 63.

508 *Lunk/Rodenbusch*, GmbHR 2012, 188, 190; *Schubert*, ZESAR 2013, 5, 9.

Zuständigkeit beschränke sich auf das operative Tagesgeschäft,[509] während andere aus § 40 Abs. 2 SEAG eine umfassende Geschäftsführungskompetenz ableiten, die sich grundsätzlich auf jede Geschäftsführungsmaßnahme erstrecke.[510] Unabhängig davon ist aber der Verwaltungsrat gegenüber den geschäftsführenden Direktoren bei allen Arten von Geschäften gemäß § 44 Abs. 2 SEAG weisungsberechtigt. Damit trägt der Verwaltungsrat trotz der Funktionstrennung die Letztverantwortung für die Geschäftsleitung.[511] Das Weisungsrecht entspricht in seiner Reichweite dem aus § 37 Abs. 1 GmbHG.[512] Es erfasst sowohl generelle Weisungen als auch spezielle Einzelweisungen.[513] Es begründet eine unbedingte Folgepflicht für die geschäftsführenden Direktoren, die ihre Grenze erst bei Rechtswidrigkeit einer Weisung erreicht.[514] Ferner kann es auch durch die Satzung weder ausgeschlossen noch eingeschränkt werden.[515] Die geschäftsführenden Direktoren sind damit dem Verwaltungsrat hierarchisch untergeordnet.[516]

Ihre Bestellung erfolgt gemäß § 40 Abs. 1 SEAG durch den Verwaltungsrat, der sie gemäß § 40 Abs. 5 S. 1 SEAG auch jederzeit ohne besonderen Grund wieder abberufen kann, sofern die Satzung der SE nichts anderes bestimmt.[517] Damit ist die Rechtstellung der geschäftsführenden Direktoren vergleichbar mit derjenigen des GmbH-Geschäftsführers, der nicht maßgeblich an der GmbH beteiligt ist.[518]

---

509 *Ihrig*, ZGR 2008, 809, 815; *Kallmeyer*, ZIP 2003, 1531, 1532.

510 *Eberspächer*, in: Spindler/Stilz, AktG, Art. 39 SE-VO Rn. 15 m. w. N.; *Teichmann*, in: Lutter/Hommelhoff, SE-Komm, Anh. Art 43 (§ 40 SEAG) Rn. 30; wohl auch *Austmann*, in: MünchGesR IV, § 85 Rn. 15.

511 *Eberspächer*, in: Spindler/Stilz, AktG, Art. 39 SE-VO Rn. 15; *Reichert/Brandes* in: MüKo-AktG, Art. 43 SE-VO Rn. 14.

512 Vgl. die Begründung des Gesetzesentwurfs der Bundesregierung, BT-Drucks. 15/3405, S. 39; *Eberspächer*, in: Spindler/Stilz, AktG, Art. 43 SE-VO Rn. 15.

513 *Eberspächer*, in: Spindler/Stilz, AktG, Art. 43 SE-VO Rn. 15; *Teichmann*, in: Lutter/Hommelhoff, SE-Komm, Anh. Art. 43 (§ 44 SEAG) Rn. 11.

514 *Eberspächer*, in: Spindler/Stilz, AktG, Art. 43 SE-VO Rn. 15; *Teichmann*, in: Lutter/Hommelhoff, SE-Komm, Anh. Art. 43 (§ 44 SEAG) Rn. 13.

515 *Eberspächer*, in: Spindler/Stilz, AktG, Art. 43 SE-VO Rn. 15; *Ihrig*, ZGR 2008, 809, 819 f.

516 *Reichert/Brandes*, in: MüKo-AktG, Art. 43 SE-VO Rn. 15; *Teichmann*, in: Lutter/Hommelhoff, SE-Komm, Anh. Art. 43 (§ 22 SEAG) Rn. 12.

517 *Eberspächer*, in: Spindler/Stilz, AktG, Art. 43 SE-VO Rn. 38; *Reichert/Brandes*, in: MüKo-AktG, Art. 43 SE-VO Rn. 132 f.; *Teichmann*, in: Lutter/Hommelhoff, SE-Komm, Anh. Art. 43 (§ 40 SEAG) Rn 48.

518 *Austmann*, in: MünchGesR IV, § 85 Rn. 17; *Teichmann*, in: Lutter/Hommelhoff, SE-Komm, Anh. Art. 43 (§ 40 SEAG) Rn. 66.

Etwas anderes gilt allerdings für solche geschäftsführenden Direktoren, die zugleich Mitglieder des Verwaltungsrates sind: Gemäß § 40 Abs. 1 S. 2 SEAG können nicht nur Dritte, sondern auch Verwaltungsratsmitglieder selbst zu geschäftsführenden Direktoren bestellt werden (sog. interne Direktoren).[519] Zwar sind auch sie formal dem gesetzlichen Weisungsrecht unterworfen und in ihrer Eigenschaft als geschäftsführender Direktor jederzeit abberufbar. Allerdings sind sie als Teil des weisungsbefugten Organs gleichzeitig verantwortlich für die Weisungen. Auch von dem Beschluss über ihre Abberufung sind sie nicht ausgeschlossen.[520] Nach den Kriterien des EuGH soll es für die Arbeitnehmereigenschaft maßgeblich darauf ankommen, ob eine Weisungsunterworfenheit gegenüber einem Organ besteht, welches das betreffende Geschäftsführungsorgan nicht selbst kontrolliert.[521] Der geschäftsführende Direktor, der zugleich Mitglied des Verwaltungsrates ist, wird dieses Gremium in der Regel nicht kontrollieren, denn der Verwaltungsrat beschließt gemäß Art. 50 Abs. 1 lit. b) SE-VO grundsätzlich mit der einfachen Mehrheit der abgegebenen Stimmen und aus § 40 Abs. 1 S. 2 SEAG a. E. folgt, dass die Mehrheit der Mitglieder im Verwaltungsrat aus nicht geschäftsführenden Direktoren bestehen muss.

Gleichwohl ist die Arbeitnehmereigenschaft eines sog. internen Direktors zu verneinen, denn wenn er in seiner Eigenschaft als Mitglied des Verwaltungsrates kein Arbeitnehmer ist, dann kann er es auch nicht dadurch werden, dass ihm durch die Bestellung zum geschäftsführenden Direktor zusätzliche Kompetenzen zugewiesen werden. Im Gegenteil erweitert diese Stellung seinen Rechtskreis gegenüber den anderen Mitgliedern des Verwaltungsrates. Selbst wenn er daher in seiner Eigenschaft als geschäftsführender Direktor an Weisungen gebunden ist, auf dessen Inhalt er nur bedingt Einfluss ausüben kann, bleibt er doch zugleich Mitglied des Verwaltungsrates und genießt als solches Weisungsfreiheit. Die Weisungsgebundenheit bezieht sich damit allenfalls auf eine seiner Teilfunktionen. Im Übrigen, d. h. in seiner Eigenschaft als Mitglied des Veraltungsrates, ist er unabhängig und diese Stellung ist ihm auch nicht ohne weiteres zu entziehen. Ein Unterordnungsverhältnis im Sinne der *Danosa*-Rechtsprechung kann daher nicht angenommen werden.[522]

---

519 *Eberspächer*, in: Spindler/Stilz, AktG, Art. 43 SE-VO Rn. 36; *Reichert/Brandes*, in: MüKo-AktG, Art. 43 SE-VO Rn. 113; *Siems*, in: Kölner Komm-AktG, Anh. Art. 51 SE-VO, § 40 SEAG Rn. 18.

520 *Eberspächer*, in: Spindler/Stilz, AktG, Art. 43 SE-VO Rn. 38.

521 EuGH v. 11.11.2010 – C-232/09 (*Danosa*), Slg. 2010, I-11405 Rn. 50.

522 Vgl. *Forst*, NZS 2012, 801, 807 für die Parallelproblematik im Sozialversicherungsrecht.

3. Ergebnis

Der geschäftsführende Direktor einer monistischen SE ist als Arbeitnehmer im Sinne des Unionsrechts anzusehen, denn seine Rechtsstellung ist vergleichbar mit derjenigen des GmbH-Fremdgeschäftsführers. Dies gilt allerdings nur, wenn er nicht zugleich Mitglied des Verwaltungsrates ist. Die Mitglieder des Leitungsorgans einer dualistisch verfassten SE sowie die Mitglieder des Verwaltungsrates eines monistischen SE erfüllen die Arbeitnehmerkriterien des EuGH hingegen nicht.

IV. Gesellschafter von Personengesellschaften

1. Meinungsstand

Für Personengesellschafter wird im deutschen Recht eine Arbeitnehmereigenschaft nur dann diskutiert, wenn sie über ihre Beitragsverpflichtung hinausgehende Leistungen auf der Grundlage eines Drittrechtsverhältnisses erbringen, das die Voraussetzungen eines Arbeitsverhältnisses erfüllt.[523] Soweit die Arbeitnehmereigenschaft von Personengesellschaftern unter dem Blickwinkel der *Danosa*-Rechtsprechung betrachtet wird, ist sie abgelehnt worden: Die unbeschränkte persönliche Haftung für die Verbindlichkeiten der Gesellschaft und das damit einhergehende wirtschaftliche Risiko sowie die weisungsfreie Tätigkeit sprächen gegen die Annahme eines Unterordnungsverhältnisses im Sinne der EuGH-Rechtsprechung.[524]

2. Stellungnahme

Zwar äußerte sich der EuGH in der Rechtssache *Danosa* zur Arbeitnehmereigenschaft von Geschäftsführungsorganen unmittelbar nur in Bezug auf Kapitalgesellschaften. Dies verbietet es allerdings nicht, unter demselben Blickwinkel auch die geschäftsführenden Gesellschafter von Personengesellschaften zu betrachten und die Frage zu stellen, ob sie die in der Entscheidung *Danosa* aufgestellten Kriterien erfüllen.

523 Dazu oben § 2 C. III. 4.

524 *Leopold*, ZESAR 2011, 362, 366.

a) Persönlich haftende Gesellschafter

Notwendige Voraussetzung für die Arbeitnehmereigenschaft im Sinne der EuGH-Rechtsprechung ist eine entgeltliche Tätigkeit. Die Geschäftsführung bei Personengesellschaften ist allerdings grundsätzlich Teil der aus der Gesellschafterstellung folgenden Beitragspflicht und wird durch die Gewinnbeteiligung abgegolten.[525] Damit handelt es sich – jedenfalls nach deutschem Verständnis – nicht um eine entgeltliche Tätigkeit.[526] Eine solche wäre allenfalls dann anzunehmen, wenn die Geschäftsführungstätigkeit gesondert vergütet wird.[527] Allerdings ist nicht ausgeschlossen, dass der EuGH dies anders beurteilen würde, denn in der Vergangenheit hat er den Begriff des Entgelts tendenziell weit ausgelegt[528] und in der Rechtssache *Agegate* klargestellt, dass auch eine Entlohnung in Form einer direkten Ertrags- bzw. Gewinnbeteiligung ein „Entgelt" im Sinne des Unionsrechts darstellen könne.[529]

Gesellschafter von Personengesellschaften sind indessen bei der Ausübung ihrer geschäftsführenden Tätigkeit grundsätzlich an keinerlei Weisungen gebunden.[530] Es existiert kein ihnen übergeordnetes Organ. Allenfalls haben sie sich an Beschlüsse der Gesamtheit aller Gesellschafter zu halten, so etwa im Fall der Gesamtgeschäftsführung (vgl. § 709 BGB, § 115 Abs. 2 HGB für die OHG) oder bei Geschäftsführungsmaßnahmen, die über den gewöhnlichen Betrieb eines Handelsgewerbes hinausgehen (vgl. § 116 Abs. 2 HGB). Sofern sie auf diesen Beschluss aufgrund des Umfangs ihrer Beteiligung keinen beherrschenden Einfluss ausüben können, sind sie zwar im Einzelfall verpflichtet, Geschäftsführungsmaßnahmen

---

525 BGH v. 10.6.1965, BGHZ 44, 40, 41; *v. Ditfurth*, in: MünchGesR I, § 53 Rn. 72; *Finckh*, in: Henssler/Strohn, § 114 HGB Rn. 47; *Rawert*, in: MüKo-HGB, § 114 Rn. 77; *Schäfer*, in: MüKo-BGB, § 709 Rn. 32; *Weitemeyer*, in: Oetker, HGB, § 114 Rn. 51.

526 *v. Ditfurth*, in: MünchGesR I, § 53 Rn. 72; *Schäfer*, in: MüKo-BGB, § 709 Rn. 32.

527 Vgl. *Rawert*, in: MüKo-HGB, § 114 Rn. 77; *Schäfer*, in: MüKo-BGB, § 709 Rn. 32; *Weitemeyer*, in: Oetker, HGB, § 114 Rn. 23.

528 Vgl. dazu die Übersicht der Rechtsprechung zum Entgeltbegriff bei *Rust*, in: von der Groeben/Schwarze, EUV/EGV, PROTOKOLL (Nr. 17) zu Artikel 141 (ex-Artikel 119) EGV, Rn. 380 ff.

529 EuGH v. 14.12.1989 – C-3/87 (*Agegate*), Slg. 1989, 4459 Rn. 36.

530 BGH v. 11.2.1980, BGHZ 76, 160, 167; *v. Ditfurth*, in: MünchGesR I, § 53 Rn. 20; *Finckh*, in: Henssler/Strohn, § 114 HGB Rn. 25; *Rawert*, in: MüKo-HGB, § 114 Rn. 38; *Schäfer*, in: MüKo-BGB, § 709 Rn. 28; *Servatius*, in: Henssler/Strohn, § 709 BGB Rn. 4.

auch gegen ihren persönlichen Willen vorzunehmen.[531] Allerdings unterscheidet sich ihre Rechtsposition insoweit nicht von der eines Mitglieds im mehrköpfigen Vorstand einer Aktiengesellschaft: Es handelt sich lediglich um die notwendige Folgen von Mehrheitsentscheidungen, die aber kein Unterordnungsverhältnis im unionsrechtlichen Sinne zu begründen vermögen.[532]

Auch ist ihnen ihre Rechtsstellung als vertretungsberechtigtes Geschäftsführungsorgan nicht ohne weiteres zu entziehen: Im Hinblick auf das vom EuGH aufgestellte Kriterium der Abberufungsmöglichkeit ist zwar zweifelhaft, ob der Abberufung des Geschäftsführungsorgans einer Kapitalgesellschaft im Personengesellschaftsrecht bereits die Entziehung der Geschäftsführungsbefugnis bzw. Vertretungsmacht oder erst der Ausschluss des Gesellschafters aus der Gesellschaft entspricht.[533] Beides ist indessen nur aus wichtigem Grund möglich (vgl. §§ 715 i. V. m. § 712 Abs. 1 bzw. § 737 S. 1 i. V. m. § 723 Abs. 1 S. 2 für die BGB-Gesellschaft; §§ 117, 127, 140 Abs. 1 i. V. m. § 133 HGB für die OHG, ggf. i. V. m. § 161 Abs. 2 für die KG). Die wesentlichen Kriterien, die nach der *Danosa*-Entscheidung ein Unterordnungsverhältnis begründen, erfüllen geschäftsführende Gesellschafter von Personengesellschaften damit nicht.

Weiterhin spricht auch ihre unbeschränkte persönliche Haftung für die Verbindlichkeiten der Gesellschaft und das damit verbundene unternehmerische Risiko gegen die Arbeitnehmereigenschaft.[534] Diesen Aspekt spricht der EuGH in der *Danosa*-Entscheidung zwar nicht an (weil er auch dort nicht relevant war), würdigte ihn aber in der Vergangenheit bereits als Indiz gegen eine Arbeitnehmereigenschaft: In die Gesamtschau der die Arbeitnehmereigenschaft begründenden Faktoren sei auch zu berücksichtigen, inwieweit jemand an den geschäftlichen Risiken des Unternehmens beteiligt sei bzw. das wirtschaftliche Risiko der Geschäfte der Gesellschaft gegenüber Dritten trage.[535]

Eine andere Beurteilung ist auch dann nicht angezeigt, wenn eine Personengesellschaft abhängige Gesellschaft in einem Vertragskonzern ist.[536] Zwar

---

531 *v. Ditfurth*, in: MünchGesR I, § 53 Rn. 20.

532 S. oben § 4 B. II. 2. a) bb) (2).

533 Für letzteres offenbar *Leopold*, ZESAR 2011, 362, 366.

534 Ebenso *Leopold*, ZESAR 2011, 362, 366.

535 EuGH v. 14.12.1989 – C-3/87 (*Agegate*), Slg. 1989, 4459 Rn. 36; v. 18.10.2007 C-355/06 (*van der Steen*), Slg. 2007, I-8863 Rn. 23, 25.

536 Inzwischen ist anerkannt, dass auch Personenhandelsgesellschaften ihre Leitung durch den Abschluss eines Beherrschungsvertrages analog § 291 Abs. 1 AktG einem anderen Unternehmen unterstellen können, vgl. BGH v. 15.2.1979, NJW 1980, 231, 231 f.; *Mülbert*, in: MüKo-HGB, Konzernrecht der Personengesellschaften,

besteht dann analog § 308 Abs. 1 AktG ein Weisungsrecht des herrschenden Unternehmens gegenüber den Geschäftsführern.[537] Wie bereits dargelegt vermag dieses allerdings kein Arbeitsverhältnis mit der abhängigen Gesellschaft zu begründen.[538]

b) Kommanditisten einer KG

Die Kommanditisten sind gemäß § 164 Abs. 1 S. 1 HGB grundsätzlich von der Geschäftsführung ausgeschlossen. Sie sind von Gesetzes wegen zur Mitarbeit in der KG weder berechtigt noch verpflichtet.[539] Allerdings kann eine organschaftliche Geschäftsführungsbefugnis gesellschaftsvertraglich vereinbart werden, denn gemäß § 163 HGB handelt es sich bei § 164 HGB um dispositives Recht.[540] Davon zu unterscheiden ist der Fall, dass die geschäftsführende Tätigkeit eines Kommanditisten auf einer gesonderten dienstvertraglichen Vereinbarung beruht, auch dies ist möglich.[541] In diesem Fall richtet sich die Arbeitnehmereigenschaft nach allgemeinen Grundsätzen, d. h. nach der konkreten Ausgestaltung der schuldrechtlichen Vereinbarung.[542] Im deutschen Recht wird der organschaftlich geschäftsführende Kommanditist mangels Weisungsabhängigkeit nicht als Arbeitnehmer der KG angesehen.[543] Sofern ein Kommanditist infolge gesellschaftsvertraglicher Erweiterung seiner Befugnisse organschaftlich geschäftsführend tätig wird, handelt er dabei in Ausübung seiner gesellschafterlichen Beitragspflicht.[544] Mangels abweichender Regelungen hat er dann in Bezug auf seine geschäftsführende Tätigkeit dieselbe Rechtsstellung wie die

---

Rn. 165; *Weitemeyer*, in: Oetker, HGB, § 105 Rn. 121 m. w. N. auch für die früher verbreitete Gegenansicht.

537 *Mülbert*, in: MüKo-HGB, Konzernrecht der Personengesellschaften, Rn. 237; *Weitemeyer*, in: Oetker, HGB, § 105 Rn. 121.

538 Dazu oben § 4 B. I. 2. d) bb) (3); a. A. *Leopold*, ZESAR 2011, 362, 366.

539 *Oetker*, in: Oetker, HGB, § 164 Rn. 1.

540 *Grunewald*, in: MüKo-HGB, § 164 Rn. 21 f.; *Gummert*, in: Henssler/Strohn, § 164 HGB Rn. 13, 16; *Oetker*, in: Oetker, HGB, § 164 Rn. 21, 37 f.; *Wirth*, in: MünchGesR II, § 7 Rn. 71.

541 *Grunewald*, in: MüKo-HGB, § 164 Rn. 25; *Gummert*, in: Henssler/Strohn, § 164 HGB Rn. 17; *Oetker*, in: Oetker, HGB, § 164 Rn. 41.

542 Vgl. bereits oben § 2 C. III. 4.

543 *Oetker*, in: Oetker, HGB, § 164 Rn. 42 m. w. N.; *Roth*, in: Baumbach/Hopt, HGB, § 164 Rn. 8.

544 *Grunewald*, in: MüKo-HGB, § 164 Rn. 26; *Oetker*, in: Oetker, HGB, § 164 Rn. 40; *Roth*, in: Baumbach/Hopt, HGB, § 164 Rn. 7.

Komplementäre.[545] Auch bei ihm ist die Tätigkeit im Zweifel durch die Gewinnbeteiligung abgegolten,[546] so dass es sich jedenfalls nach deutschem Verständnis nicht um eine entgeltliche Tätigkeit handelt. Er ist bei Ausübung der geschäftsführenden Tätigkeit nicht an Weisungen gebunden.[547] Zudem ist ihm die Geschäftsführungsbefugnis im Zweifel nur nach Maßgabe des § 117 HGB, d. h. durch gerichtliche Entscheidung bei Vorliegen eines wichtigen Grundes oder durch Änderung des Gesellschaftsvertrages wieder entziehbar.[548]

Auch wenn der Kommanditist im Vergleich zu den Komplementären bzw. den Gesellschaftern von GbR und OHG ein weitaus geringeres unternehmerisches Risiko trägt, weil er für die Verbindlichkeiten der Gesellschaft nur in Höhe seiner Vermögenseinlage haftet, erfüllt er damit die Arbeitnehmerkriterien im Sinne des Unionsrechts nicht.

3. Ergebnis

Die zur Geschäftsführung und Vertretung berufenen Gesellschafter von Personengesellschaften sind nicht als Arbeitnehmer im Sinne des Unionsrechts anzusehen. Dies gilt namentlich für Gesellschafter einer GbR, OHG-Gesellschafter, Komplementäre sowie Kommanditisten einer KG sowie Gesellschafter einer Partnerschaftsgesellschaft, für die § 6 Abs. 3 PartGG im Wesentlichen auf das Recht der OHG verweist. Ebenso ist die Rechtslage für die Komplementäre der KGaA zu beurteilen. Zwar ist die KGaA nicht Personen- sondern Kapitalgesellschaft (vgl. § 3 Abs. 1 Nr. 2 UmwG),[549] jedoch verweist § 278 Abs. 2 AktG für die Rechtsstellung der Komplementäre im Grundsatz auf das Recht der KG. Soweit daneben teilweise aktienrechtliche Vorschriften Anwendung finden (vgl. § 283 AktG), vermögen diese die Arbeitnehmerschaft ebenfalls nicht zu begründen; insoweit kann auf die Ausführungen zur AG verwiesen werden.

---

545 *Oetker*, in: Oetker, HGB, § 164 Rn. 40; *Wirth*, in: MünchGesR II, § 7 Rn. 77.

546 *Oetker*, in: Oetker, HGB, § 164 Rn. 40.

547 *Oetker*, in: Oetker, HGB, § 164 Rn. 42; *Wirth*, in: MünchGesR II, § 7 Rn. 75.

548 BGH v. 27.6.1955, BGHZ 17, 392, 395; *Oetker*, in: Oetker, HGB, § 164 Rn. 40; *Roth*, in: Baumbach/Hopt, HGB, § 164 Rn. 7; *Wirth*, in: MünchGesR II, § 7 Rn. 77; a. A. *Grunewald*, in: MüKo-HGB, § 164 Rn. 26: Anwendung des § 117 HGB nur bei entsprechender Regelung im Gesellschaftsvertrag; gleichwohl Entziehung der Geschäftsführungsbefugnis nur aus wichtigem Grund.

549 *Perlitt*, in: MüKo-AktG, § 278 Rn. 3; *Bachmann*, in: Spindler/Stilz, AktG, § 278 Rn. 14.

V. Zusammenfassung von § 4

Ausgehend von den vom EuGH in der Entscheidung *Danosa* aufgestellten Kriterien sind GmbH-Fremdgeschäftsführer sowie nicht mehrheitlich beteiligte Gesellschafter-Geschäftsführer ohne Sperrminorität oder anderen satzungsmäßigen Sonderrechten als Arbeitnehmer im Sinne des Unionsrechts anzusehen, denn sie erbringen entgeltlich Leistungen für die Gesellschaft und sind dabei umfassend an die Weisungen eines Organs gebunden, das sie nicht selbst kontrollieren. Der Alleingeschäftsführer sowie der mehrheitlich beteiligte Gesellschafter-Geschäftsführer sind hingegen keine Arbeitnehmer im Sinne des Unionsrechts, weil sie auf die Weisungen maßgeblichen Einfluss ausüben können. Hieran ändern weder eine Arbeitnehmermitbestimmung noch eine Konzernstruktur etwas. Vom Gesetz abweichende Satzungsgestaltungen können im Einzelfall hingegen zu abweichender Beurteilung führen.

Vorstandsmitglieder einer AG sind nicht als Arbeitnehmer im Sinne des Unionsrechts anzusehen, auch nicht in einer AG, die abhängige Konzerngesellschaft ist. Gleiches gilt für die Mitglieder des Leitungsgremiums einer dualistisch verfassten SE sowie die Mitglieder des Verwaltungsrates einer monistischen SE. Die geschäftsführenden Direktoren einer monistischen SE, die nicht zugleich Mitglieder des Verwaltungsrates sind, erfüllen hingegen aufgrund ihrer mit einem GmbH-Fremdgeschäftsführer vergleichbaren Stellung die Arbeitnehmerkriterien des EuGH.

Geschäftsführende Gesellschafter von Personengesellschaften sind hingegen keine Arbeitnehmer im Sinne des Unionsrechts.

§5. Folgen für die Anwendung arbeitsrechtlicher Vorschriften

Nachdem festgestellt ist, welche Organmitglieder die Arbeitnehmereigenschaft im Sinne des Unionsrechts erfüllen,[550] soll im Folgenden untersucht werden, inwieweit sie aufgrund dessen in den Schutzbereich nationaler Arbeitnehmerschutzvorschriften einzubeziehen sind.

A. Reichweite der unionsrechtlichen Vorgaben

Bevor dabei auf die einzelnen Bereiche des Arbeitsrechts eingegangen wird, soll zunächst festgestellt werden, ob sich die Auswirkungen der *Danosa*-Rechtsprechung bereits abstrakt eingrenzen lassen.

I. Grundsatz vom Vorrang des Unionsrechts

Dass sich aus einer Entscheidung des EuGH überhaupt Auswirkungen auf die innerstaatliche Rechtsordnung der Mitgliedstaaten ergeben können, ist dem ungeschriebenen Grundsatz vom Vorrang des Unionsrechts geschuldet. Nach diesem vom EuGH in der Entscheidung *Costa/ENEL* entwickelten und inzwischen allgemein anerkannten Grundsatz hat das gesamte, d. h. sowohl das primäre als auch das sekundäre Unionsrecht im Kollisionsfall Vorrang gegenüber nationalem Recht.[551] Durch die Gründungsverträge haben die Mitgliedstaaten eine eigenständige, von ihren nationalen Rechtsordnungen unabhängige, rechtsetzungsbefugte Institution geschaffen und durch die Übertragung von Hoheitsrechten auf diese Institution ihre eigene Souveränität beschränkt, mit der Folge,

550 Diese werden im Folgenden zusammenfassend als Arbeitnehmer-Organmitglieder bezeichnet.

551 Grundlegend EuGH v. 15.7.1964 – C-6/64 (*Costa/E.N.E.L.*), Slg. 1964, 1253, 1269 ff.; seither st. Rspr., vgl. EuGH v. 17.12.1970 – C-11/70 (*Internationale Handelsgesellschaft*), Slg. 1970, 1125 Rn. 3; v. 10.10.1973 – C-34/73 (*Variola*), Slg. 1973, 982 Rn. 15; v. 9.3.1978 – C-106/77 (*Simmenthal*), Slg. 1978, 629 Rn. 17/18; vgl. zum Vorrang des Unionsrechts auch *Nettesheim*, in: G/H/N, EUV/AEUV, Art. 288 AEUV Rn. 47 ff.; *Wegener* in: Calliess/Ruffert, EUV/AEUV, Art. 19 EUV Rn. 27 ff.

dass die Rechtsetzung der Union nunmehr verbindlichen Charakter auch in den Mitgliedstaaten hat.[552] Eine andere Sichtweise würde dem Grundsatz der effektiven und einheitlichen Geltung des Unionsrechts und damit der Funktionsfähigkeit der Europäischen Union als solcher zuwiderlaufen.[553]

Der EuGH zieht als weitere Begründungsansätze den in Art. 4 Abs. 3 EUV[554] verankerten Grundsatz der loyalen Zusammenarbeit sowie das in Art. 18 AEUV[555] niedergelegte Diskriminierungsverbot heran.[556] Zudem würde die Bestimmung des Art. 288 Abs. 2 AEUV[557], der die unmittelbare Geltung von Verordnungen in jedem Mitgliedstaat anordnet, leerlaufen, wenn es letztlich in deren Belieben stünde, sie durch nationale Gesetzgebungsakte außer Kraft zu setzen.[558] Der Vorrang des Unionsrechts nimmt dabei keine Rücksicht auf den Rang der in Frage stehenden nationalen Norm, so dass europäisches Recht grundsätzlich auch nationalem Verfassungsrecht vorgehen kann.[559]

Nach überwiegender Ansicht handelt es sich bei dem Vorrang des Unionsrechts nicht um einen Geltungs- sondern lediglich um einen Anwendungsvorrang, mit der Folge, dass die verdrängte Norm des nationalen Rechts nicht insgesamt nichtig, sondern bloß im Einzelfall unanwendbar ist.[560] Die Unanwendbarkeit nationaler, dem Unionsrecht widersprechender Regelungen besteht

---

552 EuGH v. 15.7.1964 – C-6/64 (*Costa/E.N.E.L.*), Slg. 1964, 1253, 1269; *Nettesheim*, in: G/H/N, EUV/AEUV, Art. 288 AEUV Rn. 51.

553 EuGH v. 15.7.1964 – C-6/64 (*Costa/E.N.E.L.*), Slg. 1964, 1253, 1269 f.; v. 17.12.1970 – C-11/70 (*Internationale Handelsgesellschaft*), Slg. 1970, 1125 Rn. 3; *Herdegen*, EuropaR, § 10 Rn. 2.

554 Ehemals Art. 5 Abs. 2 EWG-Vertrag in der Fassung von 1957.

555 Ehemals Art. 7 EWG-Vertrag in der Fassung von 1957.

556 EuGH v. 15.7.1964 – C-6/64 (*Costa/E.N.E.L.*), Slg. 1964, 1253, 1269.

557 Ehemals Art. 189 Abs. 2 EWG-Vertrag in der Fassung von 1957.

558 EuGH v. 15.7.1964 – C-6/64 (*Costa/E.N.E.L.*), Slg. 1964, 1253, 1270.

559 *Herdegen*, EuropaR, § 10 Rn. 2; *Nettesheim*, in: G/H/N, EUV/AEUV, Art. 288 AEUV Rn. 52; das BVerfG geht indessen nicht von einem bedingungslosen Vorrang des Unionsrechts aus, sondern behält sich ein Verwerfungsrecht vor, sollte ein europäischer Rechtsakt die Identität der nationalen Verfassung in Frage stellen oder eine schwerwiegende Kompetenzüberschreitung der europäischen Organe vorliegen, vgl. BVerfG v. 30.6.2009, BVerfGE 123, 267, 344 ff.; v. 6.7.2010, BVerfGE 126, 286, 302 f.; v. 7.9.2011, BVerfGE 129, 124, 179 ff.

560 *Herdegen*, EuropaR, § 10 Rn. 3; *Nettesheim*, in: G/H/N, EUV/AEUV, Art. 288 AEUV Rn. 53; *Wegener* in: Calliess/Ruffert, EUV/AEUV, Art. 19 EUV Rn. 28; a.A. *Grabitz*, Gemeinschaftsrecht, S. 113.

ipso iure und ist von allen staatlichen Behörden und Gerichten von Amts wegen zu beachten.[561]

Der Vorrang des Unionsrechts bewirkt daher, dass die Auslegung des Arbeitnehmerbegriffs durch den EuGH im Kollisionsfall Vorrang vor dem nationalen Begriffsverständnis hat.

II. Auswirkungen nur im unionsrechtlich determinierten Arbeitsrecht

Der Vorrang des Unionsrechts kann nur dort greifen, wo es zu einer Kollision von nationalem und Unionsrecht kommt, denn ansonsten bedarf es keiner Vorrangregel.

Eine Kollision von nationalem Recht und Unionsrecht ergibt sich klassischerweise daraus, dass eine Norm des Unionsrechts und eine Norm des nationalen Rechts dieselbe Rechtsfrage regeln, dabei aber unterschiedliche Rechtsfolgen anordnen (sog. direkte Kollision).[562] Darüber hinaus soll der Vorrang des Unionsrechts auch dort zur Unanwendbarkeit nationaler Normen führen können, wo es zwar nicht zu einer direkten Kollision kommt, eine nationale Regelung aber gleichwohl die Wirksamkeit einer unionsrechtlichen Norm beeinträchtigt (sog. indirekte Kollision).[563] In jedem Fall aber kann der Vorrang des Unionsrechts nur in Bereichen Wirkung entfalten, in denen überhaupt unionsrechtliche Regelungen bestehen. In Regelungsbereichen, die nicht unionsrechtlich determiniert sind, hat daher auch die Rechtsprechung des EuGH keine unmittelbaren Auswirkungen auf die nationale Rechtsordnung.[564]

Im Hinblick auf den Arbeitnehmerschutz von geschäftsführenden Organmitgliedern hat dies zur Folge, dass eine unionsrechtlich gebotene Anwendung von arbeitnehmerschützenden Vorschriften nur in solchen Regelungsbereichen in Betracht kommt, in denen unionsrechtliche Vorgaben bestehen. Dies sind insbesondere die arbeitnehmerschützenden Richtlinien, auf die im Folgenden näher einzugehen sein wird. Auch das europäische Primärrecht und dort

---

561 EuGH v. 9.3.1978 – C-106/77 (*Simmenthal*), Slg. 1978, 629 Rn. 14–18; v. 22.6.1989 – C 103/88 (*Costanzo*), Slg. 1989, 1839 Rn. 31 ff.; *Wegener* in: Calliess/Ruffert, EUV/AEUV, Art. 19 EUV Rn. 28.

562 *Nettesheim*, in: G/H/N, EUV/AEUV, Art. 1 AEUV Rn. 75; *Ruffert*, in: Calliess/Ruffert, EUV/AEUV, Art. 1 AEUV Rn. 22.

563 *Nettesheim*, in: G/H/N, EUV/AEUV, Art. 1 AEUV Rn. 76; *Ruffert*, in: Calliess/Ruffert, EUV/AEUV, Art. 1 AEUV Rn. 22 m. w. N.

564 Dazu auch bereits OLG Düsseldorf v. 18.10.2012, GmbHR 2012, 1347, 1349.

insbesondere die in der GRC verankerten Grundrechte enthalten allerdings arbeitnehmerschützende Vorschriften. Weil auch die Mitgliedstaaten grundsätzlich an die EU-Grundrechte gebunden sind (vgl. Art. 51 Abs. 1 GRC),[565] könnten die primärrechtlichen Vorgaben dazu führen, dass die *Danosa*-Rechtsprechung Wirkung auch in solchen nationalen Regelungsbereichen entfaltet, die nicht unmittelbar durch Richtlinien determiniert sind. Inwieweit dies der Fall ist, wird gesondert unter § 5 C. erörtert.

III. Maßgeblichkeit des Arbeitnehmerbegriffs der jeweiligen Richtlinie

Eine weitere Grenze möglicher Auswirkungen ergibt sich aus den Richtlinien selbst, denn nicht alle arbeitsrechtlichen Richtlinien legen den unionsrechtlichen Arbeitnehmerbegriff zugrunde. Die Regelungstechnik der Richtlinien ist insoweit vielfältig.[566] Viele Richtlinien stellen hinsichtlich ihres Anwendungsbereichs ausdrücklich auf den Arbeitnehmer im Sinne des nationalen Begriffsverständnisses ab.[567] Andere Richtlinien enthalten gar keine Hinweise zum Begriffsverständnis.[568] Teilweise erlauben es die Richtlinien den Mitgliedstaaten ausdrücklich, bestimmte Arbeitnehmergruppen von ihrem Anwendungsbereich auszuklammern.[569]

Ganz überwiegend wird in der Literatur daher auch davon ausgegangen, dass sich zwingende Folgen aus der *Danosa*-Rechtsprechung für das deutsche Recht, auch soweit es unionsrechtlich determiniert ist, nur dann ergeben, wenn die jeweils einschlägige Richtlinie den unionsrechtlichen Arbeitnehmerbegriff zugrunde legt.[570] Davon scheint auch der EuGH auszugehen, denn ansonsten

565 Dazu *Jarass*, GRC, Art. 51 Rn. 11 ff.

566 Vgl. hierzu die Übersichten bei *Wank*, EuZA 2008, 172, 182 ff. sowie S. 192 ff. und *Rebhahn*, EuZA 2012, 3, 22.

567 Vgl. z. B. § 2 Nr. 1 RV-Befristung; ähnlich Art. 2 Abs. 2 EntsRL.

568 So insbesondere die Richtlinien zum kollektiven Arbeitsrecht, etwa die EBR-RL und die SE-RL: diese verwenden den Begriff des Arbeitnehmers in zahlreichen Vorschriften ohne ihn zu definieren, vgl. z. B. Art. 1 Abs. 1, Art. 2 Abs. 1 lit. a), c) EBR-RL, Art. 1 Abs. 1, Art. 2 lit. e), f), h) SE-RL.

569 Vgl. z. B. Art. 1 Abs. 2 und 3 InsRL.

570 *Bauer/Arnold*, ZIP 2012, 597, 598; *Forst*, GmbHR 2012, 821, 823; *Klasen*, BB 2013, 1849, 1853; *Lunk/Rodenbusch*, GmbHR 2012, 188, 190 ff.; *v. Medem*, ArbRAktuell 2010, 654; *Oberthür*, NZA 2011, 253, 257; *Oetker*, in: Henssler/Strohn, § 35 Rn. 82a; *Reinhard/Bitsch*, ArbRB 2011, 241, 243; *Reiserer*, DB 2011, 2262, 2266; *Schulze/*

müsste er die Frage, ob einer Richtlinie der jeweilige nationale oder der autonome unionsrechtliche Arbeitnehmerbegriff zugrunde liegt, nicht beantworten. Sowohl in der Rechtssache *Danosa* als auch in anderen Entscheidungen setzt sich der Gerichtshof mit dieser Frage aber eingehend auseinander.[571]

Dieser Ansatz ist auch überzeugend, denn soweit eine Richtlinie auf den nationalen Arbeitnehmerbegriff verweist, kommt es zu keiner Kollision zwischen nationalem und Unionsrecht. Nur sofern eine Richtlinie einen vom nationalen Recht abweichenden Arbeitnehmerbegriff beinhaltet, kann der Vorrang des Unionsrechts ggf. eine Anpassung des nationalen Rechts erfordern. Das Nebeneinander von unionsrechtlicher und nationaler Definitionshoheit im Europarecht[572] ist dabei kein Selbstzweck, sondern letztlich das Ergebnis einer Abwägung zwischen dem Grundsatz der Effektivität und der Einheit des Unionsrechts (Art. 4 Abs. 3 EUV) einerseits und dem Grundsatz der Subsidiarität (Art. 5 EUV) andererseits.[573] Nicht immer geht es um eine vollständige Harmonisierung und die Schaffung eines unionseinheitlichen Schutzniveaus. Ist das erklärte Ziel einer Richtlinie lediglich eine Teilharmonisierung, d. h. die Verbesserung des Schutzes des in den Mitgliedstaaten ohnehin bereits geschützten Personenkreises, wird dieses Ziel bereits durch die Anwendung des jeweiligen nationalen Arbeitnehmerbegriffs vollständig erreicht.[574] Eine unionseinheitliche Betrachtungsweise wäre hier nicht lediglich nicht erforderlich, sondern unter Berücksichtigung des Subsidiaritätsprinzips sogar verfehlt.

Für den EuGH ist indessen der Wortlaut einer Richtlinie nicht das allein maßgebliche Kriterium: Ungeachtet des ausdrücklichen Verweises auf das nationale Recht geht er teilweise von einer unionsautonomen Begriffsbestimmung aus, so etwa für den Begriff der Arbeitszeit im Sinne der ehemaligen

---

Hintzen, ArbRAktuell 2012, 263; *Reiserer*, in: MAH ArbR, § 6 Rn. 67; eine weitergehende Anpassung auch in sonstigen auf EU-Richtlinien basierenden Bereichen nehmen hingegen wohl an: *Fischer*, NJW 2011, 2329, 2332; *Leopold*, ZESAR 2011, 362, 367 sowie *Wank*, EWiR 2011, 27, 28.

571 EuGH v. 11.11.2010 – C-232/09 (*Danosa*), Slg. 2010, I-11405 Rn. 39 ff.; v. 20.9.2007 – C-116/06 (*Kiiski*), Slg. 2007, I-7643 Rn. 24 (ebenfalls zum Arbeitnehmerbegriff der MuSchRL); v.14.10.2010 – C-428/09 (*Union syndicale Solidaires Isère*), Slg. 2010, I-9961 Rn. 27 f. (zum Arbeitnehmerbegriff der AZRL).

572 Dazu eingehend *Ziegler*, Arbeitnehmerbegriffe, S. 79 ff., 402 ff.

573 *Thüsing*, EuArbR, § 2 Rn. 12; vgl. auch *Uffmann*, EuZA 2012, 518, 521 f. und *Wank*, EuZA 2008, 172 f.

574 EuGH v. 11.7.1985 – C-105/84 (*Danmols Inventar*), Slg. 1985, 2639 Rn. 26; *Uffmann*, EuZA 2012, 518, 522; *Ziegler*, Arbeitnehmerbegriffe, S. 412 ff.

Arbeitszeitrichtlinie.[575,576] Er begründet dies mit dem Regelungszusammenhang und dem Zweck der Richtlinie: Sofern diese eine vollständige Harmonisierung anstrebe, könne ungeachtet des Wortlauts nur eine autonome Begriffsauslegung die volle Wirksamkeit der Richtlinie erreichen.[577] Verbreitet wird angenommen, dass der Gerichtshof in der Entscheidung *Del Cerro Alonso*[578] auch für den Arbeitnehmerbegriff bereits trotz eines ausdrücklichen Verweises auf das nationale Recht von einer autonomen unionsrechtlichen Definition ausgegangen sei.[579] Umgekehrt hat der EuGH auch bereits angenommen, dass der Begriff des Arbeitnehmers sich nach nationalem Recht bestimme, obwohl die Richtlinie keinen ausdrücklichen Verweis enthielt.[580] Zur Begründung führte er an, dass die Richtlinie gerade keine vollständige Harmonisierung des Rechts anstrebe.[581] Der EuGH bestimmt den Arbeitnehmerbegriff damit nicht allein anhand des Wortlauts, sondern mitunter nach teleologischen Gesichtspunkten, insbesondere nach der beabsichtigten Harmonisierungsintensität der jeweiligen Richtlinie.[582]

Auch soweit Richtlinien nach diesen Kriterien auf den nationalen Arbeitnehmerbegriff verweisen, lässt der EuGH allerdings den Mitgliedstaaten bei der Definition des persönlichen Anwendungsbereichs nicht völlig freie Hand. Vielmehr sieht er die nationale Definitionshoheit insoweit durch die Grundsätze der praktischen Wirksamkeit und die allgemeinen Grundsätzen des Unionsrechts, insbesondere den Gleichheitsgrundsatz beschränkt.[583] Daher sei es den Mitgliedstaaten verwehrt, willkürlich einzelne Arbeitnehmergruppen durch Einschränkung des

---

575 RL 93/104/EG des Rates vom 23.11.1993 über bestimmte Aspekte der Arbeitszeitgestaltung, ABl. 1993 L 307, S. 18. Es handelt sich um die Vorgängerrichtlinie der AZRL.

576 EuGH v. 9.9.2003 – C-151/02 (*Jaeger*), Slg. 2003, I-8389 Rn. 58 f.; bestätigt in EuGH v. 1.12.2005 – C-14/04 (*Dellas u. a.*), Slg. 2005, I-10253 Rn. 44.

577 EuGH v. 9.9.2003 – C-151/02 (*Jaeger*), Slg. 2003, I-8389 Rn. 58 f.

578 EuGH v. 13.9.2007 – C-307/05 (*Del Cerro Alonso*), Slg. 2007, I-7109.

579 So etwa *Lunk/Rodenbusch*, GmbHR 2012, 188, 191; *Ziegler*, Arbeitnehmerbegriffe, S. 248 f.; vgl. dazu auch unten § 5 B. VIII. 1. b) dd) (2).

580 EuGH v. 11.7.1985 – C-105/84 (*Danmols Inventar*), Slg. 1985, 2639 Rn. 25 ff., vgl. auch *Lunk/Rodenbusch*, GmbHG 2012, 188, 191.

581 EuGH v. 11.7.1985 – C-105/84 (*Danmols Inventar*), Slg. 1985, 2639 Rn. 26.

582 *Lunk/Rodenbusch*, GmbHR 2012, 188, 191; *Thüsing*, ZESAR 2009, 486, 487; *Uffmann*, EuZA 2012, 518, 522; das Vorgehen des EuGH wird in der Literatur teilweise kritisiert, vgl. etwa *Preis/Sagan*, ZGR 2013, 26, 46.

583 EuGH v. 18.1.2007 – C-385/05 (*Confédération générale du travail*), Slg. 2007, I-611 Rn. 35; v. 1.3.2012 – C-393/10 (*O'Brien*), NZA 2012, 313 Rn. 34; s. dazu auch *Uffmann*, EuZA 2012, 518, 519 ff.; *Ziegler*, Arbeitnehmerbegriffe, S. 404 ff.

nationalen Arbeitnehmerbegriffs aus dem Anwendungsbereich einzelner Richtlinien „herauszudefinieren".[584] Gleichwohl verbleibt den Mitgliedstaaten ein weiter Ermessensspielraum.[585]

Will man die Folgen der EuGH-Rechtsprechung für den Arbeitnehmerschutz von Gesellschaftsorganen untersuchen, wäre es daher im Ergebnis zu kurz gegriffen, einige Richtlinien von vornherein allein deshalb von der Betrachtung auszuschließen, weil ihr Wortlaut auf den Arbeitnehmerbegriff der Mitgliedstaaten verweist. Unter Berücksichtigung der vom EuGH aufgestellten Kriterien ist vielmehr jede einschlägige Richtlinie daraufhin zu untersuchen, ob sie den unionsrechtlichen Arbeitnehmerbegriff im Sinne der *Danosa*-Entscheidung zugrunde legt oder den Mitgliedstaaten die Bestimmung überlässt.[586]

B. Untersuchung der einzelnen Richtlinien

I. Die Mutterschutzrichtlinie

Da sich die Entscheidung *Danosa* unmittelbar auf die MuSchRL[587] bezieht, soll im Rahmen der Untersuchung mit dieser begonnen werden.[588]

1. Regelungsgehalt der Richtlinie

Die MuSchRL regelt erstmals umfassend den Schutz von schwangeren Frauen, Wöchnerinnen und stillenden Arbeitnehmerinnen im Arbeitsleben.[589] Ihr Ziel

584 EuGH v. 1.3.2012 – C-393/10 (*O'Brien*), NZA 2012, 313 Rn. 36.

585 *Ziegler*, Arbeitnehmerbegriffe, S. 404 f.; vgl. auch Generalanwältin *Kokott*, Schlussanträge v. 18.5.2004 – C-313/02 (*Wippel*), Slg. 2004, I-9483 Rn. 45.

586 So auch *Lunk/Rodenbusch*, GmbHR 2012, 188, 191; *Schubert*, ZESAR 2011, 5, 7; zweifelnd *Ziegler*, Arbeitnehmerbegriffe, S. 407 f.

587 RL 92/85/EWG des Rates vom 19.10.1992 über die Durchführung von Maßnahmen zur Verbesserung der Sicherheit und des Gesundheitsschutzes von schwangeren Arbeitnehmerinnen, Wöchnerinnen und stillenden Arbeitnehmerinnen am Arbeitsplatz, ABl. 1992 L 348, S. 1.

588 Die MuSchRL wird derzeit überarbeitet, vgl. dazu den Kommissionsvorschlag zur Änderung der MuSchRL v. 3.10.2008, KOM (2008) 637 endg., der seit 2011 im Rat erörtert wird, vgl. zum Verfahrensstand http://ec.europa.eu/prelex/detail_dossier_real.cfm?CL=de&DosId=197460 (Stand: 5.3.2014).

589 *Riesenhuber*, EuArbR, § 20 Rn. 3; zwar sah bereits die GbRL 76/207/EWG ein Verbot der Diskriminierung aufgrund des Geschlechts vor, woraus der EuGH ein

ist die Verbesserung der Sicherheit und des Gesundheitsschutzes der genannten Personengruppen am Arbeitsplatz, vgl. Art. 1 Abs. 1 MuSchRL. Daneben verfolgt sie allerdings auch den Schutz der besonderen Beziehung zwischen der Mutter und dem neugeborenen Kind, die nicht durch die arbeitsbedingte Doppelbelastung in Mitleidenschaft geraten soll.[590] Außerdem dient sie dem Schutz von Frauen vor geschlechtsbedingten Diskriminierungen und soll die Vereinbarkeit von Familie und Beruf fördern.[591]

Zum Zwecke des unmittelbaren Gesundheitsschutzes für Mutter und Kind sind in den Art. 4 und 5 MuSchRL Pflichten des Arbeitgebers zur Beurteilung und Vermeidung gesundheitlicher Risiken für die Schwangere am Arbeitsplatz vorgesehen, die durch bestimmte Beschäftigungsverbote in den Art. 6 und 7 ergänzt werden. Auch der in Art. 8 geregelte Mutterschaftsurlaub von mindestens 14 zusammenhängenden Wochen dient dem Gesundheitsschutz von Mutter und Kind.[592]

Damit der Mutter aus den Beschäftigungsverboten bzw. aus dem Mutterschaftsurlaub keine wirtschaftlichen Nachteile erwachsen, sieht Art. 11 einen Entgeltschutz vor, der allerdings keinen vollständigen Ausgleich bieten muss, sondern auf die Höhe der Sozialleistungen bei krankheitsbedingter Arbeitsunfähigkeit beschränkt werden darf.[593]

Abgesichert wird die Wahrnehmung dieser Rechte schließlich durch das in Art. 10 verankerte Kündigungsverbot während der Schwangerschaft und des Mutterschaftsurlaubs, der die (werdende) Mutter vor den psychischen und physischen Belastungen durch einen möglichen Arbeitsplatzverlust schützen und insbesondere verhindern soll, dass die werdende Mutter sich aus Angst vor einer Entlassung zu einer Abtreibung veranlasst sieht.[594] Erlaubt sind nur solche Kündigungen, die auf einem nicht mit der Schwangerschaft in Zusammenhang stehenden Grund beruhen.[595]

Kündigungsverbot bei schwangerschaftsbedingter Arbeitsunfähigkeit folgerte (zuletzt EuGH v. 30. 6. 1998 – C-394/96 (*Brown*), Slg. 1998, I-4185 Rn. 15 ff.), im Übrigen verzichtete die Richtlinie jedoch auf einen speziellen Schutz schwangerer Arbeitnehmerinnen, vgl. dazu *Rolfs*, in: A/P/S, § 9 MuSchG Rn. 7.

590 EuGH v. 29.11.2001 – C-366/99 (*Griesmar*), Slg. 2001, I-9383, Rn. 43; v. 20.9.2007 – C-116/06 (*Kiiski*), Slg. 2007, I-7643 Rn. 46 m. w. N.

591 *Riesenhuber*, EuArbR, § 20 Rn. 4.

592 Vgl. EuGH v. 20.9.2007 – C-116/06 (*Kiiski*), Slg. 2007, I-7643 Rn. 46.

593 EuGH v. 27.10.1998 – C- 411/96 (*Boyle*), Slg. 1998, I-6401, Rn. 32–35; dazu auch *Riesenhuber*, EuArbR, § 20 Rn. 27.

594 EuGH v. 11.10.2007 – C-460/06 (*Paquay*), Slg. 2007, I-8511 Rn. 30.

595 EuGH v. 11.10.2007 – C-460/06 (*Paquay*), Slg. 2007, I-8511 Rn. 31, 36.

2. Umsetzung im nationalen Recht

Kernbestandteil des deutschen Mutterschutzrechts bildet das Mutterschutzgesetz. Zum Schutz von Arbeitnehmerinnen während der Schwangerschaft, vor und nach der Entbindung sowie während der Stillzeit enthält es Vorschriften zum Gefahrenschutz, zum Entgeltschutz und zum Arbeitsplatzschutz.[596] Weitgehende Änderungen waren zur Umsetzung der MuSchRL nicht erforderlich.[597]

Die §§ 2 ff. MuSchG regeln die Gestaltung des Arbeitsplatzes (§ 2 MuSchG) sowie Beschäftigungsverbote und -beschränkungen für die Zeit kurz vor sowie kurz nach der Geburt (vgl. §§ 3, 4, 6, 7 und 8 MuSchG). Damit der werdenden Mutter durch ihre Schwangerschaft möglichst keine wirtschaftlichen Einbußen entstehen, gewähren ihr die Regelungen der §§ 11–14 MuSchG i. V. m. § 24i SGB V Ansprüche auf finanzielle Leistungen als Ausgleich ihrer durch den Arbeitsausfall bedingten Verdiensteinbußen.[598] Vor den wirtschaftlichen Nachteilen sowie den psychischen Belastungen, die mit einem Arbeitsplatzverlust regelmäßig einhergehen, schützt die (werdende) Mutter schließlich die Kündigungsschutzregelung in § 9 MuSchG.[599]

Flankiert wird das Mutterschutzgesetz durch einige weitere Regelungswerke, etwa die ebenfalls zwecks Umsetzung der MuSchRL erlassene Verordnung zum Schutze der Mütter am Arbeitsplatz, die den Arbeitgeber zu weiteren Maßnahmen der Gefahrenvorbeugung am Arbeitsplatz verpflichtet, die Mutterschutz- und Elternzeitverordnung für Beamtinnen und Beamte des Bundes, die in § 1 die entsprechende Geltung wesentlicher Regelungen des MuSchG auf Beamtinnen anordnet, und die §§ 24c ff. SGB V, die der gesetzlich krankenversicherten Mutter Ansprüche auf Leistungen der gesetzlichen Krankenversicherung gewähren.[600]

596 *Meisel/Sowka*, MuSchG, Einl. Rn. 22; *Rolfs*, in: A/P/S, § 9 MuSchG Rn. 1.

597 *Riesenhuber*, EuArbR, § 20 Rn. 34; ausführlich *Zmarzlik*, BB 1997, 474 ff.; die Umsetzung des MuSchG erfolgte durch das Gesetz zur Änderung des Mutterschutzrechts vom 20.12.1996 sowie ergänzend durch die Mutterschutzrichtlinienverordnung vom 15.4.1997, dazu *Meisel/Sowka*, MuSchG, Einl. Rn. 21i.

598 S. hierzu ausführlich *Pepping*, in: HK-MuSchG, Vor §§ 3–8 Rn. 20 ff.

599 *Meisel/Sowka*, MuSchG, Einl. Rn. 25.

600 Vgl. zu weiteren Regelungen den Überblick bei *Pepping*, in: HK-MuSchG, Vor §§ 1 und 2 Rn. 1.

3. Meinungsstand zur Anwendbarkeit des MuSchG auf Gesellschaftsorgane

Vor der *Danosa*-Entscheidung war es weit überwiegende Meinung, dass die Mitglieder geschäftsführender Gesellschaftsorgane nicht in den persönlichen Anwendungsbereich des MuSchG fallen.[601] Dies wurde zumeist damit begründet, dass die Anwendbarkeit des MuSchG gemäß § 1 Nr. 1 das Bestehen eines Arbeitsverhältnisses im arbeitsrechtlichen Sinne voraussetze. Geschäftsführende Organmitglieder seien aber keine Arbeitnehmer, sie nähmen Arbeitgeberfunktion wahr und es fehle an der persönlichen Abhängigkeit.[602] Außerdem bedeute die Einbeziehung von weiblichen Organmitgliedern in den Schutzbereich des MuSchG einen zu weitgehenden Sozialschutz, der rechtspolitisch verfehlt wäre.[603] Auch eine analoge Anwendung des MuSchG wurde überwiegend verneint.[604] Es fehle an einer planwidrigen Regelungslücke, denn § 1 MuSchG definiere den geschützten Personenkreis abschließend.[605]

Nur diejenigen, die mit der Rechtsprechung des BAG annahmen, dass die Organstellung der Arbeitnehmereigenschaft nicht grundsätzlich entgegensteht und bei Vorliegen persönlicher Abhängigkeit zumindest der GmbH-Geschäftsführer im Einzelfall Arbeitnehmer sein kann, gingen in diesen Fällen auch konsequent von der Anwendbarkeit des MuSchG aus.[606] Angesichts der engen

601 BSG v. 24.11.1983, ErsK 1984, 184; *Graue*, MuSchG, § 1 Rn. 16; *Kleindiek*, in: Lutter/Hommelhoff, GmbHG (17. Aufl.), Anh. § 6 Rn. 47; *Lenz*, MuSchG, § 1 Rn. 2; *Meisel/Sowka*, MuSchG, § 1 Rn. 20; *Paefgen*, in: U/H/W, GmbHG, § 35 Rn. 144; *Pepping*, in: HK-MuSchG, § 1 Rn. 30; *Rolfs*, in: A/P/S (3. Aufl.), § 9 MuSchG Rn. 18; *Schlachter*, in: ErfK (10. Aufl.), § 1 MuSchG Rn. 3; *Söhngen/Zwanziger*, in: K/D/Z, KSchR, § 9 MuSchG Rn. 6; *Tebben*, in: Michalski, GmbHG, § 6 Rn. 125; *Willikonsky*, MuSchG, § 1 Rn. 12; *Z/Z/V/V*, MuSchG, § 1 Rn. 14; *Zöllner/Noack*, in: Baumbach/Hueck, GmbHG (19. Aufl.), § 35 Rn. 178.

602 BSG v. 24.11.1983, ErsK 1984, 184; *Lenz*, MuSchG, § 1 Rn. 2; *Pepping*, in: HK-MuSchG, § 1 Rn. 30; *Willikonsky*, MuSchG, § 1 Rn. 12.

603 *Paefgen*, in: U/H/W, GmbHG, § 35 Rn. 144; *Zöllner/Noack*, in: Baumbach/Hueck, GmbHG (19. Aufl.), § 35 Rn. 178.

604 *Buchner/Becker*, MuSchG, § 1 Rn. 96; *Lunk*, FS Bauer, S. 705, 707; *Pepping*, in: HK-MuSchG, § 1 Rn. 30.

605 *Buchner/Becker*, MuSchG, § 1 Rn. 96; *Lunk*, FS Bauer, S. 705, 707.

606 BAG v. 26.5.1999, NZA 1999, 987, 988; *Buchner/Becker*, MuSchG, § 1 Rn. 95; *Fiebig/Böhm*, in: HK-KSchR, § 9 MuSchG Rn. 2; *Linck*, in: Schaub (13. Aufl.), § 166 Rn. 8.

Voraussetzungen, die das BAG insoweit aufstellt,[607] führte diese Auffassung allerdings praktisch nur in Ausnahmefällen zu abweichenden Ergebnissen.[608]

Nur vereinzelt wurde die Nichteinbeziehung von Organmitgliedern bereits vor der Entscheidung *Danosa* kritisiert und ihre Vereinbarkeit mit verfassungsrechtlichen Vorgaben bezweifelt.[609] Im Hinblick auf Fremdgeschäftsführerinnen bzw. nur minderheitlich an der GmbH beteiligten Gesellschafter-Geschäftsführerinnen wurde aufgrund einer vergleichbaren Schutzbedürftigkeit mit Arbeitnehmerinnen vereinzelt auch bereits die direkte oder analoge Anwendung des MuSchG gefordert.[610] Zumeist wurde die Anwendbarkeit allerdings auf einzelne Normen reduziert oder es wurden einzelne Normen von der Anwendbarkeit ausgeschlossen.[611] Soweit eine analoge Anwendung des besonderen Kündigungsschutzes des § 9 MuSchG befürwortet wurde, sollte dieser sich jedenfalls auf das Anstellungsverhältnis beschränken, so dass eine etwaige Abberufung aus Gründen der Schwangerschaft weiterhin zulässig sein sollte.[612]

Infolge der *Danosa*-Entscheidung wird inzwischen nunmehr verbreitet vertreten, das MuSchG sei im Wege einer europarechtskonformen Auslegung des Arbeitnehmerbegriffs in § 1 Nr. 1 MuSchG auch auf Arbeitnehmer-Organmitglieder anzuwenden.[613]

4. Arbeitnehmerbegriff der Richtlinie

Eine unionsrechtlich gebotene Einbeziehung geschäftsführender Gesellschaftsorgane in den Anwendungsbereich des MuSchG setzt voraus, dass der

607 BAG v. 24.11.2005, NZA 2006, 366, 367: Begrenzung auf „extreme Ausnahmefälle“, vgl. auch bereits oben § 2 C. III. 1. b) aa).

608 *Lunk*, FS Bauer, S. 705, 706.

609 BSG v. 16.2.2005, NZA-RR 2005, 542, 544 f.; *Hümmerich*, NJW 1995, 1177, 1181; eingehend *Lunk*, FS Bauer, S. 705, 707 ff. auch bereits im Hinblick auf die Vereinbarkeit mit europarechtlichen Vorgaben; *Oberrath*, MDR 1999, 134, 139.

610 *Diller*, Gesellschafter und Gesellschaftsorgane, S. 74 f.; *Gissel*, Arbeitnehmerschutz, S. 131 ff.; *Henssler*, RdA 1992, 289, 296; *Kuhn*, Abgestuftes Arbeitsrecht, S. 187 ff.; *Miller*, ZIP 1981, 578, 582; *U. H. Schneider/Sethe*, in: Scholz, GmbHG (10. Aufl.), § 35 Rn. 180; *Wehrmeyer*, Einordnung der Organe, S. 188; für eine teilweise Anwendung *Wank*, FS Wiedemann, S. 587, 594.

611 Vgl. hierzu die Übersicht bei *Kuhn*, Abgestuftes Arbeitsrecht, S. 127 f.

612 *Gissel*, Arbeitnehmerschutz, S. 144 f.; *Kuhn*, Abgestuftes Arbeitsrecht, S. 190.

613 Vgl. zum Meinungsstand infolge der *Danosa*-Entscheidung ausführlich unter § 5 B. I. 5. a).

MuSchRL der unionsrechtliche Arbeitnehmerbegriff im Sinne von Art. 45 AEUV zugrunde liegt.

a) Normative Grundlagen

Die MuSchRL verzichtet zwar auf eine ausdrückliche Regelung ihres Anwendungsbereiches, nennt allerdings in Art. 1 Abs. 1 als Ziel der Richtlinie den Schutz von schwangeren Arbeitnehmerinnen, Wöchnerinnen und stillenden Arbeitnehmerinnen und steckt damit gleichsam ihren Anwendungsbereich ab.[614] In Art. 2 MuSchRL werden die genannten Personengruppen sodann näher definiert. Art. 2 lit. a) MuSchRL beschreibt als „schwangere Arbeitnehmerin" jede schwangere Arbeitnehmerin, die den Arbeitgeber gemäß den einzelstaatlichen Rechtsvorschriften und/oder Gepflogenheiten von ihrer Schwangerschaft unterrichtet. „Wöchnerin" ist gemäß Art. 2 lit. b) MuSchRL jede Arbeitnehmerin kurz nach einer Entbindung im Sinne der einzelstaatlichen Rechtsvorschriften und/oder Gepflogenheiten, die den Arbeitgeber gemäß diesen Rechtsvorschriften und/oder Gepflogenheiten von ihrer Entbindung unterrichtet. Art. 2 lit. c) MuSchRL schließlich definiert als „stillende Arbeitnehmerin" jede stillende Arbeitnehmerin im Sinne der einzelstaatlichen Rechtsvorschriften und/oder Gepflogenheiten, die den Arbeitgeber gemäß diesen Rechtsvorschriften und/oder Gepflogenheiten darüber unterrichtet, dass sie stillt.

Damit enthält die Richtlinie bei der Umschreibung aller drei Personengruppen jedenfalls hinsichtlich des Unterrichtungserfordernisses einen Verweis auf das nationale Recht. Inwieweit dieser Verweis sich auch auf den Begriff „Arbeitnehmerin" bezieht, ergibt sich aus dem Wortlaut der Regelungen hingegen nicht eindeutig.

b) Rechtsprechung des EuGH

Der EuGH hatte die Frage, ob sich der Arbeitnehmerbegriff der MuSchRL nach Unionsrecht oder nach mitgliedsstaatlichem Recht bestimmt, bereits vor der *Danosa*-Entscheidung in der Rechtssache *Kiiski* behandelt. Dort ging er davon aus, dass sich aus der Definition des Art. 2 lit. a) MuSchRL ergebe, dass der Richtliniengeber den Begriff der „schwangeren Arbeitnehmerin" gemeinschaftsautonom definieren wolle, auch wenn bezüglich der Unterrichtungsmodalitäten auf die

614 *Ziegler*, Arbeitnehmerbegriffe, S. 284.

nationalen Rechtsvorschriften bzw. Gepflogenheiten verwiesen werde.[615] Wesentliches Merkmal eines Arbeitsverhältnisses sei daher, dass eine Person während einer bestimmten Zeit Leistungen für eine andere Person nach deren Weisungen erbringe, für die sie als Gegenleistung eine Vergütung erhalte.[616] Damit greift der EuGH für den Arbeitnehmerbegriff der MuSchRL auf die *Lawrie-Blum*-Formel zurück.[617]

In der *Danosa*-Entscheidung bestätigt der Gerichtshof die *Kiiski*-Rechtsprechung dann ausdrücklich und stützt sich dabei bereits auf eine „ständige Rechtsprechung".[618] Eine Begründung des EuGH für die Annahme, dass die Richtlinie den unionsautonomen Arbeitnehmerbegriff zugrunde legt, findet sich – bis auf die Berufung auf den Wortlaut des Art. 2 lit. a) MuSchRL in der Entscheidung *Kiiski* – nicht.

c) Literatur

Bevor sich der EuGH erstmals zum Arbeitnehmerbegriff der MuSchRL geäußert hatte, ging die herrschende Meinung im Schrifttum aufgrund des in Art. 1 Abs. 2 MuSchRL enthaltenen Verweises auf die Bestimmungen der ArbSchRL davon aus, dass der in Art. 3 lit. a) ArbSchRL definierte Arbeitnehmerbegriff auch im Rahmen der MuSchRL Geltung beanspruche.[619] Art. 3 lit. a) ArbSchRL definiert den Arbeitnehmer als „jede Person, die von einem Arbeitgeber beschäftigt wird, einschließlich Praktikanten und Lehrlingen, jedoch mit Ausnahme von Hausangestellten" und bestimmt ihren Arbeitnehmerbegriff damit nach herrschender Meinung ebenfalls unionsrechtlich.[620] Inhaltlich wird dafür im Grundsatz auf die zu Art. 45 AEUV entwickelten Kriterien zurückgegriffen.[621] Allerdings soll der unionsrechtliche Arbeitnehmerbegriff für die Zwecke der ArbSchRL eine erweiterte Auslegung erfahren: so soll es etwa auf die Entgeltlichkeit der

---

615 EuGH v. 20.9.2007 – C-116/06 (*Kiiski*), Slg. 2007, I-7643 Rn. 24.

616 EuGH v. 20.9.2007 – C-116/06 (*Kiiski*), Slg. 2007, I-7643 Rn. 25.

617 Vgl. *Oberthür*, NZA 2011, 253, 254; *Riesenhuber*, EuArbR, § 20 Rn. 11.

618 EuGH v. 11.11.2010 – C-232/09 (*Danosa*), Slg. 2010, I-11405 Rn. 39.

619 *Birk*, in: MünchArbR (2. Aufl.), § 19 Rn. 384; *Klein-Jahns*, EAS B 5100 Rn. 14; *Nebe*, Mutterschutz, S. 127; *Reiner*, EuZA 2009, 79, 82; *Riesenhuber*, EuArbR, § 20 Rn. 11; teilweise modifizierend *Pottschmidt*, Arbeitnehmerähnliche Personen, S. 252 sowie *Ziegler*, Arbeitnehmerbegriffe, S. 293.

620 *Birk*, in: MünchArbR (2. Aufl.), § 19 Rn. 401; *Kohte*, in: Kollmer/Klindt, ArbSchG, § 2 Rn. 32; *Reiner*, EuZA 2009, 79, 82; *Riesenhuber*, EuArbR, § 13 Rn. 9; *Wank*, EuZA 2008, 172, 185; *Ziegler*, Arbeitnehmerbegriffe, S. 272 ff.

621 *Riesenhuber*, EuArbR, § 13 Rn. 9; *Ziegler*, Arbeitnehmerbegriffe, S. 280.

Tätigkeit oder die Geringfügigkeitsgrenze nicht ankommen.[622] Teilweise wird auch die Einbeziehung arbeitnehmerähnlicher Personen oder gar Selbständiger befürwortet.[623] Dies ergebe sich aus dem von Art. 45 AEUV abweichenden Schutzzweck: Während die Arbeitnehmerfreizügigkeit vorrangig die Stärkung des europäischen Binnenmarktes und damit ein wirtschaftliches Ziel verfolge, bezwecke die ArbSchRL den Gesundheitsschutz, bei dem es auf Faktoren wie Entgeltlichkeit oder den geringen Umfang einer Beschäftigung nicht ankommen könne.[624]

Ein Teil der Literatur schließt sich inzwischen der Sichtweise des EuGH an und will der MuSchRL ungeachtet des Verweises auf die Arbeitsschutzrichtlinie „den" unionsrechtlichen Arbeitnehmerbegriff zugrunde legen, wobei unter „dem" Arbeitnehmerbegriff im Sinne des Unionsrechts regelmäßig jener im Sinne von Art. 45 AEUV verstanden wird.[625] Dabei wird allerdings mehrheitlich davon ausgegangen, dass die Richtlinie in Art. 2 nur teilweise auf den unionsrechtlichen Arbeitnehmerbegriff abstellt und damit gewissermaßen einen gespaltenen Arbeitnehmerbegriff verwendet: Aus der Systematik der Regelung ergebe sich, dass die Richtlinie hinsichtlich der Begriffe „Wöchnerin" und „stillende Arbeitnehmerin" in Art. 2 lit. b) und c) vollumfänglich auf die nationalen Rechtsvorschriften und Gepflogenheiten verweise, für den Begriff der „schwangeren Arbeitnehmerin" in Art. 2 lit. a) hingegen nur bezüglich der Unterrichtungsmodalitäten einen Verweis auf das mitgliedstaatliche Recht enthalte und damit im Übrigen von einem unionsrechtlichen Begriffsverständnis ausgehe.[626] Es handele sich um eine inhomogene Regelung, die die Arbeitnehmerin vor und nach der Geburt nach unterschiedlichen Maßstäben beurteile.[627]

---

622 *Julius*, Arbeitsschutz S. 46 ff.; *Kohte*, in: Kollmer/Klindt, ArbSchG, § 2 Rn. 37 f.; *Ziegler*, Arbeitnehmerbegriffe, S. 280 ff.

623 Für die Einbeziehung Arbeitnehmerähnlicher: *Kohte*, in: Kollmer/Klindt, ArbSchG, § 2 Rn. 38; *Rebhahn*, RdA 2009, 236, 248; *Wank*, EuZA 2009, 172, 185 f.; teilweise auch *Pottschmidt*, Arbeitnehmerähnliche Personen, S. 229 ff., 231; eine Einbeziehung Selbständiger erwägt *v. Roetteken*, NZA 2001, 414, 418.

624 *Kohte*, in: Kollmer/Klindt, ArbSchG, § 2 Rn. 38 m. w. N.

625 *Leopold*, ZESAR 2011, 362, 363; *Oberthür*, NZA 2011, 253; *Reiserer*, DB 2011, 2262, 2266; *dies.*, in: MAH ArbR, § 6 Rn. 67; *Schubert*, EuZA 2011, 362, 364.

626 *Lunk/Rodenbusch*, GmbHR 2012, 188, 191; *Oberthür*, NZA 2011, 253; *Preis/Sagan*, ZGR 2013, 26, 36; *Reiserer*, DB 2011, 2262, 2266; *Schubert*, EuZA 2011, 262, 264; ebenso bereits *Lunk*, FS Bauer, S. 705, 711, der dieses Ergebnis jedoch als „legislative Fehlleistung" kritisiert.

627 *Schubert*, EuZA 2011, 262, 264.

Nach dem Verständnis von *Rebhahn* hingegen verweist die MuSchRL auch in Art. 2 lit. a) nicht nur bezüglich der Schwangerschaftsunterrichtung, sondern bereits hinsichtlich der Arbeitnehmereigenschaft auf die mitgliedsstaatlichen Vorschriften. Er geht folglich von einem rein nationalen Begriffsverständnis aus. Dafür sprächen der Wortlaut des Art. 2, die Formulierung in anderen Sprachfassungen sowie der systematische Vergleich mit Art. 2 lit. b) und c), in denen ebenfalls ein vollumfänglicher Verweis enthalten sei.[628]

d) Stellungnahme

aa) Unionsrechtlicher Arbeitnehmerbegriff oder Verweis auf nationales Recht?

Zunächst soll die Frage geklärt werden, ob die MuSchRL den Begriff der Arbeitnehmerin unionseinheitlich definiert oder insoweit auf das mitgliedsstaatliche Verständnis abstellt.

(1) Wortlaut und Systematik

Alle in Art. 2 MuSchRL aufgeführten Definitionen verweisen nach ihrem Wortlaut auf die „einzelstaatlichen Rechtsvorschriften und/oder Gepflogenheiten". Die Grammatik der einzelnen Definitionen spricht allerdings für eine jeweils unterschiedliche Reichweite dieses Verweises in den lit. a)-c): Indem der Verweis in Art. 2 lit. a) MuSchRL Teil erst des zweiten Halbsatzes der Definition ist, scheint er den ersten Definitionsteil und damit den Begriff der „schwangeren Arbeitnehmerin" nicht zu erfassen. In Art. 2 lit. b) und c) hingegen findet sich ein Verweis auf das nationale Recht jeweils in beiden Halbsätzen und scheint sich somit auch auf den Begriff der „Arbeitnehmerin" zu beziehen. Dieser unterschiedliche Satzbau legt die Auffassung nahe, dass die Richtlinie für die Begriffe der „Wöchnerin" und der „stillenden Arbeitnehmerin" in Art. 2 lit. b) und c) vollumfänglich auf das Recht der Mitgliedstaaten verweist und im Umkehrschluss den Begriff der „schwangeren Arbeitnehmerin" in Art. 2 lit. a) – abgesehen von den Unterrichtungsmodalitäten – unionseinheitlich autonom definieren will.

Allerdings erscheint auch ein Verständnis nicht ausgeschlossen, wonach auch die Verweise in Art. 2 lit. b) und c) auf das mitgliedstaatliche Recht nicht den Arbeitnehmerbegriff erfassen, sondern sich lediglich auf die Begriffe „kurz nach der Entbindung" und „stillend" beziehen.[629] Davon scheint auch die Kommission in

628 *Rebhahn*, EuZA 2012, 3, 24; tendenziell auch *Schiefer/Worzalla*, ZfA 2013, 41, 51 f.
629 So wohl das Verständnis von *Ziegler*, Arbeitnehmerbegriffe, S. 290.

ihrem Bericht über die Durchführung der Richtlinie auszugehen, denn sie geht lediglich auf die mitgliedstaatlichen Unterschiede in Bezug auf die zeitliche Dimension des Schutzes von Wöchnerinnen und stillenden Arbeitnehmerinnen ein, nicht hingegen auf unterschiedliche Definitionen des Arbeitnehmerbegriffs als solchem.[630]

Auch ein Blick in andere Sprachfassungen der Richtlinie ist wenig aufschlussreich: Sowohl in der englischsprachigen als auch in der französischsprachigen Fassung[631] ist aufgrund der Kommasetzung ebenfalls unklar, ob sich der Verweis auf das nationale Recht in Art. 2 lit. a) MuSchRL lediglich auf die Unterrichtung oder auch auf den Begriff der Arbeitnehmerin beziehen soll.[632]

Im Ergebnis lassen damit sowohl der Wortlaut des Art. 2 MuSchRL als auch die Systematik der Vorschrift mehrere Interpretationen hinsichtlich der Reichweite des Verweises auf das nationale Recht zu.

(2) Entstehungsgeschichte

Die Materialien zur Entstehung der Richtlinie geben keinen Hinweis darauf, dass die Frage, ob für den Arbeitnehmerbegriff die unionsrechtlichen oder die jeweils nationalen Maßstäbe gelten sollen, umstritten gewesen wäre.

Allerdings definierten sowohl der erste Richtlinienvorschlag der Kommission[633] als auch der nach Beteiligung des Parlamentes und des Wirtschafts- und

---

630 Bericht der Kommission über die Durchführung der MuSchRL v. 15.3.1999, KOM (1999) 100 endg., S. 22.; a. A. *Lunk*, nach dessen Verständnis die Äußerungen der Kommission darauf hinweisen, dass auch sie von einem „gespalteten" Arbeitnehmerbegriff in Art. 2 lit. a) einerseits und in den lit b) und c) andererseits ausgeht, FS Bauer, S. 705, 711; ebenso *Preis/Sagan*, ZGR 2013, 26, 36 und *Schubert*, EuZA 2011, 362, 364. Wie hier hingegen das Verständnis von *Ziegler*, Arbeitnehmerbegriffe, S. 288 (dort Fn. 660).

631 In der englischen Fassung heißt es in Art. 2 lit. a): "pregnant worker shall mean a pregnant worker who informs her employer of her condition, in accordance with national legislation and/or national practice".
Die französische Fassung lautet: "On entend par "travailleuse enceinte": toute travailleuse enceinte qui informe l'employeur de son état, conformément aux législations et/ou pratiques nationals"; vergleichbar sind die Formulierungen etwa in der spanischen, italienischen oder niederländischen Sprachfassung, vgl. jeweils Art. 2 lit a).

632 Nach dem Verständnis von *Rebhahn* spricht die Kommasetzung in den anderen Sprachfassungen hingegen für einen Verweis auf das nationale Recht auch bezüglich der Arbeitnehmereigenschaft, EuZA 2012, 3, 24.

633 Vorschlag für eine Richtlinie des Rates über den Schutz von Schwangeren oder Wöchnerinnen am Arbeitsplatz, KOM (90) 406 endg.

Sozialausschusses geänderte Entwurf[634] die einzelnen Personengruppen (schwangere Arbeitnehmerinnen, Wöchnerinnen, stillende Arbeitnehmerinnen) noch nicht getrennt, sondern einheitlich, wobei sich der Verweis auf das nationale Recht nach dem Wortlaut erkennbar nur auf die Unterrichtung bezog.[635] Dies spricht dafür, dass die Kommission in ihren Vorschlägen jedenfalls keinen „gespaltenen" Arbeitnehmerbegriff vor Augen hatte. Allerdings ist nicht ersichtlich, warum es letztlich zu einer Änderung im Wortlaut der Definition kam, so dass unklar bleibt, inwieweit der Richtliniengeber diese Auffassung übernommen hat.

(3) Sinn und Zweck

Ziel der MuSchRL ist die Verbesserung der Sicherheit und des Gesundheitsschutzes von schwangeren Arbeitnehmerinnen, Wöchnerinnen und stillenden Arbeitnehmerinnen (vgl. Art. 1 Abs. 1 MuSchRL). Daneben bezweckt sie auch den Schutz des ungeborenen Lebens.[636]

Der Schutz der Gesundheit der Frau und des ungeborenen Lebens sind Güter von höchster Bedeutung mit menschenrechtlichem Gehalt[637] und überdies in Art. 2 Abs. 1 und Art. 3 Abs. 1 GRC verankert.[638] Darüber hinaus verstärkt Art. 31 Abs. 1 GRC den Gesundheitsschutz speziell für Arbeitnehmer durch das vorbehaltlos gewährleistete Recht auf gesunde, sichere und würdige Bedingungen am Arbeitsplatz. Der hohe Wert des Schutzgutes spricht dafür, die Definition des Personenkreises, dem dieser Schutz zuteil wird, grundsätzlich nicht den Mitgliedstaaten zu überlassen, sondern einheitlich festzulegen, um

---

634 Änderung des Vorschlags für eine Richtlinie des Rates über Maßnahmen zur Förderung von Verbesserungen im Bereich der Sicherheit und des Gesundheitsschutzes von Schwangeren, Wöchnerinnen und stillenden Müttern am Arbeitsplatz, KOM (90) 692 endg.

635 Vgl. Art. 2 des Entwurfes KOM (90) 406 endg.: „Im Sinne dieser Richtlinie gelten als „Schwangere und Wöchnerinnen" die Arbeitnehmerinnen während der Schwangerschaft und kurz nach der Entbindung, die den Arbeitgeber den einzelstaatlichen Rechtsvorschriften oder Gepflogenheiten entsprechend [...] über ihren Zustand informieren". Die Formulierung in Art. 2 des Änderungsentwurfes KOM (90) 692 endg. erweitert den Anwendungsbereich auf Arbeitnehmerinnen während der Stillzeit, ist im Übrigen aber identisch.

636 *Ziegler*, Arbeitnehmerbegriffe, S. 290.

637 *Ziegler*, Arbeitnehmerbegriffe, S. 290, 276.

638 Streitig ist allerdings, ob die GRC insoweit auch das ungeborene Leben schützt, vgl. zum Streitstand *Calliess*, in: Calliess/Ruffert, EUV/AEUV, Art. 2 GRC Rn. 6 ff.

wettbewerbsbedingte Schutzlücken weitestgehend zu schließen.[639] Zwar dienen nicht alle Bestimmungen der Richtlinie unmittelbar dem Gesundheitsschutz, sondern schützen durch die Entgeltfortzahlung oder das Kündigungsverbot zum Teil auch wirtschaftliche Positionen und damit ein weitaus weniger bedeutsames Rechtsgut. Allerdings besteht ein unmittelbarer Zusammenhang zwischen beidem, denn sowohl die Entgeltfortzahlung, als auch das Kündigungsverbot stellen sicher, dass die (werdende) Mutter diejenigen Rechte, die unmittelbar ihrem Gesundheitsschutz dienen, auch in jedem Fall tatsächlich wahrnehmen kann. Ohne die wirtschaftliche Absicherung ihrer Rechte könnte sie sich ggf. aufgrund finanzieller Zwänge veranlasst sehen, auf dessen Wahrnehmung zu verzichten.[640] Mittelbar dienen auch sie daher dem Gesundheitsschutz von Mutter und Kind.

Indem jede Benachteiligung wegen einer Schwangerschaft zugleich eine unmittelbare Diskriminierung aus Gründen des Geschlechts darstellt,[641] besteht zudem ein enger Zusammenhang zwischen dem Mutterschutz und den Grundsätzen der Gleichheit und der Nichtdiskriminierung von Männern und Frauen.[642] Hierbei handelt es sich um allgemeine Grundsätze des Unionsrechts, denen der EuGH ebenfalls fundamentale Bedeutung zuspricht[643] und die darüber hinaus grundrechtlich verankert sind (vgl. Art. 23 GRC). Die Grundsätze der Gleichheit und Nichtdiskriminierung können durch eine unionseinheitliche Auslegung des Arbeitnehmerbegriffs der MuSchRL effektiver verwirklicht werden, als wenn man den Mitgliedstaaten Einschränkungen im Rahmen des personellen Anwendungsbereichs der Richtlinie zugestehen würde. Die Schutzzwecke der MuSchRL sprechen damit für eine unionsautonome Auslegung des Arbeitnehmerbegriffs.

Wenig überzeugend ist es unter Schutzzweckgesichtspunkten allerdings, insoweit eine differenzierte Betrachtung in den lit. a) – c) des Art. 2 MuSchRL

---

639 Ebenso *Ziegler*, Arbeitnehmerbegriffe, S. 290; kritisch insoweit *Preis/Sagan*, ZGR 2013, 26, 35 die das Erfordernis einer unionseinheitlichen Auslegung des Arbeitnehmerbegriffs im Rahmen der MuSchRL aufgrund des zu Art. 45 AEUV verschiedenen Schutzzwecks bezweifeln.

640 Vgl. BE 15–17 MuSchRL sowie für das Kündigungsverbot EuGH v. 30.6.1998 – C-394/96 (*Brown*), Slg. 1998, I-4185 Rn. 18; v. 11.10.2007 – C-460/06 (*Paquay*), Slg. 2007, I-8511 Rn. 30; ebenso bereits *Ziegler*, Arbeitnehmerbegriffe, S. 290 f.

641 EuGH v. 27.10.1998 – C-411/96 (*Boyle*), Slg. 1998 I-6401, Rn. 39 ff.; v. 30.3.2004 – C-147/02 (*Alabaster*), Slg. 2004, I-3101 Rn. 47 ff.; v. 11.11.2010 – C-232/09 (*Danosa*), Slg. 2010, I-11405 Rn. 65 ff.

642 *Riesenhuber*, EuArbR, § 20 Rn. 8.

643 Vgl. nur EuGH v. 13.9.2007 – C-307/05 (*Del Cerro Alonso*), Slg. 2007, I-7109 Rn. 27.

vorzunehmen: Es ist kein Grund ersichtlich, nur für den Begriff der „schwangeren Arbeitnehmerin" den unionsrechtlichen Arbeitnehmerbegriff heranzuziehen, für die Begriffe „Wöchnerin" und „stillenden Arbeitnehmerin" hingegen auf die Arbeitnehmereigenschaft nach nationalem Recht abzustellen, denn auch unmittelbar nach der Geburt sowie während der Stillzeit ist die Gesundheit einer Frau besonderen Risiken ausgesetzt und bedarf daher eines besonderen Schutzes.[644] Das Schutzgut ist damit vor wie nach der Geburt dasselbe und verliert nicht an Bedeutung, so dass es auch nicht gerechtfertigt ist, hinsichtlich des geschützten Personenkreises zu differenzieren. Diese Auslegung ist auch mit dem Wortlaut der Definitionen vereinbar, wenn man die zusätzlichen Verweise in den ersten Halbsätzen des Art. 2 lit. b) und c) MuSchRL nur auf die Merkmale „kurz nach der Geburt" und „stillend" bezieht.

(4) Zwischenergebnis

Wortlaut, Systematik und Entstehungsgeschichte der MuSchRL geben keine eindeutige Antwort auf die Frage, ob der Arbeitnehmerbegriff der Richtlinie nach nationalem Recht oder unionsautonom zu bestimmen ist. Aus teleologischen Gründen ist letzteres jedoch vorzugswürdig. Dies gilt auch für die Begriffe der stillenden Arbeitnehmerin sowie der Wöchnerin.

bb) Art. 45 AEUV oder Art. 3 lit. a) ArbSchRL?

Wie bereits gezeigt geht ein erheblicher Teil der Lehre davon aus, dass die MuSchRL auf den unionsrechtlichen Arbeitnehmerbegriff der ArbSchRL verweist.[645] Dafür spricht Art. 1 Abs. 2 MuSchRL, wonach für den gesamten Bereich der Richtlinie die Regelungen der ArbSchRL zur Anwendung kommen. Dem Wortlaut nach handelt es sich um einen umfassenden Verweis, der folglich auch Art. 3 ArbSchRL erfasst. Zudem verfolgen beide Richtlinien denselben Schutzzweck, indem sie dem Gesundheitsschutz am Arbeitsplatz dienen.

Da der Arbeitnehmerbegriff der ArbSchRL inhaltlich weitgehend mit dem des Art. 45 AEUV übereinstimmt, ist es jedenfalls für die Frage nach dem Schutz von Organmitgliedern unerheblich, ob man direkt auf Art. 45 AEUV abstellt oder den Umweg über die ArbSchRL geht, denn die Diskrepanzen[646] haben jedenfalls für die Beurteilung der Arbeitnehmereigenschaft

644 Vgl. BE 8 MuSchRL.

645 Vgl. oben § 5 B. I. 4. c).

646 Dazu oben § 5 B. I. 4. c).

von geschäftsführenden Gesellschaftsorganen keine Auswirkungen: diese führen ihre Tätigkeit in aller Regel weder ehrenamtlich aus, noch stellt sich ihre Tätigkeit als „völlig untergeordnet und unwesentlich" dar, so dass sie nach beiden Ansichten als Arbeitnehmer zu qualifizieren sind. Im Übrigen ist das Verständnis des Arbeitnehmerbegriffs im Sinne der ArbSchRL tendenziell weiter als das zu Art. 45 AEUV, so dass Organmitglieder, die bereits unter den Arbeitnehmerbegriff im Sinne von Art. 45 AEUV fallen, erst recht auch von Art. 3 lit. a) ArbSchRL erfasst werden.

cc) Ergebnis

Die MuSchRL ist auf Arbeitnehmerinnen im Sinne des unionsrechtlichen Begriffsverständnisses anwendbar. Unabhängig davon, ob man dafür auf die zu Art. 45 AEUV entwickelte *Lawrie-Blum*-Formel oder aber auf Art. 3 lit. a) ArbSchRL abstellt, sind Arbeitnehmer-Organmitglieder in ihren Schutzbereich einzubeziehen.

5. Konsequenzen für den persönlichen Anwendungsbereich des MuSchG

Daran anknüpfend stellt sich die Frage, ob und wenn ja wie der durch die MuSchRL intendierte Schutz für geschäftsführende Organmitglieder auf nationaler Ebene verwirklicht werden kann.

a) Meinungsstand

Teilweise wird auch nach *Danosa* an der Nichtanwendbarkeit des MuSchG auf Organmitglieder festgehalten.[647] Soweit aufgrund der *Danosa*-Entscheidung eine Einbeziehung von Arbeitnehmer-Organmitgliedern in das Mutterschutzrecht für notwendig gehalten wird, plädiert die herrschende Ansicht dafür, den Schutz im Wege einer richtlinienkonformen Auslegung des Arbeitnehmerbegriffs in § 1 Nr. 1 MuSchG zu gewährleisten.[648] Der Begriff des Arbeitnehmers sei gesetzlich

---

647 Etwa *Altmeppen*, in: Roth/Altmeppen, GmbHG, § 6 Rn. 77; *Koppensteiner/Gruber*, in: Rowedder/Schmidt-Leithoff, GmbHG, § 35 Rn. 78; *Marsch-Barner/Diekmann*, in: MünchGesR III, § 43 Rn. 9.

648 *Baeck/Winzer*, NZG 2011, 101; *Fischer*, NJW 2011, 2329, 2331; *Grobys*, in: MAH ArbR, § 80 Rn. 12; *Hergenröder*, in: H/W/K, § 1 MuSchG Rn. 4; *Junker*, NZA 2011,

nicht definiert und daher auslegungsfähig.[649] Außerdem entspreche die erweiterte Auslegung dem Willen des Gesetzgebers, der mit der Verabschiedung des MuSchG unter anderem die Umsetzung der MuSchRL bezweckt habe.[650]

Teilweise wird eine europarechtskonforme Auslegung des Arbeitnehmerbegriffs im Sinne von § 1 MuSchG hingegen mit dem Argument abgelehnt, dass der durch die Rechtsprechung des BAG konkretisierte Begriff des „Arbeitsverhältnisses" eine Wortlautgrenze bilde, die der erweiterten Anwendung des MuSchG entgegenstehe.[651] Der europarechtlich gebotene Kündigungsschutz sei allenfalls über eine Heranziehung der §§ 138, 242 BGB zu erreichen.[652] Vereinzelt wird auch eine unmittelbare Anwendung der MuSchRL erwogen.[653]

b) Stellungnahme

Als dogmatische Anknüpfungspunkte für die Verwirklichung des europarechtlich gebotenen Schutzes ist neben einer direkten oder analogen Anwendung des MuSchG vor allem eine richtlinienkonforme Auslegung des Gesetzes in Betracht zu ziehen. Die Frage einer unmittelbaren Anwendung der Richtlinie stellt sich

---

950, 951; *Kempermann*, NJW-Spezial 2013, 655, 656; *Klasen*, BB 2013, 1849, 1852; *wohl auch Kleindiek*, in: Lutter/Hommelhoff, GmbHG, Anh. § 6 Rn. 5, 47a; *Kruse/Stenslik*, NZA 2013, 596, 597; *Leopold*, ZESAR 2011, 362, 366; *Oberthür*, NZA 2011, 253, 256 f.; *Oetker*, in: Henssler/Strohn, § 35 GmbHG Rn. 82a; *Porsche*, STREIT 2013, 64, 65; *Preis/Sagan*, ZGR 2013, 26, 53 ff.; *Reinhard/Bitsch*, ArbRB 2011, 241, 243; *Reiserer*, DB 2011, 2262, 2266; *Rolfs*, in: A/P/S, § 9 MuSchG Rn. 18; *Sagan*, ZESAR 2011, 413, 419; *Schlachter*, in: ErfK, § 1 MuSchG Rn. 3; *U. H. Schneider/Hohenstatt*, in: Scholz, GmbHG, § 35 Rn. 507; *Schubert*, ZESAR 2013, 5, 10 f., anders *dies.* noch in EuZA 2012, 362, 369; *v. Steinau-Steinrück/Mosch*, NJW-Spezial 2011, 178, 179; für eine „entsprechende" Anwendung *Jaeger*, in: MüKo-GmbHG, § 35 Rn. 285.

649 *Oberthür*, NZA 2011, 253, 256; *Preis/Sagan*, ZGR 2013, 26, 53; *Reiserer*, DB 2011, 2262, 2266; *Schubert*, ZESAR 2013, 5, 11; a. A. *Lunk*, FS Bauer, S. 705, 715 f.

650 *Oberthür*, NZA 2011, 253, 256; *Preis/Sagan*, ZGR 2013, 26, 55; *Reiserer*, DB 2011, 2262, 2266.

651 *Lunk*, FS Bauer, S. 705, 716; wohl auch *Lunk/Rodenbusch*, GmbHR 2012, 188, 191; *v. Medem*, ArbRAktuell 2010, 654; *Schubert*, EuZA 2011, 362, 369.

652 *v. Medem*, ArbRAktuell 2010, 654; vgl. auch *Schubert*, EuZA 2011, 362, 370; weiter gehend noch *Lunk*, FS Bauer, S. 705, 718 f.: de lege lata keine Möglichkeit, die Schutzlücke zu schließen.

653 *Oberthür*, NZA 2011, 253, 254 f.; ablehnend *Lunk*, FS Bauer, S. 705, 715.

nur, wenn eine richtlinienkonforme Interpretation des MuSchG scheitert, denn dessen Auslegung geht der unmittelbaren Anwendung einer Richtlinie vor.[654]

Eine direkte Anwendung des MuSchG auf Organmitglieder, die nicht auch bereits nach nationalem Verständnis als Arbeitnehmer anzusehen sind, scheitert allein unter Heranziehung nationaler Gesichtspunkte daran, dass sich der Anwendungsbereich des § 1 Nr. 1 MuSchG auf Arbeitnehmerinnen im Sinne des deutschen Begriffsverständnisses beschränkt und Organmitglieder nach diesem Verständnis grundsätzlich keine Arbeitnehmer sind.[655] Eine analoge Anwendung des MuSchG setzt eine planwidrige Regelungslücke voraus. Allein auf der Grundlage des deutschen Rechts kann von einer Regelungslücke angesichts der differenzierten Beschreibung des Anwendungsbereichs in § 1 MuSchG (Arbeitnehmerinnen und in Heimarbeit Beschäftigte) aber kaum ausgegangen werden.[656]

aa) Richtlinienkonforme Auslegung von § 1 Nr. 1 MuSchG

In Betracht kommt daher allein eine richtlinienkonforme Auslegung des Begriffs „Arbeitsverhältnis" im Sinne von § 1 Nr. 1 MuSchG. Die Pflicht zur richtlinienkonformen Auslegung des nationalen Rechts für den Fall, dass eine Richtlinie nach Ablauf der Umsetzungsfrist nicht oder nicht hinreichend umgesetzt wurde, folgert der EuGH aus Art. 288 AEUV i. V. m. Art. 4 Abs. 3 EUV.[657] Sie gilt allerdings nicht unbegrenzt, sondern nur insoweit, wie das nationale Recht Auslegungsspielräume eröffnet.[658] Sie darf nicht zu einer Auslegung contra legem

---

654 Vgl. *Nettesheim*, in: G/H/N, EUV/AEUV, Art. 288 AEUV Rn. 143; zur Rspr. des EuGH bzgl. der unmittelbaren Anwendung von Richtlinien zwischen Privaten ausführlich *Mörsdorf*, EuR 2009, 219 ff.

655 *Buchner/Becker*, MuSchG, § 1 Rn. 13 ff., 92 ff.; *Linck*, in: Schaub, § 166 Rn. 8; *Lunk*, FS Bauer, S. 705, 705 f.; *Oberthür*, NZA 2011, 253, 255 f.; *Schubert*, ZESAR 2013, 5, 10; *v. Steinau-Steinrück/Mosch*, NJW-Spezial 2011, 178.

656 So auch *Lunk*, FS Bauer, S. 705, 707; *Lunk/Rodenbusch*, GmbHR 2012, 188, 191; *Oberthür*, NZA 2011, 253, 256; *Schubert*, ZESAR 2013, 5, 10 m. w. N.; *dies.* EuZA 2011, 362, 369; *v. Steinau-Steinrück/Mosch*, NJW-Spezial 2011, 178.

657 St. Rspr. seit EuGH v. 10.4.1984 – C-14/83 (*Von Colson und Kamann*), Slg. 1984, 1891 Rn. 26; v. 13.11.1990 – C-106/89 (*Marleasing*), Slg. 1990, I-4135 Rn. 8; v. 16.12.1993 – C-334/92 (*Wagner Miret*) Slg. 1993, I-6911 Rn. 20; v. 22.9.1998 – C-185/97 (*Coote*), Slg. 1998, I-5199 Rn. 18; v. 5.10.2004 – C-397/01 (*Pfeiffer*), Slg. 2004, I-8835 Rn. 113 ff.

658 *Nettesheim*, in: G/H/N, EUV/AEUV, Art. 288 AEUV Rn. 134.

des nationalen Rechts führen.[659] Dafür setzt der EuGH indessen hohe Maßstäbe an: Die nationalen Gerichte haben unter Ausschöpfung aller Auslegungsmethoden alles in ihrer Zuständigkeit Liegende zu tun, um die Richtlinie so weit wie möglich zur Geltung zu bringen.[660] Daraus wird allgemein geschlossen, dass der Wortlaut einer nationalen Norm keine zwingende Grenze ist, sondern eine richtlinienkonforme Auslegung auch eine Rechtsfortbildung im Wege der Analogie bzw. teleologischen Reduktion einschließen kann.[661] Nur wenn eine Gesamtbetrachtung anhand von Wortlaut, gesetzgeberischer Intention und Systematik ergibt, dass eine richtlinienkonforme Auslegung der nationalen Regelung entgegensteht, verbietet sich eine solche.[662]

(1) Wortlaut

Mit dem Begriff des Arbeitsverhältnisses im Sinne von § 1 Nr. 1 MuSchG ist das Arbeitsverhältnis im Sinne des allgemeinen, für das gesamte deutsche Arbeitsrecht geltenden Begriffsverständnisses gemeint.[663] Die durch die Rechtsprechung des BAG und die arbeitsrechtliche Wissenschaft entwickelten Begriffsmerkmale erfüllen Organmitglieder nach Ansicht der höchstrichterlichen Rechtsprechung von BAG und BGH zwar in aller Regel nicht, über die Frage, ob Organmitglieder überhaupt Arbeitnehmer sein können, herrscht aber nach wie vor Streit.[664] Vom BAG etwa wird die Arbeitnehmereigenschaft nicht bereits aufgrund einer begrifflichen Unvereinbarkeit, sondern erst nach einer rechtlichen Würdigung in den meisten Fällen abgelehnt.[665] Von einer „einheitlichen gefestigten Rechtsprechung“, die einer richtlinienkonformen Auslegung entgegenstehen würde,[666] kann daher keine Rede sein. Dass die Frage der Subsumtion von

---

659 EuGH v. 16.6.2005 – C-105/03 (*Pupino*), Slg. 2005, I-5285 Rn. 47; v. 4.7.2006 – C-212/04 (*Adeneler*), Slg. 2006, I-6057 Rn. 110.

660 EuGH v. 5.10.2004 – C-397/01 (*Pfeiffer*), Slg. 2004, I-8835 Rn. 117 ff.; v. 16.6.2005 – C-105/03 (*Pupino*), Slg. 2005, I-5285 Rn. 47; v. 4.7.2006 – C-212/04 (*Adeneler*), Slg. 2006, I-6057 Rn. 111; v. 15.4.2008 – C-268/06 (*Impact*), Slg. 2008, I-2483 Rn. 98 ff.

661 BGH v. 26.11.2008, BGHZ 179, 27, 34 f.; *Nettesheim*, in: G/H/N, EUV/AEUV, Art. 288 AEUV Rn. 134; s. auch *Riesenhuber*, EuArbR, § 1 Rn. 73 m. w. N.

662 BAG v. 18.2.2003, NZA 2003, 742, 747; *Lunk*, FS Bauer, S. 705, 715; *Oberthür*, NZA 2011, 253, 256; *Thüsing*, EuArbR, § 1 Rn. 42.

663 *Buchner/Becker*, MuSchG, § 1 Rn. 13 ff.; *Linck*, in: Schaub, § 166 Rn. 8; *Pepping*, in: HK-MuSchG, § 1 Rn. 5; *Schlachter*, in: ErfK, § 1 MuSchG Rn. 3.

664 Vgl. oben § 2 C. III.

665 Dazu auch *Preis/Sagan*, ZGR 2013, 26, 53.

666 So *Lunk*, FS Bauer, S. 705, 716; wohl auch *Lunk/Rodenbusch*, GmbHR 2012, 188, 191.

Gesellschaftsorganen unter den Arbeitnehmerbegriff im deutschen Recht umstritten ist, belegt im Gegenteil gerade, dass der Wortlaut des Begriffs „Arbeitsverhältnis“ in diesem Punkt unterschiedlichen Auslegungen zugänglich ist.[667]

Darüber hinaus wäre selbst eine einheitliche, ständige Rechtsprechung, nach denen Organmitglieder generell keine Arbeitnehmer sein können, mit geschriebenem Gesetzesrecht schon deshalb nicht vergleichbar, weil sie (abgesehen von den Urteilen des BVerfG, vgl. § 31 Abs. 1 BVerfGG) keine rechtliche, sondern allenfalls eine faktische Bindungswirkung hätte.[668]

(2) Systematik

An einer systematischen Schranke könnte die unionsrechtkonforme Auslegung des Arbeitnehmerbegriffs im Sinne von § 1 Nr. 1 MuSchG scheitern, wenn der Gesetzgeber in anderen Regelungskomplexen zum Ausdruck gebracht hätte, dass Organmitglieder generell keine Arbeitnehmer sein können.[669] Verschiedene arbeitsrechtliche Normen nehmen Vertretungsorgane von Gesellschaften ausdrücklich von ihrem Anwendungsbereich aus, etwa § 14 Abs. 1 Nr. 1 KSchG, § 5 Abs. 2 Nr. 1 BetrVG, § 3 Abs. 1 S. 2 MitbestG sowie § 5 Abs. 1 S. 3 ArbGG. Andere Gesetze beziehen sie hingegen explizit in ihren Anwendungsbereich ein, so etwa § 6 Abs. 3 AGG. Nach überzeugender Ansicht wird damit jedoch jeweils nur eine Aussage im Hinblick auf den entsprechenden Regelungsbereich getroffen, aus der keine generelle Entscheidung des Gesetzgebers abzuleiten ist.[670] Den einzelnen Regelungen liegt kein einheitlicher gesetzgeberischer Wille zugrunde, sondern sie verfolgen jeweils einen ganz bestimmten Zweck: § 5 Abs. 1 S. 3 ArbGG etwa soll verhindern, dass vor den Arbeitsgerichten Rechtsstreitigkeiten „im Arbeitgeberlager“ geführt werden[671] und dient daneben der

---

667 Vgl. *Oberthür*, NZA 2011, 253, 25256; im Ergebnis auch *Reiserer*, DB 2011, 2262, 2266.

668 BAG v. 23.3.2010, NZA 2010, 810, 815: die höchstrichterliche Rechtsprechung als „irrtumsanfälliger Akt der Rechtserkenntnis“, zustimmend *Oberthür*, NZA 2011, 253, 256; ebenso *Preis/Sagan*, ZGR 2013, 26, 54 unter Verweis auf BVerfG v. 26.6.1991, BVerfGE 84, 212, 227 und BVerfG v. 15.1.2009, BVerfGE 122, 248, 277; a. A. *Lunk*, FS Bauer, S. 705, 716.

669 *Schubert*, ZESAR 2013, 5, 11.

670 Ausführlich hierzu *Schubert*, ZESAR 2013, 5, 11; vgl. auch bereits oben § 2 C. II.; nach *Oberthür*, NZA 2011, 253, 256 ist aus den negativen Fiktionsregelungen in § 14 Abs. 1 KSchG und § 5 Abs. 1 S. 3 BetrVG im Gegenteil die Auffassung des Gesetzgebers abzulesen, dass er die Arbeitnehmereigenschaft generell für möglich hält.

671 Vgl. zuletzt BAG v. 23.8.2011, GmbHR 2011, 1200, 1202.

Vereinheitlichung des Rechtsweges für Streitigkeiten aus dem Organ- und dem Anstellungsverhältnis.[672] § 14 Abs. 1 Nr. 1 KSchG hingegen trägt – ebenso wie § 5 Abs. 2 Nr. 1 BetrVG – der besonderen, arbeitgebernahen Stellung von Vertretungsorganen Rechnung.[673]

In systematischer Hinsicht spricht daher nichts gegen die richtlinienkonforme Auslegung des Arbeitnehmerbegriffs im Sinne von § 1 Nr. 1 MuSchG.

(3) Gesetzgeberischer Wille

Eine richtlinienkonforme Auslegung wird schließlich teilweise mit dem Argument abgelehnt, dass sie dem eindeutigen Willen des Gesetzgebers bei Schaffung der Norm widerspreche, der den Anwendungsbereich des MuSchG in § 1 bewusst abschließend formuliert habe.[674]

Selbst wenn aber der Gesetzgeber bei Schaffung des MuSchG lediglich den Arbeitnehmerbegriff im Sinne des deutschen Verständnisses vor Augen hatte, spricht dies nicht zwingend gegen eine richtlinienkonforme Auslegung, da er die europarechtlich gebotene Erweiterung des Anwendungsbereiches weder bei der Schaffung des Gesetzes im Jahre 1952[675] noch bei den Änderungen des MuSchG in den Jahren 1996[676] und 2002[677] vorhersehen konnte.[678] Wenn sich der Gesetzgeber der Problematik bei Schaffung des Gesetzes aber gar nicht bewusst war, ist eher nicht davon auszugehen, dass er Geschäftsführungsorgane bewusst für alle Zeiten aus dem Anwendungsbereich ausklammern wollte. Im Gegenteil spricht der Umstand, dass die hinreichende Umsetzung der MuSchRL ein vorrangiges Ziel bei den Änderungen des MuSchG in den Jahren 1996 und 2002 war,[679] für eine richtlinienkonforme Auslegung.[680] Bestärkt wird dies durch die allgemeine Vermutung, dass der Gesetzgeber seiner Verpflichtung zur Umsetzung von

672 *Schubert*, ZESAR 2013, 5, 11.

673 Vgl. hierzu BAG v. 15.4.1982, AP Nr. 1 zu § 14 KSchG 1969.

674 *Lunk*, FS Bauer, S. 705, 707, 716; *Schubert*, EuZA 2011, 362, 369.

675 S. BGBl. 1952 I S. 69.

676 S. BGBl. 1996 I S. 2110.

677 S. BGBl. 2002 I S. 1812.

678 Vgl. auch *Preis/Sagan*, ZGR 2013, 26, 54 f.

679 Vgl. jeweils die Begründungen der Bundesregierung zum Entwurf eines Gesetzes zur Änderung des Mutterschutzrechts in BT-Drucks. 13/2763, S. 6 sowie in BT-Drucks. 14/8525, S. 7.

680 *Oberthür*, NZA 2011, 253, 256 f.; *Preis/Sagan*, ZGR 2013, 26, 55; *Reiserer*, DB 2011, 2262, 2266; nunmehr auch *Schubert*, ZESAR 2013, 5, 10.

EU-Richtlinien regelmäßig auch in vollem Umfang nachkommen will und eine richtlinienkonforme Interpretation daher tendenziell in seinem Sinne liegt.[681]

bb) Ergebnis

Weder der Wortlaut noch die Systematik des nationalen Rechts stehen einer richtlinienkonformen Auslegung des Begriffs „Arbeitsverhältnis" in § 1 Nr. 1 MuSchG entgegen. Darüber hinaus entspricht sie der mutmaßlichen Intention des Gesetzgebers, der seinen Willen zur vollständigen Umsetzung der MuSchRL durch mehrmalige Änderung des Gesetzes zum Ausdruck gebracht hat. Dementsprechend ist das Anstellungsverhältnis von Arbeitnehmer-Organmitgliedern als Arbeitsverhältnis im Sinne von § 1 Nr. 1 MuSchG zu qualifizieren.

6. Reichweite der Anwendbarkeit des MuSchG im Rahmen des Anstellungsverhältnisses

Es stellt sich die Frage, welche Konsequenzen die richtlinienkonforme Auslegung des § 1 Nr. 1 MuSchG für die Anwendung der mutterschutzrechtlichen Normen auf das Anstellungsverhältnis der schwangeren Geschäftsführerinnen hat.

Soweit sich die Literatur näher mit dieser Frage beschäftigt, wird angenommen, die richtlinienkonforme Auslegung des § 1 Nr. 1 MuSchG führe dazu, dass nicht nur das Kündigungsverbot des § 9 MuSchG, sondern darüber hinaus auch alle weiteren Schutzbestimmungen auf Arbeitnehmer-Organmitglieder anzuwenden seien.[682] Dem ist im Grundsatz zuzustimmen, denn die Aussagen des EuGH hinsichtlich des Schutzes von schwangeren Geschäftsführungsorganen beschränken sich nicht lediglich auf das Kündigungsverbot, sondern gelten allgemein „für die Zwecke der RL 92/85/EWG".[683] Auch die sonstigen Schutzbestimmungen der MuSchRL, wie etwa die Regelungen über den Mutterschaftsurlaub (Art. 8 MuSchRL), die Beschäftigungsverbote (Art. 6, 7 MuSchRL) oder die

---

681 Vgl. EuGH v. 16.12.1993 – C-334/92 (*Wagner Miret*), Slg. 1993, I-6911 Rn. 20; v. 5.10.2004 – C-397/01 (*Pfeiffer*), Slg. 2004, I-8835 Rn. 112; BAG v. 24.3.2009, NZA 2009, 538, 543; *Mörsdorf*, EuR 2009, 219, 225.

682 *Oberthür*, NZA 2011, 253, 257; *Preis/Sagan*, ZGR 2013, 26, 55; *Schubert*, ZESAR 2013, 5, 11.

683 EuGH v. 11.11.2010 – C-232/09 (*Danosa*), Slg. 2010, I-11405 Rn. 56.

finanzielle Absicherung (Art. 11 MuSchRL), sind daher auf schwangere Arbeitnehmer-Organmitglieder anzuwenden.[684]

Das MuSchG gewährt allerdings einen weiter gehenden Schutz als ihn die Richtlinie verlangt: So besteht etwa gemäß § 6 Abs. 1 MuSchG ein zwingendes Beschäftigungsverbot bis zum Ablauf von acht Wochen nach der Geburt,[685] während Art. 8 Abs. 2 MuSchRL einen obligatorischen Mutterschaftsurlaub nur für zwei Wochen vorsieht, der zudem beliebig auf eine Zeitspanne vor und nach der Geburt verteilt werden darf.[686] Das Kündigungsverbot in § 9 Abs. 1 S. 1 MuSchG geht über die Richtlinienvorgaben in Art. 10 hinaus, indem es sich auf den Zeitraum von vier Monaten nach der Entbindung erstreckt. Auch die Mutterschaftsleistungen nach §§ 11, 13 MuSchG i. V. m. § 24i SGB V gehen über das in Art. 11 MuSchRL Vorgesehene hinaus.

a) Gespaltene Auslegung des MuSchG?

Damit stellt sich die Frage, ob man das MuSchG auf Arbeitnehmer-Organmitglieder in seiner Gesamtheit oder aber nur insoweit anwenden will, wie es zwingende Vorgaben umsetzt. Letzteres hätte zur Folge, dass es zu einer gespaltenen Auslegung der einzelnen Normen des MuSchG käme, indem man die Reichweite ihrer Anwendung jeweils davon abhängig machen würde, inwieweit sie zwingende Richtlinienvorgaben umsetzen.[687]

Aus europarechtlicher Sicht begegnen einer solchen gespaltenen Auslegung keine Bedenken, denn das Gebot zur richtlinienkonformen Erweiterung des Anwendungsbereichs eines nationalen Gesetzes besteht nur insoweit, als die Richtlinie verbindliche Vorgaben enthält. Bei dem überschießenden Teil der Richtlinienumsetzung handelt es sich um rein nationale Belange, für die das Europarecht keine Vorgaben aufstellen kann.[688]

Teilweise wird jedoch angenommen, eine gespaltene Auslegung liefe dem Willen des (nationalen) Gesetzgebers zuwider, weil dieser sich für eine einheitliche

---

684 So auch *Schubert*, ZESAR 2013, 5, 11.

685 *Buchner/Becker*, MuSchG, § 6 Rn. 12.

686 Vgl. auch *Schubert*, ZESAR 2011, 5, 11.

687 *Preis/Sagan*, ZGR 2013, 26, 55; zur Problematik der gespaltenen Auslegung ausführlich *Weiss*, EuZW 2012, 733 ff.

688 *Däubler*, in: HK-AGG, Einl. Rn. 84; *Mayer/Schürnbrand*, JZ 2004, 545, 549; *Ruffert*, in: Calliess/Ruffert, EUV/AEUV, Art. 288 AEUV Rn. 83; *Weiss*, EuZW 2012, 733, 734 f., jeweils m. w. N.

Regelung entschieden habe.[689] Dem lässt sich entgegenhalten, dass der Wille zur einheitlichen Auslegung letztlich eine reine Unterstellung ist, da der Gesetzgeber das Auslegungsproblem weder bei der Schaffung noch bei der letzten Änderung des MuSchG vorhersehen konnte und damit die Möglichkeit einer Spaltung im Zweifel gar nicht bedacht hat.[690] Von dem bloßen Willen zur einheitlichen Regelung kann daher nicht unbedingt auf den Willen zur einheitlichen Auslegung geschlossen werden.[691] Allerdings definiert § 1 Nr. 1 MuSchG den Begriff des „Arbeitsverhältnisses" einheitlich für alle Vorschriften des MuSchG. Legt man diesen Begriff in § 1 Nr. 1 MuSchG unionsrechtskonform aus, entspricht es daher der Systematik des Gesetzes, dass diese Auslegung für alle Vorschriften des MuSchG gilt.

Eine Auslegungsgrenze bildet zudem das Verfassungsrecht und dabei insbesondere Art. 3 GG, den auch die Gerichte zu beachten haben: Bei der Ausformung und Fortbildung des Rechts dürfen sie keine Differenzierungen zugrunde legen, die dem Gesetzgeber verwehrt wären.[692] Abzulehnen ist eine gespaltene Auslegung daher, wenn sie zu einer unzulässigen Differenzierung führt.[693] In diesem Zusammenhang weist *Schubert* darauf hin, dass eine gespaltene Auslegung des MuSchG am Gleichheitssatz des Art. 3 Abs. 1 GG zu messen ist.[694] Eine unterschiedlich weit reichende Anwendung der Schutzrechte des MuSchG auf „normale" Arbeitnehmerinnen und Arbeitnehmer-Organmitglieder wäre eine unmittelbare Ungleichbehandlung von Personengruppen. Deren Rechtfertigung erfordert nicht lediglich irgendeinen sachlichen Grund, sondern unterliegt einer intensiveren, an den Grundsätzen der Verhältnismäßigkeit orientierten Kontrolle.[695] Nach der sog. neuen Formel des BVerfG ist eine personenbedingte Ungleichbehandlung nur dann zulässig, wenn zwischen beiden Gruppen

---

689 *Bärenz*, DB 2003, 375; tendenziell auch *Däubler*, in: HK-AGG, Einl. Rn. 84; mit Bezug zum MuSchG *Preis/Sagan*, ZGR 2013, 1, 23; in vergleichbarem Zusammenhang auch *Staudinger*, NJW 2002, 653, 655; einschränkend *Mayer/Schürnbrand*, JZ 2004, 545, 551.

690 Zu diesem Argument *Mayer/Schürnbrand*, JZ 2004, 545, 551.

691 *Weiss*, EuZW 2012, 733, 734.

692 BVerfG v. 11.6.1991, BVerfGE 84, 197, 199; v. 28.10.1998, BVerfGE 99, 129, 139; v. 6.12.2005, BVerfGE 115, 51, 62.

693 *Weiss*, EuZW 2012, 733, 736.

694 *Schubert*, ZESAR 2013, 5, 11.

695 S. nur BVerfG v. 30.7.2008, BVerfGE 121, 317, 369 m. w. N.

Unterschiede von solcher Art und solchem Gewicht bestehen, dass sie die Ungleichbehandlung rechtfertigen können.[696]

Es stellt sich daher zunächst die Frage, ob überhaupt ein sachlicher Grund für eine Differenzierung besteht. Hinsichtlich der Beschäftigungsverbote kurz vor sowie kurz nach der Geburt könnte ein solcher aufgrund der dem Geschäftsführungsorgan obliegenden Leitungsfunktion und seiner Bedeutung für die Gesellschaft in deren gesteigertem Interesse an einer baldigen Rückkehr ihrer Geschäftsführerin nach der Niederkunft zu sehen sein. Allerdings ist auf der anderen Seite nicht ersichtlich, dass eine Geschäftsführerin während dieser Zeit im Hinblick auf ihre gesundheitliche Konstitution generell weniger schonungsbedürftig ist als jede andere Frau. Letztlich dienen die Bestimmungen des MuSchG jedenfalls mittelbar alle dem Schutz der Gesundheit der (werdenden) Mutter und des ungeborenen Kindes. Die Gesundheit einer schwangeren Geschäftsführerin ist aber insgesamt nicht weniger schützenswert als bei jeder anderen Arbeitnehmerin. Selbst wenn daher seitens der Gesellschaft ein gesteigertes Interesse an einer möglichst kurzen Abwesenheit ihrer Geschäftsführerin besteht, dem im Übrigen auch durch organisatorische Maßnahmen begegnet werden kann, ist eine Differenzierung mit Blick auf den hohen Wert des Schutzgutes Gesundheit nicht gerechtfertigt.

Dies wird dadurch bekräftigt, dass Art. 23 Abs. 1 GG zu einer „europarechtsfreundlichen" Auslegung des GG anhält.[697] Wenn der EuGH im Rahmen der Konkretisierung des Europarechts annimmt, dass geschäftsführende Organmitglieder unter bestimmten Voraussetzungen gleichermaßen schützenswert sind, ist diese Wertung daher im Rahmen von Art. 3 Abs. 1 GG zu beachten und führt dazu, dass sich eine gespaltene Auslegung verbietet.[698]

b) Ergebnis

Die Regelungen des MuSchG sind auf Arbeitnehmer-Organmitglieder vollumfänglich anzuwenden, auch soweit sie den von der Richtlinie geforderten Mindestschutz überschreiten.[699]

---

696 St. Rspr., etwa BVerfG v. 7.10.1980, BVerfGE 55, 72, 88; v. 23.6.2004, BVerfGE 111, 115, 137; v. 27.2.2007, BVerfGE 117, 272, 300; v. 30.7.2008, BVerfGE 121, 317, 369.

697 BVerfG v. 30.6.2009, BVerfGE 123, 267, 345 ff.

698 So wohl auch *Schubert*, ZESAR 2013, 5, 11.

699 So im Ergebnis auch *Oberthür*, NZA 2011, 253, 257; *Preis/Sagan*, ZGR 2013, 26, 55; *Schubert*, ZESAR 2013, 5, 11.

7. Erstreckung des Kündigungsschutzes auf die Bestellung?

Im Hinblick auf das Kündigungsverbot gemäß § 9 MuSchG stellt sich darüber hinaus die Frage, auf welches Rechtsverhältnis dieses anzuwenden ist, d. h. ob es lediglich die Kündigung des Anstellungsvertrages verbietet, so dass ein Widerruf der Bestellung weiterhin uneingeschränkt möglich ist, oder ob sich der Kündigungsschutz auch auf das Organverhältnis bezieht.

Die zweite Vorlagefrage des lettischen Kassationsgerichts in der Rechtssache *Danosa* hatte zum Gegenstand, ob Art. 10 MuSchRL einer Regelung wie Art. 224 Abs. 4 lett. HGB entgegensteht, wonach die Abberufung von Mitgliedern eines Leitungsorgans von Kapitalgesellschaften ungeachtet des Bestehens einer Schwangerschaft uneingeschränkt möglich ist.[700] Der Gerichtshof bejahte dies: Sofern ein Mitglied eines Leitungsorgans als schwangere Arbeitnehmerin im Sinne der Richtlinie anzusehen sei, sei eine Abberufung aus Gründen, die wesentlich im Zusammenhang mit der Schwangerschaft ständen, mit dem Kündigungsverbot der Richtlinie nicht vereinbar.[701] Einer nationalen Regelung, die eine Abberufung uneingeschränkt zulasse, stehe Art. 10 MuSchRL daher in diesem Fall entgegen.[702]

a) Meinungsstand

Allgemein wird davon ausgegangen, dass es sich bei der vom EuGH gewählten Formulierung nicht um eine bloße Ungenauigkeit handelt, sondern mit dem Verbot der Abberufung tatsächlich das organschaftliche Rechtsverhältnis gemeint ist.[703]

---

700 EuGH v. 11.11.2010 – C-232/09 (*Danosa*), Slg. 2010, I-11405 Rn. 30.

701 EuGH v. 11.11.2010 – C-232/09 (*Danosa*), Slg. 2010, I-11405 Rn. 62.

702 EuGH v. 11.11.2010 – C-232/09 (*Danosa*), Slg. 2010, I-11405 Rn. 74.

703 *Oberthür*, NZA 2011, 253, 257; *Oetker*, in: Henssler/Strohn, § 38 GmbHG Rn. 5a; *Reinhard/Bitsch*, ArbRB 2011, 241, 244; *Reiserer*, DB 2011, 2262, 2267; *Schiefer/Worzalla*, ZfA 2013, 41, 44; *Schubert*, EuZA 2011, 362, 366; *dies.* ZESAR 2013, 5, 9; *dies.* ZIP 2013, 289, 290; *Thüsing*, in: Graf v. Westphalen/Thüsing, Stichwort: Geschäftsführerverträge, Rn. 236a; zweifelnd hingegen *Preis/Sagan*, ZGR 2013, 26, 37, die darauf verweisen, dass der EuGH gleichzeitig auch von der „Beendigung des Geschäftsbesorgungsverhältnisses" spreche und sich auf Ausführungen in den Schlussanträgen beziehe, in denen allein auf das „Arbeitsverhältnis" abgestellt werde und daher die Möglichkeit in Betracht ziehen, der EuGH sei sich der Differenzierung gar nicht bewusst gewesen; dem zustimmend: *U. H. Schneider/Hohenstatt*, in: Scholz, GmbHG, § 35 Rn. 509.

Diese Erstreckung des Kündigungsschutzes auf das Organverhältnis wird verbreitet als ein zu weitreichender Eingriff in das Organisationsrecht der Gesellschaft kritisiert und daher abgelehnt.[704] Ein ausreichender Sozialschutz sei aufgrund der Trennung zwischen Organ- und Anstellungsverhältnis bereits mit einem Verbot der Kündigung des Anstellungsvertrages gegeben und ein weitergehender Eingriff in die Privatautonomie der Gesellschaft nicht gerechtfertigt.[705] Teilweise wird davon eine Ausnahme gemacht, wenn Anstellung und Bestellung aufgrund von wirksam vereinbarten Koppelungsklauseln miteinander verbunden sind und daher die Abberufung automatisch auch zur Beendigung des Anstellungsverhältnisses führt, denn dann sei der Kündigungsschutz allein auf der Ebene des Anstellungsverhältnisses nicht ausreichend.[706]

Andere folgern aus der *Danosa*-Entscheidung hingegen, dass sich das Kündigungsverbot regelmäßig auch auf das Bestellungsverhältnis erstrecken müsse und zu einer Unanwendbarkeit bzw. richtlinienkonformen Auslegung des § 38 Abs. 1 GmbHG führe.[707] Dies sei durch den Schutzzweck der Richtlinie geboten, da auch die Abberufung mit einer erheblichen psychischen oder physischen Belastung verbunden sei.[708] Eine Abberufung aus Gründen, die nicht mit der Schwangerschaft im Zusammenhang stehen, wird nach Maßgabe des Art. 10 Nr. 1 MuSchRL allerdings weiterhin überwiegend für zulässig gehalten.[709]

---

704 *Altmeppen*, in: Roth/Altmeppen, GmbHG, § 38 Rn. 31a; *Baeck/Winzer*, NZG 2011, 101; *Bauer*, GWR 2010, 586; *Preis/Sagan*, ZGR 2013, 26, 39; *Reinhard/Bitsch*, ArbRB 2011, 241, 244; *Reufels/Molle*, NZA-RR 2011, 281, 283 f.; *Sagan*, ZESAR 2011, 413, 419 f.; *Schiefer/Worzalla*, ZfA 2013, 41, 44 f.; *U. H. Schneider/S. H. Schneider*, in: Scholz, GmbHG, § 38 Rn. 37; im Grundsatz auch *Schubert*, ZESAR 2013, 5, 9 f., anders *dies.* allerdings noch in EuZA 2011, 362, 367; *Windbichler*, FS Hoffmann-Becking, S. 1413, 1423; *Zöllner/Noack*, in: Baumbach/Hueck, GmbHG, § 38 Rn. 6; zweifelnd auch *Junker*, NZA 2011, 950, 951.

705 *Altmeppen*, in: Roth/Altmeppen, GmbHG, § 38 Rn. 31a; *Reinhard/Bitsch*, ArbRB 2011, 241, 244; *U. H. Schneider/S. H. Schneider*, GmbHG, § 38 Rn. 37; *Zöllner/Noack*, in: Baumbach/Hueck, GmbHG, § 35 Rn. 7b.

706 *Preis/Sagan*, ZGR 2013, 26, 39; wohl auch *Reufels/Molle*, NZA-RR 2011, 281, 283 f.; *Schubert*, ZESAR 2013, 5, 9 f.

707 *Grobys*, in: MAH ArbR, § 80 Rn. 12; *Hergenröder*, in: H/W/K, § 1 MuSchG Rn. 4; *Kruse/Stenslik*, NZA 2013, 596, 598; *Oberthür*, NZA 2011, 253, 257; *Oetker*, in: Henssler/Strohn, § 38 GmbHG Rn. 5a; *Reiserer*, DB 2011, 2262, 2267; *Schubert*, EuZA 2011, 362, 367; *v. Steinau-Steinrück/Mosch*, NJW-Spezial 2011, 178, 179; *Ziemons*, KSzW 2013, 19, 20 f.

708 *Oberthür*, NZA 2011, 253, 257; *Schubert*, EuZA 2011, 362, 367.

709 *Lunk/Rodenbusch*, GmbHR 2012, 188, 192; *Oetker*, in: Henssler/Strohn, § 38 GmbHG Rn. 5a; *Schubert*, ZESAR 2013, 5, 9 f.; *v. Steinau-Steinrück/Mosch*,

b) Stellungnahme

aa) Bedeutung der Aussagen des EuGH

Dem Wortlaut der Entscheidung *Danosa* nach zu urteilen scheint der EuGH das Kündigungsverbot auf das Bestellungsverhältnis zu erstrecken, da er sich mehrfach ausdrücklich auf die Unwirksamkeit der Abberufung bezieht,[710] wobei das lettische Recht, ebenso wie auch das deutsche Recht, von einer grundsätzlichen Trennung zwischen Organ- und Anstellungsverhältnis ausgeht (vgl. Art. 44 Abs. 3 lett. ArbGB sowie Art. 224 Abs. 3 lett. HGB). Es ist auch davon auszugehen, dass sich der EuGH bei seiner Entscheidung der Trennung beider Rechtsverhältnisse durchaus bewusst war, wenngleich er hierauf nicht explizit eingeht.[711]

Nicht auszuschließen ist allerdings, dass sich der EuGH zu einer Erstreckung des Kündigungsschutzes auf das Organverhältnis allein aufgrund der besonderen Gegebenheiten des Falles von Frau *Danosa* gezwungen sah: Zwischen den Parteien war bis zum Ende streitig geblieben, ob überhaupt ein neben der Bestellung existierendes Anstellungsverhältnis zwischen der Gesellschaft und Frau *Danosa* bestand, denn das vorlegende Gericht hatte das Bestehen eines solchen Vertrages verneint.[712] Bei Fehlen eines Anstellungsvertrages hätte eine Abberufung daher jede vertragliche Verbindung zwischen der Gesellschaft und ihrer Geschäftsführerin beendet.[713] Es hätte kein Rechtsverhältnis mehr bestanden, auf dessen Grundlage die in der Richtlinie verankerten Rechte hätten gewährt werden können. Frau *Danosa* wäre gänzlich schutzlos gewesen. Um dies zu vermeiden musste der EuGH den Kündigungsschutz auf das Bestellungsverhältnis beziehen.[714] Auch hat die Bestellung im lettischen Recht eine größere wirtschaftliche Bedeutung für das Organmitglied als im deutschen Recht, denn sie begründet unmittelbar einen Vergütungsanspruch (vgl. Art. 221 Abs. 8 lett. HGB), wohingegen sich dieser im deutschen Recht allein aus dem Anstellungsvertrag

---

NJW-Spezial 2011, 178, 179; a. A. *Oberthür*, NZA 2011, 253, 257, die ein absolutes Abberufungsverbot annimmt.

710 EuGH v. 11.11.2010 – C-232/09 (*Danosa*), Slg. 2010, I-11405 Rn. 57, 62 f.

711 Vgl. EuGH v. 11.11.2010 – C-232/09 (*Danosa*), Slg. 2010, I-11405 Rn. 22; ebenso die Einschätzung von *Schubert*, ZESAR 2013, 5, 9.

712 Vgl. EuGH v. 11.11.2010 – C-232/09 (*Danosa*), Slg. 2010, I-11405 Rn. 22.

713 *Schiefer/Worzalla*, ZfA 2013, 41, 44 f.

714 Vgl. *Preis/Sagan*, ZGR 2013, 26, 38 f.; so auch die Einschätzung von *Schiefer/Worzalla*, ZfA 2013, 41, 44 f.

ergibt.[715] Die Abberufung hat daher im lettischen Recht gravierendere soziale Folgen für das abberufene Organmitglied als im deutschen Recht, wo der Vergütungsanspruch aus dem Anstellungsvertrag bei einer Abberufung grundsätzlich bestehen bleibt.[716]

Es ist daher nicht auszuschließen, dass der EuGH den Fall *Danosa* auf der Grundlage des deutschen Rechts anders entschieden hätte.[717] Aus der Entscheidung zu schlussfolgern, dass der EuGH den Kündigungsschutz der MuSchRL im deutschen Recht zwingend auch auf das Organverhältnis beziehen würde, ist daher verfehlt.

bb) Erfordernis einer Erstreckung des Kündigungsschutzes auf das Organverhältnis

(1) Wortlaut der Richtlinie

Gemäß Art. 10 Nr. 1 MuSchRL ist die Kündigung der schwangeren Arbeitnehmerin verboten. Mit Kündigung wird im deutschen Arbeitsrecht im Allgemeinen nur die Beendigung eines Arbeits- oder sonstigen Dienstverhältnisses bezeichnet, nicht hingegen die Beendigung der Organstellung, die vielmehr unter den Begriff der Abberufung fällt. Dies sagt allerdings im Hinblick auf die Wortlautbedeutung der Richtlinie nichts aus, da es sich um eine rein nationale Terminologie handelt, die der Richtliniengeber bei Schaffung der Richtlinie nicht zugrundegelegt haben wird.[718]

Die Erwägungsgründe der Richtlinie stellen klar, dass das Kündigungsverbot die schwangere Arbeitnehmerin davor schützen soll, „entlassen" zu werden.[719] Der Begriff der Entlassung ist zwar in der MuSchRL nicht definiert, jedoch hat der EuGH ihn für den Bereich der MERL als die „Kündigung des Arbeitsverhältnisses" verstanden.[720] Misst man diesem Verständnis eine allgemeine Bedeutung

---

715 *Oetker*, in: Henssler/Strohn, § 35 GmbHG Rn. 89; *Paefgen*, in: U/H/W, GmbHG, § 35 Rn. 181; *Zöllner/Noack*, in: Baumbach/Hueck, GmbHG, § 35 Rn. 63.

716 *Kleindiek*, in: Lutter/Hommelhoff, GmbHG, § 38 Rn. 25; *Terlau*, in: Michalski, GmbHG, § 38 Rn. 27.

717 So auch die Einschätzung von *Preis/Sagan*, ZGR 2013, 26, 38 sowie *Schiefer/Worzalla*, ZfA 2013, 41, 44 f.; a. A. *Oberthür*, NZA 2011, 253, 257.

718 A. A. wohl *Preis/Sagan*, ZGR 2013, 26, 39.

719 BE 15 MuSchRL.

720 EuGH v. 27.1.2005 – C-188/03 (*Junk*), Slg. 2005, I-885, Rn. 36 ff.

zu, spricht dies zunächst gegen die Erstreckung des Kündigungsverbotes auf das Organverhältnis.[721]

(2) *Sinn und Zweck des Kündigungsverbotes*

(a) *Schutz vor physischen und psychischen Belastungen*

Nach den Erwägungsgründen der Richtlinie besteht der Zweck des in Art. 10 verankerten Kündigungsverbotes darin, die schwangere Arbeitnehmerin vor den nachteiligen psychischen und physischen Auswirkungen zu schützen, die mit der bloßen Gefahr, schwangerschaftsbedingt gekündigt zu werden, einhergehen.[722] Es soll vermieden werden, dass sich die schwangere Arbeitnehmerin aus Angst vor den mit einer Kündigung verbundenen (insbesondere wirtschaftlichen) Nachteilen zu einem freiwilligen Schwangerschaftsabbruch veranlasst sieht.[723]

Eine wirtschaftliche Absicherung wird unterdessen – sofern nicht eine Koppelung von Anstellungsvertrag und Bestellung vorgenommen wurde – bei Organmitgliedern an sich bereits durch die Anwendung des Kündigungsverbotes im Rahmen des Anstellungsverhältnisses gewährleistet: Dieses besteht aufgrund der Trennung beider Rechtsverhältnisse auch nach der Abberufung fort und sichert der schwangeren Geschäftsführerin ihre Vergütungsansprüche sowie die Erhaltung der Mutterschutzrechte. Die Wirkung der Bestellung beschränkt sich im deutschen Recht im Wesentlichen darauf, die Vertretungsmacht sowie sonstige organschaftliche Pflichten zu begründen.[724] Die persönliche Rechtsstellung wird maßgeblich durch den Anstellungsvertrag ausgestaltet.[725] Ein Widerruf der Bestellung hat daher rein objektiv auf die sozialen und wirtschaftlichen Belange eines schwangeren Organmitglieds keine unmittelbaren Auswirkungen.

Gleichwohl kann eine Abberufung während der Schwangerschaft aber subjektive Auswirkungen zeitigen, die möglicherweise einen Fortbestand der Organstellung erfordern: Sofern das vertretungsberechtigte Geschäftsführungsorgan nicht aus mehreren Mitgliedern besteht, wird die Gesellschaft jedenfalls für die

---

721 So bereits *Schubert*, EuZA 2011, 362, 366; *dies.*, ZESAR 2013, 5, 9.

722 BE 15 MuSchRL.

723 EuGH v. 30.6.1998 – C-394/96 (*Brown*), Slg. 1998, I-4185 Rn. 18; v. 11.10.2007 – C-460/06 (*Paquay*), Slg. 2007, I-8511 Rn. 30.

724 *Preis/Sagan*, ZGR 2013, 26, 39.

725 *Jaeger*, in: MüKo-GmbHG, § 35 Rn. 248; *Lenz*, in: Michalski, GmbHG, § 35 Rn. 114.

Zeit der schwangerschaftsbedingten Abwesenheit ihrer Geschäftsführerin zur Wahrung ihrer uneingeschränkten Handlungsfähigkeit eine andere Person als Vertretungsorgan bestellen. Falls sich diese Person in dem Unternehmen gut integriert und die Geschäfte der Gesellschaft erfolgreich führt, besteht die Gefahr, dass die Gesellschaft nach Ablauf des schwangerschaftsbedingten Beschäftigungsverbots gar kein Interesse mehr an einer Wiederbestellung der ehemaligen Geschäftsführerin hat, die sich nun ihrerseits erst wieder in die Geschäftsführung einarbeiten müsste und bei der zudem die Gefahr besteht, dass sie aufgrund des inzwischen vorhandenen Nachwuchses zukünftig weniger belastbar sein könnte. Die Gesellschafter könnten geneigt sein, die neue Geschäftsführung dauerhaft im Amt zu belassen und nicht nur keine Wiederbestellung der ehemaligen Geschäftsführerin vorzunehmen,[726] sondern auch ihren Anstellungsvertrag nach Ablauf der Fristen des § 9 Abs. 1 MuSchG zu kündigen.

Diese Befürchtung, nach einmal erfolgter Abberufung nicht wiederbestellt und nach Ablauf des Kündigungsverbots auch mit einer Kündigung des Anstellungsvertrages rechnen zu müssen, kann eine psychische Belastung darstellen, die grundsätzlich geeignet sein dürfte, eine schwangere Frau ähnlich unter Druck zu setzen, wie eine Kündigung.[727] Allerdings ist die theoretische Kündigungsmöglichkeit des Arbeitgebers nach Ablauf der Frist des § 9 Abs. 1 MuSchG ein Risiko, dem jede schwangere Arbeitnehmerin ausgesetzt ist und noch keine mit der Rechtsstellung eines schwangeren Organmitglieds zusammenhängende Besonderheit, die eine Ausdehnung des Schutzes auch auf das Organverhältnis rechtfertigt. Zwar ist zu berücksichtigen, dass eine „normale" Arbeitnehmerin auch nach Ablauf des Sonderkündigungsschutzes regelmäßig Kündigungsschutz nach dem KSchG genießt, wohingegen dies bei Arbeitnehmer-Organmitgliedern aufgrund der in § 14 Abs. 1 Nr. 1 KSchG angeordneten Nichtgeltung des KSchG nicht der Fall ist.[728] Stattdessen sind aber die Anstellungsverträge von Organmitgliedern regelmäßig befristet und daher ebenfalls nicht ohne weiteres ordentlich kündbar, sondern nur bei Vorliegen eines wichtigen Grundes.[729] Insofern ist das Kündigungsrisiko nach Ablauf der Schutzfristen und dementsprechend die daraus eventuell resultierende psychische Belastung während der

---

726 Allein aus dem fortbestehenden Anstellungsvertrag ergibt sich kein Anspruch auf (Wieder-)Bestellung, vgl. *Kleindiek*, in: Lutter/Hommelhoff, GmbHG, Anh. zu § 6 Rn. 28, § 38 Rn. 25.

727 Vgl. *Schubert*, EuZA 2011, 362, 367.

728 Zur Anwendbarkeit des KSchG auf Organmitglieder näher unter § 5 C.

729 Hierauf verweisen auch *Schiefer/Worzalla*, ZfA 2013, 41, 44.

Schwangerschaft für die Geschäftsführerin in aller Regel nicht größer als bei jeder anderen Arbeitnehmerin.

Zudem handelt es sich um ein Risiko, das jeder schwangeren Arbeitnehmerin zumutbar ist, denn der Schutzzweck des Kündigungsverbotes kann nicht so weit reichen, dass der Arbeitnehmerin jegliche noch so eventuelle Sorge vor einem durch die Schwangerschaft bedingten berufliche Nachteil in ferner Zukunft genommen werden muss. Dass der Schutz vor psychischer Belastung durch die Richtlinie nicht unbegrenzt ist, zeigt insoweit bereits die vorgesehene Ausnahme vom Kündigungsverbot bei nicht mit der Schwangerschaft zusammenhängenden Gründen.

Im Übrigen ergibt sich bereits aus dem Wortlaut des Art. 10 MuSchRL[730], dass das Kündigungsverbot vor allem dienende Funktion hat: Es soll den Bestand des Arbeitsvertrages als Grundlage für die effektive Wahrnehmung der anderen durch die Richtlinie gewährleisteten Rechte sichern.[731] Dafür ist es aber ausreichend, eine Kündigung des Anstellungsvertrages zu verbieten, denn dieser stellt für die Rechtssicherung eine ausreichende Grundlage dar.[732] Eine Erstreckung des Bestandsschutzes auf das Organverhältnis hat in Bezug auf die persönliche Rechtsstellung hingegen keinen rechtssichernden Effekt.

Soweit für ein Abberufungsverbot angeführt wird, dass nach der Rechtsprechung des EuGH auch die Kündigung vorbereitende Rechtsakte während der Zeit des Kündigungsverbots unzulässig seien,[733] vermag dies nicht zu überzeugen: Zwar hat der EuGH in der Rechtssache *Paquay* entschieden, dass nicht nur der Ausspruch einer Kündigung, sondern auch bereits die Kündigungsentscheidung selbst sowie jede Form der Vorbereitung einer Kündigung, wie etwa die Suche und Planung eines endgültigen Ersatzes für eine schwangere Arbeitnehmerin während der Zeit des Mutterschutzes verboten sind.[734] Die Wirkung der Abberufung erschöpft sich allerdings im Wesentlichen in dem Erlöschen der organschaftlichen Vertretungsmacht und berührt als solche nicht den Fortbestand

730 Die Formulierung in Art. 10 MuSchRL lautet: „Um den Arbeitnehmerinnen […] die Ausübung der in diesem Artikel anerkannten Rechte in Bezug auf ihre Sicherheit und ihren Gesundheitsschutz zu gewährleisten, wird folgendes vorgesehen: […]".

731 Vgl. (allerdings in Bezug auf das deutsche Recht) BAG v. 23.10.1991, NZA 1992, 925, 928; *Rolfs*, in: A/P/S, § 9 MuSchG Rn. 1.

732 So auch *Preis/Sagan*, ZGR 2013, 26, 39; *Schubert*, ZESAR 2013, 5, 9.

733 *Oberthür*, NZA 2011, 253, 257 unter Verweis auf EuGH v. 11.10.2007 – C-460/06 (*Paquay*), Slg. 2007, I-8511.

734 EuGH v. 11.10.2007 – C-460/06 (*Paquay*), Slg. 2007, I-8511 Rn. 33 ff.

des Anstellungsvertrages. Selbst wenn die Abberufung bereits erkennbar in der Absicht vorgenommen wird, keine Wiederbestellung vorzunehmen und einer späteren Kündigung des Anstellungsvertrages als Grundlage zu dienen, ist maßgeblich für eine spätere Kündigung die entsprechende Kündigungsentscheidung der Gesellschafter. Allein diese kann dann aber als „Vorbereitung einer Kündigung" angesehen werden, nicht hingegen die Abberufung.[735]

Zu bedenken ist schließlich, dass mit der Abberufung objektiv auch eine Entlastung der Schwangeren einhergeht, weil nicht nur ihre Vertretungsmacht, sondern zugleich die sonstigen Organpflichten erlöschen. Bliebe die Geschäftsführerin während ihrer mutterschutzbedingten Abwesenheiten im Amt, würden die gesetzlichen Organpflichten und insbesondere auch die Treuepflicht grundsätzlich bestehen bleiben.[736] Bei einer vorübergehenden Abberufung braucht sich die (werdende) Mutter um die Erfüllung dieser Pflichten während der Zeit ihrer Abwesenheit keine Gedanken zu machen, was regelmäßig eine Entlastung in psychischer und physischer Hinsicht bedeutet und damit dem Schutzzweck der Richtlinie entspricht. Im Ergebnis erfordert der durch das Kündigungsverbot intendierte Schutz der schwangeren Arbeitnehmerin vor psychischen und physischen Belastungen kein Verbot der Abberufung.

(b) Schutz vor Diskriminierung

Der Schutzzweck des Kündigungsverbotes während der Schwangerschaft und der Stillzeit beschränkt sich indessen nicht allein auf den gesundheitlichen Aspekt: Eine Kündigung aus Gründen der Schwangerschaft kann ausschließlich Frauen treffen und stellt damit nach der ständigen Rechtsprechung des EuGH zugleich eine unmittelbare Diskriminierung aufgrund des Geschlechts dar.[737] Die Aspekte des Gesundheitsschutzes und der Gleichbehandlung wurden im Laufe des Gesetzgebungsverfahrens der Richtlinie immer wieder miteinander in Zusammenhang gebracht.[738] Wenngleich auch die Erwägungsgründe hierauf nicht

---

735 Im Ergebnis so auch *Schiefer/Worzalla*, ZfA 2013, 41, 44.

736 Zu den Folgen bei einem Verbleib im Amt während des Mutterschutzes *Kruse/Stenslik*, NZA 2013, 596, 598 ff. sowie ausführlich *Windbichler*, FS Hoffmann-Becking, S. 1413 ff.

737 EuGH v. 8.11.1990 – C-179/88 (*Handels- og Kontorfunktionærernes Forbund*), Slg. 1990, I-3979 Rn. 13; v. 30.6.1998 – C-394/96 (*Brown*), Slg. 1998, I-4185 Rn. 24; v. 11.11.2010 – C-232/09 (*Danosa*), Slg. 2010, I-11405 Rn. 67 ff.

738 Vgl. dazu ausführlich *Nebe*, Mutterschutz, S. 111 ff.

explizit verweisen, ist daher anzunehmen, dass der MuSchRL und insbesondere dem Kündigungsverbot ein diskriminierungsrechtlicher Aspekt immanent ist.[739]

Eine schwangerschaftsbedingte Abberufung, die nur vorübergehend und in der Absicht einer späteren Wiederbestellung vorgenommen wird, kann man allerdings nicht als diskriminierend bezeichnen, weil sie keinen Nachteil für die schwangere Geschäftsführerin darstellt. Hingegen hat eine Abberufung wegen der Schwangerschaft, die darauf gerichtet ist, der schwangeren Geschäftsführerin ihre Stellung als vertretungsberechtigtes Organmitglied dauerhaft zu entziehen, durchaus diskriminierende Wirkung, denn ohne eine Wiederbestellung ist die Geschäftsführerin auch nach dem Ende des Mutterschutzes faktisch nicht in der Lage, ihre Tätigkeit für die Gesellschaft wieder aufzunehmen.[740] Die diskriminierende Wirkung einer solchen endgültigen Abberufung ist daher mit derjenigen einer Kündigung vergleichbar.

Schutz vor geschlechtsspezifischen Diskriminierungen gewährt vorrangig die GbRL 2006/54/EG, die in Art. 14 ein umfassendes geschlechtsspezifisches Diskriminierungsverbot normiert und in Art. 15 einen Anspruch auf Gleichbehandlung für die aus dem Mutterschaftsurlaub zurückkehrende Frau vorsieht. Eine diskriminierende Abberufung ist daher primär an den Vorgaben der GbRL 2006/54/EG und den umsetzenden Bestimmungen des AGG zu messen.[741] Zutreffend wird insoweit darauf hingewiesen, dass der durch die GbRL 2006/54/EG gewährleistete Kündigungsschutz[742] hinter demjenigen der MuSchRL zurückbleibt: Die Schwangere muss zum einen wenigstens Indizien für die Diskriminierung beweisen[743] und zum anderen können auf der Grundlage des AGG aufgrund von § 15 Abs. 6 AGG möglicherweise nur Sekundäransprüche geltend gemacht werden.[744] Dass der Schutz vor Diskriminierungen im Rahmen der MuSchRL darüber hinausgehende Wirkung entfaltet, kann aber nicht angenommen werden, denn auch wenn Gechlechtergleichbehandlung eines der von ihr angestrebten Ziele sein mag, hat es weder im Wortlaut der Richtlinie noch in deren Erwägungsgründen eine Verankerung gefunden. Es kann sich daher nur um

739 *Nebe*, Mutterschutz, S. 111 ff.

740 So wohl auch *Schubert*, ZESAR 2013, 5, 10.

741 *Schubert*, ZESAR 2013, 5, 10.

742 Die Anwendbarkeit der Richtlinie auf Arbeitnehmer-Organmitglieder sei an dieser Stelle unterstellt, s. dazu unter § 5 B. II. 4. d) bb) (1).

743 *Schubert*, EuZA 2011, 362, 368; *dies*., ZESAR 2013, 5, 10.

744 Vgl. *Schiefer/Worzalla*, ZfA 2013, 41, 45, die die Existenz des § 15 Abs. 6 AGG sogar als Argument gegen ein Erstreckung des Kündigungsverbotes auf das Organverhältnis heranziehen.

einen untergeordneten Schutzzweck handeln. Primär dient die MuSchRL dem Gesundheitsschutz von Schwangeren, Wöchnerinnen und stillenden Arbeitnehmerinnen. Allein dieser Schutzzweck ist dann aber auch für die Reichweite der Vorschriften maßgeblich, jedenfalls wenn dem nur untergeordneten weiteren Schutzzweck explizit in anderen Vorschriften Rechnung getragen wird, wie hier in der GbRL 2006/54/EG.[745]

Umgekehrt spricht der diskriminierungsrechtliche Aspekt eher gegen ein Abberufungsverbot: Ein solches würde einen relativ weitreichenden Eingriff in die Organisationsfreiheit der Gesellschaft darstellen, weil die freie Abberufbarkeit des Geschäftsführungsorgans eines der Grundprinzipien des für diese Problematik zumeist maßgeblichen GmbH-Rechts ist.[746] Eine Einschränkung in diesem Bereich könnte die Bereitschaft einer Gesellschaft mindern, eine Frau in gebärfähigem Alter als Leitungsorgan überhaupt erst einzustellen und damit zu einer mittelbaren faktischen Benachteiligung aller potentiellen weiblichen Geschäftsführungsorgane führen.[747] Die Gefahr derartiger Fehlentwicklungen auf „kollektiver" Ebene gänzlich außer Acht zu lassen, wäre unter dem Gesichtspunkt der Gleichbehandlung, auch wenn man dem Diskriminierungsverbot vorrangig eine individuelle Bedeutung beimisst, kontraproduktiv.

cc) Situation bei Koppelungsklauseln

(1) Problematik

Anders stellt sich die Situation allerdings dar, wenn durch eine Koppelungsklausel ein Gleichlauf zwischen Anstellung und Bestellung vorgenommen wurde, so dass mit der Abberufung zugleich das Anstellungsverhältnis endet, ohne dass es einer gesonderten Kündigung des Anstellungsvertrages bedarf. In diesem Fall bleibt ein Kündigungsverbot auf Ebene der Anstellung wirkungslos. Diese Konstellation ist mit derjenigen im Fall *Danosa* vergleichbar, wo vermutlich überhaupt kein Anstellungsvertrag bestand. Damit die Wirkung des Kündigungsverbotes

---

745 So auch im Ergebnis *Schiefer/Worzalla*, ZfA 2013, 41, 45.

746 Vgl. *Koppensteiner/Gruber*, in: Rowedder/Schmidt-Leithoff, GmbHG, § 38 Rn. 2; *Oetker*, in: Henssler/Strohn, § 38 GmbHG, Rn. 1, 4.

747 Vgl. zur Problematik *Preis*, NZA 1997, 1256, 1260; *Rolfs*, in: A/P/S, § 9 MuSchG Rn. 3; andeutend auch *Zöllner/Noack*, in: Baumbach/Hueck, GmbHG, § 35 Rn. 7b.

nicht leerläuft, wird vertreten, dass der Kündigungsschutz im Fall einer Koppelungsklausel auch auf die Abberufung zu erstrecken sei.[748]

Dieser Ansatz ist fraglich, weil dadurch der Bestandsschutz im Rahmen des Organverhältnisses je nach Lage des Einzelfalls von der Gestaltung des Anstellungsvertrages abhängig gemacht wird. Dies führt letztlich zu einer uneinheitlichen Rechtslage und damit zu Rechtsunsicherheit. Zudem ergeben sich Bedenken im Hinblick auf die grundrechtlich geschützte Organisationsfreiheit der Gesellschaft, die durch ein Abberufungsverbot erheblich beschränkt würde.[749] Statt der Annahme eines Abberufungsverbotes ist daher vielmehr die Wirksamkeit der Koppelungsklausel in Frage zu stellen.[750]

(2) Grundsätzliche Anforderungen an die Zulässigkeit von Koppelungsklauseln

Dabei ist zu beachten, dass Koppelungsklauseln in unterschiedlicher Ausprägung zu finden sind: Teilweise beschränkt sich der Inhalt einer Koppelungsklausel auf die Bestimmung, dass in der Abberufung des Geschäftsführungsorgans zugleich eine Kündigung des Anstellungsvertrages zum nächst zulässigen Termin zu sehen ist.[751] Eine solche Klausel fingiert lediglich die Kündigung, so dass das Organmitglied rechtlich genauso steht, wie bei einer separaten Kündigung neben der Abberufung.[752] Andererseits können Koppelungsklauseln auch einen automatischen Gleichlauf von Anstellung und Bestellung herstellen, indem sie den Anstellungsvertrag unter die auflösende Bedingung der Abberufung stellen.[753]

Im Grundsatz ist die Zulässigkeit von Koppelungsklauseln sowohl für GmbH-Geschäftsführer als auch für AG-Vorstandsmitglieder anerkannt.[754] Allerdings

748 *Preis/Sagan*, ZGR 2013, 26, 39.

749 Zu diesem Argument *Altmeppen*, in: Roth/Altmeppen, GmbHG, § 38 Rn. 31a; *Baeck/Winzer*, NZG 2011, 101; *Bauer*, GWR 2010, 586; *Reufels-Molle*, NZA-RR 2011, 281, 283; *Zöllner/Noack*, in: Baumbach/Hueck, GmbHG, § 35 Rn. 7b.

750 In diese Richtung wohl auch *Schiefer/Worzalla*, ZfA 2013, 41, 44; *Schubert*, ZESAR 2013, 5, 9 f.

751 *Jaeger*, in: MüKo-GmbHG, § 35 Rn. 393; *Seibt*, NJW-Spezial 2004, 123, 124.

752 *Jaeger*, in: MüKo-GmbHG, § 35 Rn. 393.

753 *Jaeger*, in: MüKo-GmbHG, § 35 Rn. 394; *Kleindiek*, in: Lutter/Hommelhoff, GmbHG, Anh. § 6 Rn. 44; *Paefgen*, in: U/H/W, GmbHG; § 38 Rn. 122; *Seibt*, NJW-Spezial 2004, 123, 124.

754 BGH v. 29.5.1989, NJW 1989, 2683, 2683 f.; v. 21.6.1999, NJW 1999, 3263, 3264; *Altmeppen*, in: Roth/Altmeppen, GmbHG, § 6 Rn. 45; *Jaeger*, in: MüKo-GmbHG, § 35 Rn. 393; *Paefgen*, in: U/H/W, GmbHG, § 38 Rn. 122; *Zöllner/Noack*, in: Baumbach/Hueck, GmbHG, § 35 Rn. 211.

dürfen sie nicht zu einer Umgehung vertraglicher oder gesetzlich zwingender Kündigungsvorschriften führen.[755] Aus diesem Grund hat der BGH eine automatische Koppelungsklausel bei Vorstandsmitgliedern auch bereits einschränkend dahingehend ausgelegt, dass das Anstellungsverhältnis erst mit Ablauf der in § 622 Abs. 1 S. 2 BGB festgelegten Kündigungsfrist endet.[756] Weil GmbH-Geschäftsführer, anders als AG-Vorstandsmitglieder, grundsätzlich gemäß § 38 Abs. 1 GmbHG jederzeit und ohne Grund abberufen werden können, werden uneingeschränkt formulierte automatische Koppelungsklauseln jedenfalls in befristeten Geschäftsführerdienstverträgen ohne Möglichkeit einer ordentlichen Kündigung wegen Umgehung der Voraussetzungen des § 626 BGB verbreitet für unzulässig gehalten.[757]

(3) Unwirksamkeit bei Umgehung von § 9 Abs. 1 MuSchG

Für Arbeitnehmer-Organmitglieder würde eine automatische Koppelungsklausel zur praktischen Wirkungslosigkeit des Kündigungsverbotes gemäß § 9 Abs. 1 MuSchG und damit bereits aus diesem Grund zu einer Umgehung gesetzlich zwingender Kündigungsschutzvorschriften führen. Dies dürfte im Hinblick auf die Wirksamkeit der Klausel Folgendes bedeuten:

Die Situation betrifft – wie bereits dargestellt – vor allem GmbH-Fremd- und nicht mehrheitlich beteiligte Gesellschafter-Geschäftsführerinnen. Anstellungsverträge von GmbH-Geschäftsführern unterliegen grundsätzlich der AGB-Kontrolle.[758] Weil Arbeitnehmer-Organmitglieder in der Regel auch Verbraucher sind,[759] ist regelmäßig der erweiterte Anwendungsbereich nach § 310 Abs. 3 BGB eröffnet, so dass die Koppelungsklausel als von der Gesellschaft gestellt gilt und es auf die Anzahl der beabsichtigten Verwendungen nicht ankommt. In der Regel wird eine Koppelungsklausel auch seitens der Gesellschaft nicht ernsthaft

---

755 BGH v. 29.5.1989, NJW 1989, 2683, 2684; v. 1.12.1997, NJW 1998, 1480; v. 21.6.1999, NJW 1999, 3263 f.; *Grobys*, in: MAH ArbR, § 80 Rn. 50; *Jaeger*, in: MüKo-GmbHG, § 35 Rn. 394.

756 BGH v. 29.5.1989, NJW 1989, 2683, 2684.

757 *Grobys*, in: MAH ArbR, § 80 Rn. 50; *Grobys/Glanz*, NJW-Spezial 2007, 129, 129 f.; *Jaeger*, in: MüKo-GmbHG, § 35 Rn. 394.

758 BAG v. 19.5.2010, NZA 2010, 939, 940; *Oetker*, in: Henssler/Strohn, § 35 GmbHG Rn. 87; *U. H. Schneider/Hohenstatt*, in: Scholz, GmbHG, § 35 Rn. 323 ff.; *Stagat*, NZA-RR 2011, 617, 620 ff.

759 BAG v. 19.5.2010, NZA 2010, 939, 940 f. in Bezug auf den Fremdgeschäftsführer; ausführlich *Hümmerich*, NZA 2006, 709, 710 ff.

zur Disposition gestellt und damit nach § 305 Abs. 1 S. 3 BGB individuell ausgehandelt worden sein.[760] Unabhängig davon, ob eine Koppelungsklausel, die einen unbedingten Gleichlauf von Anstellung und Bestellung vorsieht, im Einzelfall eine überraschende Klausel im Sinne von § 305c Abs. 1 BGB darstellt und bereits aus diesem Grund nicht wirksam in den Vertrag einbezogen wurde,[761] ist sie jedenfalls nach § 307 Abs. 1 BGB wegen unangemessener Benachteiligung der Geschäftsführerin unwirksam, wenn ihr durch sie der schwangerschaftsbedingte Kündigungsschutz genommen wird. Aufgrund von § 306 Abs. 2 BGB wird man die Wirksamkeit einer uneingeschränkt formulierten Klausel auch nicht einschränkend aufrecht erhalten können, weil es sich um eine geltungserhaltende Reduktion handeln würde.[762] Nur sofern eine Koppelungsklausel den Kündigungsschutz nach dem MuSchG in ihrer Formulierung berücksichtigt, kann daher im Übrigen ggf. von ihrer Wirksamkeit auszugehen sein.

Im Ergebnis ist daher im Fall einer automatischen und uneingeschränkten Koppelung von Anstellungsvertrag und Organverhältnis der Arbeitnehmer-Geschäftsführerin nicht von einer Erstreckung des Bestandsschutzes auf das Organverhältnis, sondern von der Unwirksamkeit der Koppelungsklausel auszugehen. Sie kann daher auch in diesem Fall trotz der Schwangerschaft abberufen werden, das Anstellungsverhältnis bleibt aber entgegen der vertraglichen Regelung bestehen und darf gemäß § 9 Abs. 1 MuSchG nicht gekündigt werden.

c) *Ergebnis*

Der durch das Kündigungsverbot der MuSchRL intendierte Schutz vor psychischen und physischen Belastungen erfordert grundsätzlich keine Erstreckung des Bestandsschutzes auf das Bestellungsverhältnis, weil durch den Fortbestand des Anstellungsvertrages auch die durch die MuSchRL gewährleisteten Rechte gesichert werden. Dies gilt auch im Fall von Koppelungsklauseln. Sofern diese

---

760 So auch *Grobys/Glanz*, NJW-Spezial 2007, 129, 130; vgl. zu den Anforderungen an ein individuelles Aushandeln BGH v. 19.5.2005, NJW 2005, 2543, 2544.

761 dazu *Bauer*, Aufhebungsverträge, Kap. III Rn. 32; *Jaeger*, in: MüKo-GmbHG, § 35 Rn. 394.

762 Dieses Ergebnis steht auch nicht im Widerspruch zur BGH-Rechtsprechung, wonach anstelle der Unwirksamkeit der Klausel eine einschränkende Auslegung unter Berücksichtigung der Fristen des § 622 BGB anzunehmen sei, denn in dem entschiedenen Fall ging der BGH davon aus, dass es sich nicht um AGB handelte, vgl. BGH v. 29.5.1989, NJW 1989, 2683, 2685.

uneingeschränkt einen automatischen Gleichlauf von Anstellung und Bestellung vorsehen, sind sie unwirksam.

8. Exkurs: Mutterschutz für selbständige Organmitglieder

a) Obiter Dictum des EuGH

Obwohl die Vorlagefragen des lettischen Kassationsgerichts sich auf die Vereinbarkeit des lettischen Rechts mit der MuSchRL beschränkten, äußerte sich der EuGH in einem obiter dictum für den Fall, dass Frau *Danosa* nicht als schwangere Arbeitnehmerin im Sinne der MuSchRL anzusehen sei. In diesem Fall habe das nationale Gericht zu prüfen, ob sich ein Kündigungsschutz aus der RL 76/207/EWG ergebe, weil eine Kündigung aus Gründen der Schwangerschaft zugleich eine geschlechtsbedingte Diskriminierung darstelle und daher mit dem Gleichbehandlungsgebot der RL 76/207/EWG nicht vereinbar sei.[763] Dazu führt er aus: „Selbst wenn man unterstellt, dass Frau *Danosa* etwa keine „schwangere Arbeitnehmerin" im weiten Sinn der Richtlinie 92/85 ist, liefe es dem Schutzziel des Art. 2 Abs. 7 der RL 76/207/EWG[764] zuwider, wenn man zuließe, dass eine Gesellschaft die Mitglieder ihrer Unternehmensleitung, die Aufgaben wie die im Ausgangsverfahren beschriebenen wahrnehmen, von ihrem Amt abberufen könnte, sofern die Abberufung im Wesentlichen auf der Schwangerschaft der Betroffenen beruht."[765]

Weiterhin führt der Gerichtshof aus, sofern die Abberufung aus Gründen der Schwangerschaft erfolgt sei, könne dahingestellt bleiben, ob Frau *Danosa* von der MuSchRL, der RL 76/207/EWG oder, soweit das vorlegende Gericht sie als „selbständige Erwerbstätige" einstufen sollte, von der SelbstGbRL 86/613/EWG erfasst werde, die für die letztgenannten Erwerbstätigen gelte und, wie aus ihrem Art. 1 hervorgehe, die RL 76/207/EWG in Bezug auf die Anwendung des Grundsatzes der Gleichbehandlung auf solche Erwerbstätigen ergänze, indem sie wie die RL 76/207/EWG jede Diskriminierung aufgrund des Geschlechts verbiete. Unabhängig davon, welche Richtlinie Anwendung finde, komme es darauf an, der Betroffenen den Schutz zu gewährleisten, den das Unionsrecht Schwangeren für den Fall gewähre, dass das Rechtsverhältnis, das sie mit einer anderen Person verbinde, wegen ihrer Schwangerschaft beendet werde.[766] Dieses Ergebnis

---

763 EuGH v. 11.11.2010 – C-232/09 (*Danosa*), Slg. 2010, I-11405 Rn. 64 ff.

764 Es handelt sich dort um die durch die Richtlinie 2002/73/EG geänderte Fassung.

765 EuGH v. 11.11.2010 – C-232/09 (*Danosa*), Slg. 2010, I-11405 Rn. 67.

766 EuGH v. 11.11.2010 – C-232/09 (*Danosa*), Slg. 2010, I-11405 Rn. 70.

bestätige sich auch in Art. 23 GRC, wonach der Grundsatz der Gleichheit von Männern und Frauen in allen Bereichen sicherzustellen sei.[767]

Was der EuGH mit diesen Äußerungen im Einzelnen meint, ist nicht eindeutig. Allerdings legt die letzte Aussage nahe, dass der Gerichtshof davon ausgeht, dass die Kündigung bzw. die Abberufung eines Organmitglieds aus Gründen der Schwangerschaft auf jeden Fall gegen Unionsrecht verstößt, weil insoweit entweder die MuSchRL, die RL 76/207/EWG oder aber die SelbstGbRL 86/613/EWG eingreifen und insoweit einen lückenlosen Schutz bieten. Dies wirft die Frage auf, inwieweit das Europarecht Mutterschutz tatsächlich auch für selbständige Organmitglieder vorsieht und ob die nationalen Regelungen dem entsprechen.

b) Kein Schutz durch die RL 76/207/EWG bzw. GbRL 2006/54/EG

Die RL 76/207/EWG verbietet jede unmittelbare oder mittelbare Diskriminierung aufgrund des Geschlechts (Art. 2 Abs. 1) und damit nach der ständigen Rechtsprechung des EuGH auch eine Entlassung aus Gründen der Schwangerschaft.[768]

Die RL 76/207/EWG wurde inzwischen aufgehoben. Maßgeblich für den Schutz vor Diskriminierungen aufgrund des Geschlechts ist heute die GbRL 2006/54/EG. Diese verbietet gemäß Art. 14 Abs. 1 lit. c) jede Diskriminierung im Hinblick auf die Beschäftigungs- und Arbeitsbedingungen einschließlich der Entlassungsbedingungen. Zudem stellt Art. 2 Abs. 2 lit. c) GbRL 2006/54/EG klar, dass jede ungünstigere Behandlung einer Frau im Zusammenhang mit Schwangerschaft oder Mutterschaftsurlaub im Sinne der MuSchRL eine Diskriminierung im Sinne der Richtlinie darstellt. Art. 15 GbRL 2006/54/EG bestimmt überdies, dass Frauen im Mutterschaftsurlaub nach Ablauf des Mutterschaftsurlaubs Anspruch darauf haben, zu mindestens gleichen Bedingungen an ihren früheren oder einen gleichwertigen Arbeitsplatz zurückzukehren.

Aus Art. 14 Abs. 1 lit. c) i. V. m. Art. 2 Abs. 2 GbRL 2006/54/EG ergibt sich daher, dass diese, ebenso wie bereits ihre Vorgängerrichtlinie, eine Kündigung aus Gründen der Schwangerschaft verbietet. Allerdings setzt dies voraus, dass der persönliche Anwendungsbereich der Richtlinie eröffnet ist. Die Richtlinie gilt nicht ausschließlich für Arbeitnehmer, sondern bezieht in einzelnen Regelungen auch Selbständige mit ein. Wie noch zu zeigen sein wird, gilt dies aber nicht für Art. 14 Abs. 1 lit. c). Die Vorschrift findet nur Anwendung auf Arbeitnehmer im Sinne der Richtlinie, wobei der Arbeitnehmerbegriff im Wesentlichen

767 EuGH v. 11.11.2010 – C-232/09 (*Danosa*), Slg. 2010, I-11405 Rn. 71.
768 EuGH v. 11.11.2010 – C-232/09 (*Danosa*), Slg. 2010, I-11405 Rn. 59 m. w. N.

demjenigen der MuSchRL entspricht.[769] Auch Art. 15 GbRL 2006/54/EG ändert daran nichts, denn die Vorschrift bezieht sich auf „Frauen im Mutterschaftsurlaub“, d. h. Frauen, die Mutterschaftsurlaub im Sinne der MuSchRL genießen (vgl. insoweit auch Art. 2 Abs. 2 GbRL 2006/54/EG, der für den Begriff Mutterschaftsurlaub ausdrücklich auf die MuSchRL Bezug nimmt), und gilt daher ebenfalls nur für Arbeitnehmerinnen im unionsrechtlichen Sinne. Für Organmitglieder, die auch nach dem weiten unionsrechtlichen Verständnis keine Arbeitnehmer, sondern selbständig Erwerbstätige sind, bietet die GbRL 2006/54/EG daher keinen Schutz vor schwangerschaftsbedingten Entlassungen.

Der einzig denkbare Fall, dass eine schwangere Geschäftsführerin zwar Schutz durch die GbRL 2006/54/EG, nicht aber durch die MuSchRL genießt, ergibt sich, wenn sie zwar Arbeitnehmerin im Sinne des Unionsrechts ist, aber den Arbeitgeber nicht gemäß den einzelstaatlichen Rechtsvorschriften bzw. Gepflogenheiten von ihrer Schwangerschaft unterrichtet hat, so dass der Schutz der MuSchRL entfällt (vgl. Art. 2 MuSchRL).[770]

c) Schutz durch die SelbstGbRL 86/613/EWG (heute SelbstGbRL 2010/41/EU)

Selbständige Organmitglieder werden vor Diskriminierungen durch die SelbstGbRL 86/613/EWG[771] geschützt, die allerdings mit Wirkung zum 5. August 2012 aufgehoben und durch die SelbstGbRL 2010/41/EU[772] ersetzt wurde.[773] Diese soll für die nicht von der GbRL 2006/54/EG erfassten Bereiche einen Rahmen für die Verwirklichung des Grundsatzes der Gleichbehandlung von Männern und Frauen bieten, die eine selbständige Erwerbstätigkeit ausüben oder als Ehegatte oder

769 A. A. *Leopold*, ZESAR 2011, 362, 367; *Schubert*, ZIP 2013, 289, 291 f.; dazu ausführlich unter § 5 B. II. 4. d).

770 So auch die Einschätzung von Generalanwalt *Bot* in Bezug auf die RL 76/207/EWG, vgl. Schlussanträge v. 2.9.2010 – C-232/09 (*Danosa*), Slg. 2010, I-11405 Rn. 115.

771 RL 86/613/EWG des Rates vom 11.12.1986 zur Verwirklichung des Grundsatzes der Gleichbehandlung von Männern und Frauen, die eine selbständige Erwerbstätigkeit – auch in der Landwirtschaft – ausüben, sowie über den Mutterschutz, ABl. 1986 L 359, S. 56.

772 RL 2010/41/EU des Europäischen Parlaments und des Rates vom 7. Juli 2010 zur Verwirklichung des Grundsatzes der Gleichbehandlung von Männern und Frauen, die eine selbstständige Erwerbstätigkeit ausüben, und zur Aufhebung der Richtlinie 86/613/EWG des Rates, ABl. 2010 L 180, S. 1.

773 A. A. *Bauer/Arnold*, ZIP 2012, 597, 598, die den Anwendungsbereich der Richtlinie auf solche Erwerbstätigebeschränkt sehen, die ihre Tätigkeit „für eigene Rechnung“ ausüben.

Lebenspartner dazu beitragen (Art. 1, 2 SelbstGbRL 2010/41/EU). Zu diesem Zweck verbietet Art. 4 Abs. 1 SelbstGbRL 2010/41/EU jede unmittelbare oder mittelbare Diskriminierung aufgrund des Geschlechts sowohl im öffentlichen als auch im privaten Sektor, etwa in Verbindung mit der Gründung, Einrichtung oder Erweiterung eines Unternehmens bzw. der Aufnahme oder Ausweitung jeglicher anderen Art von selbständiger Tätigkeit.

aa) Kündigungsschutz für Selbständige?

Fraglich ist, ob die SelbstGbRL 2010/41/EU auch eine Kündigung von schwangeren Selbständigen verbietet.

(1) Meinungsstand

Der EuGH geht in der *Danosa*-Entscheidung, wie gezeigt, offenbar von einem lückenlosen Schutz von Frauen vor schwangerschaftsbedingten Kündigungen aus und scheint daher jedenfalls hinsichtlich der ehemaligen SelbstGbRL 86/613/EWG anzunehmen, dass sie eine schwangerschaftsbedingte Kündigung selbständig Erwerbstätiger verbiete.[774] Damit schließt er sich der Auffassung des Generalanwalts an. Dieser führt aus, dass die einseitige Kündigung eines Auftragsverhältnisses vor Ablauf der ursprünglich vereinbarten Zeit aus Gründen der Schwangerschaft auch im Rahmen der selbständigen Erwerbstätigkeit nur Frauen treffen könne und daher eine unmittelbare Diskriminierung aufgrund des Geschlechts darstelle. Auch die dadurch begründeten Gefahren für die physische und psychische Verfassung der Schwangeren seien für selbständig Erwerbstätige genauso groß wie für Arbeitnehmerinnen.[775] Auch wenn die SelbstGbRL 86/613/EWG nicht das gleiche Spektrum an Rechten gewährleiste wie insoweit die MuSchRL, verbiete es die praktische Wirksamkeit des Verbots der Diskriminierung aus Gründen des Geschlechts, die schwangerschaftsbedingte vorzeitige Kündigung von Vertragsverhältnissen im Rahmen selbständiger Erwerbstätigkeit zuzulassen.[776] Diese Auslegung sei im Sinne des Unionsgesetzgebers, der

774 Siehe oben § 5 B. I. 8. a).

775 Generalanwalt *Bot*, Schlussanträge v. 2.9.2010 – C-232/09 (*Danosa*), Slg. 2010, I-11405 Rn. 120.

776 Generalanwalt *Bot*, Schlussanträge v. 2.9.2010 – C-232/09 (*Danosa*), Slg. 2010, I-11405 Rn. 124 f.

die Situation von schwangeren Selbständigen so weit wie möglich an diejenige schwangerer Arbeitnehmerinnen angleichen wolle.[777]

Teile der Literatur schließen sich der Sichtweise des EuGH unwidersprochen an und stehen folglich auf dem Standpunkt, dass die Kündigung bzw. die Abberufung von Organmitgliedern aus Gründen der Schwangerschaft unabhängig von ihrem Arbeitnehmerstatus im Sinne des Unionsrechts verboten sei.[778] Andere lehnen ein aus der heute maßgeblichen SelbstGbRL 2010/41/EU abgeleitetes Kündigungsverbot für schwangere Selbstständige hingegen ab.[779]

(2) Stellungnahme

Zuzustimmen ist den Ausführungen des EuGH und des Generalanwalts in der Annahme, dass die vorzeitige Kündigung des Anstellungsvertrages eines schwangeren Organmitglieds aus Gründen, die im Wesentlichen mit der Schwangerschaft im Zusammenhang stehen, auch für solche Organmitglieder, die nicht als Arbeitnehmerinnen im Sinne des Unionsrechts anzusehen sind, unmittelbar diskriminierende Wirkung hat: Es handelt sich um eine nachteilige Behandlung, die ausschließlich Frauen treffen kann, und damit um eine Diskriminierung aufgrund des Geschlechts.

Die Annahme, dass damit automatisch auch ein entsprechender Kündigungsschutz für selbständige Organmitglieder durch die SelbstGbRL 86/613/EWG bzw. die heute maßgebliche SelbstGbRL 2010/41/EU einhergeht, ist indessen verfehlt. Inwieweit die Richtlinie eine entsprechende Kündigung verbietet, ist durch Auslegung der Richtlinie zu ermitteln.

(a) Wortlaut

Ein explizites Verbot der Kündigung von Rechtsverhältnissen aus Gründen der Schwangerschaft sieht die SelbstGbRL 2010/41/EU nicht vor. Allerdings hat gemäß Art. 4 Abs. 1 „jegliche unmittelbare oder mittelbare Diskriminierung aufgrund des Geschlechts im öffentlichen oder privaten Sektor [...] zu

---

777 Generalanwalt *Bot*, Schlussanträge v. 2.9.2010 – C-232/09 (*Danosa*), Slg. 2010, I-11405 Rn. 126.

778 *Oberthür*, NZA 2011, 253, 254; *Reinhard/Bitsch*, ArbRB 2011, 241, 242; *Reiserer*, DB 2011, 2262, 2265.

779 *Rolfs*, in: A/P/S, § 9 MuSchG Rn. 9a; *Schubert*, EuZA 2011, 362, 367, die aber stattdessen wohl von einem Kündigungsschutz auch für selbständige Organmitglieder durch die GbRL 2006/54/EG ausgeht, vgl. dazu *dies.* ZIP 2013, 289, 291 f.

unterbleiben". Nimmt man also an, dass die vorzeitige Kündigung eines Rechtsverhältnisses aus Gründen der Schwangerschaft eine unmittelbare Diskriminierung aus Gründen des Geschlechts darstellt, ist diese vom Wortlaut der Richtlinie erfasst. Zwar enthält Art. 4 Abs. 1 SelbstGbRL 2010/41/EU eine Aufzählung von Bereichen, in denen Diskriminierungen zu unterbleiben haben, in der lediglich die Gründung, die Einrichtung oder Erweiterung eines Unternehmens sowie die Aufnahme und Ausweitung einer selbständigen Tätigkeit, nicht hingegen die Kündigung von Rechtsverhältnissen explizit genannt werden. Allerdings ist die Aufzählung nach ihrem Wortlaut lediglich beispielhaft und nicht abschließend, was durch das Wort „etwa" zum Ausdruck kommt.[780]

(b) Systematik

In systematischer Hinsicht könnte die Aufzählung allerdings gegen die Annahme eines Kündigungsverbots sprechen, denn die aufgezählten Tatbestände betreffen alle jeweils die Aufnahme bzw. die Erweiterung einer Erwerbstätigkeit. Auch die anderen Gleichbehandlungsrichtlinien schützen – wie noch zu zeigen sein wird – die selbständige Erwerbstätigkeit jeweils nur im Hinblick auf den Zugang bzw. den beruflichen Aufstieg (vgl. Art. 14 Abs. 1 lit. a) GbRL 2006/54/EG, Art. 3 Abs. 1 lit. a) GbRL 2000/78/EG sowie Art. 3 Abs. 1 lit. a) GbRL 2000/43/EG), nicht jedoch hinsichtlich der Beschäftigungsbedingungen sowie vor einer Beendigung ihrer Tätigkeit.[781]

Dahinter steht der allgemeine Gedanke, dass Selbständige ihre Tätigkeit grundsätzlich nach eigenen Entscheidungen und auf eigene Rechnung ausüben und dabei ihre Leistungen regelmäßig auf der Grundlage von einzelnen befristeten Dienst- oder Werkverträgen erbringen, die ohnehin nach einer gewissen Zeit enden. Ihre Existenz wird daher nicht durch die Beendigung des Vertragsverhältnisses zu einem Auftraggeber gefährdet, sondern allenfalls dadurch, dass ihnen keine neuen Aufträge erteilt werden. Daher bedürfen sie eines Schutzes vor Diskriminierungen grundsätzlich auch lediglich im Rahmen der Aufnahme bzw. der Erweiterung ihrer Tätigkeit.[782]

Wenn aber das Unionsrecht Selbständige im Hinblick auf diskriminierende Entlassungen offenbar generell nicht als schützenswert erachtet, erscheint es

---

780 Art. 4 SelbstGbRL 86/613/EWG enthielt statt des Wortes „etwa" insoweit die Formulierung „namentlich", was jedoch in der Sache dasselbe bedeutet.

781 Vgl. ausführlich zur Reichweit der Anwendbarkeit der Gleichbehandlungsrichtlinien auf Selbstständige unten § 5 B. II. 4. d) aa).

782 *Hoentzsch*, Anwendung der Benachteiligungsverbote, S. 53.

zunächst systemwidrig, im Rahmen der SelbstGbRL 2010/41/EU ein Kündigungsverbot für Schwangere anzunehmen, das dann konsequenterweise auch für sonstige geschlechtsbedingte Entlassungen anzunehmen wäre, denn es ist kein Grund ersichtlich, geschlechtsbedingte Diskriminierungen aus Gründen der Schwangerschaft insoweit strenger zu behandeln als andere geschlechtsbedingte Entlassungen. Zweck der SelbstGbRL 2010/41/EU ist allerdings gerade die Verwirklichung des Grundsatzes der Gleichbehandlung von selbständig Erwerbstätigen in allen von der GbRL 2006/54/EG nicht erfassten Bereichen (vgl. Art. 1 Abs. 1 SelbstGbRL 2010/41/EU). Dass andere Richtlinien im Bereich der Gleichbehandlung keinen Schutz vor geschlechtsbedingten Entlassungen gewähren, steht daher der Annahme eines Kündigungsverbotes für die SelbstGbRL 2010/41/EU nicht entgegen. Im Gegenteil spricht der Erlass einer Gleichbehandlungsrichtlinie speziell für Selbständige mit ausdrücklich lückenfüllender Funktion[783] eher dafür, dass der Gesetzgeber Schutzlücken im Rahmen der bestehenden Gleichbehandlungsrichtlinien erkannt hat, die er mit der SelbstGbRL 2010/41/EU schließen will.

Die Aufzählung der Tatbestände in Art. 4 Abs. 1 SelbstGbRL 2010/41/EU ist zwar Indiz dafür, dass der Richtliniengeber auch beim Erlass dieser Richtlinie die (für einen typischen Selbständigen ja auch zutreffende) Vorstellung vor Augen hatte, dass Selbständige eines Schutzes vor diskriminierenden Entlassungen nicht bedürfen. Im Einzelfall, etwa bei selbständigen Organmitgliedern, die – anders als der typische Unternehmer – gerade nicht von einzelnen Aufträgen leben, sondern ihre Tätigkeit auf der Grundlage eines in aller Regel für einen längeren Zeitraum befristeten Anstellungsvertrages erbringen, der für diese Zeit regelmäßig die alleinige Grundlage ihrer Existenz bildet und auf dessen Fortbestand sie folglich stärker angewiesen sind als andere Selbständige, ist diese Vorstellung allerdings nur bedingt zutreffend.[784] Angesichts der vielfältigen Erscheinungsformen selbständiger Tätigkeit erscheint es gut möglich, dass der Richtliniengeber die Schutzbedürftigkeit im Einzelfall schlicht nicht bedacht hat. Dann hat aber die Aufzählung in systematischer Hinsicht auch nur wenig Gewicht.

(c) Sinn und Zweck

Zweck der SelbstGbRL 2010/41/EU ist die Verwirklichung des Grundsatzes der Gleichbehandlung von selbständig Erwerbstätigen in allen von der GbRL

---

783 Vgl. BE 7, 10 SelbstGbRL 2010/41/EU: die Richtlinie soll nur für solche Bereiche gelten, die nicht von den bereits bestehenden Richtlinien abgedeckt werden.

784 In diese Richtung *Schubert*, ZIP 2013, 289, 292.

2006/54/EG bzw. der RL 79/7/EWG nicht erfassten Bereichen (vgl. Art. 1 Abs. 1 SelbstGbRL 2010/41/EU). Ziel der Richtlinie ist es, das weiterhin bestehende Ungleichgewicht zwischen den Geschlechtern im Bereich der Selbständigkeit zu beseitigen und insbesondere den Mutterschutz von selbständigen Frauen sowie die Situation von Ehepartnern von selbständig Erwerbstätigen zu verbessern.[785] Die Vorgängerrichtlinie habe insoweit nur wenig Wirkung gezeigt.[786] Die Richtlinie soll dazu beitragen, das Ziel eines einheitlichen hohen Niveaus des Diskriminierungsschutzes in allen Mitgliedstaaten zu verwirklichen.[787]

Dem Ziel der Gewährleistung eines möglichst weit gehenden Schutzes vor Diskriminierungen jeder Art („Verbot jeglicher Diskriminierung") im Allgemeinen sowie dem mit Nachdruck formulierten Anliegen, insbesondere den Mutterschutz für Selbständige zu verbessern, entspricht es, ein Kündigungsverbot aus Gründen der Schwangerschaft anzunehmen, denn ein solches erweitert den Rechtskreis von schwangeren Selbständigen und trägt zu einer Angleichung ihres Schutzes an denjenigen von Arbeitnehmerinnen bei.

Wenngleich der Unionsgesetzgeber einen Schutz von Selbständigen vor diskriminierenden Entlassungen grundsätzlich nicht für erforderlich hält, weil bei ihnen ein weniger großes Bestandsschutzinteresse als bei abhängig Beschäftigten besteht, trifft diese Erwägung, wie gezeigt, insbesondere auf selbständige Organmitglieder nur bedingt zu: Wirtschaftlich sind sie auf den Fortbestand ihres Anstellungsvertrages mit der Gesellschaft regelmäßig in vergleichbarer Weise angewiesen wie ein Arbeitnehmer. Zwar ließe sich einwenden, die mehrheitlich an der Gesellschaft beteiligte oder die mit einer Sperrminorität ausgestattete GmbH-Gesellschafter-Geschäftsführerin laufe bereits deshalb keine Gefahr, schwangerschaftsbedingt gekündigt zu werden, weil sie den Beschluss der Gesellschafter über ihre Kündigung[788] maßgeblich selbst beeinflussen und damit ihre eigene Kündigung verhindern könne. Bereits bei Vorstandsmitgliedern einer Aktiengesellschaft liegen die Dinge aber anders, denn der Abschluss und die

785 *Knigge*, ZESAR 2013, 24, 27; vgl. auch BE 4 SelbstGbRL 2010/41/EU.

786 Vgl. BE 1 SelbstGbRL 2010/41/EU sowie den Bericht der Kommission über die Umsetzung der Richtlinie 86/613/EWG, KOM (94) 163, S. 7 ff.

787 Vgl. BE 24 SelbstGbRL 2010/41/EU.

788 Der Abschluss sowie die Beendigung des Anstellungsvertrages fallen als Annexkompetenz zur Bestellung bzw. Abberufung (vgl. § 46 Abs. 1 Nr. 5 GmbHG) in die Zuständigkeit der Gesellschafterversammlung, vgl. BGH NJW 2000, 2983; *Altmeppen*, in: Roth/Altmeppen, GmbHG, § 6 Rn. 79.

Beendigung des Anstellungsvertrages fallen in die Zuständigkeit des Aufsichtsrates[789] und entziehen sich daher dem Einfluss des einzelnen Vorstandsmitglieds.

Speziell im Hinblick auf eine Kündigung aus Gründen der Schwangerschaft überzeugen zudem die Überlegungen des Generalanwalts, dass eine Differenzierung zwischen Arbeitnehmern und Selbständigen (jedenfalls solchen mit längerfristigen Dienstverträgen) in der Sache nicht gerechtfertigt ist, denn die Gefahren, die eine schwangerschaftsbedingte Kündigung in diesen Fällen für die physische und psychische Verfassung der Schwangeren hat, dürften kaum geringer sein.

Zu bedenken ist weiterhin, dass sich sowohl die Erwägungen des Generalanwalts als auch die Ausführungen des EuGH auf die SelbstGbRL 86/618/EWG beziehen. Die SelbstGbRL 2010/41/EU will im Verhältnis zu der Vorgängerrichtlinie eine Erweiterung des Schutzes erreichen. Dann muss aber für die SelbstGbRL 2010/41/EU erst recht ein Kündigungsverbot anzunehmen sein, denn alles andere liefe der Intention eines verbesserten Schutzes zuwider.

(d) Primärrechtliche Vorgaben

Auch das in Art. 33 Abs. 2 GRC normierte Recht auf Schutz vor Entlassung aus einem mit der Schwangerschaft zusammenhängenden Grund spricht auf den ersten Blick für die Annahme eines Kündigungsschutzes, denn das Grundrecht differenziert nach seinem Wortlaut nicht zwischen Arbeitnehmern und Selbständigen, sondern gilt für „jeden Menschen". Allerdings wird angenommen, dass Träger des Grundrechts nur Arbeitnehmer im unionsrechtlichen Sinne sind.[790] Dafür spricht, dass sich das Grundrecht aus Art. 33 Abs. 2 GRC ausweislich der Charta-Erläuterungen auf Art. 8 ESC (Recht der Arbeitnehmer auf Schutz) sowie Art. 27 RESC (Recht der Arbeitnehmer mit Familienpflichten auf Chancengleichheit und Gleichbehandlung) stützt.[791] Auf den Mutterschutz von Selbständigen hat es daher keine Auswirkungen.

Gleichwohl ist das Verbot einer schwangerschaftsbedingten Kündigung auch für Selbständige durch Art. 23 GRC primärrechtlich vorgegeben: Gemäß Art. 23 Abs. 1 GRC ist die Gleichheit von Männern und Frauen in allen Bereichen, einschließlich der Beschäftigung, der Arbeit und des Arbeitsentgelts,

789 *Dauner-Lieb*, in: Henssler/Strohn, § 84 AktG Rn. 17; *Hüffer*, AktG, § 84 Rn. 12.

790 *Jarass*, GRC, Art. 33 Rn. 15 m. w. N. auch zu abweichenden Ansichten; a. A. etwa *Leopold*, ZESAR 2011, 362, 367 f.; *Riedel*, in: Meyer, GRC, Art. 33 Rn. 16.

791 Erläuterungen zur Charta der Grundrechte, ABl. 2007 C 303, S. 27; *Jarass*, GRC, Art. 33 Rn. 15.

sicherzustellen. Das Grundrecht[792] differenziert nicht zwischen selbständiger und abhängiger Erwerbstätigkeit. Überhaupt beschränkt sich die grundrechtliche Gewährleistung nicht auf den Bereich Arbeit und Beschäftigung, sondern sie gilt „in allen Bereichen".[793] Sachlich schützt das Grundrecht in umfassender Weise vor geschlechtsbedingten Diskriminierungen und erfasst folglich auch diskriminierende Kündigungen aus Gründen der Schwangerschaft.[794]

Die Grundrechte sind bei der Auslegung des Sekundärrechts so weit wie möglich zu berücksichtigen, um einen primärrechtskonformen Zustand herbeizuführen.[795] Art. 23 GRC spricht daher bei der Auslegung der SelbstGbRL 2010/41/EU ebenfalls bedeutend für die Annahme eines Kündigungsverbotes.

(3) Ergebnis

Auch im Bereich der selbständigen Organtätigkeit besteht ein Schutz vor schwangerschaftsbedingten Kündigungen. Ein entsprechendes Verbot ergibt sich aus der SelbstGbRL 2010/41/EU. Wenngleich diese ein Kündigungsverbot für Selbständige nicht explizit normiert, stehen Wortlaut und Systematik einer derartigen Auslegung von Art. 4 Abs. 1 SelbstGbRL 2010/41/EU nicht entgegen. Sie ist vielmehr durch die Zwecke der Richtlinie sowie durch Art. 23 GRC geboten.

bb) Umsetzung des Kündigungsschutzes im deutschen Recht

Das deutsche Recht sieht für Selbständige keinen Kündigungsschutz bei schwangerschaftsbedingten Entlassungen vor: Art. 9 MuSchG gilt nur für Arbeitnehmerinnen. Einer Einbeziehung von Selbständigen in den persönlichen Anwendungsbereich des MuSchG steht der klare Wortlaut des § 1 Nr. 1 MuSchG entgegen, daher würde sie die Grenzen der richtlinienkonformen Auslegung überschreiten. Auch das AGG gewährt Selbständigen, wie noch zu zeigen

---

792 Zur Grundrechtsqualität der Norm *Jarass*, GRC, Art. 23 Rn. 3.

793 *Hölscheidt*, in: Meyer, GRC, Art. 23 Rn. 17; *Jarass*, GRC, Art. 23 Rn. 11; *Krebber*, in: Calliess/Ruffert, EUV/AEUV, Art. 23 GRC Rn. 3.

794 *Jarass*, GRC, Art. 23 Rn. 9 f.

795 vgl. EuGH v. 21.9.1989 – C-46/87 (*Hoechst*), Slg. 1989, 2859 Rn. 12; v. 26.6.2007 – C-305/05 (*Ordre des barreaux francophones und germanophone u.a.*), Slg. 2007, I-5305 Rn. 28 m. w. N.; *Jarass*, GRC, Einl. Rn. 53.

sein wird, keinen Schutz vor geschlechtsbedingten Entlassungen[796] und ist einer richtlinienkonformen Auslegung insoweit nicht zugänglich.[797] Den Vorgaben der SelbstGbRL 2010/41/EU ist daher durch eine entsprechende Auslegung der zivilrechtlichen Generalklauseln Rechnung zu tragen: Eine schwangerschaftsbedingte Kündigung von selbständigen Organmitgliedern (oder sonstigen Selbständigen) ist gemäß §§ 138, 242 BGB unwirksam.[798]

cc) Gewährung von Mutterschaftsleistungen

(1) Vorgaben der Richtlinie

Als weiteren Regelungsbestandteil sieht die SelbstGbRL 2010/41/EU die Gewährung von Mutterschaftsleistungen für selbständig Erwerbstätige vor. Art. 8 Abs. 1 bestimmt, dass die Mitgliedstaaten Maßnahmen zu ergreifen haben, die es selbständig erwerbstätigen Frauen ermöglichen, ihre Tätigkeit für mindestens 14 Wochen schwangerschaftsbedingt zu unterbrechen und während dieser Zeit ausreichende Mutterschaftsleistungen zu beziehen. Dabei bleibt es den Mitgliedstaaten überlassen, ob die Leistungen auf obligatorischer oder freiwilliger Basis gewährt werden (Art. 8 Abs. 2). Sie können auch definieren, wann die Leistungen als ausreichend anzusehen sind.[799] Art. 8 Abs. 3 stellt indessen Mindestvorgaben auf. Danach gelten die einkommensersetzenden Leistungen als ausreichend, wenn sie entweder mindestens dem entsprechen, was der betroffenen Frau im Fall einer Unterbrechung ihrer Erwerbstätigkeit aus gesundheitlichen Gründen zustehen würde (lit. a)), dem durchschnittlichen Einkommens- oder Gewinnverlust gegenüber einem vergleichbaren vorherigen Zeitraum (lit. b)), oder jeglicher anderer familienbezogenen Leistungen nach innerstaatlichem Recht (lit. c)). Gemäß Art. 8 Abs. 4 soll schwangeren Erwerbstätigen zudem Zugang zu bestehenden nationalen sozialen Diensten gewährt werden, die eine zeitlich befristete Vertretung während des Mutterschaftsurlaubs ermöglichen, wobei die Mitgliedsstaaten dies als Alternative zu den nach Art. 8 Abs. 1 zu gewährenden Leistungen oder als Teil davon vorsehen können.

---

796 Dazu unter § 5 B. II. 5. a).

797 *Schubert*, ZIP 2013, 289, 293.

798 So i. E. auch *Schubert*, ZIP 2013, 289, 293 f.; vgl. auch generell zur Anwendbarkeit der §§ 138, 242 BGB auf diskriminierende Kündigungen *B/G/K*, AGG, § 6 Rn. 31 und *Reufels-Molle*, NZA-RR 2011, 281, 282.

799 *Knigge*, ZESAR 2013, 24, 28.

Art. 8 SelbstGbRL 2010/41/EU enthält damit einen klaren Umsetzungsauftrag in Bezug auf die Gewährung eines Anspruchs auf Mutterschaftsleistungen für Selbständige, während die Vorgängerrichtlinie die Mitgliedstaaten lediglich aufforderte, zu prüfen, ob und unter welchen Bedingungen selbständig erwerbstätige Frauen während der Unterbrechung ihre Tätigkeit wegen Schwangerschaft oder Mutterschaft Zugang zu einkommensersetzenden Leistungen bzw. sozialen Diensten erhalten können (Art. 8 SelbstGbRL 86/613/EWG).[800]

(2) Meinungsstand zur Richtlinienkonformität des deutschen Rechts

Die Vorgaben der Richtlinie waren bis zum 5.8.2012 in nationales Recht umzusetzen (Art. 16 SelbstGbRL 2010/41/EU). Eine Änderung des Mutterschutzrechts zwecks Umsetzung der Richtlinie hat es in Deutschland mit Hinweis darauf, dass die Anforderungen der Richtlinie durch das geltende Recht bereits erfüllt seien, nicht gegeben: Selbständige Frauen, die bei Beginn der Mutterschutzfristen zwar in keinem Arbeitsverhältnis stünden, aber bei einer gesetzlichen Krankenversicherung versichert seien, erhielten gemäß § 200 RVO (inzwischen § 24i SGB V) während des Mutterschaftsurlaubs von mindestens 14 Wochen Mutterschaftsgeld in Höhe des Krankengeldes. In der landwirtschaftlichen Krankenversicherung Versicherten könnten zudem anstelle des Mutterschaftsgeldes Betriebsbeihilfen gewährt werden, wenn die Bewirtschaftung des Unternehmens ansonsten gefährdet sei.[801]

Entgegen dieser Auffassung der Bundesregierung wird zum Teil angenommen, indem das deutsche Recht bisher keinen ausdrücklichen Anspruch auf Mutterschaftsleistungen für alle Selbständigen formuliert habe, bestehe jedenfalls im Hinblick auf diejenigen Selbständigen, die nicht freiwillig in der gesetzlichen Krankenversicherung versichert seien oder einen landwirtschaftlichen Betrieb bewirtschafteten, ein Umsetzungsdefizit.[802] Es sei daher notwendig, verpflichtende, auch im Basistarif enthaltene Mutterschaftsleistungen in der privaten Krankenversicherung einzuführen.[803]

---

800 *Knigge*, ZESAR 2013, 24, 27; *Langenfeld*, in: G/H/N, EUV/AEUV, Art. 157 AEUV Rn. 145; *Porsche*, STREIT 2013, 64, 66.

801 Vgl. die Stellungnahme des zuständigen Parlamentarischen Staatssekretärs in BT-Drucks. 17/9615, S. 53 f.

802 *Knigge*, ZESAR 2013, 24, 29; *Porsche*, STREIT 2013, 64, 67 f.

803 *Porsche*, STREIT 2013, 64, 68.

(3) Stellungnahme

Für freiwillig in der gesetzlichen Krankenversicherung versicherte Selbständige ist der Auffassung der Bundesregierung zuzustimmen: § 24i Abs. 1 i. V. m. Abs. 2 S. 7 SGB V gewährt ihnen einen Anspruch auf Mutterschaftsgeld in Höhe des Krankengeldes. Damit ist den Vorgaben des Art. 8 Abs. 3 lit. b) SelbstGbRL 2010/41/EU entsprochen.[804]

Soweit Selbständige nicht freiwillig Mitglied in der gesetzlichen Krankenversicherung sind, werden sie regelmäßig in einer privaten Krankenversicherung versichert sein. Die meisten privaten Krankenversicherungen sehen aber dem Mutterschaftsgeld entsprechende Leistungen nicht vor bzw. gewähren Mutterschaftsleistungen nur bei entsprechend höheren Beitragsleistungen.[805] Der Fall, dass eine schwangere Selbständige im Einzelfall keinen Anspruch auf Mutterschaftsleistungen hat, ist daher durchaus denkbar.

Allerdings sieht auch Art. 8 Abs. 1 SelbstGbRL 2010/41/EU nach seinem Wortlaut nur vor, dass die Mitgliedstaaten die notwendigen Maßnahmen zu ergreifen haben, damit Selbständige im Einklang mit dem innerstaatlichen Recht ausreichende Mutterschaftsleistungen erhalten können. Ausdrücklich bestimmt zudem Art. 8 Abs. 2 SelbstGbRL 2010/41/EU, dass die Mitgliedstaaten darüber entscheiden können, ob Mutterschaftsleistungen auf obligatorischer oder freiwilliger Basis gewährt werden. Ausgehend vom Wortlaut der Richtlinie könnte man daher annehmen, es reiche aus, dass Selbständigen durch die Möglichkeit der freiwilligen Versicherung in der gesetzlichen Krankenversicherung bzw. durch Zusatzbeiträge in der privaten Krankenversicherung auch der Zugang zu Mutterschaftsleistungen eröffnet werde. Dabei ist jedoch zu bedenken, dass ein Wechsel von einer privaten zurück in die gesetzliche Krankenversicherung nur unter engen Voraussetzungen möglich ist (vgl. § 9 Abs. 1 SGB V). In der konkreten Situation einer Schwangerschaft besteht daher für eine privat versicherte Selbständige unter Umständen keine Möglichkeit, in den Genuss entsprechender Leistungen zu gelangen.[806] Ein richtlinienkonformer Zustand wäre daher nur dann anzunehmen, wenn Art. 8 Abs. 1 und 2 SelbstGbRL 2010/41/EU dergestalt auszulegen wären, dass für Selbständige in den Mitgliedstaaten nur generell eine abstrakte Wahlfreiheit im Hinblick auf die Gewährung von Mutterschaftsleistungen bestehen muss, nicht jedoch die Möglichkeit des Bezugs von Leistungen in jedem konkreten Einzelfall. Für eine solche Auslegung spricht, dass in den

804 So auch *Porsche*, STREIT 2013, 64, 67.

805 Dazu *Porsche*, STREIT 2013, 64, 68.

806 Eine echte Wahlfreiheit ebenfalls verneinend *Porsche*, STREIT 2013, 64, 68.

Erwägungsgründen der Richtlinie explizit darauf hingewiesen wird, dass die Befugnisse der Mitgliedstaaten zur Gestaltung ihrer Sozialversicherungssysteme unberührt bleiben, auch im Hinblick auf die Bereitstellung von Leistungen, die Höhe der Beiträge und die Zugangsbedingungen.[807] Speziell hinsichtlich der Mutterschaftsleistungen für Selbständige sollen die Mitgliedstaaten weiterhin über sämtliche Modalitäten im Zusammenhang mit Leistungen und Zahlungen zuständig sein.[808]

Selbst nach der MuSchRL steht es den Mitgliedstaaten frei, die Sozialleistungen während des Mutterschaftsurlaubs davon abhängig zu machen, dass die Arbeitnehmerin „die in den einzelstaatlichen Rechtsvorschriften vorgesehenen Bedingungen für das Entstehen eines Anspruchs auf diese Leistungen erfüllt" (Art. 11 Nr. 4 MuSchRL). Wenn die Möglichkeit der Inanspruchnahme entsprechender Leistungen aber selbst für Arbeitnehmerinnen nicht zwingend gegeben sein muss, sondern nur bei Erfüllung entsprechender Voraussetzungen, muss dies erst recht für Selbständige gelten.

Eine zwingende Möglichkeit der Inanspruchnahme von Mutterschaftsleistungen in jedem Einzelfall würde auch letztlich dem Zweck der Richtlinie nicht zuträglich sein, denn die Zahl der selbständig erwerbstätigen Frauen wird sich kaum aufgrund derart geringfügig erweiterter Mutterschaftsleistungen erhöhen, zumal die verbindliche Aufnahme entsprechender Leistungen in den Basistarifen der privaten Krankenversicherer letztlich wohl zu einer entsprechenden Beitragserhöhung führen würde, deren Kosten allein die Versicherten zu tragen hätten.[809]

Ein anderes Auslegungsergebnis ist schließlich auch nicht durch Art. 33 Abs. 2 GRC geboten, denn die grundrechtliche Gewährleistung von bezahltem Mutterschaftsurlaub beschränkt sich nach der hier vertretenen Auffassung auf Arbeitnehmer.[810] Im Ergebnis ist daher davon auszugehen, dass die derzeit im deutschen Recht bestehenden Möglichkeiten hinsichtlich des Bezugs von Mutterschaftsleistungen für Selbständige den Anforderungen der SelbstGbRL 2010/41/EU entsprechen.

---

807 BE 8 SelbstGbRL 2010/41/EU.

808 BE 18 SelbstGbRL 2010/41/EU.

809 Vgl. insoweit auch die Stellungnahme des Europäischen Wirtschafts- und Sozialausschusses zum Vorschlag der SelbstGbRL 86/613/EWG, ABl. 2009 C 228, S. 107, 110.

810 S. oben § 5 B. I. 8. c) (2) (d).

II. Die Gleichbehandlungsrichtlinien 2006/54/EG, 2000/43/EG und 2000/78/EG

Diskriminierungsverbote gehören seit jeher zu den Grundlagen des Europäischen Rechts[811] und sind zum Teil bereits auf primärrechtlicher Ebene normiert: Art. 157 Abs. 1 AEUV etwa statuiert das Gebot der Lohngleichheit für Männer und Frauen. Daran anknüpfend entwickelte der EuGH ein umfassendes Verbot der Geschlechterdiskriminierung, dem er den Status als gemeinschaftsrechtliches Grundrecht zuerkannte.[812] Auch die Grundfreiheiten der Art. 28, Art. 45, Art. 49, Art. 56 und Art. 63 AEUV stellen Diskriminierungsverbote dar, indem sie herkunftsbedingte Benachteiligungen im Hinblick auf Waren, Dienstleistungen, Arbeitnehmerfreizügigkeit, Niederlassung und Kapitalverkehr verbieten.[813] Demgegenüber subsidiär bestimmt Art. 18 AEUV ein allgemeines Diskriminierungsverbot aus Gründen der Staatsangehörigkeit.[814] Auch die Grundrechtecharta normiert verschiedene Gleichbehandlungsgebote (vgl. Art. 20 ff. GRC).

Von maßgeblicher Bedeutung für den Diskriminierungsschutz im Arbeitsrecht sind die auf der Grundlage von Art. 19 AEUV erlassenen Gleichbehandlungsrichtlinien. Im Bereich der Geschlechtergleichbehandlung erließ der Unionsgesetzgeber im Jahre 1977 die RL 75/117/EWG zur Konkretisierung des bereits in Art. 157 AEUV (ehemals Art. 119 EGV) normierten Grundsatzes der Lohngleichheit. Wenige Jahre später folgten die RL 79/7/EWG sowie die RL 86/378/EWG zur Gleichbehandlung von Männern und Frauen in gesetzlichen und betrieblichen Systemen der sozialen Sicherheit. Bereits 1976 war zudem die RL 76/207/EWG zur Gleichbehandlung von Männern und Frauen hinsichtlich des Zugangs zur Beschäftigung sowie der Arbeitsbedingungen erlassen worden, die 2002 durch die RL 2002/73/EG geändert wurde. Ergänzend wurde 1997 die RL 97/80/EG zur Beweiserleichterung bei Verstößen gegen den Grundsatz der Nichtdiskriminierung zugunsten von Diskriminierungsopfern erlassen. Die Richtlinien 75/117/EWG, 86/378/EWG, 2002/73/EG sowie 97/80/EG wurden

811 Vgl. EuGH v. 8.4.1976 – C-43/75 (*Defrenne III*), Slg. 1976, 455 Rn. 12 zum Grundsatz der Entgeltgleichheit; *Riesenhuber*, EuArbR, § 8 Rn. 1; *Rust*, in: Rust/Falke, AGG, Einl. Rn. 207.

812 Vgl. EuGH v. 9.9.2003 – C-25/02 (*Rincke*), Slg. 2003, I-8349 Rn. 25 ff.; dazu auch *Blanke/Graue*, in: HK-AGG, Einl. Rn. 212; *Riesenhuber*, EuArbR, § 8 Rn. 4.

813 *Riesenhuber*, EuArbR, § 8 Rn. 5.

814 Zur Subsidiarität EuGH v. 25.6.1997 – C-131/96 (*Mora Romero*), Slg. 1997, I-3659 Rn. 10 ff.

2006 in der GbRL 2006/54/EG[815] zusammengefasst, wodurch die Einzelrichtlinien mit Wirkung zum 15.8.2009 aufgehoben wurden (vgl. Art. 34 Abs. 1 GbRL 2006/54/EG). Die GbRL 2006/54/EG ist damit die heute maßgebliche Richtlinie in Bezug auf das Verbot der Geschlechterdiskriminierung. Weitere, nicht geschlechtsspezifische Diskriminierungsverbote finden sich zum einen in der GbRL 2000/43/EG[816], die jede Diskriminierung in Bezug auf Rasse und ethnische Herkunft verbietet, sowie in der GbRL 2000/78/EG[817], die Diskriminierungen aus Gründen der Religion, der persönlichen Weltanschauung, einer Behinderung, des Alters oder der sexuellen Ausrichtung untersagt.

1. Regelungsgehalt der Richtlinien im Überblick

a) GbRL 2006/54/EG

Ziel der GbRL 2006/54/EG ist die Verwirklichung des Grundsatzes der Gleichbehandlung von Männern und Frauen in Arbeits- und Beschäftigungsfragen (Art. 1 S. 1). Zu diesem Zweck verbietet sie unmittelbare wie mittelbare Diskriminierungen in verschiedenen Bereichen: Art. 4 untersagt Diskriminierungen im Rahmen der Entlohnung, Art. 5 verbietet jede ungleiche Behandlung in betrieblichen Systemen der sozialen Sicherheit und Art. 14 Abs. 1 normiert Diskriminierungsverbote in Bezug auf den Zugang zu Beschäftigung sowie abhängiger und selbständiger Erwerbstätigkeit (lit. a)), im Rahmen der Berufsberatung und Berufsbildung (lit. b)), im Rahmen der Beschäftigungs- und Arbeitsbedingungen einschließlich der Entlassungsbedingungen (lit. c)) sowie in Bezug auf die Mitgliedschaft bzw. Mitwirkung in einer Arbeitnehmer- oder Arbeitgeberorganisation (lit. d)).

Zur wirksamen Durchsetzung der Diskriminierungsverbote ist den Opfern einer Diskriminierung ein Schadensersatz- bzw. Entschädigungsanspruch zu gewähren (Art. 18). Zur Durchsetzung ihrer Ansprüche aus der Richtlinie ist

---

815 RL 2006/54/EG des Europäischen Parlaments und des Rates vom 5.7.2006 zur Verwirklichung des Grundsatzes der Chancengleichheit von Männern und Frauen in Arbeits- und Beschäftigungsfragen, ABl. 2006 L 204, S. 23.

816 RL 2000/43/EG des Rates vom 29.6.2000 zur Anwendung des Gleichbehandlungsgrundsatzes ohne Unterschied der Rasse oder der ethnischen Herkunft, ABl. 2000 L 180, S. 22.

817 RL 2000/78/EG des Rates vom 27.11.2000 zur Festlegung eines allgemeinen Rahmens für die Verwirklichung der Gleichbehandlung in Beschäftigung und Beruf, ABl. 2000 L 303, S. 16.

ihnen der Rechtsweg zu eröffnen (Art. 17 Abs. 1) und in diesem Rahmen eine Beweiserleichterung zu gewähren (Art. 19 Abs. 1). Art. 25 der Richtlinie verpflichtet die Mitgliedstaaten außerdem zu einer wirksamen Sanktionierung von Verstößen gegen die Diskriminierungsverbote.

b) GbRL 2000/43/EG

Ziel der Richtlinie 2000/43/EG ist die Schaffung eines Rahmens zur Bekämpfung von Diskriminierungen aus Gründen der Rasse oder der ethnischen Herkunft (Art. 1). Dabei ist ihr Anwendungsbereich, im Gegensatz zur GbRL 2006/54/EG, nicht auf den Beschäftigungsbereich beschränkt, sondern erstreckt sich auch auf den Sozialschutz, den Zugang zu allgemeiner Bildung sowie die Versorgung mit Gütern und Dienstleistungen (Art. 3 Abs. 1 lit. e)-h)). Für die arbeitsrechtliche Betrachtung interessiert primär jedoch das Verbot der unmittelbaren oder mittelbaren Diskriminierung (vgl. Art. 2 Abs. 1) in Bezug auf den Zugang zur Erwerbstätigkeit, zur Berufsaus- und Weiterbildung, die Beschäftigungs- und Entlassungsbedingungen sowie die Mitgliedschaft in Arbeitnehmer- und Arbeitgeberorganisationen (Art. 3 Abs. 1 lit. a)-d)). Die Mitgliedstaaten verpflichten sich zur Aufhebung aller dem Diskriminierungsverbot zuwiderlaufenden Vorschriften (Art. 14) sowie zur Sanktionierung von Verstößen gegen die Richtlinie (Art. 15). Zur Gewährleistung der praktischen Wirksamkeit ist auch hier die Gewährung gerichtlichen Rechtsschutzes einschließlich einer Beweiserleichterung vorgesehen (Art. 7 und 8).

c) GbRL 2000/78/EG

Wiederum auf den Schutz vor Diskriminierungen im Erwerbsleben begrenzt ist die GbRL 2000/78/EG, die jede Diskriminierung aus Gründen der Religion oder der Weltanschauung, einer Behinderung, des Alters oder der sexuellen Ausrichtung verbietet (Art. 1 und 2). Die Mitgliedstaaten können allerdings bestimmte Bereichsausnahmen für Kirchen und ähnliche öffentliche oder private Einrichtungen schaffen (Art. 4 Abs. 2). Zudem werden Ungleichbehandlungen wegen des Alters einer Rechtfertigung zugänglich gemacht (Art. 6). Im Übrigen ähnelt die Richtlinie in ihrer Ausgestaltung der GbRL 2006/54/EG und 2000/43/EG, indem sie entsprechende Sanktions- (Art. 17), Rechtsschutz- (Art. 9) und Beweiserleichterungsinstrumente (Art. 10) vorsieht.

2. Umsetzungen im nationalen Recht

Der Umsetzung der Gleichbehandlungsrichtlinien 2000/43/EG, 2000/78/EG, und 2006/54/EG (ehemals RL 2002/73/EG) dient im Wesentlichen das am 18.6.2006 in Kraft getretene AGG. Einzelne Vorschriften zur Umsetzung der Gleichbehandlungsrichtlinien finden sich auch in anderen Gesetzen, etwa dem ArbGG, dem BetrVG oder den SGB III, IV und IX.[818]

Das AGG kodifiziert erstmals einheitlich Tatbestand und Rechtsfolgen von verbotenen Ungleichbehandlungen.[819] Sein Anwendungsbereich ist dabei nicht auf das Arbeitsrecht beschränkt, sondern es enthält gleichermaßen Benachteiligungsverbote für den allgemeinen Zivilrechtsverkehr (vgl. § 2 Abs. 1 Nr. 5–8 AGG).[820] Ziel des Gesetzes ist gemäß § 1 AGG die Verhinderung von Benachteiligungen aus Gründen der Rasse, der ethnischen Herkunft, des Geschlechts, der Religion oder Weltanschauung, einer Behinderung, des Alters oder der sexuellen Identität. Der zweite Abschnitt (§§ 6–18 AGG) betrifft das Arbeitsrecht. Im Zentrum steht dort das in § 7 AGG normierte Diskriminierungsverbot, von dem sowohl rechtsgeschäftliche als auch rein faktische Benachteiligungen erfasst werden.[821] Insbesondere werden gegen das Diskriminierungsverbot verstoßende Absprachen für unwirksam erklärt. Die §§ 8–10 AGG machen bestimmte Ungleichbehandlungen aufgrund von an sich unzulässigen Diskriminierungsmerkmalen unter bestimmten Voraussetzungen einer Rechtfertigung zugänglich. Die §§ 11 und 12 AGG verpflichten den Arbeitgeber zu verschiedenen organisatorischen Maßnahmen, um Ungleichbehandlungen entgegenzuwirken. Die §§ 13–16 AGG normieren die Rechtsfolgen, d. h. die Rechte der Betroffenen bei Verstößen gegen ein Diskriminierungsverbot. Zentrale Bedeutung nimmt dabei § 15 AGG ein, der den Arbeitgeber in Abs. 1 im Falle eines schuldhaften Verstoßes zum Schadensersatz verpflichtet, wobei das Verschulden vermutet wird (vgl. § 15 Abs. 1 S. 2 AGG). § 15 Abs. 2 AGG normiert daneben einen Anspruch auf Ersatz der immateriellen Schäden in Form einer angemessenen Entschädigung. § 15 Abs. 6 AGG beschränkt den Grundsatz der Naturalrestitution hinsichtlich

---

818 Vgl. Art. 3 des Gesetzes zur Umsetzung europäischer Richtlinien zur Verwirklichung des Grundsatzes der Gleichbehandlung, BGBl. 2006 I S. 1897.

819 Vgl. *Däubler*, in: HK-AGG, Einl. Rn. 31.

820 Insoweit dient das AGG der Umsetzung der RL 2004/113/EG des Rates vom 13.12.2004 zur Verwirklichung des Grundsatzes der Gleichheit von Männern und Frauen beim Zugang zu und bei der Versorgung mit Gütern und Dienstleistungen, ABl. 2004 L 373, S. 37.

821 *Däubler*, in: HK-AGG, Einl. Rn. 19.

des Schadensersatzes insoweit, als die Begründung eines Beschäftigungs- bzw. Berufsausbildungsverhältnisses oder ein beruflicher Aufstieg nicht verlangt werden können.[822] Die §§ 22, 23 AGG enthalten prozessuale Bestimmungen, von denen insbesondere die besondere Beweislastregelung in § 22 AGG von Bedeutung ist, nach der der Arbeitnehmer lediglich „Indizien" beweisen muss, die eine Diskriminierung vermuten lassen. Sodann steht der Arbeitgeber in der Beweislast, dass eine Diskriminierung nicht vorliegt.

Der persönliche Anwendungsbereich der arbeitsrechtlichen Regelungen des AGG ist in § 6 AGG normiert. Geschützt werden Beschäftigte im Sinne des § 6 Abs. 1 S. 1 AGG, zu denen Arbeitnehmer, Auszubildende sowie arbeitnehmerähnliche Personen einschließlich Heimarbeiter und die ihnen Gleichgestellten zählen. § 6 Abs. 1 S. 2 AGG erstreckt den Beschäftigtenbegriff auf Bewerber für ein Beschäftigungsverhältnis sowie auf solche Personen, deren Beschäftigungsverhältnis beendet wurde. Gemäß § 6 Abs. 3 AGG ist das Gesetz außerdem auch auf Selbständige und Organmitglieder anwendbar, soweit es um den Zugang zur Erwerbstätigkeit und den beruflichen Aufstieg geht. Organmitglieder sind daher bereits von Gesetzes wegen jedenfalls teilweise in den Schutzbereich des AGG integriert, wodurch sich auch unabhängig von der *Danosa*-Problematik schon viele rechtliche Fragestellungen ergeben.[823]

3. Meinungsstand zur Anwendbarkeit des AGG auf Organmitglieder

Einigkeit bestand und besteht insoweit, dass der Begriff des Arbeitnehmers in § 6 Abs. 1 S. 1 Nr. 1 AGG sich zunächst nach dem allgemeinen deutschen Begriffsverständnis definiert.[824] Soweit GmbH-Geschäftsführer die vom BAG aufgestellten Kriterien, nach denen sie ausnahmsweise als Arbeitnehmer qualifiziert werden können, erfüllen, werden sie überwiegend in den Geltungsbereich

822 Vgl. *B/G/K*, AGG, § 15 Rn. 68.

823 Umfassend dazu *Hoentzsch*, Anwendung der Benachteiligungsverbote; *Liebhäuser*, Bedeutung des AGG.

824 *Adomeit/Mohr*, AGG, § 6 Rn. 9; *B/G/K*, AGG, § 6 Rn. 6; *Hoentzsch*, Anwendung der Benachteiligungsverbote, S. 69 f.; *M/H/H*, AGG, § 6 Rn. 3; *Oetker*, in: Münch-ArbR I, § 14 Rn. 21; *Rust*, in: Rust/Falke, AGG, § 6 Rn. 11; *Schleusener*, in: S/S/V, AGG, § 6 Rn. 2 f.; *Schrader/Schubert*, in: HK-AGG, § 6 Rn. 3; *Stein*, in: Wendeling-Schröder/Stein, AGG, § 6 Rn. 4; *Thüsing*, Diskriminierungsschutz, Rn. 122.

des § 6 Abs. 1 S. 1 Nr. 1 AGG einbezogen.[825] Gleichzeitig ging die herrschende Meinung schon vor der *Danosa*-Entscheidung davon aus, dass den Gleichbehandlungsrichtlinien der unionseinheitliche Arbeitnehmerbegriff im Sinne der *Lawrie-Blum*-Formel zugrundeliegt.[826] Verbreiteter als im Mutterschutzrecht wurde daher auch bereits vor der Entscheidung *Danosa* angenommen, dass die Beschränkung des Geltungsbereichs für Organmitglieder auf den Zugang zur Erwerbstätigkeit und den beruflichen Aufstieg in § 6 Abs. 3 AGG den europarechtlichen Anforderungen nicht genüge, soweit ein Organmitglied die Kriterien des weiteren europarechtlichen Arbeitnehmerbegriffs erfülle.[827]

Über die Lösung des Problems herrschte Streit: Einerseits wurde vorgeschlagen, diejenigen Organmitglieder, die die Kriterien des europäischen Arbeitnehmerbegriffs erfüllten (also insbesondere GmbH-Fremd- und nicht mehrheitlich beteiligte Gesellschafter-Geschäftsführer), in europarechtskonformer Auslegung des AGG unter den Beschäftigtenbegriff des § 6 Abs. 1 Nr. 1 AGG zu subsumieren[828] oder aber eine erweiterte Auslegung von § 6 Abs. 3 AGG vorzunehmen,[829] um so sämtliche Schutzbestimmungen des zweiten Abschnitts zur Anwendung zu bringen. § 6 Abs. 3 AGG habe insoweit keine negative Ausschlusswirkung.[830] Diese Ansicht hat seit der Entscheidung *Danosa* verstärkt an Zuspruch gewonnen.[831]

---

825 *M/H/H*, AGG, § 6 Rn. 25; *Oetker*, in: MünchArbR I, § 14 Rn. 21; *Schleusener*, in: S/S/V, AGG, § 6 Rn. 5; *Stein*, in: Wendeling-Schröder/Stein, AGG, § 6 Rn. 26; *Thüsing*, Diskriminierungsschutz, Rn. 134.

826 S. zum Meinungsstand unten § 5 B. II. 4. c).

827 *Adomeit/Mohr*, AGG (1. Aufl.), § 6 Rn. 23; *B/G/K*, AGG (2. Aufl.), § 6 Rn. 6; *Bauer/Arnold*, ZIP 2008, 993, 994 f.; *Eßer/Baluch*, NZG 2007, 321, 323 f.; *Hey*, AGG, § 6 Rn. 20; *Hoentzsch*, Anwendung der Benachteiligungsverbote, S. 68 ff.; *Krause*, AG 2007, 392, 394; *Rust*, in: Rust/Falke, AGG, § 6 Rn. 27; *Schlachter*, in: ErfK (10. Aufl.), § 6 AGG Rn. 5; *Stein*, in: Wendeling-Schröder/Stein, AGG, § 6 Rn. 31; *Thüsing*, Diskriminierungsschutz (1. Aufl.), Rn. 97.

828 *Adomeit/Mohr*, AGG (1. Aufl.), § 6 Rn. 23; *Eßer/Baluch*, NZG 2007, 321, 324; *Hey*, AGG, § 6 Rn. 20; *Hoentzsch*, Anwendung der Benachteiligungsverbote, S. 69 ff.; *Kleindiek*, in: Lutter/Hommelhoff, GmbHG (17. Aufl.), § 6 Rn. 34; *Schlachter*, in: ErfK (10. Aufl.), § 6 AGG Rn. 5; *Stein*, in: Wendeling-Schröder/Stein, AGG, § 6 Rn. 31; für eine parallele Anwendbarkeit von § 6 Abs. 1 und Abs. 3 hingegen *Liebhäuser*, Bedeutung des AGG, S. 81 ff.

829 So etwa *Thüsing*, Diskriminierungsschutz (1. Aufl.), Rn. 97.

830 *Eßer/Baluch*, NZG 2007, 321, 323 f.; *Hey*, AGG, § 6 Rn. 20; *Oetker*, in: MünchArbR I, § 14 Rn. 21; *Schubert*, ZIP 2013, 289, 291.

831 LAG Rheinland-Pfalz v. 27.2.2012 – 5 Sa 607/11, Rn. 35 (juris); *v. Alvensleben/Haug/Schnabel*, BB 2012, 774, 776; *Dzida/Naber*, ArbRB 2012, 373, 374; *Hoefs/*

Andere lehnten und lehnen eine europarechtskonforme Auslegung des Arbeitnehmerbegriffs in § 6 Abs. 1 S. 1 Nr. 1 AGG mit dem Argument ab, dass § 6 Abs. 3 AGG eine für Organmitglieder abschließende Wirkung habe: Der Gesetzgeber sei sich der Problematik der divergierenden Arbeitnehmerbegriffe im deutschen und im europäischen Recht bewusst gewesen und habe gleichwohl an der Beschränkung in § 6 Abs. 3 AGG festgehalten.[832] Europarechtskonforme Ergebnisse wollen die Vertreter dieser Ansicht bis zu einer Änderung des Gesetzes im Einzelfall mit einer Anwendung der §§ 138, 242 BGB auf diskriminierende Kündigungen bzw. Abberufungen von Organmitgliedern lösen.[833] Als weitere Lösungsansätze zur Herstellung eines europarechtskonformen Zustands werden in der Literatur eine Analogie zu § 6 Abs. 1 AGG[834] sowie die Subsumtion von „unselbständigen" Organmitgliedern unter den Begriff der arbeitnehmerähnlichen Personen im Sinne von § 6 Abs. 1 S. 1 Nr. 3 AGG[835] vorgeschlagen.

Der BGH ließ die Frage, ob der Fremdgeschäftsführer einer GmbH im Wege europarechtskonformer Auslegung unter Umständen als Arbeitnehmer im Sinne des § 6 Abs. 1 AGG anzusehen sei, ausdrücklich offen.[836]

Rentsch, DB 2012, 2733, 2738; *Hohenstatt/Naber*, ZIP 2012, 1989, 1989 f.; *Kleindiek*, in: Lutter/Hommelhoff, GmbHG, § 6 Rn. 34; *Kort*, NZG 2013, 601, 606 f.; *ders.*, WM 2013, 1049, 1057; *Lunk*, RdA 2013, 111, 112; *Lunk/Rodenbusch*, GmbHR 2012, 188, 192 f.; *Melms*, in: MAH ArbR, § 10 Rn. 27; *Miras*, GWR 2012, 311, 313; *Oetker*, in: Henssler/Strohn, § 35 GmbHG Rn. 82a; *Paefgen*, ZIP 2012, 1296, 1297; *Porsche*, STREIT 2013, 64, 64 f.; *Preis/Sagan*, ZGR 2013, 26, 61; *Reufels/Molle*, NZA-RR 2011, 281, 283; *Rolfs*, in: A/P/S, § 9 MuSchG Rn. 10; *Sagan*, ZESAR 2011, 412, 420; *Schlachter*, in: ErfK, § 6 AGG Rn. 5; *Schleusener*, in: S/S/V, AGG, § 6 Rn. 19; *U. H. Schneider/Hohenstatt*, in: Scholz, GmbHG, § 35 Rn. 326; *Schubert*, ZESAR 2013, 5, 12; *dies.*, ZIP 2013, 289, 290; *Stagat*, NZA-RR 2011, 617, 622; *Stenslik/Zahn*, DStR 2012, 1865, 1869; *Thüsing*, Diskriminierungsschutz, Rn. 99; *Wilsing/Meyer*, DB 2011, 341, 342; im Hinblick auf Vorstandsmitglieder von Aktiengesellschaften auch *Ziemons*, KSzW 2013, 19, 24.

832 *Bauer/Arnold*, ZIP 2008, 993, 996; *dies.*, ZIP 2012, 597, 599; *B/G/K*, AGG, § 6 AGG Rn. 35a; *Lingemann*, in: P/W/W, BGB, § 6 AGG Rn. 7; *Rupp*, in: H/W/K, ArbR, § 6 AGG Rn. 3.

833 *B/G/K*, AGG (2. Aufl.), § 6 Rn. 36; *Falke*, in: Rust/Falke, AGG, § 6 Rn. 28.

834 *Reichold/Heinrich*, FS Westermann, S. 1315, 1329.

835 *Boemke/Danko*, AGG, § 4 Rn. 19.

836 BGH v. 23.4.2012, BGHZ 193, 110, 114 f.

4. Arbeitnehmerbegriff der Richtlinien

Maßgeblich für die Reichweite der Anwendung des AGG auf Arbeitnehmer-Organmitglieder ist, ob die zugrunde liegenden Richtlinien den unionsrechtlichen Arbeitnehmerbegriff verwenden oder ob sie den Mitgliedstaaten die Definition überlassen.

a) Normative Grundlagen

aa) GbRL 2006/54/EG

Die GbRL 2006/54/EG definiert in Art. 1 S. 1 das Ziel, die Gleichbehandlung von Frauen und Männern in Arbeits- und Beschäftigungsfragen zu fördern. Die Richtlinie ist damit nicht auf den Schutz von Arbeitnehmern beschränkt.[837]

Gleichwohl nehmen viele Vorschriften der Richtlinie den Arbeitnehmerbegriff in Bezug: Art. 2 Abs. 1 lit. e) etwa definiert als „Entgelt" lediglich solche Vergütungen, die der Arbeitgeber dem „Arbeitnehmer" zahlt. Dies legt nahe, dass das in Art. 4 Abs. 1 normierte Verbot der Diskriminierung wegen des Entgelts lediglich für Arbeitnehmer gilt, zumal die Vorschrift in Abs. 2 ausdrücklich auf „männliche und weibliche Arbeitnehmer" abstellt. Im Rahmen der Gleichbehandlung in betrieblichen Systemen der sozialen Sicherheit gilt die verlängerte Rückwirkung gemäß Art. 12 Abs. 1 S. 1 nur für „Arbeitnehmer". Art. 14 Abs. 1 lit. c) verbietet Diskriminierungen im Hinblick auf das „Arbeitsentgelt" und stellt damit in der Verbindung mit Art. 2 Abs. 1 lit. e) ebenfalls auf den Begriff des Arbeitnehmers ab.[838] Nach Art. 16 sollen schließlich „männliche und weibliche Arbeitnehmer" vor Entlassung geschützt werden.

Wer Arbeitnehmer im Sinne dieser Vorschriften ist, konkretisiert die Richtlinie hingegen nicht. Auch wer nach der Richtlinie selbständig Erwerbstätiger ist, wird nicht gesagt.

bb) GbRL 2000/43/EG

Auch der Anwendungsbereich der GbRL 2000/43/EG ist nicht auf Arbeitnehmer beschränkt, sondern gilt gemäß Art. 3 Abs. 1 für alle Personen in öffentlichen und privaten Bereichen einschließlich öffentlicher Stellen. Art. 3 Abs. 1 lit. a) verbietet Diskriminierungen im Rahmen des Zugangs zur Erwerbstätigkeit

---

837 *Ziegler*, Arbeitnehmerbegriffe, S. 332.

838 *Ziegler*, Arbeitnehmerbegriffe, S. 333.

und des beruflichen Aufstiegs ausdrücklich sowohl für unselbständige als auch für selbständige Tätigkeiten. Darüber hinaus ist sie auch nicht auf den Bereich der Beschäftigung reduziert, sondern umfasst auch die Versorgung mit Gütern und Dienstleistungen (vgl. Art. 3 Abs. 1 lit. h)).

Gleichwohl nimmt die Richtlinie in einigen Vorschriften ausdrücklich lediglich den Arbeitnehmer in Bezug: So verbietet Art. 3 Abs. 1 lit. c) jede Diskriminierung im Hinblick auf „die Beschäftigungs- und Arbeitsbedingungen einschließlich Entlassungsbedingungen und Entgelt" und stimmt damit wörtlich mit Art. 14 Abs. 1 lit. c) GbRL 2006/54/EG überein. Auch in Art. 11 Abs. 1 GbRL 2000/43/EG wird auf den sozialen Dialog „zwischen Arbeitgebern und Arbeitnehmern" abgestellt. Eine Definition des in diesen Vorschriften genannten Arbeitnehmerbegriffs nimmt die Richtlinie indessen nicht vor.

cc) GbRL 2000/78/EG

Wiederum auf den Bereich der Erwerbstätigkeit beschränkt, definiert die GbRL 2000/78/EG ihren Anwendungsbereich in Art. 3 Abs. 1 lit. a)-d) übereinstimmend mit Art. 14 Abs. 1 GbRL 2006/54/EG und Art. 3 Abs. 1 GbRL 2000/43/EG: Hinsichtlich des Zugangs zur Erwerbstätigkeit umfasst sie die Bereiche der unselbständigen und selbständigen Erwerbstätigkeit (Art. 3 Abs. 1 lit. a)), wohingegen Art. 3 Abs. 1 lit. c) wiederum nur die „Arbeitsbedingungen" sowie das „Arbeitsentgelt" in Bezug nimmt. Auch die Art. 11 (Viktimisierung) und Art. 13 (Sozialer Dialog) stellen auf den „Arbeitnehmer" ab. Wie die GbRL 2006/54/EG und GbRL 2000/43/EG definiert auch die GbRL 2000/78/EG diesen Begriff nicht, sondern setzt ihn voraus.

b) Rechtsprechung des EuGH

Zum Arbeitnehmerbegriff der GbRL 2006/54/EG hat sich der EuGH direkt, soweit ersichtlich, noch nicht geäußert. Da die GbRL 2006/54/EG aber im Wesentlichen die ehemaligen Gleichbehandlungsrichtlinien 75/117/EWG, 76/207/EWG, 86/378/EWG und 97/80/EG zusammenfasst und keine Änderungen hinsichtlich des persönlichen Anwendungsbereichs vorgenommen wurden, lassen sich aus der zu diesen Richtlinien ergangenen Judikatur auch Hinweise auf das Begriffsverständnis des EuGH für die GbRL 2006/54/EG entnehmen.

Auch insoweit fehlt es zwar an expliziten Aussagen hinsichtlich der Definition des „Arbeitnehmers" im Sinne der Richtlinien. Geäußert hat sich der EuGH allerdings generell zu deren Anwendungsbereich: Für die RL 76/207/EWG ist der EuGH bereits davon ausgegangen, dass deren Anwendungsbereich generell auch für Selbständige und für den öffentlichen Dienst eröffnet sei.[839] Daraus lässt sich indessen noch keine Aussage darüber herleiten, wen der EuGH als „Beschäftigten" bzw. „Arbeitnehmer" im Sinne der Richtlinie qualifiziert.[840]

Allerdings hat der Gerichtshof klargestellt, dass die RL 75/117/EG eine Konkretisierung des in Art. 157 AEUV (ehemals Art. 119 EWG) normierten Grundsatzes der Entgeltgleichheit darstelle.[841] Diesem komme „allgemeine Bedeutung" zu, was gleichermaßen für die den Grundsatz konkretisierenden Richtlinien gelte und weshalb nicht bestimmte Gruppen aus deren Anwendungsbereich herausgenommen werden dürften.[842] Hinsichtlich des Arbeitnehmerbegriffs im Sinne von Art. 157 AEUV hat der Gerichtshof wiederum festgestellt, dass er gemeinschaftsrechtlich zu definieren sei und sich nach denselben Kriterien richte wie der Arbeitnehmerbegriff im Sinne von Art. 45 AEUV.[843] Wenn der EuGH die RL 75/117/EG und die RL 76/207/EWG als Konkretisierung des in Art. 157 AEUV normierten Gebots betrachtet, spricht vieles dafür, dass er auch von einem übereinstimmenden Arbeitnehmerbegriff ausgeht.[844]

Zum Arbeitnehmerbegriff der GbRL 2000/43/EG und der GbRL 2000/78/EG hat der EuGH noch keine Stellung bezogen.

c) Literatur

Die Diskussion um den Arbeitnehmerbegriff der Gleichbehandlungsrichtlinien wird von der Frage überlagert, inwieweit diese auch Selbständige in ihren Anwendungsbereich integrieren. Einigkeit besteht insoweit, dass der grundsätzliche Anwendungsbereich der Richtlinien auch für Selbständige eröffnet ist.[845] Umstritten

839 EuGH v. 21.5.1985 – C-248/83 (*Kommission/Deutschland*), Slg. 1985, 1459 Rn. 16, 24 ff.

840 So auch *Liebhäuser*, Bedeutung des AGG, S. 23.

841 EuGH v. 8.4.1976 – C-43/75 (*Defrenne II*), Slg. 1976, 455 Rn. 53–55; v. 31.3.1981 – C-96/80 (*Jenkins*), Slg. 1981, 911 Rn. 20.

842 EuGH v. 21.5.1985 – C-248/83 (*Kommission/Deutschland*), Slg. 1985, 1459 Rn. 16; v. 2.10.1997 – C-1/95 (*Gerster*), Slg. 1997, I-5253 Rn. 18.

843 EuGH v. 13.1.2004 – C-256/01 (*Allonby*), Slg. 2004, I-873 Rn. 66 f.

844 Vgl. auch Generalanwältin *Kokott*, Schlussanträge v. 18.5.2004 – C-313/02 (*Wippel*), Slg. 2004, I-9483 Rn. 48 f.; ebenso *Ziegler*, Arbeitnehmerbegriffe, S. 334.

845 *Bayreuther*, NZA 2007, 371, 373; *Fuchs/Marhold*, EuArbR, S. 130; *Lingscheid*, Antidiskriminierung, S. 88; *v. Roetteken*, NZA 2001, 414, 417; *Schubert*, Schutz arbeitnehmerähnlicher Personen, S. 162; *Thüsing*, Diskriminierungsschutz, Rn. 95; *Wank*, FS Wißmann, S. 599, 602; ausführlich auch *Hoentzsch*, Anwendung der Benachteiligungsverbote, S. 40 ff. zu den Vorgängerrichtlinien der GbRL 2006/54/EG.

ist jedoch die Reichweite der Anwendbarkeit auf Selbständige: Während überwiegend davon ausgegangen wird, dass jedenfalls diejenigen Vorschriften der Richtlinien, die ausdrücklich den „Arbeitnehmer“ bzw. das „Arbeitsentgelt“ in Bezug nehmen, nicht auf Selbständige anwendbar sind,[846] vertreten andere die Anwendbarkeit sämtlicher Vorschriften auch auf Selbständige.[847]

Soweit das Schrifttum einen differenzierten Anwendungsbereich annimmt, ging die herrschende Meinung für die RL 76/207/EWG und 75/117/EWG, d. h. die Vorgängerrichtlinien der heutigen GbRL 2006/54/EG, von einem mit Art. 45 bzw. Art. 157 AEUV übereinstimmenden Arbeitnehmerbegriff aus.[848] Dies ergebe sich für die RL 75/117/EWG aus deren Sinn und Zweck, das in Art. 157 AEUV verankerte Gleichbehandlungsgebot zu konkretisieren: Dem liefe es zuwider, wenn der Anwendungsbereich der Richtlinie sich, anders als der des Art. 157 AEUV, nach nationalem Recht bestimmen würde.[849]

Hinsichtlich der RL 86/378/EWG über die Gleichbehandlung bei den betrieblichen Systemen der sozialen Sicherheit wurde hingegen, soweit diese zwischen Selbständigen und Arbeitnehmern differenziert, von einem Verweis auf den mitgliedstaatlichen Arbeitnehmerbegriff ausgegangen.[850]

Für die Neufassung der Einzelrichtlinien in der GbRL 2006/54/EG geht die ganz überwiegende Ansicht inzwischen davon aus, dass ihr – ebenso wie auch der GbRL 2000/43/EG und der GbRL 2000/78/EG – der unionsrechtliche Arbeitnehmerbegriff im Sinne von Art. 45 AEUV bzw. Art. 157 AEUV zugrunde liegt.[851] Indiz hierfür sei, dass die Richtlinien insoweit keinen Verweis auf das

846 So Ausdrücklich *Bauer/Arnold*, NZG 2012, 921, 923 in Fn. 16; *B/G/K*, AGG, § 6 Rn. 33; *Hoentzsch*, Anwendung der Benachteiligungsverbote, S. 52 ff.; *Thüsing*, Diskriminierungsschutz, Rn. 99; ausführlich *Ziegler*, Arbeitnehmerbegriffe, S. 342 ff., 355, 359.

847 *Birk, in:* MünchArbR (2. Aufl.), § 19 Rn. 339; *Mohr*, Diskriminierungen, S. 212; *Pottschmidt*, Arbeitnehmerähnliche Personen, S. 282, 306, 313; *Schubert*, ZIP 2013, 289, 291 f.; tendenziell auch *Ziemons*, KSzW 2013, 19, 24.

848 *Eichinger*, EAS B 4200 Rn. 21; *Hoentzsch*, Anwendung der Benachteiligungsverbote, S. 47 f.; *Preis/Mallossek*, EAS B 4000 Rn. 79; *Schlachter*, EAS B 4100 Rn. 7, 9; *Wank*, in: H/S/W, § 16 Rn. 185; *Ziegler*, Arbeitnehmerbegriffe, S. 336 f.; vgl. auch *Pottschmidt*, Arbeitnehmerähnliche Personen, S. 355 f.

849 *Hoentzsch*, Anwendung der Benachteiligungsverbote, S. 47; *Ziegler*, Arbeitnehmerbegriffe, S. 337.

850 *Pottschmidt*, Arbeitnehmerähnliche Personen, S. 296 f.

851 *Adomeit/Mohr*, AGG, § 6 Rn. 11; *v. Alvensleben/Haug/Schnabel*, BB 2012, 774, 778; *Bauer/Arnold*, ZIP 2008, 993, 995; *dies.* ZIP 2012, 597, 598; *dies.* NZG 2012, 921, 923 in Fn. 16; *B/G/K*, AGG, § 6 Rn. 34; *Dzida/Naber*, ArbRB 2012, 373, 374; Eßer/

nationale Recht enthielten.[852] Zudem handele es sich bei dem Grundsatz der Geschlechterdiskriminierung um ein fundamentales Prinzip des Unionsrechts, das mitgliedstaatlichen Differenzierungen aufgrund seiner Bedeutung nicht zugänglich sei.[853] Vereinzelt wurde bzw. wird allerdings ein europarechtliches Verständnis des Arbeitnehmerbegriffs mit dem Argument abgelehnt, dass die jeweiligen Richtlinien hinsichtlich ihres Anwendungsbereichs gar nicht auf den Begriff des „Arbeitnehmers" zurückgriffen, sondern Anwendung auf jede unselbständige und selbständige Erwerbstätigkeit fänden. Ein Rückgriff auf den unionsrechtlichen Arbeitnehmerbegriff könne erst dann erfolgen, wenn auch die Richtlinien den Arbeitnehmerbegriff als Anknüpfungspunkt für ihren persönlichen Anwendungsbereich überhaupt in Bezug nähmen.[854]

d) Stellungnahme

aa) Anwendbarkeit der Richtlinien auf Selbständige

Die Frage nach der Auslegung des Arbeitnehmerbegriffs der Diskriminierungsrichtlinien stellt sich nur dann, wenn sich ihr Anwendungsbereich nicht ohnehin vollständig auch auf Selbständige erstreckt, denn wenn die Richtlinien Geltung für alle Erwerbstätigen beanspruchen, bedarf es auch keiner Abgrenzung von selbständiger zu unselbständiger Tätigkeit. Als Vorfrage ist daher zu klären, inwieweit die Gleichbehandlungsrichtlinien 2006/54/EG, 2000/43/EG und 2000/78/EG in den verschiedenen Vorschriften hinsichtlich des Schutzes von Arbeitnehmern und Selbständigen differenzieren.[855]

Baluch, NZG 2007, 321, 324; *Hoentzsch*, Anwendung der Benachteiligungsverbote, S. 47 f.; *Hohenstatt/Naber*, ZIP 2012, 1989; *Kempermann*, NJW-Spezial 2013, 655, 656; *Kort*, NZG 2013, 601, 602; *Lingemann/Weingarth*, DB 2012, 2325, 2326; *Lunk*, RdA 2013, 110, 112; *Lunk/Rodenbusch*, GmbHR 2012, 188, 192; *Oetker*, in: Henssler/Strohn, § 35 GmbHG Rn. 82a; *Preis/Sagan*, ZGR 2013, 26, 48 f.; *Riesenhuber*, EuArbR, § 9 Rn. 30, § 10 Rn. 2, § 11 Rn. 5; *Rust*, in: Rust/Falke, AGG, § 6 Rn. 12; *Schlachter*, in: ErfK, § 6 AGG Rn. 1; *Schubert*, ZESAR 2013, 5, 12; *Ziemons*, KSzW 2013, 19, 21; differenzierend im Hinblick auf die Richtlinie 2006/54/EG *Ziegler*, Arbeitnehmerbegriffe, S. 336 ff., 342, die einen Verweis auf den mitgliedstaatlichen Arbeitnehmerbegriff für die Gleichbehandlung in betrieblichen Systemen der sozialen Sicherheit (Art. 5–13 GbRL 2006/54/EG) annimmt.

852 *Hoentzsch*, Anwendung der Benachteiligungsverbote, S. 48; *Oetker*, in: Henssler/Strohn, § 35 GmbHG Rn. 82a.

853 Vgl. *Riesenhuber*, EuArbR, § 9 Rn. 30.

854 So noch *Oetker*, in: MünchArbR I, § 14 Rn. 20; i. E. wohl auch *M/H/H*, AGG, Rn. 3.

855 Ausführlich dazu *Ziegler*, Arbeitnehmerbegriffe, S. 342 ff.

(1) Wortlaut und Systematik

Während einige Vorschriften der Richtlinien ganz generell auf „Männer und Frauen“ (vgl. etwa Art. 1 Abs. 1, Art. 3 GbRL 2006/54/EG), „Personen“ (vgl. Art. 2 Abs. 1 lit. a)-d), Art. 17 Abs. 1, Art. 18, Art. 19 Abs. 1 GbRL 2006/54/EG; Art. 2 Abs. 2 lit. a) und b), Art. 7 Abs. 1 GbRL 2000/43/EG; Art. 9 Abs. 1, Art. 10 Abs. 1 GbRL 2000/78/EG) oder sogar explizit auf „abhängige und selbständige Erwerbstätigkeit“ (vgl. Art. 14 Abs. 1 lit. a) GbRL 2006/54/EG; Art. 3 Abs. 1 lit. a) GbRL 2000/43/EG; Art. 3 Abs. 1 lit. a) GbRL 2000/78/EG) abstellen, nehmen andere lediglich den „Arbeitnehmer“ bzw. die „Arbeitsbedingungen“ oder das „Arbeitsentgelt“ in Bezug (vgl. z. B. Art. 2 Abs. 1 lit. e), Art. 4, Art. 14 Abs. 1 lit. c), Art. 15, Art. 24 GbRL 2006/54/EG; Art. 3 Abs. 1 lit. c), Art. 11 Abs. 1 GbRL 2000/43/EG; Art. 3 Abs. 1 lit c), Art. 11, Art. 13 Abs. 1 GbRL 2000/78/EG). Das Unionsrecht geht, ebenso wie das deutsche Recht, von einer grundsätzlichen Unterscheidung zwischen abhängiger und selbständiger Erwerbstätigkeit aus und verwendet den Begriff des Arbeitnehmers als Gegenstück zum Begriff des Selbständigen.[856] Die Differenzierung in den Formulierungen spricht somit dafür, dass die Vorschriften eine jeweils unterschiedliche Reichweite haben und dass sich diejenigen Vorschriften, die ausdrücklich oder mittelbar den Arbeitnehmer in Bezug nehmen, nicht auch auf Selbständige erstrecken.[857]

Soweit die Richtlinien in einigen Vorschriften Geltung für die „Beschäftigungs- und Arbeitsbedingungen“ beanspruchen (Art. 14 Abs. 1 lit. c) GbRL 2006/54/EG; Art. 3 Abs. 1 lit. c) GbRL 2000/43/EG, Art. 3 Abs. 1 lit. c) GbRL 2000/78/EG), könnte man zwar aus dieser Formulierung schlussfolgern, dass sie den Anwendungsbereich über die Gruppe der Arbeitnehmer hinaus ausdehnt, da ansonsten der Terminus „Arbeitsbedingungen“ genügt hätte.[858] Allerdings nimmt auch Art. 45 Abs. 2 AEUV Bezug auf „Beschäftigung [...] und sonstige Arbeitsbedingungen“ und ist gleichwohl nur auf Arbeitnehmer im Sinne des

856 Vgl. *Brechmann*, in: Calliess/Ruffert, EUV/AEUV, Art. 45 AEUV Rn. 14; *Forsthoff*, in: G/H/N, EUV/AEUV, Art. 45 AEUV Rn. 69.

857 Vgl. auch *Bauer/Arnold*, NZG 2012, 921, 923 in Fn. 16; *Ziegler*, Arbeitnehmerbegriffe, S. 343, 344 f., 349 auch im Hinblick auf die unterschiedlichen Sprachfassungen der Richtlinien; dies zugestehend auch *Ziemons*, KSzW 2013, 19, 24; a. A. *Schubert*, ZIP 2013, 289, 291 f.

858 Vgl. *Däubler*, in: HK-AGG, § 2 Rn. 11; auch nach der Auffassung von *Liebhäuser* umfasst der Begriff der Beschäftigung alle beruflichen Tätigkeiten, vgl. *Liebhäuser*, Bedeutung des AGG, S. 27.

Unionsrechts anwendbar, so dass der zusätzlichen Erwähnung der „Beschäftigung“ nicht zwingend eine Bedeutung zukommt.[859]

In systematischer Hinsicht spricht gegen eine vollständige Einbeziehung Selbständiger jedenfalls im Hinblick auf die GbRL 2006/54/EG, dass im zweiten Kapitel, das die Gleichbehandlung in betrieblichen Systemen der sozialen Sicherheit regelt, Selbständige explizit uneingeschränkt in den persönlichen Anwendungsbereich einbezogen werden (vgl. Art. 6 GbRL 2006/54/EG). Dies lässt darauf schließen, dass Selbständige im Rahmen der übrigen Kapitel nur insoweit geschützt sind, wie sie dort explizit erwähnt sind, nämlich wenn es um den Zugang zur Beschäftigung und den beruflichen Aufstieg geht (vgl. Art. 14 Abs. 1 lit. a)), denn eine Art. 6 entsprechende Regelung findet sich in den Kapiteln 1 und 3 der Richtlinie nicht.[860]

Für den Bereich der Geschlechterdiskriminierung existiert zudem neben der GbRL 2006/54/EG die SelbstGbRL 2010/41/EU zur Gleichbehandlung von Personen, die eine selbständige Erwerbstätigkeit ausüben. Ziel dieser Richtlinie ist es, den Schutz von Selbständigen vor geschlechtsbedingten Diskriminierungen zu ergänzen, soweit dieser nicht bereits durch die bestehenden Richtlinien gewährt wird.[861] Der Erlass einer speziellen Richtlinie mit ausdrücklich lückenfüllender Funktion für den Bereich der selbständigen Erwerbstätigkeit spricht dafür, dass nicht alle Vorschriften der bestehenden Richtlinien, insbesondere der GbRL 2006/54/EG, auf Selbständige anwendbar sind, denn ansonsten hätte es keiner speziellen Richtlinie für Selbständige bedurft. Dies wird teilweise bestritten: Der Erlass einer Richtlinie speziell für Selbständige bedeute nicht, dass diese nicht bereits durch die bestehenden Diskriminierungsrichtlinien geschützt seien, sondern sei nur eine Ergänzung des Schutzes in den von den bestehenden Richtlinien noch nicht abgedeckten Bereichen.[862] Dieser Einwand ist nicht überzeugend, denn auch wenn diese Grundaussage richtig sein mag, setzt sie doch voraus, dass Selbständige durch die bestehenden Richtlinien nicht in demselben Maße geschützt werden wie Arbeitnehmer, denn ansonsten müsste man annehmen, dass der Unionsgesetzgeber Selbständige noch in zusätzlichen Bereichen

859 Ebenso *Ziegler*, Arbeitnehmerbegriffe, S. 346 f.

860 So bereits *Schmidt*, in: Schiek, AGG, § 6 Rn. 12; ihr folgend *Hoentzsch*, Anwendung der Benachteiligungsverbote, S. 54.

861 Vgl. Art. 1 Abs. 1 sowie BE 7 SelbstGbRL 2010/41/EU; s. zum Zweck der Richtlinie auch bereits oben § 5 B. I. 8. c) aa) (2) (c).

862 So *Liebhäuser*, Bedeutung des AGG, S. 21 f. in Bezug auf die jeweiligen Vorgängerrichtlinien GbRL 76/207/EWG und SelbstGbRL 86/613/EWG; ähnlich *Schubert*, ZIP 2013, 289, 291.

und damit insgesamt stärker schützen will als Arbeitnehmer, was wenig wahrscheinlich ist.

Auch die Kommission geht in der Begründung zum Entwurf der SelbstGbRL 2010/41/EU davon aus, dass die GbRL 2006/54/EG nicht vollumfänglich auch für Selbständige gilt, wenn sie hinsichtlich der bereits bestehenden Schutzvorschriften konstatiert: „Für selbständig Erwerbstätige [...] sind Diskriminierungen aufgrund des Geschlechts bereits auf folgenden Gebieten verboten: [...], Bedingungen für den Zugang zur selbständigen Erwerbstätigkeit (Richtlinien 2002/73/EG und 2006/54/EG) [...]".[863] Dass sie hier ausdrücklich nur auf den Zugang zur Erwerbstätigkeit abstellt, kann im Umkehrschluss nur bedeuten, dass sie im Übrigen nicht von der Anwendbarkeit der GbRL 2006/54/EG auf Selbständige ausgeht.

(2) Sinn und Zweck

Allein der weit formulierte Schutzzweck der Richtlinien, wonach ganz generell der Grundsatz der Chancengleichheit und der Gleichbehandlung in allen Arbeits- und Beschäftigungsfragen angestrebt wird (vgl. Art. 1 Abs. 1 GbRL 2006/54/EG), heißt noch nicht, dass deshalb der geschützte Personenkreis in allen Vorschriften so weit wie möglich zu fassen ist. Vielmehr ist jeweils für die einzelnen Vorschriften zu prüfen, inwieweit eine Anwendung auf Selbständige über den Wortlaut hinaus dem Schutzzweck der einzelnen Vorschrift entspricht.[864]

Dabei ist festzustellen, dass der Schutzzweck vieler Vorschriften für Selbständige gar nicht eingreifen würde: Art. 15 GbRL 2006/54/EG etwa stellt auf „Frauen im Mutterschaftsurlaub" ab, und stellt damit eine Ergänzung zur MuSchRL dar, die aber ebenfalls lediglich auf Arbeitnehmerinnen im Sinne des Unionsrechts anwendbar ist, nicht auf Selbständige.[865] Auch die Vorgaben im Hinblick auf den Vaterschafts- und Adoptionsurlaub (Art. 16 GbRL 2006/54/EG) passen für Selbständige nicht, da sie aufgrund ihrer selbständigen Tätigkeit auf eine Beurlaubung im Normalfall gar nicht angewiesen sind.[866] Art. 14 Abs. 1

863 Begründung des Vorschlags für eine Richtlinie des Europäischen Parlaments und des Rates zur Verwirklichung des Grundsatzes von Männern und Frauen, die eine selbständige Erwerbstätigkeit ausüben, und zur Aufhebung der Richtlinie 86/613/EWG, KOM (2008) 636 endg., S. 3.

864 Dazu ausführlich bereits *Ziegler*, Arbeitnehmerbegriffe, S. 349 ff.; a. A. wohl *Schubert*, ZIP 2013, 289, 291 f.

865 *Ziegler*, Arbeitnehmerbegriffe, S. 349.

866 *Ziegler*, Arbeitnehmerbegriffe, S. 349 f.

lit. c) GbRL 2006/54/EG (ebenso die jeweiligen Art. 3 Abs. 1 lit. c) der GbRL 2000/43/EG und 2000/78/EG) verbietet Diskriminierungen im Hinblick auf die „Beschäftigungsbedingungen" und setzt damit voraus, dass der geschützte Personenkreis nicht ohnehin in der Lage ist, seine Tätigkeit frei zu gestalten. Eine Gleichbehandlung im Hinblick auf die „Entlassungsbedingungen" setzt ein gewisses Bestandsschutzinteresse voraus. Beides besteht aber grundsätzlich nur im Rahmen abhängiger Beschäftigung, weil Selbständige ihre Tätigkeit weisungsfrei selbst ausgestalten können und regelmäßig nicht auf der Basis von unbefristeten Dauerrechtsverhältnissen tätig sind, auf deren Bestand sie angewiesen wären.[867]

Die insoweit unterschiedlich weit reichende Schutzbedürftigkeit von Arbeitnehmern und Selbständigen ist eine Grundannahme des Europäischen Rechts, die bereits in der Formulierung der Grundfreiheiten im Primärrecht zum Ausdruck kommt: Während die Verwirklichung der Arbeitnehmerfreizügigkeit gemäß Art. 45 Abs. 2 AEUV „die Abschaffung jeder [...] unterschiedlichen Behandlung der Arbeitnehmer der Mitgliedstaaten in Bezug auf Beschäftigung, Entlohnung und sonstige Arbeitsbedingungen" erfordert, umfasst die Niederlassungsfreiheit gemäß Art. 49 S. 2 AEUV lediglich „die Aufnahme und Ausübung selbständiger Erwerbstätigkeiten [...]".[868]

Hiergegen und für eine vollständige Einbeziehung Selbständiger in den Schutzbereich der Gleichbehandlungsrichtlinien wird vereinzelt angeführt, die Bekämpfung von Diskriminierungen sei kein Aspekt des Sozialschutzes für Arbeitnehmer, sondern diene der Verwirklichung der Grundrechte aus Art. 21 und 23 GRC und sei maßgeblicher Politikbestandteil der EU.[869] Gegen diese Annahme ist zwar nichts einzuwenden, sie gebietet es aber nicht zwingend, den Schutzbereich der GbRL 2006/54/EG, 2000/43/EG und 2000/78/EG vollständig auf Selbständige auszudehnen, denn ein entsprechender Schutz wird jedenfalls für den Bereich der Geschlechtergleichbehandlung bereits durch die Selbst-GbRL 2010/41/EU gewährleistet, so dass insoweit jedenfalls keine Schutzlücke im Hinblick auf das Primärrecht entsteht.

Zuzugeben ist allerdings, dass dieses Argument lediglich für den Bereich der Geschlechterdiskriminierung greift, denn im Hinblick auf andere Diskriminierungsmerkmale bestehen keine gesonderten Richtlinien für Selbständige. Dass Selbständige vor Diskriminierungen aufgrund des Geschlechts stärker geschützt werden als vor Diskriminierungen aus Gründen der Religion, der ethnischen

867 Vgl. dazu auch oben unter § 5 B. I. 8. c) aa) (2) (b); *Hoentzsch*, Anwendung der Benachteiligungsverbote, S. 53 f.; *Ziegler*, Arbeitnehmerbegriffe, S. 350.

868 Vgl. dazu auch *Reichold/Heinrich*, FS Westermann, S. 1315, 1326 ff.

869 So *Schubert*, ZIP 2013, 289, 292.

Herkunft oder des Alters, ist eigentlich nicht überzeugend, zumal Art. 21 GRC auch insoweit ein umfassendes Diskriminierungsverbot statuiert.[870] Sie allein deshalb in den Schutzbereich der GbRL 2000/43/EG und der GbRL 2000/78/EG vollständig einzubeziehen, würde allerdings den eindeutigen Willen des Richtliniengebers ignorieren, der mit der Formulierung in den jeweiligen Art. 3 Abs. 1 lit. a), die wortgleich mit derjenigen in Art. 14 Abs. 1 lit. a) GbRL 2006/54/EG übereinstimmt, erkennbar zum Ausdruck gebracht hat, dass er für alle drei Richtlinien von einem identischen Anwendungsbereich ausgeht.[871] Eine vollständige Einbeziehung Selbständiger würde mithin die Grenzen (grundrechtskonformer) Auslegung überschreiten. Soweit ein weitergehender Schutz Selbständiger auch im Hinblick auf die Diskriminierungsmerkmale Rasse, Herkunft, Alter etc. primärrechtlich geboten ist, sind entsprechende Diskriminierungsverbote stattdessen unmittelbar aus dem Primärrecht herzuleiten. Im Übrigen bleibt es dem Unionsgesetzgeber unbenommen, auch in diesem Bereich ergänzende Richtlinien nach dem Vorbild der SelbstGbRL 2010/41/EU zu erlassen.

(3) Ergebnis

Sowohl Wortlaut und Systematik als auch teleologische Erwägungen sprechen dafür, dass diejenigen Vorschriften der GbRL 2006/54/EG, 2000/43/EG und 2000/78/EG, die ausdrücklich auf den „Arbeitnehmer“, das „Arbeitsentgelt“ oder die „Arbeitsbedingungen“ abstellen, sich nicht auf Selbständige erstrecken, sondern ihrem Wortlaut entsprechend die Arbeitnehmereigenschaft voraussetzen.

bb) Arbeitnehmerbegriff

(1) GbRL 2006/54/EG

Für die Bestimmung des Arbeitnehmerbegriffs der GbRL 2006/54/EG ist zu beachten, dass diese in ihren verschiedenen Kapiteln des zweiten Titels unterschiedliche Ursprungsrichtlinien umsetzt: Während Kapitel 1 (Art. 4) das ehemals in der RL 75/117/EWG verankerte Gebot der Entgeltgleichheit normiert, erfasst Kapitel 2 (Art. 5–13) die ehemals in der RL 86/378/EWG geregelte Gleichbehandlung in betrieblichen Systemen der sozialen Sicherheit und Kapitel 3 (Art. 14–16) übernimmt die ehemals von der RL 76/207/EWG erfasste

870 *Jarass*, GRC, Art. 21 Rn. 8.

871 Von einem identischen Anwendungsbereich ausgehend auch *Schubert*, ZIP 2013, 289, 292.

Gleichbehandlung hinsichtlich des Zugangs zur Beschäftigung, zur Berufsbildung, zum beruflichen Aufstieg und bezüglich der Arbeitsbedingungen.[872]

(a) Wortlaut und Systematik

Eine für die gesamte Richtlinie geltende Definition ihres Arbeitnehmerbegriffs findet sich in der GbRL 2006/54/EG nicht. Die Kapitel 1 und 3 enthalten insoweit auch keine Verweisungen auf das nationale Recht, sondern setzen den Inhalt ihres Arbeitnehmerbegriffs stillschweigend voraus, während Art. 6 für den persönlichen Anwendungsbereich des Kapitels über die Gleichbehandlung in betrieblichen Systemen der sozialen Sicherheit einen Bezug zu den einzelstaatlichen Rechtsvorschriften und/oder Gepflogenheiten herstellt. Der fehlende Verweis auf das nationale Recht in den Kapiteln 1 und 3 ist im systematischen Vergleich zu Art. 6 ein Indiz dafür, dass insoweit von einem unionsrechtlichen Begriffsverständnis auszugehen ist.[873]

Weiterhin verbietet Art. 4 GbRL 2006/54/EG jede Diskriminierung in Bezug auf das „Entgelt" und steht damit in unmittelbarem Zusammenhang mit der Definition in Art. 2 Abs. 1 lit. e). Diese wiederum ist wortgleich formuliert wie Art. 157 Abs. 2 AEUV, was dafür spricht, dass hier wie dort der Arbeitnehmerbegriff im unionsrechtlichen Sinne gemeint ist.[874] Das Gleiche gilt für Art. 14 Abs. 1 lit. c), der für den Begriff „Arbeitsentgelt" sogar ausdrücklich auf Art. 141 EGV (heute Art. 157 AEUV) verweist.[875]

(b) Entstehungsgeschichte

Der Begründung zum Vorschlag der Richtlinie lassen sich jedenfalls keine direkten Hinweise darauf entnehmen, ob die Kommission in ihrem Entwurf von einem unionsrechtlichen Arbeitnehmerbegriff oder von einem Verweis auf das mitgliedstaatliche Recht ausging. Allerdings wird an mehreren Stellen der unmittelbare Bezug der GbRL 2006/54/EG zu ihren Vorgängerrichtlinien 75/117/

872 Vgl. den Vorschlag für eine Richtlinie des Europäischen Parlaments und des Rates zur Verwirklichung des Grundsatzes der Chancengleichheit von Männern und Frauen in Arbeits- und Beschäftigungsfragen (Neufassung), KOM (2004) 279 endg., S. 8, 13, 20.

873 Vgl. *Bauer/Arnold*, ZIP 2012, 597, 598; *Hoentzsch*, Anwendung der Benachteiligungsverbote, S. 48.

874 So bereits *Ziegler*, Arbeitnehmerbegriffe, S. 337.

875 Vgl. *Ziegler*, Arbeitnehmerbegriffe, S. 340.

EWG, 76/207/EWG und 86/378/EWG betont.[876] Für die RL 75/117/EWG und die RL 76/207/EWG ging die herrschende Meinung davon aus, dass ihnen der unionsrechtliche Arbeitnehmerbegriff zugrunde liege.[877] Wäre die Kommission insoweit anderer Auffassung gewesen, hätte es nahe gelegen, dies in der Begründung ihres Vorschlags für die Neufassung der Richtlinie klarzustellen.

(c) Sinn und Zweck

Dem EuGH ist hinsichtlich der ehemaligen Richtlinien 75/117/EWG und 76/207/EWG in der Annahme zu folgen, dass beide das primärrechtlich in Art. 157 AEUV verankerte Verbot der Geschlechterdiskriminierung in Bezug auf das Entgelt konkretisieren.[878] Dies ergibt sich u. a. aus den Begründungserwägungen der RL 75/117/EWG[879] und dem Umstand, dass Art. 157 AEUV (damals noch Art. 141 EGV) Ermächtigungsnorm für die RL 76/207/EWG in der Fassung der RL 2002/73/EG ist.[880] Diesem Zweck entspricht es, den Arbeitnehmerbegriff in den Richtlinien 75/117/EWG und 76/207/EWG und dementsprechend auch in den Kapiteln 1 und 3 der GbRL 2006/54/EG in Übereinstimmung mit dem Arbeitnehmerbegriff im Sinne von Art. 157 AEUV auszulegen, denn wenn Art. 157 AEUV eine unionseinheitliche Definition verlangt, kann sich der Schutz der konkretisierenden Richtlinie nicht auf den Schutz von Arbeitnehmern im Sinne des nationalen Verständnisses beschränken. Andernfalls würde den Mitgliedsstaaten die Möglichkeit eröffnet, durch eine nationale Regelung den Geltungsbereich des Art. 157 AEUV zu verkürzen.[881]

Darüber hinaus handelt es sich bei dem Verbot der Diskriminierung aufgrund des Geschlechts um einen Grundsatz von fundamentaler Bedeutung, der grundrechtlich in Art. 21 und 23 GRC verankert und vom EuGH als allgemeines Prinzip des Gemeinschaftsrechts anerkannt ist.[882] Auch die Kommission spricht in der Begründung zum Entwurf der GbRL 2006/54/EG insoweit von einem

876 Vgl. die Begründung des Richtlinienvorschlags, KOM (2004) 279 endg., S. 8, 13, 20.

877 S. oben § 5 B. II. 4. c).

878 EuGH v. 21.5.1985 – C-248/83 (*Kommission/Deutschland*), Slg. 1985, 1459 Rn. 16; v. 2.10.1997 – C-1/95 (*Gerster*), Slg. 1997, I-5253 Rn. 18.

879 Vgl. BE 1 RL 75/117/EWG.

880 Vgl. *Hoentzsch*, Anwendung der Benachteiligungsverbote, S. 47.

881 So auch *Hoentzsch*, Anwendung der Benachteiligungsverbote, S. 47; *Riesenhuber*, EuArbR, § 9 Rn. 30; *Schubert*, ZESAR 2013, 5, 12; *Ziegler*, Arbeitnehmerbegriffe, S. 337.

882 Vgl. EuGH v. 15.6.1978 – C-149/77 (*Defrenne III*), Slg. 1978, 1365 Rn. 26–29.

„zentralen Grundsatz.".[883] Dies impliziert eine unionseinheitliche Auslegung des Arbeitnehmerbegriffs, weil nicht anzunehmen ist, dass der Gesetzgeber die Reichweite dieses grundlegenden Prinzips den Mitgliedstaaten überlassen wollte.[884]

(d) Zwischenergebnis

Mit der herrschenden Meinung im Schrifttum ist davon auszugehen, dass die GbRL 2006/54/EG in den Kapiteln 1 und 3 den unionsrechtlichen Arbeitnehmerbegriff im Sinne des Art. 157 AEUV bzw. Art. 45 AEUV zugrunde legt.

Für das 2. Kapitel über die Gleichbehandlung in betrieblichen Systemen der sozialen Sicherheit vermag allerdings aufgrund des ausdrücklichen Verweises auf die mitgliedstaatlichen Rechtsvorschriften und Gepflogenheiten in Art. 6 die Auffassung von *Ziegler* und *Pottschmidt* zu überzeugen, dass insoweit für die Abgrenzung von selbständiger zu abhängiger Beschäftigung von einem Verweis auf das jeweilige Recht der Mitgliedstaaten auszugehen ist.[885]

(2) GbRL 2000/43/EG und GbRL 2000/78/EG

Auch die GbRL 2000/43/EG und die GbRL 2000/78/EG geben ausgehend von ihrem Wortlaut keinen Hinweis darauf, ob sie von einem unionsrechtlichen oder einem mitgliedstaatlichen Arbeitnehmerbegriff ausgehen, denn weder definieren sie den Begriff des Arbeitnehmers selbst, noch enthalten sie einen ausdrücklichen Verweis auf das Recht der Mitgliedstaaten.[886] Allerdings ist der sachliche Anwendungsbereich beider Richtlinien in den jeweiligen Art. 3 wortgleich formuliert wie die entsprechende Vorschrift in Art. 14 GbRL 2006/54/EG, was dafür spricht, dass auch der dort verwendete Begriff des Arbeitnehmers jeweils dieselbe Reichweite haben soll.[887]

---

883 Vgl. die Begründung des Richtlinienvorschlages, KOM (2004) 279 endg., S. 2.

884 Ebenso *Riesenhuber*, EuArbR, § 9 Rn. 30; *Schubert*, ZESAR 2013, 5, 12; *Ziegler*, Arbeitnehmerbegriffe, S. 341 f.; vgl. auch *Lunk*, RdA 2013, 110, 112.

885 *Pottschmidt*, Arbeitnehmerähnliche Personen, S. 269 (noch für die RL 86/378/EWG); ausführlich *Ziegler*, Arbeitnehmerbegriffe, S. 337 ff.

886 Vgl. *Ziegler*, Arbeitnehmerbegriffe, S. 354, 358.

887 Vgl. *Riesenhuber*, EuArbR, § 10 Rn. 2, § 11 Rn. 5; zur konzeptionellen Vergleichbarkeit der Gleichbehandlungsrichtlinien 2000/43/EG, 2000/78/EG und 2006/54/EG. auch *Preis/Sagan*, ZGR 2013, 26, 48 f. sowie *Ziegler*, Arbeitnehmerbegriffe, S. 354.

In den Begründungen zu den jeweiligen Richtlinienvorschlägen geht die Kommission außerdem ausdrücklich auf das im damaligen Zeitpunkt bestehende heterogene Schutzniveau in den Mitgliedstaaten ein und stellt klar, dass Ziel der Richtlinien u. a. die Erreichung eines einheitlichen Schutzniveaus ist.[888] Dieses Ziel findet sich zudem in den offiziellen Begründungserwägungen der GbRL 2000/43/EG[889], was ebenfalls für die Anwendung eines unionseinheitlichen Arbeitnehmerbegriffs spricht.[890]

Auch die Bedeutsamkeit der Diskriminierungsverbote sowohl aus Gründen der Rasse bzw. ethnischen Herkunft als auch aus Gründen der Behinderung, des Alters, der Religion etc. weist schließlich in diese Richtung: Als grundrechtlich verankertes Prinzip (vgl. Art. 21 GRC) und als allgemeines Menschenrecht[891], das zudem als eines der Ziele der Union in Art. 3 Abs. 3 EUV niedergelegt ist, ist die Nichtdiskriminierung insoweit, genau wie im Hinblick auf die Geschlechterdiskriminierung, ein Prinzip von höchstem Stellenwert innerhalb der EU, zu dessen möglichst effektiver Durchsetzung allein die Geltung eines unionsweit einheitlichen persönlichen Schutzbereiches sinnvoll erscheint.[892]

Im Ergebnis ist daher auch für die GbRL 2000/43/EG und 2000/78/EG, soweit sie auf den Begriff des Arbeitnehmers abstellen, der unionsrechtliche Arbeitnehmerbegriff im Sinne von Art. 45 AEUV zugrunde zu legen.

5. Konsequenzen für den persönlichen Anwendungsbereich des AGG

Dass die Gleichbehandlungsrichtlinien den unionsrechtlichen Arbeitnehmerbegriff verwenden und damit – ausgehend von der *Danosa*-Rechtsprechung – auch Arbeitnehmer-Organmitglieder in ihren Anwendungsbereich einbeziehen, könnte sich auf die Anwendbarkeit des AGG auf diesen Personenkreis auswirken. Weil das AGG die entsprechende Anwendung seiner

888 Vorschlag für eine Richtlinie des Rates zur Anwendung des Gleichbehandlungsgrundsatzes ohne Unterschied der Rasse oder der ethnischen Herkunft, KOM (1999) 566 endg., S. 4 f.; Vorschlag für eine Richtlinie des Rates zur Festlegung eines allgemeinen Rahmens für die Verwirklichung der Gleichbehandlung in Beschäftigung und Beruf, KOM (1999) 565 endg., S. 5 f.

889 Vgl. BE 28 GbRL 2000/43/EG.

890 dazu auch *Ziegler*, Arbeitnehmerbegriffe, S. 354.

891 Vgl. insoweit BE 4 GbRL 2000/78/EG sowie BE 3 GbRL 2000/43/EG.

892 *Lunk*, RdA 2013, 110, 112; *Riesenhuber*, EuArbR, § 10 Rn. 2; *Schubert*, ZESAR 2013, 5, 12; *Ziegler*, Arbeitnehmerbegriffe, S. 355, 359.

Vorschriften auf Organmitglieder allerdings gemäß § 6 Abs. 3 ohnehin anordnet, soweit es um den Zugang zur Erwerbstätigkeit oder den beruflichen Aufstieg geht, stellt sich die Frage nach der Notwendigkeit einer weitergehenden Modifizierung des deutschen Rechts nur, wenn die Regelung des § 6 Abs. 3 AGG die Anforderungen der Gleichbehandlungsrichtlinien im Hinblick auf den Schutz von Organmitgliedern nicht bereits erfüllt.

a) Vorliegen eines Schutzdefizits

Die dem AGG zugrunde liegenden Richtlinien legen fest, dass auch Selbständige beim Zugang zur Erwerbstätigkeit sowie beim beruflichen Aufstieg zu schützen sind (Art. 14 Abs. 1 lit. a) GbRL 2006/54/EG; Art. 3 Abs. 1 lit. a) GbRL 2000/43/EG; Art. 3 Abs. 1 lit. a) GbRL 2000/78/EG). Soweit es um die Beschäftigungs- und Arbeitsbedingungen einschließlich der Entlassungsbedingungen und das Arbeitsentgelt geht (Art. 14 Abs. 1 lit. c) GbRL 2006/54/EG bzw. Art. 3 Abs. 1 lit. c) der GbRL 2000/43/EG und 2000/78/EG), sind hingegen nur Arbeitnehmer geschützt.[893]

Der deutsche Gesetzgeber hat den sachlichen Anwendungsbereich des AGG in § 2 Abs. 1 in Anlehnung an die Vorgaben der Richtlinien formuliert.[894] Wie im europäischen Recht war auch für das AGG umstritten, ob der ausdrücklichen Erwähnung der selbständigen Erwerbstätigkeit in § 2 Abs. 1 Nr. 1 AGG konstitutive und abschließende Wirkung zukommt, oder ob sie lediglich beispielhaften Charakter hat und darüber hinaus, obwohl nicht ausdrücklich klargestellt, ein Schutz der selbständigen Erwerbstätigkeit auch in den anderen sachlichen Schutzbereichen, insbesondere im Rahmen von § 2 Abs. 1 Nr. 2 AGG anzunehmen ist.[895] Jedenfalls bestimmt jedoch § 6 Abs. 3 AGG für Organmitglieder, dass ihnen der Schutz des AGG nur insoweit zuteil wird, wie es um die Bedingungen für den Zugang zur Erwerbstätigkeit oder den beruflichen Aufstieg geht.[896]

---

893 Dazu bereits oben § 5 B. II. 4. d).

894 Vgl. die Begründung zum Entwurf eines Gesetzes zur Umsetzung europäischer Richtlinien zur Verwirklichung des Grundsatzes der Gleichbehandlung, BT-Drucks. 16/1780, S. 31.

895 Dazu *Hoentzsch*, Anwendung der Benachteiligungsverbote, S. 36 ff. m. w. N. für beide Ansichten.

896 Je nachdem, welcher Ansicht man im Hinblick auf die Reichweite des sachlichen Schutzbereiches folgt, ist § 6 Abs. 3 AGG entweder lediglich eine Klarstellung oder aber eine Einschränkung des § 2 Abs. 1 AGG, vgl. dazu *Hoentzsch*, Anwendung der Benachteiligungsverbote, S. 36 ff.

Teilweise wird diese Vorschrift dahingehend interpretiert, dass „Zugang" nicht lediglich den erstmaligen, sondern den fortgesetzten Zugang zur Erwerbstätigkeit meine und damit versucht, die Geltung des AGG auch für Organmitglieder auf die in § 2 Abs. 1 Nr. 2 AGG geregelten Sachverhalte, insbesondere auf die Entlassungsbedingungen, zu erstrecken, so dass auch Kündigungen von Organmitgliedern generell vom AGG erfasst werden.[897] Die Gegenansicht lehnt dies mit Hinweis auf den Wortlaut und die Systematik der Vorschrift ab.[898] Der BGH sowie ein Teil der Lehre differenzieren danach, ob es allein um die Beendigung der Tätigkeit als Organmitglied geht – etwa aufgrund einer auslaufenden Befristung – oder aber gleichzeitig um die Frage der Fortsetzung der Tätigkeit: Diese sei eine Frage des (erneuten) Zugangs zur Erwerbstätigkeit und damit vom Schutzbereich des § 6 Abs. 3 AGG umfasst.[899]

Die Ansicht, welche den Schutz von Organmitgliedern generell auf die Entlassungsbedingungen erstrecken will, vermag angesichts des insoweit eindeutigen Wortlauts des § 6 Abs. 3 AGG nicht zu überzeugen. Auch die Intention des Gesetzgebers, der mit der teilweisen Erstreckung des AGG auf Organmitglieder lediglich die europäischen Vorgaben umsetzen wollte, spricht dagegen, denn es ist nicht anzunehmen, dass er den Schutz von Organmitgliedern über das europarechtlich erforderliche Maß hinaus ausdehnen wollte.[900]

Für Arbeitnehmer-Organmitglieder stellt sich die Situation daher folgendermaßen dar: Während die dem AGG zugrunde liegenden Richtlinien ihren sachlichen Anwendungsbereich vollständig auf sie erstrecken und ihnen Schutz auch vor Diskriminierungen im Rahmen der Beschäftigungs- und Entlassungsbedingungen gewähren, schützt sie das AGG, ausgehend von der hiesigen Einordnung von Organmitgliedern, lediglich in Bezug auf den Zugang zur Erwerbstätigkeit sowie den beruflichen Aufstieg. Unabhängig davon, ob man die Entscheidung über die Verlängerung eines befristeten Anstellungsvertrages bzw.

---

897 *Hey*, AGG, § 6 Rn. 21; *Horstmeier*, GmbHR 2007, 125, 126; *Rupp*, in: H/W/K, § 2 AGG Rn. 4; *Thüsing*, in: MüKo-BGB, § 2 AGG Rn. 7; *ders.*, Diskriminierungsschutz, Rn. 98.

898 *Adomeit/Mohr*, AGG, § 6 Rn. 31 f.; *Eßer/Baluch*, NZG 2007, 321, 329; *Krause*, AG 2007, 392, 394; *Liebhäuser*, Bedeutung des AGG, S. 65 f.; *Lutter*, BB 2007, 725, 728; *Oetker*, in: MünchArbR I, § 14 Rn. 39; *Willemsen/Schweibert*, NJW 2006, 2583, 2584.

899 BGH v. 23.4.2012, BGHZ 193, 110, 115 f.; *Bauer/Arnold*, ZIP 2008, 993, 999; *dies.*, ZIP 2012, 597, 603; *Schlachter*, in: ErfK, § 6 AGG Rn. 6; dagegen *Preis/Sagen*, ZGR 2013, 26, 60 ff.

900 So auch *Liebhäuser*, Bedeutung des AGG, S. 65 f.

die Wiederbestellung eines Organmitglieds mit dem BGH als Frage des Zugangs zur Erwerbstätigkeit ansieht, besteht daher jedenfalls für den Diskriminierungsschutz von Arbeitnehmer-Organmitgliedern eine Diskrepanz zwischen dem deutschen Recht und den europarechtlichen Vorgaben.[901]

b) Europarechtskonforme Auslegung des AGG

Wie bereits zur Parallelproblematik im Mutterschutzrecht stellt sich die Frage, ob der unionsrechtlich gebotene Schutz im Wege einer europarechtskonformen Auslegung des AGG zu erreichen ist. Hierfür kommen zwei Anknüpfungspunkte in Betracht.

aa) Keine einschränkende Auslegung von § 6 Abs. 3 AGG

Zum einen ließe sich § 6 Abs. 3 AGG restriktiv dahingehend auszulegen, dass man für Organmitglieder auf die Beschränkung des Geltungsbereichs auf die Zugangsbedingungen verzichtet.

Gegen eine einschränkende Auslegung von § 6 Abs. 3 AGG wird allerdings überzeugend vorgebracht, dass dann auch solche Organmitglieder den gesamten Schutz des AGG genießen würden, die gar nicht als Arbeitnehmer im Sinne des Unionsrechts anzusehen sind, womit man über die europarechtlichen Vorgaben weit hinausgehen würde, sofern man nicht zu einer gespaltenen Auslegung gelangen will.[902] Außerdem würde eine derartige Auslegung wohl die Grenzen europarechtskonformer Auslegung überschreiten, denn sowohl der Wortlaut der Vorschrift als auch der insoweit eindeutige Wille des Gesetzgebers stehen ihr entgegen, da die Norm den Schutz ausdrücklich auf den Zugang bzw. den beruflichen Aufstieg beschränkt.[903]

---

901 So im Ergebnis auch *Hoentzsch*, Anwendung der Benachteiligungsverbote, S. 68; *Hohenstatt/Naber*, ZIP 2012, 1989, 1989 f.; *Leopold*, ZESAR 2011, 362, 367; *Oberthür*, NZA 2011, 253, 257; *Preis/Sagen*, ZGR 2013, 26, 60; *Sagan*, ZESAR 2011, 412, 420; *Schlachter*, in: ErfK, § 6 AGG Rn. 5; *Schubert*, ZESAR 2013, 5, 12; *Stein*, in: Wendeling-Schröder/Stein, AGG, § 6 Rn. 31; *Thüsing*, Diskriminierungsschutz, Rn. 99; *Ziemons*, KSzW 2013, 19, 23; offen gelassen in BGH v. 23.4.2012, BGHZ 193, 110, 114 f.

902 *Preis/Sagan*, ZGR 2013, 26, 60 f.

903 *Liebhäuser*, Bedeutung des AGG, S. 90; vgl. auch *B/G/K*, AGG, § 6 Rn. 35a; gegen eine richtlinienkonforme Auslegung von § 6 Abs. 3 AGG auch *Schubert*, ZIP 2013, 289, 291.

bb) Richtlinienkonforme Auslegung von § 6 Abs. 1 Nr. 1 AGG

In Betracht kommt aber eine europarechtskonforme Auslegung von § 6 Abs. 1 Nr. 1 AGG dergestalt, dass zu den Arbeitnehmern im Sinne der Vorschrift auch Arbeitnehmer-Organmitglieder zählen. Auch dies setzt jedoch voraus, dass einer solchen Auslegung nicht Wortlaut, Systematik oder der gesetzgeberische Wille entgegenstehen.[904]

Wenngleich sich der Begriff des Arbeitnehmers in § 6 Abs. 1 Nr. 1 AGG zunächst nach deutschem Verständnis richtet[905] und Organmitglieder überwiegend nicht als Arbeitnehmer in diesem Sinne angesehen wurden, steht der Wortlaut einer erweiternden Auslegung nicht entgegen, weil die Arbeitnehmereigenschaft eines Organmitglieds nicht bereits begriffslogisch ausgeschlossen ist. Insoweit kann auf die entsprechenden Ausführungen zum MuSchG verwiesen werden.[906] Auch der Wortlaut des § 6 Abs. 3 AGG steht nicht entgegen: Dieser besagt lediglich, dass alle Organmitglieder jedenfalls hinsichtlich des Zugangs zur Erwerbstätigkeit geschützt sind, nicht aber, dass ein darüber hinausgehender Schutz ausgeschlossen ist.[907]

In systematischer Hinsicht könnte die Spezialregelung des § 6 Abs. 3 AGG, die ihrem Wortlaut nach zunächst alle Organmitglieder ungeachtet einer etwaigen Arbeitnehmereigenschaft erfasst, im Umkehrschluss zwar bedeuten, dass eine darüber hinausgehende Anwendung des AGG auch für alle Organmitglieder ausgeschlossen sein soll. Ebenso ist aber denkbar, dass § 6 Abs. 3 AGG insoweit nur eine Klarstellung beinhaltet und über einen weiter reichenden Schutz keine Aussage treffen will.[908] Zwar erscheint es in systematischer Hinsicht wenig überzeugend, auf Arbeitnehmer-Organmitglieder sowohl § 6 Abs. 1 Nr. 1 als auch § 6 Abs. 3 AGG anzuwenden, weil es eine sinnlose Doppelung wäre, derselben Personengruppe einerseits vollumfänglichen Schutz und gleichzeitig nur entsprechenden Schutz hinsichtlich des Zugangs zur Erwerbstätigkeit zu gewähren.[909] Dies lässt sich aber dadurch vermeiden, dass man den

---

904 Zu den Grenzen der europarechtskonformen Auslegung bereits oben § 5 B. I. 5. b) bb).

905 Dazu *Hoentzsch*, Anwendung der Benachteiligungsverbote, S. 69 f.

906 S. oben § 5 B. I. 5. b) bb) (1); im Ergebnis ebenso z. B. *Hoentzsch*, Anwendung der Benachteiligungsverbote, S. 70 f.; *Ziemons*, KSzW 2013, 19, 24.

907 *Eßer/Baluch*, NZG 2007, 321, 323; *Liebhäuser*, Bedeutung des AGG, S. 82 f.

908 So bereits *Eßer/Baluch*, NZG 2007, 321, 323; ebenso *Liebhäuser*, Bedeutung des AGG, S. 83 f.; *Schubert*, ZIP 2013, 289, 291.

909 Vgl. *Hoentzsch*, Anwendung der Benachteiligungsverbote, S. 70.

Anwendungsbereich des § 6 Abs. 3 AGG teleologisch auf selbständige Organmitglieder reduziert.[910]

Gegen eine europarechtskonforme Auslegung des § 6 Abs. 1 Nr. 1 AGG wird schließlich ein entstehungsgeschichtliches Argument eingewandt: Der Gesetzgeber habe trotz entsprechender Kritik im Rahmen des Gesetzgebungsverfahrens an der Beschränkung in § 6 Abs. 3 AGG auf den Zugang zur Erwerbstätigkeit festgehalten.[911] Richtig ist zwar, dass in der Begründung des ersten Gesetzesentwurfs darauf hingewiesen wird, dass es Sachverhalte, insbesondere bestimmte Dienstverträge gebe, die als Beschäftigung im Sinne des Europarechts zu qualifizieren sein könnten, aber nicht unter den nur für Arbeitnehmer im Sinne des deutschen Rechts eröffneten Anwendungsbereich des Gesetzesentwurfs fallen würden.[912] Beleg dafür, dass der Gesetzgeber sich mit der endgültigen Fassung des AGG bewusst für eine richtlinienwidrige Lösung entschieden hat, indem er § 6 Abs. 3 AGG auf den Zugang zur Erwerbstätigkeit beschränkt ließ, ist diese Passage allerdings nicht.[913] Die endgültige Gesetzesbegründung enthält insoweit lediglich den Hinweis, dass § 6 Abs. 3 AGG für Geschäftsführerinnen und Geschäftsführer eine klarstellende Funktion zukomme.[914] Ob der Gesetzgeber der Vorschrift neben der klarstellenden auch eine abschließende Wirkung beimisst, ist damit jedoch nicht gesagt.[915] Demgegenüber wird gleich an mehreren Stellen der Begründung zum AGG die Zielsetzung betont, die europäischen Antidiskriminierungsrichtlinien umzusetzen.[916] In Widerspruch dazu würde es stehen, dem Gesetzgeber den Willen zu einer nur unzureichenden Umsetzung der europarechtlichen Vorgaben zu unterstellen.[917]

---

910 Ebenso etwa *Stein*, in: Wendeling-Schröder/Stein, AGG, § 6 Rn. 31; *Ziemons*, KSzW 2013, 19, 24; a. A. *Liebhäuser*, Bedeutung des AGG, S. 81 f., die der Auffassung ist, dem stehe der Wortlaut des § 6 Abs. 3 AGG entgegen und daher für eine parallele Anwendung der Vorschriften plädiert.

911 *Bauer/Arnold*, ZIP 2008, 993, 996; *dies.* ZIP 2012, 597, 599; *B/G/K*, AGG, § 6 Rn. 35a.

912 Begründung des Entwurfs eines Gesetzes zur Umsetzung europäischer Antidiskriminierungsrichtlinien v. 16.12.2004, BT-Drucks. 15/4538, S. 40; vgl. ausführlich zur Entstehungsgeschichte des AGG *Reichold/Heinrich*, FS Westermann, S. 1315, 1322 ff.

913 So auch *Eßer/Baluch*, NZG 2007, 321, 323; *Hoentzsch*, Anwendung der Benachteiligungsverbote, S. 71.

914 BT-Drucks. 16/1780, S. 34.

915 So auch *Eßer/Baluch*, NZG 2007, 321, 323.

916 BT-Drucks. 16/1780, S. 1 f., 20 ff., 30 f.

917 Vgl. *Hoentzsch*, Anwendung der Benachteiligungsverbote, S. 71; *Schubert*, ZESAR 2013, 5, 12.

cc) *Ergebnis*

Überzeugende Einwände gegen eine richtlinienkonforme Auslegung des Arbeitnehmerbegriffs in § 6 Abs. 1 Nr. 1 AGG lassen sich nicht feststellen, so dass Arbeitnehmer-Organmitglieder als Arbeitnehmer im Sinne des AGG anzusehen sind. Der Anwendungsbereich des § 6 Abs. 3 AGG ist dementsprechend teleologisch zu reduzieren.

Infolgedessen finden die für Beschäftigte im Sinne des Gesetzes geltenden Normen des AGG auf Arbeitnehmer-Organmitglieder unmittelbare Anwendung.[918]

6. Geschützte Rechtsverhältnisse

Wie bereits im Rahmen des MuSchG stellt sich die Frage, ob der Diskriminierungsschutz nach dem AGG allein das Anstellungsverhältnis umfasst oder sich auch auf das Organverhältnis erstreckt.[919] Die Frage ist zu trennen von der Problematik, welche Rechtsfolgen sich ggf. aus einer Erstreckung des Schutzes auf das Organverhältnis ergeben würden, denn eine solche muss nicht notwendigerweise auch die Unwirksamkeit diskriminierender Maßnahmen im Organverhältnis zur Folge haben. Denkbar ist auch, dass sich die Rechtsfolgen insoweit auf Sekundäransprüche beschränken.[920] Dafür ist jedoch zunächst zu klären, ob ein Diskriminierungsschutz im Rahmen des Organverhältnisses überhaupt besteht.

Diese Frage stellt sich im Grundsatz nicht nur für Arbeitnehmer-Organmitglieder, sondern im Rahmen von § 6 Abs. 3 AGG auch für selbständige Organmitglieder. Weil diese nur in Bezug auf den Zugang zur Erwerbstätigkeit und den beruflichen Aufstieg geschützt sind, betrifft die Problematik bei ihnen jedoch allein die Situation, dass sie aus diskriminierenden Gründen nicht bestellt werden. Für Arbeitnehmer-Organmitglieder, die gemäß § 6 Abs. 1 Nr. 1 AGG den vollen Schutz des AGG genießen,[921] sind verschiedene Diskriminierungen im Rahmen des Organverhältnisses denkbar: Neben einer diskriminierenden Nichtbestellung könnte das AGG ihnen auch Schutz im Falle einer

---

918 Das Problem, welches der BGH hinsichtlich der Anwendbarkeit des § 22 AGG auf Organmitglieder im Sinne von § 6 Abs. 3 AGG zu bewältigen hatte (BGH v. 23.4.2012, BGHZ 193, 110, 118), stellt sich daher nicht.

919 Die ebenfalls denkbare Variante, dass der Schutz ausschließlich das Organverhältnis umfassen soll, wird – soweit ersichtlich – nicht vertreten.

920 Dazu unten § 5 B. II. 8.

921 Nur diese sollen im Weiteren Gegenstand der Betrachtung sein.

diskriminierenden Abberufung oder Ausgestaltung des Organverhältnisses (soweit dieses abweichend vom dispositiven Gesetzesrecht durch Satzung oder Gesellschafterbeschlüsse geregelt ist) gewähren.

a) Meinungsstand

Teilweise wird vertreten, der Schutz durch das AGG sei für Organmitglieder auf das Anstellungsverhältnis zu beschränken.[922] Dies ergebe sich bereits daraus, dass die Tätigkeit auf der Grundlage des Organverhältnisses keine „Erwerbstätigkeit" im Sinne des AGG darstelle, weil aus ihr keine Vergütungsansprüche erwüchsen.[923] Außerdem bedeute die Erstreckung des Diskriminierungsschutzes auf das Organverhältnis einen zu weitreichenden Eingriff in die Organisationsfreiheit der Gesellschaft.[924]

Der BGH sowie die vorherrschende Meinung im Schrifttum gehen hingegen davon aus, dass der Schutz des AGG auch das Organverhältnis erfasst.[925] Beide Rechtsverhältnisse seien unmittelbar aufeinander bezogen und die Durchführung

---

922 *Bauer/Arnold*, ZIP 2008, 993, 997 f.; *dies.* NZG 2012, 921, 922; *B/G/K*, AGG, § 2 Rn. 16, § 6 Rn. 27; *Lingemann/Weingarth*, DB 2012, 2325, 2327; *M/H/H*, AGG, § 6 Rn. 22; *Preis/Sagan*, ZGR 2013, 26, 65 f.; *Rupp*, in: H/W/K, § 2 AGG Rn. 5; *Reufels/Molle*, NZA-RR 2011, 281, 283 f., die aber eine Ausnahme im Fall von Koppelungsklauseln machen; wohl auch *Schiefer/Worzalla*, ZfA 2013, 41, 46; *Zöllner/Noack*, in: Baumbach/Hueck, GmbHG, § 35 Rn. 7b.

923 *Bauer/Arnold*, ZIP 2008, 993, 997; *Preis/Sagan*, ZGR 2013, 26, 65.

924 *Reufels/Molle*, NZA-RR 2011, 281, 283 f.; *Zöllner/Noack*, in: Baumbach/Hueck, GmbHG, § 35 Rn. 7b.

925 BGH v. 23.4.2012, BGHZ 193, 110, 115; *Adomeit/Mohr*, AGG, § 6 Rn. 45; *Däubler*, in: HK-AGG, § 2 Rn. 26; *Dzida/Naber*, ArbRB 2012, 373, 374; *Eßer/Baluch*, NZG 2007, 321, 328; *Hoentzsch*, Anwendung der Benachteiligungsverbote, S. 32 ff.; *Jaeger*, in: MüKo-GmbHG, § 35 Rn. 263; *Kleindiek*, in: Lutter/Hommelhoff, GmbHG, § 6 Rn. 34; *Kort*, NZG 2013, 601, 605; *ders.*, WM 2013, 1049, 1050; *Krause*, AG 2007, 392, 394; *Lunk*, RdA 2013, 110, 112; *Lutter*, BB 2007, 725, 726; *Mansel*, in: Jauernig, BGB, § 6 AGG Rn. 2–5; *Marsch-Barner/Diekmann*, in: MünchGesR III, § 43 Rn. 16; *Oetker*, in: MünchArbR I, § 14 Rn. 29; *ders.*, FS Otto, S. 361, 372 ff.; *Paefgen*, ZIP 2012, 1296, 1297; *Schlachter*, in: ErfK, § 6 AGG Rn. 6; *U. H. Schneider/Hohenstatt*, in: Scholz, GmbHG, § 35 Rn. 326; *Schubert*, ZESAR 2013, 5, 13; *dies.* ZIP 2013, 289, 293; *Thüsing*, Diskriminierungsschutz, Rn. 97; *ders.*, in: MüKo-BGB, § 2 AGG Rn. 6; *Wilsing/Meyer*, DB 2011, 341, 342; tendenziell auch *Stein*, in: Wendeling-Schröder/Stein, AGG, § 6 Rn. 28; offen lassend noch *Lunk/Rodenbusch*, GmbHR 2012, 188, 193.

des einen sei nicht ohne die Durchführung des anderen möglich.[926] Außerdem seien ansonsten diejenigen Organmitglieder schutzlos, mit denen kein Anstellungsvertrag geschlossen worden sei.[927]

b) Stellungnahme

Ob sich der Schutz des AGG auf das Organverhältnis erstreckt, ist durch Auslegung des AGG sowie der zugrunde liegenden Richtlinien zu ermitteln.[928]

aa) Wortlaut

Bei der Frage, ob die Benachteiligungsverbote des § 7 AGG auf das Organverhältnis zu erstrecken sind, handelt es sich um eine Frage des sachlichen Anwendungsbereiches des Gesetzes. Dementsprechend ist der Blick auf § 2 Abs. 1 AGG zu richten. Dessen Wortlaut, insbesondere die dort in den Nr. 1 und 2 genannten Begriffe, sprechen zunächst gegen eine Erstreckung des Schutzes auf das Organverhältnis: So setzt etwa eine „Erwerbstätigkeit" nach allgemeiner Ansicht jedenfalls eine vergütete Tätigkeit voraus.[929] Aus dem Organverhältnis folgt aber kein Anspruch auf Vergütung. Dieser findet seine Grundlage allein im Anstellungsvertrag.[930] Auch die Begriffe „Beschäftigungs- und Arbeitsbedingungen", „Arbeitsentgelt" und „Entlassungsbedingungen" in § 2 Abs. 1 Nr. 2 AGG ergeben allein im Rahmen eines Dienst- bzw. Arbeitsverhältnisses einen Sinn, nicht jedoch in Bezug auf das Organverhältnis.

Ähnlich formuliert sind die Richtlinien, die nach ihrem Wortlaut jeweils den „Zugang zur Beschäftigung bzw. Erwerbstätigkeit" (vgl. Art. 14 Abs. 1 lit. a) GbRL 2006/54/EG bzw. Art 3 Abs. 1 lit. a) GbRL 2000/43/EG und 2000/78/EG) bzw. die „Beschäftigungs- und Arbeitsbedingungen" (vgl. Art. 14 Abs. 1 lit. c)

---

926 BGH v. 23.4.2012, BGHZ 193, 110, 115.

927 *Hoentzsch*, Anwendung der Benachteiligungsverbote, S. 32.

928 *Hoentzsch* hingegen hält die Richtlinien insoweit für unbeachtlich, weil die europäischen Rechtsordnungen nicht einheitlich von einer Trennung zwischen Organ- und Anstellungsverhältnis ausgingen, vgl. *Hoentzsch*, Anwendung der Benachteiligungsverbote, S. 31 f. Das ist zwar richtig, beantwortet aber die Frage nicht, ob in dem Fall, dass eine nationale Rechtsordnung die Trennung der beiden Rechtsverhältnisse vorsieht, der Schutz ggf. auf beide Rechtsverhältnisse zu erstrecken ist, um das von den Richtlinien vorgesehene Schutzniveau zu verwirklichen.

929 *B/G/K*, AGG, § 2 Rn. 12; *Schlachter*, in: ErfK, § 2 AGG Rn. 5.

930 Aus diesem Grunde die Einbeziehung des Organverhältnisses in den Schutzbereich des AGG verneinend: *Bauer/Arnold*, ZIP 2008, 993, 997; *B/G/K*, AGG, § 6 Rn. 27.

GbRL 2006/54/EG, Art. 3 Abs. 1 lit. c) GbRL 2000/43/EG sowie 2000/78/EG) schützen. Aus der Tatsache, dass die Richtlinien nicht ausdrücklich zwischen Anstellung und Bestellung differenzieren, wird vereinzelt der Schluss gezogen, dass beide Rechtsverhältnisse erfasst sein müssen.[931] Dem ist nicht zuzustimmen, denn die europäischen Rechtsordnungen gehen nicht einheitlich von einer Trennung der Rechtsverhältnisse aus. Weil die Richtlinien aber für alle Mitgliedstaaten gelten, kann dem Umstand, dass sie insoweit nicht differenzieren, daher keine Bedeutung beigemessen werden.

bb) Gesetzesbegründung

Im Hinblick auf die verwandte Problematik bei selbständigen Organmitgliedern, d. h. die Frage, ob der Zugang zur Erwerbstätigkeit im Sinne von § 6 Abs. 3 AGG auch die Bestellung umfasst, heißt es in der Gesetzesbegründung zu § 6 Abs. 3 AGG: „Abs. 3 stellt klar, dass sich Geschäftsführerinnen und Geschäftsführer auf den Schutz gegen Benachteiligungen berufen können, soweit es um Sachverhalte wie etwa den Zugang zur Erwerbstätigkeit als Organmitglied […] geht".[932] Dies könnte dafür sprechen, dass der Gesetzgeber insoweit auch den Akt der Bestellung schützen wollte, weil eine „Erwerbstätigkeit als Organmitglied" ohne Bestellungsakt nicht möglich ist.[933] Allerdings ist der Wortlaut der Gesetzesbegründung an dieser Stelle ohnehin ungenau, wenn dort unvollständig lediglich von „Geschäftsführerinnen und Geschäftsführern" die Rede ist, obwohl von § 6 Abs. 3 AGG gleichermaßen jedenfalls auch Vorstandsmitglieder erfasst werden. Der Formulierung dürfte daher keine allzu große Bedeutung beizumessen sein.

cc) Teleologische Erwägungen

Der Schutzzweck des AGG ist denkbar weit formuliert: Es sollen ganz generell Benachteiligungen aus den in § 1 AGG genannten Gründen verhindert oder beseitigt werden (vgl. § 1 AGG). Auch die GbRL 2006/54/EG formuliert ihr Diskriminierungsverbot umfassend: Es soll „keinerlei unmittelbare oder mittelbare Diskriminierung" aufgrund des Geschlechts geben (vgl. Art. 14 Abs. 1 GbRL 2006/54/EG). Der umfassend formulierte Schutzzweck spricht zunächst einmal

---

931 So *Wilsing/Meyer*, DB 2011, 341, 342 (dort Fn. 19).

932 BT-Drucks. 16/1780, S. 34.

933 So *Adomeit/Mohr*, AGG, § 6 Rn. 45; vgl. auch *Hoentzsch*, Anwendung der Benachteiligungsverbote, S. 33.

dafür, dass Diskriminierungen auch im Rahmen des Organverhältnisses untersagt sind.

Auch ohne Koppelungsklausel besteht zudem trotz der rechtlichen Trennung zwischen Organ- und Anstellungsverhältnis faktisch ein nicht unerheblicher Zusammenhang zwischen beiden: Zum einen ist es kaum denkbar, dass (dauerhaft) lediglich eins von beiden existiert, denn ohne Bestellung wird es nicht zum Abschluss eines Anstellungsvertrages kommen und umgekehrt.[934] Zum anderen besteht die Tätigkeit eines Organmitglieds im Wesentlichen in der Vertretung der Gesellschaft nach außen und setzt damit voraus, dass durch die Bestellung überhaupt eine entsprechende Vertretungsmacht begründet wurde.[935] Ohne Vertretungsmacht ist eine Geschäftsführung kaum denkbar und somit ist ein nicht bestellter Geschäftsführer faktisch nicht in der Lage, seine Hauptleistungspflicht aus dem Anstellungsvertrag zu erfüllen. Insoweit ist dem BGH zuzustimmen, dass der Anstellungsvertrag ohne Bestellung zum Organ nicht durchgeführt werden kann.[936] Der gelebte Inhalt des Anstellungsvertrages würde sich dann nämlich im Wesentlichen auf den Bezug der Vergütung (i. V. m. § 615 BGB) und etwaige Nebenpflichten reduzieren, was dann allerdings kaum mehr als „Beschäftigung" bezeichnet werden kann.

Insbesondere im Falle einer diskriminierenden Ausgestaltung des Organverhältnisses ist außerdem zu beachten, dass entsprechende Regelungen alternativ im Anstellungsvertrag, in der Satzung der GmbH oder durch einfachen Gesellschafterbeschluss verankert sein können.[937] Würde man den Schutz des AGG auf den Anstellungsvertrag reduzieren, wäre die Frage, ob eine diskriminierende Bestimmung zulässig ist, allein davon abhängig, wo sie formal niedergelegt ist. Die Konsequenz wären rein zufällige Ergebnisse.

Soweit eingewandt wird, der Erstreckung des Diskriminierungsschutzes auf das Organverhältnis stehe die Organisationsfreiheit der Gesellschaft entgegen,[938] vermag dies nicht zu überzeugen: Diese wird erst durch die Frage nach den

---

934 *Eßer/Baluch*, NZG 2007, 321, 328; *Hoentzsch*, Anwendung der Benachteiligungsverbote, S. 33; *Oetker*, FS Otto, S. 361, 373.

935 So treffend bereits *Krause*, AG 2007, 392, 394; *Schubert*, ZESAR 2013, 5, 13.

936 BGH v. 23.4.2012, BGHZ 193, 110, 115; ebenso *Eßer/Baluch*, NZG 2007, 321, 328; *Hoentzsch*, Anwendung der Benachteiligungsverbote, S. 33; *Jaeger*, FS Bauer, S. 495, 496; *Lutter*, BB 2007, 725, 726; *Schubert*, ZIP 2013, 289, 293.

937 Vgl. *Oetker*, in: Henssler/Strohn, § 35 GmbHG Rn. 12; *Zöllner/Noack*, in: Baumbach/Hueck, GmbHG, § 35 Rn. 12 ff.

938 Etwa *Brötzmann*, GmbHR 2012, 851, 852; *Reufels/Molle*, NZA-RR 2011, 281, 283 f.

Rechtsfolgen maßgeblich berührt, insbesondere die Frage nach der Wirksamkeit einer diskriminierenden Bestellung oder Abberufung eines Organmitglieds, nicht hingegen bereits durch die vorgelagerte Frage, ob ein Schutz im Rahmen des Organverhältnisses überhaupt besteht.[939]

Sofern man in diesem Zusammenhang auf der Rechtsfolgenebene annimmt, dass auch eine Erstreckung der Diskriminierungsverbote auf das Organverhältnis nicht zur Unwirksamkeit einer diskriminierenden Maßnahme führt,[940] könnten sich allerdings Zweifel aufdrängen, welchen weitergehenden Effekt der Schutz im Rahmen des Organverhältnisses dann überhaupt hätte: Wenn aus dem Organverhältnis als solchem keine geldwerten Ansprüche erwachsen, entsteht dem Organmitglied bei einer Diskriminierung auch kein Vermögensschaden, zu dessen Ausgleich die Anwendung des AGG dienen könnte. Auch insoweit ist allerdings der Annahme des BGH zuzustimmen, dass aus einer Diskriminierung im Rahmen des Organverhältnisses, insbesondere aus einer rechtswidrigen Nichtbestellung, immaterielle Schäden entstehen können.[941] Diese könnten in Form einer Entschädigung auf der Grundlage des AGG ausgeglichen werden, was jedoch nur möglich ist, wenn man das entsprechende Rechtsverhältnis seinem Schutz unterstellt. Selbst wenn man daher von der Wirksamkeit diskriminierender Organisationsakte ausgeht, verbleibt ein Bereich, für den die Frage nach dem Schutz des Organverhältnisses von Bedeutung ist.

dd) Ergebnis

Der Zweck des AGG sowie der zugrunde liegenden Richtlinien, umfassenden Schutz vor Diskriminierungen zu gewährleisten, kann bei einer Anwendung der Diskriminierungsverbote nur im Rahmen des Anstellungsverhältnisses nicht erreicht werden, weil sich Anstellungs- und Organverhältnis faktisch nicht trennen lassen. Daher ist der Schutz auch auf das Organverhältnis zu erstrecken.

---

939 *Hoentzsch*, Anwendung der Benachteiligungsverbote, S. 34; dies zugestehend auch *Reufels/Molle*, NZA-RR 2011, 281, 283 f. (dort Fn. 34).

940 Dazu unten § 5 B. II. 8. a).

941 BGH v. 23.4.2012, BGHZ 193, 110, 115 unter Bezugnahme auf BGH v. 11.10.2010, NJW 2011, 920, 921; zustimmend *Paefgen*, ZIP 2012, 1296, 1297; kritisch hingegen *Bauer/Arnold*, NZG 2012, 921, 922 sowie *Preis/Sagan*, ZGR 2013, 26, 65.

7. Rechtfertigungsgründe

Das AGG macht Benachteiligungen aufgrund der in § 1 AGG genannten Merkmale nach Maßgabe der §§ 5, 8–10 einer Rechtfertigung zugänglich.

a) Kein generell gelockerter Rechtfertigungsmaßstab für Organmitglieder

Teilweise wird vertreten, dass im Rahmen der Rechtfertigungsgründe für Organmitglieder generell ein großzügigerer Maßstab anzulegen sei, um so der besonderen Vertrauensstellung des Organs gegenüber der Gesellschaft Rechnung zu tragen. Dies ergebe sich aus § 6 Abs. 3 AGG, wonach die Vorschriften des AGG für Organmitglieder nur „entsprechende Geltung" beanspruchten.[942] Überwiegend wird diese Ansicht indessen abgelehnt: Aus § 6 Abs. 3 AGG folge keine generelle Absenkung des Schutzniveaus für Organmitglieder.[943]

Der zuletzt genannten Auffassung ist für Arbeitnehmer-Organmitglieder schon deshalb zuzustimmen, weil diese gar nicht unter die Vorschrift des § 6 Abs. 3 AGG fallen, sondern allein von § 6 Abs. 1 Nr. 1 AGG erfasst werden und die Benachteiligungsverbote für sie folglich nicht lediglich „entsprechend" sondern unmittelbar anwendbar sind.[944] Für Arbeitnehmer-Organmitglieder wäre ein generell gelockerter Rechtfertigungsmaßstab zudem auch mit den Richtlinienvorgaben kaum vereinbar, weil sie aufgrund ihrer Weisungsgebundenheit danach grundsätzlich den gleichen Schutz genießen wie sonstige Arbeitnehmer. Dem würde es aber widersprechen, ihnen im Rahmen des AGG von vornherein einen Teil dieses Schutzes abzusprechen, indem man ungeachtet der Besonderheiten des Einzelfalls generell weiter gehende Rechtfertigungen zulässt.

---

942 *Bauer/Arnold*, ZIP 2008, 993, 996; *dies.* ZIP 2012, 597, 599; *Thüsing/Stiebert*, NZG 2011, 641, 644.

943 BGH v. 23.4.2012, BGHZ 193, 110, 122; OLG Köln v. 29.7.2010, NZA 2011, 211, 214; *Adomeit/Mohr*, AGG, § 6 Rn. 42 f.; *Hoentzsch*, Anwendung der Benachteiligungsverbote, S. 100 m. w. N.; *Hohenstatt/Naber*, ZIP 2012, 1989, 1994; *Jaeger*, in: MüKo-GmbHG, § 35 Rn. 264; *Kamanabrou*, RdA 2006, 321, 324; *Preis/Sagan*, ZGR 2013, 26, 69; *Reufels/Molle*, NZA-RR 2011, 281, 284; *Schlachter*, in: ErfK, § 6 AGG Rn. 6; *U. H. Schneider/Hohenstatt*, in: Scholz, GmbHG, § 35 Rn. 329.

944 *Hoentzsch*, Anwendung der Benachteiligungsverbote, S. 100.

b) § 5 AGG

aa) Bedeutung der Vorschrift

Nach § 5 AGG ist eine unterschiedliche Behandlung von Personen aufgrund von Maßnahmen zulässig, durch die bestehende Nachteile wegen eines in § 1 AGG genannten Diskriminierungsmerkmals auf geeignete und angemessene Weise ausgeglichen oder verhindert werden sollen. Zweck der Regelung ist es, tatsächlich bestehende bzw. drohende Nachteile aufgrund eines der in § 1 AGG genannten Merkmale von Personengruppen auszugleichen, indem spezifische Förderungsmaßnahmen erlaubt werden, obwohl diese auf der anderen Seite einzelne Personen aufgrund der Nichterfüllung dieses Merkmals benachteiligen.[945]

In den Regelungsbereich von § 5 AGG fallen damit etwa Integrationsvereinbarungen für Menschen mit Behinderung oder Frauenquoten.[946] Inhaltlich sind für Organmitglieder im Grundsatz keine Besonderheiten gegenüber anderen Beschäftigtengruppen anzunehmen. Allerdings könnten insbesondere Frauenquoten für Organmitglieder zukünftig von besonderer Bedeutung sein, denn auch wenn die aktuellen Gesetzesvorschläge verschiedener Fraktionen zur Einführung einer gesetzlichen Frauenquote in Aufsichtsräten[947] bzw. in Vorständen[948] jüngst gescheitert sind, bleibt die Frage nach der Einführung von Frauenquoten in Geschäftsführungsgremien angesichts des anhaltend verschwindend geringen Anteils weiblich besetzter Führungspositionen[949] weiterhin aktuell. Daher sollen sie an dieser Stelle eine kurze Betrachtung erfahren. Die Problematik betrifft freilich nicht nur Arbeitnehmer-Organmitglieder, sondern, da es sich

---

945 *Adomeit/Mohr*, AGG, § 5 Rn. 2; *B/G/K*, AGG, § 5 Rn. 2.

946 *Hoentzsch*, Anwendung der Benachteiligungsverbote, S. 102; *U. H. Schneider/Hohenstatt*, in: Scholz, GmbHG, § 35 Rn. 332.

947 Vgl. den Gesetzesentwurf von SPD und Bündnis 90/Die Grünen zur Förderung gleichberechtigter Teilhabe von Frauen und Männern in Führungsgremien v. 23.10.2012, BT-Drucks. 17/11139 sowie den Gesetzesentwurf des Bundesrates zur Förderung gleichberechtigter Teilhabe von Frauen und Männern in Führungsgremien v. 31.10.2012, BT-Drucks. 17/11270.

948 Eine Frauenquote auch für Vorstände von Aktiengesellschaften sowie für Geschäftsführungsorgane von GmbHs sah der ältere Gesetzesentwurf der SPD zur Förderung der Chancengleichheit von Männern und Frauen in Wirtschaftsunternehmen vom 6.3.2012 vor, BT-Drucks. 17/8878.

949 Insbesondere die Vorstände von börsennotierten Aktiengesellschaften sind fast vollständig männlich besetzt, s. dazu die Auswertungen der Hans-Böckler-Stiftung zu Vorständen und Aufsichtsräten, 2008–2011 unter http://www.boeckler.de/39037.htm. Danach liegt der Frauenanteil bei etwa 3 Prozent (Stand: 29.5.2014).

um eine Frage des Zugangs zur Erwerbstätigkeit handelt, auch alle selbständigen Organmitglieder.

Am Maßstab des § 5 AGG sind unmittelbar allerdings nur freiwillige Verpflichtungen von Unternehmen zur Erfüllung einer bestimmten Frauenquote zu messen.[950] Eine gesetzliche Frauenquote wäre, da es sich um gleichrangiges Gesetzesrecht handeln würde, nicht anhand der Vorschriften des AGG, sondern allein an den Vorgaben der europäischen Richtlinien und des Grundgesetzes[951] zu überprüfen.

bb) Exkurs: Europarechtliche Zulässigkeit von Quotenregelungen

Die europarechtlichen Grundlagen für § 5 AGG finden sich in Art. 3 GbRL 2006/54/EG, Art. 5 GbRL 2000/43/EG sowie Art. 7 Abs. 1 GbRL 2000/78/EG, wonach der Grundsatz der Gleichbehandlung die Mitgliedstaaten nicht daran hindert, zur Gewährleistung der vollen Gleichstellung in der Praxis spezifische Maßnahmen zu ergreifen, um bestehende Benachteiligungen auszugleichen. Primärrechtliche Grundlage – jedenfalls im Hinblick auf das Diskriminierungsmerkmal des Geschlechts – bildet Art. 157 Abs. 4 AEUV, der den Mitgliedstaaten erlaubt, zur Gleichstellung von Männern und Frauen spezifische Vergünstigungen vorzusehen.[952]

Der EuGH hat sich zur Zulässigkeit von Quotenregelungen in der Vergangenheit bereits mehrfach geäußert: In der Rechtssache *Kalanke* entschied das Gericht, dass nationale Regelungen des öffentlichen Dienstes, die Frauen bei gleicher Qualifikation in Bereichen, in denen sie unterrepräsentiert sind, einen absoluten und unbedingten Vorrang gegenüber dem männlichen Bewerber einräumten, gegen die Vorgaben des Art. 2 Abs. 1 und 4 RL 76/207/EWG verstießen.[953] Sie führten über das Ziel der Chancengleichheit in unzulässiger Weise hinaus, indem sie an ihre Stelle eine Ergebnisgleichheit setzten.[954]

In der Entscheidung *Marshall* erklärte der Gerichtshof dann aber solche Regelungen für zulässig, die zwar grundsätzlich eine bevorzugte Berücksichtigung von Frauen vorsähen, allerdings eine Öffnungsklausel zugunsten männlicher Bewerber enthielten, die es ihnen im Rahmen einer objektiven Beurteilung ihrer Bewerbung im Einzelfall ermöglichten, sich aufgrund besonderer Umstände

---

950 Vgl. *Hoentzsch*, Anwendung der Benachteiligungsverbote, S. 102.

951 Vgl. dazu ausführlich *Ossenbühl*, NJW 2012, 417 ff.

952 *B/G/K*, AGG, § 5 Rn. 2; *Hinrichs/Zimmer*, in: HK-AGG, § 5 Rn. 6.

953 EuGH v. 17.10.1995 – C-450/93 (*Kalanke*), Slg. 1995, I-3051 Rn. 22 ff.

954 EuGH v. 17.10.1995 – C-450/93 (*Kalanke*), Slg. 1995, I-3051 Rn. 23.

gleichwohl gegen die weibliche Bewerberin durchzusetzen (sog. weiche Quoten).[955] Voraussetzung für die vorrangige Berücksichtigung von Frauen sei dabei stets die gleiche fachliche Eignung der Bewerber.[956]

Im Hinblick auf die aktuellen Gesetzesentwürfe stellt sich indessen weniger die Frage nach der Zulässigkeit konkreter Vorrangregelungen zugunsten von Frauen, sondern eher nach der Zulässigkeit bestimmter Prozentvorgaben bzgl. des Frauenanteils in bestimmten Positionen.[957] In der Rechtssache *Kalanke* hatte der EuGH über eine Regelung zu entscheiden, die beide Elemente miteinander kombinierte[958] und ihre Rechtmäßigkeit verneint. Allerdings erging die Entscheidung vor Einführung des Art. 157 Abs. 4 AEUV (ehemals Art. 141 Abs. 4 EGV), der nunmehr inhaltlich über die Vorgaben des ehemaligen Art. 2 Abs. 4 RL 76/207/EWG hinausgeht, indem er ganz allgemein die Regelung spezifischer Vergünstigungen „zur Erleichterung der Berufstätigkeit des unterrepräsentierten Geschlechts oder zur Verhinderung bzw. zum Ausgleich von Benachteiligungen in der beruflichen Laufbahn" ausdrücklich vorsieht.[959] Den Aussagen des EuGH in der Rechtssache *Kalanke* kann daher keine unmittelbare Gültigkeit mehr zugesprochen werden.[960] In der Rechtssache *Badeck* hat der EuGH dann auch eine öffentlich-rechtliche Regelung im Rahmen eines Frauenförderplans für den wissenschaftlichen Dienst für zulässig erachtet, die eine bestimmte Mindestquote für Frauen vorsah.[961]

Der EuGH betrachtet feste Quotenvorgaben daher jedenfalls für den Bereich des öffentlichen Dienstes nicht generell als unzulässig. Unklar ist allerdings, ob diese Rechtsprechung unmittelbar auf Frauenquoten für privatrechtliche Unternehmen übertragen werden kann, bei denen – anders als im öffentlichen Dienst – stets noch die grundrechtlich geschützte Unternehmerfreiheit zu berücksichtigen ist.[962] Zu

955 EuGH v. 11.11.1997 – C-409/95 (*Marschall*), Slg. 1997, I-6363 Rn. 33; bestätigt durch EuGH v. 28.3.2000 – C-158/97 (*Badeck u. a.*), Slg. 2000, I-1875, Rn. 17 ff.

956 EuGH v. 6.7.2000 – C-407/98 (*Abrahamsson und Anderson*), Slg. 2000, I-5539 Rn. 45 ff.

957 Vgl. etwa Art. 1 und 2 des Gesetzesentwurfs des Bundesrates zur Förderung gleichberechtigter Teilhabe von Frauen und Männern in Führungsgremien v. 31.10.2012, BT-Drucks. 17/11270, S. 7 f.

958 Die fragliche Regelung stellte Vorgaben für die konkrete Bevorzugung von Frauen auf in Bereichen, in denen diese nicht mit einem Anteil von mindestens 50 Prozent repräsentiert waren.

959 Vgl. *Schlachter*, in: ErfK, Art. 157 AEUV Rn. 30.

960 Vgl. dazu auch *Raasch*, in: Falke/Rust, AGG, § 5 Rn. 17 m. w. N.

961 EuGH v. 28.3.2000 – C-158/97 (*Badeck u. a.*), Slg. 2000, I-1875, Rn. 39 ff., 45 ff.

962 *Adomeit/Mohr*, AGG, § 5 Rn. 20.

beachten ist insoweit auf der anderen Seite aber auch, dass sich bei der rein abstrakten Festlegung einer Frauenquote für Geschäftsführungsgremien die Frage einer konkreten Benachteiligung immer erst bei der Umsetzung, d. h. der konkreten Besetzungsentscheidung im Einzelfall stellt.[963] Sie sind daher weniger einschneidend als verbindliche Vorgaben für die konkrete Auswahlentscheidung, etwa dahingehend, dass eine Frau bei gleicher fachlicher Eignung vorrangig zu berücksichtigen sei.

Die EU-Kommission selbst hat jüngst einen Richtlinienvorschlag beschlossen, der die Mitgliedstaaten zur Ergreifung von Maßnahmen verpflichtet, um einen Frauenanteil von mindestens 40 Prozent bei Aufsichtsräten bzw. nicht geschäftsführenden Direktoren von größeren börsennotierten Gesellschaften zu erreichen.[964] Hinsichtlich der Besetzung von Geschäftsführungsorganen enthält der Richtlinienvorschlag indessen nur die Vorgabe einer von den Unternehmen selbst festzulegenden flexiblen Zielvorgabe.[965]

Trotz dieses Vorstoßes der EU-Kommission sind die vom EuGH aufgestellten Grundsätze für Frauenquoten im öffentlichen Dienst (mindestens) auch bei der Festlegung von Quotenvorgaben für die Privatwirtschaft auf nationaler Ebene zu beachten, um einen Verstoß gegen den Grundsatz der Gleichbehandlung auszuschließen.[966] Danach wird eine Quotenregelung nur in Bereichen zulässig sein, in denen Frauen unterrepräsentiert sind, was aber bei geschäftsführenden Tätigkeiten ohne weiteres anzunehmen ist, und man wird sicherstellen müssen, dass Frauen nur bei gleicher Qualifikation und nicht automatisch vorrangig berücksichtigt werden.[967] Um diesen Anforderungen zu genügen, wird man stets einen Ausnahmetatbestand schaffen müssen, der eine Abweichung von den Quotenvorgaben gestattet, sofern es für eine bestimmte Position nachweislich nicht genügend qualifizierte Bewerberinnen gibt.[968]

---

963 Vgl. *Raasch*, in: Rust/Falke, AGG, § 5 Rn. 67.

964 Vorschlag für eine Richtlinie des Europäischen Parlaments und des Rates zur Gewährleistung einer ausgewogenen Vertretung von Frauen und Männern unter den nicht geschäftsführenden Direktoren/Aufsichtsratsmitgliedern börsennotierter Gesellschaften und über damit zusammenhängende Maßnahmen v. 14.11.2012, KOM (2012) 614 endg.

965 Vgl. Art. 5 des Richtlinienvorschlags (Fn. 415).

966 Ähnlich *Schlachter* in ErfK, § 5 AGG Rn. 4: gleicher Bewertungsmaßstab.

967 Vgl. dahingehend auch die Begründung des Richtlinienvorschlags, KOM (2012) 614 endg., S. 7 f.

968 Einen entsprechenden Ausnahmetatbestand enthielt etwa Art. 1 Abs. 4 des Gesetzesentwurfs des Bundesrates zur Förderung gleichberechtigter Teilhabe von Frauen und Männern in Führungsgremien v. 31.10.2012, BT-Drucks. 17/11270, S. 7.

c) § 8 AGG

aa) Bedeutung der Vorschrift

§ 8 AGG erlaubt eine nachteilige Behandlung aus einem in § 1 AGG aufgeführten Grund, wenn dieser im Hinblick auf die auszuübende Tätigkeit eine wesentliche und entscheidende berufliche Anforderung darstellt, sofern der Zweck der Anforderung rechtmäßig und die Anforderung angemessen ist. Die Regelung findet ihre europarechtliche Legitimation in Art. 4 GbRL 2000/43/EG, Art. 4 Abs. 1 GbRL 2000/78/EG und Art. 14 Abs. 2 GbRL 2006/54/EG, die entsprechende Ausnahmen für wesentliche und entscheidende berufliche Anforderungen erlauben.[969] Nach allgemeiner Ansicht ist die Vorschrift tendenziell eng auszulegen:[970] Bloße Zweckmäßigkeitserwägungen vermögen eine Ungleichbehandlung nicht zu rechtfertigen.[971] Vielmehr muss die entsprechende Anforderung objektiv erforderlich sein und einer Prüfung anhand des Verhältnismäßigkeitsgrundsatzes standhalten.[972]

Eine „entscheidende berufliche Anforderung" setzt danach voraus, dass die Tätigkeit ohne sie nicht oder nicht ordnungsgemäß durchgeführt werden kann.[973] „Wesentlich" ist die Anforderung, wenn sie prägende Bedeutung für die Tätigkeit hat, d. h. sie muss nach objektiven Maßstäben eine gewisse Erheblichkeitsschwelle überschreiten.[974] Dass die entsprechende Anforderung einem rechtmäßigen Zweck dienen muss, stellt sicher, dass die Festlegung des Anforderungsprofils, bei der der Arbeitgeber aufgrund seiner grundrechtlich geschützten Unternehmerfreiheit grundsätzlich frei ist,[975] nicht rechtswidrig ist, etwa weil sie gegen ein gesetzliches Verbot verstößt, offenbar unsachlich oder willkürlich ist.[976] „Angemessenheit" setzt schließlich voraus, dass die Festlegung der Anforderung verhältnismäßig im engeren Sinne ist, d. h. zur Verwirklichung des

969 Vgl. *B/G/K*, AGG, § 8 Rn. 2; *Brors*, in: HK-AGG, § 8 Rn. 1.

970 *B/G/K*, AGG, § 8 Rn. 10 f.

971 BT-Drucks. 16/1780, S. 35; *B/G/K*, AGG, § 8 Rn. 9; *Schlachter*, in: ErfK, § 8 AGG Rn. 5.

972 BT-Drucks. 16/1780, S. 35; *B/G/K*, AGG, § 8 Rn. 9; *Thüsing*, in: MüKo-BGB, § 8 AGG Rn. 5.

973 BAG v. 28.5.2009, NZA 2009, 1016, 1019; *Schleusener*, in: S/S/V, AGG, § 8 Rn. 12; *Thüsing*, in: MüKo-BGB, § 8 AGG Rn. 9.

974 *Hoentzsch*, Anwendung der Benachteiligungsverbote, S. 104; *M/H/H*, AGG, § 8 Rn. 7; *Thüsing*, in: MüKo-BGB, § 8 AGG Rn. 9.

975 BAG v. 28.5.2009, NZA 2009, 1016, 1020; *M/H/H*, AGG, § 8 Rn. 10.

976 *B/G/K*, AGG, § 8 Rn. 18 f.; *M/H/H*, AGG, § 8 Rn. 10.

legitimen Zwecks nicht außer Verhältnis steht.[977] Dies erfordert eine Abwägung zwischen der grundrechtlich geschützten unternehmerischen Freiheit des Arbeitgebers einerseits und dem Interesse des Arbeitnehmers an Gleichbehandlung andererseits.[978]

bb) Kein modifizierter Maßstab für Organmitglieder

Hoentzsch vertritt die Auffassung, dass für den Rechtfertigungsgrund des § 8 AGG für Organmitglieder spezielle Maßstäbe gelten müssten: Aufgrund ihrer Leitungs- und Repräsentationsfunktion prägten sie das Bild der Gesellschaft mehr als jeder andere Mitarbeiter des Unternehmens. Die Frage der Besetzung einer Geschäftsführungsposition habe für den wirtschaftlichen Erfolg des Unternehmens daher eine weitaus größere Bedeutung als die Besetzung sonstiger Stellen.[979] Diese besondere Stellung von Organmitgliedern rechtfertige es, im Rahmen von § 8 AGG einen gelockerten Maßstab anzulegen und der Gesellschaft einen größeren Spielraum bei der Festlegung der beruflichen Anforderungen zu gewähren: Anders als bei gewöhnlichen Arbeitnehmern sei eine berufliche Anforderung nicht nur dann „wesentlich und entscheidend", wenn sie objektiv tatsächlich prägend für die entsprechende Tätigkeit sei, sondern bereits dann, wenn die Anforderung dem nachvollziehbaren unternehmerischen Konzept entspreche, wobei hierbei wiederum der Grundsatz der Verhältnismäßigkeit zu beachten sei.[980] Mehr als bei gewöhnlichen Arbeitnehmern soll bei Organmitgliedern also die Ausrichtung des unternehmerischen Konzepts Berücksichtigung finden.

Dem tritt der BGH in seiner Entscheidung vom 23.4.2012 entgegen: Die Vorschrift des § 8 AGG sei – genau wie der ihr zugrunde liegende Art. 4 GbRL 2000/78/EG – als Ausnahmetatbestand grundsätzlich eng auszulegen. Dies gelte unabhängig davon, ob das geschäftsführende Organmitglied Arbeitnehmer im

---

977 Nach überzeugender Ansicht (etwa *Hoentzsch*, Anwendung der Benachteiligungsverbote, S. 113; *M/H/H*, AGG, § 8 Rn. 11) bedarf es hier keiner vollständigen Verhältnismäßigkeitsprüfung mehr, da die Erfordernisse der Geeignetheit und Erforderlichkeit sich bereits in den Tatbestandsmerkmalen der „wesentlichen und entscheidenden beruflichen Anforderungen" widerspiegeln; a. A. indessen *B/G/K*, AGG, § 8 Rn. 20.

978 *B/G/K*, AGG, § 8 Rn. 20; *Hoentzsch*, Anwendung der Benachteiligungsverbote, S. 104 m. w. N.; *M/H/H*, AGG, § 8 Rn. 11.

979 *Hoentzsch*, Anwendung der Benachteiligungsverbote, S. 109 f., 112.

980 *Hoentzsch*, Anwendung der Benachteiligungsverbote, S. 114.

Sinne der jeweiligen Richtlinien sei, denn es bestünden keine Anhaltspunkte für eine gespaltene Auslegung des Gesetzes. Für eine Rechtfertigung nach § 8 AGG sei daher (auch für Organmitglieder) stets auf die konkrete Tätigkeit in dem konkreten Unternehmen abzustellen.[981]

Der BGH erteilt damit zwar einem generell gelockerten Prüfungsmaßstab für Organmitglieder eine Absage, allerdings schließt seine Aussage es nicht aus, den Besonderheiten der Tätigkeit von Organmitgliedern bei der Auslegung des § 8 AGG im Einzelfall Rechnung zu tragen, denn der BGH betont sogar, dass es für die rechtliche Beurteilung der Anforderung jeweils auf die konkrete Tätigkeit (in diesem Fall als Geschäftsführer eines Unternehmens) ankomme.[982] Wie bei jeder anderen Tätigkeit belässt das Gericht damit Spielraum für eine Berücksichtigung der besonderen Funktion von Organmitgliedern im Rahmen der Abwägung im Einzelfall. Dies ist auch erforderlich, denn § 8 AGG dient dem Ausgleich der widerstreitenden grundrechtlich geschützten Interessen.[983] Sofern daher die besondere Stellung und Funktion eines Organmitglieds dazu führen, dass das Vorhandensein einer bestimmten Eigenschaft im Sinne von § 1 AGG eine größere Bedeutung für den wirtschaftlichen Erfolg des Unternehmens hat, als bei anderen Mitarbeitern, ist dies zugunsten der Gesellschaft zu berücksichtigen. Insoweit verdient die Auffassung von *Hoentzsch* Zustimmung. Dies gilt auch unabhängig davon, ob das jeweilige Organmitglied Arbeitnehmer im Sinne der Richtlinien ist oder nicht.

Entgegen *Hoentzsch* ist allein deshalb allerdings kein für Organmitglieder generell gelockerter Rechtfertigungsmaßstab anzunehmen: Dass das jeweilige unternehmerische Konzept Auswirkungen auf die Rechtfertigung einer Ungleichbehandlung nach § 8 AGG haben kann, gilt gleichermaßen für Organmitglieder wie für sonstige Mitarbeiter. Dementsprechend ist es beispielsweise zulässig, in einem ausländischen Spezialitäten-Restaurant nur Kellner der entsprechenden Nationalität oder als Verkäufer von Damenbadebekleidung ausschließlich Frauen einzustellen.[984] Nun kann es zwar sein, dass ein Organmitglied für die Verwirklichung des unternehmerischen Konzepts besondere Bedeutung hat, etwa weil es von den Kunden oder

---

981 BGH v. 23.4.2012, BGHZ 193, 110, 122.; vgl. auch *Hohenstatt/Naber*, ZIP 2012, 1989, 1994.

982 BGH v. 23.4.2012, BGHZ 193, 110, 122.

983 *Brors*, in: HK-AGG, § 8 Rn. 3; *Thüsing*, Diskriminierungsschutz, Rn. 314; *ders.*, in: MüKo-BGB, § 8 AGG Rn. 2.

984 Vgl. *B/G/K*, AGG, § 8 Rn. 42 mit weiteren Beispielen.

Geschäftspartnern des Unternehmens oder der Öffentlichkeit in besonderem Maße mit dem Unternehmensgegenstand identifiziert wird.[985] Dies muss aber nicht so sein: Ist etwa der Geschäftsführer eines Unternehmens den Kunden oder der Öffentlichkeit gar nicht näher bekannt, weil er die Geschicke des Unternehmens eher im Hintergrund leitet und nicht gleichzeitig nach außen gewissermaßen als „Werbegesicht" des Unternehmens auftritt, haben entsprechende Eigenschaften, die nicht zu 100 Prozent mit dem unternehmerischen Konzept übereinstimmen, bei ihm nicht mehr Bedeutung als bei jedem anderen Mitarbeiter auch. Inwiefern ihm für die Verwirklichung des Konzepts besondere Bedeutung zukommt, hängt stets davon ab, inwiefern er das Konzept nach außen repräsentieren soll. Hat das Organmitglied insoweit keine besonders herausragende Funktion, ist es auch nicht gerechtfertigt, der Gesellschaft einen größeren Spielraum bei der Beurteilung der „entscheidenden beruflichen Anforderungen" zuzubilligen.

Es ist daher stets im Einzelfall zu prüfen, ob sich aus der konkreten Position des Organmitglieds und seiner Funktion für den Erfolg des unternehmerischen Konzepts eine Interessenlage ergibt, die es im Hinblick auf die grundrechtlich gewährleistete Unternehmerfreiheit erlaubt, eine besondere Ungleichbehandlung vorzunehmen. Dafür bedarf es jedoch keiner generellen Modifizierung des Tatbestandsmerkmals der „wesentlichen und entscheidenden beruflichen Anforderungen". Stattdessen können die jeweiligen Besonderheiten des Einzelfalls bei der Subsumtion unter das Tatbestandsmerkmal berücksichtigt werden: Ein „entscheidenden und wesentlichen beruflichen Anforderungen" ist dann anzunehmen, wenn sie nach dem jeweiligen unternehmerischen Konzept für die Position des Leitungsorgans zur bestmöglichen Erfüllung dieser Aufgabe erforderlich und in gewissem Maße prägend ist. Damit gilt letztlich kein anderer Maßstab als bei anderen Arbeitnehmern: Auch bei ihnen kommt es stets auf die Anforderungen der zu besetzenden Stelle nach dem jeweiligen unternehmerischen Konzept an.[986]

---

985 Vgl. insoweit das Beispiel bei *Hoentzsch* (Anwendung der Benachteiligungsverbote, S. 113 f.) des Geschäftsführers einer Firma, die nicht behindertengerechte Sportwagen vertreibt: Gehört es zu den Aufgaben des Geschäftsführers, dass er das Unternehmen in der Öffentlichkeit mittels dieser Sportwagen repräsentiert, spiele das Nichtvorliegen einer Behinderung in seiner Person eine größere Rolle als bei sonstigen Arbeitnehmern.

986 Für eine restriktive Auslegung von § 8 AGG namentlich für GmbH-Geschäftsführer auch *U. H. Schneider/Hohenstatt*, in: Scholz, GmbHG, § 35 Rn. 333.

d) § 10 AGG

Gemäß § 10 AGG sind unterschiedliche Behandlungen wegen des Alters ungeachtet des § 8 AGG erlaubt, wenn sie objektiv und angemessen und durch ein legitimes Ziel gerechtfertigt sind, wobei die Mittel zur Erreichung des Ziels angemessen und erforderlich sein müssen. Altersbedingte Benachteiligungen können damit, anders als an andere Diskriminierungsmerkmale anknüpfende Ungleichbehandlungen, auch dann gerechtfertigt sein, wenn das Alter keine entscheidende berufliche Anforderung im Sinne von § 8 AGG darstellt.[987] Die europarechtliche Grundlage für den speziellen Rechtfertigungsgrund des § 10 AGG findet sich in Art. 6 GbRL 2000/78/EG, der fast wortgleich formuliert ist.[988]

Für Organmitglieder ist der Rechtfertigungsgrund des § 10 AGG im Hinblick auf die Festlegung bestimmter Altersgrenzen von besonderer Bedeutung, insbesondere bei der Festlegung von Mindest- bzw. Höchstaltersgrenzen für den Zugang zur Organtätigkeit und das automatische Ausscheiden bei Erreichen einer bestimmten Höchstaltersgrenze.[989]

aa) Befristende Höchstaltersgrenzen

Die Anstellungsverträge vieler Organmitglieder sehen eine automatische Beendigung der Tätigkeit mit Erreichen einer bestimmten Altersgrenze vor. Dadurch soll dem Umstand Rechnung getragen werden, dass ab einem bestimmten Alter die Leistungsfähigkeit abnimmt.[990] Die Festlegung solcher Altersgrenzen entspricht jedenfalls für Vorstandsmitglieder von Aktiengesellschaften den Empfehlungen des Deutschen Corporate Governance Kodex (vgl. 5.1.2. DCGK).

---

987 Daneben soll aber § 8 AGG auch für altersbedingte Benachteiligungen gelten, vgl. *B/G/K*, AGG, § 10 Rn. 13; *Hoentzsch*, Anwendung der Benachteiligungsverbote, S. 117 m. w. N.; *M/H/H*, AGG, § 10 Rn. 4.

988 Aufgrund der komplexen Zusammenhänge zwischen den Faktoren Alter und Beschäftigungschancen verzichtete der Gesetzgeber hier bewusst auf eine nähere Konkretisierung der Richtlinienvorgaben, vgl. BT-Drucks. 16/1780, S. 36; dazu auch *B/G/K*, AGG, § 10 Rn. 1 ff.

989 Vgl. *Hoentzsch*, Anwendung der Benachteiligungsverbote, S. 119.

990 *Hoentzsch*, Anwendung der Benachteiligungsverbote, S. 121; *M/H/H*, AGG, § 10 Rn. 41.

(1) Gesetzliches Renteneintrittsalter als Höchstaltersgrenze

Befristende Höchstaltersgrenzen stellen eine Ungleichbehandlung wegen des Alters dar.[991] § 10 S. 3 Nr. 5 AGG erklärt Vereinbarungen für zulässig, die die automatische Beendigung des Beschäftigungsverhältnisses zu einem Zeitpunkt vorsehen, in dem der oder die Beschäftigte eine Rente wegen Alters beantragen kann. Die Norm erlaubt damit eine Befristung der Tätigkeit auf den Zeitpunkt des gesetzlichen Renteneintrittsalters.[992] Zweck der Regelung ist es, dem Bedürfnis des Arbeitgebers nach einer geordneten Personal- und Nachwuchsplanung Rechnung zu tragen und zugleich die Dynamik auf dem Arbeitsmarkt zu fördern.[993] Weil die Norm keine ausdrückliche Entsprechung in der GbRL 2000/78/EG hat, wurde ihre Europarechtskonformität teilweise bezweifelt,[994] ist inzwischen allerdings weitgehend – insbesondere auch vom EuGH – anerkannt.[995] In ständiger Rechtsprechung bestätigt der Gerichtshof die Zulässigkeit von befristenden Altersgrenzen, die auf den Zeitpunkt des Renteneintrittsalters abstellen, soweit diese Bestimmungen objektiv und angemessen und durch ein legitimes Ziel der Beschäftigungs- und Arbeitsmarktpolitik gerechtfertigt sind.[996] Entsprechende legitime Ziele können insbesondere Ziele sozialpolitischer oder demografischer Natur sein, etwa das nationale Interesse an einer ausgeglichenen Beschäftigungsverteilung zwischen den Generationen oder die Förderung des Beschäftigungszugangs im Allgemeinen.[997]

Die Zulässigkeit von entsprechenden Befristungen der Organtätigkeit wird daher ganz überwiegend nicht bezweifelt.[998] Nur vereinzelt wird ihre Zulässigkeit

---

991 *Hoentzsch*, Anwendung der Benachteiligungsverbote, S. 122.

992 *M/H/H*, AGG, § 10 Rn. 75.

993 *Hoentzsch*, Anwendung der Benachteiligungsverbote, S. 122 m. w. N.

994 Etwa *Kamanabrou*, RdA 2006, 321, 331; *Waltermann*, NZA 2005, 1265, 1270.

995 EuGH v. 12.10.2010 – C-45/09 (*Rosenbladt*), Slg. 2010, I-9391 Rn. 53; BAG v. 8.12.2010, NZA 2011, 586, 590 f.; v. 21.9.2011, NZA 2012, 271, 273 f.; *B/G/K*, AGG, § 10 Rn. 39; *Hohenstatt/Naber*, ZIP 2012, 1989, 1994; *M/H/H*, AGG, § 10 Rn. 79; *Thüsing*, in: MüKo-BGB, § 10 AGG Rn. 31.

996 EuGH v. 16.10.2007 – C-411/05 (*Palacios de la Villa*), Slg. 2007, I-8531 Rn. 48 ff.; v. 12.10.2010 – C-45/09 (*Rosenbladt*), Slg. 2010, I-9391 Rn. 54 ff.; v. 18.11.2010 – C-250/09 (*Georgiev*), Slg. 2010, I-11869 Rn. 25 ff.; v. 21.7.2011 – verb. Rs. C-159/10 und C-160/10 (*Fuchs*), Slg. 2011, I-6919 Rn. 35.

997 EuGH v. 16.10.2007 – C-411/05 (*Palacios de la Villa*), Slg. 2007, I-8531 Rn. 53.

998 *Bauer/Arnold*, ZIP 2008, 993, 1000; *dies.*, ZIP 2012, 597, 600; *Eckhoff*, in: MAH ArbR, § 81 Rn. 24; *Eßer/Baluch*, NZG 2007, 321, 329; *Hoefs/Rentsch*, DB 2012, 2733, 2736; *Hoentzsch*, Anwendung der Benachteiligungsverbote, S. 123 m. w. N.; *Hohenstatt/Naber*, ZIP 2012, 1989, 1994, die darauf hinweisen, dass die Formulierung

bei nicht rentenversicherungspflichtigen Geschäftsführungsorganen in Frage gestellt: Auf diese sei die Vorschrift des § 10 S. 3 Nr. 5 AGG nicht direkt, sondern allenfalls analog anwendbar. Gegen eine analoge Anwendung spreche allerdings, dass die Rechtfertigung nach § 10 S. 3 Nr. 5 AGG bei unionsrechtskonformer Auslegung nicht lediglich eine angemessene Altersversorgung, sondern zugleich eine beschäftigungspolitische Zielsetzung erfordere. Eine solche sei bei anstellungsvertraglich vereinbarten Altersgrenzen indessen „sehr zweifelhaft".[999]

Die Frage ist für Arbeitnehmer-Organmitglieder nur von geringer praktischer Relevanz, denn diese dürften ganz überwiegend zugleich Beschäftigte im Sinne von § 7 SGB IV und dementsprechend rentenversicherungspflichtig sein.[1000] Damit findet § 10 S. 3 Nr. 5 AGG auf sie bereits direkte Anwendung. Für selbständige Organmitglieder stellt sich die Frage nicht, weil befristende Altersgrenzen insoweit grundsätzlich keiner Rechtfertigung bedürfen.[1001] Nur in dem Fall, dass ein Organmitglied zwar Arbeitnehmer im Sinne des Unionsrechts ist, aber gleichzeitig keine Sozialversicherungspflicht besteht, stellt sich die Frage nach der Anwendbarkeit des § 10 S. 3 Nr. 5 AGG.

Eine direkte Anwendung des § 10 S. 3 Nr. 5 AGG scheidet dann aufgrund des Wortlauts der Vorschrift aus.[1002] Allerdings spricht nichts gegen eine entsprechende Anwendung der Norm: Der Zweck der Regelung, eine geordnete Personal- und Nachwuchsplanung auf Seiten der Unternehmen zu ermöglichen, die im Übrigen zu einer Bewegung auf dem Arbeitsmarkt führt und daher durchaus ein beschäftigungspolitisches Ziel darstellt,[1003] greift unabhängig davon, ob das

---

derartiger Vereinbarungen angesichts der schrittweisen Anhebung des Renteneintrittsalters entsprechend flexibel ausgestaltet werden sollte; *Jaeger*, FS Bauer, S. 495, 497 f.; *ders.*, in: MüKo-GmbHG, § 35 Rn. 266; *Lingemann/Weingarth*, DB 2012, 2325, 2329; *Oetker*, in: Henssler/Strohn, § 35 GmbHG Rn. 112; *Reufels/Molle*, NZA-RR 2011, 281, 284; *Schiefer/Worzalla*, ZfA 2013, 41, 68 f.; *U. H. Schneider/Hohenstatt*, in: Scholz, GmbHG, § 35 Rn. 338; *Thüsing/Stiebert*, NZG 2011, 641, 643; *Wilsing/Meyer*, DB 2011, 341, 343.

999 *Kort*, WM 2013, 1049, 1053 f.

1000 Vgl. *Hoentzsch*, Anwendung der Benachteiligungsverbote, S. 122 f.

1001 *Oetker*, Henssler/Strohn, § 35 GmbHG Rn. 112 m. w. N.; vgl. allerdings für den Fall, dass es gleichzeitig um die Neubesetzung der Stelle geht BGH v. 23.4.2012, BGHZ 193, 110, 122 f.; dazu *Kleindiek*, in: Lutter/Hommelhoff, GmbHG, Anh. § 6 Rn. 46.

1002 Vgl. *Jaeger*, in: MüKo-GmbHG, § 35 Rn. 266; a. A. *Hoentzsch*, Anwendung der Benachteiligungsverbote, die für eine entsprechend weite Interpretation des Begriffs „Rente" in § 10 S. 3 Nr. 5 AGG plädiert.

1003 *Hoentzsch*, Anwendung der Benachteiligungsverbote, S. 123; ebenso wohl *Lutter*, BB 2007, 725, 727; *Reufels/Molle*, NZA-RR 2011, 281, 284.

Organmitglied gesetzlich rentenversichert ist oder nicht. Insoweit ist die Interessenlage also vergleichbar. Soweit § 10 S. 3 Nr. 5 AGG dabei die generalisierende Wertung zugrunde liegt, dass die Leistungsfähigkeit von Beschäftigten ab einem bestimmten Lebensalter, das dem gesetzlich festgelegten Renteneintrittsalter entspricht, abnimmt,[1004] trifft auch diese Erwägung unabhängig von einer Mitgliedschaft in der gesetzlichen Rentenversicherung zu. Für eine entsprechende Anwendung der Vorschrift spricht schließlich, dass es wenig überzeugend wäre, Arbeitnehmer-Organmitglieder stärker zu schützen als sonstige Arbeitnehmer.[1005]

(2) Niedrigere Altersgrenzen

Umstritten ist allerdings, ob auch Befristungen der Organtätigkeit zulässig sind, die ein Ausscheiden des Organmitglieds zu einem Zeitpunkt vorsehen, der unterhalb des gesetzlichen Renteneintrittsalters liegt. Die Zulässigkeit solcher Altersgrenzen richtet sich aufgrund des eindeutigen Wortlauts der Norm nicht nach § 10 S. 3 Nr. 5, sondern allein nach § 10 S. 1, 2 AGG.[1006]

(a) Meinungsstand

Teilweise werden pauschale Höchstaltersgrenzen für Organmitglieder von 63, 60 oder gar 58 Jahren für zulässig erachtet, ohne dass dabei immer zwischen selbständigen und Arbeitnehmer-Organmitgliedern differenziert wird.[1007] Als rechtfertigende Gründe werden hierfür das unternehmerische Interesse der Gesellschaft an Kontinuität der Geschäftsführung,[1008] an der Leistungsfähigkeit der Unternehmensleitung,[1009] der Nachwuchsförderung oder das

---

1004 *Bauer/Arnold*, ZIP 2008, 993, 1000.

1005 Vgl. *Thüsing/Stiebert*, NZG 2011, 641, 643: „Erst-Recht-Schluss".

1006 *Adomeit/Mohr*, AGG, § 10 Rn. 29; *Hoentzsch*, Anwendung der Benachteiligungsverbote, S. 122; *M/H/H*, AGG, § 10 Rn. 80.

1007 *Bauer/Arnold*, ZIP 2012, 597, 600 f.; *dies.*, NZG 2012, 921, 925; *Hüffer*, AktG § 76 Rn. 25 für Vorstandsmitglieder von Aktiengesellschaften; *Kleindiek*, in: Lutter/Hommelhoff, GmbHG, Anh. zu § 6 Rn. 46; wohl auch *Lingemann*, in: P/W/W, BGB, § 6 AGG Rn. 6; *Thüsing/Stiebert*, NZG 2011, 641, 644; *Lutter*, BB 2007, 725, 728 bezieht sich indessen ausdrücklich nur auf Organmitglieder, die keinen Beendigungsschutz nach dem AGG genießen.

1008 *Bauer/Arnold*, ZIP 2012, 597, 600; *Lingemann/Weingarth*, DB 2012, 2325, 2331; *Thüsing/Stiebert*, NZG 2011, 641, 644.

1009 *Lingemann/Weingarth*, DB 2012, 2325, 2331; *Lutter*, BB 2007, 725, 728.

Unternehmensimage im Allgemeinen[1010] angeführt. Auch die Empfehlung von Altersgrenzen im DCGK spreche für deren Zulässigkeit und sei durch diesen wegen § 161 AktG quasi „faktisch vorgegeben".[1011] Andere bezweifeln zwar, dass die Festlegung allgemeingültiger Altersgrenzen möglich sei, halten aber Altersgrenzen auch unterhalb des Rentenalters nicht für generell unzulässig. Die konkrete Grenze müsse aber anhand der jeweiligen Umstände des Einzelfalls ermittelt werden.[1012]

Auf der anderen Seite wird eine Rechtfertigung jedenfalls für Arbeitnehmer-Organmitglieder unter Hinweis auf die insoweit restriktive Rechtsprechung des EuGH[1013] inzwischen verbreitet abgelehnt.[1014] Teilweise wird jedoch eine Ausnahme gemacht, wenn zugunsten des Organmitglieds ein System der betrieblichen Altersversorgung, etwa in Form eines Übergangs- oder Ruhegeldes, greift, das diesem Leistungen bereits ab dem Zeitpunkt des Ausscheidens gewährt.[1015] Der BGH ließ die Frage der Zulässigkeit von unter dem gesetzlichen Renteneintrittsalter liegenden Altersgrenzen ausdrücklich offen.[1016]

(b) Stellungnahme

Die Darstellung beschränkt sich im Folgenden auf die Zulässigkeit von befristenden Höchstaltersgrenzen für solche Organmitglieder, die Arbeitnehmer im Sinne des Unionsrechts sind.[1017]

1010 *Lingemann/Weingarth*, DB 2012, 2325, 2331; *Lutter*, BB 2007, 725, 727.

1011 *Lingemann/Weingarth*, DB 2012, 2325, 2331; *Thüsing/Stiebert*, NZG 2011, 641, 644.

1012 *Jaeger*, FS Bauer, S. 495, 497 f.; *ders.*, in: MüKo-GmbHG, § 35 Rn. 266: bei Eingreifen einer entsprechenden Altersversorgung; *Reufels/Molle*, NZA-RR 2011, 281, 284; *Spindler*, in: MüKo-AktG, § 84 Rn. 28; *Wilsing/Meyer*, DB 2011, 341, 343 f.

1013 Dazu sogleich unter (b) (aa).

1014 *Bauer/v. Medem*, NZA 2012, 945, 952; *Dzida/Naber*, ArbRB 2012, 373, 376; *Hoentzsch*, Anwendung der Benachteiligungsverbote, S. 126 f.; *Hohenstatt/Naber*, ZIP 2012, 1989, 1995; *Kort*, WM 2013, 1049, 1057; *Ziemons*, KSzW 2013, 19, 26 ff.; zweifelnd auch *Lunk*, RdA 2013, 110, 114 und *Schiefer/Worzalla*, ZfA 2013, 41, 70.

1015 So etwa *Hohenstatt/Naber*, ZIP 2012, 1989, 1996, die allerdings aus steuerrechtlichen Gründen auch dann eine Altersgrenze erst ab 60 Jahren als gerechtfertigt ansehen; ähnlich *U. H. Schneider/Hohenstatt*, in: Scholz, GmbHG, § 35 Rn. 341 (62 Jahre aufgrund der Erhöhung des Renteneintrittsalters); wohl auch *Lunk*, RdA 2013, 110, 114.

1016 BGH v. 23.4.2012, BGHZ 193, 110, 124.

1017 Vgl. zur Problematik von Altersgrenzen bei selbständigen Organmitgliedern *Hoentzsch*, Anwendung der Benachteiligungsverbote, S. 127 ff.

Ausgangspunkt für eine Rechtfertigung von unter dem gesetzlichen Renteneintrittsalter liegenden Altersgrenzen ist die Norm des § 10 S. 1 AGG und dabei konkret die Frage, welche Voraussetzungen ein „legitimes Ziel" im Sinne dieser Vorschrift zu erfüllen hat. Im Rahmen der europarechtskonformen Auslegung des AGG sind dabei die Vorgaben des Art. 6 Abs. 1 GbRL 2000/78/EG zu berücksichtigen. Maßgeblich ist danach, dass die Ungleichbehandlung ein legitimes Ziel verfolgt, „worunter insbesondere rechtmäßige Ziele aus den Bereichen Beschäftigungspolitik, Arbeitsmarkt und berufliche Bildung anzusehen sind."

Altersgrenzen für Organmitglieder, die unterhalb des gesetzlichen Renteneintrittsalters liegen, verfolgen indessen kein Ziel aus diesem Bereich, sondern dienen allein den privatwirtschaftlichen Interessen der Gesellschaft. Dies wird zwar teilweise anders gesehen und behauptet, Fragen der Nachfolgeregelung und Kontinuität in der Unternehmensleitung hätten auch sozialpolitische Bedeutung.[1018] Inwiefern insoweit ein Zusammenhang bestehen soll, bleibt allerdings offen. Ein solcher ist auch nicht ersichtlich. Ein sozialpolitischer Bezug wäre allenfalls etwa dann anzunehmen, wenn zahlreiche junge, qualifizierte Anwärter für Managerpositionen den Arbeitsmarkt überfluteten, und durch das frühzeitige Ausscheiden der „alten" Geschäftsführungsorgane der Arbeitslosigkeit der Jungen begegnet werden könnte.[1019]

bb) Unternehmerische Interessen als legitime Ziele im Sinne von Art. 6 GbRL 2000/78/EG?

Entscheidend für die Zulässigkeit ist daher die Frage, ob als legitimes Ziel im Sinne von Art. 6 GbRL 2000/78/EG auch rein unternehmerische Interessen der Gesellschaft anzusehen sind.

Die Frage ist umstritten: Verbreitet – insbesondere auch von der nationalen Rechtsprechung – wird angenommen, dass auch anerkennenswerte betriebs- und unternehmensbezogene Ziele „legitim" im Sinne von § 10 S. 1 AGG sein könnten.[1020] Hiervon geht auch der Gesetzgeber in der Begründung zum AGG

1018 So *Bauer/Arnold*, ZIP 2012, 597, 600; *Lingemann/Weingarth*, DB 2012, 2325, 2330; für eine „weitherzige Interpretation" des Begriffs der sozialpolitischen Zielsetzung auch *Paefgen*, ZIP 2012, 1296, 1298.

1019 Vgl. *Hohenstatt/Naber*, ZIP 2012, 1989, 1995.

1020 BAG v. 22.1.2009, NZA 2009, 945, 949; v. 25.2.2010, NZA 2010, 561, 565; BGH v. 23.4.2012, BGHZ 193, 110, 123 ; OLG Köln v. 29.7.2010, NZA 2011, 211, 213; *Bauer/Arnold*, ZIP 2012, 597, 600; *B/G/K*, AGG, § 10 Rn. 20a; *Hoefs/Rentsch*, DB 2012, 2733, 2736; *Kamanabrou*, RdA 2006, 321, 329; *Lingemann/Weingarth*, DB 2012, aus.[1021] Die Gegenansicht will aufgrund des Wortlauts in Art. 6 Abs. 1 GbRL 2000/78/EG nur öffentliche, dem Allgemeinwohl dienende Interessen als „legitime Ziele" im Sinne von § 10 S. 1 AGG anerkennen.[1022]

Der EuGH beurteilte Altersgrenzen, die ein Ausscheiden von Arbeitnehmern zu einem früheren Zeitpunkt als dem gesetzlichen Renteneintrittsalter vorsehen, zuletzt äußerst restriktiv: In der Rechtssache *Prigge* entschied er, dass die für Piloten der Lufthansa vorgesehene Altersgrenze von 60 Jahren eine unzulässige Altersdiskriminierung darstelle.[1023] Nach Art. 6 GbRL 2000/78/EG könnten nur solche Ungleichbehandlungen gerechtfertigt sein, die ein legitimes Ziel verfolgten, worunter insbesondere solche sozialpolitischer Natur aus dem Bereich Beschäftigungspolitik, Arbeitsmarkt und berufliche Bildung anzusehen seien.[1024] Die Gewährleistung der Flugsicherheit sei indessen kein Ziel in diesem Sinne.

Noch deutlicher wird der EuGH, wenn er konstatiert, legitime allgemeinpolitische Ziele im Sinne von Art. 6 Abs. 1 GbRL 2000/78/EG seien von rein individuellen Beweggründen zu unterscheiden, wie etwa dem Interesse des Arbeitgebers an Kostenreduzierungen oder der Verbesserung seiner Wettbewerbsfähigkeit.[1025] Diese Aussage steht der Anerkennung rein unternehmerischer Interessen als „legitime Ziele" im Sinne von § 10 S. 1 AGG relativ eindeutig entgegen. Zwar stellt der EuGH zugleich fest, dass die Aufzählung in Art. 6 Abs. 1 GbRL 2000/78/EG

2325, 2330 f.; *M/H/H*, AGG, § 10 Rn. 18a; *Paefgen*, ZIP 2012, 1296, 1298 f.; *Stenslik/Zahn*, DStR 2012, 1865, 1867; *Voigt*, in: S/S/V, AGG, § 10 Rn. 16 f.

1021 BT-Drucks. 16/1780, S. 36.

1022 *Thüsing*, in: MüKo-BGB, § 10 AGG Rn. 12; *Wiedemann/Thüsing*, NZA 2002, 1234, 1237; aufgrund der EuGH-Rechtsprechung für eine Beschränkung auf sozialpolitische Ziele auch BVerfG v. 24.10.2011, NZA 2012, 202, 203; *Brors*, in: HK-AGG, § 10 Rn. 14 f., der betont, dass es sich insbesondere um ein vom Gesetzgeber formuliertes Ziel handeln muss; *Preis/Sagan*, ZGR 2013, 26, 70 f.; *U. H. Schneider/Hohenstatt*, in: Scholz, GmbHG, § 35 Rn. 334 f.; *Ziemons*, KSzW 2013, 19, 27 f.; tendenziell auch *Hohenstatt/Naber*, ZIP 2012, 1989, 1995 f. sowie *Linck*, in: Schaub, § 36 Rn. 58.

1023 EuGH v. 13.9.2011 – C-447/09 (*Prigge u. a.*), Slg. 2011 I-8003 Rn. 37 ff.

1024 Dies betont der EuGH inzwischen in st. Rspr., EuGH v. 5.3.2009 – C-388/07 (*Age Concern England*), Slg. 2009, I-1569 Rn. 46; v. 18.6.2009 – C-88/08 (*Hütter*), Slg. 2009, I-5325 Rn. 41; v. 12.10.2010 – C-45/09 (*Rosenbladt*), Slg. 2010, I-9391 Rn. 38; v. 21.7.2011 – verb. Rs. C-159/10 und C-160/10 (*Fuchs*), Slg. 2011 – I-6919 Rn. 52; v. 13.9.2011 – C-447/09 (*Prigge u. a.*), Slg. 2011, I-8003 Rn. 81; v. 5.7.2012 – C-141/11 (*Hörnfeldt*), NZA 2012, 785 Rn. 39 ff.

1025 EuGH v. 5.3.2009 – C-388/07 (*Age Concern England*), Slg. 2009, I-1569 Rn. 46; zuletzt bestätigt in EuGH v. 21.7.2011 – verb. Rs. C-159/10 und C-160/10 (*Fuchs*), Slg. 2011, I-6919 Rn. 52.

nicht abschließend[1026] und es zudem nicht ausgeschlossen sei, dass eine nationale Rechtsvorschrift bei der Verfolgung der genannten rechtmäßigen Ziele den Arbeitgebern einen gewissen Grad an Flexibilität einräume.[1027] Diese Aussagen ändern aber nichts daran, dass der EuGH Art. 6 Abs. 1 GbRL 2000/78/EG in der Sache sehr restriktiv auslegt: Wenn ihm nicht einmal die Flugsicherheit, die wohl unstreitig jedenfalls einen Allgemeinbezug hat, als legitimes Ziel im Sinne der Vorschrift genügt, wird ein rein unternehmerisches Interesse, das letztlich immer ein rein finanzielles ist, erst recht nicht genügen, solange es nicht zugleich einen sozialpolitischen Bezug hat.[1028]

Dies wäre auch in der Sache nicht überzeugend: Zwar nennt Art. 6 Abs. 1 GbRL 2000/78/EG als legitime Ziele solche aus den Bereichen Beschäftigungspolitik, Arbeitsmarkt und berufliche Bildung nur „insbesondere" und scheint damit auch Zielen aus anderen Bereichen nicht von vornherein die Legitimität abzusprechen. Allerdings spricht „insbesondere" zugleich dafür, dass andere legitime Ziele qualitativ mit den ausdrücklich genannten vergleichbar sein müssen.[1029] Dies wird man etwa von dem Interesse eines Unternehmens an einer jugendlichen Repräsentanz in der Öffentlichkeit kaum behaupten können.

Auch ist nicht ersichtlich, warum betriebs- und unternehmensbezogene Interessen speziell im Hinblick auf das Diskriminierungsmerkmal „Alter" Berücksichtigung finden sollen, nicht aber in Bezug auf andere Diskriminierungsmerkmale. Für diese sehen die Richtlinien die Zulässigkeit einer Benachteiligung nur aufgrund von zwingenden beruflichen Anforderungen vor (vgl. Art. 4 Abs. 1 GbRL 2000/78/EG bzw. Art. 14 Abs. 2 GbRL 2006/54/EG). Grundsätzlich ist aber davon auszugehen, dass die Diskriminierungsmerkmale gleichwertig sind. Zwar weist das Diskriminierungsmerkmal „Alter" insofern eine Besonderheit auf, als fast jeder irgendwann davon betroffen ist und es sich zudem zahlenmäßig

---

1026 EuGH v. 13.9.2011 – C-447/09 (*Prigge u. a.*), Slg. 2011, I-8003 Rn. 80.

1027 EuGH v. 5.3.2009 – C-388/07 (*Age Concern England*), Slg. 2009 I-1569 Rn. 46; aus dieser Einschränkung wird teilweise gefolgert, dass auch der EuGH eben nicht ausschließlich sozialpolitische Zwecke anerkennen würde, so etwa BAG v. 5.11.2009, NZA 2010, 457, 459; v. 23.4.2012, BGHZ 193, 110, 123; *Paefgen*, ZIP 2012, 1296, 1298; *Schlachter*, in: ErfK, § 10 AGG Rn. 2, die allerdings vertritt, dass ausschließlich unternehmerische Interessen eben auch nicht ausreichen; kritisch zu diesem Umkehrschluss hingegen *Hohenstatt/Naber*, ZIP 2012, 1989, 1296; *Preis/Sagan*, ZGR 2013, 26, 70; *U. H. Schneider/Hohenstatt*, in: Scholz, GmbHG, § 35 Rn. 335.

1028 So auch *Kort*, WM 2013, 1049, 1050; *U. H. Schneider/Hohenstatt*, in: Scholz, GmbHG, § 35 Rn. 335.

1029 *Brors*, in: HK-AGG, § 10 Rn. 15, der dafür eine gesetzliche Verankerung fordert; *Kort*, WM 2013, 1049, 1054.

(etwa im Vergleich zur Gruppe der Menschen mit Behinderung) um eine relativ große Gruppe von Beschäftigten handelt. Dementsprechend gravierend sind die Auswirkungen von Benachteiligungsverboten und Rechtfertigungstatbeständen insbesondere für die nationalen Arbeitsmärkte und Sozialversicherungssysteme. Mit der Vorschrift des Art. 6 trägt die GbRL 2000/78/EG dieser besonderen Bedeutung von altersbedingten Ungleichbehandlungen für die Erreichung arbeits- und sozialpolitischer Ziele, die je nach der Situation in den Mitgliedsstaaten variieren können, Rechnung.[1030] Dann ist es aber konsequent, eine gegenüber anderen Diskriminierungsmerkmalen erleichterte Rechtfertigung auch nur dann zuzulassen, wenn entsprechende Ziele im Bereich Arbeitsmarkt bzw. Sozialpolitik verfolgt werden. Dass unternehmerische Interessen bei Altersdiskriminierungen generell schützenswerter sein sollen als bei sonstigen Diskriminierungen, ist hingegen nicht überzeugend.

cc) Kein anerkennenswertes unternehmerisches Interesse

Selbst wenn man aber annehmen wollte, dass in begrenztem Umfang auch unternehmensbezogene Interessen ein legitimes Ziel im Sinne von Art. 6 Abs. 1 GbRL 2000/78/EG bzw. § 10 Abs. 1 S. 1 AGG sein können, etwa mit dem Argument, dass Art 6 Abs. 2 lit. c) GbRL 2000/78/EG selbst auf unternehmerische Interessen Bezug zu nehmen scheint,[1031] müsste für die Erfüllung der Richtlinienvorgaben ein entsprechendes objektiv anerkennenswertes unternehmerisches Interesse existieren. Zwar ist zuzugeben, dass – je nach Unternehmensgröße – die geschäftsführende Tätigkeit regelmäßig mit erheblichem Arbeitsaufwand und gesteigerter Verantwortung verbunden ist und daher auch zumeist eine entsprechende psychische und physische Belastung bedeuten kann. Dass Organmitglieder dieser Belastung aber ausgerechnet ab einer bestimmten Altersgrenze – setzt man diese nun bei 58 oder 60 Jahren an – nicht mehr gewachsen sein sollen und daher für die Gesellschaft die Gefahr eines Leistungsabfalls droht, ist nicht ersichtlich.[1032] Zutreffend wird insoweit darauf hingewiesen, dass dies genauso bei leitenden Angestellten der Fall sein könne, die u. U. eine ähnlich

1030 Vgl. BE 25 GbRL 2000/78/EG.

1031 Darauf stützt sich etwa das BAG, vgl. BAG v. 22.1.2009, NZA 2009, 945, 949; *Hoefs/Rentsch*, DB 2012, 2733, 2736; kritisch dazu *Hohenstatt/Naber*, ZIP 2012, 1989, 1996.

1032 *Hoentzsch*, Anwendung der Benachteiligungsverbote, S. 126; *Hohenstatt/Naber*, ZIP 2012, 1989, 1995; *Jaeger*, FS Bauer, S. 495, 498; vgl. auch *U. H. Schneider/Hohenstatt*, in: Scholz, GmbHG, § 35 Rn. 340.

große Verantwortung für die Gesellschaft trügen.[1033] Bei ihnen mag es zwar am Repräsentationsaspekt fehlen. Ob das Interesse des Unternehmens an einer jugendlichen Repräsentanz gegenüber (potentiellen) Kunden und Geschäftspartnern allerdings überhaupt anerkennenswert ist,[1034] oder nicht bereits seinerseits auf diskriminierenden Vorstellungen beruht, nämlich der Annahme, ein junges Unternehmensimage sei generell erfolgreicher und könne zudem nur durch eine junge Geschäftsführung verwirklicht werden, mag dahinstehen, denn jedenfalls ist wiederum nicht ersichtlich, warum die Grenze hier ausgerechnet bei z. B. 60 Jahren verlaufen soll.

Auch das oftmals angeführte Interesse an Kontinuität der Unternehmensführung vermag eine niedrigere Altersgrenze nicht zu rechtfertigen, denn warum hierfür ein Ausscheiden gerade mit 58 oder 60 Jahren erforderlich sein soll, bleibt unklar. Im Gegenteil fördert ein längeres Verbleiben im Amt eher die Kontinuität.[1035]

Das Argument, niedrigere Altersgrenzen müssten schon aufgrund der Vorgaben in Ziffer 5.1.2. des DCGK zulässig sein, überzeugt jedenfalls für Arbeitnehmer-Organmitglieder bereits deshalb nicht, weil die Kodex-Bestimmungen nur für Vorstände von Aktiengesellschaften einschlägig sind. Diese sind aber auch nicht Arbeitnehmer im Sinne des Unionsrechts.[1036] Auf Arbeitnehmer-Organmitglieder finden die Bestimmungen des DCGK gar keine Anwendung. Im Übrigen hat dieser lediglich Empfehlungscharakter (daran ändert auch die Erklärungspflicht in § 161 AktG nichts) und ist jedenfalls nicht geeignet, europarechtliche Vorgaben zu modifizieren.[1037]

Schließlich ist es auch nicht überzeugend, die Zulässigkeit einer niedrigeren Altersgrenze zu bejahen, wenn ab diesem Alter zugunsten des ausscheidenden Organmitglieds ein System betrieblicher Altersversorgung greift, denn die Rechtmäßigkeit von Altersgrenzen, die dem gesetzlichen Renteneintrittsalter entsprechen, folgt nicht allein aus dem Umstand, dass ab diesem Zeitpunkt eine finanzielle Absicherung besteht, sondern zumindest auch aus der generalisierenden Wertung, dass ab diesem Zeitpunkt typischerweise die körperliche und physische Leistungsfähigkeit abnimmt sowie aus beschäftigungspolitischen

1033 *Hoentzsch*, Anwendung der Benachteiligungsverbote, S. 126.

1034 Dagegen *Kort*, WM 2013, 1049, 1052.

1035 So auch *Hohenstatt/Naber*, ZIP 2012, 1989, 1995.

1036 Dazu oben § 4 B. II.

1037 *Hohenstatt/Naber*, ZIP 2012, 1989, 1995; *Kort*, WM 2013, 1049, 1055; *Stenslik/Zahn*, DStR 2012, 1865, 1868; *Wilsing/Meyer*, DB 2011, 341, 343; *Ziemons*, KSzW 2013, 19, 28.

Zielsetzungen. Es ist nicht ersichtlich, warum davon abweichend für Organmitglieder allein der finanzielle Aspekt in den Vordergrund treten soll.[1038]

dd) Ergebnis

Im Ergebnis ist die Zulässigkeit von unter dem gesetzlichen Renteneintrittsalter liegenden befristenden Altersgrenzen jedenfalls für Arbeitnehmer-Organmitglieder abzulehnen.

ee) Zugangsbeschränkende Altersgrenzen

Neben Altersgrenzen, die eine automatische Beendigung der Organtätigkeit vorsehen, sind auch Mindest- oder Höchstaltersgrenzen für den Beginn der Organtätigkeit denkbar. Da diese den Zugang zur Erwerbstätigkeit im Sinne von § 6 Abs. 3 AGG beschränken, betreffen sie selbständige und Arbeitnehmer-Organmitglieder gleichermaßen und haben daher keinen unmittelbaren Bezug zur *Danosa*-Entscheidung. Gleichwohl soll auf die Problematik an dieser Stelle kurz eingegangen werden.[1039]

(1) Mindestaltersgrenzen

Die Zulässigkeit von Mindestaltersgrenzen für den Zugang zur Organtätigkeit richtet sich nach § 10 S. 3 Nr. 2 AGG. Danach kann die Festlegung von Mindestanforderungen an das Alter, die Berufserfahrung oder das Dienstalter für den Zugang zur Beschäftigung gerechtfertigt sein. Ihre europarechtliche Entsprechung findet sich in dem wortgleich formulierten Art. 6 Abs. 1 S. 2 lit. b) GbRL 2000/78/EG.

Eine Mindestaltersgrenze für Vorstandsmitglieder bzw. GmbH-Geschäftsführer von 18 Jahren ist bereits gesetzlich in § 76 Abs. 3 S. 1 AktG bzw. § 6 Abs. 2 S. 1 GmbHG festgelegt. Häufig werden Unternehmen im Hinblick auf erwünschte Qualifikationen wie Berufs- und Lebenserfahrung, Durchsetzungsstärke oder auch fachliche Qualifikation ein darüber liegendes Mindestalter für Geschäftsführungsorgane vorsehen.[1040]

1038 A. A. insoweit *Hohenstatt/Naber*, ZIP 2012, 1989, 1996; *Jaeger*, FS Bauer S. 495, 497 f.

1039 Ausführlich zu zugangsbeschränkenden Mindest- und Höchstaltersgrenzen *Hoentzsch*, Anwendung der Benachteiligungsverbote, S. 130 ff.

1040 *Hoentzsch*, Anwendung der Benachteiligungsverbote, S. 133.

§ 10 S. 3 Nr. 2 AGG legt nicht selbst ein legitimes Ziel für eine entsprechende Ungleichbehandlung fest, sondern definiert lediglich ein mögliches Mittel zur Erreichung eines Ziels, dessen Legitimität anderweitig zu ermitteln ist.[1041] Nahe liegt insoweit ein Rückgriff auf § 10 S. 1 AGG.[1042] Nimmt man an, dass legitime Ziele in diesem Sinne dem Allgemeinwohl dienen müssen, ergibt sich dadurch eine erhebliche Einschränkung für die Zulässigkeit fester Mindestaltersgrenzen.[1043] Es ist dann stets zu prüfen, ob das Interesse der Gesellschaft, etwa an Lebenserfahrung oder Durchsetzungsstärke ihres Geschäftsführungspersonals, gleichzeitig einem Gemeinwohlinteresse dient. Dies dürfte eher selten der Fall sein, denn das Interesse an kompetentem Führungspersonal dient in aller Regel nur den privaten Wettbewerbs- und Gewinninteressen des Unternehmens. Man könnte zwar annehmen, dass die Funktionsfähigkeit und der Erfolg von Unternehmen letztlich die nationale Wirtschaftslage im Allgemeinen beeinflusst und das Interesse an einer starken Wirtschaft durchaus einen Allgemeinbezug hat. Es ist allerdings nicht zu erwarten, dass der EuGH einen solchen sehr mittelbaren Bezug anerkennen würde, denn Zielen wie Wettbewerbsfähigkeit und Kostenreduzierung, die ebenfalls im weitesten Sinne zu einer funktionierenden Gesamtwirtschaft beitragen, hat er bereits eine klare Absage hinsichtlich ihrer Legitimität im Sinne von Art. 6 Abs. 1 S. 1 GbRL 2000/78/EG erteilt.[1044]

Sofern man auch betriebs- und unternehmensbezogene Interessen als legitime Ziele im Sinne von § 10 S. 1 AGG anerkennen will, wäre zwar auch das Interesse der Gesellschaft an einer kompetenten Geschäftsführung per se geeignet, eine Mindestaltersgrenze zu rechtfertigen. Allerdings ist fraglich, ob die dafür aus Sicht der Gesellschaft erforderlichen Qualifikationen eines Bewerbers wie Berufserfahrung, Durchsetzungsvermögen oder Lebenserfahrung die Festlegung starrer Altersgrenzen rechtfertigen können, weil zweifelhaft ist, ob entsprechende Qualifikationen notwendigerweise unmittelbar mit einem bestimmten Lebensalter einhergehen.[1045]

(2) Höchstaltersgrenzen

Eine Höchstaltersgrenze für den Zugang ist anzunehmen, wenn bei der Besetzung einer Organposition nur solche Bewerber berücksichtigt werden, die ein

---

1041 BAG v. 20.3.2012, NZA 2012, 803, 805; *Schlachter*, in: ErfK, § 10 AGG Rn. 6.

1042 *B/G/K*, AGG, § 10 Rn. 29; *Brors*, in: HK-AGG, § 10 Rn. 71.

1043 Vgl. *Brors*, in: HK-AGG, § 10 Rn. 72.

1044 Vgl. dazu oben § 5 B. II. 7. d) aa) (2) (b) (aa).

1045 Dazu *Hoentzsch*, Anwendung der Benachteiligungsverbote, S. 133 f. m. w. N. für die unterschiedlichen Ansichten.

bestimmtes Höchstalter noch nicht überschritten haben. Die Zulässigkeit solcher Grenzen richtet sich nach § 10 S. 3 Nr. 3 AGG, wonach die Festsetzung eines Höchstalters für die Einstellung aufgrund der spezifischen Ausbildungsanforderungen eines bestimmten Arbeitsplatzes oder aufgrund der Notwendigkeit einer angemessenen Beschäftigungszeit vor dem Eintritt in den Ruhestand gerechtfertigt sein kann. Eine entsprechende Bestimmung findet sich in Art. 6 Abs. 1 S. 2 lit. c) GbRL 2000/78/EG.

Die Notwendigkeit der Anerkennung spezieller Höchstaltersgrenzen für Organmitglieder wird zumeist mit dem anerkennenswerten Interesse der Gesellschaft an Kontinuität in der Geschäftsführung begründet: Es sei sinnvoll, dass ein Geschäftsführungsorgan für einen längerfristigen Zeitraum tätig sei, um größere Projekte, Umstrukturierungen etc. zu bewältigen und nicht für einen erheblichen Zeitraum lediglich noch als „Vorstand auf Abruf" wahrgenommen werde.[1046] Im Hinblick auf die teilweise gesetzlich vorgesehene Befristung von Organbestellungen wird dementsprechend vertreten, zulässig seien pauschale Höchstaltersgrenzen für den erstmaligen Zugang zur Organtätigkeit, die eine einmalige[1047] oder gar zweimalige[1048] Wiederbestellung oder aber eine mindestens dreijährige Tätigkeit[1049] vor Erreichen der Höchstgrenze für die Beendigung der Tätigkeit erlaubten.

Festzustellen ist zunächst, dass für die Festlegung von zugangsbeschränkenden Höchstaltersgrenzen – anders als bei den bisher behandelten Altersgrenzen – unternehmerische Interessen als legitime Ziele im Sinne von § 10 AGG anzuerkennen sind, weil bereits Art. 6 Abs. 1 S. 2 lit. c) GbRL 2000/78/EG u. a. die Sicherung einer angemessenen Beschäftigungszeit vor dem Eintritt in den Ruhestand als ein anerkennenswertes Ziel definiert und damit einem rein unternehmerischen Interesse Rechnung trägt.[1050]

1046 *Bauer/Arnold*, ZIP 2008, 993, 1000; *dies.*, ZIP 2012, 597, 601; *dies.* NZG 2012, 921, 925; *Hoefs/Rentsch*, DB 2012, 2733, 2737; *Hoentzsch*, Anwendung der Benachteiligungsverbote, S. 138; *Hohenstatt/Naber*, ZIP 2012, 1989, 1994.

1047 So *Hoentzsch*, Anwendung der Benachteiligungsverbote, S. 138 für Vorstände von Aktiengesellschaften.

1048 So *Bauer/Arnold*, ZIP 2008, 993, 1000; *dies.*, ZIP 2012, 597, 601; *dies.*, NZG 2012, 921, 925.

1049 *Hohenstatt/Naber*, ZIP 2012, 1989, 1994; *U. H. Schneider/Hohenstatt*, in: Scholz, GmbHG, § 35 Rn. 337; für eine Altersgrenze, die eine „vollständige Amtszeit von fünf Jahren" sichert: *Hoefs/Rentsch*, DB 2012, 2733, 2737; *Thüsing/Stiebert*, NZG 2011, 641, 644 f.

1050 *Thüsing*, in: MüKo-BGB, § 10 AGG Rn. 12.

Damit kann grundsätzlich auch das Interesse an Kontinuität in der Unternehmensleitung ein legitimes Ziel sein. Allerdings ist zweifelhaft, inwieweit die Festlegung fester Höchstaltersgrenzen für die Erreichung dieses Ziels tatsächlich angemessen und erforderlich ist, jedenfalls sofern man auf die Dauer einer oder mehrerer Wiederbestellperioden abstellt: Die in § 84 Abs. 1 S. 1 AktG vorgesehene Bestelldauer für Vorstandsmitglieder von fünf Jahren ist lediglich eine Höchstgrenze und es steht der Aktiengesellschaft frei, eine kürzer befristete Bestellung vorzunehmen.[1051] Für GmbH-Geschäftsführer existieren überhaupt keine gesetzlichen Vorgaben hinsichtlich einer Befristung der Bestellung. Die Gesellschaft ist in ihrer Flexibilität insoweit bei Organmitgliedern daher kaum stärker beschränkt als bei anderen Mitarbeitern. Auch wird zutreffend darauf verwiesen, dass sich eine Gesellschaft nicht darauf verlassen kann, dass ein Organmitglied nach dem Ablauf einer Amtszeit überhaupt für eine weitere Amtszeit zur Verfügung steht.[1052]

Gleichwohl ist das Interesse der Gesellschaft daran, ihre Geschäftsführung für einen gewissen Zeitraum an eine bestimmte Person zu binden, ein anerkennenswertes wirtschaftliches Interesse: Es wäre in personalplanerischer Hinsicht unsinnig, etwa einen 64-jährigen Bewerber erstmalig zum Geschäftsführer zu bestellen, wenn für dessen Tätigkeit eine befristende Höchstaltersgrenze von 65 Jahren vorgesehen ist. Kaum hätte er sich in die geschäftsführende Tätigkeit eingearbeitet, würde er bereits in den Ruhestand eintreten.[1053] Eine Altersgrenze, die ein Verbleiben im Amt über mehrere Jahre sichert, muss daher zulässig sein.

Fraglich ist nur, wo diese liegt. Wenngleich die gesetzlich vorgesehene Bestelldauer von fünf Jahren für Vorstände nur eine Höchstgrenze darstellt, kann sie insoweit doch als Anhaltspunkt dienen, weil ihr die gesetzgeberische Wertung einer sinnvollen Dauer der Amtszeit zugrunde liegt. Allerdings ist zu beachten, dass entsprechende Höchstaltersgrenzen im Hinblick auf das in § 10 S. 3 Nr. 3 AGG und Art. 6 Abs. 1 S. 2 lit. c) GbRL 2000/78/EG formulierte legitime Ziel (angemessene Beschäftigungsdauer vor Eintritt in den Ruhestand) ohnehin nur bei einer erstmaligen Bestellung anzuerkennen sind.[1054] Für die Erstbestellung empfiehlt der DCGK indessen eine kürzere Bestelldauer,

---

1051 Für die erstmalige Bestellung wird dies sogar vom DCGK empfohlen, vgl. Ziffer 5.1.2; dazu auch *Ziemons*, KSzW 2013, 19, 27.

1052 *Ziemons*, KSzW 2013, 19, 27.

1053 Vgl. *Hohenstatt/Naber*, ZIP 2012, 1989, 1994.

1054 Vgl. BGH v. 23.4.2012, BGHZ 193, 110, 123; ebenso *Hohenstatt/Naber*, ZIP 2012, 1989, 1994; *U. H. Schneider/Hohenstatt*, in: Scholz, GmbHG, § 35 Rn. 337.

um dem Risiko von personellen Fehlbesetzungen zu begegnen. In der Literatur werden in diesem Zusammenhang 3 Jahre vorgeschlagen.[1055] Auch unter Kontinuitätsgesichtspunkten erscheint diese Zeitspanne als ein angemessener Zeitraum, weil dadurch zum einen dem Interesse der Gesellschaft an einer sinnvollen Tätigkeitsdauer im Anschluss an die Einarbeitungsphase Rechnung getragen wird und gleichzeitig kein allzu schwerer Eingriff in die Rechte potentieller Bewerber vorliegt.[1056] Gerade weil sich die Gesellschaft aber ohnehin nicht darauf verlassen kann, dass das jeweilige Geschäftsführungsorgan für eine Wiederbestellung zur Verfügung steht, ist eine darüber hinausgehende Zeitspanne abzulehnen.

8. Rechtsfolgen einer Diskriminierung

Die vollständige Einbeziehung von Arbeitnehmer-Organmitgliedern in den Schutzbereich des AGG hat zur Folge, dass sich auch die Rechtsfolgen einer verbotenen Diskriminierung nach den Vorschriften des AGG richten. Sowohl für Arbeitnehmer als auch für Selbständige im Sinne des AGG werfen die dort normierten Rechtsfolgen Fragen auf. Dessen umfassende Behandlung ist nicht Gegenstand dieser Arbeit. Im Folgenden soll daher lediglich auf einige speziell für Organmitglieder einschlägige Fragestellungen eingegangen werden.

a) Wirksamkeit diskriminierender Organisationsakte

Die Frage von wohl größter Bedeutung ist, welche Folgen eine Diskriminierung im Rahmen des Organverhältnisses für die Wirksamkeit der entsprechenden Maßnahme hat. Während für selbständige Organmitglieder im Rahmen von § 6 Abs. 3 AGG insoweit lediglich die Frage nach den Folgen einer diskriminierenden Nichtbestellung relevant wird, sind für Arbeitnehmer-Organmitglieder, die gemäß § 6 Abs. 1, § 2 Abs. 1 Nr. 1 und 2 AGG umfassenden Schutz genießen, darüber hinaus die Folgen einer diskriminierenden Abberufung zu erörtern.[1057]

1055 Vgl. *Fleischer*, in: Spindler/Stilz, AktG, § 84 Rn. 14.

1056 Für eine mindestens dreijährige Amtszeit auch bereits *Hohenstatt/Naber*, ZIP 2012, 1989, 1994.

1057 Vgl. *Hoentzsch*, Anwendung der Benachteiligungsverbote, S. 162.

aa) Diskriminierende Beendigung des Organverhältnisses

(1) Abberufung

(a) Meinungsstand

Die Rechtsfolgen der diskriminierenden Abberufung eines Organmitglieds sind umstritten: Während teilweise vertreten wird, der entsprechende Gesellschafter- bzw. Aufsichtsratsbeschluss sei wegen Verstoßes gegen die im öffentlichen Interesse bestehenden Regelung des § 7 Abs. 1 AGG gemäß § 241 Nr. 3 AktG nichtig und die Abberufung daher unwirksam,[1058] plädiert die überwiegende Ansicht für die Wirksamkeit eines diskriminierenden Abberufungsbeschlusses. Sie will die Rechtsfolgen auf die Gewährung von Schadensersatz- und Entschädigungsansprüchen beschränken.[1059]

(b) Stellungnahme

(aa) Wortlaut und Systematik des AGG

Der Wortlaut des Gesetzes spricht zunächst weder für noch gegen eine Unwirksamkeit des Abberufungsbeschlusses: § 7 Abs. 1 AGG ist zwar als ein umfassendes Benachteiligungsverbot formuliert und erfasst nach seinem Wortlaut daher auch Benachteiligungen im Rahmen des Organverhältnisses. Allerdings statuiert die Norm lediglich das Verbot als solches, trifft darüber hinaus aber keine Aussage über die Rechtsfolgen einer verbotenen Benachteiligung. Indessen bestimmt § 7 Abs. 2 AGG, dass Bestimmungen in Vereinbarungen, die gegen das Benachteiligungsverbot verstoßen, unwirksam sind. Ein diskriminierender Abberufungsbeschluss ist jedoch keine „Vereinbarung", sondern ein einseitiges Rechtsgeschäft und wird daher vom Wortlaut der Norm nicht erfasst.[1060]

1058 So *Hoentzsch*, Anwendung der Benachteiligungsverbote, S. 163 ff.; *Preis/Sagan* folgern bei einer Erstreckung des Schutzes auf das Organverhältnis (den sie selbst generell ablehnen) eine Nichtigkeit der Abberufung gemäß § 7 Abs. 1 AGG i. V. m. § 134 BGB, ZGR 2013, 26, 71; für eine Nichtigkeit auch *Kort*, WM 2013, 1049, 1056.

1059 *Grobys*, in: MAH ArbR, § 80 Rn. 12; *Hohenstatt/Naber*, ZIP 2012, 1989, 1993; *Horstmeier*, GmbHR 2007, 125, 127 f.; *Schiefer/Worzalla*, ZfA 2013, 41, 46; *U. H. Schneider/Hohenstatt*, in: Scholz, GmbHG, § 35 Rn. 343; *Schubert*, ZESAR 2013, 5, 12 f.; *dies.* ZIP 2013, 289, 296 f.; differenzierend für Vorstandsmitglieder von Aktiengesellschaften *Ziemons*, KSzW 2013, 19, 26.

1060 Vgl. *Schlachter*, in: ErfK, § 7 AGG Rn. 6; für eine analoge Anwendung des § 7 Abs. 2 AGG auf einseitige Maßnahmen des Arbeitgebers *Adomeit/Mohr*, AGG, § 7 Rn. 13.

Im Rahmen eines Umkehrschlusses könnte man zwar annehmen, dass einseitige Rechtsgeschäfte, anders als Vereinbarungen, dann gerade nicht nichtig sein sollen. Allerdings wird allgemein davon ausgegangen, dass § 7 Abs. 2 AGG keine konstituierende Wirkung, sondern lediglich deklaratorischen Charakter hat, weil sich die Rechtsfolge der Nichtigkeit bereits aus § 134 BGB ergibt.[1061] Damit entfällt § 7 Abs. 2 AGG als Anknüpfungspunkt für einen Umkehrschluss.

Auch § 2 Abs. 4 AGG spricht in systematischer Hinsicht weder für noch gegen die Unwirksamkeit eines diskriminierenden Abberufungsbeschlusses, weil die Vorschrift lediglich eine Aussage in Bezug auf die Wirksamkeit von Kündigungen trifft und insoweit der Klarstellung dient, dass diese auch weiterhin vorrangig nach Maßgabe des KSchG zu beurteilen sein sollen.[1062] Damit betrifft die Norm aufgrund der grundsätzlichen Trennung von Anstellung und Bestellung aber nicht das Organverhältnis.[1063]

(bb) Vorgaben der Richtlinien

Entscheidend kommt es daher darauf an, ob Sinn und Zweck des AGG für oder gegen die Wirksamkeit eines diskriminierenden Abberufungsbeschlusses sprechen. Maßgeblich sind dabei die Vorgaben der Richtlinien zu beachten. Auch diese geben allerdings die Nichtigkeit einer diskriminierenden Abberufung nicht ausdrücklich vor. Sie verlangen lediglich eine wirksame, verhältnismäßige und abschreckende Sanktionierung von Verstößen (Art. 25 GbRL 2006/54/EG, Art. 15 GbRL 2000/43/EG, Art. 17 GbRL 2000/78/EG). Im Übrigen überlassen sie die Ausgestaltung dem Recht der Mitgliedstaaten.[1064]

Die Nichtigkeit eines diskriminierenden Abberufungsbeschlusses wäre wohl die wirkungsvollste, weil direkteste Rechtsfolge einer verbotenen Diskriminierung und würde damit dem Ziel eines möglichst effektiven Diskriminierungsschutzes entsprechen. Wenngleich die Verwirklichung des Gleichheitsgrundsatzes und die Bekämpfung von Diskriminierungen zu den grundlegenden Zielen der EU gehören, können sie gleichwohl nicht jedes Mittel legitimieren, denn auch im Unionsrecht ist insoweit ein Ausgleich mit kollidierenden unionsrechtlichen

1061 *Adomeit/Mohr*, AGG, § 7 Rn. 13; *B/G/K*, AGG, § 7 Rn. 20; *M/H/H*, AGG, § 7 Rn. 31; *Schlachter*, in: ErfK, § 7 AGG Rn. 6; *Thüsing*, in: MüKo-BGB, § 7 AGG Rn. 11; vgl. auch BT-Drucks. 16/1780, S. 34.

1062 BT-Drucks. 16/1780, S. 32.

1063 *Schubert*, ZESAR 2013, 5, 12.

1064 *Schubert*, ZESAR 2013, 5, 13; *dies.* ZIP 2013, 289, 298.

Prinzipien herzustellen.[1065] In diesem Zusammenhang ist auch die Organisationsfreiheit der Gesellschafter zu berücksichtigen: Die Ausübung von Eigentümerbefugnissen im Sinne einer effektiven Ausübung von Verwaltung und Kontrolle bei Direktinvestitionen in eine Gesellschaft ist als Ausprägung der Kapitalverkehrsfreiheit aus Art. 63 Abs. 1 AEUV ebenfalls unionsrechtlich geschützt.[1066] Bei einer Unwirksamkeit der Abberufung wäre die Gesellschaft u. U. für einen nicht unerheblichen Zeitraum von einem Leitungsorgan abhängig, dem die Gesellschafter das Vertrauen entzogen haben: Aufgrund der im Außenverhältnis unbeschränkbaren Vertretungsmacht könnte es weiterhin wirksam Rechtsgeschäfte für die Gesellschaft vornehmen.[1067] Dieser Zustand führt nicht nur zu einem Kontrollverlust der Gesellschafter, sondern er ist auch geeignet, der wirtschaftlichen Lage der Gesellschaft nachhaltig zu schaden.

Die widerstreitenden Prinzipien des Diskriminierungsschutzes einerseits und der Organisationsfreiheit der Gesellschafter andererseits sind daher miteinander in Ausgleich zu bringen.[1068] Dabei ist zu beachten, dass ein aus einem diskriminierenden Grund ausgesprochener Vertrauensentzug auf sachfremden Motiven beruht und daher nicht besonders schützenswert ist. Auf der anderen Seite würde die Annahme der Unwirksamkeit der Abberufung aufgrund des weit reichenden Kontrollverlustes einen erheblichen Eingriff in die Organisationsfreiheit und damit in die Kapitalverkehrsfreiheit bedeuten und wäre daher nur dann gerechtfertigt, wenn er für die Gewährleistung eines effektiven Schutzes vor Diskriminierungen zwingend erforderlich ist.[1069] Bei entsprechendem Umfang können jedoch grundsätzlich auch Schadensersatz- und Entschädigungsansprüche eine wirksame und abschreckende Sanktionierung darstellen und daher geeignet sein, das Ziel der Richtlinien zu erreichen.[1070] Dies ist bereits deshalb anzunehmen, weil die Richtlinien die Leistung von Schadensersatz oder Entschädigung als Rechtsfolge sogar selbst vorsehen (vgl. Art. 18 GbRL 2006/54/EG, Art. 15 GbRL 2000/43/EG, Art. 17 GbRL 2000/78/EG) und damit offenbar auch der Unionsgesetzgeber davon ausgeht, dass es sich hierbei um

1065 Vgl. EuGH v. 12.6.2003 – C-112/00 (*Schmidberger*), Slg. 2003, I-5659 Rn. 77 ff.

1066 EuGH v. 13.5.2003 – C-98/01 (*Kommission/Vereinigtes Königreich*), Slg. 2003, I-4641 Rn. 40; ausführlich dazu *Schubert*, ZIP 2013, 289, 290, 296 ff.

1067 *Schubert*, ZIP 2013, 289, 296.

1068 *Schubert*, ZIP 2013, 289, 290.

1069 *Schubert*, ZIP 2013, 289, 298.

1070 So auch *Schubert*, ZESAR 2013, 5, 13; *dies.* ZIP 2013, 289, 297; vgl. auch *Preis/Sagan*, ZGR 2013, 26, 65 f.; für die RL 76/207/EWG auch EuGH v. 10.4.1984 – C-14/83 (*von Colson und Kamann*), Slg. 1984, 1891 Rn. 18.

grundsätzlich geeignete Sanktionierungsmaßnahmen handelt. Im Ergebnis ist die Annahme der Nichtigkeit eines diskriminierenden Abberufungsbeschlusses daher europarechtlich nicht zwingend und unter Abwägung der Organisationsfreiheit der Gesellschaft nicht geboten.

Dementsprechend ist das nationale Recht auszulegen. Dabei stellt sich allerdings folgendes Problem: Die Abberufung eines GmbH-Geschäftsführers erfolgt regelmäßig durch die Gesellschafterversammlung (§ 46 Nr. 5 GmbHG). Für das Beschlussmängelrecht gelten nach allgemeiner Ansicht die aktienrechtlichen Vorschriften der §§ 241 ff. AktG entsprechend.[1071] Gemäß § 241 Nr. 3 Alt. 2 AktG ist ein Gesellschafterbeschluss u. a. dann nichtig, wenn er durch seinen Inhalt Vorschriften verletzt, die im öffentlichen Interesse gegeben sind. Vertritt man, wie hier angenommen, eine grundsätzliche Anwendung des AGG auch im Rahmen des Organverhältnisses,[1072] stellt eine diskriminierende Abberufung einen Verstoß gegen § 7 Abs. 1 AGG dar. Grundsätzlich wird man § 7 Abs. 1 AGG als eine im öffentlichen Interesse gegebene Norm im Sinn von § 241 Nr. 3 Alt. 2 AktG bezeichnen müssen, da der Begriff des öffentlichen Interesses in diesem Zusammenhang weit auszulegen ist[1073] und § 7 AGG der Verhinderung von Diskriminierungen und der Herstellung von Chancengleichheit dient.[1074] Bei einer uneingeschränkten Anwendung der einschlägigen zivilrechtlichen Normen wäre ein diskriminierender Abberufungsbeschluss daher nichtig.[1075] Zur hinreichenden Gewährleistung der Organisationsfreiheit der Gesellschafter bzw. der Kapitalverkehrsfreiheit ist daher eine teleologische Reduktion des § 241 Nr. 3 Alt. 2 AktG geboten, mit der Folge, dass der Abberufungsbeschluss trotz Verstoßes gegen § 7 Abs. 1 AGG wirksam ist.[1076] Dass § 241 AktG einer solchen teleologischen Reduktion zugänglich ist, ist anzunehmen, denn in der Formulierung der Norm („nur dann nichtig“)

1071 BGH v. 16.12.1953, BGHZ 11, 231, 235; v. 25.11.2002, NZG 2003, 127, 128; v. 11.2.2008, NZG 2008, 317, 318; *Drescher*, in: Henssler/Strohn, § 241 AktG Rn. 3; *Römermann*, in: Michalski, GmbHG, Anh. § 47 Rn. 21; *Roth*, in: Roth/Altmeppen, GmbHG, § 47 Rn. 91; *Wertenbruch*, in: MüKo-GmbHG, Anhang § 47 Rn. 1.

1072 Dazu oben § 5 B. II. 6. b).

1073 *Hüffer*, AktG, § 241 Rn. 18; *Würthwein*, in: Spindler/Stilz, AktG, § 241 Rn. 214.

1074 *Hoentzsch*, Anwendung der Benachteiligungsverbote, S. 164.

1075 *Hoentzsch*, Anwendung der Benachteiligungsverbote, S. 164; *Schubert*, ZIP 2013, 289, 294.

1076 So im Ergebnis auch *Schubert*, ZIP 2013, 289, 298.

kommt ohnehin bereits die gesetzgeberische Wertung zum Ausdruck, dass die Nichtigkeitsfolge nur äußerst restriktiv anzunehmen ist.[1077]

(c) Ergebnis

Ein auf diskriminierenden Motiven beruhender Abberufungsbeschluss ist wirksam. Die Rechtsfolgen richten sich in diesem Fall allein nach § 15 AGG.

(2) Automatische Beendigung

Eine gegen § 7 Abs. 1 AGG verstoßende Beendigung des Organverhältnisses kann statt durch eine Abberufung auch durch eine Befristung oder auflösende Bedingung erfolgen, wenn diese auf einem der in § 1 AGG genannten Gründe beruht.[1078] Eine solche Regelung kann entweder in der Satzung niedergelegt oder Bestandteil der von der Gesellschafterversammlung im Einzelfall vorgenommenen Bestellung sein.[1079] Wie bereits für die Abberufung stellt sich die Frage, ob eine entsprechende Bedingung bzw. Befristung der Bestellung wirksam ist.

Gegen § 7 Abs. 1 AGG verstoßende Bestimmungen bzw. Vereinbarungen sind grundsätzlich gemäß § 134 BGB nichtig.[1080] § 15 Abs. 6 AGG steht der Annahme der Unwirksamkeit einer diskriminierenden Bedingung oder Befristungsregelung nicht entgegen, weil die Norm nach ihrem Wortlaut lediglich einen Anspruch auf Begründung eines (neuen) Beschäftigungsverhältnisses ausschließt, nicht jedoch die Unwirksamkeit einer Befristung bzw. auflösenden Bedingung, die lediglich zu einem Fortbestand des bereits bestehenden Beschäftigungsverhältnisses führen würde.[1081]

Allerdings könnte die Annahme der Unwirksamkeit einer entsprechenden Regelung einen Wertungswiderspruch zu der soeben angenommenen Wirksamkeit

---

1077 Vgl. *Englisch*, in: Hölters, AktG, § 241 Rn. 3.

1078 *Hoentzsch*, Anwendung der Benachteiligungsverbote, S. 165.

1079 *Goette*, DStR 1998, 938, 939.

1080 *Thüsing*, in: MüKo-BGB, § 7 AGG Rn. 11.

1081 Zur Parallelproblematik einer diskriminierenden Befristung des Anstellungsvertrages wird indessen teilweise vertreten, § 15 Abs. 6 AGG stehe nach seinem Sinn und Zweck auch einer Fortsetzung des befristeten Vertrages entgegen, weil mit der diskriminierenden Beendigung zugleich eine Entscheidung über die Nichtverlängerung der Tätigkeit getroffen werde, vgl. *B/G/K*, AGG, § 15 Rn. 68; *Stoffels*, RdA 2009, 204, 214. Ausführlich dazu und im Ergebnis wie hier *Hoentzsch*, Anwendung der Benachteiligungsverbote, S. 166 f.; ebenso in Bezug auf Arbeitsverträge *M/H/H*, AGG, § 15 Rn. 102.

einer diskriminierenden Abberufung darstellen, denn in beiden Fällen geht es um die diskriminierende Beendigung des Organverhältnisses, so dass es nahe liegt, beide Fälle gleich zu behandeln. Allerdings erfolgt eine vorzeitige Abberufung regelmäßig aus einem bestimmten aktuellen Anlass, bei dem neben den diskriminierenden Motiven noch weitere Umstände eine Rolle spielen können. Demgegenüber erscheint eine bereits bei Abschluss des Organverhältnisses vorgenommene Befristung bzw. auflösende Bedingung, die ohne Rücksicht auf die tatsächliche Entwicklung des Vertrauensverhältnisses zwischen Organmitglied und Gesellschaft allein aus diskriminierenden Gründen erfolgt, mit Blick auf die Organisationsfreiheit der Gesellschaft in weitaus geringerem Maße schützenswert. Gleichzeitig wird der Organisationsfreiheit der Gesellschaft auch bei einer Unwirksamkeit der Befristungsabrede bzw. der auflösenden Bedingung dadurch Rechnung getragen, dass ihr als letztes Mittel noch die Möglichkeit der vorzeitigen Abberufung verbleibt, die – wie gezeigt – unabhängig davon, ob sie auf diskriminierenden Motiven beruht, wirksam ist. Eine unterschiedliche Behandlung ist daher gerechtfertigt. Die diskriminierende Bedingung bzw. Befristungsregelung ist unwirksam. Dies kann allerdings nicht gleichzeitig zur Unwirksamkeit auch der Bestellung führen, denn dies liefe dem Regelungsgedanken des § 7 Abs. 2 AGG sowie dem Schutzzweck des AGG zuwider.[1082] Die Bestellung als solche ist mithin trotz der nichtigen Bedingung/Befristung wirksam.

bb) Diskriminierende Nichtbestellung

Spiegelbildlich zur diskriminierenden Abberufung stellt sich die Frage nach den Rechtsfolgen einer aus diskriminierenden Gründen nicht erfolgten Bestellung eines Bewerbers für eine Organmitgliedschaft. In diesem Zusammenhang besteht weitgehend Einigkeit, dass aus dem AGG kein Anspruch auf Bestellung zum Organmitglied erwächst, weil § 15 Abs. 6 AGG einer solchen Naturalrestitution entgegenstehe.[1083]

Wenngleich § 15 Abs. 6 AGG nach seinem Wortlaut lediglich Ansprüche auf Begründung von Beschäftigungsverhältnissen, Berufsausbildungsverhältnissen und beruflichen Aufstieg ausschließt, überzeugt es, diesen Ausschluss

---

1082 *Hoentzsch*, Anwendung der Benachteiligungsverbote, S. 166.

1083 *Bauer/Arnold*, AG 2007, 807, 808; *Dzida/Naber*, ArbRB 2012, 373, 374; *Hohenstatt/Naber*, ZIP 2012, 1989, 1993; *Jaeger*, in: MüKo-GmbHG, § 35 Rn. 270; *Lutter*, BB 2007, 725; *Reufels/Molle*, NZA-RR 2011, 281, 285; *Schubert*, ZESAR 2013, 5, 13; *dies.*, ZIP 2013, 289, 295; *Stenslik/Zahn*, DStR 2012, 1865, 1869; wohl auch *Ziemons*, KSzW 2013, 19, 25 f.

der Naturalrestitution auf die Bestellung zum Organmitglied zu erstrecken, denn § 15 Abs. 6 AGG liegt die allgemeine Wertentscheidung zugrunde, dass es trotz verbotener Diskriminierung keinen Kontrahierungszwang geben soll.[1084] Dahinter wiederum steht der Gedanke, dass im Rahmen eines erzwungenen Vertragsverhältnisses das für eine auf Dauer angelegte Zusammenarbeit notwendige Vertrauensverhältnis niemals entstehen kann.[1085] Diese Einsicht trifft erst recht auf das Organverhältnis zu, weil eine vertrauensvolle Zusammenarbeit aufgrund der weitreichenden Handlungsbefugnisse des Organs hier von eher noch größerer Bedeutung ist als im Rahmen eines normalen Arbeitsverhältnisses. Die Vorschrift des § 15 Abs. 6 AGG steht auch im Einklang mit europarechtlichen Vorgaben: Wie bereits geprüft gebieten die Diskriminierungsrichtlinien nicht einmal die Nichtigkeit eines diskriminierenden Abberufungsbeschlusses.[1086] Dann gewähren sie aber erst recht keinen Anspruch auf Bestellung im Fall, dass eine solche aus diskriminierenden Gründen unterbleibt, denn dies wäre sogar ein „Mehr" im Vergleich zur Nichtigkeit der Abberufung, weil eine Rechtsposition erst begründet werden müsste.[1087] Ein Anspruch auf Bestellung ist daher abzulehnen.

Weiterhin stellt sich in diesem Zusammenhang die Frage nach der Wirksamkeit von Satzungsregelungen oder sonstigen Bestimmungen, die in diskriminierender Art und Weise persönliche Bestellungsvoraussetzungen, insbesondere unzulässige Altersgrenzen, statuieren. Insoweit wird in der Literatur der Gedanke aufgeworfen, dass allein die Satzungsbestimmung möglicherweise noch nicht zu einer verbotenen Benachteiligung im Sinne von § 7 Abs. 1 AGG führe, sondern eine solche erst dann gegeben sei, wenn es aufgrund der Satzungsbestimmung auch tatsächlich zu einer diskriminierenden Entscheidung bei einer Organbesetzung komme, was aber noch von verschiedenen weiteren Faktoren abhänge.[1088] Überzeugender ist allerdings die Annahme, dass sich der Schutzzweck des § 7 Abs. 1 AGG auch bereits auf solche „vorgelagerten" Bestimmungen erstreckt, denn ansonsten käme es zu einer Konfliktlage des im konkreten Fall

1084 *Deinert*, in: HK-AGG, § 15 Rn. 129; *Schlachter*, in: ErfK, § 15 AGG Rn. 20.

1085 *Deinert*, in: HK-AGG, § 15 Rn. 129.

1086 Dazu oben § 5 B. II. 8. a) aa) (1).

1087 So im Ergebnis auch EuGH v. 10.4.1984 – C-14/83 (*von Colson und Kamann*), Slg. 1984, 1891 Rn. 18 hinsichtlich der Regelung des § 611a Abs. 2 BGB a.F., die einen Anspruch auf Begründung eines Arbeitsverhältnisses im Falle einer geschlechtsbezogenen Diskriminierung ausschloss; vgl. auch *Stein*, in: Wendeling-Schröder/Stein, AGG § 15 Rn. 96; *Thüsing*, in: MüKo-BGB, § 15 AGG Rn. 43.

1088 *Oetker*, FS Otto, S. 361, 377.

zur Entscheidung über die Bestellung berufenen Gesellschaftsorgans, das sich zwangsläufig entweder satzungswidrig verhalten oder gegen das AGG verstoßen müsste.[1089] Eine entsprechende Regelung ist daher unwirksam.

cc) Bestellung von Dritten

Weiterhin stellt sich die Frage, wie sich eine aus diskriminierenden Gründen nicht vorgenommene Bestellung eines Bewerbers auf die Wirksamkeit der Bestellung des stattdessen, d. h. des unrechtmäßig bestellten Dritten auswirkt.

Während vereinzelt vertreten wird, die Bestellung des Dritten sei nichtig,[1090] wird überwiegend von der Wirksamkeit der diskriminierenden Bestellung ausgegangen.[1091] Überzeugend verweist die zuletzt genannte Ansicht darauf, dass sich der Schutzzweck des § 7 Abs. 1 AGG nicht gegen die Bestellung eines Dritten als solche richtet, sondern lediglich gegen die diskriminierende Nichtberücksichtigung des nicht bestellten Kandidaten, weil allein in ihr die verbotene Benachteiligung zu sehen ist.[1092] Auch § 15 Abs. 6 AGG spricht für die Wirksamkeit der Bestellung des Dritten, denn wenn der diskriminierte Bewerber ohnehin keinen Anspruch auf Bestellung hat, nützt ihm auch die Unwirksamkeit der Bestellung des Dritten nichts.[1093] Untermauert wird dieses Ergebnis mit einem Vergleich zur Situation im Öffentlichen Dienst, wo Art. 33 Abs. 2 GG ein Recht auf chancengleiche Teilhabe am Auswahlverfahren statuiert. Auch hier ist aber eine rechtswidrige Stellenbesetzung wirksam.[1094] Dann muss dies erst recht im Rahmen des AGG gelten, das lediglich ein Recht auf Nichtdiskriminierung, nicht aber auf Chancengleichheit gewährt.[1095]

1089 Aus diesem Grunde so auch bereits *Oetker*, FS Otto, 361, 377 f.; ebenso wohl *Lutter*, BB 2007, 725, 727.

1090 So *Krause*, AG 2007, 392, 395; differenzierend für Vorstände der AG (Nichtigkeit) und GmbH-Geschäftsführer (Anfechtbarkeit): *Liebhäuser*, Bedeutung des AGG, S. 137 ff.

1091 *Bauer/Arnold*, AG 2007, 807; *Hoentzsch*, Anwendung der Benachteiligungsverbote, S. 169 f.; *Oetker*, FS Otto, S. 361, 375 f.; *Reufels/Molle*, NZA-RR 2011, 281, 285 f.

1092 *Bauer/Arnold*, AG 2007, 807 f.; *Hoentzsch*, Anwendung der Benachteiligungsverbote, S. 170.

1093 *Bauer/Arnold*, AG 2007, 807, 808; *Hoentzsch*, Anwendung der Benachteiligungsverbote, S. 170; vgl. auch *Oetker*, FS Otto, S. 261, 375 f.

1094 Vgl. BAG v. 28.5.2002, NZA 2003, 324, 326.

1095 So bereits *Hoentzsch*, Anwendung der Benachteiligungsverbote, S. 169 f.

b) Anwendbarkeit des AGG bei diskriminierender Kündigung des Anstellungsvertrages

Bei Diskriminierungen, die materiell den Anstellungsvertrag eines Arbeitnehmer-Organmitglieds betreffen, sind drei Fälle zu unterscheiden: Kommt es aus diskriminierenden Motiven gar nicht erst zum Abschluss des Anstellungsvertrages, besteht gemäß § 15 Abs. 6 AGG auch kein Anspruch auf Begründung eines Anstellungsverhältnisses. Die Rechtsfolgen richten sich nach § 15 AGG.

Bei einer diskriminierenden Ausgestaltung des Vertrages (denkbar ist insoweit insbesondere eine im Vergleich zu anderen Organmitgliedern diskriminierende Vergütungsregelung) ergeben sich ebenfalls keine Besonderheiten gegenüber der Situation bei allen sonstigen Arbeitnehmern auch: Die diskriminierende Regelung ist gemäß § 7 Abs. 2 AGG bzw. § 134 BGB unwirksam und es erfolgt ggf. eine Anpassung nach oben.[1096]

Problematisch sind jedoch die Rechtsfolgen einer diskriminierenden Kündigung des Anstellungsvertrages. § 2 Abs. 4 AGG bestimmt, dass für Kündigungen ausschließlich die Bestimmungen des allgemeinen und besonderen Kündigungsschutzes gelten.

aa) Meinungsstand

Die in § 2 Abs. 4 AGG angeordnete Nichtgeltung des AGG bei diskriminierenden Kündigungen ist nicht nur für Organmitglieder, sondern bei allen Arbeitnehmern im Sinne des AGG problematisch, weil die dem AGG zugrunde liegenden Richtlinien den Diskriminierungsschutz ausdrücklich auf die Entlassungsbedingungen erstrecken. § 2 Abs. 4 AGG wird daher verbreitet für gemeinschaftsrechtswidrig gehalten.[1097] Die Norm sei wegen Verstoßes gegen das Unionsrecht unanwendbar.[1098] Andere gehen davon aus, den europarechtlichen Anforderungen könne im Wege der richtlinienkonformen Auslegung des § 2 Abs. 4 AGG sowie der Kündigungsschutzbestimmungen Rechnung getragen

1096 Vgl. zur „Anpassung nach oben" *Thüsing*, in: MüKo-BGB, § 7 AGG Rn. 13 ff.

1097 S. nur *Däubler*, in: HK-AGG, § 2 Rn. 260 m. w. N.

1098 *Däubler*, in: HK-AGG, § 2 Rn. 263; *Linck*, in: Schaub, § 36 Rn. 24; *Sagan*, NZA 2006, 1257, 1259; *Schleusener*, in: S/S/V, AGG, § 2 Rn. 33 ff.; wohl auch *Thüsing*, Diskriminierungsschutz, Rn. 115, 118.

werden, wobei dabei teilweise trotz der angeordneten Nichtgeltung des AGG auf dessen Rechtsfolgen zurückgegriffen wird.[1099]

Das BAG sieht in § 2 Abs. 4 AGG keine Einschränkung des durch § 2 Abs. 1 AGG angeordneten Schutzes sowie dessen Erstreckung auf die Entlassungsbedingungen, sondern misst der Norm lediglich insofern eine Bedeutung zu, als sie klarstelle, dass bei diskriminierenden Kündigungen kein „zweites Kündigungsschutzrecht" neben das bereits bestehende Kündigungsschutzsystem treten soll. Stattdessen seien die Diskriminierungsverbote des AGG bei der Prüfung der sozialen Rechtfertigung nach dem KSchG zu berücksichtigen und führten dann ggf. zur Sozialwidrigkeit der Kündigung.[1100] Inwieweit gleichwohl die Rechtsfolgen des AGG auf diskriminierende Kündigungen anzuwenden sind, ließ das Gericht ausdrücklich offen.[1101]

Speziell im Hinblick auf die diskriminierende Kündigung von Anstellungsverträgen bei Arbeitnehmer-Organmitgliedern wird einerseits in Anlehnung an die Rechtsprechung des BAG vertreten, aufgrund der Vorschrift des § 2 Abs. 4 AGG seien die Diskriminierungsverbote im Rahmen der §§ 138, 242 BGB zu berücksichtigen, was zur Unwirksamkeit einer diskriminierenden Kündigung führe.[1102] Andererseits gibt es Stimmen, die von der Nichtanwendbarkeit des § 2 Abs. 4 AGG auf Organmitglieder ausgehen: Die Vorschrift sei ersichtlich auf Arbeitnehmer zugeschnitten und könne auf Organmitglieder schon deshalb keine Anwendung finden, weil es für sie weder allgemeinen noch besonderen Kündigungsschutz im Sinne der Vorschrift gebe. Für sie gelte das AGG daher auch bei diskriminierenden Kündigungen.[1103]

1099 *B/G/K*, AGG, § 2 Rn. 60 ff.; *Schlachter*, in: ErfK, § 2 AGG Rn. 18; *Stein*, in: Wendeling-Schröder/Stein, AGG, § 2 Rn. 39; *Willemsen/Schweibert*, NJW 2006, 2583, 2584 f.; s. zum Streitstand auch BAG v. 6.11.2008, NZA 2009, 361, 363 f.

1100 BAG v. 6.11.2008, NZA 2009, 361, 363 ff.; v. 22.10.2009, NZA 2010, 280, 281; v. 5.11.2009, NZA 2010, 457, 458 f.

1101 BAG v. 22.10.2009, NZA 2010, 280, 281 f.

1102 *Bauer/Arnold*, ZIP 2012, 597, 602; *Oetker*, in: Henssler/Strohn, § 35 GmbHG Rn. 119; *Schubert*, EuZA 2011, 362, 370; *dies.*, ZESAR 2013, 5, 12; *dies.* ZIP 2013, 289, 293.

1103 *Dzida/Naber*, ArbRB 2012, 373, 375; *Hohenstatt/Naber*, ZIP 2012, 1989, 1991; *Lunk*, RdA 2013, 110, 112; *Lunk/Rodenbusch*, GmbHR 2012, 188, 194; *U. H. Schneider/Hohenstatt*, in: Scholz, GmbHG, § 35 Rn. 330.

bb) Stellungnahme

Die Vorschrift des § 2 Abs. 4 AGG bereits deshalb für nicht anwendbar zu erklären, weil es für Organmitglieder keinen Kündigungsschutz gibt, vermag nicht zu überzeugen, denn auch die §§ 138, 242 BGB sind als Normen des allgemeinen Kündigungsschutzes zu qualifizieren,[1104] so dass ein solcher in abgeschwächter Form auch für Organmitglieder besteht.

Allerdings ist fraglich, ob eine Nichtanwendung der Diskriminierungsverbote des AGG auf den Bereich des Kündigungsrechts mit Europäischem Recht vereinbar ist, denn die dem AGG zugrunde liegenden Richtlinien verbieten Diskriminierungen auch in Bezug auf die Entlassungsbedingungen (vgl. Art. 14 Abs. 1 lit. c) GbRL 2006/54/EG sowie die jeweiligen Art. 3 Abs. 1 lit. c) der GbRL 2000/43/EG und 2000/78/EG) und „Entlassung" in diesem Sinne ist nach der Rechtsprechung des EuGH auch eine Kündigung.[1105] Ein Verstoß gegen Unionsrecht wäre daher nur dann zu verneinen, wenn dem Verbot der Diskriminierung bei Entlassungen auf anderem Wege Rechnung getragen werden kann.[1106] Eine Berücksichtigung der Diskriminierungsverbote im Rahmen von § 1 KSchG scheidet für Organmitglieder indessen aus, weil § 14 Abs. 1 Nr. 1 KSchG sie aus dem Anwendungsbereich des Gesetzes ausdrücklich ausschließt.

(1) Möglichkeit der richtlinienkonformen Auslegung von § 2 Abs. 4 AGG, §§ 138, 242 BGB?

In Betracht kommt daher allein eine Berücksichtigung der Diskriminierungsverbote im Rahmen einer richtlinienkonforme Auslegung der Generalklauseln der §§ 138, 242 BGB, die gegenüber eine Nichtanwendung des § 2 Abs. 4 AGG grundsätzlich vorrangig wäre.[1107] Einer richtlinienkonformen Auslegung begegnen allerdings Bedenken gleich in mehrerlei Hinsicht:

1104 *Adomeit/Mohr*, AGG, § 2 Rn. 222; *Bayreuther*, DB 2006, 1842, 1846; *Diller/Krieger/Arnold*, NZA 2006, 887, 888; *Stenslik/Zahn*, DStR 2012, 1865, 1866.

1105 Vgl. EuGH v. 11.7.2006 – C-13/05 (*Chacón Navas*), Slg. 2006, I-6467, Rn. 37; *Däubler*, in: HK-AGG, § 2 Rn. 260.

1106 Vgl. *Bayreuther*, DB 2006, 1842, 1846; *Bertelsmann*, in: Rust/Falke, AGG, § 2 Rn. 245.

1107 Vgl. *Bertelsmann*, in: Rust/Falke, AGG, § 2 Rn. 261; *Schlachter*, in: ErfK, § 2 AGG Rn. 18.

(a) Rechtsfolgenproblematik

Zum einen würde die Nichtanwendung des AGG dazu führen, dass auch dessen Rechtsfolgen grundsätzlich keine Anwendung fänden, mit der Folge, dass die diskriminierende Kündigung zwar nach § 138 bzw. § 242 BGB unwirksam wäre, die Rechtsfolgen des § 15 AGG jedoch entfielen. In Hinblick auf den Schadensersatzanspruch gemäß § 15 Abs. 1 AGG ließe sich zwar einwenden, dass bei einem weiterhin wirksamen Anstellungsvertrag und infolgedessen weiterhin bestehendem Vergütungsanspruch ohnehin kein ersatzfähiger materieller Schaden entsteht.[1108] Allerdings sieht § 15 Abs. 2 AGG ausdrücklich auch den (verschuldensunabhängigen) Ersatz immaterieller Schäden vor. Bei einer Nichtanwendung des AGG wären immaterielle Schäden allein unter den engen Voraussetzungen des § 253 Abs. 2 BGB, also etwa bei einer gleichzeitigen schweren Verletzung des allgemeinen Persönlichkeitsrechts ersatzfähig.[1109]

Diese Diskrepanz wäre problematisch, wenn die Richtlinien einen Ausgleich immaterieller Schäden bei Diskriminierungen verpflichtend vorsehen würden. Die GbRL 2000/43/EG und die GbRL 2000/78/EG enthalten diesbezüglich keine Bestimmungen. Sie sehen lediglich wirksame, verhältnismäßige und abschreckende Sanktionen bei einem Verstoß vor und nennen dabei die Gewährung von Schadensersatz nur beispielhaft (vgl. jeweils Art. 15). Die GbRL 2006/54/EG hingegen sieht in Art. 18 ausdrücklich vor, dass eine diskriminierte Person Anspruch auf Schadensersatz oder Entschädigung hat. Die Formulierung „Schadensersatz oder Entschädigung" bzw. „Ausgleich oder Entschädigung", besagt zwar nicht eindeutig, ob zwangsläufig beides zu gewähren ist oder ob ggf. eines von beiden genügt. Für einen Ersatz sowohl materieller als auch immaterieller Schäden spricht allerdings, dass die Norm verlangt, dass der (gesamte) Schaden „tatsächlich und wirksam" ausgeglichen bzw. ersetzt wird und dies auf „abschreckende und dem erlittenen Schaden angemessene Art und Weise" zu geschehen hat. Gerade aber die Sanktion eines verschuldensunabhängigen Entschädigungsanspruches dürfte abschreckenden Charakter haben.[1110] Auch wäre es nicht überzeugend, eine Entschädigung nach § 15 Abs. 2 AGG zwar in allen Fällen der diskriminierenden Ausgestaltung

---

1108 *B/G/K*, AGG, § 2 Rn. 70; *Sagan*, NZA 2006, 1257, 1260.

1109 *Diller/Krieger/Arnold*, NZA 2006, 887, 888 (dort Fn. 4).

1110 Vgl. *Thüsing*, Diskriminierungsschutz, Rn. 114; für die Erforderlichkeit eines Entschädigungsanspruchs auch *Bertelsmann*, in: Rust/Falke, AGG, § 2 Rn. 263 f.; *Hamacher/Ulrich*, NZA 2007, 657, 659 f.; *Schlachter*, in: ErfK, § 2 AGG Rn. 18.

des Beschäftigungsverhältnisses zu gewähren (denn in diesen Fällen findet das AGG und damit auch § 15 Abs. 2 ohne weiteres Anwendung), nicht aber im Fall der diskriminierenden Kündigung, obwohl diese im Verhältnis die gravierenderen Rechtsfolgen hat.[1111]

Verbreitet wird indessen angenommen, der Ausgleich von Nichtvermögensschäden werde bereits durch die Rechtsfolge der Unwirksamkeit der diskriminierenden Kündigung hinreichend gewährleistet, weil durch den Fortbestand des Beschäftigungsverhältnisses ein Ausgleich im Wege der Naturalrestitution erfolge.[1112] Zu bedenken ist jedoch, dass Organmitglieder – anders als andere Arbeitnehmer – selbst bei Unwirksamkeit der Kündigung nach deutschem Recht grundsätzlich keinen Anspruch auf Weiterbeschäftigung haben.[1113] Weigert sich die Gesellschaft, das Organmitglied nach einer diskriminierenden Kündigung weiter zu beschäftigen, bleiben die Ansprüche aus dem Anstellungsverhältnis auf den Annahmeverzugslohn beschränkt. Der durch die Nichtbeschäftigung entstehende immaterielle Schaden[1114] wird nicht ausgeglichen. Hinsichtlich des immateriellen Schadens ist daher ein vollständiger Ausgleich im Wege der Naturalrestitution allein durch die Rechtsfolge der Unwirksamkeit nicht gewährleistet.

Auch die in § 22 AGG abweichend von den allgemeinen Grundsätzen geregelte Beweiserleichterung ist europarechtlich gefordert (vgl. Art. 19 Abs. 1 GbRL 2006/54/EG, Art. 8 Abs. 1 GbRL 2000/43/EG und Art. 10 Abs. 1 GbRL 2000/78/EG). Dem im Rahmen einer Anwendung der §§ 138, 242 BGB Rechnung zu tragen, ohne insoweit letztlich doch auf § 22 AGG zurückzugreifen, dürfte erhebliche Probleme bereiten.[1115] Um eine zumindest teilweise Anwendung der Rechtsfolgen des AGG käme man damit letztlich nicht herum.

1111 *Däubler*, in: HK-AGG, § 2 Rn. 262a; a. A. *Sagan*, NZA 2006, 1257, 1260, der die unterschiedliche Behandlung durch den intensiveren Eingriff in die Vertragsfreiheit des Arbeitgebers gerechtfertigt sieht.

1112 *B/G/K*, AGG, § 2 Rn. 71; *Diller/Krieger/Arnold*, NZA 2006, 887, 888; *Hamacher/Ulrich*, NZA 2007, 657, 659; *Sagan*, NZA 2006, 1257, 1260; a. A. *Däubler*, in: HK-AGG, § 2 Rn. 262a.

1113 So für den GmbH-Geschäftsführer BGH v. 11.10.2010, NJW 2011, 920, 921 m. w. N.; umstritten ist, ob ein Anspruch auf Weiterbeschäftigung in einer anderen Position besteht, vgl. zum Streitstand *Lunk/Rodenbusch*, NZA 2011, 497, 497 f.

1114 Vom Vorliegen eines immateriellen Schadens ist bei einer verbotenen Benachteiligung insoweit auszugehen, vgl. BAG v. 18.3.2010, NZA 2010, 1129, 1131 f.

1115 Vgl. dazu *Sagan*, NZA 2006, 1257, 1258; *Thüsing*, Diskriminierungsschutz Rn. 113.

(b) *Überschreitung der Grenzen richtlinienkonformer Auslegung*

Unabhängig von der Rechtsfolgenproblematik ist eine richtlinienkonforme Auslegung stets nur insoweit möglich, wie der Wortlaut einer Norm und der gesetzgeberische Wille ihr nicht entgegenstehen.[1116] Bereits der Wortlaut des § 2 Abs. 4 AGG, wonach Kündigungen „ausschließlich" nach allgemeinem bzw. besonderem Kündigungsschutzrecht zu beurteilen sind, lässt eine teilweise Anwendung des AGG oder ein Hineinlesen von dessen Vorschriften in andere Normen als problematisch erscheinen.[1117]

Zudem hatte der Gesetzgeber die Formulierung des § 2 Abs. 4 AGG im Gesetzgebungsverfahren aus Klarstellungsgründen dahingehend geändert, dass für Kündigungen die Bestimmungen des Kündigungsschutzes nicht nur „vorrangig", sondern „ausschließlich" gelten sollen.[1118] Damit hat er seinen eindeutigen Willen manifestiert, dass Kündigungen aus dem Anwendungsbereich des AGG gänzlich herausfallen sollen. Eine richtlinienkonforme Auslegung würde dem widersprechen.[1119] Eine Anwendung der Diskriminierungsvorschriften im Rahmen der §§ 138, 242 BGB würde im Ergebnis daher die Grenzen richtlinienkonformer Auslegung überschreiten.

(c) *Ergebnis*

§ 2 Abs. 4 AGG stellt einen Verstoß gegen die Vorgaben der Gleichbehandlungsrichtlinien dar, der nicht im Wege einer europarechtskonformen Auslegung zu heilen ist.

(2) *Folgen des Unionsrechtsverstoßes*

In der Rechtssache *Mangold* hat der EuGH entschieden, dass eine nationale Norm, die dem Diskriminierungsverbot, das zugleich einen allgemeinen (primärrechtlichen) Grundsatz des Unionsrechts darstellt, auch im Rahmen privater

---

1116 Vgl. zu den Grenzen richtlinienkonformer Auslegung bereits oben unter § 5 B. I. 5. b) bb).

1117 *Hamacher/Ulrich*, NZA 2007, 657, 659 f.; *Sagan*, NZA 2006, 1257, 1258; a. A. *Diller/Krieger/Arnold*, NZA 2006, 887, 890, nach deren Ansicht der Wortlaut des § 2 Abs. 4 AGG eine Anwendung des § 15 Abs. 2 AGG nicht sperrt.

1118 Vgl. die Stellungnahme des Bundesrates, BT-Drucks. 16/1852, S. 2 sowie die Beschlussempfehlung des Rechtsausschusses, BT-Drucks. 16/2022, S. 6; ausführlich zur Entstehungsgeschichte *Bertelsmann*, in: Rust/Falke, AGG, § 2 Rn. 240.

1119 *Hamacher/Ulrich*, NZA 2007, 657, 659 f.

Rechtsverhältnisse von den nationalen Gerichten außer Acht zu lassen ist.[1120] In dem zugrunde liegenden Fall ging es um die Nichtanwendung des § 14 Abs. 3 TzBfG aufgrund eines Verstoßes gegen das Verbot der Altersdiskriminierung. Die Rechtsprechung ist auf § 2 Abs. 4 AGG übertragbar, da auch diese Regelung in den Geltungsbereich des Unionsrechts fällt und gegen den Grundsatz der Nichtdiskriminierung verstößt.[1121] Folglich ist § 2 Abs. 4 AGG jedenfalls auf diskriminierende Kündigungen von Arbeitnehmer-Organmitgliedern nicht anzuwenden.[1122]

Infolge der Nichtanwendbarkeit ist die diskriminierende Kündigung des Anstellungsvertrags von Arbeitnehmer-Organmitgliedern nach § 7 Abs. 1 AGG i. V. m. § 134 BGB unwirksam. Darüber hinaus finden die weiteren im AGG vorgesehenen Rechtsfolgen Anwendung, so dass dem gekündigten Organmitglied die Beweiserleichterung des § 22 AGG zugute kommt und ihm Schadensersatz- und ggf. Entschädigungsansprüche nach § 15 Abs. 1 und 2 AGG zustehen.[1123]

c) Besonderheiten hinsichtlich Schadensersatz und Entschädigung

Infolge einer nach dem AGG verbotenen Diskriminierung im Rahmen des Bestellungsverhältnisses oder des Anstellungsvertrages stehen Arbeitnehmer-Organmitgliedern Schadensersatz- bzw. Entschädigungsansprüche gemäß § 15 AGG zu. Auch insoweit soll im Folgenden nur auf einige speziell für Organmitglieder diskutierte Aspekte eingegangen werden.

aa) Beweisanforderungen beim Schadensersatzanspruch

§ 22 AGG gewährt dem Kläger im Streit um eine Benachteiligung eine Beweiserleichterung dergestalt, dass dieser lediglich Indizien beweisen muss, die eine Benachteiligung wegen eines in § 1 AGG genannten Grundes vermuten lassen. Sodann trägt die andere Partei die volle Beweislast für das Nichtvorliegen einer

1120 EuGH v. 22.11.2005 – C-144/04 (*Mangold*), Slg. 2005, I-9981 Rn. 75 ff.; zustimmend BAG v. 26.4.2006, NZA 2006, 1162, 1165 ff.

1121 *Däubler*, in: HK-AGG, § 2 Rn. 263; a. A: *Hamacher/Ulrich*, NZA 2007, 657, 660 f.

1122 Für eine generelle Nichtanwendbarkeit auch ArbG Osnabrück v. 5.2.2007, NZA 2007, 626, 627 f.; *Bayreuther*, DB 2006, 1842, 1843; *Däubler*, in: HK-AGG, § 2 Rn. 263; *Sagan*, NZA 2006, 1257, 1259; *Schleusener*, in: S/S/V, AGG, § 2 Rn. 33, 35.

1123 *Däubler*, in: HK-AGG, § 2 Rn. 263; *Schleusener*, in: S/S/V, AGG, § 2 Rn. 38; einschränkend etwa *Sagan*, NZA 2006, 1257, 1259 f., der zwar die Unwirksamkeit der Kündigung nach § 7 Abs. 1 AGG annimmt, jedoch die Rechtsfolgen des § 15 AGG nicht für anwendbar hält.

verbotenen Diskriminierung.[1124] Die Beweiserleichterung gilt indessen nach dem Wortlaut der Vorschrift nur für die Frage, ob ein Verstoß gegen § 1 AGG vorliegt und damit nicht für die sonstigen Voraussetzung eines Schadensersatzanspruchs nach § 15 Abs. 1 AGG, d. h. insbesondere nicht für die haftungsausfüllende Voraussetzung eines kausal auf der Benachteiligung beruhenden Schadens.[1125] Für diese trägt der Kläger grundsätzlich die vollständige Darlegungs- und Beweislast. Dies führt bei Diskriminierungen im Rahmen der Einstellung zu erheblichen Schwierigkeiten: Wird ein Bewerber aus diskriminierenden Gründen nicht eingestellt, wäre er nach allgemeinen Grundsätzen hinsichtlich des Umstandes, dass er bei diskriminierungsfreier Auswahl die Position erhalten hätte, vollständig beweisbelastet.[1126] Dieser Nachweis setzt aber im Einzelfall Kenntnisse über die der Einstellung zugrunde liegenden internen Entscheidungsprozesse voraus und wird daher regelmäßig schwer zu führen sein.[1127]

Aus diesem Grund gewährte der BGH dem diskriminierten Bewerber für das Amt eines GmbH-Geschäftsführers eine Beweiserleichterung dahingehend, dass die haftungsausfüllende Kausalität zu vermuten sei, wenn nach der allgemeinen Lebenserfahrung eine tatsächliche Vermutung bzw. Wahrscheinlichkeit dafür spreche, dass der Bewerber bei diskriminierungsfreier Auswahl angestellt und bestellt worden wäre. Dann obliege der Gesellschaft der Nachweis, dass eine Einstellung auch bei diskriminierungsfreier Auswahl nicht erfolgt wäre.[1128]

Diese richterrechtliche Beweiserleichterung vermag in der Sache zu überzeugen, da ein Schadensersatzanspruch bei diskriminierender Nichtanstellung bzw. Nichtbestellung ansonsten praktisch regelmäßig an dem Kausalitätsnachweis scheitern dürfte, denn selbst der Nachweis, objektiv am besten geeignet zu sein, ist insoweit nicht ausreichend: Eine private Gesellschaft hat – anders als ein Arbeitgeber im öffentlichen Dienst – gleichwohl die Möglichkeit, einen anderen

---

1124 *Schlachter*, in: ErfK, § 22 AGG Rn. 1.

1125 BGH v. 23.4.2012, BGHZ 193, 110, 125; *Hoefs/Rentsch*, DB 2012, 2733, 2737; *Hoentzsch*, Anwendung der Benachteiligungsverbote, S. 175; *Thüsing*, in: MüKo-BGB, § 22 AGG Rn. 21; *Ziemons*, KSzW 2013, 19, 25.

1126 *Bauer/Arnold*, ZIP 2008, 993, 1002; *Preis/Sagan*, ZGR 2013, 26, 71.

1127 Vgl. BGH v. 6.4.1995, BGHZ 129, 226, 230.

1128 BGH v. 23.4.2012, BGHZ 193, 110, 118; zustimmend etwa *Paefgen*, ZIP 2012, 1296, 1299; *Ziemons*, KSzW 2013, 19, 25. Das OLG Köln als Vorinstanz hatte hingegen die Unbeachtlichkeit einer hypothetischen Nichteinstellung entsprechend § 15 Abs. 2 S. 2 AGG erwogen, OLG Köln v. 29.7.2010, NZA 2011, 211, 215; dagegen *Bauer/Arnold*, ZIP 2012, 597, 604 f.; kritisch auch *Hoefs/Rentsch*, DB 2012, 2733, 2737.

Bewerber einzustellen.[1129] Der Ausgleich würde sich folglich auf die Gewährung einer Entschädigung beschränken.[1130] Dies wäre mit der Vorgabe in Art. 18 GbRL 2006/54/EG, wonach ein wirksamer und abschreckender Ausgleich aller erlittener Schäden zu erfolgen hat, kaum vereinbar.

Die Entscheidung des BGH betraf einen Geschäftsführer, dessen Arbeitnehmereigenschaft das Gericht ausdrücklich offen ließ.[1131] Auf diese kann es aber auch nicht ankommen, denn die Beweisschwierigkeiten ergeben sich unabhängig davon, ob die spätere Organtätigkeit als selbständig zu qualifizieren wäre oder nicht.

bb) Begrenzung des Schadensersatzanspruches?

Für Art und Umfang des Schadensersatzes ist für Organmitglieder – genau wie für alle anderen Anspruchsteller – zunächst von den Grundsätzen der §§ 249 ff. BGB auszugehen, d. h. ausgehend von der Differenzhypothese ist das benachteiligte Organmitglied so zu stellen, wie es stünde, wenn die verbotene Benachteiligung unterblieben wäre.[1132]

Sowohl in den Fällen der diskriminierenden Abberufung oder Kündigung, als auch in dem wohl eher hypothetischen Fall, dass ein Anstellungsvertrag zwar abgeschlossen wurde, aber keine Bestellung zum Organmitglied und damit faktisch keine Beschäftigung erfolgt, ist zu bedenken, dass aus § 615 BGB bzw. § 326 Abs. 2 BGB ein Anspruch auf Fortzahlung der Vergütung folgt, der einen materiellen Schaden regelmäßig entfallen lässt.[1133]

Im Falle einer aus diskriminierenden Gründen nicht erfolgten Anstellung oder Bestellung ist zu beachten, dass aufgrund von § 15 Abs. 6 AGG keine Naturalrestitution in Form der Begründung eines Organ- bzw. Anstellungsverhältnisses auf der Grundlage des AGG verlangt werden kann.[1134] Der Anspruch beschränkt sich in diesen Fällen auf einen Geldausgleich.[1135] Dieser ist nach

1129 *Hoentzsch*, Anwendung der Benachteiligungsverbote, S. 153.

1130 So auch die Einschätzung von *Bauer/Arnold*, ZIP 2008, 993, 1002; *Hoentzsch*, Anwendung der Benachteiligungsverbote, S. 153.

1131 BGH v. 23.4.2012, BGHZ 193, 110, 114 f.

1132 *M/H/H*, AGG, § 15 Rn. 36; *Thüsing*, in: MüKo-BGB, § 15 AGG Rn. 27.

1133 *Hoentzsch*, Anwendung der Benachteiligungsverbote, S. 150; welche Anspruchsgrundlage im Einzelfall einschlägig sein soll, ist umstritten, vgl. zum Streitstand *Lunk/Rodenbusch*, NZA 2011, 497, 499.

1134 *Bauer/Arnold*, ZIP 2008, 993, 1001; *Bauer/Evers*, NZA 2006, 893, 894; *Hoentzsch*, Anwendung der Benachteiligungsverbote, S. 149; s. dazu auch bereits oben § 5 B. II. 8. a) bb).

1135 *Bauer/Arnold*, ZIP 2008, 993, 1001.

herrschender Meinung grundsätzlich auf den Ersatz des positiven Interesses gerichtet und umfasst insbesondere den wegen der Nichteinstellung entgangenen Gewinn.[1136] Diskutiert wird allerdings, ob dieser Ersatzanspruch der Höhe nach begrenzt werden sollte.

(1) Meinungsstand

Insbesondere für den Schadensersatz im Fall der diskriminierenden Nichteinstellung wird für denjenigen Bewerber, der bei diskriminierungsfreier Auswahl eingestellt worden wäre,[1137] eine Begrenzung des Anspruches auf eine bestimmte Höchstsumme erwogen.[1138] Als Begründung wird vorgebracht, dass die aus einem unbegrenzten Ersatzanspruch resultierende finanzielle Belastung erhebliche wirtschaftliche Folgen für die Gesellschaft haben könne und damit möglicherweise nicht mehr „verhältnismäßig“ im Sinne der Richtlinien sei.[1139] Für die Deckelung des Schadensersatzanspruches werden verschiedene Möglichkeiten diskutiert: Während teilweise in Anlehnung an die zu § 628 Abs. 2 BGB ergangene Rechtsprechung[1140] eine Begrenzung der Ansprüche auf den Verdienstausfall zwischen der potentiellen Einstellung und der frühestmöglichen Kündigung (sog. Verfrühungsschaden) erwogen wird,[1141] wollen andere bei unbefristeten Verträgen die Wertung des § 15 Abs. 2 S. 2 AGG heranziehen und eine Begrenzung auf

---

1136 LAG Berlin-Brandenburg v. 26.11.2008, NJOZ 2008, 5205, 5222; *B/G/K*, AGG, § 15 Rn. 24; *Hoentzsch*, Anwendung der Benachteiligungsverbote, S. 150 m. w. N.; *Schlachter*, in: ErfK, § 15 AGG Rn. 3; für eine Begrenzung auf das negative Interesse hingegen etwa *M/H/H*, AGG, § 15 Rn. 46 ff.; *Stein*, in: Wendeling-Schröder/Stein, AGG, § 15 Rn. 20; *Voigt*, in: S/S/V, AGG, § 15 Rn. 18.

1137 Allen anderen Bewerbern, die auch ohne Diskriminierung nicht eingestellt worden wären, ist kein kausaler materieller Schaden entstanden, s. dazu *Oetker*, in: MünchArbR I, § 15 Rn. 51.

1138 Hierzu umfassend *Hoentzsch*, Anwendung der Benachteiligungsverbote, S. 149 ff.

1139 Vgl. *Bauer/Evers*, NZA 2006, 893, 895; *B/G/K*, AGG, § 15 Rn. 26; Von einer europarechtlich indizierten Begrenzung des Schadensersatzanspruches gehen auch *Bauer/Arnold*, ZIP 2008, 993, 1001 aus; ebenso *Liebhäuser*, Bedeutung des AGG, S. 133 f.; *M/H/H*, AGG, § 15 Rn. 44 auch zur verfassungsrechtlichen Problematik eines solchen „Strafschadensersatzes“; *Stoffels*, RdA 2009, 204, 212 f.

1140 BAG v. 26.7.2001, NZA 2002, 325, 329 f. m. w. N.; dazu auch *Henssler*, in: MüKo-BGB, § 628 Rn. 80 ff.

1141 *Adomeit/Mohr*, AGG, § 15 Rn. 38; *Annuß*, BB 2006, 1629, 1634; *B/G/K*, AGG, § 15 Rn. 27; *Deinert*, in: HK-AGG (1. Aufl.), § 15 Rn. 39; *Jaeger*, in: MüKo-GmbHG, § 35 Rn. 271; *Preis/Sagan*, ZGR 2013, 26, 73; *Liebhäuser*, Bedeutung des AGG, S. 135.

drei Monatsgehälter vornehmen, während bei befristeten Anstellungsverträgen hingegen grundsätzlich die gesamte entgangene Vergütung bis zum hypothetischen Vertragsende zu ersetzen sei.[1142]

(2) Stellungnahme

Die Überlegung, den Schadensersatzanspruch nach dem AGG höhenmäßig zu begrenzen, hat für Organmitglieder im Hinblick auf die teilweise nicht unerhebliche Vergütungshöhe eine besondere Relevanz.[1143] Die Frage nach einer Begrenzung muss ausgehend von den Grundsätzen des deutschen Schadensrechts unter Berücksichtigung der Vorgaben der Richtlinien beantwortet werden. Die GbRL 2006/54/EG sieht vor, dass der Schadensausgleich abschreckend und im Hinblick auf den erlittenen Schaden angemessen sein muss (vgl. Art. 18). Insgesamt müssen die Sanktionen verhältnismäßig sein (vgl. Art. 25).

Der Umfang des zu ersetzenden Schadens würde sich nach allgemeinen schadensrechtlichen Grundsätzen folgendermaßen darstellen: Zu differenzieren ist zunächst danach, ob der hypothetisch zustande gekommene Anstellungsvertrag befristetet oder unbefristet gewesen wäre: Bei einem befristeten Anstellungsvertrag würde sich der Schaden auf die während der vorgesehenen Vertragsdauer gezahlte Vergütung belaufen. Bei einem unbefristeten Vertrag hingegen käme es zu einer Haftung, die zunächst alle entgangenen Vergütungsansprüche ggf. bis zum Beginn des gesetzlichen Rentenalters umfassen würde.[1144]

(a) Begrenzung durch Vorteilsanrechnung und rechtmäßiges Alternativverhalten

Die Ersatzpflicht wird indessen bereits dadurch gemindert, dass sich der diskriminierte Bewerber nach den allgemeinen Grundsätzen des Schadensrechts im Wege der Vorteilsausgleichung anderweitig erzielte Einkünfte anrechnen lassen muss.[1145] Gleiches gilt für solche Einkünfte, die er schuldhaft nicht realisiert:

1142 *Stoffels*, RdA 2009, 204, 213; ähnlich *Hoentzsch*, Anwendung der Benachteiligungsverbote, S. 153 f.: bei unbefristeten Verträgen Vergütungsansprüche bis zur nächsten Kündigungsmöglichkeit, mindestens aber für die in § 15 Abs. 2 S. 2 AGG festgelegte Dauer.

1143 Vgl. *Hoentzsch*, Anwendung der Benachteiligungsverbote, S. 151.

1144 *Stoffels*, RdA 2009, 204, 212.

1145 *Adomeit/Mohr*, AGG, § 15 Rn. 36; *Hoentzsch*, Anwendung der Benachteiligungsverbote, S. 150; *Preis/Sagan*, ZGR 2013, 26, 72 f., die zudem den Wert der nicht erbrachten Leistung anspruchsmindernd berücksichtigen wollen. Hiergegen zu diese sind im Rahmen einer Schadensminderung wegen Mitverschuldens gemäß § 254 Abs. 2 S. 1 BGB zu berücksichtigen.[1146] Bei demjenigen abgelehnten Bewerber, der bei diskriminierungsfreier Auswahl eingestellt worden wäre, wird es sich in der Regel um den bestqualifiziertesten handeln, der in den meisten Fällen eine vergleichbare Tätigkeit mit ähnlichem Vergütungsniveau finden wird. Dann führt bereits die Vorteilsanrechnung regelmäßig dazu, dass der Schadensersatzanspruch erheblich gemindert wird und sich nicht als unverhältnismäßig darstellt.

Gleichwohl sind Fälle denkbar, in denen der abgelehnte Bewerber keine bzw. nur eine weitaus schlechter vergütete Stelle findet. Insbesondere bei hypothetisch unbefristeten Verträgen würde die Ersatzpflicht dann einen erheblichen Umfang annehmen.[1147] Dies führt allerdings noch nicht zwangsläufig dazu, dass eine entsprechende Ersatzpflicht nicht mehr verhältnismäßig im Sinne der Richtlinien ist, denn insoweit führt bereits die Berücksichtigung eines rechtmäßigen Alternativverhaltens zu sachgerechten Ergebnissen: Dass rechtmäßiges Alternativverhalten für den Umfang des zu ersetzenden Schadens grundsätzlich relevant ist und sich im Einzelfall anspruchsmindernd auswirken kann, ist allgemein anerkannt.[1148] Nach überwiegender Auffassung ist die Frage nach den Auswirkungen des Umstandes, dass ein Schaden auch bei rechtmäßigem Alternativverhalten des Schädigers eingetreten wäre, nach dem Schutzzweck der jeweils verletzten Norm zu beurteilen.[1149]

Im Rahmen von § 628 Abs. 2 BGB etwa wird insoweit lediglich ein Schaden in Höhe der Vergütung bis zum nächstmöglichen Kündigungstermin ersetzt.[1150] Der in § 628 Abs. 2 BGB geregelte Sachverhalt betrifft allerdings den Fall einer durch den Arbeitgeber schuldhaft verursachten Eigenkündigung des Arbeitnehmers. Der Arbeitnehmer verzichte nach Auffassung des BAG mit der Eigenkündigung auf den Kündigungsschutz, den er im Falle einer durch den Arbeitgeber ausgesprochenen unberechtigten außerordentlichen Kündigung gehabt hätte.

Recht *B/G/K*, AGG, § 15 Rn. 25 mit dem Argument, dass die Arbeitsleistung ohne Abnehmer auch keinen wirtschaftlichen Wert hat; *Schlachter*, in: ErfK, § 15 AGG Rn. 3.

1146 *B/G/K*, AGG, § 15 Rn. 25; *Hoentzsch*, Anwendung der Benachteiligungsverbote, S. 150; *Schlachter*, in: ErfK, § 15 AGG Rn. 3.

1147 Vgl. *B/G/K*, AGG, § 15 Rn. 25.

1148 Vgl. nur *Oetker*, in: MüKo-BGB, § 249 Rn. 221 m. w. N.

1149 BGH v. 24.10.1985, BGHZ 96, 157, 173; v. 25.11.1992, BGHZ 120, 281, 285 f.; *Oetker*, in: MüKo-BGB, § 249 Rn. 221 m. w. N.

1150 BAG v. 26.7.2007, NZA 2007, 1419, 1421.

Dies zu kompensieren sei Schutzzweck des § 628 Abs. 2 BGB, so dass es gerechtfertigt sei, den Ersatzanspruch auf den Zeitraum zu beschränken, in dem eine ordentliche Kündigung möglich gewesen wäre.[1151] Diese Erwägung passt für den vorliegenden Fall nicht.[1152]

Gleichwohl überzeugt auch im Rahmen von § 15 Abs. 1 AGG der Verweis auf den nächstmöglichen Kündigungstermin: Der Schutzzweck des § 15 Abs. 1 AGG ist im Fall des aus diskriminierenden Gründen nicht eingestellten Bewerbers allein darauf gerichtet, diesen so zu stellen, als wenn der Vertrag zustande gekommen wäre. Damit ist er aber nicht automatisch auch in Hinblick auf die weitere Entwicklung des Vertragsverhältnisses geschützt, so dass ein rechtmäßiges Alternativverhalten der Gesellschaft im weiteren Verlauf des Vertrages in Form einer rechtmäßigen Kündigung des (nicht zustande gekommenen) Anstellungsvertrages zu berücksichtigen ist.[1153] Teilweise wird unterstellt, eine spätere hypothetische Kündigung wäre wiederum nur aus diskriminierenden Gründen erfolgt, so dass ein rechtmäßiges Alternativverhalten insoweit gar nicht möglich sei.[1154] Diese Annahme überzeugt nicht, denn es handelt sich um eine reine Unterstellung, wie sich das hypothetisch zustande gekommene Vertragsverhältnis konkret entwickelt hätte. Da aber überhaupt kein Vertragsverhältnis zustande gekommen ist, kann maßgeblich insoweit allein die abstrakte Möglichkeit einer rechtmäßigen Kündigung sein.[1155]

Die Berücksichtigung rechtmäßigen Alternativverhaltens führt zu folgenden Ergebnissen: Wäre der hypothetisch abgeschlossene Anstellungsvertrag unbefristet gewesen,[1156] wäre dessen ordentliche Kündigung gemäß § 620 Abs. 2 BGB möglich. Mangels Anwendbarkeit des KSchG hätte dies regelmäßig zur Folge, dass die frühestmögliche Kündigung bei entsprechender Anwendung des § 622

1151 BAG v. 26.7.2001, NZA 2002, 325, 330: Bei Geltung des KSchG soll daher zusätzlich eine Entschädigung entsprechend §§ 9, 10 KSchG zu leisten sein, um dem Umstand Rechnung zu tragen, dass eine arbeitgeberseitige Kündigung nicht ohne weiteres, sondern nur bei sozialer Rechtfertigung möglich gewesen wäre.

1152 So bereits *M/H/H*, AGG, § 15 Rn. 44.

1153 *Stoffels*, RdA 2009, 204, 213.

1154 So *Kocher*, in: Schiek, AGG, § 15 Rn. 17.

1155 *Adomeit/Mohr*, AGG, § 15 Rn. 38; *Stoffels*, RdA 2009, 204, 213 (dort Fn. 124); im Ergebnis auch *B/G/K*, AGG, § 15 Rn. 28, die allerdings zur Begründung auf § 2 Abs. 4 AGG abstellen.

1156 Dies ist nur beim GmbH-Geschäftsführer einer Gesellschaft denkbar, die nicht der Mitbestimmung nach dem MitbestG unterliegt, denn dort gilt gemäß § 31 MitbestG ebenfalls § 84 AktG, vgl. dazu *Bauer/Arnold*, ZIP 2008, 993, 1001.

BGB[1157] nach vier Wochen zum Ende bzw. bis zum 15. des Kalendermonats (vgl. § 622 Abs. 1 BGB) oder bei Vereinbarung einer Probezeit gemäß § 622 Abs. 3 BGB nach lediglich zwei Wochen möglich wäre und sich die Ersatzansprüche dementsprechend reduzieren.

Bei einem befristeten Anstellungsvertrag, der eine ordentliche Kündigung nicht explizit vorsieht, wird hingegen davon ausgegangen, dass eine solche ausgeschlossen sein soll, eine Kündigung mithin nur bei Vorliegen eines wichtigen Grundes gemäß § 626 Abs. 1 BGB möglich ist, vgl. § 620 Abs. 2 BGB.[1158] Dies hätte zur Folge, dass ein Schadensersatz (ungeachtet der Vorteilsanrechnung) im Zweifel in Höhe der Vergütung bis zum vorgesehenen Ende der Befristung zu zahlen wäre.[1159]

(b) Zusätzliche Begrenzung entsprechend § 15 Abs. 2 S. 2 AGG?

Teilweise wird bezweifelt, ob ein Schadensersatzanspruch in Höhe eines bzw. eines halben Monatsgehalts noch abschreckende Wirkung im Sinne der Richtlinien hat.[1160] Auf der anderen Seite können sich bei Verträgen mit langen Befristungen erhebliche Haftungssummen ergeben, die womöglich nicht mehr verhältnismäßig sind. Zusätzlich ergibt sich ein praktisches Problem: Wie gesehen hängt die Höhe des Ersatzanspruches maßgeblich davon ab, ob der hypothetisch abgeschlossene Anstellungsvertrag befristet oder unbefristet gewesen wäre. Anders als Standardarbeitsverträge werden jedoch Anstellungsverträge von Organmitgliedern regelmäßig individuell ausgehandelt.[1161] Ob und wenn ja für welchen Zeitraum ein solcher Vertrag befristet gewesen wäre, hängt – genau wie die Höhe des Vergütungsanspruches – daher auch vom (potentiellen) Verhandlungsgeschick des diskriminierten Bewerbers ab, so dass insoweit nicht ohne weiteres auf den mit dem eingestellten Bewerber zustande gekommenen Anstellungsvertrag oder auf Anstellungsverträge früherer Geschäftsführer zurückgegriffen werden kann.[1162] Der Nachweis der konkreten Schadenshöhe, der grundsätzlich den Anspruchsteller trifft, dürfte daher mit nicht unerheblichen

---

1157 Zur analogen Anwendung des § 622 BGB auf den Geschäftsführerdienstvertrag BGH v. 29.1.1989, BGHZ 79, 291, 292 ff.; v. 26.3.1984, BGHZ 91, 217, 219 f.

1158 BGH v. 21.6.1999, NJW 1999, 3263, 3264.

1159 *B/G/K*, AGG, § 15 Rn. 28a; *Hoentzsch*, Anwendung der Benachteiligungsverbote, S. 151; *Stoffels*, RdA 2009, 204, 213.

1160 So *Stoffels*, RdA 2009, 204, 213.

1161 Vgl. *Flatten*, GmbHR 2000, 922 ff.

1162 *Bauer/Arnold*, ZIP 2008, 993, 1001 f.

Schwierigkeiten verbunden sein. Es bliebe nur der Rückgriff auf § 287 ZPO.[1163] Ob damit in jedem Einzelfall sachgerechte Ergebnisse zustande kommen, ist fraglich.

Trotz der sich stellenden Bedenken überzeugt es nicht, generell auf die in § 15 Abs. 2 S. 2 AGG enthaltene Wertung zurückgreifen und den Anspruch insoweit auf drei Monatsgehälter festzusetzen:[1164] Im deutschen Schadensrecht gilt der Grundsatz der Totalreparation, d. h. der eingetretene Schaden ist vollständig zu ersetzen, unabhängig davon, ob er im Einzelfall eine ungewöhnlich hohe Belastung des Schädigers darstellt.[1165] Eine Begrenzung der Schadensersatzpflicht entsprechend § 15 Abs. 2 S. 2 AGG würde eine Durchbrechung dieses Prinzips bedeuten, die allein durch eine im Einzelfall sehr hohe Haftsumme nicht zu rechtfertigen ist.

Dies entspricht auch der Auffassung des EuGH, der in der Rechtssache *Draehmpaehl* entschied, dass eine generelle Begrenzung des Schadensersatzes bei Verstößen gegen ein Diskriminierungsverbot auf drei Monatsgehälter mit europäischen Vorgaben unvereinbar sei.[1166] Überzeugend wird insoweit ausgeführt, dass Verstöße gegen Gemeinschaftsrecht nach ähnlichen sachlichen und verfahrensrechtlichen Regelungen geahndet werden müssen wie vergleichbare Verstöße gegen nationales Recht. Mit diesem Gebot der Äquivalenz ist eine Höchstgrenze in Abweichung zu allgemeinen deutschen Grundsätzen des Schadensersatzrechts nicht vereinbar.[1167]

Sofern auf der anderen Seite Bedenken wegen eines im Einzelfall zu geringen Umfangs des Schadensersatzes geäußert werden, lässt sich dem entgegenhalten, dass eine künstlich erhöhte Ersatzpflicht mit dem im deutschen Schadensrecht ebenfalls anerkannten Grundsatz des Bereicherungsverbots[1168] kollidieren

---

1163 Dafür *Bauer/Arnold*, ZIP 2008, 993, 1002.

1164 So aber für hypothetisch unbefristete Verträge *Hoentzsch*, Anwendung der Benachteiligungsverbote, S. 153 f. sowie *Stoffels*, RdA 2009, 204, 213.

1165 *Medicus/Luckey*, in: P/W/W, BGB, § 249 Rn. 5; *Schiemann*, in: Staudinger, § 249 BGB Rn. 1 ff.; *Schubert*, in: Bamberger/Roth, BGB, § 249 Rn. 2; *Teichmann*, in: Jauernig, BGB, Vorbem. zu den §§ 249–253 Rn. 2.

1166 EuGH v. 22.4.1997 – C-180/95 (*Draehmpaehl*), Slg. 1997, I-2195 Rn. 23 ff. Die Entscheidung betrifft die vor Inkrafttreten des AGG insoweit einschlägige Norm des § 611 BGB a. F. Das Gericht nimmt einen Verstoß gegen die Richtlinie 76/207/EWG an, die inzwischen nicht mehr in Kraft ist. Da sie allerdings eine der Vorgängerrichtlinien der GbRL 2006/54/EG darstellt, ist die Rechtsprechung übertragbar.

1167 EuGH v. 22.4.1997 – C-180/95 (*Draehmpaehl*), Slg. 1997, I-2195 Rn. 29 f.

1168 *Oetker*, in: MüKo-BGB, § 249 Rn. 20; *Schubert*, in: Bamberger/Roth, BGB, § 249 Rn. 2.

würde. Dem Erfordernis der Richtlinien an die „abschreckende Wirkung“ von Sanktionen wird zudem hinreichend durch den daneben bestehenden Anspruch auf Entschädigung gemäß § 15 Abs. 2 AGG Rechnung getragen. Im Ergebnis ist eine Festsetzung des Schadensersatzanspruches auf drei Monatsgehälter entsprechend § 15 Abs. 2 S. 2 AGG daher abzulehnen.

(3) Ergebnis

Der Umfang der Pflicht zum Ersatz materieller Schäden nach § 15 Abs. 1 AGG richtet sich nach den allgemeinen Grundsätzen des deutschen Schadensrechts. Dementsprechend ist der Anspruch durch die Anrechnung anderweitig erlangter Vorteile zu mindern und erstreckt sich generell auf die Summe desjenigen Verdienstes, den der diskriminierte Bewerber bis zum Zeitpunkt der nächsten rechtmäßigen Kündigungsmöglichkeit erhalten hätte. Eine darüber hinausgehende Begrenzung ist abzulehnen.

cc) Ersatz immaterieller Schäden gemäß § 15 Abs. 2 AGG

Neben einem Anspruch auf Schadensersatz steht Organmitgliedern im Falle einer Diskriminierung ein Anspruch auf Entschädigung zur Kompensation immaterieller Schäden gemäß § 15 Abs. 2 S. 1 AGG zu. Der Entschädigungsanspruch ist vor allem insoweit bedeutsam, als der Eintritt eines immateriellen Schadens bei einem Verstoß gegen ein Benachteiligungsverbot unwiderleglich vermutet wird.[1169] Weil zudem kein materieller Schaden erforderlich ist, steht der Entschädigungsanspruch damit bei diskriminierenden Einstellungen insbesondere auch demjenigen Bewerber zu, der die Stelle auch bei diskriminierungsfreier Auswahl nicht erhalten hätte.[1170] Jedoch darf die Entschädigung in diesem Fall drei Monatsgehälter nicht übersteigen (§ 15 Abs. 2 S. 2 AGG).

Für Organmitglieder wird man annehmen müssen, dass unter die „Nichteinstellung“ im Sinne von § 15 Abs. 2 AGG sowohl die nicht erfolgte Bestellung als auch der Nichtabschluss des Anstellungsvertrages fallen, denn wie bereits ausgeführt wird das potentielle Organmitglied erst durch das Zustandekommen beider Rechtsverhältnisse in die Lage versetzt, seine Tätigkeit tatsächlich auszuüben.

1169 BAG v. 22.1.2009, NZA 2009, 945, 952.

1170 BAG v. 17.12.2009, NZA 2010, 383, 384 m. w. N.; *Deinert*, in: HK-AGG, AGG, § 15 Rn. 55.

Wie bereits in Bezug auf den Ersatz materieller Schäden nach § 15 Abs. 1 AGG, werden auch im Rahmen von § 15 Abs. 2 AGG zahlreiche Fragen im Hinblick auf Voraussetzungen und Umfang des Anspruchs diskutiert. Für Organmitglieder ergeben sich insoweit allerdings keine Besonderheiten im Vergleich zu anderen Beschäftigten, so dass insoweit auf die bereits vorhandenen Stellungnahmen verwiesen werden soll.[1171]

III. Die Arbeitszeitrichtlinie

1. Regelungsgehalt der Richtlinie

Die AZRL[1172] strebt zur Verbesserung der Sicherheit und Gesundheit der Arbeitnehmer[1173] eine gemeinschaftsweite Harmonisierung der Arbeitszeitgestaltung an.[1174] Zu diesem Zweck enthält sie Regelungen über die wöchentliche Höchstarbeitszeit (Art. 6), Mindestregelungen in Bezug auf die täglichen und wöchentlichen Ruhezeiten (Art. 3, 5) und die täglichen Ruhepausen (Art. 4), sowie Vorgaben für die Gestaltung von Nacht- und Schichtarbeit (Art. 8–13). Daneben bestimmt Art. 7 Abs. 1 AZRL, dass Arbeitnehmern ein bezahlter Jahresurlaub von mindestens vier Wochen zu gewähren ist. Die Bestimmungen der Richtlinie sind gemäß Art. 15 Mindeststandards.[1175] Jedoch eröffnet Kapitel 5 den Mitgliedstaaten verschiedene Gestaltungsspielräume in Bezug auf die Definition von bestimmten Bezugszeiträumen sowie die Festlegung von Ausnahmetatbeständen für bestimmte Arbeitnehmergruppen und Branchen. Von Bedeutung

1171 Vgl. zur Frage des Verschuldenserfordernisses BAG v. 22.1.2009, NZA 2009, 945, 950 f.; zur Bestimmung der Höhe des Anspruchs *Hoentzsch*, Anwendung der Benachteiligungsverbote, S. 155 f. m. w. N.; nach Ansicht des BGH soll sich ein daneben bestehender Anspruch nach § 15 Abs. 1 AGG nicht anspruchsmindernd auswirken, vgl. BGH v. 23.4.2012, BGHZ 193, 110, 128; zustimmend etwa *Lunk*, RdA 2013, 110, 114 f.; *Preis/Sagan*, ZGR 2013, 26, 74; a. A. etwa OLG Köln v. 29.7.2012, NZA 2011, 211, 215; *Bauer/Arnold*, NZG 2012, 921, 925; *Lingemann/Weingarth*, DB 2012, 2325, 2332; *Stenslik/Zahn*, DStR 2012, 1865, 1868; *Walker*, NZA 2009, 5, 9.

1172 RL 2003/88/EG des Europäischen Parlaments und des Rates vom 4.11.2003 über bestimmte Aspekte der Arbeitszeitgestaltung, ABl. 2003 L 299, S. 9; sie ersetzt die ehemalige RL 93/104/EG des Rates vom 23.11.1993 über bestimmte Aspekte der Arbeitszeitgestaltung, ABl. 1993 L 307, S. 18.

1173 Vgl. BE 4 AZRL 2003/88/EG.

1174 *Riesenhuber*, EuArbR, § 14 Rn. 1.

1175 EuGH v. 12.10.2004 – C-313/02 (*Wippel*), Slg. 2004, I-9483 Rn. 46; *Riesenhuber*, EuArbR, § 14 Rn. 2.

für den Schutz von Organmitgliedern ist insoweit insbesondere Art. 17 Abs. 1, wonach für Personen mit selbständiger Entscheidungsbefugnis von bestimmten Vorgaben der Richtlinie abgewichen werden kann, wenn die Art der ausgeübten Tätigkeit dies erfordert. Auf die Bestimmung wird an gegebener Stelle zurückzukommen sein.

2. Umsetzende nationale Regelungen

Die Vorgaben der AZRL betreffen im nationalen Recht zum einen das ArbZG und zum anderen das BUrlG.

a) ArbZG

Zweck des ArbZG ist die Gewährleistung der Sicherheit und des Gesundheitsschutzes der Arbeitnehmer bei der Arbeitszeitgestaltung sowie die Verbesserung der Rahmenbedingungen für flexible Arbeitszeiten, ferner der Schutz von Sonn- und Feiertagen als Tage der Arbeitsruhe (§ 1 ArbZG). Sein Geltungsbereich erstreckt sich auf alle Arbeitnehmer, worunter gemäß § 2 Abs. 2 ArbZG alle Arbeiter und Angestellten einschließlich der zu ihrer Berufsausbildung Beschäftigten zählen. § 18 Abs. 1 ArbZG sieht davon Ausnahmen u. a. für leitende Angestellte vor. Regelungsgegenstand des ArbZG sind im Wesentlichen Bestimmungen über die tägliche Arbeitszeit (§ 3), Ruhepausen und Ruhezeiten (§§ 4, 5), die Ausgestaltung von Nacht- und Schichtarbeit (§ 6) und die Arbeit an Sonn- und Feiertagen (§§ 9–13). Als zwingendes Arbeitnehmerschutzrecht enthält es insoweit Mindeststandards.[1176] Neben den bereits genannten Ausnahmen vom personellen Geltungsbereich sind allerdings verschiedene Ausnahmetatbestände etwa für „außergewöhnliche Fälle“ (vgl. § 14 ArbZG) vorgesehen. Zudem werden den Tarif- und Betriebsparteien Abweichungsmöglichkeiten eröffnet (§ 7).

b) BUrlG

Das BUrlG enthält eine bundesweit einheitliche gesetzliche Mindestregelung über den bezahlten Jahresurlaub von Arbeitnehmern. Kernbestandteil des Urlaubsrechts ist der in § 1 BUrlG normierte Anspruch auf bezahlten Erholungsurlaub, der gemäß § 3 Abs. 1 BUrlG jährlich mindestens 24 Werktage

---

1176 *Vogelsang*, in: Schaub, § 155 Rn. 7.

beträgt. Er soll der Wiederherstellung von Gesundheit und Leistungsfähigkeit des Arbeitnehmers dienen.[1177] Anspruchsberechtigt ist gemäß § 1 BUrlG „jeder Arbeitnehmer", wozu gemäß § 2 BUrlG Arbeiter und Angestellte sowie die zu ihrer Berufsausbildung Beschäftigten und arbeitnehmerähnliche Personen gehören. § 7 BUrlG regelt Einzelheiten in Bezug auf die Modalitäten der Urlaubsgewährung. Gemäß § 13 Abs. 1 BUrlG kann von den Regelungen des BUrlG grundsätzlich nicht zu Ungunsten des Arbeitnehmers abgewichen werden.

3. Meinungsstand zur Anwendung des ArbZG und des BUrlG auf Organmitglieder

a) ArbZG

Eine Einbeziehung von Organmitgliedern in den Schutzbereich des ArbZG wird ganz überwiegend abgelehnt.[1178] Vielfach wird vertreten, dies ergebe sich bereits daraus, dass § 18 Abs. 1 Nr. 1 ArbZG den Geschäftsführer ausdrücklich aus dem Anwendungsbereich ausschließe, daher komme es auf die Einordnung als Arbeitnehmer insoweit gar nicht an.[1179] Soweit die Anwendbarkeit des ArbZG auf Organmitglieder unter dem Blickwinkel der *Danosa*-Entscheidung betrachtet wird, ist die Literatur uneinig: Teilweise wird vertreten, sie habe für die Anwendbarkeit des ArbZG keine Auswirkungen, da Art. 17 Abs. 1 lit. a) AZRL die Möglichkeit eröffne, leitende Angestellte aus dem Anwendungsbereich der entsprechenden Vorschriften auszunehmen, was dann erst recht für Organmitglieder gelten

---

1177 *Jacobsen*, in: MAH ArbR, § 27 Rn. 20; vgl. zum Zweck des Urlaubs auch *Gallner*, in: ErfK, § 1 BUrlG Rn. 4 ff.

1178 *Altmeppen*, in: Roth/Altmeppen, GmbHG, § 6 Rn. 77; *Anzinger/Koberski*, ArbZG, § 2 Rn. 71; *Freckmann*, DStR 2008, 52, 56; *Gäntgen*, in: H/W/K, § 2 ArbZG Rn. 10; *Jaeger*, in: MüKo-GmbHG, § 35 Rn. 284; *Koppensteiner/Gruber*, in: Rowedder/Schmidt-Leithoff, GmbHG, § 35 Rn. 78; *Lenz*, in: Michalski, GmbHG, § 35 Rn. 118; *Linnenkohl*, in: HK-ArbZG, § 2 Rn. 28; *Marsch-Barner/Diekmann*, in: MünchGesR III, § 43 Rn. 9; *Neumann/Biebl*, ArbZG, § 2 Rn. 21a; *Paefgen*, in: U/H/W, GmbHG, § 35 Rn. 144; *Schiefer/Worzalla*, ZfA 2013, 41, 55; *Schliemann*, ArbZG, § 2 Rn. 99; *U. H. Schneider/Hohenstatt*, in: Scholz, GmbHG, § 35 Rn. 280; *Spindler*, in: MüKo-AktG, § 84 Rn. 53; *Tebben*, in: Michalski, GmbHG, § 6 Rn. 125; *Werner*, StBW 2013, 379, 381; *Zöllner/Noack*, in: Baumbach/Hueck, GmbHG, § 35 Rn. 177.

1179 *Paefgen*, in: U/H/W, GmbHG, § 35 Rn. 144.

müsse.[1180] Andere bezweifeln hingegen, dass der deutsche Gesetzgeber von dieser Möglichkeit in unionsrechtskonformer Weise Gebrauch gemacht habe.[1181] Teilweise wird sogar explizit die Einbeziehung von Arbeitnehmer-Organmitgliedern in den Geltungsbereich des ArbZG vertreten.[1182]

b) BUrlG

Auch in Bezug auf das BUrlG herrschte vor der *Danosa*-Entscheidung sowohl in der Rechtsprechung als auch in der arbeitsrechtlichen und gesellschaftsrechtlichen Literatur weitgehend Einigkeit darüber, dass dessen Regelungen auf Organmitglieder keine Anwendung finden, da sie keine Arbeitnehmer seien.[1183] Auch eine analoge Anwendung des BUrlG wurde abgelehnt: Der eindeutige Wortlaut des BUrlG, der nur Arbeitnehmer in den Geltungsbereich einbeziehe, stimme mit dem klaren Willen des Gesetzgebers überein, daher fehle es an einer planwidrigen Regelungslücke. Außerdem bestehe aufgrund der weniger ausgeprägten sozialen Schutzbedürftigkeit von Organmitgliedern auch keine vergleichbare Interessenlage.[1184] Nur vereinzelt wurde abweichend eine Anwendbarkeit auf abhängige GmbH-Geschäftsführer bejaht.[1185]

1180 *Lunk/Rodenbusch*, GmbHR 2012, 188, 192; *Schubert*, ZESAR 2013, 5, 13; *Ziemons*, KSzW 2013, 19, 22; im Ergebnis ebenfalls für eine Nichtanwendbarkeit allerdings mit anderer Begründung („Auslegung contra legem"): *Thüsing*, in: Graf v. Westphalen/Thüsing, Stichwort: Geschäftsführerverträge, Rn. 229; für Nichtanwendbarkeit, weil die AZRL in Art. 2 Nr. 1 auf das Recht der Mitgliedstaaten verweise: *U. H. Schneider/Hohenstatt*, in: Scholz, GmbHG, § 35 Rn. 282.

1181 *Kempermann*, NJW-Spezial 2013, 655, 656; *Preis/Sagan*, ZGR 2013, 26, 56.

1182 *Klasen*, BB 2013, 1849, 1852; *Leopold*, ZESAR, 2011, 362, 367; *Wank*, in: ErfK, § 2 ArbZG Rn. 3.

1183 OLG Düsseldorf v. 23.12.1999, NZA-RR 2000, 184, 185; *Altmeppen*, in: Roth/Altmeppen, GmbHG (6. Aufl.), § 6 Rn. 71; *Haase*, GmbHR 2005, 265, 267; *Heilmann*, BUrlG, § 2 Rn. 5; *Hohmeister*, in: HK-BUrlG, § 2 Rn. 14; *Kleindiek*, in: Lutter/Hommelhoff, GmbHG (17. Aufl.), Anh. § 6 Rn. 29; *Leinemann/Linck*, BUrlG, § 2 Rn. 37; *Neumann/Fenski*, BUrlG, § 2 Rn. 34; *Oetker*, in: Henssler/Strohn (1. Aufl.), § 35 GmbHG Rn. 77, 69; *Paefgen*, in: U/H/W, GmbHG, § 35 Rn. 144; *U. H. Schneider/Sethe*, in: Scholz, GmbHG (10. Aufl.), § 35 Rn. 247; *Spindler*, in: MüKo-AktG, § 84 Rn. 53; *Tebben*, in: Michalski, GmbHG, § 6 Rn. 125, 198; *Thüsing*, in: Fleischer, VorstandsR, § 4 Rn. 76; *Zöllner/Noack*, in: Baumbach/Hueck, GmbHG (19. Aufl.), § 35 Rn. 177.

1184 *Haase*, GmbHR 2005, 265, 268.

1185 *Boemke*, ZfA 1998, 209, 229 für „arbeitnehmerähnliche Fremd- und Minderheitsgesellschafter-Geschäftsführer; *Miller*, ZIP 1981, 578, 582 für „abhängige

Trotz der überwiegend angenommenen Nichtanwendbarkeit des BUrlG wurde Organmitgliedern auch ohne entsprechende ausdrückliche Vereinbarung im Anstellungsvertrag ein Anspruch auf einen angemessenen Erholungsurlaub zugebilligt, der aus der Treue- und Fürsorgepflicht der Gesellschaft herzuleiten sei.[1186]

Auch nach der Entscheidung *Danosa* wird an der Nichtanwendbarkeit des BUrlG für Organmitglieder noch teilweise festgehalten.[1187] Zunehmend wird allerdings auf der anderen Seite zumindest nicht ausgeschlossen, dass Arbeitnehmer-Organmitglieder in richtlinienkonformer Auslegung des BUrlG in den Schutzbereich des Gesetzes einzubeziehen seien, da die AZRL den unionsrechtlichen Arbeitnehmerbegriff zugrunde lege.[1188] Unklar bleibt dabei zumeist, welche Vorschriften des BUrlG richtlinienkonform ausgelegt werden sollen und damit die Frage, in welchem Umfang das BUrlG Anwendung finden soll.[1189]

Geschäftsführer"; für eine entsprechende Anwendung *Henssler*, RdA 1992, 289, 296; *Wank*, FS Wiedemann, S. 587, 610.

1186 *Altmeppen*, in: Roth/Altmeppen, GmbHG (6. Aufl.), § 6 Rn. 105; *Eckhoff*, in: MAH ArbR, § 81 Rn. 53; *Haase*, GmbHR 2005, 338, 342 ff.; *Paefgen*, in: U/H/W, GmbHG, § 35 Rn. 243; *U. H. Schneider/Sethe*, in: Scholz, GmbHG (10. Aufl.), § 35 Rn. 247; *Tebben*, in: Michalski, GmbHG, § 6 Rn. 198; *Thüsing*, in: Fleischer, VorstandsR, § 4 Rn. 77; *Weber*, in: Hölters, AktG, § 84 Rn. 49; *Zöllner/Noack*, in: Baumbach/Hueck, GmbHG (19. Aufl.), § 35 Rn. 177.

1187 *Altmeppen*, in: Roth/Altmeppen, GmbHG, § 6 Rn. 77; *Grobys*, in: MAH ArbR, § 80 Rn. 55; *Jacobsen*, in: MAH ArbR, § 27 Rn. 4; *Jaeger*, in: MüKo-GmbHG, § 35 Rn. 284; *Koppensteiner/Gruber*, in: Rowedder/Schmidt-Leithoff, GmbHG, § 35 Rn. 78; *Marsch-Barner/Diekmann*, in: MünchGesR III, § 43 Rn. 9; *Schiefer/Worzalla*, ZfA 2013, 41, 61; wohl auch *Schubert*, ZESAR 2013, 5, 13; *Werner*, StBW 2013, 379, 380; *Zöllner/Noack*, in: Baumbach/Hueck, GmbHG, § 35 Rn. 177 f.

1188 *v. Alvensleben/Haug/Schnabel*, BB 2012, 774, 777; *Fischer*, NJW 2011, 2329, 2332; *Forst*, GmbHR 2012, 821, 822 ff; *Gallner*, in: ErfK, § 1 BUrlG Rn. 15; *Kempermann*, NJW-Spezial 2013, 655, 656; *Klasen*, BB 2013, 1849, 1852; *Kleindiek*, in: Lutter/Hommelhoff, GmbHG, § 6 Rn. 29; *Leopold*, ZESAR 2011, 362, 367; *Lunk/Rodenbusch*, GmbHR 2012, 188, 193; *Oetker*, in: Henssler/Strohn, § 35 GmbHG Rn. 82a; *Preis/Sagan*, ZGR 2013, 26, 57; *Schinz*, in: H/W/K, § 2 BUrlG Rn. 10; *U. H. Schneider/Hohenstatt*, in: Scholz, GmbHG, § 35 Rn. 287; *Thüsing*, in: Graf v. Westphalen/Thüsing, Stichwort: Geschäftsführerverträge, Rn. 119; *Ziemons*, KSzW 2013, 19, 21.

1189 Für eine richtlinienkonforme Auslegung nur des Arbeitnehmerbegriffs in § 1 BUrlG etwa *Gallner*, in: ErfK, § 1 BUrlG Rn. 15; *Preis/Sagan*, ZGR 2013, 26, 57; wohl auch *Thüsing*, in: Graf v. Westphalen/Thüsing, Stichwort: Geschäftsführerverträge, Rn. 119; für eine Anwendung des gesamten BUrlG infolge richtlinienkonformer

4. Arbeitnehmerbegriff der Richtlinie

Ob eine Einbeziehung von Arbeitnehmer-Organmitgliedern in den Anwendungsbereich des BUrlG und des ArbZG geboten ist, hängt maßgeblich davon ab, ob die AZRL den unionsrechtlichen Arbeitnehmerbegriff zugrunde legt oder insoweit auf das Recht der Mitgliedstaaten verweist.

a) Normative Grundlagen

Die Richtlinie verweist hinsichtlich ihres sachlichen Anwendungsbereichs in Art. 1 Abs. 3 S. 1 AZRL auf Art. 2 ArbSchRL und gilt daher grundsätzlich in allen privaten und öffentlichen Tätigkeitsbereichen. Ihren persönlichen Anwendungsbereich umschreibt die Richtlinie hingegen nicht näher. In fast allen Vorschriften wird indessen Bezug auf „Arbeitnehmer" genommen. Eine Definition dieses Begriffs enthält die Richtlinie allerdings ebenfalls nicht. Art. 1 Abs. 4 AZRL verweist umfassend auf die Bestimmungen der ArbSchRL, die eine Definition ihres Arbeitnehmerbegriffs in Art. 3 lit. a) enthält. Danach ist Arbeitnehmer jede Person, die von einem Arbeitgeber beschäftigt wird, einschließlich Praktikanten und Lehrlingen, jedoch mit Ausnahme von Hausangestellten.

b) Rechtsprechung des EuGH

Der EuGH hat in mehreren neueren Entscheidungen zum Arbeitnehmerbegriff der AZRL Stellung bezogen: In der Entscheidung *Union syndicale Isolaires Isère* stellte er erstmals fest, dass die AZRL weder auf die Arbeitnehmerdefinition der ArbSchRL verweise noch einen Verweis auf das mitgliedstaatliche Begriffsverständnis enthalte.[1190] Daher sei der Arbeitnehmerbegriff der AZRL anhand objektiver Kriterien unionseinheitlich autonom auszulegen, wofür das Gericht die Definitionskriterien der *Lawrie-Blum*-Formel herangezogen hat.[1191] Diese Rechtsprechung bestätigte der Gerichtshof in zwei kurz darauf folgenden

---

Auslegung des Arbeitnehmerbegriffs in § 2 BUrlG dagegen z. B. *v. Alvensleben/Haug/Schnabel*, BB 2012, 774, 777; *Forst*, GmbHR 2012, 821, 823.

1190 EuGH v. 14.10.2010 – C-428/09 (*Union syndicale Solidaires Isère*), Slg. 2010, I-9961 Rn. 27.

1191 EuGH v. 14.10.2010 – C-428/09 (*Union syndicale Solidaires Isère*), Slg. 2010, I-9961 Rn. 28.

Entscheidungen, in denen er ebenfalls auf den Arbeitnehmerbegriff im Sinne von Art. 45 AEUV abstellte.[1192]

c) Literatur

Auch die Literatur ist sich weitgehend einig, dass sich der Arbeitnehmerbegriff der AZRL unionseinheitlich bestimme.[1193] Dabei wird allerdings nicht immer in Übereinstimmung mit dem EuGH auf das Begriffsverständnis im Sinne von Art. 45 AEUV abgestellt, sondern überwiegend davon ausgegangen, dass aufgrund des in Art. 1 Abs. 4 AZRL enthaltenen Verweises auf die Bestimmungen der ArbSchRL der dort in Art. 3 lit. a) definierte Arbeitnehmerbegriff maßgeblich sei.[1194]

d) Stellungnahme

Ausgehend vom Wortlaut der Richtlinie lässt sich zunächst feststellen, dass diese hinsichtlich ihres Arbeitnehmerbegriffs jedenfalls keinen Verweis auf das mitgliedstaatliche Recht enthält. Lediglich Art. 2 Nr. 1 AZRL bestimmt für die Definition der Arbeitszeit, dass als solche „jede Zeitspanne, während der ein Arbeitnehmer gemäß den einzelstaatlichen Rechtsvorschriften und/oder Gepflogenheiten arbeitet, dem Arbeitgeber zur Verfügung steht und seine Tätigkeit […] wahrnimmt“ anzusehen ist. Hierin wird teilweise ein Verweis auf den

---

1192 EuGH v. 7.4.2011 – C-519/09 (*May*), Slg. 2011, I-2761 Rn. 21; v. 3.5.2012 – C-337/10 (*Neidel*), NVwZ 2012, 688 Rn. 23.

1193 *Forst*, GmbHR 2012, 821, 824; *Kempermann*, NJW-Spezial 2013, 655, 656; *Klasen*, BB 2013, 1849, 1852 (dort Fn. 70); *Oetker*, in: Henssler/Strohn, § 35 GmbHG Rn. 82a; *Pottschmidt*, Arbeitnehmerähnliche Personen, S. 255; *Preis/Sagan*, ZGR 2013, 26, 47; *Rebhahn*, EuZA 2012, 3, 22 (dort Fn. 72); *Riesenhuber*, EuArbR, § 14 Rn. 12; *Schubert*, ZESAR 2013, 5, 13; *Thüsing*, EuArbR, § 7 Rn. 1; *ders.*, in: Graf v. Westphalen/Thüsing, Stichwort: Geschäftsführerverträge, Rn. 229; *Wank*, in: H/S/W, § 18 Rn. 294; *Ziegler*, Arbeitnehmerbegriffe, S. 305 f. m. w. N. auf S. 303; *Ziemons*, KSzW 2013, 19, 21; von einem Verweis auf den Arbeitnehmerbegriff der Mitgliedstaaten ausgehend hingegen wohl *U. H. Schneider/Hohenstatt*, in: Scholz, GmbHG, § 35 Rn. 282.

1194 *Pottschmidt*, Arbeitnehmerähnliche Personen, S. 255; *Riesenhuber*, EuArbR, § 14 Rn. 12; wohl auch *Schubert*, ZESAR 2013, 5, 13; *Thüsing*, EuArbR, § 7 Rn. 1; *Wank*, in: H/S/W, § 18 Rn. 294; *Ziegler*, Arbeitnehmerbegriffe, S. 305 f. m. w. N. auf S. 303.

jeweiligen Arbeitnehmerbegriff der Mitgliedstaaten gesehen.[1195] Überzeugend ist diese Ansicht allerdings nicht, denn auch wenn der Wortlaut hier theoretisch die Interpretation zulässt, dass sich der Verweis auf den Begriff des Arbeitnehmers bezieht, spricht doch die Systematik stark dafür, dass der Verweis auf das nationale Recht allein die Definition der Arbeitszeit betrifft, sich der Verweis auf mitgliedstaatliches Recht also lediglich auf den Begriff des „Arbeitens" bezieht.[1196] Es ist äußerst unwahrscheinlich, dass der Richtliniengeber den persönlichen Anwendungsbereich für die gesamte Richtlinie an einer derart versteckten Stelle regeln wollte.

Gegen die Annahme des jeweils mitgliedsstaatlichen Arbeitnehmerbegriffs spricht historisch zudem der Wille des Richtliniengebers: In ihrer Begründung des Richtlinienentwurfs geht die Kommission davon aus, dass aufgrund des Verweises auf die ArbSchRL auch deren (unionseinheitlicher) Arbeitnehmerbegriff zur Anwendung gelangt.[1197]

Schließlich weisen auch Sinn und Zweck der Richtlinie in diese Richtung: Sie intendiert die Verbesserung von Sicherheit und Gesundheitsschutz von Arbeitnehmern (vgl. Art. 1 Abs. 1 AZRL) und betrifft damit die elementaren Rechtsgüter der körperlichen und seelischen Unversehrtheit. Die Bedeutsamkeit dieses Schutzgutes spricht gegen die Anerkennung nationaler Eigenheiten und damit für die Anwendung eines unionseinheitlichen Arbeitnehmerbegriffs.[1198]

Hinsichtlich der Frage, ob dabei auf das zu Art. 45 AEUV entwickelte Begriffsverständnis abzustellen ist oder der Arbeitnehmerbegriff der ArbSchRL Anwendung findet, spricht viel für die zuletzt genannte Ansicht, denn Art. 1 Abs. 4 AZRL verweist umfassend auf die Bestimmungen der ArbSchRL und damit auch auf den in Art. 3 lit. a) ArbSchRL definierten Arbeitnehmerbegriff.[1199] Auch die Kommission geht von einem Verweis auf den Arbeitnehmerbegriff der ArbSchRL aus, was nicht nur in der Begründung des Richtlinienentwurfs zum

1195 So offenbar *Lunk/Rodenbusch*, GmbHR 2012, 188, 193 sowie *U. H. Schneider/Hohenstatt*, in: Scholz, GmbHG, § 35 Rn. 282.

1196 Vgl. auch *Ziegler*, Arbeitnehmerbegriffe, S. 304, die aus dem Verweis in Bezug auf die Arbeitszeit sogar im Umkehrschluss annimmt, dass im Übrigen gerade nicht auf das nationale Recht abzustellen sei.

1197 Begründung des Vorschlags für eine Richtlinie über bestimmte Aspekte der Arbeitszeitgestaltung, KOM (90) 317 endg., S. 4; hierzu auch *Ziegler*, Arbeitnehmerbegriffe, S. 304.

1198 So auch bereits *Ziegler*, Arbeitnehmerbegriffe, S. 204.

1199 Vgl. dazu ausführlich *Ziegler*, Arbeitnehmerbegriffe, S. 305 f.

Ausdruck kommt,[1200] sondern auch in einem späteren Kommissionsbericht zur Umsetzung der Richtlinie noch einmal bestätigt wurde.[1201]

Letztlich kommt es für die Frage, ob und inwieweit Geschäftsführungsorgane in den Anwendungsbereich der Richtlinie fallen, jedoch nicht entscheidend darauf an, von welchem Begriffsverständnis man ausgeht, denn sowohl Art. 45 AEUV als auch Art. 3 lit. a) ArbSchRL setzen eine fremdbestimmte Tätigkeit voraus.[1202]

e) Ergebnis

Die AZRL verweist hinsichtlich ihres Arbeitnehmerbegriffs nicht auf das mitgliedstaatliche Recht, sondern legt ein unionseinheitliches Begriffsverständnis zugrunde. Arbeitnehmer-Organmitglieder sind damit grundsätzlich in den persönlichen Anwendungsbereich der Richtlinie einbezogen.

5. Konsequenzen für die Anwendung des ArbZG und des BUrlG

Infolgedessen stellt sich die Frage, welche Konsequenzen sich daraus für die Anwendung des ArbZG und des BUrlG auf Arbeitnehmer-Organmitglieder ergeben.

a) ArbZG

Die Vorschriften des ArbZG gelten für „Arbeitnehmer", zu denen gemäß § 2 Abs. 2 ArbZG alle Arbeiter und Angestellten einschließlich der zu ihrer Berufsausbildung Beschäftigten zählen. Das Gesetz legt den allgemeinen nationalen Arbeitnehmerbegriff zugrunde[1203] und schließt Organmitglieder damit nach althergebrachtem Begriffsverständnis von seinem Anwendungsbereich aus. Dies ist in unionsrechtlicher Hinsicht indessen nur dann problematisch, wenn die

---

1200 S. Fn. 648.

1201 Bericht der Kommission zum Stand der Umsetzung der Richtlinie 93/104/EG des Rates vom 23.11.1993 über bestimmte Aspekte der Arbeitszeitgestaltung, KOM (2000) 787 endg., S. 6.

1202 Vgl. *Ziegler*, Arbeitnehmerbegriffe, S. 280 sowie bereits oben § 5 B. I. 4. d) bb).

1203 *Anzinger/Koberski*, ArbZG, § 2 Rn. 62; *Gäntgen*, in: H/W/K, § 2 ArbZG Rn. 10; *Linnenkohl*, in: HK-ArbZG, § 2 Rn. 23; *Neumann/Biebl*, ArbZG, § 2 Rn. 21 f.; *Wank*, in: ErfK, § 2 ArbZG Rn. 3.

AZRL die Geltung arbeitszeitrechtlicher Bestimmungen für Arbeitnehmer-Organmitglieder zwingend vorsieht.

aa) Abweichungsmöglichkeiten für Organmitglieder gemäß Art. 17 Abs. 1 lit. a) AZRL

Die Richtlinie eröffnet den Mitgliedstaaten die Möglichkeit, bestimmte Arbeitnehmergruppen aus dem Anwendungsbereich einiger Vorschriften auszunehmen. Gemäß Art. 17 Abs. 1 lit. a) AZRL sind Ausnahmen von den Bestimmungen über die wöchentliche Höchstarbeitszeit, die Ruhezeiten und Ruhepausen und die Nachtarbeit insbesondere für leitende Angestellte oder sonstige Personen mit selbständiger Entscheidungsbefugnis zulässig. Dass der Begriff des leitenden Angestellten im Sinne der Vorschrift ähnlich auszulegen ist wie im deutschen Recht, wird – soweit ersichtlich – nicht bezweifelt.[1204] Danach ist leitender Angestellter, wer für das Unternehmen oder einen Betrieb des Unternehmens typische Unternehmerfunktionen wahrnimmt und dabei einen eigenen erheblichen Entscheidungsspielraum hat.[1205] Ob auch Organmitglieder unter den Begriff des leitenden Angestellten im Sinne des Art. 17 Abs. 1 lit. a) AZRL fallen, kann dahinstehen, denn jedenfalls handelt es sich bei ihnen um „sonstige Personen mit selbständiger Entscheidungsbefugnis“. Sie aus dem Anwendungsbereich der in Art. 17 Abs. 1 AZRL aufgezählten Vorschriften herauszunehmen, wäre nach dem Wortlaut der Richtlinie daher zulässig.

Auch teleologische Erwägungen stehen dem nicht entgegen, denn die Bereichsausnahme soll eine flexiblere Gestaltung der Arbeitszeit für Personen ermöglichen, bei denen die konkrete Festlegung bzw. Erfassung der Arbeitszeit aufgrund der Eigenarten der Tätigkeit nur schwer möglich ist oder die eine gewisse Freiheit in Bezug auf ihre eigene Arbeitszeitgestaltung haben (und deshalb weniger schutzwürdig sind).[1206] Beide Aspekte treffen aber auf Organmitglieder mindestens in demselben Maße zu wie auf leitende Angestellte: Zum einen enthalten Anstellungsverträge regelmäßig keine konkrete Festlegung der Arbeitszeit, so dass Organmitglieder insoweit entsprechende Freiheiten hinsichtlich

---

1204 Vgl. *Linnenkohl*, in: HK-ArbZG, § 18 Rn. 2; *Lunk/Rodenbusch*, GmbHR 2012, 188, 193; *Preis/Sagan*, ZGR 2013, 26, 55 f.; *Wank*, in: ErfK, § 18 ArbZG Rn. 1.

1205 *Kania*, in: Küttner, Stichwort Leitende Angestellte, Rn. 1; *Vogelsang*, in: Schaub, § 13 Rn. 2.

1206 Vgl. den Bericht der Kommission zum Stand der Umsetzung der Richtlinie 93/104/EG des Rates vom 23.11.1993 über bestimmte Aspekte der Arbeitszeitgestaltung, KOM (2000) 787 endg., S. 4.

ihrer Arbeitszeitgestaltung haben. Zum anderen ist der Umfang der für Organmitglieder anfallenden Arbeit aufgrund der Eigenart ihrer Tätigkeit schwer vorhersehbar bzw. berechenbar: Die Vielseitigkeit ihrer Aufgaben und ihre Leitungsverantwortung für das Unternehmen erfordern eine flexible Einsatzmöglichkeit, die sich den aktuellen Gegebenheiten im Unternehmen (Auftragslage, etwaige finanzielle Schwierigkeiten etc.) anpasst. Eine Ausnahme von Organmitgliedern von den Bestimmungen der Art. 3–6, 8 und 16 AZRL ist daher gemäß Art. 17 Abs. 1 lit. a) AZRL zulässig.[1207]

bb) Umsetzung der Bereichsausnahme im deutschen Recht

Fraglich ist jedoch, ob der deutsche Gesetzgeber von dieser Möglichkeit Gebrauch gemacht hat. Gemäß § 18 Abs. 1 Nr. 1 ArbZG sind leitende Angestellte aus dem Anwendungsbereich des Gesetzes ausgenommen. Für den Begriff des leitenden Angestellten verweist die Norm auf das Begriffsverständnis im Sinne von § 5 Abs. 3 BetrVG. Wenngleich Organmitglieder die dort in S. 2 Nr. 1–3 beispielhaft aufgezählten Kriterien regelmäßig erfüllen, sind sie keine leitenden Angestellten im Sinne des BetrVG, denn zum einen setzt die Einordnung als leitende Angestellte die Arbeitnehmereigenschaft nach nationalem Begriffsverständnis voraus,[1208] und zum anderen werden Organmitglieder bereits durch § 5 Abs. 2 Nr. 1 BetrVG vom Anwendungsbereich des Gesetzes ausgeschlossen, so dass es der gesetzlichen Systematik widersprechen würde, sie gleichzeitig als leitende Angestellte im Sinne von § 5 Abs. 3 BetrVG zu begreifen.[1209]

Teilweise wird daher bezweifelt, dass von der Ausnahmemöglichkeit des Art. 17 Abs. 1 lit. a) AZRL für Organmitglieder in unionsrechtskonformer Weise Gebrauch gemacht wurde, denn es fehle an einer klaren und transparenten Regelung, zu der der nationale Gesetzgeber bei der Umsetzung von Richtlinien verpflichtet sei. Zudem sei die Herausnahme bestimmter Personengruppen nur unter Beachtung der allgemeinen Grundsätze des Schutzes der Sicherheit und der Gesundheit der Arbeitnehmer erlaubt (vgl. Art. 17 Abs. 1 AZRL). Im deutschen Recht existierten aber keine entsprechenden Vorschriften für

---

1207 So im Ergebnis auch *Lunk/Rodenbusch*, GmbHR 2012, 188, 193; *Preis/Sagan*, ZGR 2013, 26, 55; *Schubert*, ZESAR 2013, 5, 13.

1208 Vgl. *Koch*, in: ErfK, § 5 BetrVG Rn. 17; *Vogelsang*, in: Schaub, § 13 Rn. 2.

1209 So auch *Preis/Sagan*, ZGR 2013, 26, 56.

Organmitglieder.[1210] Konsequenterweise müsste man Arbeitnehmer-Organmitgliedern nach dieser Ansicht den Schutz des ArbZG gewähren.

Dies würde allerdings den Bedürfnissen der Realität in erheblichem Maße widersprechen: Bei Organmitgliedern besteht aufgrund ihrer herausgehobenen Stellung und der Bedeutung ihrer Tätigkeit für das Unternehmen eine faktische Notwendigkeit flexibler Arbeitszeitgestaltung. Eine maximale Arbeitszeit von im Grundsatz acht Stunden täglich (vgl. § 3 ArbZG) oder das Verbot der Arbeit an Sonn- und Feiertagen (vgl. §§ 9, 10 ArbZG) wäre damit nicht vereinbar. Zudem wäre die Einbeziehung von Organmitgliedern in den Arbeitszeitschutz auch nicht interessengerecht, denn nicht zuletzt für den gesteigerten Arbeitsumfang werden sie regelmäßig auch entsprechend vergütet. Außerdem würde es zu einem Wertungswiderspruch im Vergleich zu den leitenden Angestellten kommen: Wenn letzteren der Schutz im Hinblick auf die Arbeitszeit versagt wird, muss dies erst recht für Organmitglieder gelten, denn diese tragen eine noch viel größere Verantwortung für das Wohl des Unternehmens und repräsentieren es mehr als jeder leitende Angestellte.

Die Bedenken in unionsrechtlicher Hinsicht sind auch im Ergebnis unbegründet: Dass der nationale Gesetzgeber nach ständiger Rechtsprechung des EuGH bei der Umsetzung europäischer Richtlinien zu einer klaren und transparenten Regelung angehalten ist, die den Umfang individueller Rechte und Pflichten ohne weiteres erkennen lässt, ist zwar richtig.[1211] Allerdings verlangt der EuGH dafür nicht zwingend ein Tätigwerden des Gesetzgebers. Es genügt, wenn sich auch unter Heranziehung allgemeiner Rechtsgrundsätze eine klare Rechtslage ergibt.[1212] Dass der deutsche Gesetzgeber Organmitglieder nicht ausdrücklich aus dem Anwendungsbereich des ArbZG ausgeschlossen hat, ist daher noch kein Grund für die Annahme von unzureichender Transparenz. Der Gesetzgeber hat den persönlichen Anwendungsbereich des ArbZG in § 2 Abs. 2 auf Arbeitnehmer festgelegt und legt dabei den Arbeitnehmerbegriff im Sinne von § 5 Abs. 1 BetrVG zugrunde.[1213] Er stellt damit auf das nationale Begriffsverständnis ab, wonach Organmitglieder regelmäßig nicht als Arbeitnehmer zu qualifizieren sind. Die Rechtslage ist daher ausgehend vom Wortlaut unter Heranziehung allgemeiner Rechtsgrundsätze auch so klar und eindeutig.

1210 *Preis/Sagan*, ZGR 2013, 26, 56; zweifelnd auch *Kempermann*, NJW-Spezial 2013, 655, 656.

1211 EuGH v. 23.5.1985 – C-29/85 (*Kommission/Deutschland*), Slg. 1985, 1661 Rn. 23; v. 15.6.1995 – C-220/94 (*Kommission/Luxemburg*), Slg. 1995, I-1589 Rn. 10.

1212 EuGH v. 23.5.1985 – C-29/85 (*Kommission/Deutschland*), Slg. 1985, 1661 Rn. 23.

1213 Vgl. BT-Drucks. 12/5888, S. 23.

Der Hinweis auf die angeblich fehlenden „allgemeinen Grundsätze des Schutzes der Sicherheit und der Gesundheit“ für Organmitglieder vermag ebenfalls nicht zu überzeugen: Es ist nicht ersichtlich, dass die Richtlinie eine Herausnahme von Personengruppen aus ihrem Anwendungsbereich nur dann gestattet, wenn für diese stattdessen mindestens der persönliche Anwendungsbereich der ArbSchRL eröffnet ist.[1214] Die Formulierung ist vielmehr so unbestimmt, dass aus ihr keine konkreten Maßstäbe herzuleiten sind. Außerdem wird auch für Organmitglieder, selbst wenn sie nach der hier vertretenen Auffassung nicht in den persönlichen Anwendungsbereich der ArbSchRL fallen,[1215] ein zumindest reflexartiger Schutz bereits dadurch begründet, dass der Arbeitgeber zu objektiven Schutzmaßnahmen im Betrieb und Unternehmen verpflichtet ist (vgl. §§ 3 ff. ArbSchG), die der Sicherheit aller dort tätigen Personen zugute kommt.

cc) Ergebnis

Zusammenfassend lässt sich damit festhalten, dass die AZRL den unionsrechtlichen Arbeitnehmerbegriff zugrunde legt und damit grundsätzlich auch Arbeitnehmer-Organmitglieder in ihren persönlichen Schutzbereich einbezieht. Allerdings dürfen sie gemäß Art. 17 Abs. 1 lit. a) AZRL von den Bestimmungen über die Arbeitszeit weitgehend ausgenommen werden. Eine derartige Ausnahme erfolgt im deutschen Recht dadurch, dass das ArbZG seinen persönlichen Geltungsbereich nur auf Arbeitnehmer im Sinne des nationalen Begriffsverständnisses erstreckt.

b) BUrlG

aa) Vorliegen eines Schutzdefizits

Etwas anders stellt sich die Rechtslage im Rahmen des Urlaubsrechts dar: Auch das BUrlG stellt mit der Definition des Arbeitnehmers in § 2 S. 1 BUrlG auf den allgemeinen Arbeitnehmerbegriff des deutschen Rechts ab.[1216] Anders als im Hinblick auf die Bestimmungen über die Arbeitszeit sieht jedoch die Richtlinie für die Bestimmungen über den bezahlten Jahresurlaub keine Ausnahmemöglichkeiten

---

1214 So aber *Preis/Sagan*, ZGR 2013, 26, 56.

1215 Dazu unter § 5 B. IV. 5. c) bb).

1216 *Gallner*, in: ErfK, § 2 BUrlG Rn. 1; *Hohmeister*, in: HK-BUrlG, § 2 Rn. 8; *Leinemann/Linck*, BUrlG, § 2 Rn. 2; *Schinz*, in: H/W/K, § 2 BUrlG Rn. 2.

für leitende Angestellte und vergleichbare Personen vor.[1217] Stattdessen betont der EuGH in ständiger Rechtsprechung, dass es sich bei dem Urlaubsanspruch um einen besonders wichtigen Grundsatz des Sozialrechts der Union handele, von dem nicht abgewichen werden dürfe.[1218] Er dürfe zudem nicht restriktiv ausgelegt werden.[1219] Ausgehend vom unionsrechtlichen Arbeitnehmerbegriff der AZRL liegt damit – anders als für das ArbZG – für den persönlichen Anwendungsbereich des BUrlG eine Diskrepanz zwischen dem nationalen und dem Unionsrecht vor.

bb) Richtlinienkonforme Auslegung des § 2 S. 1 BUrlG

Für die Umsetzung dieser Vorgaben ins deutsche Recht stellt sich die Frage nach der Möglichkeit einer richtlinienkonformen Auslegung des Arbeitnehmerbegriffs in § 2 S. 1 BUrlG. Sie setzt voraus, dass die zulässigen Auslegungsspielräume nicht überschritten werden.

Im Hinblick auf den Wortlaut kann insoweit im Wesentlichen auf die Ausführungen zum MuSchG[1220] verwiesen werden: Da die Arbeitnehmereigenschaft von Geschäftsführungsorganen nicht bereits begriffslogisch ausgeschlossen ist und im Einzelfall sogar vom BAG anerkannt wird, steht der Wortsinn des Begriffs „Arbeitnehmer" einer richtlinienkonformen Auslegung nicht entgegen.[1221]

In systematischer Hinsicht könnte man zwar annehmen, dass die relativ detaillierte Regelung des persönlichen Anwendungsbereichs in § 2 BUrlG, die nach Arbeitern, Angestellten, Auszubildenden und arbeitnehmerähnlichen Personen differenziert, abschließend ist und daher keinen Raum für die Einbeziehung von Organmitgliedern lässt. Da Organmitglieder aber auch in keiner Vorschrift des BUrlG explizit von dessen Anwendungsbereich ausgeschlossen werden und zudem auch eine einheitliche gesetzliche Systematik, aus der sich ergibt, dass Organmitglieder generell nicht unter den Begriff des Arbeitnehmers

---

1217 Vgl. Art. 17 Abs. 1 AZRL: Art. 7 ist dort in der Aufzählung derjenigen Vorschriften, von denen Abweichungen möglich sind, nicht genannt.

1218 EuGH v. 22.4.2010 – C-486/08 (*Zentralbetriebsrat der Landeskrankenhäuser Tirols*), Slg. 2010, I-3527 Rn. 28; v. 22.11.2011 – C-214/10 (*KHS*), Slg. 2011, I-11757 Rn. 23; v. 13.6.2013 – C-415/12 (*Brandes*), NZA 2013, 775 Rn. 28 jeweils m. w. N.

1219 EuGH v. 13.6.2013 – C-415/12 (*Brandes*), NZA 2013, 775 Rn. 29 m. w. N.

1220 Dazu oben § 5 B. I. 5. b) bb) (1).

1221 *Forst*, GmbHR 2012, 821, 823, sieht die Wortlautgrenze als nicht verletzt an, wenn man „Arbeitnehmer-Organmitglieder" unter den Begriff des „Angestellten" subsumiert.

im Sinne des nationalen Rechts fallen, nicht existiert, spricht die Regelung nicht gegen eine Subsumtion von Organmitgliedern unter den Begriff des Arbeitnehmers.[1222] Im Übrigen wird man die Bedeutung des Wortlauts der seit 1963 unveränderten Regelung auch aufgrund der heute nicht mehr gebräuchlichen Differenzierung zwischen Arbeitern und Angestellten relativieren dürfen.[1223]

Schließlich steht auch der gesetzgeberische Wille einer richtlinienkonformen Auslegung nicht entgegen: Zwar ist, auch wenn sich der Gesetzesbegründung insoweit keine eindeutigen Aussagen entnehmen lassen,[1224] davon auszugehen, dass der Gesetzgeber bei der Verabschiedung des BUrlG im Jahre 1962 allein den nationalen Arbeitnehmerbegriff vor Augen hatte, denn zu diesem Zeitpunkt existierte noch gar kein unionsrechtlicher Arbeitnehmerbegriff. Auch bei den Änderungen des BUrlG[1225] blieb der Wortlaut des § 2 BUrlG insoweit zwar unverändert, allerdings konnte der Gesetzgeber die Entwicklung der europäischen Rechtsprechung selbst im Zeitpunkt der letzten Änderung des BUrlG im Jahre 2002[1226] im Hinblick auf die Definition des Arbeitnehmerbegriffs auch nicht vorhersehen.

Eine Einbeziehung von Arbeitnehmer-Organmitgliedern in den Geltungsbereich des BUrlG im Wege der richtlinienkonformen Auslegung des Arbeitnehmerbegriffs in § 2 S. 1 BUrlG ist daher möglich.

cc) Reichweite der Anwendung des BUrlG

Nach der Systematik des Gesetzes hätte eine richtlinienkonforme Auslegung von § 2 S. 1 BUrlG nicht nur zur Konsequenz, dass Arbeitnehmer-Organmitglieder überhaupt einen gesetzlichen Urlaubsanspruch haben, sondern es würden darüber hinaus sämtliche Bestimmungen des BUrlG Anwendung finden.[1227] Die AZRL legt in Art. 7 indessen zwingend nur den Umfang des bezahlten Jahresurlaubs von vier Wochen sowie das grundsätzliche Abgeltungsverbot fest. Für die Bedingungen der Inanspruchnahme und die Gewährung verweist Art. 7 Abs. 1 AZRL auf die einzelstaatlichen Rechtsvorschriften und/oder Gepflogenheiten und überlässt die nähere Ausgestaltung des Urlaubsanspruchs damit den

---

1222 S. dazu oben § 5 B. I. 5. b) bb) (2).

1223 So auch *Forst*, GmbHR 2012, 821, 823.

1224 S. dazu den Bericht des Ausschusses für Arbeit über die von der Fraktion SPD und der Fraktion CDU/CSU eingebrachten Entwürfe eines Bundesurlaubsgesetzes, BT-Drucks. 4/785, S. 2.

1225 Vgl. dazu im Überblick *Neumann/Fenski*, BUrlG, Einl. Rn. 45 ff.

1226 BGBl. I S. 1529.

1227 Vgl. *Forst*, GmbHR 2012, 821, 826 f.

Mitgliedstaaten.[1228] Eine Anwendung sämtlicher Vorschriften des BUrlG auf Arbeitnehmer-Organmitglieder ist deshalb nach den Vorgaben der Richtlinie nicht zwingend. Wie bereits im Rahmen des Mutterschutzrechts stellt sich daher die Frage, ob man das BUrlG entsprechend der gesetzlichen Systematik vollständig oder nur teilweise im Sinne einer gespaltenen Auslegung anwendet.

Dabei ist jedoch zu beachten, dass die AZRL die Ausgestaltung des Urlaubsanspruchs zwar grundsätzlich den Mitgliedstaaten überlässt, der EuGH jedoch in die Regelung des Art. 7 AZRL eine ganze Reihe weiterer Vorgaben hineinliest: Bei der Ausgestaltung des Urlaubsanspruchs dürfen die Mitgliedstaaten keine Voraussetzungen aufstellen, die bewirken, dass bestimmte Arbeitnehmer von diesem Anspruch ausgeschlossen werden.[1229] Dies führt dazu, dass einige der im BUrlG vorgesehenen Bestimmungen, die primär nur die Ausgestaltung des Urlaubsanspruches regeln, letztlich doch unionsrechtlich zwingend auch auf Arbeitnehmer-Organmitglieder anzuwenden sein könnten. Inwiefern dies der Fall ist und ob im Übrigen vorrangig zu berücksichtigende Interessen der Gesellschaft unter Berücksichtigung des Gleichbehandlungsgrundsatzes[1230] eine gespaltene Auslegung des BUrlG rechtfertigen, ist im Folgenden anhand der einzelnen Normen des BUrlG zu untersuchen.

(1) Wartezeit und Teilurlaub (§§ 4, 5 BUrlG)

Gegen die Anwendbarkeit des § 4 BUrlG bestehen seitens der Gesellschaft keine Bedenken, denn die Erfüllung einer Wartezeit von 6 Monaten vor erstmaliger Entstehung des Urlaubsanspruches stellt eine zusätzliche Voraussetzung für die Gewährung des Urlaubsanspruchs auf, die eine Einschränkung des Schutzes bedeutet und daher zugunsten der Gesellschaft wirkt.

Eine Anwendung der Regelungen über den Teilurlaub (§ 5 BUrlG) wird man bereits aus europarechtlichen Erwägungen annehmen müssen, denn nach der Rechtsprechung des EuGH dürfen die grundsätzlich von den Mitgliedstaaten festzulegenden Bedingungen für die Inanspruchnahme und die Gewährung des Urlaubsanspruches nicht dazu führen, dass bestimmte Arbeitnehmer von dem Anspruch ausgeschlossen werden. Daher ist es mit der AZRL nicht vereinbar,

1228 EuGH v. 24.1.2012 – C-282/10 (*Dominguez*), NZA 2012, 139 Rn. 18.

1229 EuGH v. 26.6.2001 – C-173/99 (*BECTU*), Slg. 2001, I-4881 Rn. 48 ff. (noch in Bezug auf die Vorgängerrichtlinie 93/104/EG).

1230 S. zu den Grenzen einer gespaltenen Auslegung bereits oben § 5 B. I. 6. a).

die Gewährung des Anspruchs an eine Mindestbeschäftigungszeit zu knüpfen.[1231] Erfordert nun aber § 4 BUrlG eine Wartezeit für die Entstehung des Anspruchs, den die Richtlinie nicht vorsieht, stellt dies zunächst ebenfalls eine Voraussetzung dar, die bestimmte Arbeitnehmer von der Anspruchsgewährung ausschließt. Nur die Regelung des § 5 BUrlG führt dazu, dass § 4 BUrlG überhaupt richtlinienkonform ist, da auch ein Arbeitnehmer, der vor Ablauf der Wartezeit aus dem Arbeitsverhältnis ausscheidet, seinen Urlaubsanspruch nicht gänzlich verliert, sondern ihm § 5 Abs. 1 lit. b) BUrlG einen Anspruch auf Teilurlaub gewährt.[1232] Wendet man daher § 4 BUrlG auf Arbeitnehmer-Organmitglieder an, müssen zwingend auch die Regelungen über den Teilurlaub Anwendung finden.[1233]

(2) Zeitpunkt, Übertragbarkeit und Abgeltung des Urlaubs (§ 7 BUrlG)

Gemäß § 7 Abs. 1 und Abs. 2 BUrlG sind die Wünsche des Arbeitnehmers bei der zeitlichen Festlegung des Urlaubs zu berücksichtigen und der Urlaub ist zusammenhängend zu gewähren, soweit dem betriebliche Belange bzw. die Interessen anderer Arbeitnehmer nicht entgegenstehen. Auch Arbeitnehmer-Organmitglieder haben grundsätzlich ein berechtigtes Interesse an einer gewissen Berücksichtigung ihrer Wünsche bei der Urlaubsfestlegung sowie einer möglichst zusammenhängenden Urlaubsgewährung. Allerdings ist auf Seiten der Gesellschaft auch ein gesteigertes Interesse an der Präsenz des Leitungsorgans im Unternehmen, insbesondere in Krisenzeiten, bei Auftragsspitzen oder sonstigen besonderen Umständen anzuerkennen. Dem kann indessen bei der Auslegung der „dringenden betrieblichen Belange" im Sinne des § 7 Abs. 1 S. 1 und Abs. 2 S. 1 BUrlG Rechnung getragen werden: Im Rahmen einer Abwägung der beiderseitigen Interessen[1234] ist die gesteigerte Bedeutung der Anwesenheit des Organmitglieds zugunsten der Gesellschaft zu berücksichtigen, so dass man hier einen etwas großzügigeren Maßstab anlegen wird als bei „normalen" Arbeitnehmern.

§ 7 Abs. 3 BUrlG, wonach der Urlaubsanspruch grundsätzlich für die Dauer des Urlaubsjahres befristet ist und anschließend verfällt,[1235] stellt wiederum zunächst eine Einschränkung des Urlaubsanspruchs dar, so dass gegen eine Anwendung der Vorschrift von Seiten der Gesellschaft nichts einzuwenden sein

1231 EuGH v. 26.6.2001 – C-173/99 (*BECTU*), Slg. 2001, I-4881 Rn. 48 ff.

1232 *Gallner*, in: ErfK, § 4 BUrlG Rn. 1; *Hohmeister*, in: HK-BUrlG, § 4 Rn. 8.

1233 Für eine Gewährung von Teilurlaub auch *Forst*, GmbHR 2012, 821, 826.

1234 Dazu *Neumann/Fenski*, BUrlG, § 7 Rn. 12 m. w. N.

1235 *Forst*, GmbHG 2012, 821, 826; *Gallner*, in: ErfK, § 7 BUrlG Rn. 34.

dürfte. Gleiches gilt für die Übertragbarkeit des Urlaubsanspruches nach Maßgabe des § 7 Abs. 3 S. 2 und 3 BUrlG, denn sie trägt dem Bedürfnis nach einer gewissen Flexibilität Rechnung.[1236] Die Anwendung des § 7 Abs. 4 BUrlG (Abgeltung des Urlaubs wegen Beendigung des Arbeitsverhältnisses) ist wiederum bereits aufgrund von Art. 7 Abs. 2 AZRL geboten, der einen entsprechenden Anspruch auf finanzielle Abgeltung vorsieht, wenn eine Inanspruchnahme des Urlaubs nicht möglich ist.[1237]

Der Verfall des Urlaubsanspruchs am Ende des Bezugs- bzw. Übertragungszeitraums stellt allerdings nach der Rechtsprechung des EuGH seit der Entscheidung *Schultz-Hoff* nur dann keinen Verstoß gegen die AZRL dar, wenn der Arbeitnehmer auch tatsächlich die Möglichkeit hatte, diesen Anspruch wahrzunehmen. Für den Fall, dass er während der gesamten Dauer des Bezugs- bzw. Übertragungszeitraums arbeitsunfähig erkrankt war, ist die Regelung daher mit Art. 7 Abs. 1 AZRL unvereinbar.[1238] Ähnliches gilt für den Anspruch auf finanzielle Abgeltung des Urlaubsanspruchs: Auch dieser darf bei krankheitsbedingter Arbeitsunfähigkeit während des Bezugszeitraums nicht entfallen.[1239] Damit es nicht zu einer unendlichen Ansammlung von Urlaubs- bzw. Abgeltungsansprüchen kommt, hat der EuGH jedoch Verfallfristen in bestimmten Grenzen für zulässig erachtet.[1240] Dabei müsse allerdings der Übertragungszeitraum deutlich länger bemessen sein als der Bezugszeitraum. Eine Verfallfrist von 15 Monaten sei daher bei einem Bezugszeitraum von einem Jahr zulässig.[1241] Indessen wurde eine Frist von nur 9 Monaten als zu kurz befunden.[1242] Diese Vorgaben des EuGH sind auch für Arbeitnehmer-Organmitglieder zu berücksichtigen.[1243]

In Bezug auf die Zulässigkeit von Verfallfristen beurteilte der EuGH in den einschlägigen Entscheidungen allerdings zum einen eine tarifliche Ausschlussfrist und zum anderen eine Regelung des hessischen Beamtenrechts. Für Organmitglieder stellt sich daher die Frage, ob Verfallfristen auch anstellungsvertraglich

---

1236 Dazu *Neumann/Fenski*, BUrlG, § 7 Rn. 67; für einen Übertragungsanspruch auch *Forst*, GmbHR 2012, 821, 826.

1237 EuGH v. 20.01.2009 – C-350/06 (*Schultz-Hoff*), Slg. 2009, I-179 Rn. 56.

1238 EuGH v. 20.01.2009 – C-350/06 (*Schultz-Hoff*), Slg. 2009, I-179 Rn. 43 ff.; v. 22.11.2011 – C-214/10 (*KHS*), Slg. 2011, I-11757 Rn. 26 ff.

1239 EuGH v. 20.01.2009 – C-350/06 (*Schultz-Hoff*), Slg. 2009, I-179 Rn. 62.

1240 EuGH v. 22.11.2011 – C-214/10 (*KHS*), Slg. 2011, I-11757 Rn. 28 ff.

1241 EuGH v. 22.11.2011 – C-214/10 (*KHS*), Slg. 2011, I-11757 Rn. 38 ff.

1242 EuGH v. 3.5.2012 – C-337/10 (*Neidel*), NVwZ 2012, 688 Rn. 43.

1243 So auch *Forst*, GmbHR 2012, 821, 826 f.; wohl auch *Kempermann*, NJW-Spezial 2013, 655, 656.

geregelt werden können, denn es erscheint zweifelhaft, ob eine individualvertragliche Regelung als „einzelstaatliche Rechtsvorschrift oder Gepflogenheit" im Sinne von Art. 7 Abs. 1 AZRL angesehen werden kann. Indessen gelten die inhaltlichen Erwägungen, die der EuGH für die Zulässigkeit der Verfallfristen anstellt, für Organmitglieder mindestens in demselben Maße wie für andere Arbeitnehmer: Auch bei ihnen würde eine unbegrenzte Ansammlung von Urlaubstagen nicht mehr dem Erholungszweck des Urlaubs entsprechen[1244] und zu einer erheblichen Belastung des Arbeitgebers führen. Organmitglieder sind in dieser Hinsicht nicht schützenswerter als normale Arbeitnehmer. Daher müssen auch individualvertraglich vereinbarte Verfallfristen in Anstellungsverträgen zulässig sein. Hinsichtlich der Länge wird man dabei die vom EuGH aufgestellten Vorgaben zu berücksichtigen haben, denn dass der Verlust der Erholungswirkung speziell für Organmitglieder zu einem früheren oder späteren Zeitpunkt eintreten soll als bei anderen Arbeitnehmern, lässt sich nicht begründen.

(3) Nichtanrechnung von Krankheitstagen (§ 9 BUrlG)

Gemäß § 9 BUrlG werden Tage der krankheitsbedingten Arbeitsunfähigkeit des Arbeitnehmers während des Urlaubs auf den Jahresurlaub nicht angerechnet. Der Gesetzgeber geht davon aus, dass in diesem Fall die Pflicht zur Arbeitsleistung bereits durch die Arbeitsunfähigkeit suspendiert ist und daher nicht noch einmal suspendiert werden kann.[1245] Auch Organmitglieder werden indessen gemäß § 275 Abs. 1 BGB im Falle der krankheitsbedingten Dienstunfähigkeit von ihrer Hauptleistungspflicht befreit.[1246] Zudem trägt die Vorschrift des § 9 BUrlG dem Umstand Rechnung, dass der Erholungszweck während der krankheitsbedingten Arbeitsunfähigkeit des Arbeitnehmers nicht erreicht werden kann.[1247] Diese Erwägung gilt für Organmitglieder gleichermaßen. Im Übrigen ist nicht ersichtlich, dass die aus § 9 BUrlG resultierende Pflicht zur Nachgewährung von Urlaubstagen für die nachgewiesenen Krankheitstage eine übermäßige Belastung der Gesellschaft darstellen würde.

1244 Zu diesem Zweck des Urlaubs EuGH v. 22.11.2011 – C-214/10 (*KHS*), Slg. 2011, I-11757 Rn. 30 ff.

1245 *Gallner*, in: ErfK, § 9 BUrlG Rn. 1.

1246 *Paefgen*, in: U/H/W, GmbHG, § 35 Rn. 201.

1247 *Hohmeister*, in: HK-BUrlG, § 9 Rn. 1; *Neumann/Fenski*, BUrlG, § 9 Rn. 5; a. A. *Gallner*, in: ErfK, § 9 BUrlG Rn. 1.

(4) *Berechnung des Urlaubsentgelts (§ 11 BUrlG)*

§ 11 BUrlG enthält Berechnungsvorgaben für die Bemessung des Urlaubsentgelts, ist hingegen keine Anspruchsgrundlage für die Fortzahlung des Entgelts an sich.[1248] Woraus sich der Anspruch auf Urlaubsentgelt letztlich ergibt, ist umstritten.[1249] Maßgeblich ist, dass er unionsrechtlich geboten ist, da Art. 7 Abs. 1 AZRL einen Anspruch auf bezahlten Jahresurlaub vorsieht.[1250] Dies muss auch für Organmitglieder gelten, soweit sie Arbeitnehmer im Sinne der Richtlinie sind. Ihnen ist die Vergütung nach Maßgabe des Anstellungsvertrages während der Dauer des Urlaubs fortzuzahlen. Hinsichtlich der Höhe des Urlaubsentgelts hat der EuGH entschieden, dass dem Arbeitnehmer das „gewöhnliche Arbeitsentgelt" zu gewähren ist.[1251] Dieses umfasst auch variable Bestandteile, sofern sie Entgeltcharakter haben.[1252] Auch auf Arbeitnehmer-Organmitglieder findet diese Rechtsprechung Anwendung. Dabei spricht nichts dagegen, für die Berechnung auf § 11 BUrlG zurückzugreifen.

(5) *Abdingbarkeit (§ 13 BUrlG)*

§ 13 Abs. 1 S. 1 BUrlG besagt, dass von den Regelungen des BUrlG durch Tarifvertrag abgewichen werden kann. Lediglich der personelle Anwendungsbereich des Gesetzes, der Urlaubsanspruch als solcher, sowie dessen Mindestdauer von 24 Tagen sind nicht tarifdispositiv. Gleiches gilt gemäß S. 2 für nicht tarifgebundene Arbeitnehmer und Arbeitgeber bei einer Bezugnahme auf die entsprechenden Regelungen eines Tarifvertrags. Für die Wirksamkeit einer abweichenden tarifvertraglichen Regelung sind indessen die Vorgaben des Art. 7 AZRL zu beachten: Soweit die Regelung nämlich Voraussetzungen aufstellt, die dazu führen, dass der Urlaubsanspruch für bestimmte Arbeitnehmer vereitelt wird, ist sie mit Art. 7 AZRL nicht zu vereinbaren.[1253] Im Übrigen ist eine Abweichung von den Vorschriften des BUrlG grundsätzlich nur zugunsten der Arbeitnehmer möglich.

1248 *Gallner*, in: ErfK, § 11 BUrlG Rn. 1; *Leinemann/Linck*, BUrlG, § 1 Rn. 27.

1249 Zu den verschiedenen Theorien zur Rechtsnatur des Urlaubsanspruch *Leinemann/Linck*, BUrlG, § 1 Rn. 11 ff.

1250 EuGH v. 20.01.2009 – C-350/06 (*Schultz-Hoff*), Slg. 2009, I-179 Rn. 58.

1251 EuGH v. 16.3.2006 – C-131/04 (*Robinson-Steele u. a.*), Slg. 2006, I-2531 Rn. 50; v. 20.01.2009 – C-350/06 (*Schultz-Hoff*), Slg. 2009, I-179 Rn. 58; v. 15.9.2011 – C-155/10 (*Williams*), Slg. 2011, I-8409 Rn. 19.

1252 EuGH v. 15.9.2011 – C-155/10 (*Williams*), Slg. 2011, I-8409 Rn. 31.

1253 S. oben § 5 B. III. 5. b) cc).

Auch Anstellungsverträge von Organmitgliedern können wirksam tarifvertragliche Urlaubsregelungen in Bezug nehmen.[1254] Sofern dies der Fall ist, finden daher die abweichenden tariflichen Bestimmungen gemäß § 13 Abs. 1 S. 2 BUrlG auf sie Anwendung.[1255]

Es ließe sich überlegen, ob es für Arbeitnehmer-Organmitglieder gerechtfertigt ist, abweichend von § 13 Abs. 1 BUrlG in den Grenzen des unionsrechtlich Zulässigen auch individualvertraglich weiter gehende Abweichungsmöglichkeiten zuzulassen. Grund für das sog. tarifliche Vorrangprinzip[1256] ist zum einen die Stärkung der Tarifautonomie im Bereich des Urlaubsrechts unter Berücksichtigung der Tatsache, dass die Tarifparteien im Zeitpunkt der Entstehung des BUrlG bereits umfängliche Urlaubsregelungen erlassen hatten, und zum anderen das Vertrauen in die Fähigkeit der Tarifparteien, sachgerechte Bestimmungen zu vereinbaren, die nicht zu Lasten der Gesundheit und der Erholung wirken.[1257] Hinsichtlich des zuletzt genannten Gesichtspunkts ließe sich anführen, dass Organmitglieder mehr als andere Arbeitnehmer in der Lage sind, den Inhalt ihres Anstellungsvertrages und damit auch die Urlaubsregelungen frei auszuhandeln und dementsprechend nicht in gleichem Maße strukturell unterlegen sind wie andere Arbeitnehmer. Berücksichtigt man hingegen, dass die Abdingbarkeit der Stärkung der Tarifautonomie dienen soll, ist eine über die Regelung des § 13 BUrlG hinausgehende anstellungsvertragliche Abdingbarkeit zu verneinen, denn sie würde diesem Zweck nicht entsprechen.

(6) Ergebnis

Infolge der richtlinienkonformen Auslegung des Arbeitnehmerbegriffs des BUrlG sind dessen Normen in ihrer Gesamtheit auf Arbeitnehmer-Organmitglieder anzuwenden. Eine gespaltene Auslegung überzeugt nicht, denn soweit die Anwendung der Vorschriften des BUrlG nicht ohnehin unionsrechtlich geboten ist, werden entgegenstehende Interessen der Gesellschaft kaum berührt, im Gegenteil wirken viele der Bestimmungen zu ihren Gunsten.

Dies gilt indessen nur für den Mindesturlaub von 24 Tagen. Anstellungsverträge von Organmitgliedern werden indessen meist einen umfangreicheren

---

1254 OLG Frankfurt v. 9.2.2007, GmbHR 2007, 1222, 1223.

1255 So auch *Forst*, GmbHR 2012, 821, 827.

1256 BAG v. 9.7.1964, NJW 1964, 2033.

1257 Vgl. BAG v. 9.7.1964, NJW 1964, 2033; *Gallner*, in: ErfK, § 13 BUrlG Rn. 1; *Neumann/Fenski*, BUrlG, § 13 Rn. 2.

Urlaubsanspruch gewähren.[1258] Für einen über den Mindesturlaub von vier Wochen hinausgehenden Urlaubsanspruch enthält die AZRL keine Vorgaben.[1259] Seine Ausgestaltung kann frei von den Bestimmungen der Richtlinie erfolgen.[1260] Auch die Bestimmungen des BUrlG sind für einen die in § 3 BUrlG festgelegte Mindestdauer übersteigenden Urlaubsanspruch nicht zwingend.[1261] Die Parteien des Anstellungsvertrages können daher wirksam eine Ausgestaltung des zusätzlichen Urlaubsteils vornehmen, die von den Bestimmungen des BUrlG zuungunsten des Organmitglieds abweicht.[1262] Nach der Rechtsprechung des BAG muss eine entsprechende (tarifvertragliche) Regelung allerdings auch ausdrücklich erfolgen, denn ansonsten richtet sich auch der zusätzliche Urlaub automatisch nach den Vorschriften über den gesetzlichen Mindesturlaub.[1263] Gleiches wird man für eine anstellungsvertragliche Regelung anzunehmen haben, denn auch hier kann nicht ohne weiteres vom Willen der Vertragsparteien ausgegangen werden, dass der Mehrurlaub nach anderen Regelungen gewährt werden soll als der Mindesturlaub.

IV. Die Arbeitsschutzrahmenrichtlinie

1. Regelungsgehalt der Richtlinie

Neben den bereits behandelten speziellen Richtlinien im Bereich Arbeits- und Gesundheitsschutz existiert seit 1989 gewissermaßen als „Grundgesetz des betrieblichen Arbeitsschutzes“[1264] die ArbSchRL[1265]. Im Wesentlichen stellt sie Pflichten für Arbeitgeber und Arbeitnehmer auf, die der Verbesserung der Sicherheit und des Gesundheitsschutzes der Arbeitnehmer am Arbeitsplatz dienen sollen.

1258 *Lunk/Rodenbusch*, GmbHR 2012, 188, 193; *Preis/Sagan*, ZGR 2013, 26, 57.

1259 EuGH v. 24.1.2012 – C-282/10 (*Dominguez*), NZA 2012, 139 Rn. 47 ff.; v. 3.5.2012 – C-337/10 (*Neidel*), NVwZ 2012, 688 Rn. 36; *Forst*, GmbHR 2012, 821, 827.

1260 EuGH v. 3.5.2012 – C-337/10 (*Neidel*), NVwZ 2012, 688 Rn. 35 f.

1261 *Leinemann/Linck*, BUrlG, § 13 Rn. 4; *Neumann/Fenski*, BUrlG, § 3 Rn. 7.

1262 *Forst*, GmbHR 2012, 821, 827, der jedoch auf die Beachtung der Diskriminierungsverbote hinweist.

1263 BAG v. 9.8.1994, NZA 1995, 230, 231; v. 20.6.2000, NZA 2001, 100, 102.

1264 So die häufige Bezeichnung, vgl. etwa *Riesenhuber*, EuArbR, § 13 Rn. 2.

1265 RL 89/391/EWG des Rates vom 12.6.1989 über die Durchführung von Maßnahmen zur Verbesserung der Sicherheit und des Gesundheitsschutzes der Arbeitnehmer bei der Arbeit, ABl. 1989 L 183, S. 1.

Ihr Anwendungsbereich erstreckt sich gemäß Art. 2 Abs. 1 ArbSchRL auf Arbeitsverhältnisse in allen Tätigkeitsbereichen sowohl der Privatwirtschaft als auch des öffentlichen Dienstes. Der zweite Abschnitt statuiert den allgemeinen Grundsatz der Arbeitgeberverantwortung für die Sicherheit und den Gesundheitsschutz (Art. 5) und stellt einen umfangreichen Katalog mit Pflichten des Arbeitgebers zur Gefahrevaluierung, Gefahrenvermeidung und Gefahrenbekämpfung auf (Art. 6–12). Diese betreffen zum einen technisch-organisatorische Aspekte und zum anderen die Einbeziehung der Arbeitnehmer in die Organisation des Arbeitsschutzes in Form von Unterweisung, Anhörung und Unterrichtung. Korrespondierend dazu enthält Art. 13 Pflichten der Arbeitnehmer zur Mitwirkung an den Arbeitsschutzmaßnahmen, die jedoch wesentlich schwächer ausgeprägt sind als die Arbeitgeberpflichten und den Grundsatz der Verantwortung des Arbeitgebers unberührt lassen.[1266] Sie verpflichten die Arbeitnehmer insbesondere zu einer ordnungsgemäßen Verwendung der vom Arbeitgeber organisierten Schutzvorrichtungen sowie zur Kooperation.

2. Umsetzende nationale Regelungen

Die ArbSchRL wurde durch das Gesetz zur Umsetzung der EG-Rahmenrichtlinie Arbeitsschutz und weiterer Arbeitsschutzrichtlinien vom 7.8.1996[1267] in nationales Recht umgesetzt.[1268] Hauptbestandteil des Umsetzungsgesetzes ist das ArbSchG.[1269] Dieses orientiert sich inhaltlich stark an der Richtlinie und bezweckt deren 1:1-Umsetzung[1270] im Sinne einer umfassenden einheitlichen arbeitsschutzrechtlichen Grundbestimmung.[1271]

Dementsprechend weit ist auch sein Anwendungsbereich definiert: Die Vorschriften gelten grundsätzlich für alle Tätigkeitsbereiche (§ 1 Abs. 1 S. 2 ArbSchG) und einen weit gefassten Personenkreis (§ 2 Abs. 2 ArbSchG). Wie die Richtlinie normiert das ArbSchG im Wesentlichen Organisationspflichten des Arbeitgebers (§§ 3–14 ArbSchG), wie etwa die Pflicht zur Beurteilung und Dokumentation der Arbeitsbedingungen (§§ 5 und 6 ArbSchG), zur

1266 *Riesenhuber*, EuArbR, § 13 Rn. 2, 37.

1267 BGBl. 1996 I, 1246.

1268 Vgl. zur Umsetzung der Richtlinie *Wank*, in: H/S/W, § 18 Rn. 451 ff.

1269 Die weiteren Artikel des Umsetzungsgesetzes betreffen Änderungen einzelner Normen des ASiG, des BetrVG und des AÜG, die allerdings für die hier behandelte Thematik nicht relevant sind.

1270 *Riesenhuber*, EuArbR, § 13 Rn. 43.

1271 *Kollmer*, in: Kollmer/Klindt, ArbSchG, Vor § 1 Rn. 50.

Anweisung, Unterrichtung und Unterweisung der Arbeitnehmer (§§ 9, 12, 14 ArbSchG) sowie zur Organisation von Notfallmaßnahmen (§§ 9–11 ArbSchG). § 13 ArbSchG erweitert den Kreis der für die Einhaltung der Pflichten neben dem Arbeitgeber verantwortlichen Personen u. a. auf dessen gesetzliche Vertreter, die vertretungsberechtigten Organe juristischer Personen und vertretungsberechtigte Gesellschafter. Wie die ArbSchRL beteiligt auch das ArbSchG die Beschäftigten an der Verwirklichung des Arbeitsschutzes (vgl. §§ 15–17 ArbSchG).

3. Meinungsstand zur Anwendbarkeit des ArbSchG auf Organmitglieder

Das ArbSchG geht von einer Unterscheidung zwischen dem Arbeitgeber einerseits und dem Personenkreis der Beschäftigten andererseits aus. Wer Arbeitgeber und wer Beschäftigter im Sinne des Gesetzes ist, regelt § 2 Abs. 2 und 3 ArbSchG.

Der Beschäftigtenbegriff ist in § 2 Abs. 2 ArbSchG aufgrund der Vielfalt rechtlicher Gestaltungsmöglichkeiten, in denen abhängige Arbeit geleistet werden kann, bewusst weit gefasst[1272] und umfasst neben Arbeitnehmern (Nr. 1) auch zu ihrer Berufsausbildung Beschäftigte (Nr. 2), arbeitnehmerähnliche Personen (Nr. 3), Beamte (Nr. 4), Richter (Nr. 5) und Soldaten (Nr. 6). Für den Begriff des Arbeitnehmers im Sinne von § 2 Abs. 2 Nr. 1 wird indessen auf den allgemeinen arbeitsrechtlichen Arbeitnehmerbegriff und damit maßgeblich auf die Erbringung fremdbestimmter Arbeit in persönlicher Abhängigkeit abgestellt.[1273] Da Organmitglieder juristischer Personen bislang nach herrschender Ansicht nicht unter diesen allgemeinen Arbeitnehmerbegriff fallen und auch keiner der sonstigen Personengruppen in den Nr. 2–6 zuzuordnen sind, wurde vor der *Danosa*-Entscheidung nur vereinzelt vertreten, dass sie „Beschäftigte" im Sinne

1272 BT-Drucks. 13/3540, S. 15.

1273 *Aufhauser*, in: HK-ArbSchG, § 2 Rn. 3; *Kittner/Pieper*, ArbSchG, § 2 Rn. 13; grundsätzlich wohl auch *Kohte*, in: Kollmer/Klindt, ArbSchG, § 2 Rn. 48 ff., der allerdings zugleich auf die Notwendigkeit einer unionsrechtlichen Auslegung des Beschäftigtenbegriffs hinweist (Rn. 32).

des ArbSchG seien.[1274] Auch infolge von *Danosa* hat sich das Meinungsbild insoweit nicht grundlegend gewandelt.[1275]

4. Arbeitnehmerbegriff der Richtlinie

Fraglich ist, ob die Nichteinbeziehung von Organmitgliedern in den Personenkreis der Beschäftigten europarechtlichen Vorgaben genügt. Maßgeblich kommt es dafür auf den Arbeitnehmerbegriff der ArbSchRL an.

a) Normative Grundlagen

Gemäß Art. 3 lit. a) ArbSchRL gilt als Arbeitnehmer im Sinne der Richtlinie, wer von einem Arbeitgeber beschäftigt wird, einschließlich Praktikanten und Lehrlingen, jedoch mit Ausnahme von Hausangestellten. Was allerdings „Beschäftigung durch einen Arbeitgeber" im Sinne der Vorschrift bedeutet, lässt die Richtlinie offen. Aus der Definition des Arbeitgebers in Art. 3 lit. c) ArbSchRL ergibt sich im Umkehrschluss, dass die „Beschäftigung" eine irgendwie geartete vertragliche Grundlage voraussetzt.[1276] Weitere Hinweise zur inhaltlichen Ausprägung des Begriffs Beschäftigung enthält die Richtlinie nicht.

b) Meinungsstand

Der EuGH hat sich zum Arbeitnehmerbegriff der ArbSchRL noch nicht geäußert. Er hat lediglich mehrfach den weiten sachlichen Anwendungsbereich der Richtlinie betont und entschieden, dass die Ausnahmen des Art. 2 Abs. 2 ArbSchRL eng auszulegen seien.[1277] Daneben wird die Tatsache, dass der EuGH den Arbeitnehmerbegriff der MuSchRL als Einzelrichtlinie im Sinne von Art. 16 Abs. 1 ArbSchRL gemeinschaftsautonom ausgelegt hat,[1278] teilweise als Indiz

---

1274 Etwa *Kohte*, in: Kollmer/Klindt, ArbSchG, § 2 Rn. 119: Einbeziehung des abhängigen Geschäftsführers in den Kreis der arbeitnehmerähnlichen Personen i. S. von § 2 Abs. 2 Nr. 3.

1275 Für eine Anwendung auf Arbeitnehmer-Organmitglieder explizit lediglich *Oetker*, in: Henssler/Strohn, § 35 GmbHG Rn. 82a; *Wank*, in: ErfK, § 2 ArbSchG Rn. 2.

1276 *Ziegler*, Arbeitnehmerbegriffe, S. 270.

1277 EuGH v. 3.10.2000 – C-303/98 (*Simap*), Slg. 2000, I-7963 Rn. 34 f.; v. 9.3.2004 – verb. Rs. C-397/01- C-403/01 (*Pfeiffer u. a.*), Slg. 2004, I-8835 Rn. 52; v. 14.10.2010 – C-428/09 (*Union syndicale Solidaires Isère*), Slg. 2010, I-9961 Rn. 24.

1278 Dazu oben § 5 B. I. 4. b).

dafür gesehen, dass der Gerichtshof dann (erst recht) auch für die Rahmenrichtlinie auf den unionsrechtlichen Arbeitnehmerbegriff abstellen wird.[1279]

Die Literatur nimmt ganz überwiegend an, dass der Arbeitnehmerbegriff in Art. 3 lit. a) ArbSchRL unionsrechtlich auszulegen sei.[1280] Dafür werden insbesondere der weit gefasste Wortlaut sowie der Sinn und Zweck der Richtlinie angeführt, die sich nur durch ein unionseinheitliches Begriffsverständnis voll verwirklichen ließen.[1281]

Uneinigkeit besteht allerdings hinsichtlich der Frage, wie der Arbeitnehmerbegriff im Sinne der Richtlinie inhaltlich auszufüllen ist, d. h. welche Definitionsmerkmale er aufweist. Teilweise wird auf das zu Art. 45 AEUV entwickelte Begriffsverständnis abgestellt.[1282] Überwiegend wird allerdings davon ausgegangen, dass der zur Arbeitnehmerfreizügigkeit entwickelte Arbeitnehmerbegriff zwar mit der Abstellung auf eine fremdbestimmte Tätigkeit im Grundsatz passend sei, für die Zwecke der Richtlinie jedoch noch weiter ausgelegt werden müsse: Insbesondere könne es für den Arbeitsschutz nicht auf die Entgeltlichkeit und den Umfang der Tätigkeit ankommen.[1283]

c) Stellungnahme

aa) Unionsrechtliche oder nationale Begriffsprägung

Die herrschende Ansicht, die von einer unionseinheitlichen Definition des Arbeitnehmerbegriffs der ArbSchRL ausgeht, vermag uneingeschränkt zu überzeugen: Bereits der Wortlaut der Richtlinie spricht für einen unionsrechtlich geprägten Arbeitnehmerbegriff, indem die Richtlinie – anders als die meisten

---

1279 *Riesenhuber*, EuArbR, § 13 Rn. 9 (dort Fn. 43); zustimmend *Ziegler*, Arbeitnehmerbegriffe, S. 270 f.

1280 *Julius*, Arbeitsschutz, S. 46 f.; *Kohte*, in: MünchArbR II, § 289 Rn. 15; *ders.*, in: Kollmer/Klindt, ArbSchG, § 2 Rn. 33 ff.; *Riesenhuber*, EuArbR, § 13 Rn. 9; *Oetker*, in: Henssler/Strohn, § 35 GmbHG Rn. 82a; *Pottschmidt*, Arbeitnehmerähnliche Personen, S. 212; *Rebhahn*, EuZA 2012, 3, 22 (dort Fn. 72); *Reinhard/Bitsch*, ArbRB 2011, 241, 244; *Schubert*, ZESAR 2013, 5, 13; *Wank*, EuZA 2008, 172, 183; *Ziegler*, Arbeitnehmerbegriffe, S. 277 m. w. N. auch zur Gegenansicht auf S. 271 f. in Fn. 588 f.

1281 Etwa *Pottschmidt*, Arbeitnehmerähnliche Personen, S. 209 ff.; *Riesenhuber*, EuArbR, § 13 Rn. 9; *Ziegler*, Arbeitnehmerbegriffe, S. 272 ff.

1282 *Riesenhuber*, EuArbR, § 13 Rn. 9; wohl auch *Schubert*, ZESAR 2013, 5, 13.

1283 *Julius*, Arbeitsschutz, S. 47; *Kohte*, in: Kollmer/Klindt, ArbSchG, § 2 Rn. 37 f.; *ders.*, EAS B 6100 Rn. 31; *Ziegler*, Arbeitnehmerbegriffe, S. 280 ff.

anderen – eine eigene Definition des Arbeitnehmerbegriffs in Art. 3 lit. a) enthält, die nicht auf die Rechtsvorschriften und Gepflogenheiten der Mitgliedstaaten verweist.[1284]

In systematischer Hinsicht spricht für die Annahme eines unionseinheitlichen Begriffsverständnisses, dass die meisten Richtlinien, die von einem mitgliedstaatlichen Begriffsverständnis ausgehen, entsprechende Verweisungen enthalten. Hingegen lässt sich aus dem Umstand, dass die ArbSchRL für den Begriff des Arbeitnehmervertreters in Art. 3 lit. c) auf das mitgliedstaatliche Recht verweist, nicht zwingend im Umkehrschluss herleiten, dass dies für den Begriff des Arbeitnehmers dann gerade nicht gelten soll.[1285]

Auch die Entstehungsgeschichte der Richtlinie[1286] weist in diese Richtung: Bereits frühere den Arbeitsschutz betreffende Richtlinien definierten den Begriff des Arbeitnehmers unionseinheitlich, indem sie auf das Bestehen eines „Lohn- oder Gehaltsverhältnisses" (so etwa Art. 2 lit. b) RL 80/1107/EWG[1287]) abstellten.[1288] Die Materialien zur Entstehung der ArbSchRL lassen indessen erkennen, dass mit ihr eine Erweiterung, nicht hingegen eine Einschränkung des geschützten Personenkreises beabsichtigt war.[1289] So sah der ursprüngliche Richtlinienvorschlag noch eine extrem weite Arbeitnehmerdefinition vor, die jede Person umfassen sollte, die Leistungen irgendeiner Art erbringt.[1290] Zwar wurde diese weite Definition letztlich nicht in geltendes Recht umgesetzt, jedoch ist andererseits auch in keinem Zeitpunkt des Gesetzgebungsverfahrens stattdessen eine mitgliedstaatliche Definition erwogen worden.[1291]

Entscheidend für eine unionseinheitliche Definition spricht jedoch letztlich der Zweck der Richtlinie: Bereits in den Begründungserwägungen wird auf das in den Mitgliedstaaten sehr unterschiedliche Schutzniveau in Bezug auf

---

1284 So auch *Pottschmidt*, Arbeitnehmerähnliche Personen, S. 209 f.; *Ziegler*, Arbeitnehmerbegriffe, S. 272 f.

1285 In diese Richtung aber wohl *Ziegler*, Arbeitnehmerbegriffe, S. 276.

1286 Ausführlich dazu *Ziegler*, Arbeitnehmerbegriffe, S. 274 f.

1287 Richtlinie 80/1107/EWG des Rates vom 27.11.1980 zum Schutz der Arbeitnehmer vor der Gefährdung durch chemische, physikalische und biologische Arbeitsstoffe bei der Arbeit, ABl. 1980 L 327, S. 8.

1288 Dazu *Kohte*, in: Kollmer/Klindt, ArbSchG, § 2 Rn. 33.

1289 Vgl. dazu *Kohte*, in: Kollmer/Klindt, ArbSchG, § 2 Rn. 37.

1290 Vgl. Art. 2 des Vorschlag für eine Richtlinie des Rates über die Durchführung von Maßnahmen zur Verbesserung der Sicherheit und des Gesundheitsschutzes der Arbeitnehmer am Arbeitsplatz, KOM (88) 73 endg.

1291 Dies sieht auch bereits *Ziegler*, Arbeitnehmerbegriffe, S. 275 als „schwaches Indiz" für eine unionseinheitliche Definition.

die Arbeitssicherheit hingewiesen und dessen Verbesserung und Vereinheitlichung angestrebt.[1292] Mit dem Ziel der Verbesserung der Sicherheit und des Gesundheitsschutz betrifft die Richtlinie, genau wie die MuSchRL und die AZRL auch, die elementaren Grund- und Menschenrechte Leben und körperliche Unversehrtheit.[1293] Die Schutzwürdigkeit dieser fundamentalen Rechtsgüter besteht aber unabhängig von der konkreten Ausgestaltung der Leistungsbeziehungen, so dass mitgliedstaatliche Differenzierungen, bedingt allein durch die unterschiedliche Reichweite der jeweiligen Arbeitnehmerdefinition, nicht gerechtfertigt sind.[1294] Zu bedenken ist außerdem, dass die Umsetzung der Arbeitsschutzvorschriften aufgrund der Kostentragungspflicht des Arbeitgebers in nicht unerheblichem Maße auch Auswirkungen auf den Wettbewerb hat und damit binnenmarktrelevante Aspekte berührt.[1295] Diesen Umstand greift auch die Richtlinie auf und weist darauf hin, dass eine hierdurch entstehende Konkurrenz vermieden werden soll.[1296] Auch dies spricht dafür, dass die Richtlinie ein möglichst einheitliches Schutzniveau anstrebt, welches nur durch eine unionseinheitliche Definition des personellen Anwendungsbereichs wirksam erreicht werden kann.[1297]

bb) Organmitglieder als Arbeitnehmer im Sinne der Richtlinie?

Unabhängig davon, ob man für den Arbeitnehmerbegriff der ArbSchRL auf die zu Art. 45 AEUV entwickelten Kriterien der *Lawrie-Blum*-Formel, oder aber – wie in der Literatur überwiegend vertreten – auf ein erweitertes Begriffsverständnis abstellt, müssten Arbeitnehmer-Organmitglieder nach den bisherigen Erkenntnissen in den Personenkreis der Arbeitnehmer im Sinne von Art. 3 lit. a) ArbSchRL einbezogen werden. Dem stehen jedoch folgende Erwägungen entgegen:

Nach der Konzeption der Richtlinie stehen sich der Arbeitgeber als die für die Umsetzung der Schutzmaßnahmen verantwortliche Person und der Arbeitnehmer als die durch die Schutzmaßnahmen geschützte Person gegenüber.

1292 Vgl. BE 9 ArbSchRL; zu diesem Argument auch *Pottschmidt*, Arbeitnehmerähnliche Personen, S. 211 f.

1293 *Ziegler*, Arbeitnehmerbegriffe, S. 276.

1294 *Kohte*, in: Kollmer/Klindt, ArbSchG, § 2 Rn. 38; *Riesenhuber*, EuArbR, § 13 Rn. 9; *Ziegler*, Arbeitnehmerbegriffe, S. 277.

1295 *Riesenhuber*, EuArbR, § 13 Rn. 1.

1296 Vgl. BE 9 ArbSchRL.

1297 So auch *Riesenhuber*, EuArbR, § 13 Rn. 9.

Dabei geht die Richtlinie von einer Personenverschiedenheit von Arbeitnehmer und Arbeitgeber aus, was sich bereits aus den Definitionen des Arbeitnehmers und des Arbeitgebers in Art. 3 lit. a) und b) ArbSchRL ergibt. Zwar fallen Organmitglieder nicht unter den Begriff des Arbeitgebers im Sinne der Richtlinie, weil (in Bezug auf die anderen Beschäftigten im Unternehmen) allein die Gesellschaft „Vertragspartei des Beschäftigungsverhältnisses" (vgl. Art. 3 lit. b) ArbSchRL) ist. Die Gesellschaft ist aber als juristische Person nicht selbst handlungsfähig. Sie handelt durch ihre Organe. Letztlich sind es damit die geschäftsführenden Organmitglieder, die aufgrund ihrer Pflicht zur Vertretung der Gesellschaft für die Verwirklichung der durch die Richtlinie vorgesehenen Arbeitgeberpflichten verantwortlich sind.[1298] Dieser Zusammenhang wird im nationalen Recht durch § 13 Abs. 1 Nr. 2 ArbSchG aufgegriffen, wo die Verantwortlichkeit der gesetzlichen und organschaftlichen Vertreter neben dem Arbeitgeber ausdrücklich normiert wird. Sind damit faktisch aber doch die geschäftsführenden Organmitglieder letztlich die durch die Richtlinie verpflichteten Personen, können sie nach der Konzeption der Richtlinie nicht gleichzeitig dem geschützten Personenkreis angehören. Viele der den Arbeitnehmern durch die Richtlinie gewährten Rechte sind auf Organmitglieder gar nicht sinnvoll übertragbar. Zudem sind sie auch nicht schutzwürdig, weil sie als für den Arbeitsschutz verantwortliche Personen die Umsetzung der Arbeitsschutzvorkehrungen und Sicherheitsmaßnahmen selbst vornehmen und damit ihre eigene Sicherheit selbst gewährleisten können.

Aus diesen Gründen überzeugt es nicht, geschäftsführende Organmitglieder in den persönlichen Schutzbereich der ArbSchRL einzubeziehen. Auch soweit sie die Arbeitnehmereigenschaft im Sinne des Unionsrechts erfüllen, sind sie daher nicht als Arbeitnehmer im Sinne des Art. 3 lit. a) ArbSchRL anzusehen.

5. Ergebnis

Obwohl die ArbSchRL einen unionsrechtlichen Arbeitnehmerbegriff zugrunde legt, sind Organmitglieder aufgrund der strukturellen Konzeption sowie Sinn und Zweck der Richtlinie nicht als Arbeitnehmer in ihrem Sinne anzusehen. Folglich gebietet die Richtlinie auch keine Einbeziehung von Arbeitnehmer-Organmitgliedern in den Schutzbereich des ArbSchG.

1298 *Steffen*, in: Kollmer/Klindt, ArbSchG, § 13 Rn. 64.

V. Die Gesundheitsschutzrichtlinie

1. Inhalt der Richtlinie und Relevanz für Organmitglieder

Im unmittelbaren thematischen Zusammenhang mit der ArbSchRL steht die Richtlinie zum Gesundheitsschutz von befristet beschäftigten und Leiharbeitnehmern[1299] (GesSchRL). In Anbetracht der Tatsache, dass diese Arbeitnehmergruppen in Bezug auf die Sicherheit und den Gesundheitsschutz am Arbeitsplatz aufgrund ihrer nur vorübergehenden Tätigkeit im Betrieb oftmals gegenüber der „Stammbelegschaft" benachteiligt werden,[1300] will die Richtlinie insoweit eine Angleichung des Schutzniveaus herbeiführen (Art. 2 Abs. 1 GesSchRL). Zu diesem Zweck schreibt sie die Gleichbehandlung in Bezug auf diejenigen Arbeitsbedingungen vor, die die Sicherheit bzw. den Gesundheitsschutz betreffen (Art. 2 Abs. 2 GesSchRL). Daneben sollen spezielle Information und Unterrichtung zu einer Verbesserung der Sicherheit führen (Art. 3, 4 GesSchRL). Für Leiharbeitsverhältnisse schreibt Art. 8 GesSchRL die Verantwortlichkeit des Entleihers für die sicherheits- und gesundheitsrelevanten Arbeitsbedingungen des Leiharbeitnehmers während der Dauer des Einsatzes vor. Im deutschen Recht werden die Vorgaben der Richtlinie durch verschiedene Bestimmungen des ArbSchG und des AÜG umgesetzt.[1301]

Die Bedeutung der Richtlinie für Organmitglieder ist gering: Zwar gilt die Richtlinie grundsätzlich sowohl für Leiharbeitsverhältnisse als auch für befristete Arbeitsverhältnisse und die Anstellungsverträge von Organmitgliedern sind oftmals befristet. Die meisten der materiellen Bestimmungen weisen indessen einen Bezug zur Leiharbeit auf (etwa Art. 2 Abs. 1, Art. 3 Nr. 1, Art. 7, Art. 8 GesSchRL), was wohl durch das französisch geprägte Verständnis der Leiharbeit als einem befristeten Arbeitsverhältnis mit dem Entleiher bedingt ist.[1302] Die Beschäftigung von Organmitgliedern auf der Grundlage von Leiharbeit dürfte indessen praktisch kaum relevant werden.[1303]

1299 RL 91/383/EWG des Rates vom 25.6.1991 zur Ergänzung der Maßnahmen zur Verbesserung der Sicherheit und des Gesundheitsschutzes von Arbeitnehmern mit befristetem Arbeitsverhältnis oder Leiharbeitsverhältnis, ABl. 1991 L 206, S. 19.

1300 Vgl. BE 4 GesSchRL.

1301 Dazu *Wank*, in: H/S/W, § 18 Rn. 939 ff.

1302 *Julius*, Arbeitsschutz, S. 56; *Riesenhuber*, EuArbR, § 19 Rn. 5; *Ziegler*, Arbeitnehmerbegriffe, S. 293 f.

1303 S. dazu unten § 5 B. VIII. 5. b).

2. Arbeitnehmerbegriff und Anwendbarkeit auf Organmitglieder

Der Arbeitnehmerbegriff der GesSchRL ist aufgrund des Umstandes, dass sie weder ausdrücklich auf das mitgliedstaatliche Begriffsverständnis verweist noch eine eigene Definition vorgibt, umstritten.

Aufgrund ihres sachlichen Zusammenhangs mit der ArbSchRL sowie des in Art. 2 Abs. 3 enthaltenen Verweises auf deren Bestimmungen wird überwiegend angenommen, dass der dort einschlägige unionsrechtliche Arbeitnehmerbegriff heranzuziehen sei.[1304] Dies erscheint im Hinblick auf den Schutzzweck der Richtlinie auch überzeugend, denn es geht wiederum um die Erhaltung von Gesundheit und körperlicher Integrität und damit um Rechtsgüter von herausragender Bedeutung, die eine Differenzierung je nach nationalen Gepflogenheiten nicht gerechtfertigt erscheinen lassen.[1305]

Eine Erstreckung der Schutzvorschriften auf Organmitglieder erscheint gleichwohl aufgrund folgender Überlegungen nicht sachgerecht: Wie bereits die ArbSchRL normiert auch die GesSchRL im Wesentlichen besondere Informations- bzw. Unterrichtungspflichten und Verantwortlichkeiten des Arbeitgebers (vgl. etwa Art. 3, Art. 4, Art. 8 GesSchRL). Damit gilt das bereits zur ArbSchRL Gesagte entsprechend: Aufgrund des Umstandes, dass Organmitglieder als gesetzliche Vertreter des Unternehmens letztlich die durch die Vorschriften Verpflichteten sind, überzeugt es nicht, sie gleichzeitig in deren Schutzbereich einzubeziehen.[1306]

Darüber hinaus betrifft die Richtlinie im Wesentlichen den technischen Arbeitsschutz, d. h. sie bezweckt die Verhütung von durch die technische Beschaffenheit des Arbeitsplatzes bedingten Unfällen und Gesundheitsbelastungen.[1307] Ihre Regelungen sind daher zu einem großen Teil darauf angelegt, besonderen Gefahren am Arbeitsplatz Rechnung zu tragen (etwa Art. 3, Art. 5, Art. 6 GesSchRL). Die Schutzbedürftigkeit von Organmitgliedern ist insoweit aber äußerst gering, denn die geschäftsführende Tätigkeit ist zumeist nicht mit besonderen Gefahren durch körperliche Anstrengung oder einem erhöhten Risiko von Arbeitsunfällen verbunden. Die körperliche Sicherheit und Gesundheit von geschäftsführenden Organmitgliedern ist insoweit nicht besonders gefährdet.

1304 So etwa *Julius*, Arbeitsschutz, S. 59; *Pottschmidt*, Arbeitnehmerähnliche Personen, S. 258; ausführlich *Ziegler*, Arbeitnehmerbegriffe, S. 295 ff.; a. A. jedoch ohne Begründung *Riesenhuber*, EuArbR, § 19 Rn. 5.

1305 Ziegler, Arbeitnehmerbegriffe, S. 297.

1306 S. dazu oben § 5 B. IV. 4. c) bb).

1307 Vgl. BE 4 NachwRL: „Arbeitsunfälle und Berufskrankheiten".

3. Ergebnis

Aus teleologischen Erwägungen ist eine Einbeziehung von Organmitgliedern in den persönlichen Anwendungsbereich der GesSchRL abzulehnen.

VI. Die Nachweisrichtlinie

1. Inhalt der Richtlinie und Relevanz für Organmitglieder

Die NachwRL[1308] bezweckt die Verbesserung der Rechtsstellung von Arbeitnehmern durch Information über ihre Rechte und die wesentlichen Bedingungen ihres Arbeitsvertrages.[1309] Dafür sieht sie die Pflicht des Arbeitgebers vor, den Arbeitnehmer über die wesentlichen Vertragsbedingungen sowie über jede Änderung dieser Vertragsbedingungen schriftlich zu unterrichten (Art. 2, 5 NachwRL). Dies kann durch den schriftlichen Abschluss des Arbeitsvertrages oder ein gesondertes Informationsschriftstück erfolgen (Art. 3 NachwRL). Im deutschen Recht werden die Bestimmungen durch das NachwG umgesetzt.[1310] Eine Anwendbarkeit des NachwG auf Anstellungsverträge von Organmitgliedern wird - auch unter Berücksichtigung der *Danosa*-Entscheidung - fast einhellig abgelehnt.[1311]

Für Organmitglieder dürften die Bestimmungen der Richtlinie lediglich theoretische Bedeutung haben, denn auch wenn der Anstellungsvertrag von geschäftsführenden Organmitgliedern keiner Formvorschrift unterliegt und daher grundsätzlich auch mündlich oder gar konkludent geschlossen werden kann,[1312]

1308 RL 91/533/EWG des Rates vom 14.10.1991 über die Pflicht des Arbeitgebers zur Unterrichtung des Arbeitnehmers über die für seinen Arbeitsvertrag oder sein Arbeitsverhältnis geltenden Bestimmungen, ABl. 1991 L 288, S. 32.

1309 Vgl. BE 2, 5, 7 NachwRL sowie EuGH v. 18.12.2008 – C-306/07 (*Ruben Andersen*), Slg. 2008, I-10279 Rn. 36.

1310 Vgl. dazu *Thüsing*, EuArbR, § 8 Rn. 17 ff.

1311 *Altmeppen*, in: Roth/Altmeppen, GmbHG, § 6 Rn. 77; *Oetker*, in: Henssler/Strohn, § 35 GmbHG Rn. 72, 82a; *Paefgen*, in: U/H/W, GmbHG, § 35 Rn. 176; *Reinhard/Bitsch*, ArbRB 2011, 241, 243; *U. H. Schneider/Hohenstatt*, in: Scholz, GmbHR, § 35 Rn. 280, 290, 321; *Zöllner/Noack*, in: Baumbach/Hueck, GmbHG, § 35 Rn. 168; a. A. vor *Danosa* bereits *Oberrath*, MDR 1999, 134, 135.

1312 BGH v. 20.12.1993, NZA 1994, 367, 368; v. 27.1.1997, NJW-RR 1997, 669, 670; *Dauner-Lieb*, in: Henssler/Strohn, § 84 AktG Rn. 15; *Jaeger*, in: MüKo-GmbHG, § 35 Rn. 261; *Oetker*, in: Henssler/Strohn, § 35 GmbHG Rn. 72; *U. H. Schneider/Hohenstatt*, in: Scholz, GmbHR, § 35 Rn. 321; *Spindler*, in: MüKo-AktG, § 84 wird er doch in aller Regel im Interesse beider Parteien der Schriftform entsprechen.[1313] Damit ist dann den Richtlinienbestimmungen ohnehin entsprochen. Ungeachtet der praktischen Relevanz soll gleichwohl kurz auf die Frage eingegangen werden, ob Organmitglieder als Arbeitnehmer im Sinne der NachwRL in ihren Schutzbereich einbezogen sind, denn davon hängt ab, ob der schriftliche Nachweis der Anstellungsbedingungen verpflichtend zu erbringen oder weiterhin fakultativ ist.

2. Arbeitnehmerbegriff der Richtlinie

a) Normative Grundlagen

Die NachwRL gilt gemäß Art. 1 Abs. 1 „für jeden Arbeitnehmer, der einen Arbeitsvertrag oder ein Arbeitsverhältnis hat, der/das in dem in einem Mitgliedstaat geltenden Recht definiert ist und/oder dem in einem Mitgliedstaat geltenden Recht unterliegt". Art. 1 Abs. 2 NachwRL bestimmt, dass die Mitgliedstaaten Arbeitsverhältnisse, die eine bestimmte Dauer bzw. einen bestimmten Umfang nicht überschreiten, vom Geltungsbereich der Richtlinie ausnehmen dürfen. Art. 1 Abs. 1 NachwRL lässt sich damit zwar entnehmen, dass für den persönlichen Anwendungsbereich der Richtlinie in irgendeiner Weise das mitgliedstaatliche Recht maßgeblich sein soll, lässt aber bei genauerer Betrachtung des Wortlauts offen, was damit gemeint ist.[1314]

b) Rechtsprechung des EuGH und Literatur

Der EuGH hat sich zum Arbeitnehmerbegriff der NachwRL bislang nicht geäußert.

Die Literatur streitet angesichts der verwirrenden Formulierung des Art. 1 Abs. 1 NachwRL darüber, ob für die Richtlinie der unionsrechtliche Arbeitnehmerbegriff gilt oder auf das jeweilige mitgliedstaatliche Begriffsverständnis abzustellen ist. Überwiegend wird unter Bezugnahme auf den Wortlaut des Art. 1 Abs. 1 angenommen, die Richtlinie überlasse den Mitgliedstaaten die

---

Rn. 64; *Tebben*, in: Michalski, GmbHG, § 6 Rn. 150; *Zöllner/Noack*, in: Baumbach/Hueck, GmbHG, § 35 Rn. 168.

1313 *Jaeger*, in: MüKo-GmbHG, § 35 Rn. 261; *Lenz*, in: Michalski, GmbHG, § 35 Rn. 123; *Zöllner/Noack*, in: Baumbach/Hueck, GmbHG, § 35 Rn. 168.

1314 Dazu sogleich unter c) aa).

Definition.[1315] Die Gegenansicht weist in Bezug auf den Wortlaut hingegen darauf hin, dass die zweite Alternative des Art. 1 Abs. 1 NachwRL („oder dem in einem Mitgliedstaat geltenden Recht") bei Heranziehung des nationalen Arbeitnehmerbegriffs obsolet wäre, da dieser stets bereits von der ersten Alternative erfasst wäre. Daher sei davon auszugehen, dass die Richtlinie den unionsautonomen Arbeitnehmerbegriff im Sinne des Art. 45 AEUV verwende.[1316]

c) Stellungnahme

aa) Unionsrechtlicher Arbeitnehmerbegriff oder Verweis auf nationales Recht?[1317]

Die in Art. 1 Abs. 1 NachwRL enthaltene Formulierung spricht in ihrer ersten Alternative („Arbeitnehmer, der einen Arbeitsvertrag/ein Arbeitsverhältnis hat, der/das in dem in einem Mitgliedstaat geltenden Recht definiert ist") zunächst klar für einen Verweis auf das mitgliedstaatliche Recht. Nicht von der Hand zu weisen ist allerdings das Argument der Gegenauffassung: Bei Heranziehung des einzelstaatlichen Arbeitnehmerbegriffs würde die Richtlinie stets bereits nach Art. 1 Abs. 1 Alt. 1 NachwRL Anwendung finden. Damit verlöre aber die zweite Alternative ihre eigenständige Bedeutung. Die Konjunktion und/oder impliziert jedoch, dass auch lediglich die zweite Alternative erfüllt sein können muss.[1318] Damit ergäbe aber der Wortlaut bei Annahme eines Verweises auf das nationale Recht insgesamt keinen Sinn mehr.[1319] Allein wenn man die Formulierung so versteht, dass Alt. 1 den Fall meint, dass das entsprechende mitgliedstaatliche Recht eine ausdrückliche, d. h. gesetzlich festgeschriebene Definition des Arbeitsvertrages/Arbeitnehmers enthält und Alt. 2 den Fall abdeckt, dass eine nationale Rechtsordnung – wie etwa die deutsche – die Definition des Arbeitsvertrages/Arbeitnehmers nirgends

---

1315 *Fuchs/Marhold*, EuArbR, S. 105; *Lunk/Rodenbusch*, GmbHR 2012, 188, 190; *Oetker*, in: Henssler/Strohn, § 35 GmbHG Rn. 82a; *Pottschmidt*, Arbeitnehmerähnliche Personen, S. 325 f.; *Preis*, in: ErfK, § 1 NachwG, Rn. 1; *Reinhard/Bitsch*, ArbRB 2011, 241, 243; *U. H. Schneider/Hohenstatt*, in: Scholz, GmbHG, § 35 Rn. 290; *Wank*, EuZA 2008, 172, 182; *Ziegler*, Arbeitnehmerbegriffe, S. 322.

1316 So etwa *Riesenhuber*, EuArbR, § 12 Rn. 7; *Thüsing*, EuArbR, § 8 Rn. 6 f.

1317 Vgl. zu dieser Frage ausführlich auch in Bezug auf Systematik und Entstehungsgeschichte der Richtlinie *Ziegler*, Arbeitnehmerbegriffe, S. 310 ff.

1318 *Ziegler*, Arbeitnehmerbegriffe, S. 311.

1319 *Riesenhuber*, EuArbR, § 12 Rn. 7; *Thüsing*, EuArbR, § 8 Rn. 6.

ausdrücklich normiert, er aber etwa durch die Rechtsprechung inhaltlich ausgefüllt wird und der Vertrag infolgedessen „dem in einem Mitgliedstaat geltenden [Arbeits]Recht unterliegt", ergäbe die alternative Aufzählung einen Sinn. Gegen dieses Verständnis spricht freilich, dass andere Richtlinien in diesem Fall zumeist übereinstimmend auf „die nationalen Rechtsvorschriften und/oder Gepflogenheiten" abstellen und kein Grund ersichtlich ist, warum ausgerechnet in der NachwRL insoweit eine abweichende Formulierung gewählt wurde. Überwiegend wird angenommen, dass sich die Verweisung auf „das in einem Mitgliedstaat geltende Recht" auf den räumlichen Geltungsbereich der Richtlinie bezieht bzw. Fragen der Rechtswahl durch die Vertragsparteien betrifft.[1320] Der Wortlaut des Art. 1 Abs. 1 NachwRL ist damit unklar[1321] und nicht geeignet, als entscheidendes Argument für die eine oder die andere Ansicht herangezogen zu werden.[1322]

Auch teleologische Erwägungen sprechen im Ergebnis weder eindeutig für den unionsrechtlichen noch für den einzelstaatlichen Arbeitnehmerbegriff: Ausweislich ihrer Begründungserwägungen verfolgt die NachwRL mehrere Zwecke: Neben dem Individualschutz der Arbeitnehmer, denen mit dem schriftlichen Nachweis ihrer Arbeitsbedingungen und Rechte Rechtssicherheit und dadurch auch eine bessere Beweislage vermittelt werden soll,[1323] will sie nationale Disparitäten hinsichtlich der Form- und Nachweisvorschriften angleichen und so die Funktionsfähigkeit des gemeinsamen Marktes sicherstellen (vgl. BE 2–4 NachwRL). Insgesamt sollen die Maßnahmen zu einer größeren Transparenz auf dem Arbeitsmarkt beitragen (BE 2 NachwRL a. E.). Alle Zwecke verfolgt die Richtlinie vor dem Hintergrund der Entwicklung neuer Arbeitsformen in den Mitgliedstaaten, die zu einer Vielfalt an Erscheinungsformen von Arbeitsverhältnissen geführt hat (BE 1 NachwRL).

Die unionsweite Verbesserung der individuellen Rechtsstellung der Arbeitnehmer kann absolut gesehen effektiver durch die Anwendung des unionsrechtlichen Arbeitnehmerbegriffs erreicht werden, weil den Mitgliedsstaaten so die Möglichkeit genommen wird, den Geltungsbereich der Richtlinie zu verkürzen.[1324] Allerdings ist fraglich, ob die Richtlinie insoweit eine absolute Angleichung überhaupt bezweckt, denn gleichzeitig will sie auch „eine gewisse

---

1320 *Birk*, NZA 1996, 281, 285; *Riesenhuber*, EuArbR, § 12 Rn. 9; *Thüsing*, EuArbR, § 8 Rn. 8.

1321 Vgl. *Birk*, NZA 1996, 281, 285.

1322 So im Ergebnis auch *Ziegler*, Arbeitnehmerbegriffe, S. 314.

1323 *Birk*, NZA 1996, 281, 282; *Riesenhuber*, EuArbR, § 12 Rn. 3.

1324 So auch *Ziegler*, Arbeitnehmerbegriffe, S. 319.

Flexibilität wahren" (vgl. BE 8 NachwRL) und erlaubt daher auch den Mitgliedstaaten, bestimmte Arbeitsverhältnisse aus dem Anwendungsbereich auszunehmen (Art. 1 Abs. 2 NachwRL). Zu bedenken ist, dass es – anders als etwa bei der MuSchRL oder der AZRL – auch nicht unmittelbar um überragend bedeutsame Rechtsgüter wie Leben, Gesundheit oder körperliche Integrität geht, die eine absolute Vereinheitlichung der Rechtspositionen zwingend erfordern würden.

Das Ziel der Angleichung mitgliedstaatlicher Unterschiede im Interesse der Funktionsfähigkeit des gemeinsamen Binnenmarktes kann hingegen wohl eindeutig besser durch die Anwendung des unionsrechtlichen Arbeitnehmerbegriffs erreicht werden.[1325]

bb) Jedenfalls: Keine Anwendung auf Organmitglieder

Unabhängig davon, ob der Arbeitnehmerbegriff grundsätzlich unionsrechtlich oder mitgliedstaatlich auszulegen ist, lässt sich feststellen, dass die Richtlinie ersichtlich nicht auf die Einbeziehung von Organmitgliedern angelegt ist: Ungeachtet des Umstandes, dass wohl praktisch ohnehin alle Anstellungsverträge schriftlich geschlossen werden und daher eine entsprechende Nachweispflicht kaum einen praktischen Effekt bzw. Mehrwert bewirken würde, erfordert auch der Hauptzweck, die Verbesserung der individuellen Rechtsstellung der Arbeitnehmer durch Information, eine Einbeziehung von Organmitgliedern nicht: Diese sind in Bezug auf ihre Vertragsbedingungen typischerweise wesentlich informierter als der durchschnittliche Arbeitnehmer, denn zumeist haben sie ihren Anstellungsvertrag, ggf. sogar unter Heranziehung eines Rechtsberaters individuell ausgehandelt. Sie sind daher insoweit nicht schutzbedürftig.

Auch inhaltlich sind die in Art. 2 NachwRL geregelten Informationspflichten zu einem Großteil ersichtlich nicht auf Organmitglieder ausgerichtet, etwa die Pflicht zur Angabe der normalen Tages- oder Wochenarbeitszeit (Art. 2 Abs. 2 lit. i)), die bei Geschäftsführern oftmals kaum vorhersehbar ist, oder auch die Angabe von einschlägigen Tarifverträgen (Art. 2 Abs. 2 lit. j)), denen Organmitglieder in aller Regel nicht unterliegen. Dies spricht neben dem Umstand der fehlenden Schutzbedürftigkeit dafür, dass der Richtliniengeber bei Erlass der Richtlinie eine Einbeziehung von Organmitgliedern nicht bezweckt hat. Sie sind daher nicht als Arbeitnehmer im Sinne des NachwRL anzusehen.

1325 So auch *Riesenhuber*, EuArbR, § 12 Rn. 7; ausführlich *Ziegler*, Arbeitnehmerbegriffe, S. 317.

d) Ergebnis

Selbst wenn man entgegen der herrschenden Auffassung annehmen wollte, dass die NachwRL einen unionseinheitlichen Arbeitnehmerbegriff beinhaltet, sprechen der Schutzzweck sowie die Gesamtkonzeption der Richtlinie, die ersichtlich nicht auf Organmitglieder ausgerichtet ist, gegen deren Einbeziehungen in ihren Schutzbereich. Die Frage nach der Anwendbarkeit des NachwG im deutschen Recht stellt sich daher aus unionsrechtlicher Perspektive nicht.

VII. Die Massenentlassungsrichtlinie

1. Inhalt der Richtlinie und Relevanz für Organmitglieder

Die MERL[1326] regelt Pflichten des Arbeitgebers bei der Vornahme einer Massenentlassung. Sie ist nicht darauf gerichtet, Massenentlassungen zu verhindern,[1327] sondern will lediglich ihre sozialen Folgen für die Arbeitnehmer abmildern (vgl. BE 3 MERL). Zu diesem Zweck begründet sie zunächst die Pflicht für den Arbeitgeber, die Arbeitnehmervertretung im Vorfeld einer geplanten Massenentlassung zu konsultieren, um eine Einigung im Hinblick auf die Möglichkeit zu versuchen, die Massenentlassung als solche zu vermeiden oder zu begrenzen oder ihre Folgen durch soziale Maßnahmen zu entschärfen (Art. 2 Abs. 1, 2 MERL). Zum anderen verpflichtet sie den Arbeitgeber, eine geplante Massenentlassung innerhalb einer bestimmten Frist bei einer von den Mitgliedstaaten zu bestimmenden Behörde anzuzeigen, damit diese rechtzeitig Lösungen für die durch die Massenentlassung verursachten Probleme entwickeln kann. (Art. 3, 4 MERL). Kündigungen werden frühestens 30 Tage nach der Entlassungsanzeige wirksam (Art. 4 Abs. 1 MERL). Im deutschen Recht werden die Vorgaben der Richtlinie hinsichtlich der Anzeigepflicht in den §§ 17 f. KSchG und hinsichtlich der Konsultationspflicht in den §§111–113 BetrVG umgesetzt.[1328]

1326 RL 98/59/EG des Rates vom 20.7.1998 zur Angleichung der Rechtsvorschriften der Mitgliedstaaten über Massenentlassungen, ABl. 1998 L 225, S. 16.

1327 EuGH v. 12.2.1998 – C-284/83 (*Nielsen & Søn*), Slg. 1985, 553 Rn. 10; v. 7.9.2006 – verb. Rs. C-187/05-C-190/05 (*Agorastoudis u. a.*), Slg. 2006, I-7775 Rn. 35.

1328 *Riesenhuber*, EuArbR, § 23 Rn. 39; zur Umsetzung auch *Wank*, in: H/S/W, § 18 Rn. 205 ff.

Obwohl die MERL keine individuellen Rechte für die von der Massenentlassung betroffenen Arbeitnehmer, sondern lediglich Pflichten für den Arbeitgeber begründet,[1329] ist der Begriff des Arbeitnehmers insofern relevant, als eine Massenentlassung im Sinne der Richtlinie gemäß Art. 1 Abs. 1 lit. a) MERL die Entlassung einer bestimmten Anzahl von den in der Regel im Betrieb beschäftigten Arbeitnehmern voraussetzt. Die Reichweite des Arbeitnehmerbegriffs hat daher unmittelbare Auswirkungen auf die Frage, wann der entsprechende Schwellenwert erreicht ist und bestimmt so den sachlichen Anwendungsbereich der Richtlinie.[1330]

Teilweise wird bestritten, dass die Frage, ob Organmitglieder in den Anwendungsbereich der Richtlinie fallen, jemals von praktischer Relevanz sei.[1331] Zutreffend dürfte sein, dass Organmitglieder im Rahmen einer Massenentlassung kaum jemals selbst entlassen werden. Allerdings könnte ihre Arbeitnehmereigenschaft im Sinne der Richtlinie dazu führen, dass sie für die Bestimmung der Anzahl der in der Regel im Betrieb beschäftigten Arbeitnehmer (vgl. Art. 1 Abs. 1 lit. a) i)) zu berücksichtigen sind. In diesem Fall wäre die Regelung des § 17 Abs. 5 KSchG, wonach Organmitglieder nicht als Arbeitnehmer im Sinne der Vorschrift gelten, möglicherweise europarechtswidrig.[1332]

2. Arbeitnehmerbegriff der Richtlinie

a) Normative Grundlagen

Die MERL enthält weder eine eigene Definition ihres Arbeitnehmerbegriffs noch verweist sie insoweit ausdrücklich auf das Recht der Mitgliedstaaten.[1333] Art. 1 Abs. 2 MERL bestimmt lediglich, dass die Richtlinie für bestimmte Arbeitnehmergruppen keine Anwendung findet. Daneben enthält Art. 1 Abs. 1 lit. b) MERL für den Begriff des Arbeitnehmervertreters einen Verweis auf die Rechtsvorschriften bzw. die Praxis der Mitgliedstaaten.

1329 Vgl. EuGH v. 16.7.2009 – C-12/08 (*Mono Car Styling*), Slg. 2009, I-6653 Rn. 38; dazu auch *Ziegler*, Arbeitnehmerbegriffe, S. 360.

1330 *Pottschmidt*, Arbeitnehmerähnliche Personen, S. 373.

1331 *Preis/Sagan*, ZGR 2013, 26, 50.

1332 Vgl. zur Europarechtswidrigkeit der Herausnahme leitender Angestellter *Kiel*, in: ErfK, § 17 KSchG Rn. 10; *Opolony*, NZA 1999, 791, 793; vgl. jüngst auch den Vorlagebeschluss des ArbG Verden v. 6.5.2014 – 1 Ca 35/13, BeckRS 2014, 68872.

1333 *Pottschmidt*, Arbeitnehmerähnliche Personen, S. 373.

b) Rechtsprechung und Literatur

Ob sich der Arbeitnehmerbegriff der Richtlinie unionsrechtlich oder nach den einzelstaatlichen Rechtsordnungen bestimmt, hat der EuGH bislang nicht entschieden. Den Vorschlag der Kommission in der Rechtssache *Kommission/Italien*, jedenfalls für den Begriff des Arbeitgebers auf das Verständnis des Arbeitsverhältnisses im Sinne des Unionsrechts abzustellen, ließ der EuGH offen.[1334] In der Rechtssache *Confédération générale du travail* erklärte er zwar eine nationale Regelung für unwirksam, die eine bestimmte Gruppe von Arbeitnehmern für die Berechnung des Schwellenwertes unberücksichtigt lässt, weil eine solche es den Mitgliedstaaten ermögliche, den Anwendungsbereich der Richtlinie zu verändern und ihr damit die volle Wirksamkeit zu nehmen.[1335] Allerdings handelte es sich hierbei um Beschäftigte, die auch nach nationalem Recht Arbeitnehmer waren.[1336] Damit sagt die Entscheidung nichts darüber aus, ob der EuGH von einem unionsrechtlichen Begriffsverständnis ausgeht, oder aber grundsätzlich den Mitgliedstaaten die Definition überlässt und ihnen lediglich verbietet, willkürlich Arbeitnehmergruppen unberücksichtigt zu lassen, die bereits nach der nationalen Definition Arbeitnehmer sind.[1337]

Im Schrifttum ist der Arbeitnehmerbegriff der MERL umstritten: Während teilweise ein unionsrechtliches Verständnis befürwortet wird,[1338] gehen andere von einem Verweis auf die einzelstaatlichen Begriffsdefinitionen aus.[1339] Dabei argumentieren die Vertreter eines unionsrechtlichen Begriffsverständnisses, es bestünden keine Anhaltspunkte, dass der Richtliniengeber den Mitgliedstaaten die Definition überlassen wolle,[1340] während die Befürworter eines nationalen

---

1334 EuGH v. 16.10.2003 – C-32/02 (*Kommission/Italien*), Slg. 2003, I-2063 Rn. 25.

1335 EuGH v. 18.1.2007 – C-385/05 (*Confédération générale du travail u. a.*), Slg. 2007, I-611 Rn. 42 ff.

1336 Vgl. dazu auch die Schlussanträge v. 12.9.2006 – C-385/05 (*Confédération générale du travail u. a.*), Slg. 2007, I-611 Rn. 75 ff.

1337 A. A. ArbG Verden v. 6.5.2014 – 1 Ca 35/13, BeckRS 2014, 68872.

1338 *Deinert*, in : K/D/Z, KSchR, § 17 KSchG, Rn. 1; *Hinrichs*, Kündigungsschutz, S. 95 f.; *Kiel*, in: ErfK, § 17 KSchG Rn. 9; *Opolony*, NZA 1999, 791, 793; *Rebhahn*, EuZA 2012, 3, 22 (dort Fn. 72); *Weber*, EuZA 2008, 355, 363; *Wißmann*, RdA 1998, 221, 223.

1339 *Birk*, in: MünchArbR I (2. Aufl.), § 19 Rn. 272; *Lunk/Rodenbusch*, GmbHR 2012, 188, 190; *Pottschmidt*, Arbeitnehmerähnliche Personen, S. 381; *Riesenhuber*, EuArbR, § 23 Rn. 9; *Schubert*, Schutz arbeitnehmerähnlicher Personen, S. 162; *Wank*, EuZA 2008, 172, 182; *Ziegler*, Arbeitnehmerbegriffe, S. 367; offen gelassen bei *Preis/Sagan*, ZGR 2013, 26, 49 f.

1340 *Kiel*, in: ErfK, § 17 KSchG Rn. 9; *Wißmann*, RdA 1998, 221, 223.

Begriffsverständnisses ihre Auffassung vor allem damit begründen, dass die Richtlinie auch für den Begriff des Arbeitnehmervertreters auf das nationale Recht verweise.[1341]

c) Stellungnahme

aa) Unionsrechtlicher oder mitgliedstaatlicher Arbeitnehmerbegriff?

(1) Wortlaut

Der Umstand, dass die MERL keine nähere Konkretisierung ihres Arbeitnehmerbegriffs vornimmt und insbesondere keinen ausdrücklichen Verweis auf die mitgliedstaatlichen Rechtsordnungen enthält, mag zwar zunächst ein Indiz dafür sein, dass der Arbeitnehmerbegriff unionsrechtlich zu bestimmen ist, zwingend ist diese Annahme allerdings nicht, denn auch andere Richtlinien enthalten stillschweigende Verweisungen.[1342] Eine nähere Konkretisierung ist vielleicht allein deshalb nicht bedacht worden und folglich unterblieben, weil die Richtlinie gar keine individuellen Rechte für die einzelnen Arbeitnehmer vorsieht, sondern der Begriff lediglich mittelbar Relevanz für das Vorliegen einer Massenentlassung entfaltet.[1343] Insgesamt spricht der Wortlaut der Richtlinie damit weder entscheidend für die eine noch für die andere Ansicht.[1344]

(2) Systematik

Im Hinblick auf die Systematik der Richtlinie wird überzeugend darauf hingewiesen, dass der Umstand, dass andere Begriffe der Richtlinie (so etwa der Betriebsbegriff oder der Begriff der Entlassung)[1345] unionseinheitlich ausgelegt werden, noch nicht dafür spricht, dass dies auch für den Arbeitnehmerbegriff gelten muss,[1346] denn insoweit ist jeder Begriff gesondert unter Berücksichtigung

1341 *Birk*, in: MünchArbR I (2. Aufl.), § 19 Rn. 272; vgl. auch *Pottschmidt*, Arbeitnehmerähnliche Personen, S. 379.

1342 *Pottschmidt*, Arbeitnehmerähnliche Personen, S. 377, die als Beispiel die Richtlinie 77/187/EWG, eine Vorgängerrichtlinie der heutigen BÜRL anführt.

1343 Vgl. *Ziegler*, Arbeitnehmerbegriffe, S. 363.

1344 S. hierzu ausführlich *Pottschmidt*, Arbeitnehmerähnlich Personen, S. 377 f. sowie *Ziegler*, Arbeitnehmerbegriffe, S. 362 f.

1345 Vgl. EuGH v. 7.12.1995 – C-449/93 (*Rockfon*), Slg. 1995, I-4291 Rn. 25 für den Betriebsbegriff; v. 27.1.2005 – C-188/03 (*Junk*), Slg. 2005, I-885 Rn. 30 für den Begriff der Entlassung.

1346 *Pottschmidt*, Arbeitnehmerähnliche Personen, S. 379; *Ziegler*, Arbeitnehmerbegriffe, S. 365.

des Regelungszusammenhangs und des Zwecks der Richtlinie auszulegen.[1347] Auch der für den Begriff des Arbeitnehmervertreters ausdrücklich enthaltene Verweis auf das nationale Recht kann als Indiz sowohl für die eine als auch für die andere Ansicht herangezogen werden: Der unmittelbare sachliche Zusammenhang der Begriffe Arbeitnehmer und Arbeitnehmervertreter könnte dafür sprechen, auch für den Arbeitnehmerbegriff einen Verweis auf das nationale Recht anzunehmen, um insoweit einen Gleichlauf herzustellen, während man unter Berufung auf einen Umkehrschluss auch das Gegenteil vertreten kann.[1348]

Ein Blick auf diejenigen Richtlinien, die einen ähnlichen Regelungsgegenstand haben, indem sie ebenfalls die wirtschaftlich nachteiligen Folgen für Arbeitnehmer bei Unternehmensumstrukturierungen im weitesten Sinne regeln, (etwa die BÜRL oder die InsRL), zeigt indessen, dass diese auf den Arbeitnehmerbegriff der Einzelstaaten verweisen.[1349] Der sachliche Zusammenhang dieser Richtlinien mit der MERL und die Ähnlichkeit der Schutzgüter (es handelt sich jeweils um die Verbesserung der wirtschaftlichen/sozialen Stellung der Arbeitnehmer) könnten dafür sprechen, dass ein Verweis dann auch hier anzunehmen ist.[1350] Wiederum lässt sich mit einem Umkehrschluss aber auch das Gegenteil begründen, denn immerhin enthalten die BÜRL und die InsRL jeweils einen ausdrücklichen Verweis auf das Recht der Mitgliedstaaten (vgl. Art. 2 Abs. 1 lit. d) BÜRL bzw. Art. 2 Abs. 2 S. 1 InsRL)

(3) Sinn und Zweck

Hauptziel der Richtlinie ist die Verbesserung des Sozialschutzes der von einer Massenentlassung betroffenen Arbeitnehmer im Interesse einer ausgewogenen wirtschaftlichen und sozialen Entwicklung in der Gemeinschaft.[1351] Eine Angleichung der in diesem Bereich bestehenden Unterschiede im Hinblick auf die Belastung der von einer Massenentlassung betroffenen Unternehmen in den Mitgliedstaaten soll zudem die Funktionsfähigkeit des Binnenmarktes fördern.[1352]

1347 EuGH v. 27.1.2005 – C-188/03 (*Junk*), Slg. 2005, I-885 Rn. 29.
1348 Dazu *Ziegler*, Arbeitnehmerbegriffe, S. 364.
1349 Dazu unter § 5 B. VIII. 3. b) sowie 4. b).
1350 So *Ziegler*, Arbeitnehmerbegriffe, S. 365.
1351 vgl. BE 2 MERL.
1352 Vgl. BE 4 MERL; EuGH v. 8.6.1994 – C-383/92 (*Kommission/Vereinigtes Königreich*), Slg. 1994, I-2479 Rn. 16.

Absolut betrachtet gelingt eine Verbesserung des Sozialschutzes der Arbeitnehmer effektiver, wenn man den Arbeitnehmerbegriff der Richtlinie unionsautonom auslegt, denn der unionsrechtliche Arbeitnehmerbegriff im Sinne von Art. 45 AEUV ist tendenziell weiter als die nationalen Arbeitnehmerbegriffe der Mitgliedstaaten und führt so dazu, dass das Tatbestandsmerkmal der Massenentlassung eher erfüllt ist und somit auch die Richtlinie inklusive ihrer Schutzmechanismen häufiger zur Anwendung gelangt, als wenn man den Mitgliedstaaten die Definition überließe.[1353] Auch der Binnenmarkt profitiert im Hinblick auf den Wettbewerb grundsätzlich stärker bei einer möglichst weitgehenden Vereinheitlichung. Wiederum ist aber entscheidend, inwieweit die Richtlinie überhaupt eine Harmonisierung bezweckt.[1354] Der EuGH weist in ständiger Rechtsprechung darauf hin, dass die Richtlinie nur eine Teilharmonisierung anstrebe.[1355] Auch der Umstand, dass die Richtlinie „nur“ auf den sozialen und wirtschaftlichen Schutz der Arbeitnehmer gerichtet ist und damit im Verhältnis zu denjenigen Richtlinien, die auf den Schutz von Leben und Gesundheit gerichtet sind, vergleichsweise weniger bedeutsame Rechtsgüter schützt, spricht eher gegen die Notwendigkeit, ein unionsautonomes Begriffsverständnis anzunehmen.

Insgesamt lassen so zwar auch Sinn und Zweck der Richtlinie keinen eindeutigen Schluss zu, allerdings sprechen die besseren Argumente nach hier vertretener Ansicht für die Annahme eines stillschweigenden Verweises auf den einzelstaatlichen Arbeitnehmerbegriff.

bb) Keine Einbeziehung von Organmitgliedern

Ungeachtet der generellen Frage nach dem Arbeitnehmerbegriff der MERL ist nicht anzunehmen, dass der Unionsgesetzgeber Organmitglieder in ihren persönlichen Anwendungsbereich einbeziehen wollte: Zwar überzeugt es nicht, Organmitglieder bereits deshalb als nicht schutzwürdig anzusehen, weil sie als geschäftsführende Personen u. U. selbst maßgeblich an der unternehmerischen Entscheidung über eine Massenentlassung beteiligt sind, denn insbesondere im Falle des GmbH-Geschäftsführers kann eine entsprechende Entscheidung auch

1353 Vgl. *Ziegler*, Arbeitnehmerbegriffe, S. 366.

1354 So auch *Pottschmidt*, Arbeitnehmerähnliche Personen, S. 380.

1355 EuGH v. 8.6.1994 – C-383/92 (*Kommission/Vereinigtes Königreich*), Slg. 1994, I-2479 Rn. 25 (in Bezug auf die Vorgängerrichtlinie); v. 10.9.2009 – C-44/08 (*Akavan Erityisalojen Keskusliitto AEK u. a.*), Slg. 2009, I-8163 Rn. 60 f.; v. 10.12.2009 – C-323/08 (*Rodríguez Mayor u. a.*), Slg. 2009, I-11621 Rn. 51 m. w. N.

von der Gesellschafterversammlung im Rahmen ihrer Allzuständigkeit gegen den Willen des Geschäftsführers getroffen worden sein.

Allerdings würden die Regelungen der Richtlinie im Hinblick auf den Schutz von Organmitgliedern nur sehr bedingt überhaupt praktische Wirkungen entfalten: Bereits die Vorschriften über die Konsultation der Arbeitnehmervertreter (Art. 2 MERL) würden leer laufen, weil Organmitglieder überhaupt kein entsprechendes Repräsentationsorgan haben.[1356] Da sie auch kaum je zu den entlassenen Arbeitnehmern gehören dürften, hätte ihre Arbeitnehmereigenschaft lediglich für die Ermittlung der Betriebsgröße eine praktische Bedeutung. Auch diese ist aber insgesamt nur marginal, weil Organmitglieder zahlenmäßig im Verhältnis zum Rest der Betriebsbelegschaft regelmäßig zu vernachlässigen sind. Tatsächlich dürfte die Frage, ob eine Massenentlassung im Sinne der Richtlinie vorliegt, daher nur sehr selten davon abhängen, ob Organmitglieder als Arbeitnehmer zu betrachten sind. Damit tendiert dann auch die praktische Relevanz für den Binnenmarkt gegen null.

Schließlich ist zu beachten, dass die geschäftsführenden Organmitglieder letztlich die für die Vornahme der Massenentlassung verantwortlichen Personen sind, die auch in Vertretung der Gesellschaft letztlich durch die Richtlinie verpflichtet werden. Auch wenn das „Konfusionsargument" aufgrund des Umstandes, dass die MERL keine individuellen Arbeitnehmerrechte gegen den Arbeitgeber begründet, hier im Vergleich zur ArbSchRL und zur GesSchRL weniger offenkundig ist, erschiene es doch in gewisser Weise widersprüchlich, sie als auf Arbeitgeberseite verpflichtete Personen gleichzeitig auf der anderen Seite als Faktor zu betrachten, der überhaupt erst zur Anwendung der Richtlinie führt.

d) Ergebnis

Weder der Wortlaut noch die Systematik der MERL geben eindeutige Hinweise auf die Auslegung ihres Arbeitnehmerbegriffs. Teleologische Erwägungen sprechen eher für die Annahme eines stillschweigenden Verweises auf den einzelstaatlichen Arbeitnehmerbegriff. Aus den dargelegten Gründen sind Organmitglieder jedenfalls nicht als Arbeitnehmer im Sinne der Richtlinie zu betrachten. Folglich ergeben sich auch für Arbeitnehmer-Organmitglieder keine Konsequenzen für die Auslegung der bei Massenentlassungen einschlägigen nationalen Vorschriften.

1356 So bereits *Preis/Sagan*, ZGR 2013, 26, 50.

VIII. Richtlinien mit Verweis auf den einzelstaatlichen Arbeitnehmerbegriff

Die im Folgenden zu behandelnden Richtlinien verweisen im Rahmen der Definition des Arbeitnehmerbegriffs ausdrücklich auf das Recht der Mitgliedstaaten. Ausgehend von ihrem Wortlaut dürften sich aus ihnen daher keine unmittelbaren Auswirkungen auf den Arbeitnehmerschutz von Organmitgliedern für die entsprechenden Regelungsbereiche im nationalen Recht ergeben. Bei einzelnen Richtlinien ist indessen – trotz des im Wortlaut der Richtlinien enthaltenen Verweises auf das nationale Recht – umstritten, ob sie gleichwohl von einem unionsrechtlichen Arbeitnehmerbegriff ausgehen. Soweit dies der Fall ist, sind wiederum Konsequenzen für Arbeitnehmer-Organmitglieder denkbar.[1357]

1. Die Richtlinien zum Teilzeit- und Befristungsrecht

Die TZRL[1358] und die BefRL[1359] sind in der Formulierung ihres persönlichen Anwendungsbereichs sehr ähnlich konzipiert und sollen daher im Folgenden gemeinsam behandelt werden.

a) Inhalt der Richtlinien und Umsetzung im deutschen Recht

Die TZRL dient der Durchführung der in ihrem Anhang wiedergegebenen Rahmenvereinbarung der Sozialpartner UNICE, CEEP und EGB über Teilzeitarbeit (RV-Teilzeit) und setzt diese in europäisches Sekundärrecht um (vgl. Art. 1 TZRL). Ihr Ziel ist zum einen die Beseitigung der Diskriminierung von Teilzeitbeschäftigten sowie die generelle Verbesserung der Qualität von Teilzeitarbeit und zum anderen die Förderung der Teilzeitarbeit als Instrument zur Verwirklichung flexibler Arbeitszeitgestaltung (vgl. § 1 RV-Teilzeit). Sie dient dabei nicht allein dem Arbeitnehmerschutz, sondern will Teilzeitarbeit als ein für alle Beteiligte attraktives Beschäftigungsmodell etablieren.[1360] Damit soll zugleich die Vereinbarkeit von Familie und Beruf verbessert und der

---

1357 Vgl. dazu auch bereits oben § 5 A. III.

1358 RL 97/81/EG des Rates vom 15.12.1997 zu der von UNICE, CEEP und EGB geschlossenen Rahmenvereinigung über Teilzeitarbeit, ABl. 1998 L 14, S. 9.

1359 RL 1999/70/EG des Rates vom 28.6.1999 zu der EGB-UNICE-CEEP-Rahmenvereinbarung über befristete Arbeitsverträge, ABl. 1999 L 175, S. 43.

1360 *Riesenhuber*, EuArbR, § 16 Rn. 3; *Ziegler*, Arbeitnehmerbegriffe, S. 239.

mittelbaren Diskriminierung von Frauen (als den überwiegend von Teilzeitarbeit Betroffenen) begegnet werden.[1361] Kernbestandteil der Richtlinie ist das in § 4 RV-Teilzeit normierte Diskriminierungsverbot: Teilzeitbeschäftigte dürfen gegenüber vergleichbaren Vollzeitbeschäftigten nicht schlechter behandelt werden, sofern dies nicht durch einen Sachgrund gerechtfertigt ist (§ 4 Nr. 1 RV-Teilzeit). Daneben fordert die Richtlinie den Arbeitgeber auf, Wechsel von Voll- in Teilzeitarbeit und umgekehrt zu ermöglichen (§ 5 Nr. 3 RV-Teilzeit). Einen entsprechenden Anspruch des Arbeitnehmers auf Teilzeitbeschäftigung gewährt sie – anders als insoweit das nationale Recht in den § 8, 9 TzBfG – indessen nicht.

Auch die BefRL dient der Umsetzung einer von den Sozialpartnern geschlossenen Rahmenvereinbarung (RV-Befristung). Ihr Ziel ist es, die Qualität befristeter Arbeitsverhältnisse zu verbessern und zugleich den Missbrauch dieser Beschäftigungsform durch Kettenbefristungen zu verhindern (vgl. § 1 RV-Befristung). Sie setzt das befristete Arbeitsverhältnis zwar als eine grundsätzlich zulässige Form der Beschäftigung voraus, geht aber vom Normalfall des unbefristeten Arbeitsvertrages aus[1362] und bezweckt damit – anders als insoweit die TZRL – keine Förderung dieser atypischen Beschäftigungsform.[1363] Zum Schutz des Arbeitnehmers vor den Nachteilen befristeter Beschäftigung enthält § 4 RV-Befristung ein Diskriminierungsverbot, das eine Schlechterbehandlung von befristet Beschäftigten im Vergleich zu unbefristet Beschäftigten verbietet. Den Missbrauch befristeter Beschäftigung bekämpft die Richtlinie, indem § 5 Nr. 1 RV-Befristung die Mitgliedstaaten verpflichtet, aufeinander folgende Befristungen entweder durch das Erfordernis sachlicher Gründe oder durch die Festlegung einer maximalen Höchstdauer oder Höchstanzahl von Befristungen einzuschränken. Dabei bleibt es gemäß § 5 Nr. 2 RV-Befristung allerdings den Mitgliedstaaten überlassen, festzulegen, wann befristete Beschäftigungsverhältnisse als „aufeinander folgend“ anzusehen sind. Im Übrigen statuiert die Richtlinie in §§ 6 und 7 RV-Befristung verschiedene Informations- und Förderungspflichten für den Arbeitgeber.

Die Richtlinien werden im nationalen Recht durch das TzBfG umgesetzt.

1361 Vgl. BE 4 und 5 RV-Teilzeit sowie *Riesenhuber*, EuArbR, § 16 Rn. 2 f.

1362 Vgl. BE 6 RV-Befristung.

1363 Dazu auch *Riesenhuber*, EuArbR, § 17 Rn. 3; *Ziegler*, Arbeitnehmerbegriffe, S. 245.

b) Arbeitnehmerbegriff der Richtlinien

aa) Normative Grundlagen

Gemäß § 2 Nr. 1 RV-Teilzeit findet die TZRL Anwendung auf Teilzeitbeschäftigte, die nach den Rechtsvorschriften, Tarifverträgen oder Gepflogenheiten in dem jeweiligen Mitgliedstaat einen Arbeitsvertrag haben oder in einem Arbeitsverhältnis stehen. „Teilzeitbeschäftigter" ist gemäß § 3 Nr. 1 RV-Teilzeit jeder Arbeitnehmer, dessen normale durchschnittliche Arbeitszeit unter der eines vergleichbaren Vollzeitbeschäftigten liegt. Unabhängig davon, wer Arbeitnehmer im Sinne des § 3 Nr. 1 RV-Teilzeit ist, kommt es für die Anwendbarkeit der Richtlinie ausweislich ihres Wortlauts in § 2 Nr. 1 RV-Teilzeit damit maßgeblich auf das Bestehen eines Arbeitsvertrages oder Arbeitsverhältnisses im Sinne des nationalen Rechts an.

Ähnlich definiert die BefRL ihren persönlichen Anwendungsbereich in § 2 RV-Befristung: Danach gilt sie für „befristet beschäftigte Arbeitnehmer mit einem Arbeitsvertrag bzw. Arbeitsverhältnis gemäß der gesetzlich, tarifvertraglich oder nach den Gepflogenheiten im jeweiligen Mitgliedstaat geltenden Definition" (Nr. 1). Wer „befristet beschäftigter Arbeitnehmer" im Sinne der Richtlinie ist, regelt gesondert § 3 Nr. 1 RV-Befristung und stellt dafür auf ein direkt zwischen Arbeitnehmer und Arbeitgeber geschlossenes Arbeitsverhältnis ab, dessen Ende durch objektive Bedingungen wie das Erreichen eines bestimmten Datums, die Erfüllung einer bestimmten Aufgabe oder das Eintreten eines bestimmten Ereignisses bestimmt wird. Auch die BefRL verweist damit ausweislich ihres Wortlauts für den Begriff des Arbeitnehmers ausdrücklich auf das Recht der Mitgliedstaaten.[1364] Nur die Frage, wann eine „befristete Beschäftigung" vorliegt, wird in § 3 Nr. 1 RV-Befristung einheitlich festgelegt.[1365]

bb) Literatur

Dem Wortlaut der Richtlinien folgend wird in der Literatur fast einhellig davon ausgegangen, dass die Arbeitnehmerbegriffe der TZRL und der BefRL nicht unionseinheitlich autonom auszulegen sind, sondern sich nach dem nationalen Recht der Mitgliedstaaten bestimmen.[1366] Dementsprechend komme auch infolge

---

1364 So auch *Lunk/Rodenbusch*, GmbHR 2012, 188, 193.

1365 *Riesenhuber*, EuArbR, § 17 Rn. 4.

1366 *Bauer/Arnold*, ZIP 2012, 597, 601; *Fuchs/Marhold*, EuArbR, S. 115; *Herms*, in: M/H/H, TzBfG, § 1 Rn. 5; *Oetker*, in: Henssler/Strohn, § 35 GmbHG Rn. 82a; *Pottschmidt*, Arbeitnehmerähnliche Personen, S. 336, 339; *Preis/Sagan*, ZGR 2013, 26, von *Danosa* eine Anwendung des TzBfG auf Organmitglieder nicht in Betracht, sofern diese nicht ausnahmsweise als Arbeitnehmer auch im Sinne des nationalen Rechts anzusehen seien.[1367] Nur vereinzelt wird dies anders gesehen.[1368]

cc) *Rechtsprechung des EuGH*

Auch der EuGH scheint im Grundsatz davon auszugehen, dass die Richtlinien hinsichtlich des Arbeitnehmerbegriffs auf die jeweiligen Rechtsordnungen der Mitgliedstaaten verweisen.[1369]

Allerdings hat er bereits in mehreren Entscheidungen zum Anwendungsbereich der BefRL deren Anwendbarkeit nicht nur generell auf Beschäftigte im öffentlichen Dienst[1370] sondern speziell auch auf sog. statutarisch Beschäftigte des öffentlichen Dienstes in Spanien bejaht,[1371] die nach spanischem Recht

---

50; *Reinhard/Bitsch*, ArbRB 2011, 241, 243; *Reiserer*, DB 2011, 2262, 2266; *Riesenhuber*, EuArbR, § 16 Rn. 5, § 17 Rn. 4 ; *Schiek*, EuArbR S. 298, 301 f.; *Schmidt*, NZA 1998, 576; *U. H. Schneider/Hohenstatt*, in: Scholz, GmbHG, § 35 Rn. 291; *Schubert*, ZESAR 2013, 5, 13 f.; im Grundsatz auch *Uffmann*, EuZA 2012, 518, 523 ff.; *Wank*, in: H/S/W, § 18 Rn. 220, 254; *Wank/Börgmann*, RdA 1999, 383, 384; *Ziegler*, Arbeitnehmerbegriffe, S. 244, 252; *Ziemons*, KSzW 2013, 19, 21 f.

1367 *Bauer/Arnold*, ZIP 2012, 597, 601; *Herms*, in: M/H/H, TzBfG, § 1 Rn. 5; *Miras*, GWR 2012, 311, 314; *Oetker*, in: Henssler/Strohn, § 35 GmbHG Rn. 82a; *Preis/Sagan*, ZGR 2013, 26, 52; *Reinhard/Bitsch*, ArbRB 2011, 241, 243; *Reiserer*, DB 2011, 2262, 2266; *U. H. Schneider/Hohenstatt*, in: Scholz, GmbHG, § 35 Rn. 291; *Schubert*, ZESAR 2013, 5, 13 f.; offen lassend: *Kleindiek*, in: Lutter/Hommelhoff, GmbHG, Anh. § 6 Rn. 5; gegen eine Anwendung des TzBfG ohne ausdrückliche Berücksichtigung der europarechtlichen Problematik auch *Altmeppen*, in: Roth/Altmeppen, GmbHG, § 6 Rn. 77; *Jaeger*, in: MüKo-GmbHG, § 35 Rn. 284; *Müller-Glöge*, in: ErfK, § 3 TzBfG, Rn. 2; *Schiefer/Worzalla*, ZfA 2013, 41, 70; *Tebben*, in: Michalski, GmbHG, § 6 Rn. 125; *Werner*, StBW 2013, 379, 381; *Zöllner/Noack*, in: Baumbach/Hueck, GmbHG, § 35 Rn. 215.

1368 So wohl *Fischer*, NJW 2011, 2329, 2332; *Klasen*, BB 2013, 1849, 1852.

1369 EuGH v. 12.10.2004 – C-313/02 (*Wippel*), Slg. 2004, I-9483, Rn. 40; bestätigt in EuGH v. 1.3.2012 – C-393/10 (*O'Brien*), NZA 2012, 313 Rn. 32 f. sowie zuletzt EuGH v. 11.4.2013 – C-290/12 (*Della Rocca*), NZA 2013, 495 Rn. 35.

1370 So bereits EuGH v. 4.7.2006 – C-212/04 (*Adeneler*), Slg. 2006, I-6057 Rn. 54 ff.; v. 7.9.2006 – C-53/04 (*Marruso und Sardino*), Slg. 2006, I-7213 Rn. 39 ff.; v. 7.9.2006 – C-180/04 (*Vassallo*), Slg. 2006, I-7251 Rn. 32.

1371 EuGH v. 13.9.2007 – C-307/05 (*Del Cerro Alonso*), Slg. 2007, I-7109 Rn. 29; v. 22.12.2010 – verb. Rs. C-444/09 und C-456/09 (*Gavieiro Gavieiro*), Slg. 2010, I-1431 Rn. 43; v. 8.9.2011 – C-177/10 (*Rosado Santana*), Slg. 2011, I-7909 Rn. 55 ff.;

keine Arbeitnehmer sind, sondern eine mit Beamten vergleichbare Berufsgruppe darstellen.[1372] Ähnlich entschied er in der Rechtssache *O'Brien* für die Anwendbarkeit der TZRL auf Richter.[1373] Angesichts der Bedeutung der Grundsätze der Gleichbehandlung und Nichtdiskriminierung, die zu den allgemeinen Grundsätzen des Sozialrechts der Union gehörten, sei es den Mitgliedstaaten verwehrt, nach ihrem Belieben bestimmte Personalkategorien aus dem Anwendungsbereich der Richtlinie auszuschließen. Andernfalls würden die praktische Wirksamkeit und die einheitliche Anwendung der Richtlinie erheblich in Frage gestellt.[1374]

Weil Beamte und Richter aber nach vielen Rechtsordnungen keine Arbeitnehmer sind, wird aus der Rechtsprechung des EuGH teilweise geschlussfolgert, dass er für die TZRL und die BefRL – abweichend von deren Wortlaut – von einem unionsrechtlichen Arbeitnehmerbegriff ausgehe.[1375]

dd) Stellungnahme

(1) Verweis auf den nationalen Arbeitnehmerbegriff

Die von der herrschenden Meinung im Schrifttum und im Grundsatz auch vom EuGH vertretene Auffassung, dass sowohl die TZRL als auch die BefRL für den Begriff des Arbeitnehmers auf das Verständnis der nationalen Rechtsordnungen der Mitgliedstaaten verweisen, ist angesichts des insoweit eindeutigen Wortlauts beider Richtlinien allein überzeugend. Auch in den Begründungserwägungen der Richtlinien sowie der Rahmenvereinbarungen wird explizit darauf hingewiesen, dass es den Mitgliedstaaten und Sozialpartnern überlassen bleiben soll, die Anwendungsmodalitäten der Richtlinienbestimmungen festzulegen, um so

---

Anwendung der Richtlinie auf eine Regelung des italienischen Beamtenrechts: EuGH v. 18.10.2012 – verb. Rs. C-302/11 bis C-305/11 (*Valenza*), NZA 2013, 261 Rn. 30 ff.

1372 Dazu *Thüsing/Stiebert*, ZESAR 2011, 124, 125.

1373 EuGH v. 1.3.2012 – C-393/10 (*O'Brien*), NZA 2012, 313 Rn. 41.

1374 EuGH v. 13.9.2007 – C-307/05 (*Del Cerro Alonso*), Slg. 2007, I-7109 Rn. 27–29; v. 1.3.2012 – C-393/10 (*O'Brien*), NZA 2012, 313 Rn. 41–43.

1375 *Bieder/Diekmann*, EuZA 2008, 515, 517; *Ziegler*, Arbeitnehmerbegriffe, S. 250; tendenziell auch *Lunk/Rodenbusch*, GmbHR 2012, 188, 193 sowie *U. H. Schneider/Hohenstatt*, in: Scholz, GmbHG, § 35 Rn. 291, 437; dass der EuGH eine Art „Mittelweg" beschreitet nehmen an: *Preis/Sagan*, ZGR 2013, 26, 51; *Thüsing/Stiebert*, ZESAR 2011, 124, 126; *Uffmann*, EuZA 2012, 518, 525; offen lassend *Schubert*, ZESAR 2013, 5, 14.

den unterschiedlichen nationalen Gegebenheiten Rechnung tragen zu können (vgl. BE 16 TZRL, BE 6 RV-Teilzeit sowie BE 10 RV-Befristung).[1376] Eine durch das jeweilige nationale Recht der Mitgliedstaaten geprägte Begriffsdefinition entspricht damit dem erklärten Willen des Richtliniengebers.[1377]

Überzeugend wird zudem darauf hingewiesen, dass beide Richtlinien auch inhaltlich eine sehr geringe Harmonisierungsintensität aufweisen, indem sie in Bezug auf viele Regelungen nur rahmenhafte Vorgaben machen und den Mitgliedstaaten große Umsetzungsspielräume belassen.[1378] Dem entspricht es, auch für den Arbeitnehmerbegriff keine Vollharmonisierung anzunehmen.

(2) Einschränkung der mitgliedstaatlichen Definitionskompetenz durch materielles Rechtfertigungserfordernis

Es bleibt allerdings die Frage, wie die Aussagen des EuGH in den Entscheidungen *Del Cerro Alonso*, *Gavieiro* und *O'Brien* sowie die Tatsache, dass der Gerichtshof die Richtlinien auf Beamte und Richter anwendet, zu deuten sind. Entgegen der Ansicht mancher[1379] ist nicht anzunehmen, dass der EuGH sich gänzlich über den Wortlaut der Richtlinien hinwegsetzt und für ihren Anwendungsbereich den Arbeitnehmerbegriff im Sinne von Art. 45 AEUV heranzieht. Hierfür spricht bereits der Umstand, dass der Gerichtshof in keiner der Entscheidungen auf die zu Art. 45 AEUV ergangene Rechtsprechung verweist.[1380] Zudem stellt er in der Rechtssache *O'Brien* ausdrücklich klar, dass auch er von einem Verweis auf das nationale Recht ausgeht.[1381]

Der Gerichtshof stellt allerdings auch klar, dass das Ermessen der Mitgliedstaaten bei der Definition des Arbeitnehmerbegriffs nicht unbegrenzt sei, um die praktische Wirksamkeit der Richtlinien und die allgemeinen Grundsätze des Unionsrechts nicht leerlaufen zu lassen.[1382] Ein Ausschluss von Beschäftigtengruppen aus dem Anwendungsbereich der Richtlinien sei nur zulässig, wenn sich deren Beschäftigungsverhältnisse ihrem Wesen nach erheblich von denjenigen

---

1376 *Uffmann*, EuZA 2012, 518, 525.

1377 So auch EuGH v. 1.3.2012 – C-393/10 (*O'Brien*), NZA 2012, 313 Rn. 32.

1378 Dazu *Riesenhuber*, EuArbR, § 16 Rn. 3, § 17 Rn. 3; *Ziegler*, Arbeitnehmerbegriffe, S. 243, 251.

1379 S. Fn. 825.

1380 *Ziegler*, Arbeitnehmerbegriffe, S. 248 f.

1381 EuGH v. 1.3.2012 – C-393/10 (*O'Brien*), NZA 2012, 313 Rn. 29 ff.; ebenso die Einschätzung von *Uffmann*, EuZA 2012, 518, 523 ff.

1382 EuGH v. 1.3.2012 – C-393/10 (*O'Brien*), NZA 2012, 313 Rn. 34.

der in den nationalen Arbeitnehmerbegriff einbezogenen Personen unterschieden und die Herausnahme daher nicht willkürlich sei.[1383] In den Schlussanträgen, denen der EuGH in seiner Entscheidung gefolgt ist, wird herausgearbeitet, dass die Frage der Wesensverschiedenheit in Abgrenzung zur selbständigen Tätigkeit und dabei unter maßgeblicher Berücksichtigung von Ziel und Zweck der Rahmenvereinbarung zu beantworten sei.[1384]

Der EuGH steht damit offenbar auf folgendem Standpunkt: Der Ausschluss einer Beschäftigtengruppe aus dem Anwendungsbereich der Richtlinien darf nicht aus dem rein formalen Grund erfolgen, dass sie nach dem nationalen Recht eines Mitgliedstaates nicht als Arbeitnehmer gelten.[1385] Vielmehr ist ein Ausschluss nur dann zulässig, wenn zugleich materielle Unterschiede zwischen dieser und anderen Arbeitnehmergruppen bestehen, die eine Herausnahme aus dem Anwendungsbereich rechtfertigen. Ob dies der Fall ist, ist unter Berücksichtigung von Sinn und Zweck der Richtlinie zu beurteilen. Im Ergebnis geht der EuGH damit tatsächlich eine Art „Mittelweg": Im Grundsatz anerkennt er die im Wortlaut der Richtlinien festgelegte Definitionskompetenz der Mitgliedstaaten. Für den Anwendungsbereich der Richtlinien begrenzt er diese aber, indem er fordert, dass der Ausschluss bestimmter Personen aus dem Kreis der Arbeitnehmer im Sinne des nationalen Rechts materiell gerechtfertigt sein müsse. Die Beurteilung, ob dies der Fall ist, überlässt er dabei aber wiederum den Mitgliedstaaten.[1386]

Im Hinblick auf die Konzeption des Europarechts ist dieser Ansatz überzeugend, denn wenn allein die Tatsache, dass ein Mitgliedstaat bestimmte Beschäftigte aus rein formellen Gründen nicht als Arbeitnehmer im Sinne der nationalen Rechtsordnung betrachtet, den Anwendungsbereich einer Richtlinie beschränken könnte, wäre ihre Reichweite gänzlich in das Belieben der Mitgliedstaaten gestellt. Durch die Ausklammerung bestimmter Personengruppen aus der nationalen Arbeitnehmerdefinition könnten sie die praktische Wirksamkeit der Richtlinie quasi beliebig einschränken.[1387] Auch wenn man davon ausgeht, dass einige und auch die in Frage stehenden Richtlinien lediglich eine begrenzte Harmonisierung anstreben, kann eine derart weitreichende Umgehungsmöglichkeit

---

1383 EuGH v. 1.3.2012 – C-393/10 (*O'Brien*), NZA 2012, 313 Rn. 42.

1384 Generalanwältin *Kokott*, Schlussanträge v. 17.11.2011 – C-393/10 (*O'Brien*), Rn. 48 (juris).; vgl. dazu auch *Uffmann*, EuZA 2012, 518, 526.

1385 So ausdrücklich Generalanwältin *Kokott*, Schlussanträge v. 17.11.2011 – C-393/10 (*O'Brien*), Rn. 45 (juris).

1386 EuGH v. 1.3.2012 – C-393/10 (*O'Brien*), NZA 2012, 313 Rn. 43.

1387 *Thüsing/Stiebert*, ZESAR 2011, 124, 125.

nicht im Sinne ihrer Existenz sein.[1388] Dies würde dem Gebot der Effektivität des Unionsrechts (Art. 4 Abs. 3 EUV) widersprechen. Eine irgendwie geartete Einschränkung der mitgliedstaatlichen Definitionskompetenz muss es daher geben. Der dafür in den Schlussanträgen zur *O'Brien*-Entscheidung entwickelte und vom EuGH in seinen Entscheidungsgründen übernommene Ansatz, auf eine materielle Rechtfertigung unter Berücksichtigung des Schutzzwecks der Richtlinie abzustellen, ist überzeugend.

(3) Rechtfertigung für Organmitglieder

Es bleibt damit die Frage zu klären, was dies in Bezug auf die Anwendbarkeit der Richtlinien für Organmitglieder bedeutet. Maßgeblich ist zunächst die Definition des Arbeitnehmerbegriffs im Sinne des deutschen Rechts, nach der Organmitglieder grundsätzlich nicht als Arbeitnehmer anzusehen sind. Für die Anwendung der Teilzeit- sowie der BefRL ist aber weiterhin zu prüfen, ob dies auch materiell gerechtfertigt ist.

Die TZRL bezweckt zum einen die Förderung der Teilzeitarbeit als Instrument flexibler Arbeitszeitgestaltung im Interesse von Arbeitnehmern und Arbeitgebern, und zum anderen die Nichtdiskriminierung von Teilzeitbeschäftigten im Verhältnis zu Vollzeitbeschäftigten.[1389] Die Anzahl der in Teilzeit beschäftigten Organmitglieder in Deutschland dürfte vergleichsweise gering sein. Zwar könnte man annehmen, dem Ziel der Richtlinie, Teilzeitarbeit generell zu fördern, würde es entsprechen, ihren Anwendungsbereich auf Organmitglieder zu erstrecken. Dies wäre womöglich auch im Interesse einiger Organmitglieder, die mit einer Reduktion ihrer naturgemäß relativ umfangreichen Arbeitszeit die Vereinbarkeit von Familie und Beruf verbessern könnten. Andererseits will die Richtlinie Teilzeitarbeit nicht allein im Interesse des Arbeitnehmers fördern, sondern auch den Interessen des Arbeitgebers Rechnung tragen. Eine Gesellschaft bzw. deren Anteilseigner als Arbeitgeber des Organmitglieds werden jedoch ein gesteigertes Interesse an einer Vollzeitbeschäftigung ihrer Geschäftsführungsorgane haben, denn eine Geschäftsführung wird zumeist effektiver und damit erfolgreicher sein, wenn sie von eher wenigen Personen ausgeübt wird, die dafür umso intensiver mit den Sachfragen beschäftigt sind. Die teilzeitbedingte Verteilung der oftmals komplexen Aufgaben und Tätigkeiten eines Organmitglieds

1388 Ähnlich *Thüsing/Stiebert*, ZESAR 2011, 124, 126.
1389 S. oben § 5 B. VIII. 1. a).

auf eine größere Anzahl von Personen könnte in vielen Fällen zu erheblichen Reibungsverlusten führen.

Auch im Hinblick auf das Ziel der Nichtdiskriminierung besteht für Organmitglieder ein geringeres Schutzbedürfnis, denn aufgrund ihrer meist höheren Qualifizierung werden sie beim Abschluss ihres Anstellungsvertrages in der Regel eine bessere Verhandlungsposition haben als der durchschnittliche Teilzeitarbeitnehmer, die es ihnen ermöglicht, auf die Gestaltung ihrer Vertragsbedingungen selbst Einfluss zu nehmen.

Im Hinblick auf die BefRL liegen die Dinge noch klarer: Die Richtlinie will vorrangig den Missbrauch der befristeten Beschäftigungsform durch Kettenbefristungen verhindern. Sie klassifiziert das unbefristete Arbeitsverhältnis als den Normalfall, weil dieses zur Lebensqualität der Arbeitnehmer und zu deren Leistungsfähigkeit beiträgt (vgl. BE 6 RV-Befristung). Im Umkehrschluss bedeutet dies, dass der Richtliniengeber davon ausgeht, befristete Arbeitsverhältnisse seien der Lebens- und Leistungsqualität der Arbeitnehmer eher abträglich und daher tendenziell kritisch zu betrachten. Unausgesprochen lässt die Richtlinie, was sie mit „Lebensqualität" meint. Gemeint sein kann indessen lediglich der Umstand, dass Arbeitnehmer, die dauerhaft auf der Basis befristeter Arbeitsverhältnisse beschäftigt werden, keine Planungssicherheit für ihre zukünftige finanzielle Lebensgestaltung haben. Das unbefristete Arbeitsverhältnis hingegen genießt durch die nationalen Kündigungsschutzsysteme einen viel größeren Bestandsschutz. In Deutschland ist aber das KSchG auf Organmitglieder, unabhängig von deren Arbeitnehmereigenschaft im unionsrechtlichen Sinne, ohnehin nicht anwendbar (§ 14 Abs. 1 Nr. 1 KSchG).[1390] Es besteht daher kein Kündigungsschutzsystem für Organmitglieder, das umgangen werden könnte. Und auch im Hinblick auf die wirtschaftliche Planungssicherheit sind Organmitglieder tendenziell weniger schützenswert als andere Arbeitnehmergruppen: Im Regelfall werden sie eine qualitativ hochwertige Ausbildung haben und daher nach der automatischen Beendigung einer Anstellung mit einiger Sicherheit eine neue finden. Schließlich ist zu beachten, dass parallel zum Anstellungsvertrag stets das Organverhältnis verläuft, das in den meisten Fällen und teilweise bereits aufgrund gesetzlicher Vorgaben befristet wird. Um den Gleichlauf beider Rechtsverhältnisse herzustellen, besteht bei Organmitgliedern seitens der Gesellschaft ein gesteigertes Bedürfnis nach dem Abschluss befristeter Anstellungsverträge, das es rechtfertigt, sie aus dem Anwendungsbereich der BefRL herauszunehmen.

1390 S. dazu auch unten § 5 C.

c) Ergebnis

In den Schutzbereich der TZRL und der BefRL fallen nur solche Personen, die nach dem jeweiligen nationalen Recht als Arbeitnehmer anzusehen sind. Der Ausschluss bestimmter Personengruppen aus dem Anwendungsbereich darf jedoch unter Berücksichtigung des Schutzzwecks der Richtlinien nicht willkürlich erfolgen. Für Organmitglieder bestehen sachliche Gründe, die eine Nichtanwendung der Richtlinien rechtfertigen. Eine Anwendung des TzBfG auf Arbeitnehmer-Organmitglieder ist daher aus europarechtlichen Gründen nicht geboten.

2. Die Elternurlaubsrichtlinie

a) Inhalt der Richtlinie und Umsetzung im deutschen Recht

Die EltURL[1391] dient der Umsetzung einer von den Sozialpartnern geschlossenen Rahmenvereinbarung über den Elternurlaub (RV-Elternurlaub). Ziel der Rahmenvereinbarung ist es, die Vereinbarkeit von Familie und Beruf für erwerbstätige Eltern zu verbessern (vgl. § 1 Nr. 1 RV-Elternurlaub). Zu diesem Zweck sieht sie für Arbeitnehmerinnen und Arbeitnehmer im Falle der Geburt oder der Adoption eines Kindes einen Anspruch auf Elternurlaub von mindestens vier Monaten vor (§ 2 RV-Elternurlaub). Indem die Richtlinie dieses Recht nicht nur Müttern, sondern auch Vätern gewährt und einen Teil davon auch als nicht übertragbar ausgestaltet, dient die Richtlinie zugleich der Chancengleichheit und Gleichberechtigung von Männern und Frauen (vgl. § 2 Nr. 2 RV-Elternurlaub sowie die allgemeinen Erwägungen Nr. 3, 6, 8).

Daneben ist dem Arbeitnehmer ein Recht auf Rückkehr auf den alten oder einen vergleichbaren Arbeitsplatz zu gewähren, wobei ihm alle Rechte zu erhalten sind, die er bereits vor Inanspruchnahme des Elternurlaubs erworben hatte (§ 5 Nr. 1 und 2 RV-Elternurlaub). Eine durch die Inanspruchnahme des Elternurlaubs bedingte Benachteiligung bzw. Kündigung verbietet § 5 Nr. 4 RV-Elternurlaub. Regelungen hinsichtlich der Entgeltfortzahlung während des Elternurlaubs enthält die Richtlinie nicht, fordert jedoch die Mitgliedstaaten dazu auf, einkommensrelevante und sozialversicherungsrechtliche Fragen zu prüfen und Einbußen nach Möglichkeit zu vermeiden (vgl. § 5 Nr. 5 RV-Elternurlaub).

1391 RL 2010/18/EU des Rates vom 8.3.2010 zur Durchführung der von BUSINESSEUROPE, UEAPME, CEEP und EGB geschlossenen überarbeiteten Rahmenvereinbarung über den Elternurlaub und zur Aufhebung der Richtlinie 96/34/EG, ABl. 2010 L 68, S. 13.

Die EltURL wird in Deutschland durch das BEEG umgesetzt, das Ansprüche auf Eltern- und Betreuungsgeld regelt (§§ 1 ff., 4a ff. BEEG) und den bereits in der Richtlinie vorgesehenen Anspruch auf Elternzeit ausgestaltet (§§ 15 ff. BEEG). Darüber hinaus enthält § 18 Abs. 1 BEEG ein Kündigungsverbot ab Inanspruchnahme der Elternzeit. Der sozialrechtliche (vgl. § 68 Nr. 15 SGB I) Anspruch auf Elterngeld setzt die Arbeitnehmereigenschaft nicht voraus, denn § 1 Abs. 1 Nr. 4 BEEG stellt darauf ab, dass keine bzw. keine volle „Erwerbstätigkeit" ausgeübt wird und meint damit sowohl abhängige Beschäftigung im Rahmen einer Arbeitsverhältnisses als auch selbständige Tätigkeit.[1392] Die arbeitsrechtlichen Vorschriften der §§ 15 ff. BEEG setzen nach bislang allgemeiner Meinung hingegen die Arbeitnehmereigenschaft im Sinne des allgemeinen nationalen Begriffsverständnisses voraus.[1393] Eine Anwendung der Vorschriften auf Organmitglieder wurde und wird daher weitgehend verneint.[1394]

b) Arbeitnehmerbegriff der Richtlinie

aa) Normative Grundlagen

Ihren persönlichen Anwendungsbereich regelt die EltURL in § 1 Nr. 2 RV-Elternurlaub, wonach sie auf alle Arbeitnehmerinnen und Arbeitnehmer Anwendung findet, die gemäß den Rechtsvorschriften, Tarifverträgen und/oder Gepflogenheiten in dem jeweiligen Mitgliedstaat einen Arbeitsvertrag haben oder in einem Beschäftigungsverhältnis stehen. Die Beschreibung des personellen Geltungsbereichs unterscheidet sich damit etwas von der entsprechenden Regelung der Vorgängerrichtlinie,[1395] die bei ansonsten identischem Wortlaut auf das Bestehen eines Arbeitsvertrages oder Arbeitsverhältnisses abstellte (vgl. § 1

1392 *v. Koppenfels-Spies*, in: K/S/W, SozR, § 1 BEEG Rn. 17.

1393 Vgl. *Buchner/Becker*, MuSchG, § 15 BEEG Rn. 1; *Gallner*, in: ErfK, § 15 BEEG Rn. 3; *Rancke*, in: HK-MuSchG, § 15 BEEG Rn. 25; *U. H. Schneider/Hohenstatt*, in: Scholz, GmbHG, § 35 Rn. 283.

1394 *Altmeppen*, in: Roth/Altmeppen, GmbHG, § 6 Rn. 77; *Freckmann*, DStR 2008, 52, 56; *Gaul*, in: H/W/K, § 15 BEEG Rn. 1; *Jaeger*, in: MüKo-GmbHG, § 35 Rn. 284; *Paefgen*, in: U/H/W, GmbHG, § 35 Rn. 144; *Rancke*, in: HK-MuSchG, § 15 BEEG Rn. 26; *Schiefer/Worzalla*, ZfA 2013, 41, 67; *U. H. Schneider/Hohenstatt*, in: Scholz, GmbHG, § 35 Rn. 280, 283; *Tebben*, in: Michalski, GmbHG, § 6 Rn. 125; *Zöllner/Noack*, in: Baumbach/Hueck, GmbHG, § 35 Rn. 178a.

1395 RL 96/34/EG des Rates vom 3.6.1996 zu der von UNICE, CEEP und EGB geschlossenen Rahmenvereinbarung über Elternurlaub, ABl. 1996 L 145, S. 4.

Nr. 2 der durch die RL 96/34/EG umgesetzten Rahmenvereinbarung).[1396] Gleich geblieben ist der Verweis auf die nationalen Rechtsvorschriften, Tarifverträge und Gepflogenheiten.

bb) Rechtsprechung des EuGH

Auch der EuGH hat den im Wortlaut angelegten Verweis auf das nationale Recht bisher nicht ausdrücklich bestritten. In der Rechtssache *Chatzi* hatte der Gerichtshof allerdings die Frage zu beantworten, ob die RL 96/34/EG, also die Vorgängerrichtlinie der heutigen EltURL, auch auf Beamte Anwendung findet, was er bejahte.[1397] Zur Begründung führt er aus, dass Beamte vom Anwendungsbereich der Richtlinie nicht ausdrücklich ausgeschlossen seien.[1398] Im Gegenteil sei der Anwendungsbereich der Richtlinie weit gefasst, indem § 1 Nr. 2 der Rahmenvereinbarung „alle Arbeitnehmer [...]" einbeziehe.[1399] Im Übrigen diene die Richtlinie der Förderung des Grundsatzes der Gleichbehandlung von Männern und Frauen, der zu den Grundsätzen des Sozialrechts der Union gehöre und nach der Rechtsprechung des EuGH auch auf öffentlich-rechtliche Dienstverhältnisse Anwendung finde.[1400]

cc) Literatur

Die Meinungen in der Literatur in Bezug auf den Arbeitnehmerbegriff der EltURL sind geteilt: Überwiegend wird aufgrund des Wortlauts der Richtlinie davon ausgegangen, dass sie die Definition ihres Arbeitnehmerbegriffs den Mitgliedstaaten überlässt.[1401] Andere nehmen entweder ohne Begründung oder unter Hinweis auf die Rechtsprechung des EuGH in der Rechtssache *Chatzi* an, dass der unionsrechtliche Arbeitnehmerbegriff einschlägig sei und schließen daher

---

1396 Zu den möglichen Gründen der Umformulierung *Ziegler*, Arbeitnehmerbegriffe, S. 232 f.

1397 EuGH v. 16.9.2010 – C-149/10 (*Chatzi*), Slg. 2010, I-8489 Rn. 28–30; ebenso EuGH v. 20.6.2013 – C-7/12 (*Riežniece*), Rn. 31 ff. (juris).

1398 EuGH v. 16.9.2010 – C-149/10 (*Chatzi*), Slg. 2010, I-8489 Rn. 28.

1399 EuGH v. 16.9.2010 – C-149/10 (*Chatzi*), Slg. 2010, I-8489 Rn. 29.

1400 EuGH v. 16.9.2010 – C-149/10 (*Chatzi*), Slg. 2010, I-8489 Rn. 30.

1401 *Pottschmidt*, Arbeitnehmerähnliche Personen, S. 333; *Riesenhuber*, EuArbR, § 21 Rn. 6; *Schubert*, ZESAR 2013, 5, 14; *Wank*, in: H/S/W, § 18 Rn. 416; *ders.*, EuZA 2008, 172, 182; *Ziegler*, Arbeitnehmerbegriffe, S. 238; *Ziemons*, KSzW 2013, 19, 21 f.

auch eine Anwendbarkeit auf Arbeitnehmer-Organmitglieder nicht aus.[1402] Vereinzelt wird zwar nicht ausdrücklich auf den unionsrechtlichen Arbeitnehmerbegriff abgestellt, aber angenommen, eine erweiterte Anwendung der Richtlinie sei durch den Begriff des „Beschäftigungsverhältnisses" geboten.[1403]

dd) Stellungnahme

(1) Würdigung der Aussagen des EuGH

Trotz der Erstreckung der EltURL auf Beamte ist eher nicht anzunehmen, dass der EuGH den Arbeitnehmerbegriff der Richtlinie tatsächlich unionseinheitlich auslegen will: Zum einen zitiert der Gerichtshof in seinen Ausführungen zum persönlichen Anwendungsbereich der Richtlinie den in § 1 Nr. 2 RV-Elternurlaub enthaltenen Verweis auf die mitgliedsstaatlichen Rechtvorschriften und Gepflogenheiten, was dagegen spricht, dass er sich über diesen gänzlich hinwegsetzen will. Zum anderen findet sich in der Entscheidung *Chatzi* auch an keiner Stelle ein Verweis auf Art. 45 AEUV und die hierzu ergangene Rechtsprechung. Im Übrigen betraf die *Chatzi*-Entscheidung den Spezialfall der Beamten und damit nicht die Abgrenzung von Arbeitnehmern und Selbständigen. Beamte hat der EuGH aber auch bereits in den Anwendungsbereich der TZRL und der BefRL einbezogen, obwohl diese auf den Arbeitnehmerbegriff der mitgliedstaatlichen Rechtsordnungen abstellen und der EuGH dies auch grundsätzlich anerkennt.[1404] Es geht ihm in der Sache dann darum, eine willkürliche Schlechterstellung der im öffentlichen Dienst Beschäftigten im Verhältnis zu den in der Privatwirtschaft Beschäftigten zu verhindern.[1405]

Das besagt aber noch nicht, dass der EuGH sich generell über die in der Richtlinie angelegte Definitionskompetenz der Mitgliedstaaten hinwegsetzt und eine Anwendung auch auf Arbeitnehmer-Organmitglieder bejaht.[1406] Wahrscheinlich ist, dass der EuGH für die EltURL, genauso wie bereits für die TZRL und die BefRL, einen „Mittelweg" beschreitet, indem er für den durch das nationale

---

1402 *Fischer*, NJW 2011, 2329, 2331 f.; *Gallner*, in: ErfK, § 18 BEEG Rn. 3; *Lunk/Rodenbusch*, GmbHR 2012, 188, 193 f.; *Preis/Sagan*, ZGR 2013, 26, 49; *Reinhard/Bitsch*, ArbRB 2011, 241, 244; *Klein-Jahns* nimmt an, dass der Arbeitnehmerbegriff der ArbSchRL einschlägig sei, EAS B 5100 Rn. 64.

1403 *Oberthür*, NZA 2011, 253, 258; *Oetker*, in: Henssler/Strohn, § 35 GmbHG Rn. 82a; wohl auch *U. H. Schneider/Hohenstatt*, in: Scholz, GmbHG, § 35 Rn. 283.

1404 Vgl. oben § 5 B. VIII. 1. b) cc).

1405 *Schubert*, ZESAR 2013, 5, 14.

1406 So wohl auch *Schubert*, ZESAR 2013, 5, 14.

Begriffsverständnis bedingten Ausschluss bestimmter Personengruppen aus dem Anwendungsbereich der Richtlinie eine materielle Rechtfertigung fordert.

Eine solche wird man für Organmitglieder aber annehmen können, denn ein Anspruch auf einen mehrmonatigen Elternurlaub oder gar auf Teilzeitbeschäftigung (vgl. § 6 RV-Elternurlaub) würde aufgrund deren Leitungsfunktion die Interessen des Arbeitgebers regelmäßig in weitaus höherem Maße beeinträchtigen als bei anderen Mitarbeitern.

Auf den ersten Blick mag dies zwar in einem gewissen Widerspruch zu dem für das Mutterschutzrecht gefundenen Ergebnis stehen, weil die MuSchRL und die EltURL einen gewissen inhaltlichen Zusammenhang aufweisen, indem sie der Vereinbarkeit von Elternschaft und Erwerbstätigkeit dienen. Während es bei der MuSchRL aber vorrangig um das elementare Rechtsgut der Gesundheit von Mutter und Kind geht, bezweckt die EltURL „nur" die qualitative Verbesserung des Familienlebens von Arbeitnehmern im Allgemeinen,[1407] so dass ein Gleichlauf insoweit nicht zwingend geboten erscheint.

(2) Arbeitnehmerbegriff der Richtlinie

Der eindeutige Wortlaut des § 1 Nr. 2 RV-Elternurlaub spricht zunächst klar gegen die Annahme, dass der EltURL der unionsrechtliche Arbeitnehmerbegriff zugrunde liegt, weil es danach allein auf das Bestehen eines Arbeitsvertrages oder Beschäftigungsverhältnisses nach mitgliedstaatlichem Recht ankommt.[1408] Der Hinweis des EuGH auf den weit gefassten Wortlaut („alle Arbeitnehmer") vermag nicht vom Gegenteil zu überzeugen, denn auch insoweit können nach dem Wortlaut lediglich alle Arbeitnehmer im Sinne des mitgliedstaatlichen Rechts gemeint sein. Zwar stellt die Richtlinie – anders als noch ihre Vorgängerrichtlinie – alternativ zum Arbeitsvertrag auf das Vorliegen eines „Beschäftigungsverhältnisses" im Sinne der mitgliedstaatlichen Rechtsvorschriften und Gepflogenheiten ab, weswegen teilweise ein erweiterter Anwendungsbereich angenommen wird.[1409] Überwiegend wird indessen nicht angenommen, dass durch die sprachliche Neufassung eine Erweiterung des Anwendungsbereiches beabsichtigt war. Sie diene lediglich der sprachlichen Angleichung an neuere Richtlinien.[1410]

1407 *Ziegler*, Arbeitnehmerbegriffe, S. 231; a. A. wohl *Oberthür*, NZA 2011, 253, 258, die auf die Ähnlichkeit der Schutzzwecke verweist.

1408 So auch *Ziegler*, Arbeitnehmerbegriffe, S. 236: „belässt keinerlei Spielraum".

1409 S. oben § 5 B. VIII. 2. b) aa).

1410 *Lunk/Rodenbusch*, GmbHR 2012, 188, 194 (dort Fn. 77); *Preis/Sagan*, ZGR 2013, 26, 49; *Ziegler*, Arbeitnehmerbegriffe, S. 232 f.

In systematischer Hinsicht spricht für einen Verweis auf das mitgliedstaatliche Begriffsverständnis auch § 1 Nr. 3 RV-Elternurlaub, wonach die Mitgliedstaaten oder Sozialpartner Arbeitnehmer, Arbeitsverträge oder Beschäftigungsverhältnisse nicht lediglich deshalb aus dem Anwendungsbereich der Vereinbarung ausschließen dürfen, weil sie Teilzeitbeschäftigte, befristet Beschäftigte oder Leiharbeitnehmer sind. Das heißt im Umkehrschluss, dass den Mitgliedstaaten im Übrigen ein gewisser Spielraum bei der Festlegung des personellen Anwendungsbereiches zukommen muss. Auch der Umstand, dass die Richtlinie, ähnlich wie bereits die TZRL und die BefRL, eine sehr geringe Harmonisierungsintensität aufweist, indem sie nur rahmenhafte Vorgaben macht und die Ausgestaltung der Richtlinienbestimmungen weitestgehend den Mitgliedstaaten überlässt (vgl. § 3 RV-Elternurlaub), spricht dafür, dass die Definition des persönlichen Anwendungsbereichs ebenfalls nach nationalem Recht erfolgen soll.[1411]

Eine über den Wortlaut der Richtlinie hinausgehende Auslegung des Anwendungsbereichs der Richtlinie wäre daher nur dann überzeugend, wenn sie durch primärrechtliche Vorgaben geboten wäre. Ein unionsrechtliches Begriffsverständnisses allein aus dem Umstand herzuleiten, dass die Richtlinie auch der Verwirklichung des Grundsatzes der Gleichbehandlung von Männern und Frauen und damit einem allgemeinen Grundsatz der Union dient, erscheint zweifelhaft, denn die Verwirklichung der Geschlechtergleichbehandlung ist lediglich eines unter mehreren Zielen, primär geht es um die Vereinbarkeit von Familie und Beruf.[1412]

Dementsprechend ist jedoch eine andere primärrechtliche Vorschrift von Bedeutung: Art. 33 Abs. 2 GRC gewährt ein Grundrecht auf Elternurlaub nach der Geburt oder Adoption eines Kindes. Einbezogen in den personellen Schutzbereich sind alle Arbeitnehmer im Sinne des Unionsrechts.[1413] Sofern Art. 33 Abs. 2 GRC daher einen unbedingten Anspruch auf Elternurlaub für alle Arbeitnehmer im Sinne des Unionsrechts normiert, müsste man die EltURL ggf. dementsprechend primärrechtskonform auslegen.[1414] Allerdings wird bereits bezweifelt, ob die Bestimmungen der Art. 27 ff. GRC Arbeitnehmern überhaupt originäre subjektive Rechte einräumen oder nicht lediglich eine Dokumentierung von unionsweit anerkannten Grundrechten darstellen, die geeignet sind, ihrerseits wirtschaftliche Freiheiten zu beschränken.[1415] Auch wenn man aber annimmt, dass Art. 33 Abs. 2 GRC ein echtes, einklagbares Grundrecht enthält

1411 *Ziegler*, Arbeitnehmerbegriffe, S. 237 f.

1412 In diese Richtung wohl auch *Ziegler*, Arbeitnehmerbegriffe, S. 236.

1413 *Jarass*, GRC, Art. 33 Rn. 15; vgl. auch bereits oben § 5 B. I. 8. c) aa) (2) (d).

1414 Vgl. *Jarass*, GRC, Einl. Rn. 53.

1415 A. A. *Buchner/Becker*, MuSchG, Vorbem. zu §§ 15–20 BEEG Rn. 16.

und nicht lediglich einen allgemeinen Charta-Grundsatz im Sinne von Art. 52 Abs. 5 GRC,[1416] unterliegt dieses den allgemeinen Grundrechtsschranken gemäß Art. 52 GRC.[1417] Weiterhin ist zu beachten, dass es sich bei Art. 33 GRC um ein Leistungs- bzw. Schutzgrundrecht handelt, bei dessen Ausgestaltung, wie bei allen Leistungsgrundrechten, ein erheblicher Gestaltungsspielraum besteht.[1418] Dass die EltURL den Mitgliedstaaten gewisse Umsetzungsspielräume auch im Hinblick auf den persönlichen Anwendungsbereich belässt, um damit den unterschiedlichen nationalen Gegebenheiten Rechnung zu tragen, deren Sozialsysteme nicht zu überfordern und die Unternehmen nicht unverhältnismäßig wirtschaftlich zu belasten (vgl. die Allgemeinen Erwägungen Nr. 13, 15, 19, 23 RV-Elternurlaub), erscheint damit insbesondere auch im Hinblick auf das auch bei Auslegung der Grundrechte zu berücksichtigende Subsidiaritätsprinzip[1419] gerechtfertigt. Dies gilt umso mehr, als die GRC zu einem Zeitpunkt erlassen wurde, in dem die Vorgängerrichtlinie der heutigen EltURL bereits existierte und auch diese die Definition ihres persönlichen Anwendungsbereichs bereits den Mitgliedstaaten überließ. In den Charta-Erläuterungen wird diese Richtlinie als Grundlage für Art. 33 Abs. 2 GRC ausdrücklich in Bezug genommen.[1420]

Im Ergebnis gebietet das Primärrecht daher keine über den Wortlaut des § 1 Nr. 2 RV-Elternurlaub hinausgehende Auslegung des persönlichen Anwendungsbereichs der EltURL.[1421]

c) Arbeitnehmer-Organmitglieder als „Beschäftigte“ im Sinne des nationalen Rechts?

Überwiegend wird nicht angenommen, dass die EltURL durch die Bezugnahme auch auf „Beschäftigungsverhältnisse“ in § 1 Nr. 2 RV-Elternurlaub eine Erweiterung des Anwendungsbereiches im Vergleich zur Vorgängerrichtlinie

1416 *Jarass*, GRC, Art. 33 Rn. 11; *Kingreen*, in: Calliess/Ruffert, EUV/AEUV, Art. 33 GRC Rn. 5.

1417 *Jarass*, GRC, Art. 33 Rn. 21; *Kingreen*, in: Calliess/Ruffert, EUV/AEUV, Art. 33 GRC Rn. 13; *Riedel*, in: Meyer, GRC, Art. 33 Rn. 18.

1418 *Jarass*, GRC, Art. 33 Rn. 19, Art. 51 Rn. 45; *Riedel*, in: Meyer, GRC, Art. 33 Rn. 18; vgl. zum Maßstab *Jarass*, GRC, Art. 52 Rn. 54 mit Verweis auf EuGH v. 9.12.1997 – C-265/95 (*Kommission/Frankreich*), Slg. 1997 I-6959 Rn. 52.

1419 Vgl. *Riedel*, in: Meyer, GRC, Art. 33 Rn. 18.

1420 Erläuterungen zur Charta der Grundrechte, ABl. 2007 C 303, S. 27.

1421 Ebenso im Ergebnis *Schubert*, ZESAR 2013, 5, 14, die sich allerdings insoweit lediglich auf Art. 24 GRC bezieht, aus dem kein Anspruch auf Elternurlaub herzuleiten sei.

beabsichtigte.[1422] *Oberthür* hingegen ist der Auffassung, dass durch die Bezugnahme auf das Beschäftigungsverhältnis eine Einbeziehung von Arbeitnehmer-Organmitgliedern erforderlich sei, soweit sie sozialversicherungsrechtlich als abhängig Beschäftigte zu qualifizieren seien.[1423] Dies ist abzulehnen, denn auch für den Begriff des Beschäftigungsverhältnisses verweist die Richtlinie auf das nationale Recht. Der Begriff des Beschäftigten wird aber im nationalen Recht nicht einheitlich festgelegt: Zwar fallen nach der Rechtsprechung des BSG mitunter auch Organmitglieder unter den Beschäftigtenbegriff im Sinne des Sozialversicherungsrechts, dies gilt aber auch nur für diesen Bereich. Andere, insbesondere arbeitsrechtliche Gesetze definieren den Begriff abweichend (vgl. etwa § 2 Abs. 2 ArbSchG, § 6 Abs. 1 AGG, § 7 Abs. 1 PflegeZG, § 3 Abs. 11 BDSG) und erfassen nur in den wenigsten Fällen auch Organmitglieder. Warum für die Zwecke der Richtlinie ausgerechnet der sozialversicherungsrechtliche Beschäftigtenbegriff maßgeblich sein soll, zumal sie arbeitsrechtliche Fragen regelt, ist nicht ersichtlich. Sofern daher im nationalen Recht Organmitglieder nicht generell als Beschäftigte anzusehen sind, ist die Auffassung von *Oberthür* nicht überzeugend.

d) Ergebnis

Der Arbeitnehmerbegriff der EltURL richtet sich nach dem jeweiligen Recht der Mitgliedstaaten. Dementsprechend fallen Arbeitnehmer-Organmitglieder nicht in den Schutzbereich der Richtlinie, so dass auch eine Anwendung der §§ 15 ff. BEEG europarechtlich nicht geboten ist.

3. Die Betriebsübergangsrichtlinie

a) Inhalt der Richtlinie und Umsetzung im nationalen Recht

Die BÜRL[1424] bezweckt den Schutz der Arbeitnehmer vor einer Verschlechterung ihrer Rechtsstellung im Falle eines Betriebsinhaberwechsels, indem sie die Wahrung ihrer Ansprüche gewährleistet (vgl. BE 3 BÜRL). Dafür sieht sie

---

1422 S. oben § 5 B. VIII. 2. b) dd) (2).

1423 *Oberthür*, NZA 2011, 253, 258; ebenso wohl *Oetker*, in: Henssler/Strohn, § 35 GmbHG Rn. 82a.

1424 RL 2001/23/EG des Rates vom 12.3.2001 über die Angleichung der Rechtsvorschriften der Mitgliedstaaten über die Wahrung von Ansprüchen der Arbeitnehmer beim Übergang von Unternehmen, Betrieben oder Unternehmens- oder Betriebsteilen, ABl. 2001 L 82, S. 16.

vor, dass der Erwerber eines Betriebs, Unternehmens oder eines Teils davon in die Rechtstellung des Veräußerers aus dem Arbeitsvertrag eintritt (Art. 3 Abs. 1 BÜRL). Die durch einen Kollektivvertrag vereinbarten Arbeitsbedingungen sind dabei in einem gewissen Umfang aufrecht zu erhalten (Art. 3 Abs. 3 BÜRL). Ergänzend schützt Art. 4 BÜRL den Arbeitnehmer vor einer betriebsübergangsbedingten Kündigung. Eine bestehende Arbeitnehmervertretung bleibt im Fall der rechtlichen Selbständigkeit des veräußerten Betriebs auch nach dem Inhaberwechsel grundsätzlich bestehen (Art. 6 BÜRL). Flankierend sieht die Richtlinie zugunsten der Arbeitnehmer Informations- und Konsultationspflichten in Bezug auf den Betriebsübergang und seine Folgen vor (Art. 7 BÜRL).

Im nationalen Recht werden die Bestimmungen der Richtlinie durch § 613a BGB umgesetzt.[1425]

b) Arbeitnehmerbegriff der Richtlinie

aa) Normative Grundlagen

Der persönliche Anwendungsbereich der BÜRL ist nicht ausdrücklich geregelt, sondern ergibt sich aus den einzelnen materiellen Bestimmungen, nach denen es auf das Vorliegen eines Arbeitsvertrages bzw. Arbeitsverhältnisses ankommt (vgl. etwa Art. 3 BÜRL).[1426] Wer Arbeitnehmer im Sinne der Richtlinie ist, wird im Rahmen der Begriffsbestimmungen des Art. 2 BÜRL definiert. Gemäß Art. 2 Abs. 1 lit. d) BÜRL ist Arbeitnehmer jede Person, die in dem betreffenden Mitgliedstaat aufgrund des einzelstaatlichen Arbeitsrechts geschützt ist. Ergänzend stellt Art. 2 Abs. 2 S. 1 BÜRL klar, dass die Richtlinie das einzelstaatliche Recht in Bezug auf die Begriffsbestimmung des Arbeitsvertrags oder des Arbeitsverhältnisses unberührt lässt. Gemäß Art. 2 Abs. 2 S. 2 BÜRL ist es den Mitgliedstaaten jedoch untersagt, Arbeitnehmer allein deshalb aus dem Anwendungsbereich der Richtlinie auszuschließen, weil sie nur in Teilzeit, befristet oder als Leiharbeitnehmer beschäftigt sind.

bb) Rechtsprechung des EuGH

Der EuGH hatte bereits für die ursprüngliche Richtlinie zum Betriebsübergang[1427], die für die Definition des Arbeitnehmers noch keinen ausdrücklichen

---

1425 Dazu ausführlich *Wank*, in: H/S/W, § 18 Rn. 112 ff.

1426 *Ziegler*, Arbeitnehmerbegriffe, S. 212.

1427 RL 77/187/EWG des Rates vom 14.2.1977 zur Angleichung der Rechtsvorschriften der Mitgliedstaaten über die Wahrung von Ansprüchen der Arbeitnehmer beim Übergang von Unternehmen, Betrieben oder Betriebsteilen, ABl. 1977 L 61, S. 26.

Verweis auf das nationale Recht enthielt, entschieden, dass der Arbeitnehmerbegriff sich nicht unionsweit einheitlich, sondern nach den Rechtsordnungen der Mitgliedstaaten bestimme.[1428] Er begründete dies mit dem Argument, dass die Richtlinie lediglich eine teilweise Harmonisierung anstrebe, indem sie den Arbeitnehmern die durch die nationalen Rechtsordnungen gewährten Arbeitnehmerschutzrechte für den Fall des Betriebsübergangs aufrecht erhalte. Hingegen bezwecke sie insoweit nicht die Schaffung eines unionsweit einheitlichen Schutzniveaus.[1429] An dieser Rechtsprechung hielt der EuGH in der Folgezeit fest.[1430]

cc) Literatur

Überwiegend schließt sich die Literatur der Sichtweise des EuGH an und geht aufgrund des Wortlauts in Art. 2 Abs. 1 lit. d) BÜRL davon aus, dass in den Geltungsbereich der Richtlinien nur Arbeitnehmer im Sinne der mitgliedstaatlichen Rechtsordnungen fallen.[1431] Dementsprechend wird auch ganz überwiegend angenommen, dass Organmitglieder vom personellen Anwendungsbereich des § 613a BGB nach wie vor ausgeschlossen sind, solange sie nach nationalem

---

1428 EuGH v. 11.7.1985 – C-105/84 (*Danmols Inventar*), Slg. 1985, 2639 Rn. 28; vorher (allerdings ohne Begründung) bereits EuGH v. 7.2.1985 – C-19/83 (*Wendelboe u. a.*), Slg. 1985, 457 Rn. 16.

1429 EuGH v. 11.7.1985 – C-105/84 (*Danmols Inventar*), Slg. 1985, 2639 Rn. 27.

1430 Etwa EuGH v. 15.4.1986 – C-237/84 (*Kommission/Belgien*), Slg. 1986, 1247 Rn. 13; v. 10.12.1998 – verb. Rs. C-173/96 und C-247/96 (*Hidalgo u. a.*), Slg. 1998, I-8237 Rn. 24; v. 14.9.2000 – C-343/98 (*Collino und Chiaperro*), Slg. 2000, I-6659 Rn. 36 ff.; v. 6.9.2011 – C-108/10 (*Scattolon*) Slg. 2011, I-7491 Rn. 39.

1431 BAG v. 16.5.2012, NZA 2012, 974, 976; *Bauer/Arnold*, ZIP 2012, 597, 598; *Bauer/v. Medem*, NZA 2011, 20; *Klasen*, BB 2013, 1849, 1852; *Lunk/Rodenbusch*, GmbHR 2012, 188, 190; *v. Medem*, ArbRAktuell 2010, 654; *Oetker*, in: Henssler/Strohn, § 35 GmbHG Rn. 82a; *Pottschmidt*, Arbeitnehmerähnliche Personen, S. 318; *Preis*, in: ErfK, § 613a BGB Rn. 67; *Preis/Sagan*, ZGR 2013, 26, 50; *Rebhahn*, EuZA 2012, 3, 22 (dort Fn. 72); *Reinhard/Bitsch*, ArbRB 2011, 241, 243; *Reiserer*, DB 2011, 2262, 2266; *U. H. Schneider/Hohenstatt*, in: Scholz, GmbHG, § 35 Rn. 284; *Schubert*, Schutz arbeitnehmerähnlicher Personen, S. 162; *dies.*, ZESAR 2013, 5, 13; *Thüsing*, EuArbR, § 5 Rn. 38; *Wank*, in: H/S/W, § 14 Rn. 19; *ders.* EuZA 2008, 172, 182; *Ziegler*, Arbeitnehmerbegriffe, S. 218 ff. m. w. N. auf S. 218 in Fn. 403; *Ziemons*, KSzW 2013, 19, 22; a. A. wohl *Fischer*, NJW 2011, 2329, 2332.

Recht nicht als Arbeitnehmer zu qualifizieren sind.[1432] Im Gegenteil wird eine Anwendung der Norm teilweise sogar dann verneint, wenn ihr Anstellungsverhältnis ausnahmsweise als Arbeitsverhältnis im Sinne des deutschen Rechts anzusehen ist, weil das besondere Vertrauensverhältnis zwischen dem Organmitglied und den Gesellschaftern einem Übergang des Dienstverhältnisses auf den Erwerber entgegenstehe.[1433]

Teilweise wird die Anwendung des nationalen Arbeitnehmerbegriffs mit Hinweis auf den Schutzzweck der Richtlinie kritisiert: Er berge die Gefahr einer Umgehung durch die Mitgliedstaaten, die so den Anwendungsbereich der Richtlinie beliebig einschränken könnten.[1434] Dies widerspreche der Zielsetzung des gemeinsamen Binnenmarktes und könne zu Wettbewerbsverzerrungen führen.[1435]

dd) Stellungnahme

Der Wortlaut des Art. 2 Abs. 1 lit. d) BÜRL spricht bereits klar für die Annahme, dass die Richtlinie nur Arbeitnehmer im Sinne der mitgliedstaatlichen Rechtsordnungen schützt. Die Definitionskompetenz der Mitgliedstaaten wird ausdrücklich zudem in Art. 2 Abs. 2 S. 1 BÜRL betont. Und wenn Art. 2 Abs. 2 S. 2 BÜRL den Mitgliedstaaten gewisse Einschränkungen in Bezug auf den Anwendungsbereich verbietet, besagt dies im Umkehrschluss, dass es ihnen im Übrigen freisteht, den Anwendungsbereich festzulegen.

Auch historisch spricht alles gegen die Annahme eines unionseinheitlichen Begriffsverständnisses: Bereits für die ursprüngliche Richtlinie zum

1432 BAG v. 13.2.2003, NZA 2003, 552, 554: keine analoge Anwendung; *Altmeppen*, in: Roth/Altmeppen, GmbHG, § 6 Rn. 77; *Freckmann*, DStR 2008, 52, 56; *Jaeger*, in: MüKo-GmbHG, § 35 Rn. 284; *Kleindiek*, in: Lutter/Hommelhoff, GmbHG, Anh. § 6 Rn. 5; *Müller-Glöge*, in: MüKo-BGB, § 613a Rn. 82; *Oetker*, in: Henssler/Strohn, § 35 GmbHG Rn. 82a; *Paefgen*, in: U/H/W, GmbHG, § 35 Rn. 144; *Preis*, in: ErfK, § 613a BGB Rn. 67; *U. H. Schneider/Hohenstatt*, in: Scholz, GmbHG, § 35 Rn. 284; *Steffan*, in: A/P/S, § 613a BGB Rn. 81; *Tebben*, in: Michalski, GmbHG, § 6 Rn. 125; *Willemsen/Müller-Bonanni*, in: H/W/K, § 613a BGB Rn. 226; *Zöllner/Noack*, in: Baumbach/Hueck, GmbHG, § 35 Rn. 178a.

1433 So ausdrücklich *Edenfeld*, in: Erman, BGB, § 613a Rn. 42; ebenso wohl *Preis*, in: ErfK, § 613 a BGB Rn. 67; *Steffan*, in: A/P/S, § 613a BGB Rn. 81; aber str., vgl. zur a. A. etwa *Müller-Glöge*, in: MüKo-BGB, § 613a Rn. 82.

1434 *v. Alvensleben*, Betriebsübergang, S. 165.

1435 *Fuchs/Marhold*, EuArbR S. 240; ausführliche Darstellung der Kritik bei *Ziegler*, Arbeitnehmerbegriffe, S. 216 ff.

Betriebsübergang, die noch keinen entsprechenden Verweis enthielt, hatte der EuGH angenommen, dass es trotz des Fehlens eines solchen auf den Arbeitnehmerbegriff im Sinne des Rechts der Mitgliedstaaten ankomme.[1436] Mit der Einfügung des Art. 2 Abs. 1 lit. d) sowie des Art. 2 Abs. 2 durch die Richtlinie 98/50/EG[1437] wollte der Unionsgesetzgeber diese Rechtsprechung des EuGH aus Klarstellungsgründen kodifizieren.[1438]

Auch das Argument, der Zweck der Richtlinie erfordere eine unionseinheitliche Auslegung des Arbeitnehmerbegriffs, verfängt nicht: Zwar dient die Richtlinie mit dem Ziel der Beseitigung von Wettbewerbsverzerrungen, die sich durch unterschiedliche Schutzstandards bei Betriebsübergängen in den Mitgliedstaaten ergeben, neben dem individuellen Schutz der Arbeitnehmer auch der Realisierung des gemeinsamen Binnenmarktes.[1439] Dieses Ziel mag auch mit einer unionsweit einheitlichen Definition des personellen Anwendungsbereiches unter Umständen besser erreicht werden, als wenn man den Mitgliedstaaten hier die Möglichkeit von Einschränkungen zugesteht. Dieser Umstand allein kann aber nicht maßgeblich sein, denn wiederum muss berücksichtigt werden, inwieweit die Richtlinie eine Harmonisierung in Bezug auf die Erreichung des Ziels überhaupt bezweckt: Insofern ist mit dem EuGH davon auszugehen, dass die Richtlinie den Arbeitnehmern lediglich den in den Mitgliedstaaten bereits vorhandenen Schutz für den Fall des Betriebsübergangs erhalten will, jedoch weder in Bezug auf den Umfang dieses Schutzes noch hinsichtlich des überhaupt arbeitsrechtlich geschützten Personenkreises eine unionsweite Vereinheitlichung anstrebt.[1440] Bezweckt aber die Richtlinie lediglich eine Teilharmonisierung, dann ist auch ihr Schutzzweck dadurch begrenzt. Eine erweiterte Auslegung ihrer Bestimmungen mit dem Argument einer noch effektiveren Harmonisierung geht dann über das Ziel und den Zweck der Richtlinie hinaus.[1441]

1436 EuGH v. 11.7.1985 – C-105/84 (*Danmols Inventar*), Slg. 1985, 2639 Rn. 25 ff.

1437 RL 98/50/EG des Rates vom 29.6.1998 zur Änderung der Richtlinie 77/187/EWG zur Angleichung der Rechtsvorschriften der Mitgliedstaaten über die Wahrung der Ansprüche der Arbeitnehmer beim Übergang von Unternehmen, Betrieben oder Betriebsteilen, ABl. 1998 L 201, S. 88. Es handelt sich um die Vorgängerrichtlinie der aktuellen Richtlinie BÜRL.

1438 Vgl. BE 6 RL 98/50/EG.

1439 *Riesenhuber*, EuArbR, § 24 Rn. 6; vgl. auch die Begründungserwägungen der RL 77/187/EWG.

1440 Dazu ausführlich *Ziegler*, Arbeitnehmerbegriffe, S. 219 ff.

1441 Vgl. *Ziegler*, Arbeitnehmerbegriffe, S. 219.

Dies gilt allerdings nur für die Rechtsfolgenseite, d. h. die Frage, ob eine Übernahme der vertraglichen Rechte und Pflichten durch den Erwerber stattfindet. Bereits für die Frage, ob überhaupt ein Betriebsübergang im Sinne der Richtlinie gegeben ist, also auf der Tatbestandsseite, wird der Begriff des Arbeitnehmers aber relevant, weil es hierfür nach der Rechtsprechung des EuGH mitunter darauf ankommt, ob ein wesentlicher Teil der Belegschaft vom Erwerber übernommen wird.[1442] Hier stellt sich die Frage, welche Arbeitnehmer zur „Belegschaft" zählen. Überzeugend ist es, hierfür – anders als für das Eingreifen der Rechtsfolgen – auf ein unionsrechtliches Begriffsverständnis abzustellen, denn im Hinblick auf den Tatbestand des Betriebsübergangs will die Richtlinie gerade eine umfassende Harmonisierung erreichen.[1443] Das führt dazu, dass der Arbeitnehmerbegriff innerhalb derselben Richtlinie unterschiedlich ausgelegt wird, was aber im Hinblick auf den mit ihr verfolgten Zweck gerechtfertigt ist.

c) Ergebnis

Die BÜRL verweist hinsichtlich ihrer Rechtsfolgen auf den Arbeitnehmerbegriff der jeweiligen mitgliedstaatlichen Rechtsordnung. Auf Rechtsfolgenseite sind Arbeitnehmer-Organmitglieder daher nicht europarechtsbedingt in den Schutzbereich des § 613a BGB einzubeziehen, so dass ihr Anstellungsverhältnis nicht automatisch auf den Erwerber übergeht.

Auf Tatbestandsebene, d. h. für die Feststellung, ob ein Betriebsübergang vorliegt, ist im Rahmen der Frage, ob ein nach Zahl und Sachkunde wesentlicher Teil des Personals übernommen wird, hingegen ein unionseinheitliches Begriffsverständnis maßgebend. Insoweit sind Arbeitnehmer-Organmitglieder daher zur Hauptbelegschaft zu zählen. Dies entspricht indessen der bereits vorherrschenden Beurteilung im nationalen Recht, wonach es nicht darauf ankommen soll, ob die übernommenen Personen beim Veräußerer als Arbeitnehmer oder als freie Mitarbeiter beschäftigt waren.[1444]

1442 Etwa EuGH v. 11.3.1997 – C-13/95 (*Süzen*), Slg. 1997, I-1259 Rn. 21.

1443 So (allerdings ohne Begründung) bereits *Wank*, EuZA 2008, 172, 183.

1444 BAG v. 18.2.1999, NZA 1999, 648, 650; *Müller-Glöge*, NZA 1999, 449, 450; *Preis*, in: ErfK, § 613a BGB Rn. 24.

4. Die Insolvenzrichtlinie

a) Inhalt der Richtlinie und Umsetzung im nationalen Recht

Die InsRL[1445] dient der Absicherung von Lohnansprüchen des Arbeitnehmers für bereits erbrachte Arbeitsleistungen im Fall der Insolvenz des Arbeitgebers. Sie will damit Schutzlücken schließen, die sich trotz der Gewährleistung eines gewissen Schutzes durch das Insolvenzverfahren ergeben.[1446] Dafür sieht sie vor, dass die Mitgliedstaaten eine Garantieeinrichtung schaffen, die die Erfüllung noch nicht befriedigter Lohnansprüche sicherstellt (Art. 3 InsRL), wobei die konkrete Ausgestaltung dieser Garantieeinrichtung weitgehend den Mitgliedstaaten überlassen bleibt: Sie entscheiden nicht nur über Aufbau, Arbeitsweise und Mittelaufbringung der Garantieeinrichtung (Art. 5 InsRL), sondern ihnen steht es auch frei, den Umfang der garantierten Leistungen zu begrenzen (Art. 4 InsRL). Mindestens ist jedoch das Entgelt für die letzten drei Monate des Arbeitsverhältnisses zu gewährleisten (Art. 4 Abs. 2 S. 2 InsRL). Flankierend enthält die Richtlinie Vorgaben in Bezug auf die Behandlung von Sozialversicherungsbeiträgen (Art. 6–8 InsRL) sowie für den Fall einer grenzübergreifenden Insolvenz (Art. 9, 10 InsRL).

Im deutschen Recht werden die Vorgaben der Richtlinie durch die Vorschriften über das Insolvenzgeld in den §§ 165 ff. SGB III umgesetzt.[1447]

b) Arbeitnehmerbegriff der Richtlinie

aa) Normative Grundlagen

Ihren Anwendungsbereich regelt die InsRL in Art. 1: Danach gilt sie für Ansprüche von Arbeitnehmern aus Arbeitsverträgen oder Arbeitsverhältnissen gegen Arbeitgeber, die zahlungsunfähig im Sinne der Richtlinie sind (Abs. 1). Abs. 2 und 3 erlauben den Mitgliedstaaten, bestimmte Gruppen von Arbeitnehmern unter gewissen Voraussetzungen aus dem Anwendungsbereich auszuschließen. Weiterhin berechtigt Art. 12 lit. c) InsRL die Mitgliedstaaten zur Herausnahme solcher Arbeitnehmer aus dem Anwendungsbereich, die allein oder zusammen mit engen Verwandten Inhaber eines wesentlichen Teils des Unternehmens oder

1445 RL 2008/94/EG des Europäischen Parlaments und des Rates vom 22.10.2008 über den Schutz der Arbeitnehmer bei Zahlungsunfähigkeit des Arbeitgebers, ABl. 2008 L 283, S. 36.

1446 *Riesenhuber*, EuArbR, § 25 Rn. 1; *Ziegler*, Arbeitnehmerbegriffe, S. 207.

1447 Dazu *Wank*, in: H/S/W, § 18 Rn. 180 ff.

Betriebs des Arbeitgebers waren und beträchtlichen Einfluss auf dessen Tätigkeit hatten.

Wer Arbeitnehmer im Sinne von Art. 1 Abs. 1 InsRL ist, regeln die Begriffsbestimmungen des Art. 2 Abs. 2 S. 1 InsRL, wonach die Richtlinie das einzelstaatliche Recht bezüglich der Begriffsbestimmung des Wortes „Arbeitnehmer“ (ebenso wie im Hinblick auf die Begriffe „Arbeitgeber“, „Arbeitsentgelt“, „erworbenes Recht“ und „Anwartschaftsrecht“) unberührt lässt. Einschränkend untersagt Art. 2 Abs. 2 S. 2 und Abs. 3 InsRL den Mitgliedstaaten allerdings – ähnlich wie bereits die BÜRL – Arbeitnehmer in Teilzeit und befristet beschäftigte Arbeitnehmer sowie Leiharbeitnehmer vom Anwendungsbereich der Richtlinie auszuschließen oder deren Anwendbarkeit von einer bestimmten Mindestdauer des Arbeitsverhältnisses abhängig zu machen.

bb) Rechtsprechung des EuGH und Literatur

Hinsichtlich der ursprünglichen Fassung der Richtlinie[1448], die den in Art. 2 Abs. 2 InsRL enthaltenen Verweis auf das Recht der Mitgliedstaaten wortgleich vorsah (vgl. Art. 2 Abs. 2 RL 80/987/EWG), hat der EuGH bereits mehrfach festgestellt, dass die Richtlinie die Definition des Arbeitnehmerbegriffs im Grundsatz den Mitgliedstaaten überlasse.[1449] Allerdings seien die in der Richtlinie vorgesehenen Bestimmungen hinsichtlich des Ausschlusses bestimmter Arbeitnehmergruppen aus dem Anwendungsbereich abschließend und daher die Herausnahme von Heimarbeitern, Auszubildenden und leitenden Angestellten unzulässig.[1450] In der Entscheidung *Mau* äußerte sich der EuGH außerdem zum Begriff des Arbeitsverhältnisses im Sinne der Art. 3 und 4 RL 80/987/EWG: Es handele sich um einen Begriff des Gemeinschaftsrechts, der in allen Mitgliedstaaten einheitlich auszulegen sei. Für ihn enthalte Art. 2 Abs. 2 der Richtlinie nämlich gerade keinen Verweis auf das mitgliedstaatliche Recht.[1451] Diese Aussage betraf indessen nur die zeitliche Dimension des Arbeitsverhältnisses (konkret ging es um die Frage, ob Zeiten des Erziehungsurlaubs als „Arbeitsverhältnis“ zu

---

1448 Richtlinie 80/987/EG des Rates vom 20.10.1980 zur Angleichung der Rechtsvorschriften der Mitgliedstaaten über den Schutz der Arbeitnehmer bei Zahlungsunfähigkeit des Arbeitgebers, ABl. 1980 L 283, S. 23.

1449 EuGH v. 2.2.1989 – C-22/87 (*Kommission/Italien*), Slg. 1989, 143 Rn. 17; v. 16.12.1993 – C-334/92 (*Wagner Miret*), Slg. 1993, I-6911 Rn. 11.

1450 EuGH v. 2.2.1989 – C-22/87 (*Kommission/Italien*), Slg. 1989, 143 Rn. 18 f.; v. 16.12.1993 – C-334/92 (*Wagner Miret*), Slg. 1993, I-6911 Rn. 12 f.

1451 EuGH v. 15.5.2003 – C-160/01 (*Mau*), Slg. 2003, I-4791 Rn. 39 f.

gelten haben), nicht den materiellen Gehalt des Arbeitnehmerbegriffs.[1452] Es ist daher nicht davon auszugehen, dass sich der EuGH mit der Entscheidung auch für den Begriff des Arbeitnehmers über den Wortlaut der Richtlinie hinwegsetzen wollte.

Die Literatur geht ebenfalls einhellig davon aus, dass die InsRL auf den nationalen Arbeitnehmerbegriff der Mitgliedstaaten verweist.[1453]

cc) Stellungnahme

(1) Verweis auf den nationalen Arbeitnehmerbegriff

Für die Annahme, dass die InsRL im Grundsatz nur solche Arbeitnehmer schützt, die unter die Begriffsdefinition der jeweiligen nationalen Rechtsordnungen fallen, spricht bereits der insoweit klare Wortlaut: Zwar fehlt – anders als etwa in der BÜRL oder der EltURL – die Formulierung, dass Arbeitnehmer ist, wer auf der Grundlage eines Arbeitsvertrages oder Arbeitsverhältnisses nach den Rechtsvorschriften und/oder Gepflogenheiten der Mitgliedstaaten beschäftigt ist. Nichts anderes besagt jedoch der Wortlaut des Art. 2 Abs. 2 S. 1 InsRL, wonach das einzelstaatliche Recht im Hinblick auf die Bestimmung des Arbeitnehmerbegriffs unberührt bleibt.

Auch ist anzunehmen, dass die InsRL lediglich eine Teilharmonisierung bezweckt, nicht jedoch eine vollständige Angleichung des Schutzniveaus in allen Mitgliedstaaten erreichen will: Zum einen sehen die Vorschriften große Umsetzungsspielräume vor, etwa indem sie den Mitgliedstaaten erlauben, Arbeitnehmergruppen aus dem Anwendungsbereich auszunehmen oder die Garantiezahlungen der Höhe nach zu begrenzen, und zum anderen ist auch in den Begründungserwägungen der alten RL 80/987/EWG lediglich von einer angestrebten „Verringerung der Unterschiede“ in den Mitgliedstaaten die Rede,[1454] nicht hingegen von einer „Angleichung“.[1455]

Letztlich schützt die InsRL die Arbeitnehmer auch lediglich in wirtschaftlicher Hinsicht. Gleichzeitig ist sie dadurch zwar auch von Relevanz für die

1452 So auch *Ziegler*, Arbeitnehmerbegriffe, S. 210.

1453 *Fuchs/Marhold*, EuArbR, S. 218; *Lunk/Rodenbusch*, GmbHR 2012, 188, 190; *Pottschmidt*, Arbeitnehmerähnliche Personen, S. 321; *Preis/Sagan*, ZGR 2013, 26, 50; *Riesenhuber*, EuArbR, § 25 Rn. 6; *Schubert*, ZESAR 2013, 5, 13; *Wank*, in: H/S/W, § 18 Rn. 171 in Fn. 282; *Weber*, EAS B 3300 Rn. 16; *Ziegler*, Arbeitnehmerbegriffe, S. 210 ff.; *Ziemons*, KSzW 2013, 19, 22; a. A. wohl *Fischer*, NJW 2011, 2329, 2332.

1454 Vgl. BE 2 RL 80/987/EWG.

1455 Dazu auch *Ziegler*, Arbeitnehmerbegriffe, S. 211.

Funktionsfähigkeit des Binnenmarktes[1456] und berührt damit eines der grundlegenden Ziele der Union, schützt aber auf der anderen Seite keine elementaren Rechtsgüter von menschenrechtlichem Gehalt, wie etwa Lebens oder Gesundheit.

(2) Keine Einbeziehung von Organmitgliedern durch die Richtlinie

Auch wenn die InsRL im Grundsatz auf den einzelstaatlichen Arbeitnehmerbegriff verweist, macht sie gewisse Vorgaben für die Anwendung auf bestimmte Arbeitnehmergruppen. Im Hinblick auf Organmitglieder enthält die Richtlinie zwar insoweit keine ausdrückliche Regelung, allerdings gab es im Rahmen des Gesetzgebungsverfahrens einen Vorschlag des Wirtschafts- und Sozialausschusses, der für den Anwendungsbereich der Richtlinie eine Ausnahmemöglichkeit auch für gesetzlich vertretungsbefugte Organmitglieder juristischer Personen und Gesellschafter mit beherrschendem Einfluss auf die Gesellschaft vorsah.[1457] Die Tatsache, dass dieser Vorschlag nicht in die verabschiedete Fassung der Richtlinie aufgenommen wurde, ist jedoch für sich genommen noch kein hinreichender Anhaltspunkt dafür, dass sich der Richtliniengeber entgegen diesem Vorschlag bewusst gegen die Möglichkeit einer Ausklammerung von Organmitgliedern und Gesellschaftern entschieden hat. Dann hätte er dies nämlich, genau wie für Teilzeitbeschäftigte, Leiharbeitnehmer und befristet beschäftigte Arbeitnehmer, ausdrücklich normiert. Stattdessen sieht die Richtlinie aber in Art. 12 lit. c) vor, dass es den Mitgliedstaaten freisteht, Arbeitnehmer, die allein oder gemeinsam mit Verwandten Inhaber eines wesentlichen Teils des Unternehmens oder Betriebes waren und beträchtlichen Einfluss auf dessen Tätigkeit hatten, von der garantierten Zahlung auszunehmen. Dies zeigt, dass die Richtlinie Beschäftigte in einer arbeitgebernahen Stellung, die einen gewissen Einfluss auf die Geschicke des Unternehmens haben bzw. hatten, als nicht schützenswert erachtet.[1458] Dies trifft insbesondere auf geschäftsführende Organmitglieder zu.

1456 Vgl. BE 2 RL 80/987/EWG.

1457 Stellungnahme des Wirtschafts- und Sozialausschusses zu dem Vorschlag für eine Richtlinie des Europäischen Parlamentes und des Rates zur Änderung der RL 80/987/EWG des Rates zur Angleichung der Rechtsvorschriften der Mitgliedstaaten über den Schutz der Arbeitnehmer bei Zahlungsunfähigkeit des Arbeitgebers, ABl. 2001 C 221, S. 110, 112.

1458 Vgl. auch EuGH v. 10.2.2011 – C-30/10 (*Andersson*), Slg. 2011, I-513 Rn. 27 f.

(3) Anwendung der §§ 165 ff. SGB III auf Organmitglieder

Eine Anwendung der §§ 165 ff. SGB III auf Organmitglieder ist dadurch allerdings nicht ausgeschlossen. Aufgrund der Verankerung der Insolvenzgeld-Regelungen im Bereich des Sozialrechts wird überwiegend vertreten, dass insoweit nicht der arbeitsrechtliche, sondern der sozialrechtliche Arbeitnehmerbegriff im Sinne des SGB III einschlägig sei, so dass es über die Bezugnahme in den §§ 24, 25 SGB III letztlich auf den Arbeitnehmerbegriff im Sinne von § 7 SGB IV ankomme.[1459] Dieser umfasst indessen auch Fremdgeschäftsführer und nur mit einer Minderheitsbeteiligung ausgestattete Gesellschafter-Geschäftsführer, die keinen maßgebenden Einfluss auf die Willensbildung der Gesellschafterversammlung haben.[1460] Soweit aufgrund dessen auch Organmitglieder in den Schutzbereich der §§ 165 ff. SGB III einbezogen werden, ist dies allerdings keine unionsrechtlich gebotene Notwendigkeit.

c) Ergebnis

Die InsRL verweist hinsichtlich ihres Arbeitnehmerbegriffs auf die einzelstaatlichen Rechtsordnungen und gebietet daher keine Einbeziehung von Arbeitnehmer-Organmitgliedern in den Schutzbereich der Vorschriften über das Insolvenzgeld.

5. Die Leiharbeitsrichtlinie

a) Inhalt der Richtlinie

Ziel der LARL[1461] ist gemäß Art. 2 LARL zunächst der Schutz von Leiharbeitnehmern und die Verbesserung der Qualität der Leiharbeit. Die Stellung von Leiharbeitnehmern in Bezug auf Vergütung, Gesundheitsschutz oder Weiterbildung, d. h. die Qualität des Arbeitsplatzes, ist in der Praxis durchschnittlich schlechter

1459 Str., vgl. für die h. M: BSG v. 7.9.1988, GmbHR 1989, 34; v. 30.1.1997, GmbHR 1997, 696, 697; v. 4.7.2007, GmbHR 2007, 1324, 1325; *Koch*, in: Schaub, § 94 Rn. 3; *Kühl*, in: Brand, SGB III, § 165 Rn. 13 f.; *Peters-Lange*, in: Gagel, SGB II/III, § 165 SGB III Rn. 10; *Sartorius*, in: MAH SozR, § 15 Rn. 8; a. A. etwa *Mutschler*, in: K/S/W, SozR, § 165 SGB III Rn. 3; *Wank*, in: H/S/W, § 18 Rn. 182.

1460 *Peters-Lange*, in: Gagel, SGB II/III, § 165 SGB III Rn. 11 ff.; *Kühl*, in: Brand, SGB III, § 165 Rn. 14; ausführlich bereits oben § 2 C. III. 1. b) bb).

1461 RL 2008/104/EG des Europäischen Parlaments und des Rates vom 19.11.2008 über Leiharbeit, ABl. 2008 L 327, S. 9.

als von entsprechenden Arbeitnehmern in einem Normalarbeitsverhältnis.[1462] Dem will die Richtlinie begegnen, indem sie als zentrales Regelungsinstrument den Grundsatz der Gleichbehandlung von Leiharbeitnehmern und sonstigen Arbeitnehmern im Entleiherbetrieb im Hinblick auf wesentliche Arbeits- und Beschäftigungsbedingungen festschreibt (Art. 5 LARL). Daneben enthält sie Bestimmungen, die Leiharbeitnehmern den Zugang zu unbefristeter Beschäftigung, Gemeinschaftseinrichtungen sowie beruflicher Bildung erleichtern sollen (Art. 6 LARL) sowie eine Pflicht des entleihenden Unternehmers, die Arbeitnehmervertreter über den Einsatz von Leiharbeit im Unternehmen zu informieren (Art. 8 LARL).

Neben dem Individualschutz soll die Verbesserung der Qualität von Leiharbeit auch zur Schaffung von Arbeitsplätzen und zur Entwicklung flexibler Arbeitsformen beitragen (Art. 2 LARL). Damit bezweckt die Richtlinie gleichzeitig beschäftigungspolitische Ziele.[1463]

b) Relevanz für Organmitglieder

Typischerweise werden geschäftsführende Organmitglieder nicht im Rahmen eines Leiharbeitsverhältnisses angestellt sein. Allerdings könnten sich die Bestimmungen der Richtlinie im Hinblick auf die neuere Erscheinung des sog. Interimsmanagements auswirken. Interimsmanagement bezeichnet den befristeten Einsatz externer Führungskräfte in einem Unternehmen, meist zur Realisierung einzelfallbezogener Projekte oder zur Überbrückung eines Personalengpasses.[1464] Für die vertragliche Ausgestaltung des Interimsmanagements werden verschiedenen Modelle praktiziert.[1465] Eines davon weist eine Dreiecksstruktur auf: Der Interimsmanager steht dabei in einer vertraglichen Beziehung zu einer Vermittlungsagentur (sog. Provider), die ihrerseits eine vertragliche Beziehung zu dem Unternehmen eingeht, an das sie den Manager vermittelt.[1466] Diese Form des Interimsmanagements weist damit strukturelle Ähnlichkeiten zur Arbeitnehmerüberlassung auf. Nach bisherigem Verständnis soll es sich gleichwohl regelmäßig nicht um Arbeitnehmerüberlassung im Sinne des AÜG handeln, da die Rechtsstellung des Managers sowohl gegenüber dem Provider als

---

1462 Vgl. dazu die Begründung des Richtlinienvorschlags, KOM (2002) 149 endg., S. 6 ff.

1463 *Riesenhuber*, EuArbR, § 18 Rn. 2.

1464 *Buschmann/Klösel*, NJW 2012, 1482.

1465 Vgl. dazu *Buschmann/Klösel*, NJW 2012, 1482.

1466 *Buschmann/Klösel*, NJW 2012, 1482; *Haag/Tiberius*, NZA 2004, 190, 192.

auch gegenüber dem Unternehmen, in dem er vorübergehend tätig ist, zumeist derjenigen eines freien Dienstnehmers entspreche.[1467] Nur sofern die Rechtsstellung des Interims-Managers aufgrund entsprechender Eingliederung und Weisungsgebundenheit in tatsächlicher Hinsicht derjenigen eines Arbeitnehmers entspreche, könne auch ein Arbeitsverhältnis anzunehmen sein, mit der Folge, dass neben sämtlichen sonstigen Arbeitnehmerschutzvorschriften auch die Bestimmungen des AÜG Anwendung finden würden.[1468] Diese bislang auf der Grundlage des nationalen Arbeitnehmerbegriffs vorgenommene Abgrenzung könnte zu überdenken sein, wenn Organmitglieder als Arbeitnehmer im Sinne der LARL anzusehen wären.

Denkbar ist auch der Fall einer konzerninternen Organüberlassung, etwa in der Weise, dass der bei einer Konzerngesellschaft angestellte Geschäftsführer aufgrund eines Personalengpasses vorübergehend in der Geschäftsführung einer anderen Konzerngesellschaft tätig wird. Im deutschen Recht ist die konzerninterne Überlassung von Arbeitnehmern gemäß § 1 Abs. 3 Nr. 2 AÜG von einem Großteil der einschränkenden Bestimmungen befreit. Ob diese Herausnahme europarechtskonform ist, ist allerdings umstritten, weil die LARL einen entsprechenden Ausnahmetatbestand nicht vorsieht.[1469] Auch dieses Problem entfaltet für Organmitglieder jedoch nur dann Relevanz, wenn und soweit sie Arbeitnehmer im Sinne der LARL sind.

c) Arbeitnehmerbegriff der Richtlinie

aa) Gesetzliche Regelung

Die LARL definiert ihren persönlichen Anwendungsbereich in Art. 1 Abs. 1 LARL. Danach gilt sie für alle Arbeitnehmer, die mit einem Leiharbeitsunternehmen einen Arbeitsvertrag geschlossen haben oder ein Beschäftigungsverhältnis eingegangen sind [...]. „Arbeitnehmer" im Sinne der Richtlinie ist ausweislich der Begriffsbestimmung in Art. 3 Abs. 1 lit. a) LARL eine Person, die in dem betreffenden Mitgliedstaat nach dem nationalen Arbeitsrecht als Arbeitnehmer geschützt ist. Ergänzend stellt Art. 3 Abs. 2 S. 1 LARL klar, dass das nationale Recht in Bezug auf die Begriffsbestimmung von „Arbeitsentgelt", „Arbeitsvertrag", Beschäftigungsverhältnis" oder „Arbeitnehmer" unberührt bleiben soll. Den Mitgliedstaaten ist es lediglich verwehrt, befristet und in Teilzeit beschäftigte

1467 *Hamann*, in: Schüren, AÜG, § 1 Rn. 216.
1468 *Buschmann/Klösel*, NJW 2012, 1482, 1483.
1469 Vgl. dazu *Hamann*, in: Schüren, AÜG, Einl. Rn. 613; *Thüsing*, EuArbR, § 4 Rn. 48.

Arbeitnehmer sowie Leiharbeitnehmer aus dem Anwendungsbereich auszunehmen, Art. 3 Abs. 2 S. 2 LARL.

bb) Rechtsprechung des EuGH und Literatur

Aufgrund der erst vor kurzem abgelaufenen Umsetzungsfrist hat sich der EuGH bisher weder zum Arbeitnehmerbegriff der Richtlinie noch zu ihren sonstigen Bestimmungen geäußert.

Die Literatur geht einstimmig davon aus, dass der im Wortlaut der Richtlinie angelegte Verweis auf das nationale Recht ernst zu nehmen und daher der jeweils mitgliedstaatliche Arbeitnehmerbegriff zugrunde zu legen sei.[1470]

cc) Stellungnahme

Die Anwendung des nationalen Arbeitnehmerbegriffs ist nicht nur aufgrund des insoweit eindeutigen Wortlauts der Art. 3 Abs. 1 lit. a) und Art. 3 Abs. 2 LARL geboten, sondern überzeugt auch im Hinblick auf den Zweck der Richtlinie: Ihr Ziel ist lediglich die Herbeiführung einer Gleichbehandlung von Leiharbeitnehmern und betriebseigenen Arbeitnehmern in den Mitgliedstaaten.[1471] Die Richtlinie vermittelt nicht originär materielle Arbeitnehmerrechte, sondern erstreckt lediglich die in den Mitgliedstaaten bereits vorhandenen Schutzrechte auf eine bestimmte Arbeitnehmergruppe. Dass sie darüber hinaus eine unionsweite Anhebung bzw. Angleichung des Schutzniveaus insgesamt erstrebt, ist nicht ersichtlich. Es ist daher nicht erforderlich und würde über das Ziel der Richtlinie hinausgehen, einen unionsweit einheitlichen Arbeitnehmerbegriff anzunehmen.

Die insoweit nur begrenzte Harmonisierungsintensität ist auch eine bewusste Entscheidung des Richtliniengebers gewesen, der damit der in den Mitgliedstaaten sehr unterschiedlich ausgeprägten Erscheinungsformen von Leiharbeit Rechnung trägt und Rücksicht auf die Vielfalt der Arbeitsmärkte und Arbeitsbeziehungen nimmt.[1472] Die Schaffung von Arbeitsplätzen und die Förderung flexibler Arbeitsformen als weitere Ziele der Richtlinie würden durch die

---

1470 *Koch*, in: Schaub, § 120 Rn. 1; *Lunk/Rodenbusch*, GmbHR 2012, 188, 190; *Pottschmidt*, Arbeitnehmerähnliche Personen, S. 344; *Preis/Sagan*, ZGR 2013, 26, 50; *Riesenhuber*, EuArbR, § 18 Rn. 7; *Schubert*, ZESAR 2013, 5, 13; *Schüren/Wank*, RdA 2011, 1, 2; *Wank*, in: ErfK, Einl. AÜG Rn. 12; *Ziegler*, Arbeitnehmerbegriffe, S. 259 f.

1471 Vgl. BE 14 LARL.

1472 Vgl. BE 10, 12 LARL; dazu auch *Ziegler*, Arbeitnehmerbegriffe, S. 259 f.

Heranziehung des unionsrechtlichen Arbeitnehmerbegriffs schließlich eher gehemmt als gefördert, so dass auch unter diesem Gesichtspunkt allein die Abstellung auf das nationale Begriffsverständnis überzeugt.

d) Ergebnis

Die LARL geht vom jeweiligen einzelstaatlichen Arbeitnehmerbegriff aus und gebietet daher keine Einbeziehung von Arbeitnehmer-Organmitgliedern in ihren Schutzbereich. Die Frage einer europarechtlich gebotenen Anwendung des AÜG auf Organmitglieder stellt sich daher nicht.

6. Die Entsenderichtlinie

a) Inhalt der Richtlinie und Umsetzung im nationalen Recht

Die EntsRL[1473] regelt die Frage, welche Arbeits- und Beschäftigungsbedingungen für den Fall gelten, dass ein Arbeitnehmer zur Erbringung von Dienstleistungen von seinem Arbeitgeber in ein anderes Mitgliedsland entsandt wird. Grundsätzlich obliegt die Rechtswahl insoweit gemäß Art. 8 Abs. 1 i. V. m. Art. 3 ROM I-VO den Parteien. Soweit eine Rechtswahl nicht getroffen wurde, würde normalerweise gemäß Art. 8 Abs. 2 ROM I-VO das Arbeitnehmerschutzrecht desjenigen Mitgliedstaates Anwendung finden, in dem der Arbeitnehmer gewöhnlich seine Arbeit verrichtet, d. h. das Recht des Herkunftslandes.[1474] Abweichend davon sieht die EntsRL vor, dass – für bestimmte Arbeitnehmerschutzvorschriften zwingend, für andere lediglich optional[1475] – das Recht desjenigen Mitgliedslandes zur Anwendung gelangt, in das der Arbeitnehmer vorübergehend entsandt wurde (Art. 3 EntsRL). Damit will die Richtlinie der Entstehung von Wettbewerbsverzerrungen entgegenwirken, die sich andernfalls aufgrund unterschiedlich stark ausgeprägter Arbeitnehmerschutzrechte, insbesondere Mindestlöhne, ergeben könnten.[1476] In Deutschland werden die Vorgaben der Richtlinie durch das AEntG umgesetzt.

1473 RL 96/71/EG des Europäischen Parlaments und des Rates vom 16.12.1996 über die Entsendung von Arbeitnehmern im Rahmen der Erbringung von Dienstleistungen, ABl. 1997 L 18, S. 1.

1474 Zur Rechtslage nach allgemeinem Kollisionsrecht *Thüsing*, EuArbR, § 9 Rn. 11 f.

1475 Vgl. insoweit die schematische Darstellung bei *Riesenhuber*, EuArbR, § 6 Rn. 13.

1476 Vgl. BE 5 EntsRL sowie *Riesenhuber*, EuArbR, § 6 Rn. 3; zu den Vor- und Nachteilen des Herkunftslandprinzips auch *Thüsing*, EuArbR, § 9 Rn. 14 f.

Für geschäftsführende Organmitglieder dürften die Vorgaben der EntsRL nur selten praktisch relevant werden. Gleichwohl ist es denkbar, dass etwa der Geschäftsführer einer GmbH vorübergehend in einem ausländischen Konzernunternehmen tätig werden soll und damit eine Entsendung im Sinne von Art. 1 Abs. 3 lit. b) EntsRL vorliegt.

b) Arbeitnehmerbegriff der Richtlinie

aa) Normative Grundlagen

Wer entsandter Arbeitnehmer im Sinne der EntsRL ist, regelt Art. 2 EntsRL. Gemäß Art. 2 Abs. 1 gilt als entsandter Arbeitnehmer jeder Arbeitnehmer, der während eines begrenzten Zeitraums seine Arbeitsleistung im Hoheitsgebiet eines anderen Mitgliedstaates erbringt als desjenigen, in dem er normalerweise arbeitet. Art. 2 Abs. 2 EntsRL bestimmt, dass für die Zwecke der Richtlinie der Begriff des Arbeitnehmers im Sinne des Rechts desjenigen Mitgliedstaates verwendet wird, in das der Arbeitnehmer entsandt wurde. Damit ist ausweislich des Wortlauts der Richtlinie allein der Arbeitnehmerbegriff des Aufnahmestaates maßgeblich.[1477]

bb) Literatur

Der EuGH hat sich – soweit ersichtlich – zum Arbeitnehmerbegriff der EntsRL noch nicht geäußert. Das LAG Hessen geht von einem Verweis auf den nationalen Arbeitnehmerbegriff desjenigen Mitgliedstaates aus, in den der Arbeitnehmer entsandt worden ist.[1478]

Auch in der Literatur ist man sich weitgehend einig, dass in Übereinstimmung mit dem Wortlaut des Art. 2 Abs. 2 EntsRL für den Arbeitnehmerbegriff der Richtlinie allein das Begriffsverständnis des Aufnahmestaates maßgeblich ist, der Richtlinie also nicht der unionsrechtliche Arbeitnehmerbegriff im Sinne des Art. 45 AEUV zugrunde liegt.[1479] Nur vereinzelt wird eine unionseinheitliche

---

1477 *Ziegler*, Arbeitnehmerbegriffe, S. 262.

1478 LAG Hessen v. 29.10.2007 – 16 Sa 2012/06 Rn. 42 f. (juris).

1479 *Däubler*, EuZW 1997, 613, 618; *Fuchs/Marhold*, EuArbR, S. 440; *Lunk/Rodenbusch*, GmbHR 2012, 188, 190; *Pottschmidt*, Arbeitnehmerähnliche Personen, S. 196; *Rebhahn*, EuZA 2012, 3, 22 (dort Fn. 72); *Riesenhuber*, EuArbR, § 6 Rn. 12; *Schlachter*, in: ErfK, § 2 AEntG Rn. 1; *Schubert*, ZESAR 2013, 5, 13; *Thüsing*, EuArbR, § 9 Rn. 39; *Wank*, EuZA 2008, 172, 182; *Ziegler*, Arbeitnehmerbegriffe, S. 264 ff.

Auslegung aufgrund des grenzüberschreitenden Bezugs der Richtlinie und der damit verbundenen Relevanz für den Binnenmarkt befürwortet.[1480]

cc) Stellungnahme

Auch im Rahmen der EntsRL spricht bereits der im Wortlaut des Art. 2 Abs. 2 ausdrücklich normierte Verweis auf den Arbeitnehmerbegriff des aufnehmenden Mitgliedstaates als starkes Indiz für die Annahme des entsprechenden nationalen Arbeitnehmerbegriffs.

Dies entspricht auch dem Sinn und Zweck der Richtlinie: Sie bezweckt neben der Gewährleistung eines fairen Wettbewerbs die „Wahrung der Rechte der Arbeitnehmer“[1481] und meint damit zweierlei: Zum einen will sie das im Heimatland bereits vorhandene Schutzniveau für den einzelnen Arbeitnehmer aufrecht erhalten.[1482] Deswegen ordnet auch Art. 3 Abs. 7 S. 1 EntsRL an, dass für den Arbeitnehmer günstigere Beschäftigungs- und Arbeitsbedingungen unberührt bleiben, die Anwendung der Arbeitnehmerschutzvorschriften des aufnehmenden Staates also nicht zu einer Verschlechterung seiner Rechtsposition führt.[1483] Zum anderen will sie den Arbeitnehmer durch die Anwendung der arbeitsrechtlichen Vorschriften des Aufnahmestaates vor der Schlechterbehandlung gegenüber den dort ansässigen Arbeitnehmern schützen. Soweit dies zu einer Verbesserung des Schutzes führt, ist dies allerdings der wettbewerbspolitischen Zielsetzung geschuldet, nicht jedoch dem individuellen Arbeitnehmerschutz als solchem. Insoweit ist anzunehmen, dass die Richtlinie keine Erweiterung des bereits vorhandenen Schutzniveaus bezweckt.[1484] Dem entspricht die Anwendung des nationalen Arbeitnehmerbegriffs. Schutzlücken in Bezug auf solche Erwerbstätige, die zwar in ihrem Heimatland als Arbeitnehmer, im Aufnahmestaat aber als Selbständige eingeordnet werden, sind dadurch nicht zu befürchten,[1485] denn insoweit sorgt Art. 3 Abs. 7 EntsRL und der dort

---

1480 *Franzen*, Privatrechtsangleichung, S. 501 f.

1481 Vgl. BE 5 EntsRL; zum Nebeneinander der beiden Schutzzwecke EuGH v. 12.10.2004 – C-60/03 (*Wolff & Müller*), Slg. 2004, I-9553 Rn. 42.

1482 Vgl. BE 17 EntsRL.

1483 Dazu *Riesenhuber*, EuArbR, § 6 Rn. 18; *Ziegler*, Arbeitnehmerbegriffe, S. 265.

1484 So auch *Ziegler*, Arbeitnehmerbegriffe, S. 266.

1485 So allerdings offenbar die Befürchtung einiger Sozialpartner, vgl. dazu den Bericht der Kommissionsdienststellen zur Durchführung der EntsRL, KOM 2006 (159) endg., S. 14.

angeordnete Günstigkeitsvergleich dafür, dass die in dem Heimatstaat gewährten Arbeitnehmerrechte erhalten bleiben.[1486]

Allein der Umstand, dass die Richtlinie einen grenzüberschreitenden Bezug hat und der Verwirklichung des gemeinsamen Binnenmarktes dient, ist auch kein Argument für die Annahme des unionsrechtlichen Arbeitnehmerbegriffs, denn insoweit ist wiederum zu berücksichtigen, inwieweit die Richtlinie eine Vereinheitlichung des Rechts zur Erreichung ihres Ziels überhaupt bezweckt. Ihre Regelungen sind indessen nicht darauf angelegt, ein einheitliches Mindestschutzniveau in materiell-rechtlicher Hinsicht zu gewährleisten, sondern sind allein kollisionsrechtlicher Natur.[1487] Dass eine unionsweite Angleichung des Anwendungsbereiches die Ziele der Richtlinie unter Umständen noch besser verwirklichen könnte, ist daher ohne Belang.

c) Ergebnis

Die EntsRL betrifft nur solche Arbeitnehmer, die unter die Definition des Arbeitnehmerbegriffs in dem jeweils aufnehmenden Mitgliedstaat fallen. Ob Organmitglieder in ihren Schutzbereich fallen, wird daher nach wie vor allein durch das nationale Recht dieses Staates bestimmt.

IX. Die Richtlinien zum kollektiven Arbeitsrecht

Die bisher behandelten Richtlinien betreffen im Wesentlichen die individualrechtliche Rechtsstellung der Arbeitnehmer, wenngleich auch sie teilweise einzelne betriebsverfassungsrechtliche Vorschriften enthalten.[1488] Die im Folgenden zu betrachtenden Richtlinien enthalten demgegenüber ausschließlich kollektivarbeitsrechtliche Regelungen. Es handelt sich um die URRL[1489], die EBR-RL[1490],

---

1486 *Ziegler*, Arbeitnehmerbegriffe, S. 265.

1487 *Ziegler*, Arbeitnehmerbegriffe, S. 265.

1488 vgl. z. B. Art. 2 MERL, Art. 7 BÜRL, Art. 10, 11 ArbSchRL; zu weitere Richtlinien *Riesenhuber*, EuArbR, § 26 Rn. 13 ff.

1489 RL 2002/14/EG des Europäischen Parlaments und des Rates vom 11.3.2002 zur Festlegung eines allgemeinen Rahmens für die Unterrichtung und Anhörung der Arbeitnehmer in der Europäischen Gemeinschaft, ABl. 2002 L 80, S. 29.

1490 RL 2009/38/EG des Europäischen Parlaments und des Rates vom 6.5.2009 über die Einsetzung eines Europäischen Betriebsrates oder die Schaffung eines Verfahrens zur Unterrichtung und Anhörung der Arbeitnehmer in gemeinschaftsweit operierenden Unternehmen und Unternehmensgruppen, ABl. 2009 L 122, S. 28.

die SE-RL[1491], die SCE-RL[1492] und schließlich die VRL[1493]. Im Hinblick auf ihren Arbeitnehmerbegriff und ihre Relevanz für Organmitglieder weisen diese Richtlinien große Ähnlichkeiten auf, daher sollen sie im Zusammenhang behandelt werden.

1. Inhalt der Richtlinien

Inhaltlich geht es in allen genannten Richtlinien um die Mitwirkung der Arbeitnehmer bzw. deren Vertreter in Betrieben und Unternehmen, zumeist in Form von Unterrichtungs-, Anhörungs- und Konsultationsrechten.

Die URRL zielt auf die Stärkung des Dialogs zwischen Arbeitnehmern und Arbeitgeber und will ein Klima des Vertrauens schaffen. Die Arbeitnehmer sollen in die Unternehmensentwicklung einbezogen werden, wobei dies nicht nur zu ihrem Schutz erfolgt, sondern auch ihre Bereitschaft fördern soll, im Interesse einer Verbesserung der Wettbewerbsfähigkeit unternehmerische Entscheidungen mitzutragen (vgl. BE 7 URRL).[1494] Dafür verpflichtet die Richtlinie die Mitgliedstaaten, ein System der kontinuierlichen Unterrichtung und Anhörung der Arbeitnehmer zur aktuellen Unternehmensentwicklung einzurichten und stellt hierfür bestimmte Rahmenbedingungen auf (Art. 4). Dabei belässt sie den Mitgliedstaaten und Sozialpartnern große Freiheiten in Bezug auf die Festlegung der Anwendungsvoraussetzungen der Richtlinienbestimmungen (Art. 3) sowie die Modalitäten der Ausgestaltung des Beteiligungssystems (Art. 5). Eine spezielle Umsetzung der Richtlinie in deutsches Recht erfolgte aufgrund der bereits bestehenden Beteiligungsrechte nach dem BetrVG nicht.[1495]

Die EBR-RL trägt dem Umstand Rechnung, dass die nationalen Betriebsverfassungssysteme an Wirksamkeit verlieren, wenn in gemeinschaftsweit

---

1491 RL 2001/86/EG des Rates vom 8.10.2001 zur Ergänzung des Statuts der Europäischen Gesellschaft hinsichtlich der Beteiligung der Arbeitnehmer, ABl. 2001 L 294, S. 22.

1492 RL 2003/72/EG des Rates vom 22.7.2003 zur Ergänzung des Statuts der Europäischen Genossenschaft hinsichtlich der Beteiligung der Arbeitnehmer, ABl. 2003 L 207, S. 25.

1493 RL 2005/56/EG des Europäischen Parlaments und des Rates vom 26.10.2005 über die Verschmelzung von Kapitalgesellschaften aus verschiedenen Mitgliedstaaten, ABl. 2005 L 310, S. 1.

1494 Vgl. dazu auch *Riesenhuber*, EuArbR, § 27 Rn. 3; *Ziegler*, Arbeitnehmerbegriffe, S. 224.

1495 Dazu *Riesenhuber*, EuArbR, § 27 Rn. 35.

operierenden Unternehmen oder Unternehmensgruppen Entscheidungen außerhalb des von der Entscheidung betroffenen Mitgliedstaates getroffen werden (BE 11 EBR-RL).[1496] Ihr Ziel ist es, diese Schutzlücken im Bereich der Anhörung und Unterrichtung der Arbeitnehmer in länderübergreifenden Angelegenheiten zu schließen (vgl. BE 3, 11, 12 EBR-RL). Sie sieht vor, dass Unternehmen wahlweise einen Europäischen Betriebsrat oder ein alternatives Verfahren zur effektiven Anhörung und Unterrichtung der Arbeitnehmer etablieren (Art. 1 Abs. 2 EBR-RL) und enthält Vorschriften, die das Zustandekommen einer entsprechenden Einigung zwischen der zentralen Leitung und der Vertretung auf Seiten der Arbeitnehmer in verfahrenstechnischer Hinsicht regeln (Art. 4–6). Dabei haben die Parteien großen Freiraum bei der Ausgestaltung des Europäischen Betriebsrates bzw. des alternativen Unterrichtungsverfahrens. Die Richtlinie beschränkt sich insoweit auf die Festlegung von Grundsätzen der Zusammenarbeit.[1497] Kommt eine entsprechende Einigung zwischen der zentralen Leitung und dem Verhandlungsgremium auf Arbeitnehmerseite nicht zustande, sieht die EBR-RL subsidiär ein eigenes Modell zur Errichtung eines Europäischen Betriebsrats vor (Art. 7 i. V. m. den entsprechenden Vorschriften im Anhang I EBR-RL).

Die SE-RL regelt die Beteiligung der Arbeitnehmer in der Europäischen Aktiengesellschaft. Sie soll sicherstellen, dass die Gründung einer SE nicht zu einer Einschränkung der Arbeitnehmerbeteiligung gegenüber der an der Gründung der SE beteiligten Gesellschaften führt (BE 3 SE-RL). Die bereits vorher erworbenen Beteiligungsrechte sollen auch in der SE fortbestehen (sog. Vorher-Nachher-Prinzip, vgl. BE 18 SE-RL). Dabei will die Richtlinie kein einheitliches europäisches Modell der Arbeitnehmerbeteiligung in der SE etablieren (vgl. BE 5 SE-RL), sondern die konkrete Gestaltung der Beteiligung soll vorrangig durch die betroffenen Parteien selbst geregelt werden (vgl. BE 8 SE-RL). Ähnlich wie die EBR-RL enthält sie daher Verfahrensvorschriften, nach denen die Leitung der Gesellschaft und ein auf Arbeitnehmerseite zu errichtendes besonderes Verhandlungsgremium eine Beteiligungslösung erarbeiten sollen und stellt bestimmte Mindestanforderungen an die zu erarbeitende Vereinbarung auf (Art. 3–6 SE-RL).[1498] Subsidiär greift ein von der Richtlinie festgelegtes Beteiligungsmodell (vgl. Art. 7 SE-RL sowie die im Anhang der Richtlinie abgedruckten Regelungen).

1496 *Riesenhuber*, EuArbR, § 28 Rn. 1.

1497 *Riesenhuber*, EuArbR, § 28 Rn. 7.

1498 *Pottschmidt*, Arbeitnehmerähnliche Personen, S. 391; *Ziegler*, Arbeitnehmerbegriffe, S. 377.

Die SCE-RL enthält entsprechende, inhaltlich kaum von denen der SE-RL abweichende Regelungen für die Arbeitnehmerbeteiligung in der Europäischen Genossenschaft.[1499]

Die VRL schließlich regelt im Wesentlichen nicht arbeitsrechtliche, sondern gesellschaftsrechtliche Fragen bei der grenzüberschreitenden Verschmelzung von Kapitalgesellschaften.[1500] Mitunter enthält sie jedoch Bestimmungen zur Arbeitnehmerbeteiligung in der aus der Verschmelzung hervorgehenden Gesellschaft (Art. 16 VRL). Danach finden grundsätzlich die Mitbestimmungsregelungen desjenigen Mitgliedstaates Anwendung, in der die aus der Verschmelzung hervorgehende Gesellschaft ihren Sitz hat (Art. 16 Abs. 1 VRL). Dies gilt allerdings nur dann, wenn diese Mitbestimmungsrechte nicht hinter denjenigen zurückbleiben, die vorher in den an der Verschmelzung beteiligten Gesellschaften galten (Art. 16 Abs. 2 VRL).[1501] Für diesen Fall sieht die Richtlinie wiederum eine primär von den beteiligten Parteien zu verhandelndes Beteiligungsmodell nach dem Vorbild der SE-RL vor (vgl. Art. 16 Abs. 2–4 VRL).[1502] Damit hat sie, genau wie die SE-RL und die SCE-RL auch, im Wesentlichen mitbestimmungssichernde Funktion.[1503]

2. Arbeitnehmerbegriff der Richtlinien

a) Normative Grundlagen

Von den genannten Richtlinien enthält allein die URRL in Art. 2 lit. d) eine Definition ihres Arbeitnehmerbegriffs. Arbeitnehmer ist danach jede Person, die in dem betreffenden Mitgliedstaat als Arbeitnehmer aufgrund des einzelstaatlichen Arbeitsrechts und entsprechend den einzelstaatlichen Gepflogenheiten geschützt ist. Die anderen Richtlinien verwenden den Begriff des Arbeitnehmers, ohne ihn im Rahmen ihrer Begriffsbestimmungen oder sonstigen Vorschriften zu definieren. Die „Arbeitnehmervertreter" werden hingegen regelmäßig definiert als die nach den Rechtsvorschriften und/oder den Gepflogenheiten der einzelnen Mitgliedstaaten vorgesehenen Vertreter der Arbeitnehmer (Art. 2 Abs. 1 lit. d) EBR-RL; Art. 2 lit. e) SE-RL; Art. 2 lit. e) SCE-RL).

1499 Vgl. dazu *Kisker*, RdA 2006, 206, 208; *Riesenhuber*, EuArbR, § 30 Rn. 64 ff.
1500 *Riesenhuber*, EuArbR, § 30 Rn. 3.
1501 *Riesenhuber*, EuArbR, § 30 Rn. 3.
1502 Vgl. dazu *Kisker*, RdA 2006, 206, 209 ff.
1503 *Riesenhuber*, EuArbR, § 30 Rn. 4.

b) Rechtsprechung des EuGH und Literatur

Für die URRL gehen aufgrund des ausdrücklichen Verweises auf das nationale Recht sowohl der EuGH als auch das Schrifttum einhellig davon aus, dass es allein auf den allgemeinen Arbeitnehmerbegriff der einzelnen Mitgliedstaaten ankomme.[1504] Mit dem „allgemeinen Arbeitnehmerbegriff der Mitgliedstaaten" sei gemeint, dass den Mitgliedstaaten die Ausklammerung bestimmter Personengruppen, die an sich als Arbeitnehmer im Sinne des nationalen Rechts anzusehen sind, untersagt sei.[1505]

Zum Arbeitnehmerbegriff der übrigen Richtlinien hat sich der EuGH noch nicht geäußert. Die Literatur geht trotz des Fehlens eines ausdrücklichen Verweises auf das nationale Recht ganz überwiegend davon aus, dass auch sie stillschweigend den Arbeitnehmerbegriff im Sinne des einzelstaatlichen Begriffsverständnisses zugrunde legen.[1506] Hierfür spreche zum einen der ausdrückliche Verweis auf das einzelstaatliche Recht für den Begriff des „Arbeitnehmervertreters".[1507] Zudem sei der Schutzzweck dieser Richtlinien nur auf eine Sicherung der bereits bestehenden Mitwirkungsrechte gerichtet, nicht aber auf eine absolute Angleichung der in den

---

1504 Vgl. EuGH v. 18.1.2007 – C-385/05 (*Confédération générale du travail u. a.*), Slg. 2007, I-611 Rn. 31 f.; *Lunk/Rodenbusch*, GmbHR 2012, 188, 190; *Pottschmidt*, Arbeitnehmerähnliche Personen, S. 343; *Preis/Sagan*, ZGR 2013, 26, 50; *Riesenhuber*, EuArbR, § 27 Rn. 8; *Schubert*, ZESAR 2013, 5, 13; *Thüsing*, EuArbR, § 10 Rn. 77 f.; *Wank*, EuZA 2008, 172, 182; *Ziegler*, Arbeitnehmerbegriffe, S. 228 f.

1505 Vgl. EuGH v. 18.1.2007 – C-385/05 (*Confédération générale du travail u. a.*), Slg. 2007 I-611 Rn. 32 ff.; dazu auch *Ziegler*, Arbeitnehmerbegriffe, S. 226 ff.

1506 Für die EBR-RL: *Däubler*, in: D/K/K/W, BetrVG, § 3 EBRG Rn. 2; *Fuchs/Marhold*, EuArbR, S. 304; *Hanau*, in: H/S/W, § 19 Rn. 55; *Lunk/Rodenbusch*, GmbHR 2012, 188, 190; *Pottschmidt*, Arbeitnehmerähnliche Personen, S. 389; *Riesenhuber*, EuArbR, § 28 Rn. 12; *Schubert*, RdA 2007, 9, 12 (dort Fn. 23) für die Vorgängerrichtlinie 94/45/EG; *Willemsen/Hohenstatt*, NZA 1995, 399, 401; *Ziegler*, Arbeitnehmerbegriffe, S. 375 m. w. N. auf S. 371 in Fn. 891; kritisch hingegen *Franzen*, Privatrechtsangleichung, S. 501 f.;
Für die SE-RL: *Feuerborn*, in: Kölner Komm-AktG, § 2 SEBG Rn 3; *Jacobs*, in: MüKo-AktG, § 2 SEBG Rn. 2; *Oetker*, in: Lutter/Hommelhoff, SE-Komm, § 2 SEBG Rn. 5; *Pottschmidt*, Arbeitnehmerähnliche Personen, S. 393; *Riesenhuber*, EuArbR, § 29 Rn. 31 (dort Fn. 50); wohl auch *Ziegler*, Arbeitnehmerbegriffe, S. 378 ff.;
Für die SCE-RL: *Pottschmidt*, Arbeitnehmerähnliche Personen, S. 394; *Ziegler*, Arbeitnehmerbegriffe, S. 381;
Für die VRL: *Riesenhuber*, EuArbR, § 30 Rn. 11 (dort Fn. 17); *Schubert*, RdA 2007, 9, 12; *Ziegler*, Arbeitnehmerbegriffe, S. 382 f.

1507 Vgl. nur *Pottschmidt*, Arbeitnehmerähnliche Personen, S. 388.

Mitgliedstaaten vorhandenen Beteiligungsrechte. Er erfordere daher keine unionsweite Vereinheitlichung des Arbeitnehmerbegriffs.[1508]

c) Stellungnahme

Die Annahme, dass die Richtlinien zur Beteiligung der Arbeitnehmer in Betrieb und Unternehmen auf den Arbeitnehmerbegriff der einzelstaatlichen Rechtsordnungen verweisen, ist in jeder Hinsicht überzeugend. Bei der URRL spricht hierfür bereits der eindeutige Wortlaut des Art. 2 lit. d), der eine andere Auslegung kaum zulässt.[1509]

Aber auch für die übrigen Richtlinien fordern vor allem teleologische Gründe den einzelstaatlichen Arbeitnehmerbegriff. Sinn und Zweck der Richtlinien ist zuvorderst die Verhinderung einer Verschlechterung der Beteiligungsrechte, bedingt durch länderübergreifende Unternehmensstrukturen. Es soll eine „Flucht aus der Mitbestimmung" vermieden werden (vgl. BE 11 EBR-RL, BE 3 SE-RL). Dafür genügt es allerdings, den Arbeitnehmerbegriff im Sinne der nationalen Rechtsordnungen heranzuziehen, denn ansonsten würde die Richtlinie in einigen Staaten nicht bloß zu einer Aufrechterhaltung des status quo der Mitbestimmung, sondern sogar zu einer Erweiterung führen, indem auch solche Personen berücksichtigt würden, die vorher gar keine Beteiligungsrechte hatten.[1510]

Insgesamt ist die Harmonisierungsintensität der Richtlinien sehr begrenzt: Die SE-RL etwa erklärt sogar ausdrücklich, dass die Schaffung eines einheitlichen Beteiligungssystems nicht sinnvoll sei (vgl. BE 5 SE-RL). Die Richtlinien wollen im Interesse einer möglichst geringen Belastung der Unternehmen (vgl. BE 9 EBR-RL) weitestgehend Rücksicht auf die jeweiligen besonderen nationalen Strukturen der Arbeitnehmerbeteiligungssysteme nehmen.[1511] Deshalb belassen sie auch weite Umsetzungsspielräume, indem sie vorrangig ein von den Parteien selbst ausgehandeltes Anhörungs- und Unterrichtungsverfahren vorsehen und nur subsidiär eigene Beteiligungsmodelle vorgeben.[1512] Dieser Konzeption

---

1508 *Feuerborn*, in: Kölner Komm-AktG, § 2 SEBG Rn 3; *Hanau*, in: H/S/W, § 19 Rn. 55; *Ziegler*, Arbeitnehmerbegriffe, S. 373.

1509 So auch *Ziegler*, Arbeitnehmerbegriffe, S. 228.

1510 vgl. für die VRL *Schubert*, RdA 2007, 9, 12; für die SE-RL vgl. *Ziegler*, Arbeitnehmerbegriffe, S. 379.

1511 Vgl. *Pottschmidt*, Arbeitnehmerähnliche Personen, S. 388.

1512 *Pottschmidt*, Arbeitnehmerähnliche Personen, S. 393 f.; *Riesenhuber*, EuArbR, § 28 Rn. 12; *Ziegler*, Arbeitnehmerbegriffe, S. 373 f., 379.

würde es widersprechen, von einem unionseinheitlichen Arbeitnehmerbegriff auszugehen.

3. Weitere Argumente gegen eine Anwendbarkeit auf Organmitglieder

Gegen eine Einbeziehung von Organmitgliedern in den Anwendungsbereich der Richtlinien sprechen außerdem die folgenden Erwägungen:

Soweit die Richtlinien die Begründung von Anhörungs- und Unterrichtungsrechten für die Arbeitnehmer vorsehen (vgl. etwa Art. 1 Abs. 1 URRL, Art. 1 Abs. 1 EBR-RL, Art. 1 Abs. 1 SE-RL), begründen diese auf der anderen Seite eine entsprechende Pflicht des Arbeitgebers, die Anhörung bzw. Unterrichtung der Arbeitnehmer zu realisieren. Als Teil der Unternehmensleitung sind es aber gerade die geschäftsführenden Organmitglieder, denen die Wahrnehmung dieser Arbeitgeberpflicht obliegt. Als Adressaten dieser Verpflichtung können sie indessen nicht gleichzeitig entsprechend berechtigt werden. Es existiert gar keine (weitere) Unternehmensleitung, die eine Anhörung bzw. Unterrichtung der Organmitglieder durchführen könnte.

Außerdem wäre die Einräumung von Anhörungs- und Beteiligungsrechten für Organmitglieder auch ohne Sinn: Die Beteiligungsrechte sollen bewirken, dass die Arbeitnehmer aktiv an der Unternehmensleitung beteiligt werden.[1513] Geschäftsführende Organmitglieder leiten das Unternehmen aber ohnehin bereits kraft ihres Amtes. Sie über Gegenstände der Unternehmensleitung zu unterrichten und anzuhören, ist daher überflüssig. Der einzige Fall, in dem Beteiligungsrechte für Organmitglieder nicht völlig sinnlos erscheinen, ist – soweit die Richtlinien nicht ausschließlich das „Unternehmen“, sondern auch „Unternehmensgruppen“ in Bezug nehmen (vgl. etwa die EBR-RL) – der Fall eines Unterordnungskonzerns: Hier existieren mehrere Unternehmensleitungen, so dass eine Beteiligung der Geschäftsführungsorgane etwa einer Konzerntochter durch die zentrale Leitung, d. h. die Unternehmensleitung des herrschenden Unternehmens (vgl. Art. 2 Abs. 1 lit. e) EBR-RL), theoretisch denkbar wäre. Gleichwohl sind Beteiligungsrechte auch für solche Organmitglieder schon deshalb abzulehnen, weil man die Auslegung der Richtlinie dann in unterschiedlicher Weise in Abhängigkeit davon vornehmen müsste, ob es sich um ein Unternehmen oder eine Unternehmensgruppe handelt. Dies wiederum kann kaum im Sinne des Richtliniengebers gewesen sein.

1513 Vgl. *Ziegler*, Arbeitnehmerbegriffe, S. 375.

Des Weiteren sind die Anhörungs- und Beteiligungsrechte auch regelmäßig so konzipiert, dass sie durch ein spezielles Vertretungsorgan der Arbeitnehmer bzw. die Arbeitnehmervertreter wahrgenommen werden (vgl. Art. 2 lit. h)-j) SE-RL, Art. 2 Abs. 1 lit. f), g) EBR-RL, Art. 2 lit. f), g) URRL). Für den Begriff der Arbeitnehmervertreter verweisen indessen alle Richtlinien auf das Recht der Einzelstaaten (vgl. Art. 2 lit. e) SE-RL, Art. 2 lit. d) EBR-RL, Art. 2 lit. e) URRL, Art. 2 lit. e) SCE-RL). Das deutsche Recht sieht aber für Organmitglieder gar keine entsprechende Interessenvertretung vor, so dass nach der Konzeption der Richtlinie eine Anhörung bzw. Unterrichtung mangels entsprechender Vertreter, die auf Seiten der Organe daran zu beteiligen wären, gar nicht möglich wäre.

Soweit die Arbeitnehmereigenschaft für die Erreichung bestimmter Schwellenwerte und damit für die Anwendbarkeit der Richtlinienbestimmungen maßgeblich ist (vgl. etwa Art. 2 Abs. 1 lit. a), c) EBR-RL, Art. 3 Abs. 1 URRL, Art. 16 Abs. 2 VRL), ergibt die Einbeziehung von Geschäftsführungsorganen ebenfalls keinen Sinn, denn wenn sie letztendlich nicht von den in der Richtlinie vorgesehenen Rechten profitieren, besteht auch kein Anlass, sie für die Begründung entsprechender Rechte mitzuzählen.

4. Ergebnis

Die Richtlinien zum kollektiven Arbeitsrecht verweisen nach überzeugender Ansicht auf den Arbeitnehmerbegriff der einzelstaatlichen Rechtsordnungen und gebieten bereits deshalb keine Erstreckung der Beteiligungsrechte auf Arbeitnehmer-Organmitglieder. Darüber hinaus sprechen vor allem die von den Organen auszuübende Arbeitgeberfunktion und die nicht vorhandene Schutzwürdigkeit gegen eine gleichzeitige Berücksichtigung auf Arbeitnehmerseite.

C. Folgen für nicht durch Richtlinien determinierte Bereiche des Arbeitsrechts?

Wie bereits unter A. II. dargelegt, greift der Vorrang des Unionsrechts lediglich in solchen Regelungsbereichen, in denen unionsrechtliche Vorgaben bestehen. Teilbereiche des deutschen Arbeitsrechts sind indessen nicht durch Richtlinien determiniert, das gilt etwa für das KSchG, das EFZG, das ArbnErfG oder das

ArbGG[1514]. Auch die §§ 85 ff. SGB IX sind nicht europarechtlich determiniert, da die GbRL 2000/78/EG keinen Kündigungsschutz für Menschen mit Behinderung vorschreibt.[1515] Für den Anwendungsbereich dieser Gesetze entfalten daher auch die Aussagen der *Danosa*-Entscheidung zur Arbeitnehmereigenschaft von geschäftsführenden Organmitgliedern keine unmittelbare Relevanz.[1516] Soweit diese Gesetze den althergebrachten nationalen Arbeitnehmerbegriff zugrunde legen bzw. Organmitglieder aus ihrem Anwendungsbereich ausdrücklich ausschließen, ist dies aus europarechtlicher Sicht grundsätzlich nicht zu beanstanden.

Für den Bereich des KSchG werden in der Literatur allerdings mit Hinweis auf das in Art. 30 GRC verankerte Grundrecht auf Schutz vor ungerechtfertigten Entlassungen europarechtlich gebotene Konsequenzen erwogen.[1517] Gemäß Art. 30 GRC hat jede Arbeitnehmerin und jeder Arbeitnehmer nach dem Unionsrecht und den einzelstaatlichen Rechtsvorschriften und Gepflogenheiten Anspruch auf Schutz vor ungerechtfertigter Entlassung. Zutreffend ist, dass der Begriff des Arbeitnehmers im Sinne des Primärrechts der Union und mithin auch im Rahmen der GRC unionsrechtlich zu bestimmen ist.[1518] Auch Arbeitnehmer-Organmitglieder sind daher vom persönlichen Schutzbereich des Art. 30 GRC umfasst. Daraus allein lässt sich aber noch nicht die Notwendigkeit eines allgemeinen Kündigungsschutzes auf nationaler Ebene herleiten. Die Europäische Union hat zwar nach Art. 153 Abs. 1 lit. d) AEUV eine Kompetenz zur Festlegung eines allgemeinen Kündigungsschutzes auf sekundärrechtlicher Ebene, sie hat davon allerdings bisher keinen Gebrauch

---

1514 Vgl. zur Frage, wann für GmbH-Geschäftsführer der Rechtsweg zu den Arbeitsgerichten eröffnet ist, unter Berücksichtigung der neuesten Rechtsprechung des BAG *Schreiber*, GmbHR 2012, 929 ff.

1515 So überzeugend OLG Düsseldorf v. 18.10.2012, GmbHR 2012, 1347, 1350; ebenso *Lunk/Rodenbusch*, GmbHR 2012, 188, 194; *Rolfs*, in: ErfK, § 85 SGB IX Rn. 3; *U. H. Schneider/Hohenstatt*, in: Scholz, GmbHG, § 35 Rn. 289.

1516 So ausdrücklich auch *Klasen*, BB 2013, 1849, 1853; *Miras*, GWR 2012, 311, 313 f.; *Oberthür*, NZA 2011, 253, 257; *Schiefer/Worzalla*, ZfA 2013, 41, 52; *Schubert*, ZESAR 2013, 5, 11; namentlich für das ArbnErfG: *U. H. Schneider/Hohenstatt*, in: Scholz, GmbHG, § 35 Rn. 281; für das ArbGG: *Müller-Glöge*, in: G/M/P, ArbGG, § 5 Rn. 45a; für das EFZG: *Reinhard*, in: ErfK, § 1 EFZG Rn. 2; a. A. für das EFZG: *v. Alvensleben/Haug/Schnabel*, BB 2012, 774, 777.

1517 *Fischer*, NJW 2011, 2329, 2332; ebenso für Anwendbarkeit des KSchG offenbar *Gallner*, in: ErfK, § 1 BUrlG Rn. 15 sowie *Leopold*, ZESAR 2011, 362, 367.

1518 Vgl. nur *Ziegler*, Arbeitnehmerbegriffe, S. 124 ff.

gemacht.[1519] Zwar sind auch die Mitgliedstaaten gemäß Art. 51 GRC bei der Durchführung des Unionsrechts an die Grundrechte der GRC gebunden. Die Grundrechtsbindung „bei der Durchführung des Unionsrechts“ setzt aber voraus, dass auch entsprechendes Unionsrechtrecht existiert, welches von den Mitgliedstaaten durchgeführt werden kann.[1520] Dabei sind zwar auch primärrechtliche Vorgaben „Unionsrecht“ im Sinne von Art. 51 Abs. 1 S. 1 GRC, nicht allerdings die Grundrechte selbst.[1521] Bereits aus diesem Grund lässt sich allein aus Art. 30 GRC kein Erfordernis eines allgemeinen Kündigungsschutzes für Arbeitnehmer-Organmitglieder auf nationaler Ebene herleiten.

Darüber hinaus gewährt Art. 30 GRC Kündigungsschutz nur „nach dem Unionsrecht und den einzelstaatlichen Rechtsvorschriften und Gepflogenheiten“ und eröffnet damit weite Ausgestaltungsmöglichkeiten.[1522] Art. 30 GRC trifft keinerlei Aussagen zum Inhalt der Gewährleistung und besagt weder, ob überhaupt und wie bejahendenfalls ein entsprechender Kündigungsschutz zu installieren ist. Der Norm ist daher auch keine Pflicht zur Einführung eines Kündigungsschutzes zu entnehmen, weshalb sie auch als überflüssig bezeichnet wird.[1523] Im Bereich des KSchG ergeben sich daher aus der *Danosa*-Rechtsprechung keine Folgen für Arbeitnehmer-Organmitglieder.[1524]

D. Zusammenfassung von § 5

Diejenigen Richtlinien, die nicht bereits nach ihrem Wortlaut eindeutig auf den Arbeitnehmerbegriff der Mitgliedsstaaten verweisen, legen überwiegend den unionsrechtlichen Arbeitnehmerbegriff zugrunde. Es handelt sich um die MuSchRL, die Gleichbehandlungsrichtlinien 2006/54/EG, 2000/43/EG, sowie 2000/78/EG, die AZRL, die ArbSchRL und die GesSchRL. Einen Verweis auf das nationale Begriffsverständnis enthalten insoweit nur die NachwRL und die MERL. Gleichwohl sind Arbeitnehmer-Organmitglieder aus teleologischen Gründen aus dem persönlichen Anwendungsbereich einiger Richtlinien

1519 Aus diesem Grund verneint auch *Klasen* Auswirkungen der *Danosa*-Entscheidung auf den Anwendungsbereich des KSchG, BB 2013, 1849, 1852 f.

1520 *Kingreen*, in: Calliess/Ruffert, EUV/AEUV, Art. 51 GRC Rn. 8.

1521 *Jarass*, GRC, Art. 51 Rn. 9; *ders.* NVwZ 2012, 457, 458.

1522 *Jarass*, GRC, Art. 30 Rn. 10 f.

1523 *Krebber*, in: Calliess/Ruffert, EUV/AEUV, Art. 30 GRC Rn. 2; ebenso *Lunk/Rodenbusch*, GmbHR 2012, 188, 194.

1524 Möglich bleibt die anstellungsvertragliche Vereinbarung des KSchG, s. BGH v. 10.5.2010, NJW 2010, 2343 ff.; dazu *Stagat*, NZA 2010, 975 ff.

auszunehmen, dies gilt namentlich für die ArbSchRL, die GesSchRL sowie für die NachwRL und die MERL, sofern man entgegen der hier vertretenen Ansicht auch für diese Richtlinien ein unionsrechtliches Begriffsverständnis annimmt. Konsequenzen für die Anwendung nationaler arbeitsrechtlicher Vorschriften auf Arbeitnehmer-Organmitglieder ergeben sich damit letztlich nur in den Bereichen des MuSchG, des AGG sowie des BUrlG.

Diejenigen Richtlinien, deren Wortlaut ausdrücklich auf den Arbeitnehmerbegriff der Mitgliedstaaten verweist, sind auf Arbeitnehmer-Organmitglieder nicht anzuwenden. Es handelt sich um die TZRL, die BefRL, die EltURL, die BÜRL, die InsRL, die LARL und die EntsRL. Folglich ergeben sich insoweit auch keine Konsequenzen für die Anwendbarkeit nationaler Vorschriften. Gleiches gilt für die Richtlinien zum kollektiven Arbeitsrecht, namentlich die URRL, die EBR-RL, die SE-RL, die SCE-RL und die VRL.

Keine Auswirkungen entfaltet die *Danosa*-Entscheidung auch für die nicht durch EU-Richtlinien determinierten Bereiche des Arbeitsrechts. Insbesondere das KSchG ist auf Organmitglieder weiterhin nicht anwendbar.

§ 6. Auswirkungen auf den Arbeitnehmerstatus des GmbH-Geschäftsführers nach nationalem Recht?

Im Anschluss an die Feststellung, dass eine Einbeziehung von Arbeitnehmer-Organmitgliedern in die nicht durch Unionsrecht determinierten Bereiche des Arbeitsrechts nicht zwingend veranlasst ist, stellt sich die Frage, ob man im Interesse der Rechtsvereinheitlichung gleichwohl dazu übergeht, etwa den Fremd- und den nur minderheitlich beteiligten Gesellschafter-Geschäftsführer einer GmbH als Arbeitnehmer auch im Sinne des nationalen Begriffsverständnisses zu klassifizieren, mit der Folge, dass grundsätzlich alle nationalen Arbeitnehmerschutzgesetze auch auf diesen Personenkreis Anwendung finden würden.

A. Meinungsstand

Teile der Literatur befürworten eine solche sog. Einheitslösung: Wenngleich unionsrechtlich nicht zwingend geboten, sei dem abhängigen GmbH-Geschäftsführer infolge der *Danosa*-Entscheidung Arbeitnehmerstatus auch nach deutschem Recht zuzusprechen.[1525] Als Argument wird vor allem auf die Einheit der Rechtsordnung und die Vermeidung von gespaltenem Recht verwiesen.[1526] Eine dauerhafte Differenzierung sei der Übersichtlichkeit der Rechtsordnung und damit der Rechtssicherheit abträglich, daher sei der nationale Arbeitnehmerbegriff an die EuGH-Rechtsprechung anzupassen.[1527] Unabhängig von der *Danosa*-Entscheidung weise auch die neuere BAG-Rechtsprechung zur Verbrauchereigenschaft von GmbH-Geschäftsführern[1528] in diese Richtung, denn da es sich sowohl beim Arbeitnehmerschutz als auch beim Verbraucherschutz um Schutzsysteme zugunsten Schwächerer handele, sei insoweit ein Gleichlauf erforderlich.[1529]

1525 *v. Alvensleben/Haug/Schnabel*, BB 2012, 774, 778; *Leopold*, ZESAR 2011, 362, 367; *Wank*, EWiR 2011, 27, 28; tendenziell wohl auch *Schubert*, EuZA 2011, 362, 369; vgl. auch *Schrader/Hilgenstock*, ArbRAktuell 2011, 320420 („gut vertretbar"); offen lassend *Lunk/Rodenbusch*, GmbHR 2012, 188, 194 f.

1526 *v. Alvensleben/Haug/Schnabel*, BB 2012, 774, 778.

1527 *v. Alvensleben/Haug/Schnabel*, BB 2012, 774, 778; *Leopold*, ZESAR 2011, 362, 367.

1528 BAG v. 19.5.2010, NZA 2011, 939 ff.

1529 *Wank*, RdA 2011, 178, 178 ff.

Die Gegenansicht will die Arbeitnehmereigenschaft von Organmitgliedern hingegen auf diejenigen Rechtsbereiche begrenzt wissen, in denen eine Einbeziehung unionsrechtlich geboten ist.[1530] Sie verweist darauf, dass eine einheitliche Auslegung von Rechtsbegriffen keineswegs zwingend und auch dem Arbeitsrecht eine uneinheitliche Definition primär identischer Rechtsbegriffe nicht fremd sei, wie etwa der Begriff des „leitenden Angestellten“ in § 5 Abs. 3 BetrVG einerseits und § 14 Abs. 2 KSchG andererseits zeige.[1531] Zudem fehle es bei Arbeitnehmer-Organmitgliedern auch vielfach an einer entsprechenden Schutzbedürftigkeit, so dass die vollständige Anwendung des Arbeitsrechts nicht sachgerecht sei.[1532]

B. Stellungnahme

Die von den Befürwortern der Einheitslösung angestrebte Vereinheitlichung der Rechtsordnung erscheint grundsätzlich als ein wünschenswertes Ziel, da sie tendenziell zur Rechtsklarheit und damit zur Rechtssicherheit beiträgt. Es fragt sich allerdings, ob die generelle Anerkennung der Arbeitnehmereigenschaft von abhängigen GmbH-Geschäftsführern insoweit tatsächlich nennenswert zu einer Vereinheitlichung beitragen würde. Auf der einen Seite würde sie eine Anpassung an die Bereiche des Sozialversicherungs- und des Steuerrechts bedeuten: Auch dort werden der Fremd- und der nur minderheitlich beteiligte Gesellschafter-Geschäftsführer grundsätzlich als Arbeitnehmer im Sinne der jeweils einschlägigen Vorschriften klassifiziert. Insoweit könnte man also tatsächlich von einer Rechtsvereinheitlichung sprechen. Auf der anderen Seite bliebe eine unterschiedlich weit reichende Anwendung von arbeitsrechtlichen Vorschriften auf die genannte Personengruppe zumindest insoweit zwingend bestehen, wie Organmitglieder ausdrücklich vom personellen Anwendungsbereich einiger Gesetze ausgeschlossen sind (vgl. § 14 Abs. 1 Nr. 1 KSchG, § 5 Abs. 2 Nr. 1 BetrVG, § 3 Abs. 1 S. 2 MitbestG, § 5 Abs. 1 S. 3 ArbGG). Über den eindeutigen Wortlaut dieser Normen wird man sich nicht hinwegsetzen können.

Und auch in anderer Hinsicht bliebe die Rechtsordnung uneinheitlich, denn man müsste bei der Anwendung arbeitsrechtlicher Normen auf GmbH-Geschäftsführer weiterhin danach differenzieren, ob es sich um einen „abhängigen“, d. h. um einen

1530 *Klasen*, BB 2013, 1849, 1853; *Oberthür*, NZA 2011, 253, 257; *Reiserer*, DB 2011, 2262, 2267; *Schiefer/Worzalla*, ZfA 2013, 41, 51; *U. H. Schneider/Hohenstatt*, in: Scholz, GmbHG, § 35 Rn. 264, 266 f.

1531 *Klasen*, BB 2013, 1849, 1853; *Oberthür*, NZA 2011, 253, 257.

1532 *Oberthür*, NZA 2011, 253, 257.

Fremd- oder Minderheits-Gesellschafter-Geschäftsführer handelt, der nicht womöglich satzungsmäßige Sonderrechte hat, oder aber um einen „selbständigen" Geschäftsführer. Die unter § 4 B. I. herausgearbeiteten Ergebnisse zeigen, dass auch nach der unionsrechtlichen Definition die Arbeitnehmereigenschaft von Geschäftsführern keineswegs einheitlich bejaht oder verneint werden kann, sondern von einer Vielzahl von Faktoren und insbesondere auch der konkreten Satzungsgestaltung im Einzelfall abhängt. Mit Blick darauf könnte man also auch nach der Einheitslösung nur äußerst bedingt von einer einheitlichen Rechtsanwendung sprechen. Eine gewisse Rechtsunsicherheit bliebe bestehen.

Die soziale Schutzbedürftigkeit vieler abhängiger GmbH-Geschäftsführer insbesondere kleinerer Gesellschaften[1533] mag auf den ersten Blick für die Einheitslösung sprechen, insbesondere wenn man die mit ihrer Rechtsstellung einhergehende teilweise nicht unerhebliche Haftungsverantwortung bedenkt.[1534] Insbesondere mag es unter Schutzzweckgesichtspunkten willkürlich erscheinen, Arbeitnehmerschutzrecht in Abhängigkeit davon anzuwenden, ob es auf unionsrechtlichen Vorgaben basiert, obwohl in nicht unionsrechtlich determinierten Schutzbereichen mitunter eine vergleichbare Schutzbedürftigkeit bestehen dürfte. So stellt sich etwa die Frage, ob nicht auch eine Einbeziehung von Geschäftsführern in den Schutzbereich des BEEG sachgerecht wäre, die nach der hier vertretenen Auffassung unionsrechtlich nicht zwingend ist.[1535] Bei näherer Betrachtung erweist sich auch dies aber nicht als tragfähiges Argument für die Einheitslösung: Zum einen lässt sich die soziale Schutzbedürftigkeit auch bei „abhängigen" Geschäftsführern nicht pauschalisieren. Darüber hinaus wäre die Einbeziehung in viele Arbeitnehmerschutzgesetze vielfach nicht nur nicht sachgerecht, weil es an einer Schutzbedürftigkeit fehlt oder anerkennenswerte Interessen der Gesellschafter entgegenstehen (dies gilt insbes. für das ArbZG[1536] und das TzBfG[1537]), sondern wie bereits in Bezug auf diverse Richtlinien dargelegt, aufgrund der gleichzeitigen Arbeitgeberfunktion von Organmitgliedern gar nicht sinnvoll möglich, weil es zu einer Konfusion von Rechten und Pflichten kommen würde (so insbesondere im Bereich des Betriebsverfassungs- und des

1533 Vgl. dazu *Groß*, Das Anstellungsverhältnis, S. 355 ff.; *Martens*, FS Hilger/Stumpf, S. 437, 440 f.

1534 Zur Geschäftsführerhaftung eingehend *Pelz*, RNotZ 2003, 415 ff.

1535 S. oben § 5 B. VIII. 2. b) dd).

1536 Dazu oben § 5 B. III. 5. a) bb).

1537 Dazu oben § 5 B. VIII. 1. b) dd) (3).

Mitbestimmungsrechts[1538] und des ArbSchG[1539]).[1540] Der Vorbeugung unbilliger Zufallsergebnisse bei der Anwendung arbeitsrechtlicher Normen wird demgegenüber bereits dadurch Rechnung getragen, dass unabhängig von *Danosa* einzelne arbeitsrechtliche Normen entsprechend auf Geschäftsführer angewendet werden, soweit dies im Hinblick auf ihren Schutzzweck geboten erscheint.[1541]

Darüber hinaus würde die Betonung der sozialen Schutzbedürftigkeit auch in gewisser Weise einen Bruch mit der althergebrachten Arbeitnehmerdefinition bedeuten, nach der es primär auf eine persönliche, nicht auf eine wirtschaftliche bzw. soziale Schutzbedürftigkeit ankommt.[1542] Eine soziale Schutzbedürftigkeit wäre daher womöglich geeignet, den Geschäftsführer als arbeitnehmerähnliche Person zu qualifizieren, nicht aber als Arbeitnehmer, jedenfalls soweit man am Arbeitnehmerbegriff der bislang herrschenden Meinung festhält.

Schließlich liefe die Einheitslösung wohl vielfach auch dem Willen des Gesetzgebers zuwider, der – auch soweit er Organmitglieder nicht explizit vom Anwendungsbereich arbeitsrechtlicher Normen ausgenommen hat – doch bei der Schaffung von Schutzgesetzen für Arbeitnehmer regelmäßig den traditionellen nationalen Arbeitnehmerbegriff vor Augen hatte, von dem Organmitglieder seit jeher grundsätzlich nicht erfasst werden. Soweit ein Arbeitnehmerschutzgesetz daher nicht erkennbar unionsrechtliche Vorgaben umsetzen will, kann dem Gesetzgeber die Bereitschaft zur Erweiterung des Anwendungsbereiches von Arbeitnehmerschutzgesetzen, die auf der anderen Seite immer auch eine Einschränkung unternehmerischer Freiheiten bedeutet, nicht unterstellt werden.

C. Ergebnis

Eine Einbeziehung des „abhängigen“ GmbH-Geschäftsführers in den Anwendungsbereich aller Arbeitnehmer schützenden Vorschriften im Sinne einer Einheitslösung ist abzulehnen. Stattdessen ist in Übereinstimmung mit *Preis* und *Sagan* arbeitsrechtlich derzeit von einer „Dreiteilung“ der GmbH-Geschäftsführer auszugehen:[1543] Derjenige Geschäftsführer, der aufgrund seiner Beteiligung

1538 Dazu oben § 5 B. IX. 3.
1539 Dazu oben § 5 B. IV. 4. c) bb).
1540 In diese Richtung auch *U. H. Schneider/Hohenstatt*, in: Scholz, GmbHG, § 35 Rn. 267.
1541 S. oben § 2 C. III. 1. a) aa).
1542 S. dazu oben § 2 B. II. 4.; *Hümmerich*, NJW 1995, 177, 178.
1543 *Preis/Sagan*, ZGR 2013, 26, 58 f.

an der GmbH maßgeblichen Einfluss in der Gesellschafterversammlung hat und damit ihm ungenehme Weisungen sowie seine eigene Abberufung verhindern kann, ist Arbeitnehmer weder im Sinne des nationalen noch des Unionsrechts.[1544] Auf ihn finden arbeitsrechtliche Vorschriften grundsätzlich keine Anwendung. Die zweite Kategorie bilden diejenigen Geschäftsführer, die die Arbeitnehmerkriterien im Sinne des Unionsrechts erfüllen, also insbesondere der Fremdgeschäftsführer sowie der mit einer einfachen Minderheitsbeteiligung ausgestattete Gesellschafter-Geschäftsführer.[1545] Auf sie finden arbeitsrechtliche Vorschriften Anwendung, wenn und soweit dies unionsrechtlich geboten ist. Die dritte Stufe bilden solche Geschäftsführer, die nach den Maßstäben des BAG bereits auf der Grundlage des nationalen Rechts als Arbeitnehmer einzuordnen sind, weil sie umfassend, d. h. über § 37 Abs. 1 GmbHG hinausgehend weisungsgebunden sind.[1546] Auf sie finden grundsätzlich alle nationalen Arbeitnehmerschutzgesetze Anwendung, soweit diese Organmitglieder nicht explizit ausschließen.

1544 *Preis* und *Sagan* bezeichnen ihn als „selbständigen Geschäftsführer", ZGR 2013, 26, 58.

1545 Von *Preis* und *Sagan* als „abhängiger Geschäftsführer" bezeichnet, ZGR 2013, 26, 58.

1546 Nach *Preis/Sagan*: „Arbeitnehmer-Geschäftsführer", ZGR 2013, 26, 59.

§ 7. Anpassungsbedarf der nationalen Rechtsprechung

Auch wenn eine umfassende Einbeziehung des abhängigen Geschäftsführers in den nationalen Arbeitnehmerbegriff nach der hier vertretenen Auffassung nicht angezeigt ist, führt doch die Entscheidung *Danosa* dazu, dass die nationalen Gerichte aufgrund ihrer Pflicht zur richtlinienkonformen Auslegung des nationalen Rechts[1547] Arbeitsrecht in größerem Umfang auch auf geschäftsführende Organmitglieder anzuwenden haben. Im Folgenden soll ein kurzer Blick darauf geworfen werden, inwieweit die Gerichte dafür zu einer Revision ihrer bisherigen Rechtsprechung in Bezug auf die Arbeitnehmereigenschaft von Organmitgliedern angehalten sind.

A. Rechtsprechung der Zivilgerichte

In erster Linie werden es die Zivilgerichte sein, die die unionsrechtlichen Vorgaben auf der Ebene des nationalen Rechts umzusetzen haben, denn aufgrund der negativen Fiktion in § 5 Abs. 1 S. 3 ArbGG gelten die zur Vertretung einer juristischen Person berufenen Organe nicht als Arbeitnehmer im Sinne des ArbGG, so dass nach § 13 GVG die Zivilgerichte zur Entscheidung über Streitigkeiten zwischen einem Organmitglied und der Gesellschaft über Fragen aus dem Anstellungsverhältnis berufen sind. Dies gilt unabhängig davon, ob es sich materiell um ein Arbeits- oder um ein freies Dienstverhältnis handelt.[1548] Die Gültigkeit des § 5 Abs. 1 S. 3 ArbGG ist mangels unionsrechtlicher Vorgaben hinsichtlich der Gerichtszuständigkeit für Arbeitssachen auch für Arbeitnehmer-Organmitglieder durch die *Danosa*-Entscheidung nicht in Frage gestellt.[1549]

Der BGH steht seit jeher auf dem Standpunkt, dass geschäftsführende Organmitglieder aufgrund ihrer funktionellen Arbeitgebereigenschaft ungeachtet der konkreten Ausgestaltung ihrer Rechtsposition im Einzelfall generell keine Arbeitnehmer sein können und dementsprechend arbeitsrechtliche Vorschriften grundsätzlich keine Anwendung finden. Aus Schutzzweckerwägungen könnten

1547 Dazu oben § 5 B. I. 5. b) aa).

1548 BAG v. 20.8.2003, NZA 2003, 1108, 1109; *Koch*, in: ErfK, § 5 ArbGG Rn. 7.

1549 *Müller-Glöge*, in: G/M/P, ArbGG, § 5 Rn. 45a.

zwar einzelne arbeitsrechtliche Normen analog auf das Anstellungsverhältnis des Geschäftsführers angewandt werden, dies soll aber an seinem Status als freiem Dienstnehmer im Interesse der Rechtssicherheit nichts ändern.[1550] Eine analoge Rechtsanwendung bejaht der BGH etwa in Bezug auf den arbeitsrechtlichen Gleichbehandlungsgrundsatz, § 622 und § 630 BGB sowie die §§ 850 ff. ZPO an.[1551]

Diese Rechtsprechung wird sich infolge von *Danosa* jedenfalls im Ergebnis nur bedingt aufrecht erhalten lassen. Der BGH wird zur Umsetzung der EuGH-Rechtsprechung zukünftig weitere arbeitsrechtliche Normen auf Arbeitnehmer-Organmitglieder, also insbesondere GmbH-Fremd- sowie nur minderheitlich beteiligte Gesellschafter-Geschäftsführer, anzuwenden haben. Dies betrifft namentlich das MuSchG, das AGG und das BUrlG, denn diesen Gesetzen liegen Richlinien zugrunde, die jeweils den unionsrechtlichen Arbeitnehmerbegriff beinhalten und auch die jeweiligen Regelungszwecke rechtfertigen nicht den Ausschluss ihrer Anwendung auf Arbeinehmer-Organmitglieder.[1552]

Die Frage, welche arbeitsrechtlichen Normen im Ergebnis auf Arbeitnehmer-Organmitglieder Anwendung finden müssen, ist durch die zwingenden unionsrechtlichen Vorgaben beantwortet. Es bleibt die Frage, wie der BGH diese Vorgaben dogmatisch umsetzen wird: Denkbar wäre, dass der Gerichtshof den europarechtlichen Vorgaben durch die Begründung weiterer Einzelanalogien (etwa zu § 9 MuSchG) Rechnung trägt, dabei aber an seiner althergebrachten Auffassung, der generellen Ablehnung der Arbeitnehmereigenschaft von Organmitgliedern (auch im Sinne eines bestimmten Normenkomplexes, wie etwa des MuSchG), festhält. Eine grundlegende Neuausrichtung seiner bisherigen Rechtsprechung könnte so vermieden werden. Dabei wäre allerdings zu beachten, dass Analogien nicht nur zu solchen Regelungen erforderlich wären, die unmittelbar durch entsprechende Richtlinienbestimmungen vorgegeben sind, sondern, wie oben für das Mutterschutzrecht dargelegt, der allgemeine Gleichheitssatz u. U. zu einer Anwendung auch solcher Normen zwingt, die über die unionsrechtlichen Mindestvorgaben hinausgehen.[1553]

Alternativ könnte der BGH in Übereinstimmung mit der hier vertretenen Auffassung dazu übergehen, Arbeitnehmer-Organmitgliedern die Arbeitnehmereigenschaft dort, wo es das Unionsrecht erfordert, im Sinne bestimmter Gesetze (etwa des MuSchG oder des BUrlG) zuzusprechen, und sie damit gänzlich

---

1550 Vgl. oben § 2 C. III. 1. a) aa).
1551 S. oben § 2 C. III. 1. a) aa).
1552 Vgl. oben § 5 B. I. 4. d) cc); § 5 B. II. 4. d) bb); § 5 B. III. 4. e) sowie 5. b) aa).
1553 S. § 5 B. I. 6. a).

in deren Anwendungsbereich einzubeziehen. Damit würde er von seinem bisherigen dogmatischen Grundansatz, der generellen Unvereinbarkeit von Organeigenschaft und Arbeitnehmereigenschaft, abweichen. Anhaltspunkte dafür, dass der BGH diesen Weg einschlagen könnte, lassen sich in zwei Entscheidungen aus neuerer Zeit finden: Im Urteil vom 23.1.2003 entschied der BGH zum einen, dass der GmbH-Geschäftsführer „insolvenzrechtlich als Arbeitnehmer" behandelt werden könne.[1554] Zum anderen ließ der BGH in seiner jüngsten Entscheidung zur Anwendbarkeit des AGG auf GmbH-Geschäftsführer offen, ob ein Fremdgeschäftsführer „im Wege der Auslegung des § 6 Abs. 1 AGG als Beschäftigter, insbesondere als Arbeitnehmer im Sinne dieser Vorschrift angesehen werden kann".[1555] Die Formulierungen in beiden Fällen („Arbeitnehmer im Sinne von…") mögen als Hinweis darauf zu werten sein, dass der BGH zu einer Abkehr von seinem bisherigen Standpunkt, der generellen Ablehnung der Arbeitnehmereigenschaft, bereit sein und dazu übergehen könnte, die Arbeitnehmereigenschaft im Sinne einzelner Gesetze zu bejahen.

Damit würde er seinen dogmatischen Ansatz demjenigen von BAG und BSG insoweit angleichen, als auch diese den Arbeitnehmerstatus von Organmitgliedern nicht schlechthin ausschließen.[1556] Allerdings müsste der BGH dann seine Argumentation für die Verneinung der Arbeitnehmereigenschaft von „selbständigen" Organmitgliedern, für die die *Danosa*-Rechtsprechung keine Wirkung entfaltet, anpassen: Auch dort könnte er dann nicht mehr von einer generellen Unvereinbarkeit von Organeigenschaft und Arbeitnehmerstatus ausgehen, denn das wäre inkonsequent. Wie auch die Arbeits- und die Sozialgerichte müsste der BGH stattdessen verstärkt auf materielle Kriterien zurückgreifen. Gleichzeitig würde dieser Weg eine gewisse Abkehr von dem bislang mehrheitlich angenommenen einheitlichen Arbeitnehmerbegriff[1557] bedeuten, indem man diesen von Gesetz zu Gesetz unterschiedlich teleologisch auslegen würde.

B. Rechtsprechung der Arbeitsgerichte

Die Arbeitsgerichte haben die Arbeitnehmereigenschaft von Organmitgliedern bisher zwar in den allermeisten Fällen im Ergebnis verneint, sie aber nicht

1554 BGH v. 23.1.2003, GmbHR 2003, 472, 473 f. (Die dort einschlägigen Vorschriften der GesO sind inzwischen außer Kraft).

1555 BGH v. 23.4.2012, BGHZ 193, 110, 115.

1556 S. oben § 2 C. III. 1. b) aa) und bb).

1557 S. oben § 2 B. II. (Fn. 22).

prinzipiell bereits aufgrund ihrer Organeigenschaft ausgeschlossen. Mit der *Danosa*-Entscheidung liegen die Arbeitsgerichte daher insoweit auf einer Linie, als sie die funktionale Arbeitgeberfunktion und eine materiell-rechtliche Arbeitnehmereigenschaft nicht als generell miteinander unvereinbar betrachten, sondern eine materielle Prüfung der Arbeitnehmereigenschaft im Einzelfall vornehmen.[1558] Allerdings ist die BAG-Rechtsprechung für die Umsetzung der *Danosa*-Rechtsprechung zu restriktiv, soweit dabei das aus § 37 Abs. 1 GmbHG resultierende Weisungsrecht für die Begründung der Arbeitnehmereigenschaft des Geschäftsführers bislang als nicht hinreichend angesehen wurde, sondern eine umfassende, auch auf die konkreten Modalitäten der Leistungserbringung bezogene Weisungsunterworfenheit vorausgesetzt wurde.[1559] Auch das BAG muss daher seine Rechtsprechung im Ergebnis jedenfalls in Bezug auf diejenigen Gesetze revidieren, bei denen eine Einbeziehung von Organmitgliedern unionsrechtlich geboten ist. Die Unterscheidung zwischen einem gesellschaftsrechtlichen und einem arbeitsrechtlichen Weisungsrecht kann insoweit nicht aufrecht erhalten werden.

Man mag geneigt sein, zu fordern, dass diese ohnehin fragliche Differenzierung[1560] dann insgesamt, d. h. auch für nicht unionsrechtlich determinierte Sachverhalte aufgegeben werden sollte. Dann allerdings entfiele das maßgebliche Kriterium, das dem BAG für die Annahme der Arbeitnehmereigenschaft des Geschäftsführers auf der Grundlage des nationalen Rechts dient. Damit käme man zu dem von den Vertretern der Einheitslösung propagierten Ergebnis, dass dem Geschäftsführer, der Arbeitnehmer im unionsrechtlichen Sinne ist, Arbeitnehmerschutz nach sämtlichen, auch nicht unionsrechtlich determinierten arbeitsrechtlichen Vorschriften zu gewähren wäre. Will man dies vermeiden, wird das BAG dazu übergehen müssen, eine von Gesetz zu Gesetz differenzierende Betrachtungsweise mit jeweils unterschiedlichen Maßstäben in Bezug auf das Weisungsrecht an den Tag zu legen.

C. Rechtsprechung der Sozialgerichte

Die bisherige BSG-Rechtsprechung zur Beschäftigteneigenschaft von GmbH-Geschäftsführern im Sozialversicherungsrecht deckt sich bereits weitgehend mit der EuGH-Rechtsprechung zur Arbeitnehmereigenschaft von Organmitgliedern:

1558 Dazu oben § 2 C. III. 1. b) aa).
1559 Vgl. oben § 2 C. III. 1. b) aa).
1560 Dazu *Wank/Maties*, NZA 2007, 353, 354.

Die Beschäftigteneigenschaft im Sinne von § 7 SGB IV sei nicht bereits durch die Organstellung ausgeschlossen, sondern durch eine Prüfung der persönlichen Abhängigkeit im Einzelfall zu ermitteln. Dabei stellen die Sozialgerichte, ähnlich wie auch der EuGH, vorrangig darauf ab, ob der Geschäftsführer den Weisungen eines Gremiums unterliegt, auf das er selbst keinen maßgeblichen gesellschaftsrechtlich vermittelten Einfluss ausüben kann.[1561] Eine Differenzierung zwischen arbeitsrechtlichen und gesellschaftsrechtlichen Weisungen hat das BSG dabei schon bisher nicht vorgenommen. Dementsprechend wurden der Fremd- und der nur minderheitlich beteiligte Gesellschafter-Geschäftsführer regelmäßig als Beschäftigte betrachtet.[1562] Soweit in der Vergangenheit für die Abgrenzung teilweise mehr das tatsächlich gelebte Rechtsverhältnis und weniger die rechtliche Ausgestaltung der Rechtsbeziehungen als entscheidend angesehen wurde,[1563] wird in neueren Entscheidungen verstärkt auf die rechtliche Verankerung der Weisungsunterworfenheit abgestellt.[1564] Auch insoweit befindet sich das BSG daher mit den Aussagen des EuGH nach dem hier befürworteten Verständnis, nach dem es allein auf das Bestehen eines Weisungsrechts ankommt, nicht hingegen auch auf dessen tatsächliche Ausübung,[1565] auf einer Linie.

1561 Dazu oben § 2 C. III. 1. b) bb).

1562 S. oben § 2 C. III. 1. b) bb).

1563 Vgl. oben § 2 C. III. 1. b) bb).

1564 BSG v. 24.1.2007, NZS 2007, 648, 649 f.; v. 25.4.2012, SGb 2013, 364, 365 f.

1565 S. oben § 4 B. I. 2. a) cc) (3) (b).

§ 8. Abschließende Zusammenfassung

1. Die Arbeitnehmereigenschaft ist entscheidende Voraussetzung für die Anwendung des Arbeitsrechts. Arbeitnehmer ist nach vorherrschender Definition, wer aufgrund eines privatrechtlichen Vertrages und im Rahmen eines persönlichen Abhängigkeitsverhältnisses zur Leistung von Diensten verpflichtet ist. Die persönliche Abhängigkeit kennzeichnet sich durch Weisungsgebundenheit und die Eingliederung in fremde Organisationsstrukturen.
2. Davon ausgehend wurden geschäftsführende Organmitglieder bisher ganz überwiegend nicht als Arbeitnehmer angesehen. Dabei geht der BGH mit Zustimmung insbesondere des gesellschaftsrechtlich geprägten Schrifttums davon aus, dass ihre Arbeitnehmereigenschaft bereits aufgrund einer generellen Unvereinbarkeit mit ihrer gleichzeitigen Arbeitgeberfunktion ausgeschlossen sei. Das BAG hält die Arbeitnehmereigenschaft namentlich von GmbH-Geschäftsführern zwar grundsätzlich nicht für ausgeschlossen, nimmt diese allerdings nur unter engen Voraussetzungen, insbesondere einer über § 37 Abs. 1 GmbHG hinausgehenden Weisungsgebundenheit an.
3. Im Unionsrecht wird der Arbeitnehmerbegriff – anders als im deutschen Recht – nicht einheitlich, sondern in Abhängigkeit von Regelungszusammenhang und Schutzzweck der jeweiligen Norm bestimmt. Dabei kommt der im Rahmen der Arbeitnehmerfreizügigkeit gemäß Art. 45 AEUV entwickelten Begriffsbestimmung insofern eine überragende Bedeutung zu, als der EuGH diese Definition auch für den Arbeitnehmerbegriff arbeitsrechtlicher Richtlinien heranzieht, soweit diese von einem unionsrechtlichen Begriffsverständnis ausgehen. Arbeitnehmer in diesem Sinne ist, wer während einer bestimmten Zeit für einen anderen nach dessen Weisungen Leistungen erbringt, für die er als Gegenleistung eine Vergütung erhält.
4. Die Arbeitnehmereigenschaft von Organmitgliedern beurteilte der EuGH in der Vergangenheit uneinheitlich und ohne erkennbares System. In der Rechtssache *Danosa* stellte der Gerichtshof erstmals allgemeine Kriterien auf, nach denen die Arbeitnehmereigenschaft von Mitgliedern der Unternehmensleitung zu bestimmen sei. Maßgeblich soll es darauf ankommen, dass ein Organmitglied entgeltliche Leistungen für die Gesellschaft erbringt, die es bestellt hat und in die es eingegliedert ist, seine Tätigkeit nach Weisung

oder unter der Aufsicht eines anderen Organs ausübt und jederzeit ohne Einschränkung von seinem Amt abberufen werden kann.

5. Ausgehend von diesen Kriterien unterfällt der GmbH-Fremdgeschäftsführer regelmäßig dem unionsrechtlichen Arbeitnehmerbegriff, denn er unterliegt den Weisungen der Gesellschafter gemäß § 37 Abs. 1 GmbHG und ist nach § 38 Abs. 1 GmbHG jederzeit abberufbar. Modifizierende Satzungsbestimmungen führen nur dann zu einer gegenteiligen Beurteilung, wenn sie sowohl das Weisungsrecht als auch die jederzeitige Abberufbarkeit substanziell einschränken.
6. Eine Anteilsinhaberschaft lässt die Arbeitnehmereigenschaft entfallen, wenn sie dem Geschäftsführer maßgeblichen Einfluss in der Gesellschafterversammlung vermittelt. Dies ist regelmäßig ab einer Beteiligung von 50 Prozent am Stammkapital anzunehmen, kann aber bei Satzungsbestimmungen, die vom Gesetz abweichende Mehrheitserfordernisse festlegen, auch bei einer darunter liegenden Beteiligungsquote der Fall sein. Entscheidend ist, dass der Geschäftsführer aufgrund des Umfangs seiner Beteiligung in der Lage ist, ihm unliebsame Gesellschafterbeschlüsse durch Ausübung seines Stimmrechts zu verhindern.
7. Weder eine Mitbestimmung nach dem DrittelbG, dem MitbestG oder dem MontanMitbestG noch eine Konzernstruktur wirken sich auf die Arbeitnehmereigenschaft des Geschäftsführers nach unionsrechtlichen Maßstäben aus.
8. Vorstandsmitglieder von Aktiengesellschaften sind nicht als Arbeitnehmer im Sinne des Unionsrechts zu qualifizieren, denn sie handeln gemäß § 76 Abs. 1 AktG weisungsfrei und ihre vorzeitige Abberufung ist nach § 84 Abs. 3 AktG nur bei Vorliegen eines wichtigen Grundes möglich. Dies ist nach der hier vertretenen Auffassung auch bei Vorständen abhängiger Konzerngesellschaften nicht anders zu beurteilen.
9. Weder die Mitglieder des Leitungsorgans einer dualistisch verfassten SE noch die Mitglieder des Verwaltungsrates eines monistischen SE erfüllen die Arbeitnehmerkriterien im Sinne des Unionsrechts. Die geschäftsführenden Direktoren einer monistischen SE hingegen sind aufgrund ihrer mit einem GmbH-Fremdgeschäftsführer vergleichbaren Stellung als Arbeitnehmer im Sinne des Unionsrechts anzusehen, wenn sie nicht zugleich Mitglieder des Verwaltungsrates sind.
10. Geschäftsführende Gesellschafter von Personengesellschaften sind keine Arbeitnehmer im Sinne des Unionsrechts.

11. Folgen für die Anwendbarkeit nationaler arbeitsrechtlicher Vorschriften ergeben sich für Arbeitnehmer-Organmitglieder im Sinne der *Danosa*-Rechtsprechung nur in solchen Regelungsbereichen, in denen europäische Vorgaben, insbesondere europäische Richtlinien, existieren, und auch nur dann, wenn die jeweilige Richtlinie für ihren Anwendungsbereich nicht auf den Arbeitnehmerbegriff der Mitgliedstaaten verweist. Ob dies der Fall ist, ist durch Auslegung der Richtlinie zu ermitteln, wobei es nach den Vorgaben des EuGH nicht allein auf den Wortlaut, sondern vor allem auf Sinn und Zweck der Richtlinie und den Umfang der beabsichtigten Harmonisierungsintensität ankommt.
12. Die MuSchRL legt den unionsrechtlichen Arbeitnehmerbegriff zugrunde und schützt dementsprechend auch Arbeitnehmer-Organmitglieder. Dem ist durch eine richtlinienkonforme Auslegung des Begriffs „Arbeitsverhältnis" in § 1 Nr. 1 MuSchG Rechnung zu tragen, mit der Folge, dass alle Vorschriften des MuSchG Anwendung finden. Dabei ist das Kündigungsverbot nach § 9 MuSchG nach der hier vertretenen Auffassung nicht auf das Bestellungsverhältnis zu erstrecken. Dies gilt auch im Fall von Koppelungsklauseln: Sofern diese die praktische Wirksamkeit des Kündigungsverbots durch einen automatischen Gleichlauf von Anstellung und Bestellung einschränken, führt dies allenfalls zur Unwirksamkeit der Koppelungsklausel.
13. Für Organmitglieder, die nicht Arbeitnehmer im Sinne des Unionsrechts sind, ergibt sich ein Schutz vor schwangerschaftsbedingten Kündigungen aus der SelbstGbRL 2010/41/EU. Dem ist im nationalen Recht durch eine entsprechende Auslegung der §§ 138, 242 BGB Rechnung zu tragen. Auch wenn selbständige Organmitglieder nicht in den Anwendungsbereich des MuSchG fallen, besteht im deutschen Recht entgegen einer teilweise in der Literatur vertretenen Auffassung im Hinblick auf die durch die SelbstGbRL 2010/41/EU vorgesehenen Mutterschaftsleistungen kein Anpassungsbedarf.
14. Die dem AGG zugrunde liegenden Gleichbehandlungsrichtlinien 2006/54/EG, 2000/43/EG und 2000/78/EG legen ebenfalls den unionsrechtlichen Arbeitnehmerbegriff zugrunde. § 6 Abs. 3 AGG, wonach Organmitglieder gegen Diskriminierungen nur beim Zugang zur Erwerbstätigkeit und beim beruflichen Aufstieg geschützt sind, entspricht den europarechtlichen Anforderungen daher nicht. Die Herstellung eines richtlinienkonformen Zustandes kann durch eine erweiterte Auslegung des Arbeitnehmerbegriffs in § 6 Abs. 1 AGG erreicht werden, die auch Arbeitnehmer-Organmitglieder einbezieht.

15. Der durch das AGG vermittelte Schutz vor Diskriminierungen umfasst bei Organmitgliedern auch das Bestellungsverhältnis.
16. Für Organmitglieder gilt im Rahmen des AGG weder ein generell gelockerter Rechtfertigungsmaßstab für Benachteiligungen, noch ist § 8 AGG generell modifizierend auszulegen. Befristende Höchstaltersgrenzen in Anstellungsverträgen sind nach § 10 S. 3 Nr. 5 AGG zulässig, soweit sie auf das gesetzliche Renteneintrittsalter abstellen. Niedrigere Altersgrenzen sind bei Arbeitnehmer-Organmitgliedern unzulässig. Zugangsbeschränkende Altersgrenzen sind nach der hier vertretenen Auffassung nach § 10 S. 3 Nr. 3 AGG gerechtfertigt, soweit sie eine mindestens dreijährige Organtätigkeit ermöglichen.
17. Ein gegen die Diskriminierungsverbote des AGG verstoßender Abberufungsbeschluss ist gleichwohl wirksam. Die Rechtsfolgen einer diskriminierenden Abberufung richten sich nach § 15 AGG. Eine Bestimmung, die in diskriminierender Weise zu einer automatischen Beendigung des Organverhältnisses führt, ist hingegen unwirksam. Eine aus diskriminierenden Gründen nicht vorgenommene Bestellung bewirkt aufgrund von § 15 Abs. 6 AGG keinen Anspruch auf Begründung eines Organverhältnisses. Auch die Wirksamkeit der Bestellung von Dritten bleibt unberührt.
18. Entgegen § 2 Abs. 4 AGG sind die Bestimmungen des AGG auch auf Kündigungen von Arbeitnehmer-Organmitgliedern anzuwenden. Diskriminierende Kündigungen des Anstellungsvertrages sind nach § 7 Abs. 1 AGG i. V. m. § 134 BGB unwirksam.
19. Der AZRL liegt der unionsrechtliche Arbeitnehmerbegriff zugrunde. Dies hat zur Folge, dass Arbeitnehmer-Organmitglieder in den Anwendungsbereich des BUrlG einzubeziehen sind. Das ArbZG hingegen findet aufgrund der in Art. 17 Abs. 1 lit. a) AZRL vorgesehenen Bereichsausnahme keine Anwendung.
20. Die ArbSchRL geht ebenfalls vom unionsrechtlichen Arbeitnehmerbegriff aus. Aufgrund der strukturellen Konzeption sowie Sinn und Zweck der Richtlinie sind Organmitglieder indessen nicht als Arbeitnehmer in ihrem Sinne anzusehen, auch wenn sie die Kriterien des unionsrechtlichen Arbeitnehmerbegriffs grundsätzlich erfüllen. Dementsprechend ergeben sich keine Konsequenzen für den personellen Anwendungsbereich des ArbSchG. Gleiches gilt für die GesSchRL.
21. Obwohl sie nicht ausdrücklich auf das Recht der Mitgliedstaaten verweisen, gilt der unionsrechtliche Arbeitnehmerbegriff nach der hier vertretenen

Auffassung nicht für die NachwRL und die MERL. Eine erweiterte Anwendung des NachwG sowie der § § 17 f. KSchG ist dementsprechend nicht angezeigt.

22. Die TZRL, die BefRL, die EltURL, die BÜRL, die InsRL, die LARL und die EntsRL verweisen bereits nach ihrem Wortlaut auf den Arbeitnehmerbegriff der Mitgliedstaaten. Soweit der EuGH die nationale Definitionshoheit teilweise einschränkt, ist die Herausnahme von Organmitgliedern aus dem Anwendungsbereich der entsprechenden Richtlinien durch sachliche Gründe gerechtfertigt. Arbeitnehmer-Organmitglieder sind dementsprechend nicht in den Schutzbereich der entsprechenden nationalen Umsetzungsregelungen einzubeziehen.
23. Für die Richtlinien zum kollektiven Arbeitsrecht (die URRL, die EBR-RL, die SE-RL, die SCE-RL und die VRL) ist auch bei Fehlen eines ausdrücklichen Verweises auf das Recht der Mitgliedstaaten vom jeweiligen nationalen Arbeitnehmerbegriff auszugehen. Darüber hinaus ist eine Anwendung der Richtlinienbestimmungen auf Organmitglieder bereits deshalb ausgeschlossen, weil sie mit ihrer gleichzeitigen Arbeitgeberfunktion unvereinbar ist.
24. Keine unmittelbaren Konsequenzen ergeben sich in denjenigen Bereichen des Arbeitsrechts, die nicht europarechtlich determiniert sind. Dies betrifft etwa das EFZG, das ArbGG, das ArbnErfG oder die §§ 85 ff. SGB IX. Auch das KSchG ist trotz Art. 30 GRC nicht auf Organmitglieder anzuwenden.
25. Es ist nicht angezeigt, die Arbeitnehmereigenschaft des abhängigen GmbH-Geschäftsführers aufgrund der *Danosa*-Entscheidung im nationalen Recht zukünftig generell anzunehmen. Der rechtsvereinheitlichende Effekt wäre gering und die vollumfängliche Anwendung arbeitsrechtlicher Vorschriften wäre in vielen Bereichen nicht sachgerecht.
26. Die nationalen Gerichte werden infolge der *Danosa*-Entscheidung aufgrund ihrer Pflicht zur effektiven Umsetzung des Unionsrechts Arbeitsrecht zukünftig in größerem Umfang auf Geschäftsführer anzuwenden haben als bisher. Dies könnte den BGH dazu veranlassen, seinen bisherigen dogmatischen Ansatz, die generelle Ablehnung der Arbeitnehmereigenschaft von Organmitgliedern, zu revidieren. Zwingend ist dies allerdings nicht. Die Arbeitsgerichte werden die Unterscheidung zwischen gesellschaftsrechtlichem und arbeitsrechtlichem Weisungsrecht für den GmbH-Geschäftsführer jedenfalls in bestimmten Bereichen nicht aufrecht erhalten können.

Literaturverzeichnis

Adomeit, Klaus/ Mohr, Jochen, Kommentar zum Allgemeinen Gleichbehandlungsgesetz, 1. Aufl., Stuttgart u. a. 2007 (zit.: *Adomeit/Mohr*, AGG (1. Aufl.)).

Adomeit, Klaus/ Mohr, Jochen, Kommentar zum Allgemeinen Gleichbehandlungsgesetz, 2. Aufl., Stuttgart u. a. 2011 (zit.: *Adomeit/Mohr*, AGG).

von Alvensleben, Constantin, Die Rechte der Arbeitnehmer bei Betriebsübergang im Europäischen Gemeinschaftsrecht, Baden-Baden 1992 (zit.: *v. Alvensleben*, Betriebsübergang).

von Alvensleben, Volker/ Haug, Isabel/ Schnabel, Astrid, Der Fremdgeschäftsführer im Spannungsfeld zwischen Arbeitgeberposition und Arbeitnehmereigenschaft, BB 2012, S. 774–778.

Annuß, Georg, Das Allgemeine Gleichbehandlungsgesetz im Arbeitsrecht, BB 2006, S. 1629–1636.

Anzinger, Rudolf/ Koberski, Wolfgang, Kommentar zum Arbeitszeitgesetz, 3. Aufl., Frankfurt a. M. 2009 (zit.: *Anzinger/Koberski*, ArbZG).

Ascheid, Reiner/ Preis, Ulrich/ Schmidt, Ingrid (Hrsg.), Kündigungsrecht, Großkommentar zum gesamten Recht der Beendigung von Arbeitsverhältnissen, 3. Aufl., München 2007 (zit.: *Bearbeiter*, in: A/P/S (3. Aufl.)).

Ascheid, Reiner/ Preis, Ulrich/ Schmidt, Ingrid (Hrsg.), Kündigungsrecht, Großkommentar zum gesamten Recht der Beendigung von Arbeitsverhältnissen, 4. Aufl., München 2012 (zit.: *Bearbeiter*, in: A/P/S).

Baeck, Ulrich/ Winzer, Thomas, Mitglied eines Vertretungsorgans einer Gesellschaft als Arbeitnehmer, NZG 2011, S. 101.

Bamberger, Heinz Georg/ Roth, Herbert (Hrsg.), Kommentar zum Bürgerlichen Gesetzbuch, Band 1, §§ 1 – 610, CISG, 3. Aufl., München 2012 (zit.: *Bearbeiter*, in: Bamberger/Roth, BGB).

Bärenz, Christian, Die Auslegung der überschießenden Umsetzung von Richtlinien am Beispiel des Gesetzes zur Modernisierung des Schuldrechts, DB 2003, S. 375–376.

Bauer, Jobst Hubertus/ Arnold, Christian, Organbesetzung und Allgemeines Gleichbehandlungsgesetz – kein neues Betätigungsfeld für „Berufsaktionäre", AG 2007, S. 807–809.

Bauer, Jobst-Hubertus, Arbeitsrechtliche Aufhebungsverträge, Handbuch, 8. Aufl., München 2007 (zit.: *Bauer*, Aufhebungsverträge).

Bauer, Jobst-Hubertus, Anmerkung zu EuGH, Urteil v. 11.11.2010 - C-232/09, GWR 2010, S. 586.

Bauer, Jobst-Hubertus/ Arnold, Christian, AGG und Organmitglieder – Klares und Unklares vom BGH, NZG 2011, S. 921–927.

Bauer, Jobst-Hubertus/ Arnold, Christian, Altersdiskriminierung von Organmitgliedern, ZIP 2012, S. 597–605.

Bauer, Jobst-Hubertus/ Evers, Malte, Schadensersatz und Entschädigung bei Diskriminierung – Ein Fass ohne Boden?, NZA 2006, S. 893–898.

Bauer, Jobst-Hubertus/ Göpfert, Burkard/ Krieger, Steffen, Allgemeines Gleichbehandlungsgesetz, Kommentar, 2. Aufl., München 2008 (zit.: *B/G/K*, AGG (2. Aufl.)).

Bauer, Jobst-Hubertus/ Göpfert, Burkard/ Krieger, Steffen, Allgemeines Gleichbehandlungsgesetz, Kommentar, 3. Aufl., München 2011 (zit.: *B/G/K*, AGG).

Bauer, Jobst-Hubertus/ von Medem, Andreas, § 613 a BGB: Übergang von Leiharbeitsverhältnissen bei Übertragung des Entleiherbetriebs?, NZA 2011, S. 20–23.

Bauer, Jobst-Hubertus/ von Medem, Andreas, Altersgrenzen zur Beendigung von Arbeitsverhältnissen – Was geht, was geht nicht?, NZA 2012, S. 945–953.

Bauer, Jobst-Hubertus/ von Medem, Andreas, „One size fits all" – im Arbeitsrecht nicht angemessen, NZA 2013, S. 1233–1238.

Baumbach, Adolf (Begr.)/ *Hopt, Klaus*, Handelsgesetzbuch, 36. Aufl., München 2014 (zit.: *Bearbeiter*, in: Baumbach/Hopt, HGB).

Baumbach, Adolf (Begr.)/ Hueck, Alfred, GmbHG, 19. Aufl., München 2010 (zit.: *Bearbeiter*, in: Baumbach/Hueck, GmbHG (19. Aufl.)).

Baumbach, Adolf (Begr.)/ Hueck, Alfred, GmbHG, 20. Aufl., München 2013 (zit.: *Bearbeiter*, in: Baumbach/Hueck, GmbHG).

Baums, Theodor, Der Geschäftsleitervertrag, Köln 1987 (zit.: *Baums*, Geschäftsleitervertrag).

Baums, Theodor, Zuständigkeit für Abschluss, Änderung und Aufhebung von Anstellungsverträgen – Besprechung der Entscheidungen BGHZ 113, 237 und BGH WM 1991, 852, ZGR 1993, S. 141–152.

Bayreuther, Frank, Kündigungsschutz im Spannungsfeld zwischen Gleichbehandlungsgesetz und europäischem Antidiskriminierungsrecht, DB 2006, S. 1842–1847.

Bayreuther, Frank, Das Grünbuch der Europäischen Kommission zum Arbeitsrecht, NZA 2007, S. 371–375.

Bayreuther, Frank, Braucht es rechtliche Sonderregelungen für den unternehmerähnlichen Arbeitnehmer?, NZA 2013, S. 1238–1245.

Beuthien, Volker/ Wehler, Thomas, Stellung und Schutz der freien Mitarbeiter im Arbeitsrecht, RdA 1978, S. 2–10.

Bieder, Marcus/ Diekmann, Sabine, Verbot der Diskriminierung befristet Beschäftigter bei der Gewährung von Dienstalterszulagen, Anmerkung zu EuGH v. 13.9.2007 – Rechtssache del Cerro Alonso, EuZA 2008, S. 515–525.

Birk, Rolf, Das Nachweisgesetz zur Umsetzung der Richtlinie 91/533/EWG in das deutsche Recht, NZA 1996, S. 281–290.

Boemke, Burkhard, Das Dienstverhältnis des GmbH-Geschäftsführers zwischen Gesellschafts- und Arbeitsrecht, ZfA 1998, S. 209–235.

Boemke, Burkhard, Neue Selbständigkeit und Arbeitsverhältnis, ZfA 1998, S. 285–326.

Boemke, Burkhard/ Danko, Franz-Ludwig, AGG im Arbeitsrecht, Berlin u. a. 2007 (zit.: *Boemke/Danko*, AGG).

Brachert, Sebastian, Organmitgliedschaft und Arbeitnehmerstatus, Frankfurt a. M. 1991 (zit.: *Brachert*, Organmitgliedschaft).

Brammsen, Joerg, Der Arbeitnehmerbegriff – Versuch einer einheitlichen Neubestimmung, RdA 2010, S. 267–274.

Brand, Jürgen (Hrsg.), Sozialgesetzbuch, Arbeitsförderung, SGB III, Kommentar, 6. Aufl., München 2012 (zit.: *Bearbeiter*, in: Brand, SGB III).

Brandi, Tim Oliver, Die Europäische Aktiengesellschaft im deutschen und internationalen Konzernrecht, NZG 2003, S. 889–896.

Brötzmann, Ulrich, Anmerkung zu BGH vom 23.4.2012, GmbHR 2012, S. 851–852.

Buchner, Herbert, Das Recht der Arbeitnehmer, der Arbeitnehmerähnlichen und der Selbständigen – jedem das Gleiche oder jedem das Seine?, NZA 1998, S. 1144–1153.

Buchner, Herbert/ Becker, Ulrich, Mutterschutzgesetz und Bundeselterngeld- und Elternzeitgesetz, Kommentar, 8. Aufl., München 2008 (zit.: *Buchner/ Becker*, MuSchG).

Buschmann, Jörg/ Klösel, Daniel, Interim Management aus Sicht der arbeitsrechtlichen Vertragspraxis, NJW 2012, S. 1482–1485.

Calliess, Christian/ Ruffert, Matthias (Hrsg.), EUV/AEUV, Das Verfassungsrecht der Europäischen Union mit Europäischer Grundrechtecharta, Kommentar, 4. Aufl., München 2011 (zit.: *Bearbeiter*, in: Calliess/Ruffert, EUV/ AEUV).

Däubler, Wolfgang, Die Entsende-Richtlinie und ihre Umsetzung in das deutsche Recht, EuZW 1997, S. 613–618.

Däubler, Wolfgang/ Bertzbach, Martin (Hrsg.), Allgemeines Gleichbehandlungsgesetz, Handkommentar, 1. Aufl., Baden-Baden 2006 (zit.: *Bearbeiter*, in: HK-AGG (1. Aufl.)).

Däubler, Wolfgang/ Bertzbach, Martin (Hrsg.), Allgemeines Gleichbehandlungsgesetz, Handkommentar, 3. Aufl., Baden-Baden 2013 (zit.: *Bearbeiter*, in: HK-AGG).

Däubler, Wolfgang/ Kittner, Michael/ Klebe, Thomas/ Wedde, Peter (Hrsg.), BetrVG, 13. Aufl., Frankfurt a. M. 2012 (zit.: *Bearbeiter*, in: D/K/K/W, BetrVG).

Diller, Martin, Gesellschafter und Gesellschaftsorgane als Arbeitnehmer, Köln 1994 (zit.: *Diller*, Gesellschafter und Gesellschaftsorgane).

Diller, Martin/ Krieger, Steffen/ Arnold, Christian, Kündigungsschutzgesetz plus Allgemeines Gleichbehandlungsgesetz – Sind Arbeitnehmer in Zukunft doppelt vor Kündigungen geschützt?, NZA 2006, S. 887–892.

Dzida, Boris/ Naber, Sebastian, Diskriminierungsschutz für Geschäftsführer und Vorstandsmitglieder, ArbRB 2012, S. 373–376.

Eichinger, Julia, Grundsatz der Gleichbehandlung hinsichtlich des Zugangs zur Beschäftigung, zur Berufsbildung und zum beruflichen Aufstieg sowie in bezug auf die Arbeitsbedingungen (Richtlinie 76/207/EWG), in: Oetker/ Preis (Hrsg.), Europäisches Arbeits- und Sozialrecht – EAS Teil B 4200, Loseblatt Heidelberg, Stand: Januar 1999.

Emmerich, Volker/ Habersack, Mathias, Aktien- und GmbH-Konzernrecht, 7. Aufl., München 2013 (zit.: *Bearbeiter*, in: Emmerich/Habersack, KonzernR).

Eßer, Walter/ Baluch, Christina, Bedeutung des allgemeinen Gleichbehandlungsgesetzes für Organmitglieder, NZG 2007, S. 321–332.

Fiebig, Stefan/ Gallner, Inken/ Mestwerdt, Wilhelm/ Nägele, Stefan (Hrsg.), Kündigungsschutzrecht, Handkommentar, 4. Aufl., Baden-Baden 2012 (zit.: *Bearbeiter*, in: HK-KSchR).

Fischer, Ulrich, Die Fremdgeschäftsführerin und andere Organvertreter auf dem Weg zur Arbeitnehmereigenschaft, NJW 2011, S. 2329–2332.

Flatten, Jörg, Dauer von Geschäftsführerverträgen – Ein Leitfaden für Vertragsverhandlungen, GmbHR 2000, S. 922–927.

Fleck, Hans-Joachim, Das Organmitglied – Unternehmer oder Arbeitnehmer?, in: Festschrift für Marie Luise Hilger und Hermann Stumpf, Dieterich, Thomas u. a. (Hrsg.), München 1983, S. 197–226 (zit.: *Fleck*, FS Hilger/Stumpf).

Fleischer, Holger (Hrsg.), Handbuch des Vorstandsrechts, München 2006 (zit.: *Bearbeiter*, in: Fleischer, VorstandsR).

Fleischer, Holger/ Goette, Wulf (Hrsg.), Münchener Kommentar zum GmbHG, Band 2, §§ 35–52, München 2012 (zit.: *Bearbeiter*, in: MüKo-GmbHG).

Forst, Gerrit, Unterliegen Geschäftsführer dem Bundesurlaubsgesetz (BUrlG)?, GmbHR 2012, S. 821–828.

Forst, Gerrit, Unterliegen die Organwalter einer Societas Europaea mit Sitz in Deutschland der Sozialversicherungspflicht?, NZS 2012, S. 801–808.

Franzen, Martin, Privatrechtsangleichung durch die Europäische Gemeinschaft, Berlin u. a. 1999 (zit.: *Franzen*, Privatrechtsangleichung).

Freckmann, Anke, Der Geschäftsführer im Arbeits- und Sozialversicherungsrecht, Ein Überblick unter Berücksichtigung der neuesten Rechtsprechung, DStR 2008, S. 52–60.

Fuchs, Maximilian/ Marhold, Franz, Europäisches Arbeitsrecht, 3. Aufl., Wien 2010 (zit.: *Fuchs/Marhold*, EuArbR).

Gagel, Alexander (Begr.)/ *Knickrehm, Sabine/ Deinert, Olaf* (Hrsg.), SGB II/ SGB III, Grundsicherung und Arbeitsförderung, Kommentar, 53. EL, München 2014 (zit.: *Bearbeiter*, in: Gagel, SGB II/III).

Geißler, Markus, Begrenzungen bei der Weisungsbindung des GmbH-Geschäftsführers, GmbHR 2009, S. 1071–1076.

Germelmann, Claas-Hinrich/ Matthes, Hans-Christoph/ Prütting, Hanns u. a. (Hrsg.), Arbeitsgerichtsgesetz, Kommentar, 8. Aufl., München 2013 (zit.: *Bearbeiter*, in: G/M/P).

Gissel, Ralf, Arbeitnehmerschutz für den GmbH-Geschäftsführer, Köln u. a. 1987 (zit.: *Gissel*, Arbeitnehmerschutz).

Goette, Wulf, Das Organverhältnis des Geschäftsführers in der Rechtsprechung des BGH, DStR 1998, S. 938–943.

Goette, Wulf, Der Geschäftsführerdienstvertrag zwischen Gesellschafts- und Arbeitsrecht in der Rechtsprechung des Bundesgerichtshofs, in: Festschrift für Herbert Wiedemann zum 70. Geburtstag, Wank, Rolf u. a., München 2002, S. 873–888 (zit.: *Goette*, FS Wiedemann).

Goette, Wulf/ Habersack, Mathias/ Kalss, Susanne (Hrsg.), Münchener Kommentar zum Aktiengesetz, Band 2, §§ 76 – 117 AktG, MitbestG, DrittelbG, 3. Aufl., München 2008,

Band 5, §§ 278 – 328 AktG, SpruchG, 3. Aufl., München 2010,

Band 7, Europäisches Aktienrecht, 3. Aufl., München 2012,

(zit.: *Bearbeiter*, in: MüKo-AktG).

Grabitz, Eberhard, Gemeinschaftsrecht bricht nationales Recht, Hamburg 1966 (zit.: *Grabitz*, Gemeinschaftsrecht).

Grabitz, Eberhard/ Hilf, Meinhard/ Nettesheim, Martin (Hrsg.), Das Recht der Europäischen Union, Band I, EUV/AEUV, 52. EL, München 2014 (zit.: *Bearbeiter*, in: G/H/N, EUV/AEUV).

Graue, Bettina, Mutterschutzgesetz, Basiskommentar, 2. Aufl., Frankfurt a. M. 2010 (zit.: *Graue*, MuSchG).

Griebeling, Gert, Der Arbeitnehmerbegriff und das Problem der „Scheinselbständigkeit“, RdA 1998, S. 208–216.

Grobys, Marcel/ Glanz, Peter, Kopplungsklauseln in Geschäftsführerverträgen, NJW-Spezial 2007, S. 129–130.

von der Groeben, Hans/ Schwarze, Jürgen (Hrsg.), Kommentar zum Vertrag über die Europäische Union und zur Gründung der Europäischen Gemeinschaft,

Band 1, Art. 1 – 53 EUV, Art. 1 – 80 EGV, 6. Aufl., Baden-Baden 2003,

Band 3, Art. 98–188 EGV, 6. Aufl., Baden-Baden 2003,

(zit.: *Bearbeiter*, in: von der Groeben/Schwarze, EUV/EGV).

Groß, Volker, Das Anstellungsverhältnis des GmbH-Geschäftsführers in Zivil-, Arbeits-, Sozialversicherungs- und Steuerrecht, Köln 1987 (zit.: *Groß*, Das Anstellungsverhältnis).

Gummert, Hans/ Weipert, Lutz (Hrsg.), Münchener Handbuch des Gesellschaftsrechts,

Band 1, 3. Aufl., München 2009,

Band 2, 3. Aufl., München 2009,

Band 4, 3. Aufl., München 2007,

(zit.: *Bearbeiter*, in: MünchGesR (I, II, IV)).

Haag, Oliver/ Tiberius, Victor A., Interimsmanagement – rechtliche Aspekte und Einordnung, NZA 2004, S. 190–194.

Haase, Karsten, Der Erholungsurlaub des Geschäftsführers einer GmbH aus rechtlicher Sicht, GmbHR 2005, S. 265–272 (Teil I), 338–345 (Teil II).

Hachenburg, Max, Kommentar zum Gesetz betreffend die Gesellschaften mit beschränkter Haftung, Zweiter Band (§§ 35–84), 6. Aufl., Berlin 1959 (zit.: *Bearbeiter*, in: Hachenburg, GmbHG).

Hamacher, Anno/ Ulrich, Christoph, Die Kündigung von Arbeitsverhältnissen nach Inkrafttreten und Änderung des AGG, NZA 2007, S. 657–663.

Hanau, Peter/ Steinmeyer, Heinz-Dietrich/ Wank, Rolf, Handbuch des europäischen Sozial- und Arbeitsrechts, München 2002 (zit.: *Bearbeiter*, in: H/S/W).

Heilmann, Joachim, Urlaubsrecht, Basiskommentar, 3. Aufl., Frankfurt a. M. 2010 (zit.: *Heilmann*, BUrlG).

Heilmann, Joachim/ Aufhauser, Rudolf, Arbeitsschutzgesetz, Handkommentar, 2. Aufl., Baden-Baden 2005 (zit.: *Bearbeiter*, in: HK-ArbSchG).

Heinze, Meinhard, Wege aus der Krise des Arbeitsrechts – Der Beitrag der Wissenschaft, NZA 1997, S. 1–9.

Henssler, Martin, Das Anstellungsverhältnis der Organmitglieder, RdA 1992, S. 289–302.

Henssler, Martin/ Strohn, Lutz (Hrsg.), Gesellschaftsrecht, 1. Aufl., München 2011 (zit.: *Bearbeiter*, in: Henssler/Strohn (1. Aufl.)).

Henssler, Martin/ Strohn, Lutz (Hrsg.), Gesellschaftsrecht, 2. Aufl., München 2014 (zit.: *Bearbeiter*, in: Henssler/Strohn).

Henssler, Martin/ Willemsen, Heinz Joseph/ Kalb, Heinz-Jürgen (Hrsg.), Arbeitsrecht Kommentar, 6. Aufl., Köln 2014 (zit.: *Bearbeiter*, in: H/W/K).

Herdegen, Matthias, Europarecht, 15. Aufl., München 2013 (zit.: *Herdegen*, EuropaR).

Heuberger, Georg, Sachliche Abhängigkeit als Kriterium des Arbeitsverhältnisses, Königstein 1982 (zit.: *Heuberger*, Sachliche Abhängigkeit).

Hey, Thomas (Hrsg.), Kommentar zum AGG, Frankfurt am Main 2008 (zit.: *Hey*, AGG).

Hinrichs, Lars/ Plitt, David, Europäische Aktiengesellschaft: Sozialversicherungspflicht der Mitglieder der Leitungsorgane?, DB 2011, S. 1692–1695.

Hinrichs, Oda, Kündigungsschutz und Arbeitnehmerbeteiligung bei Massenentlassungen: europarechtliche Aspekte und Impulse, Baden-Baden 2001 (zit.: *Hinrichs*, Kündigungsschutz).

Hoefs, Christian/ Rentsch, Robert, Altersdiskriminierung von Organmitgliedern – Zugleich Besprechung des BGH-Urteils vom 23.4.2012 – II ZR 163/10, DB 2012, S. 2733–2738.

Hoentzsch, Susanne, Die Anwendung der Benachteiligungsverbote des Allgemeinen Gleichbehandlungsgesetzes auf Organmitglieder, München 2011 (zit.: *Hoentzsch*, Anwendung der Benachteiligungsverbote).

Hohenstatt, Klaus-Stefan/ Naber, Sebastian, Diskriminierungsschutz für Organmitglieder: Konsequenzen für die Vertragsgestaltung, ZIP 2012, S. 1989–1996.

Hohmeister, Frank/ Goretzki, Susanne/ Oppermann, Angelika, Bundesurlaubsgesetz, Handkommentar, 2. Aufl., Baden-Baden 2008 (zit.: *Bearbeiter*, in: HK-BUrlG).

Hölters, Wolfgang (Hrsg.), Aktiengesetz, Kommentar, 2. Aufl., München 2014 (zit.: *Bearbeiter*, in: Hölters, AktG.

Holthausen, Joachim/ Steinkraus, Astrid, Die janusköpfige Rechtstellung des GmbH-Geschäftsführers im Arbeitsrecht, NZA-RR 2002, S. 281–288.

Hommelhoff, Peter, Zum Konzernrecht in der Europäischen Aktiengesellschaft, AG 2003, S. 179–184.

Hopt, Klaus J./ Wiedemann, Herbert, Aktiengesetz, Großkommentar, Dritter Band, §§ 76–94, 4. Aufl., Berlin 2008 (zit.: *Bearbeiter*, in: Großkomm-AktG).

Horstmeier, Gerrit, Geschäftsführer und Vorstände als „Beschäftigte", Diskriminierungsschutz für Organe nach dem Allgemeinen Gleichbehandlungsgesetz, GmbHR 2007, S. 125–129.

von Hoyningen-Huene, Gerrick, Gesellschafter, „Scheingesellschafter" oder Arbeitnehmer?, NJW 2000, S. 3233–3239.

Hromadka, Wolfgang, Das Recht der leitenden Angestellten, München 1979 (zit.: *Hromadka*, Das Recht).

Hromadka, Wolfgang, Arbeitnehmerbegriff und Arbeitsrecht Zur Diskussion um die „neue Selbständigkeit", NZA 1997, S. 569–580.

Hueck, Alfred, Die Rechtstellung der Mitglieder von Organen der juristischen Personen, DB 1954, S. 274–276.

Hueck, Alfred/ Nipperdey, Hans Carl, Lehrbuch des Arbeitsrechts, Erster Band (Allgemeine Lehren, Individualarbeitsrecht), Mannheim u. a. 1928 (zit.: *Hueck/Nipperdey*, ArbR).

Hueck, Götz, Zur Tätigkeit des Kommanditisten im Dienste der KG, DB 1962, S. 1363–1368.

Hueck, Götz, Bemerkungen zum Anstellungsverhältnis von Organmitgliedern juristischer Personen, in: Festschrift für Marie Luise Hilger und Hermann Stumpf, Dieterich, Thomas u. a. (Hrsg.), München 1983, S. 365–380 (zit.: *G. Hueck*, FS Hilger/Stumpf).

Hueck, Götz, Zur arbeitsrechtlichen Stellung des GmbH-Geschäftsführers, ZfA 1985, S. 25–37.

Hüffer, Uwe, Aktiengesetz, 10. Aufl., München 2012 (zit.: *Hüffer*, AktG).

Hümmerich, Klaus, Grenzfall des Arbeitsrechts: Kündigung des GmbH-Geschäftsführers, NJW 1995, S. 1177–1182.

Hümmerich, Klaus, Der Verbraucher-Geschäftsführer – Das unbekannte Wesen, NZA 2006, S. 709–713.

Ihrig, Hans-Christoph, Die geschäftsführenden Direktoren in der monistischen SE: Stellung, Aufgaben, Haftung, ZGR 2008, S. 809–834.

Jaeger, Georg, Zur Problematik von Altersgrenzen für Vorstandsmitglieder im Hinblick auf das AGG, in: Festschrift für Jobst-Hubertus Bauer zum 65. Geburtstag, Baeck, Ulrich u. a. (Hrsg.), München 2010, S. 495–501 (zit.: *Jaeger*, FS Bauer).

Jäger, Axel, Rechtsprechungsübersicht: Die Entwicklung der Judikatur zur AG in den Jahren 1999–2000, NZG 2001, S. 97–106.

Jarass, Hans D., Charta der Grundrechte der Europäischen Union, Kommentar, 2. Aufl., München 2013 (zit.: *Jarass*, GRC).

Jarass, Hans D., Die Bindung der Mitgliedstaaten an die EU-Grundrechte, NVwZ 2012, S. 457–461.

Julius, Nico, Arbeitsschutz und Fremdfirmenbeschäftigung, Baden-Baden 2004 (zit.: *Julius*, Arbeitsschutz).

Junker, Abbo, Auswirkungen der neueren EuGH-Rechtsprechung auf das deutsche Arbeitsrecht, NZA 2011, S. 950–957.

Kallmeyer, Harald, Das monistische System in der SE mit Sitz in Deutschland, ZIP 2003, S. 1531–1536.

Kamanabrou, Sudabeh, Das Anstellungsverhältnis des GmbH-Geschäftsführers im Licht neuerer Rechtsprechung, DB 2002, S. 146–150.

Kamanabrou, Sudabeh, Die arbeitsrechtlichen Vorschriften des Allgemeinen Gleichbehandlungsgesetzes, RdA 2006, S. 321–339.

Kempermann, Maximiliane, Der GmbH-Geschäftsführer als Arbeitnehmer, NJW-Spezial 2013, S. 655–656.

Kisker, Olaf, Unternehmerische Mitbestimmung in der Europäischen Gesellschaft, der Europäischen Genossenschaft und bei grenzüberschreitender Verschmelzung im Vergleich, RdA 2006, S. 206–212.

Kittner, Michael/ Däubler, Wolfgang/ Zwanziger, Bertram (Hrsg.), Kündigungsschutzrecht, 8. Aufl., Frankfurt a. M. 2011 (zit.: *Bearbeiter*, in: K/D/Z, KSchR).

Kittner, Michael/ Pieper, Ralf, Arbeitsschutzgesetz, Basiskommentar, 4. Aufl., Frankfurt a. M. 2007 (zit.: *Kittner/Pieper*, ArbSchG).

Klasen, Evelyn, Sic-non-Fälle und materieller Arbeitnehmerstatus, BB 2013, S. 1849–1853.

Klauberg, Theis, Gesellschaftsrecht in Estland, Lettland, Litauen: eine Einführung mit vergleichenden Tabellen, Heidelberg 2004 (zit.: *Klauberg*, Gesellschaftsrecht).

Klein-Jahns, Stefanie, Mutterschutz und Erziehungsurlaub, in: Oetker/Preis (Hrsg.), Europäisches Arbeits- und Sozialrecht – EAS Teil B 5100, Loseblatt Heidelberg, Stand: Januar 1999.

Knigge, Kirsten, Mutterschaftsleistungen für Selbstständige: Umsetzung der Richtlinie 2010/41/EU, ZESAR 2013, S. 24–30.

Kohte, Wolfhard, Arbeitsschutzrahmenrichtlinie, in: Oetker/Preis (Hrsg.), Europäisches Arbeits- und Sozialrecht – EAS Teil B 6100, Loseblatt Heidelberg, Stand: August 1998.

Kollmer, Norbert/ Klindt, Thomas, Arbeitsschutzgesetz, Kommentar, 2. Aufl., München 2011 (zit.: *Bearbeiter*, in: Kollmer/Klindt, ArbSchG).

Konzen, Horst, Geschäftsführung, Weisungsrecht und Verantwortlichkeit in der GmbH und GmbH & Co. KG, NJW 1989, S. 2977–2987.

Kort, Michael, Sind GmbH-Geschäftsführer und Vorstandsmitglieder diskriminierungsschutzrechtlich Arbeitnehmer? Die Auslegung von § 6 I AGG zwischen Arbeitsrecht und Gesellschaftsrecht, NZG 2013, S. 601–607.

Kort, Michael, Ungleichbehandlung von Geschäftsleitungsmitgliedern bei AG und GmbH wegen des Alters, WM 2013, S. 1049–1057.

Krause, Nils, Auswirkungen des Allgemeinen Gleichbehandlungsgesetzes auf die Organbesetzung, AG 2007, S. 392–397.

Krause, Rüdiger, Mitarbeit in Unternehmen, Tübingen 2002 (zit.: *Krause,* Mitarbeit in Unternehmen).

Krauss, Lutz, Status und Kündigungsschutz von arbeitnehmerähnlichen Vorstandsmitgliedern der Aktiengesellschaft, Frankfurt a. M. 1989 (zit.: *Krauss,* Status und Kündigungsschutz).

Kreikebohm, Ralf/ Spellbrink, Wolfgang/ Waltermann, Raimund (Hrsg.), Kommentar zum Sozialrecht, 3. Aufl., München 2013 (zit.: *Bearbeiter,* in: K/S/W, SozR).

Krimphove, Dieter, Europäisches Arbeitsrecht, 2. Aufl., München 2001 (zit.: *Krimphove,* EuArbR).

Kruse, Cornelius/ Stenslik, Bastian-Peter, Mutterschutz für Organe von Gesellschaften?, NZA 2013, S. 596–601.

Kuhn, Norbert, Abgestuftes Arbeitsrecht am Beispiel des abhängigen GmbH-Geschäftsführers (mit europäischen Bezügen), Frankfurt a. M. 2006 (zit.: *Kuhn,* Abgestuftes Arbeitsrecht).

Küttner, Wolfdieter, Personalbuch, 20. Aufl., München 2013 (zit.: *Bearbeiter,* in: Küttner).

Leinemann, Wolfgang/ Linck, Rüdiger, Urlaubsrecht, Kommentar, 2. Aufl., München 2001 (zit.: *Leinemann/Linck,* BUrlG).

Leitherer, Stephan (Hrsg.), Kasseler Kommentar zum Sozialversicherungsrecht, Band I, 80. EL, München 2013 (zit.: *Bearbeiter,* in: KassKomm).

Lenz, Martin, Mutterschutzgesetz, Kommentar, Baden-Baden 2004 (zit.: *Lenz,* MuSchG).

Leopold, Anders, Mutterschutz für Mitglieder der Unternehmensleitung, ZESAR 2011, S. 362–368.

Lieb, Manfred, Beschäftigung und Produktionsdauer – selbständige oder unselbständige Tätigkeit?, RdA 1977, S. 210–219.

Lieb, Manfred/ Jacobs, Matthias, Arbeitsrecht, 9. Aufl., Heidelberg 2006 (zit.: *Lieb/Jacobs*, ArbR).

Liebhäuser, Anja, Die Bedeutung des Allgemeinen Gleichbehandlungsgesetzes für Organmitglieder, Hamburg 2012 (zit.: *Liebhäuser*, Bedeutung des AGG).

Lingemann, Stefan/ Weingarth, Markus, Zur Anwendung des AGG auf Organmitglieder – Zugleich Besprechung des BGH-Urteils vom 23.4.2012 – II ZR 163/10, DB 2012, S. 2325–2332.

Lingscheid, Anja, Antidiskriminierung im Arbeitsrecht, Berlin 2004 (zit.: *Lingscheid*, Antidiskriminierung).

Linnenkohl, Karl/ Rauschenberg, Hans-Jürgen, Arbeitszeitgesetz, Handkommentar, 2. Aufl., Baden-Baden 2004 (zit.: *Bearbeiter*, in: HK-ArbZG).

Littmann, Jörg, Anmerkung zu BSG v. 25.4.2012, SGb 2013, S. 368–371.

Lücke Oliver, Der Status des GmbH-Geschäftsführers: (K)ein Arbeitnehmer?, NJOZ 2009, S. 3469–3477.

Lunk, Stefan, Mutterschutz für die GmbH-Geschäftsführerin? – Deutsches Arbeitsrecht im Widerspruch mit Verfassungs- und Europarecht, in: Festschrift Jobst Hubertus Bauer zum 65. Geburtstag, Baeck, Ulrich u. a., München 2010, S. 705–719 (zit.: *Lunk*, FS Bauer).

Lunk, Stefan, Allgemeine Gleichbehandlung von Beschäftigten: Anspruch eines GmbH-Geschäftsführers auf Ersatz des Erwerbsschadens wegen Benachteiligung aufgrund Ablehnung seiner erneuten Bewerbung nach Ablauf der befristeten Amtszeit, Besprechung des Urteils BGH v. 23.4.2012 – II ZR 163/10, RdA 2013, S. 110–115.

Lunk, Stefan/ Rodenbusch, Vincent, Der Weiterbeschäftigungsanspruch des GmbH-Geschäftsführers, NZA 2011, S. 497–500.

Lunk, Stefan/ Rodenbusch, Vincent, Der unionsrechtliche Arbeitnehmerbegriff am Beispiel des GmbH-Geschäftsführers, GmbHR 2012, S. 188–195.

Lutter, Marcus, Anwendbarkeit der Altersbestimmungen des AGG auf Organpersonen, BB 2007, S. 725–731.

Lutter, Marcus/ Hommelhoff, Peter, GmbH-Gesetz, Kommentar, 17. Aufl., Köln 2009 (zit.: *Bearbeiter*, in: Lutter/Hommelhoff, GmbHG (17. Aufl.)).

Lutter, Marcus/ Hommelhoff, Peter, GmbH-Gesetz, Kommentar, 18. Aufl., Köln 2012 (zit.: *Bearbeiter*, in: Lutter/Hommelhoff, GmbHG).

Lutter, Marcus/ Hommelhoff, Peter, SE-Kommentar, Köln 2008 (zit.: *Bearbeiter*, in: Lutter/Hommelhoff, SE-Komm).

Martens, Klaus-Peter, Vertretungsorgan und Arbeitnehmerstatus in konzernabhängigen Gesellschaften, in: Festschrift für Marie Luise Hilger und Hermann Stumpf, Dieterich, Thomas u. a. (Hrsg.), München 1983, S. 437–466 (zit.: *Mertens*, FS Hilger/Stumpf).

Maschmann, Frank, Arbeitsverträge und Verträge mit Selbständigen: Rechtliche Qualifizierung von Dienstleistungsverhältnissen als Abgrenzungs- und Einordnungsproblem, Berlin 2001 (zit.: *Maschmann*, Arbeitsverhältnisse).

Mayer, Christian/ Schürnbrand, Jan, Einheitlich oder gespalten? – Zur Auslegung nationalen Rechts bei überschießender Umsetzung der Richtlinien, JZ 2004, S. 545–552.

von Medem, Alexander, Anmerkung zu EuGH, Urteil v. 11.11.2010 – C-232/09, ArbRAktuell 2010, S. 654.

Meinel, Gernod/ Heyn, Judith/ Herms, Sascha, Allgemeines Gleichbehandlungsgesetz, Arbeitsrechtlicher Kommentar, 2. Aufl., München 2010 (zit.: *M/H/H*, AGG).

Meinel, Gernod/ Heyn, Judith/ Herms, Sascha, Teilzeit- und Befristungsgesetz, Kommentar, 4. Aufl., München 2012 (zit.: *Bearbeiter*, in: M/H/H, TzBfG).

Meisel, Peter G./ Sowka, Hans-Harald, Mutterschutz und Erziehungsurlaub, Kommentar zum Mutterschutzgesetz, zu den Leistungen bei Schwangerschaft und Mutterschaft nach der RVO und zum Bundeserziehungsgeldgesetz, 5. Aufl., München 1999 (zit.: *Meisel/Sowka*, MuSchG).

Meyer, Jürgen (Hrsg.), Charta der Grundrechte der Europäischen Union, 3. Aufl., Baden-Baden 2011 (zit.: *Bearbeiter*, in: Meyer, GRC).

Michalski, Lutz (Hrsg.), Kommentar zum Gesetz betreffend die Gesellschaften mit beschränkter Haftung (GmbH-Gesetz),

Band 1, Systematische Darstellungen, §§ 1–34 GmbHG, 2. Aufl., München 2010,

Band 2, §§ 35–85 GmbHG, §§ 1–4 EGGmbHG, 2. Aufl., München 2010,

(zit.: *Bearbeiter*, in: Michalski, GmbHG).

Mildenberger, Martin, Der Geschäftsführervertrag, Tübingen 2000 (zit.: *Mildenberger*, Geschäftsführervertrag).

Miller, Fritz Georg, Der Anstellungsvertrag des GmbH-Geschäftsführers – rechtliche Einordnung und gesetzliche Mindestkündigungsfrist, BB 1977, S. 723–726.

Miller, Fritz-Georg, Zur Abhängigkeit bei GmbH-Geschäftsführern, ZIP 1981, S. 578–583.

Miras, Antonio, Verbotene Diskriminierung bei der Auswahl von Organmitgliedern, GWR 2012, S. 311–315.

Mohr, Jochen, Schutz vor Diskriminierungen im Europäischen Arbeitsrecht, Berlin 2004 (zit.: *Mohr*, Diskriminierungen).

Mohr, Wolfgang, Der Arbeitnehmerbegriff im Arbeits- und Steuerrecht, Frankfurt a. M. 1994 (zit.: *Mohr*, Der Arbeitnehmerbegriff).

Moll, Wilhelm (Hrsg.), Münchener Anwaltshandbuch Arbeitsrecht, 3. Aufl., München 2012 (zit.: *Bearbeiter*, in: MAH ArbR).

Mörsdorf, Oliver, Unmittelbare Anwendung von EG-Richtlinien zwischen Privaten in der Rechtsprechung des EuGH, EuR 2009, S. 219–241.

Müller-Glöge, Rudi, Bestandsschutz beim Betriebsübergang nach § 613a BGB, NZA 1999, S. 449–457.

Müller-Glöge, Rudi/ Preis, Ulrich/ Schmidt, Ingrid (Hrsg.), Erfurter Kommentar zum Arbeitsrecht, 10. Aufl., München 2010 (zit.: *Bearbeiter*, in: ErfK (10. Aufl.)).

Müller-Glöge, Rudi/ Preis, Ulrich/ Schmidt, Ingrid (Hrsg.), Erfurter Kommentar zum Arbeitsrecht, 14. Aufl., München 2014 (zit.: *Bearbeiter*, in: ErfK).

Nägele, Stefan, Das Anstellungsvertrag des Geschäftsführers – Eine Bestandsaufnahme, BB 2001, S. 305–312.

Nebe, Katja, Betrieblicher Mutterschutz ohne Diskriminierungen, Baden-Baden 2006 (zit.: *Nebe*, Mutterschutz).

Nebendahl, Mathias, Ansprüche eines GmbH-Geschäftsführers aus betrieblicher Übung?, NZA 1992, S. 289–294.

Neumann, Dirk/ Biebl, Josef, Arbeitszeitgesetz, Kommentar, 16. Aufl., München 2013 (zit.: *Neumann/Biebl*, ArbZG).

Neumann, Dirk/ Fenski, Martin, Bundesurlaubsgesetz, Kommentar, 10. Aufl., München 2011 (zit.: *Neumann/Fenski*, BUrlG).

Nikisch, Arthur, Arbeitsrecht, Tübingen 1951 (zit.: *Nikisch*, ArbR).

Oberrath, Jörg-Dieter, Anwendung von Arbeitsrecht auf den GmbH-Geschäftsführer, MDR 1999, S. 134–139.

Oberthür, Nathalie, Unionsrechtliche Impulse für den Kündigungsschutz von Organvertretern und Arbeitnehmerbegriff, NZA 2011, S. 253–258.

Oetker, Hartmut, Voraussetzungen und Grenzen des Diskriminierungsschutzes für Organmitglieder, in: Festschrift für Hansjörg Otto zum 70. Geburtstag, Krause, Rüdiger/ Schwarze, Roland (Hrsg.), Berlin 2008, S. 361–379 (zit.: *Oetker*, FS Otto).

Oetker, Hartmut, Kommentar zum Handelsgesetzbuch, 3. Aufl., München 2013 (zit.: *Bearbeiter*, in: Oetker, HGB).

Opolony, Bernhard, Die anzeigepflichtige Entlassung nach § 17 KSchG, NZA 1999, S. 791–795.

Ossenbühl, Fritz, Frauenquoten für Leitungsorgane von Privatunternehmen, NJW 2012, S. 417–422.

Paefgen, Walter G., Anmerkung zu BGH vom 23.4.2012, ZIP 2012, S. 1296–1299.

Pelz, Christian, Die persönliche Haftung des Geschäftsführers einer GmbH, RNotZ 2003, S. 415–433.

Plagemann, Hermann (Hrsg.), Münchener Anwaltshandbuch Sozialrecht, 4. Aufl., München 2013 (zit.: *Bearbeiter*, in: MAH SozR).

Porsche, Stefanie, Auswirkungen der Selbständigen-RL 2010/41/EU auf das deutsche Recht, STREIT 2013, S. 64–70.

Potthoff, Heinz, Wesen und Ziel des Arbeitsrechts, Berlin 1922.

Pottschmidt, Daniela, Arbeitnehmerähnliche Personen in Europa, Baden-Baden 2006 (zit.: *Pottschmidt*, Arbeitnehmerähnliche Personen).

Preis, Ulrich, Der Kündigungsschutz außerhalb des Kündigungsschutzgesetzes, NZA 1997, S. 1256–1270.

Preis, Ulrich/ Mallossek, Kirsten, Überblick über das Recht der Gleichbehandlung von Frauen und Männern im Gemeinschaftsrecht, in: Oetker/Preis (Hrsg.), Europäisches Arbeits- und Sozialrecht – EAS Teil B 4000, Loseblatt Heidelberg, Stand: Dezember 1995.

Preis, Ulrich/ Sagan, Adam, Der GmbH-Geschäftsführer in der arbeits- und diskriminierungsrechtlichen Rechtsprechung des EuGH, BGH und BAG, ZGR 2013, S. 26–75.

Priester, Hans-Joachim/ Mayer, Dieter/ Wicke, Hartmut (Hrsg.), Münchener Handbuch des Gesellschaftsrechts, Band 3, 4. Aufl., München 2012 (zit.: *Bearbeiter*, in: MünchGesR III).

Prütting, Hanns/ Wegen, Gerhard/ Weinreich, Gerd, BGB, Kommentar, 8. Aufl., Köln 2013 (zit.: *Bearbeiter*, in: P/W/W, BGB).

Raiser, Thomas/ Veil, Rüdiger, Mitbestimmungsgesetz und Drittelbeteiligungsgesetz, Kommentar, 5. Aufl., Berlin 2009 (zit.: *Raiser/Veil*, MitbestG).

Raiser, Thomas/ Veil, Rüdiger, Recht der Kapitalgesellschaften, 5. Aufl., München 2010 (zit.: *Raiser/Veil*, KapGesR).

Rancke, Friedbert, Die freien Berufe zwischen Arbeits- und Wirtschaftsrecht: materielle Kriterien des Arbeitnehmerbegriffs, Berlin 1978 (zit.: *Rancke*, Die freien Berufe).

Rancke, Friedbert (Hrsg.), Mutterschutz/Elterngeld/Elternzeit, Handkommentar, 2. Aufl., Baden-Baden 2010 (zit.: *Bearbeiter*, in: HK-MuSchG).

Rebhahn, Robert, Der Arbeitnehmerbegriff in vergleichender Perspektive, RdA 2009, S. 154–175.

Rebhahn, Robert, Arbeitnehmerähnliche Personen – Rechtsvergleichung und Regelungsperspektive, RdA 2009, S. 236–253.

Rebhahn, Robert, Die Arbeitnehmerbegriffe des Unionsrechts in der neueren Judikatur des EuGH, EuZA 2012, S. 3–34.

Reichold, Hermann/ Heinrich, Martin, Zum Diskriminierungsschutz des GmbH-Geschäftsführers, in Festschrift für Harm Peter Westermann zum 70. Geburtstag, Aderhold, Lutz u. a., Köln 2008, S. 1315–1330 (zit.: *Reichold/ Heinrich*, FS Westermann).

Reiner, Michael, Schwanger oder nicht schwanger: Die Rechtssache Mayr, EuZA 2009, S. 79–87.

Reinhard, Barbara/ Bitsch, Christian, Sind GmbH-Geschäftsführer Arbeitnehmer?, ArbRB 2011, S. 241–244.

Reiserer, Kerstin, Die ordentliche Kündigung des Dienstvertrags des GmbH-Geschäftsführers, DB 1994, S. 1822–1826.

Reiserer, Kerstin, Arbeitnehmerschutz für Geschäftsführer?, DB 2011, S. 2262–2267.

Reufels, Martin/ Molle, Karl, Diskriminierungsschutz von Organmitgliedern, NZA-RR 2011, S. 281–286.

Reuter, Dieter, Bestellung und Anstellung von Organmitgliedern im Körperschaftsrecht, in: Festschrift für Wolfgang Zöllner zum 70. Geburtstag, Band 1, Lieb, Manfred/ Noack, Ulrich/ Westermann, Harm Peter, Köln u. a. 1998, S. 487–502 (zit.: *Reuter*, FS Zöllner).

Richardi, Reinhard, Arbeitnehmer als Beschäftigte, NZA 2010, S. 1101–1103.

Richardi, Reinhard/ Wlotzke, Ottfried (Hrsg.), Münchener Handbuch zum Arbeitsrecht, Band I, Individualarbeitsrecht I), 2. Aufl., München 2000 (zit.: *Bearbeiter*, in: MünchArbR I (2. Aufl.)).

Richardi, Reinhard/ Wlotzke, Ottfried/ Wißmann, Hellmut/ Oetker, Hartmut (Hrsg.), Münchener Handbuch zum Arbeitsrecht,

Band I, Individualarbeitsrecht, 3. Aufl., München 2009,

Band II, Kollektivarbeitsrecht/ Sonderformen,

(zit.: *Bearbeiter*, in: MünchArbR I, II).

Rieble, Volker, Die relative Verselbständigung von Arbeitnehmern – Bewegung in den Randzonen des Arbeitsrechts?, ZfA 1998, S. 327–358.

Riesenhuber, Karl, Europäisches Arbeitsrecht, Heidelberg 2009 (zit.: *Riesenhuber*, EuArbR).

von Roetteken, Torsten, Anforderungen des Gemeinschaftsrechts an Gesetzgebung und Rechtsprechung am Beispiel der Gleichbehandlungs-, der Arbeitsschutz- und der Betriebsübergangsrichtlinie, NZA 2001, S. 414–424.

Roth, Günter H./ Altmeppen, Holger, Gesetz betreffend die Gesellschaften mit beschränkter Haftung, Kommentar, 6. Aufl., München 2009 (zit.: *Bearbeiter*, in: Roth/Altmeppen, GmbHG (6. Aufl.)).

Roth, Günter H./ Altmeppen, Holger, Gesetz betreffend die Gesellschaften mit beschränkter Haftung, Kommentar, 7. Aufl., München 2012 (zit.: *Bearbeiter*, in: Roth/Altmeppen, GmbHG).

Rowedder, Heinz (Begr.)/ *Schmidt-Leithoff, Christian* (Hrsg.), GmbHG, Kommentar, 5. Aufl., München 2013 (zit.: *Bearbeiter*, in: Rowedder/Schmidt-Leithoff, GmbHG).

Rust, Ursula/ Falke, Josef (Hrsg.), Allgemeines Gleichbehandlungsgesetz mit weiterführenden Vorschriften, Kommentar, Berlin 2007 (zit.: *Bearbeiter*, in: Rust/Falke, AGG).

Rüthers, Bernd, Rundfunkfreiheit und Arbeitsrechtsschutz, RdA 1985, S. 129–146.

Säcker, Franz Jürgen, Kompetenzstrukturen bei Bestellung und Anstellung von Mitgliedern des unternehmerischen Leistungsorgans, BB 1979, S. 1321–1325.

Säcker, Franz Jürgen/ Rixecker, Roland (Hrsg.), Münchener Kommentar zum Bürgerlichen Gesetzbuch,

Band 1, Allgemeiner Teil (§§ 1–240 BGB, ProstG, AGG), 6. Aufl. München 2012,

Band 2, Schuldrecht, Allgemeiner Teil (§§ 241–432), 6. Aufl., München 2012,

Band 4, Schuldrecht, Besonderer Teil II (§§ 611–704 BGB, EFZG, TzBfG, KSchG), 6. Aufl., München 2012,

Band 5, Schuldrecht, Besonderer Teil III (§§ 705–853 BGB, PartGG, ProdHaftG), 6. Aufl. München 2013,

(zit.: *Bearbeiter*, in: MüKo-BGB).

Sagan, Adam, Die Sanktion diskriminierender Kündigungen nach dem Allgemeinen Gleichbehandlungsgesetz, NZA 2006, S. 1257–1260.

Sagan, Adam, Die aktuelle Rechtsprechung des EuGH zum Recht der Gleichbehandlung und des Betriebsübergangs, ZESAR 2011, S. 412–423.

Sagan, Adam/ Hübner, Leonhard, Die Sozialversicherungspflicht von Vorstandsmitgliedern in- und ausländischer Aktiengesellschaften, AG 2011, S. 852–862.

Schaub, Günter (Begr.), Arbeitsrechts-Handbuch, 13. Aufl., München 2009 (zit.: *Bearbeiter*, in: Schaub (13. Aufl.)).

Schaub, Günter (Begr.), Arbeitsrechts-Handbuch, 15. Aufl., München 2013 (zit.: *Bearbeiter*, in: Schaub).

Schiefer, Bernd/ Worzalla, Michael, Der Anstellungsvertrag des GmbH-Geschäftsführers, ZfA 2013, S. 41–72.

Schiek, Dagmar, Europäisches Arbeitsrecht, 3. Aufl., Baden-Baden 2007 (zit.: *Schiek*, EuArbR).

Schiek, Dagmar (Hrsg.), Allgemeines Gleichbehandlungsgesetz (AGG), Ein Kommentar aus europäischer Perspektive, München 2007 (zit.: *Bearbeiter*, in: Schiek, AGG).

Schlachter, Monika, Grundsatz des gleichen Entgelts nach Art. 119 EG-Vertrag und der Richtlinie 75/117/EWG, in: Oetker/Preis (Hrsg.), Europäisches Arbeits- und Sozialrecht – EAS Teil B 4100, Loseblatt Heidelberg, Stand: April 1998.

Schleusener, Aino/ Suckow, Jens/ Voigt, Bernhard, Kommentar zum Allgemeinen Gleichbehandlungsgesetz, 4. Aufl., Köln 2013 (zit.: *Bearbeiter*, in: S/S/V, AGG).

Schliemann, Harald, ArbZG, Kommentar zum Arbeitszeitgesetz mit Nebengesetzen, Köln 2009 (zit.: *Schliemann*, ArbZG).

Schmidt, Karsten, Gesellschaftsrecht, 4. Aufl., Köln u. a. 2002 (zit.: *K. Schmidt*, GesR).

Schmidt, Karsten, Münchener Kommentar zum HGB,

Band 1, §§ 1–104a, 3. Aufl., München 2010,

Band 2, §§ 105–160, 3. Aufl., München 2011,

Band 3, §§ 161–237, Konzernrecht der Personengesellschaften, 3. Aufl., München 2012,

(zit.: *Bearbeiter*, in: MüKo-HGB).

Schmidt, Karsten/ Lutter, Marcus, Aktiengesetz, Kommentar, I. Band, §§ 1–149, 2. Aufl., Köln 2010 (zit.: *Bearbeiter*, in: K. Schmidt/Lutter, AktG).

Schmidt, Marlene, Die neue EG-Richtlinie zur Teilzeitarbeit, NZA 1998, S. 576–582.

Schmitt-Rolfes, Günter, (Ex-)Abteilungsleiter als GmbH-Geschäftsführer, NZA-Beil. 2014, S. 37–42.

Scholz, Franz (Hrsg.), Kommentar zum GmbH-Gesetz mit Anhang Konzernrecht, Band II, §§ 35–52, 10. Aufl., Köln 2007 (zit.: *Bearbeiter*, in: Scholz, GmbHG (10. Aufl.)).

Scholz, Franz (Hrsg.), Kommentar zum GmbH-Gesetz mit Anhang Konzernrecht,

Band I, §§ 1–34, Konzernrecht, 11. Aufl., Köln 2012,

Band II, §§ 35–52, 11. Aufl., Köln 2014,

(zit.: *Bearbeiter*, in: Scholz, GmbHG).

Schönborn, Ansgar, Die monistische Societas Europaea in Deutschland im Vergleich zum englischen Recht, München 2006 (zit.: *Schönborn*, Die monistische SE).

Schrader, Peter/ Hilgenstock, Christopher, Ist der Geschäftsführer Arbeitnehmer oder nicht?, ArbRAktuell 2011, 320420.

Schreiber, Christoph, Der GmbH-Geschäftsführer zwischen Arbeits- und Zivilgerichtsbarkeit, GmbHR 2012, S. 929–936.

Schubert, Claudia, Der Schutz der arbeitnehmerähnlichen Personen, München 2004 (zit.: *Schubert*, Schutz arbeitnehmerähnlicher Personen).

Schubert, Claudia, Die Mitbestimmung der Arbeitnehmer bei grenzüberschreitender Verschmelzung, RdA 2007, S. 9–17.

Schubert, Claudia, Kündigungsschutz für Gesellschafter in einer Kapitalgesellschaft während der Schwangerschaft – Gesundheitsschutz und Diskriminierung, EuZA 2011, S. 362–371.

Schubert, Claudia, Arbeitnehmerschutz für GmbH-Geschäftsführer, ZESAR 2013 S. 5–15.

Schubert, Claudia, Der Diskriminierungsschutz der Organvertreter und der Kapitalverkehrsfreiheit der Investoren im Konflikt, ZIP 2013, S. 289–299.

Schulze, Marc-Oliver/ Hintzen, Martina, GmbH-Geschäftsführer als Arbeitnehmer, ArbRAktuell 2012, 263.

Schüren, Peter (Hrsg.), Arbeitnehmerüberlassungsgesetz, Kommentar, 4. Aufl., München 2010 (zit.: *Bearbeiter*, in: Schüren, AÜG).

Schüren, Peter/ Wank, Rolf, Die neue Leiharbeitsrichtlinie und ihre Umsetzung in deutsches Recht, RdA 2011, S. 1–12.

Seibt, Christoph, Geschäftsführerbestellung und Anstellungsvertrag, NJW-Spezial 2004, S. 123–124.

Spindler, Gerald/ Stilz, Eberhard, Kommentar zum Aktiengesetz,

Band 1, §§ 1–149, 2. Aufl., München 2010,

Band 2, §§ 150–410, IntGesR, SpruchG, SE-VO, 2. Aufl., München 2010,

(zit.: *Bearbeiter*, in: Spindler/Stilz, AktG).

Stagat, Rolf, Und es geht doch: Kündigungsschutz für GmbH-Geschäftsführer, NZA 2010, S. 975–980.

Stagat, Rolf, Risiken und Nebenwirkungen von Geschäftsführer-Anstellungsverträgen, NZA-RR 2011, S. 617–623.

Staudinger, Ansgar, Der Widerruf von Haustürgeschäften: eine unendliche Geschichte?, NJW 2002, S. 653–656.

von Staudinger, Julius (Begr.), Julius von Staudingers Kommentar zum Bürgerlichen Gesetzbuch mit Einführungsgesetzen und Nebengesetzen,

§§ 249–254, Neubearbeitung 2005, Berlin,

§§ 611–613, Neubearbeitung 2011, Berlin,

(zit.: *Bearbeiter*, in: Staudinger).

von Steinau-Steinrück, Robert/ Mosch, Ulrich, Schwangere Geschäftsführerin: Managerin oder Arbeitnehmerin?, NJW-Spezial 2011, S. 178–179.

Stenslik, Bastian-Peter/ Zahn, Florian, Diskriminierungsschutz für Organe von Kapitalgesellschaften, DStR 2012, S. 1865–1869.

Stoffels, Markus, Grundprobleme der Schadensersatzverpflichtung nach § 15 Abs. 1 AGG, RdA 2009, S. 204–215.

Stolterfoht, Joachim N., Die Selbständigkeit des Handelsvertreters, Düsseldorf 1973 (zit.: *Stolterfoht*, Die Selbständigkeit).

Stürner, Rolf (Hrsg.), Jauernig Bürgerliches Gesetzbuch, Kommentar, 15. Aufl., München 2014 (zit.: *Bearbeiter*, in: Jauernig, BGB).

Thüsing, Gregor, Vorlagen an den EuGH, ZESAR 2009, S. 486–490.

Thüsing, Gregor, Europäisches Arbeitsrecht, 2. Aufl., München 2011 (zit.: *Thüsing*, EuArbR).

Thüsing, Gregor, Arbeitsrechtlicher Diskriminierungsschutz, München 2007 (zit.: *Thüsing*, Diskriminierungsschutz (1. Aufl.)).

Thüsing, Gregor, Arbeitsrechtlicher Diskriminierungsschutz, 2. Aufl., München 2013 (zit.: *Thüsing*, Diskriminierungsschutz).

Thüsing, Gregor/ Stiebert, Tom, Altersgrenzen bei Organmitgliedern, NZG 2011, S. 641–646.

Thüsing, Gregor/ Stiebert, Tom, Anmerkung zur Vorlage an den EuGH vom 2.11.2010 – Rs. C-517/10, ZESAR 2011, S. 124–126.

Uffmann, Katharina, Der Richter als pensionierter Tagelöhner – freie Hand der Mitgliedstaaten bei der Definition des Arbeitnehmerbegriffs des Sekundärrechts?, EuZA 2012, S. 518–528.

Ulmer, Peter/ Habersack, Mathias/ Henssler, Martin, Mitbestimmungsrecht, 3. Aufl., München 2013 (zit.: *Bearbeiter*, in: U/H/H).

Ulmer, Peter/ Habersack, Mathias/ Winter, Martin (Hrsg.), Gesetz betreffend die Gesellschaften mit beschränkter Haftung, Großkommentar, Band II, §§ 29–52, Tübingen 2006 (zit.: *Bearbeiter*, in: U/H/W, GmbHG).

Vollmer, Lothar, Die mitbestimmte GmbH – Gesetzliches Normalstatut, mitbestimmungsrechtliche Satzungsgestaltungen und gesellschaftsrechtlicher Minderheitenschutz, ZGR 1979, S. 135–172.

Walker, Wolf-Dietrich, Der Entschädigungsanspruch nach § 15 II AGG, NZA 2009, S. 5–11.

Waltermann, Raimund, Verbot der Altersdiskriminierung – Richtlinie und Umsetzung, NZA 2005, S. 1265–1270.

Wank, Rolf, Arbeitnehmer und Selbständige, München 1988 (zit.: *Wank*, Arbeitnehmer und Selbständige).

Wank, Rolf, Anmerkung zu BSG v. 20.7.1988, SGb 1989, S. 167–170.

Wank, Rolf, § 7 Abs. 1 und 4 SGB IV – Was bleibt für Sozialrecht und Arbeitsrecht) (Teil 1), AuR 2001, S. 291–300.

Wank, Rolf, Der Fremdgeschäftsführer der GmbH als Arbeitnehmer, in: Festschrift für Herbert Wiedemann zum 70. Geburtstag, Wank, Rolf u. a., München 2002, S. 587–615 (zit.: *Wank*, FS Wiedemann).

Wank, Rolf, EG-Diskriminierungsverbote im Arbeitsrecht, in: Festschrift für Hellmut Wißmann zum 65. Geburtstag, Kohte, Wolfhard u. a. (Hrsg.), München 2005, S. 599–618 (zit.: *Wank*, FS Wißmann).

Wank, Rolf, Die personellen Grenzen des Europäischen Arbeitsrechts, EuZA 2008, S. 172–195.

Wank, Rolf, Anmerkung zu EuGH v. 11.11.2010 – Rs. C-232/09 (*Danosa*), EWiR Art. 10 RL 92/85/EWG, 1/2011, S. 27–28.

Wank, Rolf, BAG: Fremdgeschäftsführer einer GmbH als Verbraucher; zweistufige Ausschlussfrist – Besprechung des Urteils BAG v. 19. 5. 2010 – 5 AZR 253/09, RdA 2011, S. 178–181.

Wank, Rolf/ Börgmann, Udo, Der Vorschlag für eine Richtlinie des Rates über befristete Arbeitsverträge, RdA 1999, S. 383–389.

Wank, Rolf/ Maties, Martin, Arbeitnehmer oder Gesellschaftsorgan oder Vereinsmitglied?, NZA 2007, S. 353–358.

Weber, Christoph, Sicherung des Arbeitsentgelts bei Zahlungsunfähigkeit des Arbeitgebers, in: Oetker/Preis (Hrsg.), Europäisches Arbeits- und Sozialrecht – EAS Teil B 3300, Loseblatt Heidelberg, Stand: November 2008.

Weber, Christoph, Anmerkung zu EuGH v. 18.1.2007 – Rechtssache CGT, EuZA 2008, S. 355–366.

Wehrmeyer, Ulrich, Die arbeitsrechtliche Einordnung der Organe juristischer Personen – Zugleich ein Beitrag zur Typologie im Arbeitsrecht, Frankfurt a. M. 1988 (zit.: *Wehrmeyer*, Einordnung der Organe).

Weiss, Alexander, Gespalten oder einheitlich? Über die rechtliche Behandlung so genannter Hybridnormen in nationalen Rechtsordnungen, EuZW 2012, S. 733–737.

Wendeling-Schröder, Ulrike/ Stein, Axel, Allgemeines Gleichbehandlungsgesetz, Kommentar, München 2008 (zit.: *Bearbeiter*, in: Wendeling-Schröder/ Stein, AGG).

Werner, Rüdiger, Der GmbH-Geschäftsführer zwischen Zivil- und Arbeitsrecht, StBW 2013, S. 379–384.

Westermann, Harm Peter/ Grunewald, Barbara/ Maier-Reimer, Georg (Hrsg.), Erman Bürgerliches Gesetzbuch, Handkommentar Band 1, §§ 1 – 758, AGG, UKlaG, 13. Aufl., Köln 2011 (zit.: *Bearbeiter*, in: Erman, BGB).

Graf von Westphalen, Friedrich/ Thüsing, Gregor (Hrsg.), Vertragsrecht und AGB-Klauselwerke, 34. EL., München 2013 (zit.: *Bearbeiter*, in: Graf v. Westphalen/Thüsing).

Wiedemann, Herbert, Das Arbeitsverhältnis als Austausch- und Gemeinschaftsverhältnis, Karlsruhe 1966 (zit.: *Wiedemann*, Das Arbeitsverhältnis).

Wiedemann, Herbert/ Thüsing, Gregor, Der Schutz älterer Arbeitnehmer und die Umsetzung der Richtlinie 2000/78/EG, NZA 2002, S. 1234–1242.

Wilke, Frank Markus, Das Verhältnis des sozialversicherungsrechtlichen Beschäftigungsverhältnisses zum zivilrechtlichen Arbeitsverhältnis, Berlin 2008 (zit.: *Wilke*, Das Verhältnis).

Willemsen, Heinz Josef/ Hohenstatt, Klaus-Stefan, Chancen und Risiken von Vereinbarungen gemäß Artikel 13 der „Euro-Betriebsrat"-Richtlinie, NZA 1995, S. 399–403.

Willemsen, Heinz-Josef/ Schweibert, Ulrike, Schutz der Beschäftigten im Allgemeinen Gleichbehandlungsgesetz, NJW 2006, S. 2583–2592.

Willikonsky, Birgit, Kommentar zum Mutterschutzgesetz, 2. Aufl., Neuwied 2007 (zit.: *Willikonsky*, MuSchG).

Wilsing, Hans-Ulrich/ Meyer, Daniel, Aktuelle Entwicklungen bei der Organberatung, DB 2011, S. 341–345.

Wilsing, Hans-Ulrich/ Meyer, Daniel, Diskriminierungsschutz für Geschäftsführer, NJW 2012, S. 3211–3213.

Windbichler, Christine, Gesellschaftsrecht, 23. Aufl., München 2013 (zit.: *Windbichler*, GesR).

Windbichler, Christine, Die GmbH in anderen Umständen: Gesellschaftsrechtliche Erwägungen zur EuGH-Entscheidung „Danosa", in: Festschrift für Michael Hoffmann-Becking zum 70. Geburtstag, Krieger, Gerd u. a., München 2013, S. 1413–1423 (zit.: *Windbichler*, FS Hoffmann-Becking).

Wißmann, Hellmut, Probleme bei der Umsetzung der EG-Richtlinie über Massenentlassungen im deutschen Recht, RdA 1998, S. 221–228.

Wlotzke, Otfried/ Wißmann, Hellmut/ Koberski, Wolfgang/ Kleinsorge, Georg, Mitbestimmungsrecht, 4. Aufl., München 2011 (zit.: *Bearbeiter*, in: W/W/K/K).

Ziegler, Katharina, Arbeitnehmerbegriffe im Europäischen Arbeitsrecht, München 2011 (zit.: *Ziegler*, Arbeitnehmerbegriffe).

Ziemons, Hildegard, Der Vorstand als Arbeitnehmer, KSzW 2013, S. 19–29.

Zmarzlik, Johannes, Die Neufassung des Mutterschutzgesetzes, BB 1997, S. 474–477.

Zmarzlik, Johannes/ Zipperer, Manfred/ Viethen, Hans Peter/ Vieß, Gerhard, Mutterschutzgesetz und Mutterschaftsleistungen, Kommentar, 9. Aufl., Köln u. a. 2006 (zit.: *Z/Z/V/V*, MuSchG).

Zöllner, Wolfgang, Privatautonomie und Arbeitsverhältnis, AcP 1976 (Bd. 176), S. 221–289.

Zöllner, Wolfgang, Inhalt und Wirkung von Beherrschungsverträgen bei der GmbH, ZGR 1992, S. 173–202.

Zöllner, Wolfgang/ Loritz, Karl-Georg/ Hergenröder, Curt Wolfgang, Arbeitsrecht, 6. Aufl., München 2008 (zit.: *Zöllner/Loritz/Hergenröder*, ArbR).

Zöllner, Wolfgang/ Noack, Ulrich (Hrsg.), Kölner Kommentar zum Aktiengesetz,

Band 2/1, §§ 76 – 94 AktG, 3. Auflage Köln 2010,

Band 8/1, Art. 1 – 42 SE-VO, 3. Auflage Köln 2010,

Band 8/2, Art. 43 – 70 SE-VO, §§ 1–47 SEBG, Schlussanhänge, 3. Auflage Köln 2010,

(zit.: *Bearbeiter*, in: Kölner Komm-AktG).

Zivilrechtliche Schriften
Beiträge zum Wirtschafts-, Bank- und Arbeitsrecht

Herausgegeben von Arnd Arnold und Hartmut Oetker
Begründet von Peter Kreutz und Dieter Reuter

Band 1 Sabine Koch: Eigenkapitalleistungen und eigenkapitalersetzende Leistungen des Kommanditisten in der gesetzestypischen Kommanditgesellschaft. 1992.

Band 2 Knut Weigle: Die leitenden Angestellten zwischen Sprecherausschuß und Betriebsrat. 1993.

Band 3 Stephan Worpenberg: Die konzerninterne Arbeitnehmerüberlassung. 1993.

Band 4 Carsten Führling: Sonstige Unternehmensverträge mit einer abhängigen GmbH. 1993.

Band 5 Heike Grote-Seifert: Das englische Arbeitskampfrecht unter besonderer Berücksichtigung der Entwicklung seit 1979. Zugleich: Vergleichende Analyse der Rechtslage in Deutschland und England. 1994.

Band 6 Uwe Theobald: Gesamthaftungsverhältnisse. Die Gesamtschuld als Ausgleichsmodell bei der mehrfachen Drittsicherung einer Forderung. 1994.

Band 7 Kay-Uwe Jacobs: Die Wahlvorstände für die Wahlen des Betriebsrats, des Sprecherausschusses und des Aufsichtsrats. 1995.

Band 8 Horst-Jürgen Michallek: Die Verteilung des wirtschaftlichen Risikos der Nothilfe. Eine rechtsvergleichende Studie. 1995.

Band 9 Sibylle Kessal-Wulf: Die Innenverbände. Am Beispiel Publikumsgesellschaft, Franchising, Mitarbeiterbeteiligung und Betriebsverband. 1995.

Band 10 Britta Holdorf-Habetha: Der Übergang von gewerblich genutztem Vermögen im Wege der Erbfolge im Einkommensteuerrecht. 1996.

Band 11 Sönke-Peter Nehlsen: Nutzungsausfallersatz. Ein notwendiges Übel? Versuch einer dogmatischen Begründung und Alternativlösungen. 1997.

Band 12 Sebastian Graf von Wallwitz: Tarifverträge und die Wettbewerbsordnung des EG-Vertrages. Wettbewerbsbeschränkende Tarifverträge und das Kartellverbot des Artikel 85 EGV. 1997.

Band 13 Hans-Joachim Arnold: Die Bilanzierung des Geschäfts- oder Firmenwertes in der Handels-, Steuer- und Ergänzungsbilanz. 1997.

Band 14 Volker Hoes: Die Überschuldung Privater als Problem von Ungleichgewichten. 1997.

Band 15 Dörte Christiansen: Betriebszugehörigkeit. Die Zuordnung von Arbeitnehmern aus betriebsverfassungsrechtlicher Sicht. 1998.

Band 16 Axel Boysen: Betriebsverband und Arbeitsverhältnis am Beispiel der Gruppenarbeit. Ein Beitrag zur Entwicklung der arbeitsrechtlichen Dogmatik im Wandel der Industriearbeit. 1998.

Band 17 Kristoffer Blydt-Hansen: Die Rechtsstellung der Destinatäre der rechtsfähigen Stiftung Bürgerlichen Rechts. 1998.

Band 18 Per Christiansen: Über die reale Seite der Verbände. Die Bedeutung der tatsächlichen Zweckverfolgung in einem Verband für dessen Legitimität, Existenz und Kontinuität. 1999.

Band 19 Annette Grotkamp: Die Bedeutung des Gesamtbetriebsrats und die Abgrenzung seiner Zuständigkeit zu den Einzelbetriebsräten im Rahmen des Strukturwandels in der deutschen Wirtschaft. 1999.

Band 20 Oliver Ebert: Die Kosten der Einigungsstelle gemäß § 76 a BetrVG 1972 unter besonderer Berücksichtigung der Honorierung von Einigungsstellenmitgliedern. 1999.

Band 21 Christoph Nawroth: Die steuerliche Anerkennung von Familienpersonengesellschaften bei fehlerhaftem Gesellschaftsvertrag. Zur Anwendung der Lehre von der fehlerhaften Gesellschaft im Steuerrecht. 1999.

Band 22 Kai Litschen: Die juristische Person im Spannungsfeld von Norm und Interesse. Am Beispiel der Gesellschafterhaftung in der GmbH. 1999.

Band 23 Eva Günther-Gräff: Kündigung und Kündigungsschutz von Absatzmittlungsverträgen. Dargestellt am Beispiel des Handelsvertreters, des Vertragshändlers und des Franchisenehmers. 1999.

Band 24 Martin Steiner: Entgelte der Kreditinstitute. Regelungen beim Girovertrag mit rechtsvergleichender Darstellung des anglo-amerikanischen Rechts. 2000.

Band 25 Sven Claussen: Grenzen der Insichgeschäfte im Gesellschaftsrecht. 2000.

Band 26 Sönke Peters: Der gesellschaftsrechtliche Grundsatz der Einheitlichkeit der Mitgliedschaft. 2000.

Band 27 Gabriele Komp: Die juristische Person als Geschäftsführungsorgan einer Kapitalgesellschaft. Betrachtungen zu §§ 76 Abs. 3 S. 1 AktG und 6 Abs. 2 S. 1 GmbHG. 2000.

Band 28 Gunnar Mayer: Das außerdienstliche Verhalten von Arbeitnehmern. Ein Beitrag zu Geschichte, Grundlagen und Erscheinungsformen außerdienstlicher Verhaltenspflichten. 2000.

Band 29 Michael Mönke: Die Sicherung der Bauunternehmer nach § 648 a BGB. Unter besonderer Berücksichtigung der Vereinbarkeit der Regelung mit den Prinzipien des Zivilrechts. 2000.

Band 30 Oliver May: Die Zulässigkeit der Regelung von Lohn und Arbeitszeit in Betriebsvereinbarungen. 2001.

Band 31 Robert Pape: Die tarifvertragliche Unkündbarkeit. Zugleich ein Beitrag zu den Grenzen der Tarifautonomie im Kündigungsschutzrecht und zum partiell zweiseitig-zwingenden Charakter des § 1 Abs. 2 und 3 KSchG. 2002.

Band 32 Wilm-Christian Jaekel: Die Bindung an formnichtige Grundstücksverträge nach Treu und Glauben. 2002.

Band 33 Susanne Müller: Die Gesellschafterklage als rechtsformübergreifendes Institut. 2002.

Band 34 Freia Peters: Treuhand und Unterbeteiligung an Gesellschaftsanteilen. Eine vergleichende Betrachtung für den Bereich des Gesellschafts- und des Steuerrechts. 2003.

Band 35 Mario Nahrwold: Die wirtschaftliche Betätigung von Idealvereinen am Beispiel der Ausgliederungsvorhaben der Fußballbundesligavereine. Eine Untersuchung zu Geltungsgrund und Grenzen des Nebentätigkeitsprivileges. 2003.

Band 36 Henning Plöger: Sonderarbeitsrechte im Pressebereich. Auswirkungen eines institutionellen Grundrechtsverständnisses auf das Arbeitskampf- und arbeitsrechtliche Statusrecht der Presse. 2003.

Band 37 Christian Springmann: Der Betriebsrat und die Betriebsbeauftragten. Ein Vergleich zweier betrieblicher Funktionsträger unter besonderer Berücksichtigung ihres Verhältnisses zueinander. 2004.

Band 38 Holger Meyer: Der Tatbestand des Betriebsübergangs nach der Rechtsprechung des Europäischen Gerichtshofs und des Bundesarbeitsgerichts. 2004.

Band 39 Philipp Christopher Brügge: Das Gesetz über Teilzeitarbeit. Eine Analyse unter arbeitsrechtlichen und beschäftigungspolitischen Gesichtspunkten. 2004.

Band 40 Sebastian Klausch: Unmöglichkeit und Unzumutbarkeit im System des allgemeinen Leistungsstörungsrechts nach der Schuldrechtsmodernisierung 2002. 2004.

Band 41 Felix Hütte: Die individualistische GbR als Mitglied anderer Vereinigungen. 2005.

Band 42 Tobias Schommer: Die Berücksichtigung und Gewichtung der Interessen der Arbeitsvertragsparteien im Rahmen des kollektiven und allgemeinen Weiterbeschäftigungsanspruchs des Arbeitnehmers. 2005.

Band 43 Christa Wettzel: Die unternehmerische Entscheidungsfreiheit im Rahmen der betriebsbedingten Kündigung. 2006.

Band 44 Andrea Scheibe: Die Mitbestimmung der Arbeitnehmer in der SE unter besonderer Berücksichtigung des monistischen Systems. 2006.

Band 45 Sebastian Ritz: Die Auswirkungen des Gesetzes zu Reformen am Arbeitsmarkt auf den Anwendungsbereich der dreiwöchigen Klagefrist gemäß den §§ 4 bis 7 KSchG. 2007.

Band 46 Anne Pfister: Die Übertragung von Aufgaben auf Arbeitsgruppen gemäß § 28a BetrVG unter besonderer Berücksichtigung der Förderungspflicht aus § 75 Abs. 2 Satz 2 BetrVG. 2007.

Band 47 Merve Ehlers: Personalkostenabbau durch betriebliche Bündnisse für Arbeit. Welche Gesetzesänderungen des geltenden Rechts sind zur Anpassung an die heutigen Wirtschafts- und Arbeitsbedingungen und zur Legalisierung der gängigen Rechtspraxis erforderlich? 2007

Band 48 Nicole Hasselmann: Die Lehre *Ulmers* zur Gesellschaft bürgerlichen Rechts im Wandel der Jahrzehnte. Das Rechts- und Haftungssystem der Gesellschaft bürgerlichen Rechts. 2007.

Band 49 Ina Maria Wiesner: Die Schriftform im Betriebsverfassungsgesetz. 2008.

Band 50 Christian Rebel: Grundprobleme des Nachteilsausgleichs gemäß § 113 Abs. 3 BetrVG. 2008.

Band 51 Benedikt von Wissel: Die Beeinflussung des eigenen Börsenkurses durch die Aktiengesellschaft. Erscheinungsform, Zulässigkeit und Grenzen im deutschen Kapitalmarktrecht. 2008.

Band 52 Malte Kriebitzsch: Die Inhaltskontrolle von Allgemeinen Arbeitsbedingungen anhand der §§ 305 ff. BGB. 2008.

Band 53 Torsten Volkholz: Geltung und Reichweite der Privatautonomie bei der Errichtung von Stiftungen. Die Weiterentwicklung des Stiftungsrechts nach Neufassung der §§ 80 bis 88 BGB durch das Gesetz zur Modernisierung des Stiftungsrechts zum 1. September 2002. 2008.

Band 54 Kirstin Trautvetter: Die Übernahme von Aktiengesellschaften und die Verhaltenspflichten von Vorstand und Aufsichtsrat der Zielgesellschaft. 2008.

Band 55 Petra Boldt: Ethikregeln als verbindlicher Verhaltensmaßstab für die Arbeitsverhältnisse in deutschen Unternehmen. 2008.

Band 56 Liv Heimbach: Das Verhältnis der außerordentlichen Kündigung des Arbeitgebers zur ordentlichen Kündigung nach dem KSchG. 2009.

Band 57 Entwicklungen im Arbeits- und Wirtschaftsrecht. Festgabe für Peter Kreutz zum 70. Geburtstag. Herausgegeben von Jakob Hoffmann und Claudia Schubert. 2009.

Band 58 Marlena Hütte: Gefahrverteilung und Schadensersatz im Rückabwicklungsschuldverhältnis nach gesetzlichem Rücktritt. Unter Berücksichtigung der Auswirkungen auf die Rückabwicklung nach Leistungskondiktion. 2010.

Band 59 Tim Ebert: Stille Gesellschaft, Genussrecht und partiarisches Darlehen als mezzanine Kapitaltitel zur Finanzierung einer GmbH. Eine Analyse der historischen Entwicklung und Abgrenzung dieser Finanzierungsinstrumente sowie der mit diesen verbundenen Kompetenz- und Eigenkapitalersatzfragen im GmbH-Recht. 2010.

Band 60 Ingo Krist: Grenzen des Tarifsozialplanes. 2010.

Band 61 Jakob Hoffmann: Zusammenlegung und Zulegung rechtsfähiger Stiftungen des bürgerlichen Rechts. 2011.

Band 62 Nils J. Herrmann: Verjährung, Verjährungsbeginn und Regress bei Bürgschaft und Gesamtschuld. 2012.

Band 63 Sarah Nitsche: Die Rechte der außenstehenden Aktionäre bei qualifizierten Nachteilszufügungen. 2013.

Band 64 Matthias Dumke: Streikrecht i. S. des Art. 6 Nr. 4 ESC und deutsches Arbeitskampfrecht. Vorgaben, Vereinbarkeit und Umsetzung. 2013.

Band 65 Inga Hildebrand: Arbeitnehmerschutz von geschäftsführenden Gesellschaftsorganen im Lichte der *Danosa*-Entscheidung des EuGH. 2014.

www.peterlang.com